武家権力と使節遵行

外岡慎一郎　著

同成社　中世史選書　18

目次

武家権力と使節遵行

序章　本書の視角と方法

本書は、使節遵行の「現場」から、国家と地域、国のかたちと地域のすがたを描くことを目的としている。

使節遵行とは何か。ひとことでいえば、所務相論（不動産訴訟）にかかり、その訴訟進行（論人召喚、論所実検、関係証言聴取など）や裁定の執行（論所の打渡など）を、特命使節がおこなうことである。

制度的には官使（太政官の使者）、国司・荘園本所の使者などにも同様の機能を見出すことができ、公権力の意思実現という意味で用いられる「遵行」という用語も奈良時代から用例が確認される。したがって、遵行を担う特命使者の派遣という行為は、当然のことながら律令国家・王朝国家の時代から存在したのである。しかし、遵行をおこなう使者を「使節」と呼ぶことについては、平安時代に用例をわずかに確認できるものの、鎌倉時代以降を考えてよいように思われる。

次に、「使節遵行」という用語・用例は、鎌倉時代の幕府法令や古文書類には確認できないようである。

　同（諸国）守護人非法条々

一　大犯三箇条付苅田狼藉使節遵行外、相綺所務以下、成地頭御家人煩事、（以下略）

貞和二（一三四六）年十二月の室町幕府法令である。管見の限りで、これがもっとも年代的に早い「使節遵行」用例である[1]。従来、この法令を端緒に、守護職権に「苅田狼藉」と「使節遵行」が付加され、その後の守護領国制形成に大きな意味をもったと評価されてきた。しかし、守護使節による遵行事例は鎌倉時代に多く確認される。「苅田狼藉」もまた、鎌倉時代後期の延慶三（一三一〇）年に所務沙汰から検断沙汰に移管され、幕府侍所・六波羅検断方の指揮のもと諸国守護が関与するようになっている。(2) また、上記貞和二年十二月の法令以降、使節遵行が守護の専権事項となったわけでもない。この法令は、「大犯三箇条」として表現される鎌倉幕府以来の本源的守護職権と、鎌倉時代後期から実質関与することになった「大犯三箇条」以外の職権を加えた範囲を超えて「守護人非法」が横行している現状に対応しているのである。

使節遵行の「現場」とは何か。右の法令解釈でも明らかなように、幕府法令を時系列に追う制度史的分析を重ねてもその現場はみえてこない。(3) 使節遵行の現場は、裁判主体である公権力の意思とは別の論理で動いてもいた。

美乃国茜卩荘所務地頭代時成代実勝謹弁申

欲早被棄捐東大寺雑掌定尊奸訴、去々年当荘年貢抑留不実事、

右、奸訴状枝葉雖多、去々年々貢者、可為当地頭沙汰之条、無子細、即及百貫乍致其弁、所残数百貫文、背年内究済御下知云々、此条、当荘地頭職者、自長井掃部入道手、左衛門督律師去々年令伝領之間、於同年嘉暦元年貢者、連々致其沙汰、已令究済之処、雑掌及乱訴之条、乱吹也、何背御下知之由、可掠申哉、随而申成雑掌一対之矢部七郎・波賀次郎入道於御使之間、不相触時成、捧違背請文之条比興也、所詮、以請取遂結解者、奸訴忽可露顕之上者、速為被棄捐謀訴、粗披陳言上如件、

嘉暦三年六月日

美濃国茜部荘地頭代に年貢抑留ありと訴えた東大寺雑掌は、地頭代の出廷を促す使節（矢部・波賀）と共謀して、地頭代が催促に応じない旨の請文を六波羅探題に提出したという。(4) 地頭代側の主張であるから、その実否を疑う余地はあるが、「以請取遂結解者、奸訴忽可露顕」とも述べ、自信もみせている。使節選任が東大寺雑掌側の意向をうけていた可能性があることは、「申成雑掌一対之矢部七郎・波賀次郎入道於御使之間」との文言から推定できる。自力

救済が前提の当事者主義的訴訟手続のなかでは、訴人自身が使節となる人材をみずから求め、彼らにあてた指令書（この場合は六波羅御教書）を獲得するのがむしろ通例であった。そうした環境のなかで、訴人の利益に忠実な使節が好まれたことは疑いない。地頭代の主張が事実であれば、東大寺雑掌は論人召喚の使節派遣の時機をとらえ、法廷での本格論戦以前に論人を「召文違背」の罪科に落とす戦略に出たことになる。

一方、前掲貞和二年十二月の「守護人非法条々」には、「得論人当知行人語、下地遵行難渋事」との条目もみえる。[5]支証・由緒に基づく理非の裁定を得て、遵行使節とともに訴人が論所に入部するといっても、押領（実効支配）者の抵抗が激しく、入部そのものを断念するケースもあれば、この法令が語るように、守護（使節）が押領（実効支配）者に加担して遵行が停滞するケースもあった。法廷論争で敗退しても、なお論所を実力で維持し得る余地があり、使節となる守護や御家人、国人の意向、動向によっては、訴人が得た裁許状や御教書が失効同然となる危機にも遭遇することになった。本書（第三章第二節）でも触れるように、当知行人の反論によって御教書が撤回されることもあったから、幕府が発行する文書の効力は相対的に低下せざるを得ない。

つまるところ、使節遵行の「現場」とは、法廷論争とは異なる論理や現実の力関係がものをいう世界であって、訴人としては裁許状や御教書を得る努力にも増して、遵行の実現に心を砕かなければならなかった。

嘉暦三年八月廿四日

一　兵庫関雑掌申福泊雑掌幷春日神人当関煩事、武家両使渋谷・俣野雖欲追放、不退散、仍可注進子細之旨、問答両使之処、渋谷所望用途、俣野又存其旨歟之間、于今不出請文、忩可被沙汰遣歟之由申之、（以下略）[6]

使節遵行にかかる諸経費は訴人の負担である（第四章第一節）。そのうえ、経費は使節との交渉のなかで決められた。右の渋谷・俣野の要求のように、所期の目的を果たせなかった旨の請文を認めるにも「用途」が必要であったらしい。論人の実効支配が訴人の力量範囲（排除能力）を超えた水準に達したところで、公訴という手段が選ばれ、使節遵行にこぎつけた以上、使節の要求には応えざるを得なかったであろう。使節が所期の目的を達することができなかった旨の請文は、次善の策を求める支証ともなり得たのである。使節遵行の現場は、訴人にとって最後の、そして最大の難関でもあった。

さて、使節遵行の「現場」を以上のように評価したうえで、その構造を分析することによって、中世のこの国のかたち、地域のすがたを浮かびあがらせるのが本書の趣旨である。研究史とのからみでいえば、それぞれに研究蓄積が厚い地域社会論と中世国家論とを使節遵行の現場で融合する試みということになる。

国のかたちについては、まず、古代以来の畿内政権による畿外支配という構造が基本的に中世を通じて維持されたことに着目したい。鎌倉幕府はその意味で異端の政権であり、その誕生と成長は、畿内政権による畿外支配の構造を相対化する役割を果たし、その伝統は鎌倉府、後北条氏へと継承されたと考えている。一方、畿内政権たる王朝国家は、承久合戦のあと、その暴力装置を失うことになるが、六波羅探題がこれを補完し王朝国家の暴力装置として機能した結果、室町幕府の基本構造がここで醸成されることになる。さらに九州は、畿内政権（王朝国家・室町幕府）、鎌倉幕府それぞれにとって遠隔地（「遠国」）であり、半ば自立した権限を付与された地方支配機関（大宰府〜鎮西探題〜九州探題）がおかれてきた。しかし、これは一方で、南北朝内乱期の征西府権力やこれを鎮圧した今川了俊の解任劇に示されるように、自律化、地域政権化する可能性を含んでいた。そして最後にいわゆる中国地域は、畿内政権の支配領域と西国一般とは異なる領域と意識された九州との中間地域であり、地域呼称としての淵源は南北朝内乱期に足利直冬、細川頼之があいついで軍事拠点を設け、頼之が「中国管領」「中国大将」と呼ばれたことにある。(7) また、四国を含めた瀬戸内海沿岸地域は、畿内政権ないしこれを構成する権門集団（荘園本所勢力）の関心度という点で、非沿岸地域（四国では土佐、中国では山陰地域）と顕著な差異を確認できる（第二章第三節）。

以上のように、中世の国のかたちを考える場合、おそらくはヤマト王権に始まり、律令国家、王朝国家、室町幕府を経て織田信長の「天下布武」[8]に至る畿内政権の系譜を中核におきながら、東国（奥州）、九州、中国（四国）という、ときに自律を主張し実現してきた地域を含みこむ議論が必要であると考える。

次に、地域のすがたについては、国のかたちが形成されるなかでそれぞれの地域が担うことになった役割、あるいはその前提ともなった地域の個性がどのように国のかたちに反映したのかということに注意していきたい。研究史のなかの地域社会論は、生業や生活領域を基準に村や郷レベルの地域設定での議論から、近代的な意味合いでの「国境」「国家」認識を相対化する交易圏、文化圏を構想する議論まで、さまざまなレベルでの地域設定がおこなわれている。ただ、本書がこれらに対応する力はおそらくない。まずは、国のかたちを考える前提とした畿内政権の伝統的系譜を重視する意味から、令制国・五畿七道の編成を地域設定の前提としたい。

そのうえで、それぞれの地域のおそらくは自律的発展のなかで形成されてきた地域秩序が、治承・寿永の内乱や承久合戦、南北朝内乱などを体験するなかで攪乱され、変容していくすがたが使節遵行の「現場」で顕著にみえてくるはずである。

本書は、まず第一章で鎌倉時代の六波羅探題（西国）、鎮西探題（九州）、鎌倉幕府（東国）の使節遵行を素材に、それぞれがそれぞれの地域的課題とどう向き合い、紛争解決の場でどのように機能したのかを明らかにする。そして、第二章で、第一章の分析からみえてくる国のかたち、地域のすがたを整理していく。

第三章は、鎌倉幕府の滅亡後、再び畿内政権として起動することになる建武政権および室町幕府のもとで、国のかたち、地域のすがたがどのように変容を遂げていくか、さらには内乱という環境のなかで、使節遵行そのものの目的ないし意義にどのような変位が生じてきたのか確認したい。

第四章では、使節遵行という国家的公権力の裁定を前提とする紛争解決を地域社会がどのように受け止め、対応したのかを考察する。使節はしばしば地域社会から拒絶された。押領者が「悪党」と呼ばれながらも押領を継続し、あるいは城郭を構えて使節を拒否できたのは地域社会から一定の支持をうけていたからである。(9) 地域社会も決して一枚岩ではないから、その支持も流動的であり、使節遵行の試行錯誤のなかで、ときに文書面にはあらわれない計略もめぐらされたはずである。

総じて、使節遵行というきわめて局所的な現場から、国のかたち、地域のすがたを描いていくことができれば幸いである。

註

(1)『中世法制史料集』第二巻室町幕府法　追加法三一条。

(2) 佐藤進一『鎌倉幕府訴訟制度の研究』(岩波書店、一九九三年、再刊)。

(3) 室町幕府の法令のなかでは、遵行を命じられた使節の緩怠(入部の遅延、遵行の未了・撤退)が主要な課題であった。したがって、これらを追うのみでは、制度的な意味での使節遵行制の欠陥や課題がみえるばかりで、その本質に迫ることは不可能である。なお、使節遵行の方法を指示し使節緩怠を戒めるなどの法令も貞治六(一三六七)年六月の法令(室町幕府法、追加法八五条)を最後にみえなくなるようである。もちろん使節遵行の事例はその後も多く確認され、また、使節緩怠を嘆く訴人の申状類も多く残されている。第三章でみていくように、おおよそ貞治~応安にかけて、内乱に一定の終息がみられ、かつ使節遵行における守護遵行の比率が高まってくるので、これらが幕府法令の動きと連動している可能性は高い。

(4) 茜部荘地頭代代実勝陳状(『東南院文書』、『鎌倉遺文』三〇二九七)。

(5) 法廷における理非判断を経て実施される使節遵行においてもこのような事態が発生するのであれば、一定の支証を携える訴人の主張に基づき、裁判手続きを省略して使節あての御教書が発行される場合(いわゆる特別訴訟手続)は、これにも増して、論人の主張に接した使節が遵行行為を保留するケースも発生することが想定される。使節請文のなかにも、遵行未了の事由として、論人の主張を掲げるものが少なくない。訴人の側からは、「得論人当知行人語、下地遵行難渋事」と映る事態であるが、使節遵行の現場でようやく論人に主張の場が得られていることにも注目しておくべきであろう。この点は、終章で再論する。

（6）東大寺衆議事書（『東大寺文書』、『鎌倉遺文』三〇三五三）。
（7）網野善彦「「中国」という地域名」（『南北朝遺文』中国四国編第二巻月報）。
（8）織田信長の「天下布武」が畿内近国の平定を意味したことについては、神田千里『戦国時代の自力と秩序』（吉川弘文館、二〇一三年）参照。
（9）中世史研究を牽引した実績をもつ一連の「悪党」研究の諸成果がそろえてそのように評価している。なお、悪党研究会編『悪党の中世』（岩田書院、一九九八年）、同『悪党と内乱』（岩田書院、二〇〇五年）、櫻井彦『悪党と地域社会の研究』（校倉書房、二〇〇六年）など参照。

第一章　鎌倉幕府と使節遵行

第一節　六波羅探題と西国守護

鎌倉幕府の地方支配は、六波羅探題・鎮西探題といった広域支配機関と、幕府（形式的には将軍家）の政治的意思の国別執行人たる守護とによって実現されていた。そして、鎌倉時代後期におけるその様相は、基本的には、北条氏の惣領制的な一門配置を根幹とする集権的地方支配と評価され(1)、訴訟管轄の地域分化に関する佐藤進一の指摘や(2)、京都大番役催促（覆勘）における六波羅探題と西国守護の権限分掌についての五味克夫・瀬野精一郎の指摘なども(3)、集権的地方支配の枠組みのなかで理解されている。こうした理解は、幕府政治史の流れとしての得宗専制に相応したものといえるが、この得宗専制—集権的地方支配の対極に見え隠れする広域支配機関の分権・独立化の傾向に注目するならば、鎌倉時代後期の幕府の地方支配システムを、室町幕府のそれ——ブロック権力論、幕府—守護体制あるいは守護領国制——に近づけたかたちで理解することも可能であるように思う。

そこで以下本節では、分権・独立化の傾向をはらむ広域支配機関として六波羅探題を取りあげ、鎌倉時代後期の史料に散見する六波羅使節(4)を具体的分析対象として、幕府＝関東(5)、六波羅探題、六波羅管国内守護＝西国守護、三者の関係を論じ、得宗専制—集権的地方支配のなかに胚胎した分権的構造を浮彫りにしてみたい。

一　六波羅使節の分析

（一）六波羅使節の機能

現在までに手元に集まった六波羅使節の事例を編年に整理したのが表1である。[6] 以下しばらくはこの表1をめぐって論を進めたい。

まず国についてみると、おそらくは史料の偏在に起因すると思われる検出事例の多寡はあるものの、いちおう六波羅管国のほぼ全域にわたって使節の存在が認められる。このことは、むしろ本節の前提に属することなので最初に確認しておきたい。

次に、検出年代に注目すると、六波羅使節は鎌倉時代の後期、とくに一三〇〇年代に集中して検出されている。これはおそらく単なる偶然ではなく、六波羅使節の歴史的位置づけにかかわる重要なデータと思われるので、即断は避け後述部分で再論したい。

表1　六波羅使節編年譜

番号 新	番号 旧	年代	国名	分類	使節	案件（①訴人、②論人、③論所等）	典拠
1	1	安貞二・一一・二八（一二二八）	紀伊	両使 C	本間左衛門尉忠家 賀島左衛門尉盛能	①(幕府)、②高野山、③兵仗禁遏	六波羅御教書（高野山文書／鎌倉遺文3790）
2	2	寛喜元（一二二九）	丹波	両使 C	宇間刑部左衛門尉 菅左衛門尉	①(幕府)、②③丹波御家人交名注進	六波羅下知状（祇園社記／20344）
3	3	仁治二（一二四一）	紀伊	両使 B	越前法橋頼円 富田入道西念	①丹生屋村地頭品川清尚、②高野山領名手荘住人等（水論／苅田・刃傷）、③丹生屋村	品川清尚訴状（高野山文書／8137）
4		宝治二・五・二三（一二四八）	讃岐	両使 C	三堀蔵人太郎 山鹿五郎	①(石清水八幡宮検校)、②(守護)、③本山新荘守護使入部（停止）	讃岐守護施行状（松雲公・石清水八幡宮旧記／補1404）

5		建長四・六・二七（一二五二）	出雲	単使 A	守護代	①岩坂郷地頭代、②神魂社神官、③境相論（地頭代上洛難渋）	六波羅探題書下（千家家文書／7453）
6	4	弘長三・八・一八（一二六三）	紀伊	両使 A	守護代 湯浅左衛門入道	①丹生屋村地頭品川為清、②高野山領名手荘住人等（水論／苅田・刃傷）、③丹生屋村	六波羅御教書（高野山文書／8978）
7	5	文永六・二・二二（一二六九）	丹波	両使 C	小河左衛門太郎 臼井五郎太郎	①松尾社禰宜相幸、②地頭浄心幷舎弟光長、③雀部荘（乱入狼藉）	六波羅御教書（松尾大社文書／松尾大社史料集）
8		文永一〇・一二・二〇（一二七三）	出雲	守護 C	佐々木信濃前司（泰清） 三崎検校（日置政吉）	①日三崎社、②殺生禁断違反者注進、③社領分	関東御教書（日御崎神社文書／11273）
9	6	文永一一（一二七四）	若狭	両使 B	薬師寺左衛門入道通賢 出浦蔵人入道行念	①（雑掌）円栄、②古老へ尋究、③前河荘	円栄申状（蓬左文庫・斎民要術紙背文書／11602）
10	7	建治元・九・一〇（一二七五）	安芸	両使 A	美作三郎（小早川） 下妻孫次郎	①在庁上西清経・惣社三昧堂一和尚承兼、②温科地頭代能秀、③名田押領・苅田	六波羅御教書（藤田精一旧蔵文書／12015）
11		建治元・一二（一二七五）	紀伊	両使 C	湯浅二郎左衛門入道 湯浅三郎左衛門次郎宗親	①高野山、②荒川弥四郎為時（召進）、③阿氐川荘	湯浅宗親陳状（高野山文書／12183）
12	8	建治二・七・一七（一二七六）	丹波	両使 C	小河左衛門太郎 久下五郎左衛門入道	①波々伯部保雑掌、②保民盛利（御家人号を仮り煩）、③波々伯部保	六波羅御教書（建内文書／史料編纂所影写本、八坂神社文書／12411）
13		弘安元・四・二（一二七八）	美作	単使 A	江見三郎入道々阿	①渋谷定仏後家尼妙蓮、②渋谷重員、③渋谷屋敷（押領）	尼妙蓮重申状（入来院文書／13076）
14	9	弘安六・八・一四（一二八三）	備中	両使 A	犬甘蔵人入道 雅楽左衛門三郎入道	①小坂荘雑掌、②同荘地頭庄藤四郎入道行信、③小坂荘（違乱・非法）	六波羅御教書（三聖寺文書／14924）
		弘安六・一二・八（一二八三）					六波羅御教書（三聖寺文書／15023）
		弘安八・四・一一（一二八五）		両使 C			六波羅御教書（三聖寺文書／15561）
15	10	弘安一〇（一二八七）	加賀	両使 B	富樫新介家泰 倉光五郎入道観昭	①熊坂荘一方雑掌、②江尻左衛門尉泰俊、③熊坂荘（名田幷苅田狼藉）	関東下知状（尊経閣古文書纂・東福寺／16360）

番号 新	番号 旧	年代	国名	分類	使節	案件（①訴人、②論人、③論所等）	典拠
16	11	弘安一一（一二八八）	紀伊	両使 B	斎藤四郎左衛門尉基永 俣野八郎（法名寂一）	①薬勝寺雑掌僧良俊、②勢多半分地頭金持三郎右衛門尉広親、③三上荘勢多郷（相伝由緒の尋究）	関東下知状（紀伊薬王寺文書 /19934）
17	17	正応二・二・一一（一二八九）	紀伊	両使 C	香河五郎忠景 守護代唯心	①薬勝寺雑掌僧良俊、②勢多半分地頭金持三郎右衛門尉広親、③三上荘勢多郷（論所を除き広親に沙汰付）	
	13	正応五・一〇・七（一二九二）	紀伊	両使 C	玉井小太郎入道（西蓮） 石垣太郎左衛門尉宗明		
18	12	正応元・七・一（一二八八）	若狭	両使 C	（本郷）美作左近蔵人入道 多伊良兵部房	①若狭国一宮禰宜・若狭国税所代、②(造営)、③(一宮造営)	六波羅施行状（東寺百合文書 /16690）
19	14	正応三・七・九（一二九〇）	（大和）	両使 A	通益 頼成	①平田荘地頭代行政、②河内国当麻荘住人忠行法師、③大番用途抑留	六波羅御教書（兼仲卿記紙背文書 /17383）
20	15	正応三・九・八（一二九〇）	和泉	両使 C	香河弥五郎 守護代	①大鳥荘雑掌快賢、②御家人（丹生）宗綱、③大鳥荘（雑掌追却・苅田狼藉）	六波羅御教書（田代文書 /17443）
21		正応四・一〇・五（一二九一）	紀伊	単使 A	高橋三郎入道（→菱田唯心）	①金剛峯寺衆徒、②荒河荘・名手荘住人為時法師・義賢・蓮空、③吉中荘（殺害・放火）	六波羅御教書（高野山文書 /17723・17728）
22	16	正応五・六・一九（一二九二）	和泉	両使 C	小塩左近太郎入道 守護代	①日根荘鶴原村雑掌、②同村沙汰人兼綱、③(年貢抑留)	六波羅御教書（日根文書 /17935）
23	18	永仁元・八・一二（一二九三）	紀伊	両使 C	（守護代）高橋三郎入道 貴志次郎入道	①千住名地頭代景親、②（充行？）、③散在名	六波羅施行状（歓喜寺文書 /18340）
24	19	永仁元・八・一九（一二九三）	摂津	両使 A	渋谷三郎入道道智 有賀某（法名充念）	①寂静院衆僧、②多田院御家人吉川蔵人惟衡（悪党扶持）、③九十九町下荘	有賀充念請文（高野山寂静院文書 /18346）
25	特1	永仁三（一二九五） 嘉元二（一三〇四）	丹波	両使 C	飯尾但馬房善覚 三宮孫四郎国明 荻野四郎入道忍性	①仁和寺領弥勒寺別院雑掌、②地頭中沢佐綱、③弥勒寺別院領（地頭分坪付）	六波羅下知状（仁和寺文書 /24879）

26		永仁四・六・六（一二九六）	大和	単使 A	深栖八郎蔵人（泰長）	①平野殿荘雑掌、②同荘土民ら、③寺用物抑留	六波羅御教書（東寺百合文書/19085）
		永仁四・八・一〇（一二九六）					六波羅御教書（東寺百合文書/19107・19146・19139）
		永仁四・一〇・二五（一二九六）					六波羅御教書（東寺百合文書/19167・19291）
		永仁五・九・七（一二九七）					六波羅御教書（東寺百合文書/19446）
	29　27	永仁五・一一・二（一二九七）		両使 A	深栖八郎蔵人（泰長）柘植弥（又）二郎（泰清）	①平野殿荘雑掌聖賢、②同荘土民ら、③寺用物抑留	六波羅御教書（東寺百合文書/19521）
		永仁六・三・九（一二九八）					六波羅御教書（東寺百合文書/19623）
		永仁七・二・二四（一二九九）					六波羅御教書（東寺百合文書/19957）
		永仁五・一二・一四（一二九七）		上御使	庄四郎左衛門尉（資兼）	①平野殿荘雑掌聖賢、②同荘土民ら、③寺用物抑留（深栖・柘植の請文督促）	六波羅御教書（東寺百合文書/19559）
		永仁六・四・一五（一二九八）					六波羅御教書（東寺百合文書/19653）
		正安元・五・二四（一二九九）		両使 A	深栖八郎蔵人（泰長）勝田修理亮太郎	①平野殿荘雑掌快実、②同荘土民（願妙・平清氏）ら、③寺用物抑留	六波羅御教書（東寺百合文書/東寺409）
27	21	永仁五・一〇・九（一二九七）	丹波	両使 C	税所左衛門尉　中沢三郎左衛門尉	①仁和寺、②三ヶ北荘前下司貞綱・貞重ら、③（逐電、当国地頭御家人に捜索指示）	六波羅御教書（仁和寺文書/19502、尊経閣古文書纂・編年文書）
		正安二・六・一（一三〇〇）					六波羅下知状（仁和寺文書/20458）
28		永仁五・一二・二（一二九七）	山城	両使 C	深栖八郎蔵人（泰長）柘植又次郎（泰清）	①東大寺衆徒等、②悪党右衛門入道以下輩、③賀茂荘（夜討強盗）	六波羅御教書（東大寺文書/目録1-22-3-6）

番号 新	番号 旧	年代	国名	分類	使節	案件（①訴人、②論人、③論所等）	典拠
28	22	永仁六・六・二三（一二九八）	山城	両使 C	深栖八郎蔵人（泰長） 柘植又次郎（泰清）	①東大寺衆徒等、②悪党右衛門入道以下輩、③賀茂荘（夜討強盗）	六波羅御教書（東大寺文書／目録1-22-3-5）
		永仁六・七・二七（一二九八）					六波羅御教書（東大寺文書／目録1-22-3-4）
29	23	永仁六・一・二七（一二九八）	紀伊	両使 B	湯（浅）七郎兵衛宗泰 守護代重連	①粉川寺住侶等・徳大寺前内大臣家雑掌、②当給人地頭等、③栗栖荘	関東下知状（紀伊御池坊文書／19764）
30	24	（永仁六・五）（一二九八）	安芸	両使 B	下妻孫次郎入道浄一 熊谷三郎四郎入道行蓮	①三田新荘上村、②同荘下村、③（堺相論、牓示打）	源光氏・藤原親教和与状（安芸永井文書／19697）
	25	永仁六・五（一二九八）			小早川美作前司忠茂 武田孫四郎泰継	①三田新荘上村、②同荘下村、③（堺相論、牓示復検）	
31	26	永仁六・一二・二（一二九八）	近江	両使 A	曽我又次郎太郎 矢島弥太郎	①菅浦供御人、②塩津荘地頭熊谷七郎次郎（直忠）、③（鈎事）	六波羅御教書（菅浦文書／19887）
		永仁七・二・二〇（一二九九）					六波羅御教書（菅浦文書／19952）
		永仁七・三・一七（一二九九）					六波羅御教書（菅浦文書／19984）
32		永仁七・三・二五（一二九九）	周防	単使 A	守護代	①佐波如円代盛親、②与田保地頭武者六郎光朝・頼氏、③与田保公文職	北条基時書状（東大法学部文書／19995）
33	28	正安元・五・二〇（一二九九）	播磨	両使 A	梶原三郎 江田六郎	①東大寺衆徒等、②坂部地頭代定行、③大部荘（濫妨）	六波羅御教書（東大寺文書／20122）
		正安元・七・七（一二九九）					六波羅御教書（東大寺文書／20161）
34		正安元・八・二〇（一二九九）	大和	両使 A	深栖八郎蔵人（泰長） 春近五郎二郎	①（六波羅探題）、②（山城国悪党交名人召進）、③大和・山城・伊賀に触申す	六波羅御教書（内閣文庫・山城国古文書／20209）

35	30	正安二・七・一三（一三〇〇）	伊勢	両使 A	河村佐藤（五郎入道） 豊田彦五（郎）	①（三重郡）南松本地頭代順恵、②百姓民部次郎入道等、③所当公事対捍	六波羅御教書（伊勢光明寺文書／20454）
36	31	正安二・七・一三（一三〇〇）	伊予	両使 A	淡路四郎左衛門尉宗業 大槻又大郎盛綱	①伊予御家人三島大祝安俊代安胤、②福角清六入道、③貞光名内沽却田地	六波羅下知状（大山積神社文書／20583）
37	34	正安三・一二・五（一三〇一）		両使 C	淡路四郎左衛門尉宗業 宇佐美六郎	①伊予御家人三島大祝安俊代安胤、②井上郷地頭代・石手民部房、③貞光名内沽却田地	六波羅御教書（大山積神社文書／20916）
		正安三・一二・一二（一三〇一）					六波羅御教書（大山積神社文書／20924）
38	32	正安三・三・二〇（一三〇一）	美濃	両使 A	伊賀二郎兵衛尉 鵜飼三郎太郎	①東大寺学侶等、②地頭代、③茜部荘（年貢未済）	六波羅御教書（東大寺文書／20739）
39	33	正安三・一一・一（一三〇一）	安芸	両使 C	肥後五郎左衛門尉（政行） 安芸三郎（遠政）	①安芸国田所資賢、②久村地頭金子三郎二郎入道願西、③所当以下得分物（弁償）	六波羅御教書（芸備郡中士筋者書出／広島県史・古代中世資料Ｖ）
40	105	正安四・四・七（一三〇二）	丹波	単使 C	中沢三郎左衛門尉基員	①雑掌（尊舜）、②③宮田荘大嘗会米譴責（中沢は譴責強行）	宮田荘雑掌尊舜申状（近衛家文書／31902）
		正慶元・一一（一三三二）		両使 C	糟屋孫三郎入道 三尾（谷）十郎入道		
		正慶元・一二・二〇（一三三二）					六波羅御教書（近衛家文書／史料編纂所影写本）
41	35	乾元元・一一・二八（一三〇二）	加賀	両使 A	津戸孫三郎 守護代	①雑掌阿印、②地頭、③東前保（所務押妨・年貢抑留）	六波羅御教書（東寺百合文書／東寺 491・492）
42	36	乾元二・四・二八（一三〇三）	紀伊	両使 A	源（藤並）尚 左兵衛尉家持	①歓喜寺々僧等、②千住名地頭代、③和佐荘南村（押領）	藤並尚・左兵衛尉家持連署請文（歓喜寺文書／21465）
43	37	嘉元元・一一（一三〇三）	安芸	両使 A	下妻孫三郎朝幹 狛原五郎四郎忠時	①三入荘一方地頭熊谷行蓮（頼直）後家尼・子息直明、②可部荘東方地頭遠江修理亮後家代源秀、③三入荘（乱入・狩猟）	関東下知状（熊谷家文書／21689）

番号 新	番号 旧	年代	国名	分類	使節	案件（①訴人、②論人、③論所等）	典拠
44		嘉元二・六・一八（一三〇四）	伊勢	両使 A	豊田彦五郎、河村佐藤五郎入道	①③（関東御教書、諸御厨）、②祭主（大中臣定忠）	六波羅御教書（徴古文府／21871）
46		嘉元二・八・一三（一三〇四）	美作	両使 B	渋谷三郎入道定親、松田三郎太郎盛経	①備前国藤野保地頭（頓宮肥後六郎義綱）、②八塔寺衆徒、③山木相論	六波羅下知状（八塔寺文書／岡山県史）
45	38	嘉元二・九・一二（一三〇四）	伊予	両使 C	神野四郎入道道覚、綿貫左衛門太郎幸綱	①預所栄実、②地頭宮内少輔仲良、③弓削島荘（下地・網庭）	弓削島荘預所栄実注進条々事書（東寺百合文書／22995）
47	39	嘉元二・一一・一二（一三〇四）	加賀	両使 C	安房蔵人大夫氏時、富樫四郎泰景	①得橋郷内佐羅別宮御供田雑掌貞清、②得橋本郷地頭（丹波掃部助貞高）代乗賢、③御供田（押領・苅田狼藉）	六波羅下知状（南禅寺文書／23249）
	46	嘉元四・七・二三（一三〇六）		両使 C	出雲五郎左衛門尉景秀、肥後左衛門三郎秀時		
48	40	嘉元二・一一・二二（一三〇四）	丹波	両使 A	（雅楽入道）正観、成基	①主殿保雑掌定慶、②地頭酒井次郎左衛門尉孝信（年貢抑留）、③法金剛院領主殿保	六波羅下知状（法金剛院文書／22066）
	44	嘉元三・四・一一（一三〇五）		両使 C	中沢三郎左衛門尉（基員）、（荻野四郎入道）忍性		六波羅御教書（仁和寺文書／22166）
49	41	嘉元二・一二・一三（一三〇四）	尾張	両使 A	朝日孫二郎（頼氏）、守護代	①京都住人理真、②尾張国西門真荘地頭代、③借用証文（返却難渋）	六波羅引付頭人奉書（醍醐寺文書／22054）
50	42	嘉元二・九・二八（一三〇四）	伊勢	両使 A	春日部弥二郎入道正仏、（姓未詳）景家	①（称名寺）、②真近地頭代、③寺領平松・壁口（押領）	六波羅下知状（称名寺文書／22059）
51	43	嘉元三・三・三〇（一三〇五）	備後	両使 C	土肥六郎、梠原右近将監	①雑掌慶海、②山中郷公文善願子息富部貞信、③高野山大塔領大田荘（年貢抑留）	六波羅御教書（興山寺文書／22149）
52	45	嘉元四・四・七（一三〇六）	大和	両使 A	大内弥三郎入道、酒匂左衛門八郎	①雑掌重舜、②河内国御家人高安太郎、③平野荘（濫妨狼藉）	六波羅御教書（東寺百合文書／22601）
53	47	嘉元四・九・一一（一三〇六）	播磨	両使 A	神沢太郎左衛門尉重綱、大多和彦次郎□基	①播磨国御家人寺田法念、②一方地頭代季継、③矢野荘重藤名・公文職（年貢抑留）	六波羅下知状（東寺百合文書／22765）

54	48	嘉元四・九・二九（一三〇六）	丹波	両使 D	（守護代）鵜沼四郎左衛門尉 酒井次郎左衛門尉（孝信）	①雑掌円道、②（前公文）生西父子ら、③宮田荘（乱入、殺害・放火等狼藉）	六波羅御教書（近衛家文書／史料編纂所影写本）
		徳治二・一・二五（一三〇七）					
55		徳治二・七・五（一三〇七）	阿波	両使 C	柿原四郎 源泰経	①賀茂社領福田荘雑掌宗親、②惣追捕使行阿代忠房、③福田荘	源泰経請文（山城斎藤家文書/23002）
56	66　62　60　57　52	徳治二・一一・六（一三〇七）	越前	単使 A	美作四郎泰景	①越中国大袋荘東放生津住人沙弥本阿代則房、②越前国坪江郷佐幾良・加持羅・阿久多宇三ケ浦預所代左衛門次郎・刀禰十郎権守・又太郎大夫・進士次郎、三国湊住人五郎三郎入道・信寂房、③関東御免津軽船（押取）	越中国大袋荘東放生津住人沙弥本阿代則房申状（大乗院文書雑々引付/25798）
		延慶三・五・一三（一三一〇）	（大和）	両使 A	大野五郎秀尚 雑賀中務丞貞尚		
		延慶四・三・二（一三一一）	（大和）	両使 A	斎藤四郎左衛門尉基夏 津戸筑後権守康朝		
		正和三・一・二七（一三一四）	（大和）	両使 A	神沢五郎兵衛尉秀政 関左衛門蔵人正宗		
		正和三・三・五（一三一四）	（大和）	両使 A	飯尾兵衛大夫（為定） 雅楽左近将監信重		
		正和四・一・二八（一三一五）	（大和）	両使 A	三宮孫四郎国明 雑賀中務丞貞尚		
		正和五・九・一七（一三一六）	（大和）	両使 A	頼成 為連		六波羅御教書（大乗院雑々引付/25934）
57	49	徳治二・一一・二二（一三〇七）	加賀	両使 A	成（城）六郎尚親 小松上総房円勝	①得橋郷地頭代興範、②白山中宮佐羅別宮雑掌貞清、③別当郷佐羅村（押領）	六波羅下知状（南禅寺文書/23249）
58	50	徳治三・二・一六（一三〇八）	播磨	両使 C	江田五郎入道 伊豆五郎太郎入道	①神護寺領福井西保雑掌、②③役夫工米（譴責停止、「御室御教書」の施行）	六波羅下知状（神護寺文書/23180）
59	51	徳治三・五・五（一三〇八）	山城	両使 C	春近馬允 服部平三（家保）	①東大寺衆徒等、②（悪党）右衛門入道源仏・慈法（夜討強盗）、③賀茂荘	六波羅御教書（唐招提寺所蔵東大寺文書/23252）
		延慶四・三・一六（一三一一）					六波羅御教書（唐招提寺所蔵東大寺文書/24252）

番号 新	番号 旧	年代	国名	分類	使節	案件（①訴人、②論人、③論所等）	典拠
59	51	延慶四・三・一六（一三一一）	山城	両使 C	服部平三（家保）	①東大寺衆徒等、②（悪党）右衛門入道源仏・慈法（夜討強盗）、③賀茂荘	六波羅御教書（唐招提寺所蔵東大寺文書/24252）
		応長二・三・二（一三一二）			（春近馬允？）服部平三（家保）		六波羅御教書（唐招提寺所蔵東大寺文書/24545）
		正和二・一二・一五（一三一三）			春近馬允 服部平三（家保）		六波羅御教書（唐招提寺所蔵東大寺文書/25073・25184）
		正和三・一二・一一（一三一四）					六波羅御教書（唐招提寺所蔵東大寺文書/25373）
		正和四・一〇・一一（一三一五）					六波羅御教書（東大寺文書/25636）
60	53	徳治三・六・二五（一三〇八）	伊勢	両使 B	関左近大夫 斎藤六郎入道行西	①②③「延慶元六廿四五比、伊勢国へ叛逆悪党乱入御使」（官宣旨は正慶元年六月十八日付、「元弘の乱」にかかる）	官宣旨案幷事書（狩野亨吉蒐集文書/史料編纂所影写本7、43/158）
61		延慶元・一二（一三〇八）	摂津	両使 C	飯尾但馬房（善覚） 神沢五郎兵衛尉	①（寄付院宣・関東下知）、②③兵庫関（沙汰居）	東大寺衆徒等申状（東大寺文書/25626）
62	54	延慶二・二・一七（一三〇九）	摂津	両使 A	野部介光長 伊丹四郎左衛門入道妙智	①雑掌祐快、②御家人芥河孫三郎・土室式部大夫ら、③垂水荘（年貢抑留・苅田狼藉）	六波羅下知状（東寺百合文書/23693）
63	55	延慶二・二・二二（一三〇九）	伊予	両使 A	綿貫左衛門二郎 高木五郎兵衛入道	①一分地頭藤原氏代長忠、②一方地頭重則、③忽那島（押領）	六波羅御教書（忽那家文書/23596）
64		延慶二・三・一二（一三〇九）	美作	両使 A	江見孫次郎 角田六郎次郎	①六波羅蜜寺所司、②高野郷一分地頭牧木工助家綱、③高野郷（苅田狼藉）	六波羅御教書（六波羅蜜寺文書/23629）
65		延慶三・一〇・五（一三一〇）	（大和）	両使 A	（大野）秀尚 （雑賀）貞尚	①（東寺）、②（大和国大強盗交名人）、③（平野殿荘？）	六波羅御教書（東寺百合文書/24084）
66	56	延慶三・一〇・一〇（一三一〇）	安芸	両使 C	肥後五郎左衛門尉政行 安芸三郎遠政	①新勅旨田雑掌頼有、②肥後五郎左衛門尉政行・安芸三郎遠政、③大嘗会米（譴責）	新勅旨田雑掌頼有申状（東寺百合文書/24333）

67	補	延慶四・三・三〇（一三一一）	近江	両使 A	小串五郎左衛門尉 □嶋弥□□□	①雑掌道円、②沙汰人・百姓、③一切経保田（年貢未進）	六波羅御教書（早稲田大学所蔵文書／24276）
68	58	応長元・六・五（一三一一）	京	両使 A	（神沢）秀政 （斎藤）基夏	①北野宮寺、②在地人（狼藉）、③紅梅殿	（北野社紅梅殿記録／51916・51918）
		応長二・二・一七（一三一二）		両使 C	海老名和泉弥五郎		六波羅御教書（北野社紅梅殿記録／51938）
		正和元・四・一〇（一三一二）					六波羅御教書（北野社紅梅殿記録／51941）
69	59	正和二・四・二九（一三一三）	紀伊	両使 A	飯尾兵衛大夫（為定） 三宮孫四郎（国明）	①紀伊国御家人長田刑部房紹金息女藤原氏女西金、②百姓景久・氏行・末行・光行、③鞆淵園（殺害、召出要求→鞆淵八幡宮検校）	六波羅御教書（鞆淵八幡宮文書／24854・26083）
70		正和二・六・九（一三一三）	備中	両使 A	正証（関） 玄基（斉藤）	①東福寺領上原郷地頭代宗覚、②在庁重氏・弥氏ら、③上原郷（刃傷・追捕狼藉）	六波羅下知状（九条家文書／図書寮叢刊）
71	61	正和三・二・一六（一三一四）	丹後	両使 C	堤五郎 矢部孫次郎入道	①大内荘雑掌道円・円成、②地頭代・正舜、③大内荘（濫妨狼藉、関東御教書の施行）	六波羅施行状（東寺百合文書／東寺728）
72	63	正和三・四・一一（一三一四）	安芸	両使 A	下妻孫三郎（明房） 児玉七郎入道（遍心）	①雑掌頼有、②志芳荘一方地頭肥後五郎左衛門尉政行・同一方地頭安芸三郎遠政、③新勅旨田（大嘗会米譴責）	児玉遍心請文・平明房請文（東寺百合文書／25165・25161・25162・東寺745）
73	64	正和三・四・二五（一三一四）	尾張	両使 A	朝日孫次郎頼氏 中島正介入道承念	①草部郷一分地頭幸寿丸代教円、②宗隆跡地頭草部助太郎入道善願、③同郷清水寺・田畠（濫妨）	六波羅下知状（妙興寺文書／25216）
74	65	正和三・六・二九（一三一四）	伊勢	両使 A	佐竹四郎五郎入道義念 柏原九郎次郎貞秀	①守護領庄田方地頭代浄慶、②太神宮領殿村住人西蓮・又四郎、③（出作年貢未済）	六波羅下知状（称名寺文書／25215）
75	67	正和四・九・一二（一三一五）	摂津	両使 C	能登次郎左衛門尉 大井美作五郎	①（新関停止令）、②③淀河・尼崎・兵庫嶋・渡辺等	六波羅御教書（東大寺文書／25615・25626）
76	68	正和四・一〇・九（一三一五）	摂津	両使 C	（守護代・糟屋）長義 伊丹左衛門三郎親盛	①八幡宮大山崎神人、②関所雑掌、天王寺領木村住人七郎男・得願法師、③兵庫以下関所	伊丹親盛請文・沙弥道覚請文（離宮八幡宮文書／25632・25633）

番号 新	番号 旧	年代	国名	分類	使節	案件（①訴人、②論人、③論所等）	典拠
77	69	正和四・一一・二三（一三一五）	播磨	両使 C	（守護代）糟屋弥次郎 石原又次郎	①南禅寺領矢野例名雑掌、②範家法師・法念弥太郎・安芸法橋、③矢野例名（濫妨狼藉）	六波羅御教書（東寺百合文書／25664・25665）
78	70	正和五・四・二九（一三一六）	（京）	両使 A	倫□（長） （安富）行長	①備後国泉村地頭代重俊、②丹後国符米□□郷住人源次郎為近・新次郎安友、③銭貨	六波羅御教書（田中繁三文書／25827）
79	71	正和五・五・二三（一三一六）	丹波	両使 A	（守護代）税所左衛門入道々栄 物部豊前弥二郎成家	①雑掌良有、②下司三郎左衛門入道寂仏・公文次郎左衛門入道観円、③宮田荘（本所違背・御家人役所望）	宮田荘雑掌良有申状（近衛家文書／史料編纂所影写本）
80	72	正和五・七・一三（一三一六）	播磨	両使 D	（守護代）糟屋弥次郎 長浜六郎入道	①雑掌真勝・成安、②悪党、③平野荘（乱入狼藉）	六波羅御教書（東大寺文書／25889）
81	73	正和五・九・二五（一三一六）	伊勢	両使 C	（守護代）小串六郎行郷 佐竹四郎五郎入道（義念）	①富樫介（家春／定照）子息次郎（泰明）、②土民ら、③飯野・多気・三重・安濃・員弁郡地頭職（本所望みにより地頭を置くも抵抗・狼藉）	（四天王寺・如意宝珠御修法日記裏文書／27652）
82	74	正和五・一二・二二（一三一六）	山城	両使 C	春近左馬允康朝 中島助房	①松尾神主相憲、②土民、③（境内地）仁倉林（狼藉、勅裁叙用せず）	左馬允藤原（春近）康朝請文（東文書／史料編纂所影写本）
83	75	文保元・三・一〇（一三一七）	出雲	両使 A	相馬八郎次郎胤時 片山平三入道観知	①禰宇村地頭明知息女紀氏宮石女等代泰次、②日野又次郎茂直、③大野荘（名田畠、論人下国につき召文催促）	関東下知状（小野文書／27515）
84	特2	文保元・一二・二〇（一三一七）	備後	両使 C	伊地知民部大夫長清 藍原左衛門入道定光 太田又次郎	①金剛峯寺衆徒、②守護長井貞重代官円清、③大田荘倉敷尾道浦（放火・殺害・刃傷・追捕狼藉）	金剛峯寺衆徒等申状（金剛峯寺文書／27558）
85	76	元応元・三・二四（一三一九）	近江	両使 C	（大野？）秀尚 （関右近蔵人）良成	①②（園城寺・延暦寺抗争）、③（園城寺への使者）	延暦寺衆徒一揆衆議事書（禅定寺文書／27002）
		元応元・四（一三一九）		両使 B	伊地知孫三郎季昌 関右近蔵人良成	①②（園城寺・延暦寺抗争）、③（園城寺境内戒壇・城郭の破却実否検知）	園城寺学頭宿老等申状（古簡雑纂／27012）
		元応元・四（一三一九）			宗像新左衛門尉基氏 保野中務丞家景		

86	77	元応元・一〇・二四（一三一九）	因幡	両使 C	保土原馬允 矢部七郎	①地頭代有尊、②郷内薬師寺住人新河兵衛次郎ら、③（高草郡）古海郷（刃傷・作毛刈取）	六波羅御教書（尊経閣・古蹟文徴/27269）
87	78	元応二・二・二〇（一三二〇）	紀伊	両使 C	山口孫太郎 和佐孫太郎入道	①雑掌季清、②③役夫工米譴責停止	六波羅御教書（旦来八幡宮文書/27378）
88		元応二・三・二一（一三二〇）	備後	両使 C	山鹿孫三郎 長加賀馬大夫	①高野山大塔、②（悪党）覚寿以下輩、③大田荘（狼藉）	六波羅御教書（高野山御影堂文書/27415）
89	79	元応二・八・一七（一三二〇）	安芸	両使 C	塩谷左衛門入道 児玉七郎入道	①②（海上警固令）、③安芸国（安南郡）亀頸警固（賊徒）	六波羅御教書（防府毛利文書/27549）
90		元応二・八・二三（一三二〇）	紀伊	両使 C	湯浅太郎左衛門入道 丹生図彦十郎	①高野山蓮華乗院学侶、②地頭代、③南部荘（年貢抑留）	六波羅御教書（高野山文書/27552）
91	80	元応二・一二・一八（一三二〇）	美濃	両使 C	小笠原二郎 塩谷又二郎入道（定仏）	①御即位以下三ケ奉幣美濃国使貞光、②地頭御家人、③奉幣物准擬雑事（難渋）	六波羅御教書（東南院文書/27661）
92		元応三・二・一三（一三二一）	伊予	両使 C	河野対馬前司（通有） 土肥彦九郎	①②（海上警固令）、③忽那島	六波羅御教書（武家手鑑/27713）
93	81	元亨元・八・九（一三二一）	近江	両使 D	有賀左衛門四郎 頓宮肥後彦六郎	①興福寺、②前惣追捕使大炊助入道々西ら、③柿御園（春日神人殺害）	六波羅御教書（福智院家文書/27830）
94		元亨二・三・九（一三二二）	美作	両使 B	安東二郎兵衛入道 渋谷平六（重氏）	①②③林野保一分地頭江見信茂、（出家暇申すにつき年齢・病体検見）	六波羅御教書（入来院・岡元文書/27977）
95	82	元亨二・三・一八（一三二二）	播磨	両使 C	（守護代）小串三郎左衛門尉 江田六郎入道	①上方地頭代頼融、②前代官澄海、③高野山金剛三昧院領有田荘（押領・年貢抑留）	六波羅御教書（金剛三昧院文書/27988）
96	83	元亨二・五・一一（一三二二）	志摩	両使 C	桑原神兵衛尉 山田又三郎入道	①二見江寺住僧弁盛、②荒島住人右衛門三郎、③悪志島（蔵本・同舎兄道妙住宅強盗）	志摩守護代親政奉書（伊勢光明寺文書/28046）
97	84	元亨三・七・五（一三二三）	播磨	両使 C	（守護代）小串三郎左衛門尉 内藤馬允	①東大寺衆徒等、②窪木地頭向井八郎、③大部荘（年貢押取狼藉）	六波羅御教書（大和薬師院文書/28450）
98		元亨三・一〇・二□（一三二三）	大和？	両使 C	矢具島三郎左衛門 服部左衛門□郎	①東大寺衆徒、②夜討・苅田、③（先度御教書返進）	六波羅御教書（東大寺文書/28567）

番号 新	番号 旧	年代	国名	分類	使節	案件（①訴人、②論人、③論所等）	典拠
99	91 85	元亨四・二・二〇（一三二四）	伊賀	両使 D	（守護代）佐々木三郎左衛門尉（範綱） 柘植二郎左衛門尉	①東大寺衆徒等、②（悪党）覚舜・清高・道願等、③黒田荘	六波羅御教書（東大寺文書/28675）
		嘉暦元・八・一三（一三二六）			伊賀守護代（範綱） 柘植次郎左衛門尉		六波羅御教書（中村雅真文書/29582）
		嘉暦二・三・二（一三二七）			服部右衛門太郎入道（持法） 守護代（千葉常茂）		六波羅御教書（東大寺文書/29757）
		嘉暦二・八・一一（一三二七）					六波羅御教書（東大寺文書/29918）
		嘉暦二・九・一〇（一三二七）					六波羅御教書（東大寺文書/29994）
		嘉暦二・一一・一三（一三二七）					六波羅御教書（東大寺文書/30072）
100	90 86	元亨四・一一・二（一三二四）	摂津	両使 D	俣野七郎太郎 真上彦三郎（資信）	①下司日下部氏代覚賢、②百姓浄願・良賢、覚尊・祐尊ら、勘解由允河縁兵衛尉・舎弟宮内丞左衛門太（数百人悪党）、③垂水荘（下司代追却・苅田・放火・刃傷）	六波羅御教書（東寺百合文書/28863）
		正中二・二・二（一三二五）					六波羅御教書（東寺百合文書/28981）
		嘉暦元・一一・一六（一三二六）	摂津	両使 C	溝杭孫三郎 真上彦三郎（資信）		六波羅御教書（東寺百合文書/29654）
		嘉暦二・八・五（一三二七）					六波羅御教書（東寺百合文書/29915）
		元徳三・四・二八（一三三一）					六波羅御教書（東寺百合文書/31420）
101		正中二・三・二三（一三二五）	備前	両使 B	犬甘彦六郎 渋谷平六（重氏）	①雑掌宗清、②（姓未詳）親経・範平ら、③豊原荘（濫妨・追捕狼藉）	六波羅御教書（入来院・岡元文書/29064）

102	89	正中二・四・二四（一三二五）	丹波	両使 D	荻野総三郎入道 足立彦五郎	①雑掌政雄、②景資法師ら、③松尾社領雀部荘（城郭を構え狼藉）	六波羅御教書（松尾神社文書／29098）
103	92	嘉暦二・三・四（一三二七）	（京）	両使 A	（奉行人）惟家 （同）□基	①御家人芥河孫四郎入道信覚、②御家人広瀬太郎左衛門尉景基、③質物抑留	六波羅下知状（甲子夜話続編／29974）
104	93	嘉暦二・三・三〇（一三二七） 嘉暦二・五・二五（一三二七）	摂津	両使 C	伊丹左衛門三郎（親盛） 渋谷四郎太郎入道	①東大寺衆徒等、②播磨国福泊雑掌良基・明円、③兵庫嶋（津料妨）	六波羅御教書（東大寺文書／29790・29791） 六波羅御教書（東大寺文書／29855）
105	94	嘉暦二・四・六（一三二七）	土佐	両使 A	豊永彦太郎入道覚雲 山田彦太郎入道々賢	①立山社地頭彦太郎宣通、②御家人大高坂左衛門太郎助貞・伊勢房隆秀、③年貢抑留	六波羅下知状（香宗我部家伝証文／30102）
106	95	嘉暦二・六・二（一三二七）	和泉	両使 A	関六郎入道正澄 伊地知右近将監親清	①高陽院大番頭雑掌頼直、②上条地頭田代又次郎基綱、③大番舎人雑免田・番米	六波羅下知状（田代文書／30095）
107		嘉暦二・七・二（一三二七）	伊予	単使 A	守護代	①忽那島一分地頭代祐賢、②一分名主孫四郎ら、③苅田狼藉	六波羅御教書（忽那家文書／29883）
108	96	嘉暦二・八・二八（一三二七）	美濃	両使 A	波賀次郎入道 矢部七郎	①東大寺衆徒等、②地頭代、③茜部荘（年貢抑留）	六波羅御教書（東南院文書／29948・30297）
109	98	嘉暦二・一二・一七（一三二七） 嘉暦四・一・二〇（一三二九）	備前	両使 C	伊賀左衛門二郎光幸 頓宮六郎三郎入道清観	①春日社禰宜守職、②平井覚法ら、③上道郡荒野（濫妨）	六波羅御教書（大宮文書／史料編纂所影写本）
110	97	嘉暦三・八・二四（一三二八）	摂津	両使 C	俣野（七郎太郎） 渋谷（四郎太郎入道）	①兵庫関雑掌、②福泊雑掌幷春日神人、③関煩	東大寺衆徒等申状（東大寺文書／30353・30356）
111	99	嘉暦四・二・二一（一三二九）	摂津	両使 A	俣野七郎太郎 勅使河原彦三郎	①雑掌秀恵、②大炊助入道女子藤原氏幷後家、③橘御園（公文職）	六波羅御教書（河内金剛寺文書／尼崎市史）
112		嘉暦四・二・二一（一三二九）	摂津	両使 A	俣野七郎太郎 勅使河原彦三郎	①雑掌秀恵、②伊丹村住人西道、③橘御園安延名（所当米抑留、伊丹左衛門三郎に尋ね）	六波羅御教書（河内金剛寺文書／尼崎市史）

番号 新	番号 旧	年代	国名	分類	使節	案件（①訴人、②論人、③論所等）	典拠
113	100	嘉暦四・三・二七（一三二九）	丹後	両使 A	佐貫彦太郎忠広、山田四郎利直	①久美孫三郎行親代行信、②吉岡保一分地頭次郎入道円阿ら、③佐野郷吉岡保買得田	六波羅下知状（慶応大学所蔵文書／30669）
114		嘉暦四・五・五（一三二九）	近江	守護 A	佐々木三郎右衛門尉	①菅浦惣官供御人、②守護代ら、③菅浦（狼藉）	六波羅下知状（菅浦文書／30601）
115	101	嘉暦四・六・二八（一三二九）	美濃	両使 A	波賀次郎入道、相谷又三郎入道	①雑掌定尊、②地頭代、③茜部荘（年貢抑留）	六波羅御教書（東南院文書／30643）
		正慶元・八・一二（一三三二）			和田四郎、飯尾大蔵右衛門尉（下人）		六波羅御教書（竹内文平文書／31808）
116		元徳元・七・一一（一三三一）	因幡	単使 C	海老名左衛門五郎維則	①称名寺雑掌光信、②（東盛義跡）、③千土師郷東方上村三分一	関東下知状（称名寺文書／30787）
117	102	元徳元・一一・二（一三二九）	阿波	両使 C	小笠原又大郎、田村十郎入道	①大山崎神人、②柿原四郎入道笑三師房幷国衙雑掌、③吉野川（新関、荏胡麻押取）	六波羅御教書（離宮八幡宮文書／30768）
118		元徳二・三・二〇（一三三〇）	淡路	両使 C	安東弥三郎入道（蓮浄）、大山又三郎	①都志郷地頭代真勝、②同郷公文泰信・真阿ら、③山賊・刃傷	六波羅御教書（壬生家文書／30979）
		元徳二・五・二八（一三三〇）		両使 D			六波羅御教書（九条家文書／図書寮叢刊）
		元徳三・二・二四（一三三一）					六波羅御教書（九条家文書／図書寮叢刊）
119		元徳二・一〇・二五（一三三〇）	和泉	両使 D	香河彦五郎、堀江六郎二郎（秀清）	①地頭田代基綱代真行、②大鳥荘住人等覚、③大鳥荘（城郭を構え殺害）	六波羅御教書（和泉田代文書／31248・31313）
120	106	元徳二・（一三三〇）	（大和）	両使 B	宣秀、貞兼	①東大寺衆徒等、②（悪党人）、③黒田荘	東大寺申状（東大寺文書／31336）
121		元徳三・一・二三（一三三一）	石見	両使 C	河上添三郎入道、内田左衛門三郎入道（朝員）	①周布郷惣領地頭兼宗代頼重、②兼光、③惣領分（打入・城郭を構え濫妨）	六波羅御教書（萩藩閥閲録・周布吉兵衛／31344）

122	103	元徳三・四・二〇（一三三一）	播磨	両使 B	（守護代）高橋新左衛門尉 梶取弥六	①②福泊升米、③（修固・関務検知）	六波羅御教書（福智院家文書 /31412）
123		元徳三・七・五（一三三一）	摂津	両使	（守護代）高橋新左衛門尉 筑後二郎	①六条若宮別当代景澄、②播磨国住吉上保預所光誉跡輩ら、③山田荘内加納村（濫妨）	六波羅御教書（白河本東寺文書 /31463）
124	104	正慶元・三・一七（一三三二）	山城	両使 A	宣秀 頼連	①領主快乗・道行、②多聞丸・若狭房、③山城国葛原荘（左馬寮雑掌と号し追捕・濫妨）	関東下知状（東寺百合文書 /31880）
125	107	年月日未詳	摂津	両使 ？	真上彦三郎資信	①東大寺衆徒等、②山僧良厳以下悪党、③兵庫嶋、（正和四年？）	東大寺衆徒等申状（東大寺文書 1-15-66・67）

最後に使節の機能であるが、まず実例を掲げよう。

①春日社禰宜守職申備前国上道郡荒野覚法以下輩濫妨事、良覚僧正状副解状具書如此、子細見状候歟、可沙汰居守職之旨、可仰武家給之由、天気所候也、仍言上如件、冬長謹言、

十二月廿五日　　勘解由次官冬長奉

進上　春宮大夫殿（西園寺公宗）

②春日社禰宜守職申備前国上道郡荒野覚法以下輩濫妨事、綸旨副具書如此、子細見状候歟之由、春宮大夫殿可申旨候也、恐惶謹言。

十二月廿六日　　沙弥静悟

謹上　武蔵守殿（金沢貞将）

③春日社禰宜守職申、覚法以下輩濫妨備前国上道郡荒野由事、訴状・具書如此、所被下綸旨也、早沙汰付守職於彼所、載起請詞、可被進請文也、仍執達如件、

嘉暦四年正月廿日　　越後守在判（常葉範貞）

武蔵守在判

伊賀左衛門二郎殿（光幸）

頓宮六郎三郎入道殿（清観）

④春日社神司守職申覚法以下輩濫妨備前国上道郡荒野由事、去嘉暦四年正月廿日御教書謹下給候畢、任被仰下之旨、相共頓宮六郎三郎入道、沙汰付守職於彼所候畢、若此条偽申候者、仏神可蒙御罰候、以此旨可有御披露候、恐惶謹言、

元徳二年二月廿四日　　藤原（伊賀）光幸請文（裏花押）

①〜④は、朝廷から幕府（六波羅探題）への案件移管から使節の派遣・任務遂行に至る一連の過程を、文書のうえであとづけられる珍しい事例である。[7] ここに示されるように、六波羅使節は、荘園領主等の訴訟（さらにはこれを契機とする勅裁）によって開始される訴訟手続の進展ないし判決の執行を要請された六波羅探題の指揮下に動き、任務終了後は六波羅（奉行所[8]）あてに請文（多くの場合起請詞を載せる[9]）を提出した。表1に掲げる使節の機能はすべて訴訟手続に属するが、その段階と内容によって以下の四つに分類してある。

A＝召符催促など訴訟事務に関する機能

B＝実検使などの調査・認定機能

C＝沙汰付など指令の伝達・執行機能

D＝悪党人召進などの軍事・検察的機能

このように、六波羅探題の「西国成敗」の機能が使節によって執行されるシステムを、御家人二名からなるのが六波羅使節の基本であったことをふまえ、鎌倉幕府の地方制度上に位置づける意味で、六波羅―〈両使〉制と称するこ

とにし、とりあえず、この六波羅―〈両使〉制をめぐるいくつかの論点を整理しておきたい。

まず第一に、①〜④に示された指令系統、すなわち、朝廷→関東申次→六波羅探題⇅使節という指令伝達・執行ルートに表現される朝廷・幕府＝関東・六波羅探題三者の関係である。①〜④の流れを追う限りでは、幕府＝関東が介入した形跡はなく、六波羅探題による綸旨の施行という形態をとっている。まさに「官軍」（権門体制国家の主要な軍事＝暴力機構[10]）としての六波羅―〈両使〉制のすがたがそこにはある。鎌倉時代後期には、本来鎌倉幕府の裁判管轄外である、本所・本所一円地住人間の相論や朝廷・権門寺社間の相論の解決が、幕府（直接には六波羅探題）に委ねられるケースが多くなるが、山本博也が指摘するように、「朝廷は六波羅に対し命令を出す。しかしその責任はとってくれない」うえに幕府＝関東も「基本的に朝廷・寺社権力からの離脱を指向していながら、所詮それを果たし得ていない」から「六波羅はジレンマに陥らざるを得ず」、理非の判断はほとんど放棄して、綸旨・院宣等に示される王朝権力の意向に従ったのであった[11]。そしてその結果六波羅探題は、朝廷からも幕府＝関東からも孤立して、悪党に代表される鎌倉時代後期の社会変動の主体的勢力の反発を一身に被ることになるのである。

第二に、使節派遣を含む訴訟手続における六波羅探題と訴人たる荘園領主との関係である。東寺領大和国平野殿荘をめぐる東寺と下司清重等との相論では、清重等召進に関する使節が当初深栖泰長一名であったのを、同荘雑掌聖賢が、「下司清重以下梟逆之輩、恭奉違背綸旨幷日限五箇度召符等之旨、悪行狼藉弥送日月、重□□（年之）条、是偏御使□（無）沙汰」として訴えた結果、「被差副柘植又二郎不知実名於御使」たという経緯があり[12]、東大寺領伊賀国黒田荘の悪党人召進に関する使節の場合も、「一方御使柘植二郎右衛門尉得悪党人等之語、不及執沙汰」として、東大寺側から使節一方交替の要求があり、これが実現されている[13]。これらの事実は、六波羅探題による手続の進行が、荘園領主（多くは権門寺社）の強い影響下におかれていたことを示しており、第一の論点、および訴人側の一方的申請に基づく判決の執行をひとつの現象形態とする、六波羅探題の訴訟手続における職権主義の台頭[14]とも密接な関連をもつと思われる。

第三に、使節の機能Dに代表される六波羅探題の軍事・検察的機能の強化という論点がある。このことはすでに上横手雅敬も指摘しているが[15]、ここでは次の史料に注目したい。

⑤ 播磨国平野荘悪党乱入事、領家内大臣家御消息副雑掌真勝成安重申状如此、度々有其沙汰之処、彼輩乱入狼藉令超過歟、早長浜六郎入道相共相催国中地頭御家人等、莅彼所、且相鎮狼藉、且任法可召捕其身、且地頭御家人等参否交名可注進之、凡悪党雖令退散尋捜在所、可召捕之、加之、毎度雖不被仰下、悪党乱入之由真勝等訴申者、致其沙汰、載起請之詞、可被進請文也、仍執達如件、

正和五年七月十三日　越後守(北条時敦)在判

陸奥守(大仏維貞)

糟屋弥次郎殿

悪党人召進の指令をうけた使節が、国中地頭御家人の軍事動員権を有したことは⑤によって明らかであろう[16]。しかもその権能は、「毎度雖不被仰下」以下の文言に示されるように持続的な性格をもち、もはや訴訟手続・判決の執行という範疇を超えている。したがって、使節機能Dは、六波羅探題が管国内に行使した軍事・検察的諸権能と、管国内守護が一円単位に行使したそれとの関係を考えるうえで、きわめて重要な分析対象といえよう。しかし、⑤が、この時期丹波・摂津と同様に六波羅一方探題が守護を兼任した播磨の事例であるように、機能Dはこれら三国をはじめとする畿内近国に偏って検出される（表1参照）。同時に留意すべき事象である。

さて、以上三点にわたって述べたことから指摘できる六波羅――〈両使〉制の性格は、基本的には、いわゆる権門体制国家の軍事＝暴力機構であって、畿内近国に対してとくに強い権能を有するということになろうか。しかし、なお検討すべき点は多い。論を進めよう。

（二）六波羅使節の構成

御家人（奉行人を含む）が訴訟関係の使節に立つことは、大番役勤仕等と並ぶ御家人役のひとつであったから[17]、使節派遣はすぐれて六波羅探題の御家人統率権（およびその表現たる御家人役賦課権）にかかわる。そのことでまず想起されるのは、先に紹介した平野殿・黒田両荘について使節一方となった柘植氏が「当住住（在）京人」であり[18]、また、再び黒田荘悪党人召進の使節の交替を要求した東大寺が、「在京人篝屋等」の下向を要請している事実である[19]。使節に在京人が起用されることについては、すでに五味文彦の指摘があるが[20]、より実証性を深めるため、表1に掲げた人名から在京人の可能性のあるものを抽出しておこう。

（a）五味作成の在京人表にあるもの

湯浅―6・11・29（17石垣、23貴志・42藤並も同族[21]）

富樫―15・47

小早川―10・30

大内―52

俣野―16・100・110・111・112

伊賀―38・109

（b）その他在京人としての徴証のあるもの

18　美作左近大夫将監（本郷隆泰）――弘安九年、東大寺領伊賀国黒田荘悪党人康直の預人としてみえる美作蔵人入道跡は[22]、官途等から本郷一族と推定される。

17　香河五郎忠景――『経俊卿記』（以下「経俊」）正嘉元年五月十一日条、新日吉社小五月会流鏑馬交名（以下「新日吉流鏑馬」）に一番射手として香河新五郎光景がある。

26・28 柘植又二郎泰清、99柘植二郎左衛門尉――伊賀国柘植荘を本拠とする御家人であろう。『勘仲記』(以下「勘仲」)弘安三年五月九日条、新日吉流鏑馬に柘植六郎左衛門尉平親清、勘仲・弘安九・二・廿日条、春日社行幸行列(以下「春日行幸」)中に柘植左衛門三郎平時継がある。

30 武田孫四郎泰継――安芸守護武田氏の庶流で(後述)、経俊・建長五年十二月廿二日条、法勝寺阿弥陀堂供養門守護武士(以下「法勝寺供養」)中に武田一門人々、『実躬卿記』(以下「実躬」)永仁三年五月廿六日条、新日吉流鏑馬一番射手に武田彦六源久信、同七番射手に武田又次郎源信通がある。

33 梶原三郎――勘仲・正応元年十月廿一日条、大嘗会御禊行幸行列(以下「大嘗会行幸」)中に梶原兵衛尉平景清、実躬・嘉元二年五月廿九日条、新日吉流鏑馬五番に梶原三郎左衛門尉平景行跡がある。

36・37 淡路四郎左衛門尉宗業――淡路守護長沼の庶流か。『建治三年記』十二月廿七日条に、新任の六波羅探題北条時村・時国に従って上洛するメンバーとして中沼淡路左衛門尉、勘仲・弘安四年五月九日条、新日古流鏑馬四番に中沼淡路四郎左衛門がある。宗業その人であろうか。

39・66 肥後五郎左衛門尉政行――『越後大見水原文書』弘安十年十月八日付の三通の安堵状にみえる大見肥後民部大夫行定法師(寂円)[23]は、勘仲・弘安七年十二月九日条、新日吉流鏑馬四番肥後民部大夫平行定法師その人であり、行定の嫡子家政も、勘仲・正応年十月廿一日条、大嘗会行幸に肥後三郎右衛門尉平家政としてみえる。大見は、大見肥後彦三郎家長が、越後国奥山荘草水条内の相論に関する使節一方としても活動している一方で[24]、在京人としての徴証もある武家である[25]。政行はその名から判断して大見の一族である可能性が高いが、47肥後左衛門三郎秀時については判断を留保する。

49・73 朝日孫二郎頼氏――朝日については、室町幕府奉行衆であったことから、五味がすでに在京人と推定している。

47　出雲五郎左衛門尉景秀――五味が検出した在京人波多野氏が代々出雲を称している。あるいは景秀もその一族か。

53　大多和彦次郎□（義）基――三浦一族の大多和氏であろう。勘仲・弘安九年三月廿七日条、春日行幸に大多和太郎平泰義がある。(26)

62　野部介光長――経俊・建長五年十二月廿二日条、法勝寺供養に野部介がある。五味は駿河入江氏の一流で遠江の在庁と推定している。(27)

62・76・104　伊丹――摂津山橘御園内伊丹村を本拠とする御家人。勘仲・弘安三年五月九日条、新日吉流鏑馬一番的立役に伊丹四郎藤原親賢がある。親賢は親盛（76・104）の父にあたり、おそらくは62伊丹四郎左衛門入道妙智その人と推定される。(28)

74・81　佐竹四郎五郎義念――室町幕府奉行衆であったことから、五味がすでに在京人と推定している。

75　大井美作五郎――勘仲・弘安三年五月九日条、新日吉流鏑馬六番、実躬・正応四年五月九日条、新日吉流鏑馬一番に大井次郎源朝氏法師（朝蓮）があり、この朝氏には篝屋守護人としての徴証もある。(29)しかし、大井には諸流あって個人の確定は困難である。(30)

79　物部豊前弥二郎成家――勘仲・弘安九年三月廿七条、春日行幸に物部彦二郎神成頼がある。東国出身の一族で、室町時代には細川氏内衆・丹波守護代として活躍する。(31)

89・91　塩谷――これも佐々木・宇都宮等諸流あり、建長五年の「新日吉社小五月会流鏑馬定文」（『厳島神社文書』(32)）にみえる塩谷朝親との関係も未詳である。

91・117　小笠原――阿波守護小笠原氏の一族であろう。『葉黄記』宝治元年五月九日条、新日吉流鏑馬二番に小笠原太郎入道長経（阿波守護）、同射手に（小笠原）余一太郎源清経があり、経俊・建長五年十二月二日条、法勝寺供養に小笠原一門人々、実躬・正応四年五月九日条、新日吉流鏑馬二番射手に小笠原三郎太郎源長定がある。

93・109　頓宮――近江国頓宮を本拠とする御家人か。勘仲・弘安七年十二月九日新日吉流鏑馬六番に頓宮肥後守藤原盛氏法師（道観）がある。(33)

97　内藤馬允――建長五年の「新日吉社小五月会流鏑馬定文」（『厳島神社文書』・前掲）に内藤右衛門がある。

102　足立彦五郎――勘仲・正応元年十月廿一日条、大嘗会行幸に足立馬允藤原基政がある。

以上、御家人の姓名をほとんど唯一の手がかりとして、六波羅使節として起用された御家人の多くが在京人であった可能性を考えてみた。右に掲げた人々のほかにも、在京人としての徴証にこそ恵まれないが、多かれ少なかれ京都に吸引されていたと思われる下妻（10・30・72）・中沢（27・40）・熊谷（30）・児玉（72・89）などの、東田出身の西遷地頭御家人や(34)、山城国御家人深栖（26・28）、丹波国押領使小河(35)（7・12）などの西国御家人も、あるいは在京人であったかもしれない。もちろん、両六波羅探題の交替にかかわりなく在京する六波羅奉行人を除けば、使節として起用された御家人がすべて「当住」の在京人であったと断定することはきわめて困難である。ただ、同程度にまた、彼らが京都に不在であった証明をすることも困難である点を考慮して、いささか強引ではあるが、六波羅―〈両使〉制は六波羅探題による在京人編成を前提としたシステムであったと推断したい。

ちなみに、六波羅探題が独自に御家人科罪権を有したがどうかについては議論がある。(36)ただ、「在京人等事、背六波羅下知者、可注申交名」(37)と表現されるように、六波羅探題の指令に対する違背行為＝六波羅探題の注進が、御家人科罪の決定要因になっていることを思えば、六波羅探題と在京人との間に事実上一定の支配―服従関係が存在したとしてもそう不思議はない。(38)また、篝屋料所の給与や「在京奉公」に対する恩賞給与が幕府＝関東の権限に含まれることも、(39)幕府＝関東と六波羅探題との権限上の上下関係にともなうというよりは、将軍家と北条氏との間の政治権力上の関係に包含されるべき問題で、上横手雅敬が述べたように、探題と御家人との間に「本来の主従関係も、在地に於ける密接な社会的、経済的聯関も存しな」かったのは[40]、何も六波羅探題に限らなかったのである[41]。

さて、以上（一）（二）を通して述べたことは、当初王朝権力の監視をその主な目的として設置された六波羅探題が、西国一般に対する広域支配機関としての性格を強めるとともに、幕府＝関東の意思とはかかわりなく、王朝権力＝権門体制国家の軍事・暴力機構として機能せざるを得ない状況に陥ったこと。およびその結果、六波羅探題は六波羅―〈両使〉制という意思の回路を開発し、在京人をその主な担い手としたこと、の二点にまとめられる。

しかし、その場合、諸国が幕府＝関東に直結するという中央集権的政治理念に基づき、いわゆる集権的地方支配の本源的形態ともいえる守護制度とのかかわりが問題となる。次にこの問題を考えてみる。

二　西国守護と六波羅使節

（一）守護と使節の個別的関係

西国守護と六波羅―〈両使〉制の職権上の関係を考えるにあたって、ここでは幕府の指令が伝達されるルートに注目し、指令伝達媒体（執行主体）としての両者の関係を追究するという方法をとりたい。つまり、幕府の指令内容と伝達ルートとの間に一定の対応関係があったと考え、幕府の特定の指令に関して守護（または使節）が伝達していることから、翻ってその指令を伝達・執行する権能を守護（または使節）が有したと判断するのである。

ところで、筆者はすでにこの方法で若狭国の守護・国御家人・使節三者の関係を論じたことがある[42]。そこでの結論は、守護が伝達ルートに介在するのは異国降伏祈禱指令および守護領に関する大田文調進に関する指令であり、守護領以外の所領に関する大田文調進や一・二宮造営など国衙機能に深くかかわる諸指令に関しては、在庁の国御家人（使節）が伝達ルートに介在することが確認され、守護による国衙機能の継承・奪取→守護の地方行政職化・守護領国制という従来の説には再検討の必要がある、というものであった。

そこで以下、この結論の敷延・再検討をおこなう意味を含めて、いくつかの国の事例を検討してみたい。

【安芸】　安芸国の守護と使節の関係を、幕府指令の伝達媒体（執行主体）としての両者の関係に集約してまとめたのが表2である。この表2からまず以下の三点が指摘できる。第一に、守護と使節が幕府の同一指令について相共に伝達・執行することがないこと。第二に、守護が伝達ルートに介在する指令内容が、十三世紀末以降軍事的機能に関する指令に限定されてくること。第三に、幕府指令の伝達・執行の担い手が、守護から使節へ年代的に移行していること（とくに機能Dが存在することに注意）、である。これらの事実は、若狭国で指摘した先の拙見を基本的に支持すると思われる。

表2　安芸国の守護と使節

年代				使節	守護	内容	典拠
寛喜	3	3	8		武田信光	三入荘・神人濫行停止	関東御教書（→守護）（熊谷家文書/4111）
嘉禎	1	11	1		藤原親実	三入荘・地頭得分配分	藤原親実三入荘地頭得分配分注文（熊谷家文書/4849）
寛元	3	10	27		（守護代某）	大神宝山陽道御使駅家雑事	六波羅御教書（→守護代）（厳島野坂文書/6569）
文永	8	7	27			守護代時定田地等押領（参決催促）	六波羅御教書（→守護）（東寺百合文書/10853）
文永	9	10	20			田文調進	関東御教書（→守護）（萩藩閥閲録・内藤/11126）
文永	11	11	1			異国警固軍勢催促（地頭御家人・本所一円地住人）	関東御教書（→守護）（東寺百合文書/11741）

建治	1	5	12		武田信時	異国警固（長門国）軍勢催促	関東御教書（→守護）（白河本東寺文書 /11911）
建治	1	5	20			異国警固（長門国）軍勢催促	関東御教書（→守護）（東寺百合文書 /11913）
建治	1	6	18			異国警固（長門国）軍勢催促	関東御教書（→守護）（東寺百合文書 /11929）
建治	1	9	10	小早川・下妻		A	六波羅御教書 表1-10
建治	1	12	8			異国警固（梶取・水手博多動員）	関東御教書（→守護）（東寺百合文書 /12170）
建治	2	8	24			異国固軍勢催促（地頭御家人・本所一円地住人）	関東御教書（→守護）（東寺百合文書 /12449）
建治	2	8	24			異国警固番役催促（神官と号し警護役を勤めず）	関東御教書（→守護）（東寺百合文書 /12450）
正応	2	10	29		名越宗長	（異国降伏祈禱）諸国一宮へ剣・馬奉献	関東御教書（→守護）（厳島神社文書 /17171）
正応	6	2	11			（異国降伏祈禱）諸国一宮へ剣・馬奉献	関東御教書（→守護）（厳島神社文書 /18109）
正応	6	3	20			（異国降伏祈禱）祈禱用途沙汰進	関東御教書（→守護）（厳島神社文書 /18128）
永仁	6	5		下妻・熊谷		B	源光氏・藤原親教和与状 表1-30
永仁	6	5		小早川・武田		B	
正安	2	11	1	肥後・安芸		C	六波羅御教書 表1-33

嘉元	1	11		下妻・狛原	名越宗長（延慶二没）	A	関東下知状 表1-43
延慶	3	10	10	肥後・安芸		C	新勅旨田雑掌頼有申状 表1-66
正和	3	4	11	下妻・児玉		A	児玉蓮心・下妻明房請文 表1-72
元応	2	8	17	塩谷・児玉		D	六波羅御教書 表1-89

図1　武田氏・熊谷氏略系図

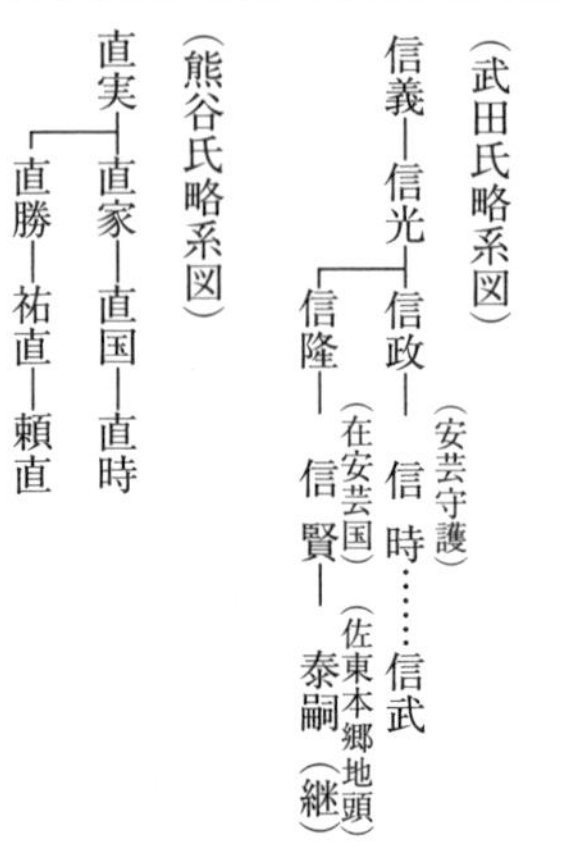

次に、安芸国で活動のあとを残す使節のほとんどすべてが東国出身の西遷地頭御家人であり、武田・小早川・熊谷等の雄族がこれに含まれていることも注目しておかなければならない。なかでも、表1―30武田孫四郎泰継は安芸守護武田氏の庶流にあたり、安芸国佐東郡地頭として、同30熊谷三郎四郎入道行蓮（頼直・同国三入新荘地頭）とは、奇しくも佐東河手弁鵜沼等の帰属をめぐって対立関係にあった。(43)

泰継が守護家庶流であることから想起されるのは、室町幕府奉公衆に諸国有力国人とともに守護大名庶流が編成されたこと、(44)およびその奉公衆のなかに在京人の系譜をひく者が多いことである。(45)淡路守護長沼の庶流とおぼしき表1―36・37淡路四郎左衛門尉宗業、阿波守護小笠原の一族らしい表1―91・117小笠原某などの事例は、六波羅探題の在京人編成の原理を考えるうえで重要である。

【丹波・播磨】　丹波国の守護と使節の関係を表3としてまとめた。丹波守護職は、北条時房以来、時盛・時国と北条氏佐介流が代々六波羅南方探題の地位とともに独占したが、弘安七（一二八四）年、時国の謎の死(46)とともにいったん佐介流の手を離れ、正応元（一二八八）年に六波羅南方探題となった盛房（時国のいとこにあたる）がこれを回復。以後、丹波守護職は六波羅南方探題兼任となったと思われる(47)。このように、六波羅探題と守護とがいわば一体化した場合、守護と使節の関係はどうなるのであろうか。

表3によれば、六波羅南方探題の兼任となる盛房以降、使節一方守護代のケースが多くなることがわかる(48)。こうした現象は、幕府指令の伝達ルートが、南方探題の守護兼任によって一元化された結果として解釈することができる(49)。

また、表4に示した通り、少なくとも乾元二（一三〇三）年以降六波羅北方探題が守護を兼任した播磨国でも、丹波国同様使節一方守護代の現象がみられる(50)。

表3　丹波国の守護と使節

年代				使節	守護	守護代	内容	典拠
寛喜	1			宇間・菅			（御家人交名注進）	六波羅下知状・表1-2
寛喜	4	2	19			真々部某	（官兵・大番役催促）	六波羅下知状・表1-2
文永	6	2	22	小河・臼井	北条時盛		C	六波羅御教書・表1-7
建治	2	7	17	小河・久下	北条時盛		A	六波羅御教書・表1-12
建治	2	12	21		北条時国	捧入道光蓮	大山荘地頭喧嘩・国中狼藉鎮圧	北条時国書下（近衛家文書／大山村史）
弘安	2	4				捧田内宗経	訴訟和与指導	捧田内宗経書状（近衛家文書／大山村史）
永仁	3			飯尾・三宮・荻野	（北条盛房）		C	六波羅下知状・表1-25
永仁	5	⑩	9	税所・中沢		税所某	C	六波羅御教書・表1-27
正安	2	6	1	税所・中沢	（北条宗宣）	税所某	C	六波羅下知状・表1-27
正安	3	3				（姓未詳）・親氏	悪党人召渡	宮田荘雑掌円道申状（近衛家文書／史料影写本）

正安	4	4	7	中沢			C	宮田荘雑掌尊舜申状・表1-40
嘉元	2	11	22	成基・正観			A	六波羅下知状・表1-48
嘉元	2			飯尾・三宮・荻野			C	六波羅下知状・表1-25
嘉元	3	4	11	荻野・中沢			C	六波羅御教書・表1-48
嘉元	4	9	29	鵜沼・酒井		鵜沼某	D	六波羅御教書（近衛家文書／史料影写本）
徳治	2	1	25	鵜沼・酒井			D	
正和	4	10			大仏維貞	税所某	悪党人召渡	宮田荘（雑掌円道?）申状・近衛家文書／大山村史
正和	5	5	23	税所・物部			A	宮田荘雑掌良有申状・表1-79
正中	2	4	24	荻野・足立	金沢貞将		D	六波羅御教書・表1-102
正慶	1	11		糟屋・三尾谷			C	宮田荘雑掌尊舜申状・表1-40
	1	12	20	糟屋・三尾谷	北条時益	糟屋某	C	

表4　播磨国の守護と使節

年代				使節	守護	守護代	内容	典拠
建長	8	3	4		小山氏	某	一切経持夫催促	播磨守護代某書下（広峰胤忠文書/7970）
弘長	3	7	3			某	清水橋・鴨河防用途催促	庁直中原某・守護代某連署施行状（広峰文書/8970）
弘安	9	③	25		北条兼時	某	大山寺武士狼藉停止	六波羅御教書（大山寺文書/16128）
正安	1	5	20	江田・梶原			A	六波羅御教書・表1-33
	1	7	7	江田・梶原			A	
乾元	2	8			北条基時	高橋某	（悪党ニ加担ス）	東大寺衆徒等申状・（東大寺文書1-12-62）
嘉元	4	9	11	神沢・大多和	北条時範		A	六波羅下知状・表1-53
徳治	3	2	16	江田・伊豆			A	六波羅下知状・表1-58

年代	年	月	日	使節	守護	守護代	内容	典拠
正和	4	11	23	糟屋・石原	北条時敦	糟屋某	C	六波羅御教書・表1-77
	5	7	13	糟屋・長浜			D	六波羅御教書・表1-80
元亨	2	3	15		北条範貞	小串貞秀	荏胡麻諸関津料譴責停止	北条範貞書下・（離宮八幡宮文書/27986）
	2	3	18	小串・江田			C	六波羅御教書・表1-95
	3	7	5	小串・内藤			D	六波羅御教書・表1-97
（嘉暦？）							小串貞秀悪党ニ加担	正慶元・東大寺八幡宮神人解（東大寺文書/31804）
元徳	3	4	20	高橋・梶取	北条仲時	高橋某	B	六波羅御教書・表1-122

【摂津】　摂津国も、少なくとも正和四（一三一五）年以降六波羅北方探題が守護兼任する。表5に示した通り、丹波・播磨両国ほどに使節一方守護代の現象は明瞭でない。しかし、使節一方としてたびたびみえている真上彦三郎資信は、『蓮華寺過去帳』に真上彦三郎持直として記される人物であり[51]、真上氏を探題被官とする史料こそないが、使節の中核となった在京人がほとんど離反したなかにあって探題等と行動を共にして自害した事実を重視すれば、六波羅北方探題（摂津守護）と摂津国御家人真上氏との間にゆるやかな被官関係を想定することも可能かもしれない[52]。したがって、摂津国の場合は、使節一方守護代という明確なすがたをとらないまでも、丹波・播磨と同様に六波羅探題の直接支配下におかれていたと考えておきたい。

表5　摂津国の守護と使節

年代	年	月	日	使節	守護	守護代	内容	典拠
弘安	7	1	29		北条兼時	安東某	異国降伏祈禱	六波羅施行状（勝尾寺文書/15059）
	7	2	28			藤原某	東寺修造棟別銭沙汰進	守護代藤原某請文（勝尾寺文書/15084）

正応	1	8	5		北条兼時	長崎某	異国降伏祈禱	六波羅施行状（勝尾寺文書/16711）
	4	2	21				異国降伏祈禱	六波羅施行状（勝尾寺文書/17557）
	6	1	5			法橋慶意	異国降伏祈禱	法橋慶意遵行状（勝尾寺文書/18087）
永仁	1	8	18	渋谷・有賀			A	有賀五郎太郎入道請文・表1-24
延慶	1	12		飯尾・神沢			C	東大寺衆徒等申状・表1-61
	2	2	17	野部・伊丹			A	六波羅下知状・表1-62
正和	4	9	12	能登・大井			C	六波羅御教書・表1-75
	4	10	9	糟屋・伊丹	北条時敦	糟屋某	C	六波羅御教書・表1-76
元亨	4	11	2	真上・俣野	北条範貞		D	六波羅御教書・表1-100
正中	2	2	2	真上・俣野			D	
嘉暦	1	11	16	真上・溝杭			D	
	2	3	4	惟家・□基			A	六波羅下知状・表1-92
	2	3	20	渋谷・伊丹			C	六波羅御教書・表1-105
	2	5	25	渋谷・伊丹			C	
	2	7	12			小串某	関料未済逃亡人召進	六波羅御教書（東大寺文書/29893）
	2	8	5	真上・溝杭			D	六波羅御教書・表1-100
	3	8	24	渋谷・俣野			D	東大寺衆徒等申状・表1-110
	4	2	21	勅使河原・俣野				六波羅御教書・表1-111・112
元徳	3	4	28	真上・溝杭	北条仲時		D	六波羅御教書・表1-100
	3	7	11	筑後・高橋		高橋某		六波羅御教書・表1-123
未詳				真上某			D	六波羅御教書・表1-125

【紀伊】　表1に掲げた紀伊国使節は一〇例あるが、そのうち六例は使節一方湯浅一党、四例は一方守護代であり、湯浅一党+守護代という使節も三例ある。湯浅一党が使節としてしばしば登場することは、そのまま紀伊国内における彼らの地位を反映しているといえるが、守護代とともに使節を構成することを含めた制度的見地からすれば、宗家（浄智）が「上御使」と称されていることが注目される[53]。

すなわち、有名な高野山領荒河荘をめぐる金剛峯寺衆徒らと為時法師（法心）らとの争論の過程で[54]、宗家は一方で為時法師の下人権八秋広の白状を守護代菱田唯心相共にとり[55]、金剛峯寺側から「仰付上御使幷守護代、不日任白状之交名、可召取[56]」といわれる立場にありながら、一方で為時法師側からも「仰上御使浄智、不日被召上心浄已下交名人等[57]」と要請される立場にもあった。その地位・権能は、両争論当事者から等距離にある検断権者というにふさわしい。宗家はまた、紀伊国三上荘薬勝寺雑掌僧良俊扞清家と勢多半分地頭金持広親との相論の過程で発生した殺傷事件について、実検を加え、あるいは「云死体、云手負人、守護代使幷御家人見知之上相触浄智訖」とされている[58]。

この場合の「上御使」とは、基本的に国内の刑事事件一般について実検・犯過人召上等の検断的職務にあたるものと考えてよいだろう。しかも、この「上御使」が右の諸事例に明らかなように、多くの場合守護代とセットになって活動していることは、紀伊国においては、軍事・検察的機能をはじめとする地方行政一般が、多くの場合「上御使幷守護代」、いいかえれば、紀伊国最大の武士団湯浅一党と幕府地方支配の末端たる守護代によって担われたのではないかとの推測を可能にする。

図2　湯浅氏略系図

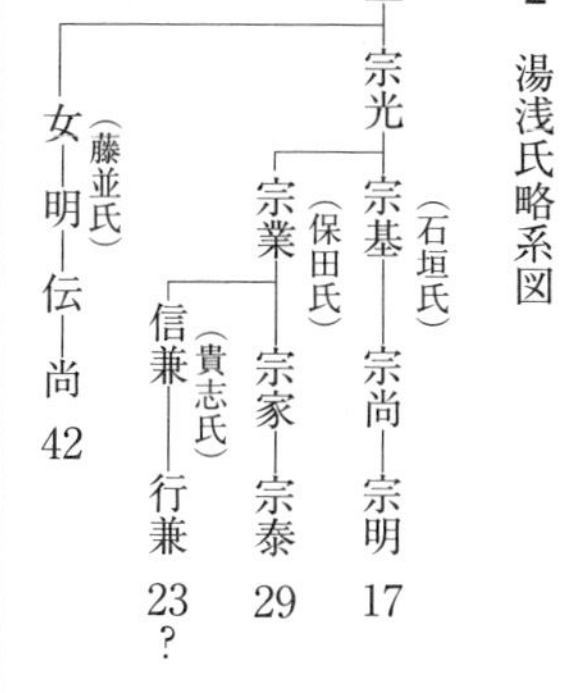

紀伊守護職は、弘安三（一二八〇）年には北条氏一門の手に属すが[59]、後述するように西国の守護代は六波羅探題の管下に属し、紀伊守護代の場合もほとんどは在地守護代と思われ、守護正員との間に譜代の被官関係は存

在しない。したがって、紀伊守護が紀伊に関与する行政機能に関与する機会はまったくなかったといっても過言ではない。鎌倉幕府の紀伊国支配はすぐれて六波羅探題→守護代ルート[60]、あるいは六波羅―〈両使〉制を通して実現されていたのである。その意味で、金剛峯寺衆徒・為時法師・薬勝寺雑掌僧良俊等の行動・主張の背景にある、紀伊国内レベルでの軍事・暴力機構は湯浅一党（守護ではなく）に属すという認識、あるいは事実に、六波羅―〈両使〉制は乗っていたともいえよう[61]。

【長門】　長門国では使節の例はない。反対に一・二宮造営事業も守護の指揮下に進行しており[62]、若狭国の場合と好対照をなす。一・二宮造営関係の諸指令が幕府＝関東→守護→管国と伝達されたように、長門探題設置後はすべての幕府指令の伝達・執行が長門探題＝長門・周防守護のもとに一元化された結果と理解しておく。

【出雲】　出雲守護は鎌倉時代中期以降、佐々木氏（義清流）が世襲する[63]。このことと出雲国使節が83一例であることとは関連があるのだろうか。同じ佐々木氏が守護職を相伝した隠岐国では、石井進が指摘したように、守護による国衙所職充行・隠岐守兼帯など、いわゆる守護の地方行政職化（国衙にかわる）を想定させる諸事実が認められる[64]。しかし、出雲国の場合は諸勢力の複雑な競合関係のなかで、守護の勢力もまた決定的とはいいがたい状況にあった[65]。

⑥出雲国杵築大社造営奉行事、信濃（佐々木）次郎左衛門尉貞清・浅山次郎左衛門尉時綱・多禰次郎左衛門尉　頼茂等相共、
　可令致其沙汰之状、依仰執達如件、
　　正安二年後七月五日　　　　陸奥守（大仏宣時）（花押）
　　　　　　　　　　　　　　　相模守（北条貞時）（花押）
　神主殿

杵築大社造営に関する右の関東御教書は[66]、幕府の国衙沙汰権確立と同時に[67]、出雲国衙をめぐる守護と在地勢力との関係を端的に示している。すなわち、神主たる出雲国造（すでに幕府御家人）と相共に造営にあたる奉行人は、守

護佐々木貞清・在国司朝山時綱[68]・出雲国御家人多禰頼茂という構成をとる。ここに守護による一元的国衙機能の継承・奪取の限界をみてとることは容易である。

出雲守護佐々木氏は泰清（貞清の祖父）以後在国したといわれ、所領の拡大、国内有力寺社との連携など、その勢力伸張を着実に果たしたが[69]、古代以来の在地豪族で、国衙支配機構を中世的に変容させた主体とされる朝山氏などの伝統的勢力を凌駕するまでには至らず、むしろ幕府の国衙沙汰権、あるいはそれに基づく出雲国支配は、守護佐々木氏と在国司朝山氏をはじめとする伝統的勢力との政治的均衡のうえに成り立っていたようである[70]。したがって、出雲国使節の検出例が一例である理由も、出雲国独特の在地状況、およびこれに対応する幕府の支配方式といったあたりに求められるように思う。

【備後】　備後守護は長井氏である[71]。長井頼重が弘安年中、太田荘山中郷をめぐる所務相論に関し六波羅探題から論人たる地頭代召喚の指令をうけたことは、所務沙汰の手続上に占める守護の地位を考える場合の手がかりとされるが[72]、備後守護長井氏の活動としてもっとも有名なのは、鎌倉時代末の太田荘倉敷尾道浦への乱入事件であろう。この事件につき、金剛峯寺衆徒等は守護長井貞重（頼重の子）を糾弾して次のように主張する[73]。

（前略）凡諸国被置守護者、為鎮狼藉也、而於当守護者（長井貞重）、扶持置名誉賊徒、依取賄賂、更無所憚、於浦々所々、恣致山賊・海賊・夜打・強盗之間、国中狼藉無人于誡、加之、以守護権威、押領国衙所務、縦横張行之間、国之煩・人之歎不可祢（勝）計、（以下略）

こうした守護（現実にはその代官等）の動向は、荘園領主である金剛峯寺にとっては糾弾さるべき非法であっても、いわゆる守護領国化への運動としては正鵠を射ている。しかし、金剛峯寺衆徒等の訴をうけた六波羅探題の立場は微妙であった。なぜなら、備後守護長井氏は同時に六波羅評定衆であり、法曹・事務系官僚として不可欠の人材だったからである[74]。結局六波羅探題は使節（表1－84）を下向させるが、実効をあげ得た形跡はない。

備後国の使節は、このときの84を除いて他に検出されてはいない。その理由は、頼重が所務沙汰にかかる訴訟事務を遂行したように、備後国に関する幕府指令の伝達・執行が多くの場合守護長井氏を通しておこなわれたことに求められるのであろう。「以守護権威、押領国衙所務」という守護代等の行動が、はたして守護長井氏の意思によるものと断定できるかどうかについては判断を留保したい[75]。

さて以上きわめて簡略ではあるが、数か国について守護と使節の関係をみてきた。そしてその結果、西国守護と六波羅―〈両使〉制との関係について、いくつかの要点が明らかになったと思う。第一に、六波羅一方探題が守護を兼ねた諸国を含め、北条氏が守護である国々でむしろ使節の活動が頻繁であって、北条氏以外の御家人が守護である諸国では反対に使節があまり機能していないこと。第二に、守護・使節両者の活動がともに確認できる諸国では、①守護が機能している幕府指令の内容が軍勢催促・異国降伏祈禱指令などの軍事的なものに限られる傾向が認められ[76]、②時代を追うにしたがって、そうした軍事的機能に関する諸指令をも使節が伝達・執行するようになること。第三に、六波羅一方探題が守護を兼ねた諸国と長門探題管国では、守護と使節の機能が一元化されたこと、である。

(二) 六波羅探題と西国守護の関係の歴史的展開

いよいよ結論めいたことを述べなければならない運びとなった。前段までの記述は、六波羅―〈両使〉制が本格的に機能する十三世紀末以降の分析であるが、守護制度は幕府開創そのものにかかわるかたちで起動している。そこで本項では、六波羅探題の創設以降、さまざまな制度的変動により、六波羅探題と西国守護の関係がどのように変化し、使節の活動が顕著になっていくのかを検討していきたい。

⑦北院末寺河内国金剛寺訴事、御室御教書副折紙幷証文案及追捕物注文遣之、如状者、当寺者為顕密修学勝地之間、故右大将殿御時、停止守護所沙汰、一向可為寺家進退之由御裁許畢、加之、去元仁二年相模国司御下知状分明也、而背先

例、違彼状、去正月十五日、依吹毛之咎、乱入四至内、令押取牛一頭・馬一疋・人二人幷衣裳・資財物等云々、事実者所行之旨不穏便、早如員数可令糺返也、雖自今以後、任先御下知之旨、一向令停止守護所沙汰、可為寺家進退之状、如件、

嘉禄三年二月十四日　　　　　　　　　　　　平（花押）

掃部権助（花押）

守護代

⑧（金剛寺学頭忍実金剛寺証文拾遺目録写）

A一通　駿河次郎殿御請文　守護入部事　承久三年十月十二日

B一通　守護代下知状　守護使不可入部由事　承久三年十月廿六

C一通　駿河次郎殿下知状　守護所使輙不可乱入由事、承久三十一月日

D一通　御室庁御下文　駿河次郎泰村請文幷下知状由事、承久四正月日

（中略）

E一通　正守護御下知状　守護所使輙不可乱入由事、貞応二六月廿九

（中略）

F一通　相模国司御下知状　右大将殿御時殊有御帰依由事、元仁二四月五日

（中略）

G一通　御室御教書　守護入部事　嘉禄三年正月卅日

H一通　六波羅御教書　故右大将殿幷相模国司御下知状炳焉由事、嘉禄三二月十四日

⑦は、この時期によくみられる守護の越権行為を禁止する幕府指令のひとつである。[77]文書中にひかれる「元仁二年相模国司御下知状」は、同年四月五日の北条時房書下をさす。[78]⑦と同じく守護代あてであり、源頼朝以来の先例によって金剛寺四至内守護使不入を承認する内容をもつ[79]（⑧F）。元仁二（一二二五）年段階での北条時房の地位をどう判定するかによって画期の異動はあるにせよ、[80]⑤のA～Eに示されるように、貞応二（一二二三）年までは守護→守護代と伝達されていた守護使不入にかかる指令が、嘉禄三（一二二七）年には六波羅探題→守護代と伝達されていることは、貞応二年以降嘉禄三年までの間に六波羅探題と河内守護の関係に何らかの変更があったことを推測させる。

ところで、この貞応二年以降嘉禄三年までの四年余の時期は、幕府政治史上では北条義時から北条泰時への執権交代期にあたり、のちに連署として泰時とともに政務にあたる時房は、貞応三（一二二四）年七月十三日から嘉禄元（一二二五）年六月十五日まで在京して、[81]金剛寺四至内守護使不入にかかるFのほか、伊賀国名張郡殺害人等の請取に関する指令を伊賀国守護代あてに下し、大和国住人大中臣氏の訴訟に関する事実調査を泰時から命じられている。[82]

したがって、⑦が六波羅探題→守護代ルートを示す初見史料ではない点になお問題は残るにしても、[83]河内国金剛寺の例、[84]および幕府政治史上の転換期（とくに時房が特殊な地位にあった時期）である点を考慮して、元仁～嘉禄年間（一二二四～一二七）に六波羅探題と西国守護との関係に重要な変更が加えられたと推断したい。

そして、もし右の推定の蓋然性が認められるならば、六波羅探題と西国守護との関係は三期にかけて考えることができると思う。

まず第一期は、六波羅探題創設直後の短い期間で、この時期六波羅探題は承久の乱後のいわゆる戦後処理に専従したが、乱後の処理も一段落し、折しも関東では執権北条泰時による種々の政治改革が進行しつつあった元仁～嘉禄年間、おそらく六波羅探題の位置づけも改められて、西国一般に対する統治機関に転生し、従来、幕府＝関東→守護→守護代であった指令伝達ルートの一部を吸収して（関東）→六波羅探題→守護代ルートが開かれる。そして、引付制の創設・確定裁決権の獲得などに象徴される訴訟機関としての整備・拡充にともない、裁判を中心とするいわゆる統治権的支配権に属する諸指令の多くが六波羅探題から直接訴訟当事者に、あるいは守護代や使節を通して管国に伝達・執行されるようになり、幕府＝関東→守護→守護代ルートによる伝達・執行は、軍勢催促・異国降伏祈禱指令などおそらくは主従制的支配権に属する諸指令に限定されてくる傾向があらわれる（第二期）。

次に、この元仁〜嘉禄年間に始まる第二期は、六波羅探題の大幅な改革がおこなわれた建治三（一二七七）年をさほど下らぬ時点で第三期に移行する[85]。

第三期は、六波羅―〈両使〉制が本格的に機能する十三世紀末から正慶二（一三三三）年に至る四十余年間で、本節の一および二の（一）での記述はすべてこの時期に関するものであった。この時期の六波羅探題は、本来その管轄外であった王朝権力・荘園本所等の訴訟の繁多に追われ、多くの場合幕府＝関東とは没交渉に院宣・綸旨等の強制執行に従事したことは先に述べた。六波羅探題と西国守護との関係を論ずる場合に重要である使節機能Dもそうした背景のもとに発生したと考えられる。

表1では、使節D機能の初見は54で、一三〇〇年代、とくにその二〇年代に集中している。その点は先に紹介した上横手雅敬の説（註15）を支持する。ただ、上横手は六波羅探題を幕府政治の請負機関として理解しているので、西国守護との関係については視野に入れていない。しかし、これまでみてきたように、D機能は従来守護の担うべき役割と理解されてきた領域に踏み込むものと考える。

本節のはじめ、表1の分析のところで指摘した機能Dは、六波羅一方探題が守護を兼ねた摂津・播磨・丹波をはじめとする畿内近国に偏って検出されると述べた。すなわち、畿内近国は六波羅探題が主従制的・統治権的両支配権を一元的に掌握してその直接支配下においた結果、機能Dが現象したとも考えられる。それではその場合の畿内近国とはどの範囲をさすのか。摂津・播磨・丹波および守護不設置で事実上六波羅探題がその任をおこなった山城のほか、和泉・河内といった北条氏守護国もあわせた地域を想定できるのではないか。

一方、畿内近国以外の諸国はどうか。安芸・紀伊など北条氏守護国では使節機能が守護に優越し、出雲などでは使節がほとんど検出されないことはすでに述べた。六波羅探題の広域支配機関としての特質を六波羅―〈両使〉制を軸に判定すれば、畿内近国―畿外の北条氏守護国―北条氏以外の御家人守護国の順に、六波羅探題は強力な指揮能力を有したということができよう。

さて、以上、六波羅探題と西国守護との関係を時系列に考えてみた。重要なのは次の二点である。第一に、王朝権力の監視を当初の目的として創設された六波羅探題が、次第に権門体制国家の軍事・暴力機構としての性格を強め、[86]また、六波羅分国とも称すべき独自の支配地域を形成したこと。第二に、六波羅探題の直接支配下に入らなかった諸国では、とくに非北条氏守護国において一定の守護領国化への動きがみられること、である。


室町幕府は六波羅探題の発展型であるという評価がある。こうした評価は、正慶二（一三三三）年五月、足利高氏等の攻撃をうけて壊滅したのは両探題＝北条氏とその被官等の権力であって、遷代の職たる両探題や探題の異動にともなって異動する検断頭人等の地位にあった探題被官[87]に比して、はるかに京都および西国の政治・社会情勢に明るかった六波羅奉行人・在京人の多くは、そのまま高氏に掌握され、開創期の室町幕府の主要構成員となったという事実に基づいている。[88]しかし、これまで本節でおこなってきた考察と、そこから導き出された結論に一定の正当性が認められるならば、しばしば本質的には畿内近国政権であったと評される室町幕府の性格もまた、六波羅探題の広域支配機関としてのあり方に大きく規定されていたといい得るのではないだろうか。六波羅分国とも称すべき畿内近国においていち早く足利一門守護配置が成功したことや、[89]六波羅使節としてみえる在京人等の系譜をひくとおぼしき人々が、山城守護不設置期の室町幕府使節としてみえることなども、[90]おそらく重要な傍証となろう。

第二節　鎮西探題と九州守護

鎌倉幕府にとって九州は、比較的早期にみずからの勢力分野に組み込むことが可能となった地域である。いうまでもなく、九州土着の武士層は、その多くが治承・寿永の内乱を平家方として戦い、平家の敗北とともにその勢力を削がれ、地位を東国出身の御家人にとってかわられたからである。その後の彼らは、東国御家人のもとで、小地頭・名主としてわずかに命脈を保ったものの、かつての栄光を取り戻すことは困難であったといわれる。

しかし、そんな九州土着の国御家人が遵行使節として鎮西探題の裁判システムを支えていた。しかも、鎮西探題が地域権力として強大化しつつあった九州守護に対抗する手段として、埋もれていた彼らの伝統が発掘され、利用されたわけではない。彼ら自身の在地に対する影響力が評価された結果として、むしろ鎮西探題はこれに依存せざるを得なかったのである。

増山秀樹が「鎮西探題の使節遵行について[91]」と題する論考で、鎮西裁許状から検出される使節の分析の結果得た結論を要約すれば以上のようになると思う。在地勢力への依存が、おそらくは鎌倉幕府の使節遵行システムが共有した基本的性格のひとつとして考えられる可能性をさらに高める研究成果として受け止めたい[92]。しかしながら、増山によって先鞭が開かれた鎮西探題使節（以下、鎮西使節と略称）研究は、なお、さまざまな論点・課題を残している。

旧来その成立がモンゴル襲来を契機とした軍事目的によることが強調されながら、実態としては御家人支配や検断からは遠く離れ、もっぱら所務相論の解決を中心とした裁判機関としての性格が浮き立つ鎮西探題の評価についての再検討も課題のひとつである。増山が主張するように、国御家人の使節起用が守護への対抗策でないとすれば、鎮西探題の設置とこれに先行する大量の守護更迭（北条一門守護の創出）が、九州（外様）守護の勢力を削減し、北条氏による九州支配を実現する手段であったとする通説的見解と、鎮西使節の評価とはリンクしなくなる。もちろん、守護政策と日常的な紛争解決機能とを切り離し、それぞれのあり方として議論することも可能かもしれない。しかし、それでは鎮西探題を総体として評価することにはならないだろう。

本節が意図しているのは、所務相論を中心とした裁判機関としての鎮西探題の性格が、モンゴル襲来という対外的危機への対応のなかで、積極的に評価できる可能性の探求である。

鎮西探題はもとより有力九州守護少弐・大友・宇都宮氏などをメンバーとする「鎮西談義所」を制度的前身とし、鎮西探題成立後も少弐・大友氏は引付頭人としてその中枢にあった(93)。しかも、鎮西探題の裁判管轄は所務沙汰に限定され、検断・雑務沙汰は守護の管轄とされた（後述）。とくに九州にあっては一国単位の裁判権力としての性格も有した守護としては、探題設置によって「歴史的後退(94)」を余儀なくされたという評価も可能であるが、鎌倉時代後期に、所務沙汰に属した苅田狼藉・路次狼藉などが検断沙汰に移管されたことで、守護の裁判管轄は決して後退するばかりではなかったと思われる。

つまり、鎮西探題の九州支配は、守護との対抗関係を軸に展開するのではなく、守護との協働性を前提に、あるいは協働性を構築しつつ進められたと考える。

以下、まずは独自に作成した鎮西使節編年一覧を基礎にしながら、本節にかかわる増山の所説を検討したい。基本的に見解の相違は生じないと思われるが、増山の議論を前提にしながら問題の所在を明らかにしたいからである。そして、そこで抽出された論点を鎮西探題・九州守護に対する従来の評価などを参照しつつ煮詰め、筆者なりの鎮西探題評価に至りたいと思う。

一　鎮西使節の分析

『鎌倉遺文』の検索を中心に鎮西使節を検出し編年に整理したのが表6である。増山の検出と重なる部分も多いが、裁許状以外の典拠史料を導入した結果、数量的にはほぼ倍増している。もちろん刊本史料に依存することによるさまざまな限界を含んでいる。しかし、本節の主要な論点を抽出していくために、鎮西使節の基本的性格を確定していく作業には十分かつ有効な情報を提供してくれよう。なお、論述の都合上、守護の指令を執行する使節（守護使節）も同表に含めてある。また、表作成にあたっては、現実に使節が機能した時点を確定しつつ編年作業をおこなったので、使節あてに下された鎮西御教書を典拠とする場合を除き、典拠史料の年代と表6の年と一致しない場合がある。

分類欄に示したA～Cの記号は、使節の役割を大きく三分類して以下のように整理した結果である。

A＝論人召換・論人請文執進など訴訟進行にかかる使節。

B＝絵図注進・証人尋問等を含む論所実検にかかる使節。

C＝沙汰付など裁決の執行にかかる使節。

六波羅使節の分析をおこなった折は、[95]上記のほかDとして、当知行者の実力排除や悪党鎮圧といった軍事的機能（「近隣地頭御家人」等の動員を含む）をともなう使節をとくに分類した。しかし、鎮西使節にDを検出できない。これも鎮西使節の特徴と考えられるが、表6にD分類がない理由としてまず説明しておく。

表6　鎮西使節編年譜

	年代	国名	分類	使節	案件（①訴人、②論人、③論所等）	典拠
1	永仁六・八・一八（一二九八）	肥前	両使 C	志佐小二郎祝 奈留兵衛二郎入道々仏	①船主北条某、②沿岸民？　③藤太郎入道忍恵漂倒唐船	鎮西探題奉行人連署奉書（青方文書／鎌倉遺文 19770）
2	永仁七・一・一五（一二九九）	豊後	単使 A	竹田津又二郎長親	①都甲惟重、②都甲惟遠、③都甲荘内榎迫葉（押妨）	鎮西下知状（都甲文書 /20073）

	年代	国名	分類	使節	案件（①訴人、②論人、③論所等）	典拠
3	永仁七・三・一（一二九九）	筑前	両使 A	肥後民部大夫行景 加治三郎左衛門尉俊員	①地頭代有慶ら、②香椎大宮司氏盛、③怡土荘友永方重松名（押領）	鎮西下知状（大友文書／20069）
4	永仁七・四・二（一二九九）	肥前	単使 B	青方左衛門太郎（波佐見親平）	①多久宗広妻尼蓮阿、②大町通有ら、③河嶋村刃傷狼藉	鎮西御教書（青方文書／20022）
5	正安元・五・二八（一二九九）	豊前	両使 A	大和太郎左衛門入道観仏 山田太郎右衛門入道々円	①宇佐権検校妙円、②名主庄入道善阿、③下毛郡内宇佐領田畑（押領）	鎮西下知状（到津文書／20182）
6	正安元・六・二六（一二九九）	肥前	両使 A	橘薩摩三郎左衛門入道慈運 白石左衛門次郎通朝	①彼杵荘雑掌、②宮村諸次郎通兼、③彼杵荘（領家一代検注拒否）	鎮西下知状（尊経閣文庫・東福寺文書／20078）
7	正安元・七・二七（一二九九）	薩摩	両使 A	薩摩在国司道嗣 吉岡孫次郎重将	①新田社雑掌、②山門院郡司家泰、③常見免田所当（抑留）	鎮西下知状（新田神社文書／20799）
8	正安二・三・一二（一三〇〇）	筑後	両使 C	加治三郎左衛門尉俊員 上妻四郎入道	①白垣弥次郎入道々忍、②山代栄、③白垣郷在家	鎮西御教書（山代松浦文書／20396）
9	正安二・三・一三（一三〇〇）	豊前	両使 C	別符太郎入道 陶山三郎	①宇佐宮神官、②？ ③守久・武安名田畠	鎮西御教書（永弘文書／20398）
10	正安二・四・六（一三〇〇）	豊後	両使 C	戸次孫太郎左衛門尉 大炊又四郎	①賀来社権大宮司信隆、②地頭惟政、③鬼右禰和田上名所出物（押領）	鎮西御教書（柞原八幡宮文書／20416）
11	正安二・七・一三（一三〇〇）	肥前	単使 A	沙弥時阿	①大河兵衛三郎入道、②加津佐地頭代、③横田屋敷	沙弥時阿請文（大川文書／20523）
12	正安二・八・二（一三〇〇）	肥前	両使 B	豊田太郎兵衛尉家綱 橘薩摩彦次郎	①河上社、②③（河上社破壊損色）	鎮西御教書（実相院文書／20555）
13	正安四・一・二九（一三〇二）	筑前	両使 A	野介次郎左衛門入道々蓮 白水五郎入道生願	①（地頭）大友貞親、②名主、③怡土荘年貢公事（対捍）	鎮西下知状（大友文書／22294）
14	嘉元元・一〇・二三（一三〇三）			草野次郎入道円種 山田中内政盛		

15	嘉元二・六・一九（一三〇四）	肥前	両使 C	大町三郎入道 小城弥五郎入道	①地頭宗像氏盛、②行武・財納名々主、③晴気保地頭得分（懈怠）	鎮西御教書（宗像神社文書／21872）
16	嘉元二・八・三（一三〇四）	肥前	両使 A	岸河六郎入道 小家九郎左衛門入道	①白魚行覚、②峯源藤五貞、③?	鎮西御教書（青方文書／21875）
17	嘉元二・八・三（一三〇四）	肥前	? A	沙弥高西	①白魚弥次郎入道行覚、②峯貞、③浦部島内佐保・白魚	沙弥高西請文（青方文書／21931）
18	嘉元三・三・五（一三〇五）	筑後	両使 A	香西小太郎入道 西牟田弥次郎入道浄西	①白垣弥次郎入道々念、②山代栄、③（悪党扶持、訴人譜文執進）	大和守某書下（山代松浦文書／22122）
19	嘉元三・七・一三（一三〇五）	大隅	両使 A	税所介入道正蓮 禰寝郡司清治	①莫禰勤行養子平氏、②曽木宗茂、③菱刈郡久富名内田畠	鎮西下知状（曽木文書／22345）
20	嘉元三・一一・二（一三〇五）	薩摩	両使 A	河内小太郎 渋谷弥平二（公重）	①新田社雑掌道久、②?、③国司初任神拝物	鎮西御教書（薩藩旧記／22381）
21	嘉元三・一二・三（一三〇五）	大隅	守護 A	酒大夫入道円也 東郷郡司義秀	①禰寝郡司入道行恵、②伊佐敷親弘、③禰寝郡南俣（掠漁）	北条時直書下（禰寝系図／22404）
22	嘉元三・一二・七（一三〇五）	肥前	守護 A	福島二郎入道（如性） 志佐小二郎（祝）	①小値賀・浦部地頭峯貞、②青方覚念、③放火狼藉	肥前守護奉行人奉書（青方文書／22436）
23	嘉元三・一二・一九（一三〇五）	肥前	両使 A	国分又次郎入道浄光 中津隈三郎蔵人入道浄智	①堅田入道如一、②国分寺住人俊村、③所従次郎太郎貞末・同女子（拘留）	鎮西御教書（河上神社文書／23069）
24	嘉元四・四・一一（一三〇六）	肥前	守護 A	多久小太郎 大村太郎（家直）	①峯貞、②青方四郎入道（覚念・高家）、③放火狼藉	肥前守護奉行人奉書（青方文書／22605）
25	延慶元・一二・一七（一三〇八）	豊前	両使 A	陶山小次郎 日奈古孫四郎為広	①宇都宮頼房、②同子息壱岐入道覚実、③田川郡柿原名地頭職（他人和与）	鎮西下知状（佐田文書／23700）
26	延慶二・三・一八（一三〇九）	肥前	両使 A	多久太郎宗経 小城弥五郎入道妙喜	①宗像氏盛、②名主後家尼法意、③晴気保内安光名地頭職得分	鎮西下知状（出光佐三・宗像文書／24130）
27	延慶二・五・二〇（一三〇九）	薩摩	両使 A	渋谷彦太郎重尚法師 河内小太郎重雄	①新田神社雑掌、②名主、③鶴王丸名神用途（抑留）	鎮西下知状（薩藩旧記・権執印文書／23835）

	年代	国名	分類	使節	案件（①訴人、②論人、③論所等）	典拠
28	延慶二・九・一六（一三〇九）	肥前	両使 C	高木六郎 大村太郎	①雑掌尭深、②一分地頭白石通朝、③彼杵荘杵島南郷（所務）	鎮西下知状 （仁和寺文書／23766）
29	延慶三・一二・二三（一三一〇）	豊後	両使 C	牧三郎入道念照 沙弥誓願	①志賀貞朝、②豊前又四郎朝親、③大野荘志賀村朝倉名	沙弥誓願請文 （志賀文書／24154）
30	応長元・五・五（一三一一）	豊後	両使 B	竈戸孫次郎 河野四郎	①六郷山執行円然、②岐部入道円如、③(相論絵図注進)	鎮西御教書 （島原松平文庫文書／補1914）
31	応長元・七・一〇（一三一一）	肥前	両使 A	多久太郎（宗経） 隈兵衛太郎	①青方覚念、②波佐見左衛門太郎親平、③松浦郡狩俣島等	鎮西御教書 （青方文書／24365）
32	応長元・七・二九（一三一一）	豊前	単使 A	深見弥次郎左衛門尉盛高	①安心院得清太房丸、②永弘保景、③御供所神人守弘等	宇佐少宮司（永弘保景）請文 （永弘文書／24382）
33	応長元・九・一五（一三一一）	筑後	単使 A	沙弥蓮重	①地頭白魚行覚、②国分寺孫三郎、③三潴荘是友名	沙弥蓮重請文 （青方文書／24424）
34	正和元・一一・二〇（一三一二）	肥前	両使 C	高木三郎 龍造寺又六	①雑掌尭深、②(一分地頭)白石左衛門入道、③彼杵荘杵島南郷（所務）	鎮西御教書 （仁和寺文書／24703）
35	正和元・一一・二二（一三一二）	肥前	両使 A	有河五郎二郎入道（性心） 宇久孫二郎（披）	①青方覚念、②波佐見入道真仏（親平）、③松浦郡狩俣島等	鎮西御教書 （青方文書／24704）
36	正和元・一一・二二（一三一二）	豊後	単使 A	八坂弥五郎入道々海	①宇佐神官忠基、②安藤入道生願、③田染荘近弘名得太郎屋敷	鎮西下知状 （永弘文書／25011）
37	正和元・一一・（一三一二）	肥前	両使 A	志佐小二郎 宇久孫二郎	①②？ ③青方浦	（青方文書／24713）
38	正和元・一二・一四（一三一二）	豊前	A	（奉行）某	①弥勒寺供僧賢親、②山田宮内政盛、③黒土荘田地（返還）	鎮西下知状 （宮成文書／24801）
39	正和元・一二・一四（一三一二）	豊前	単使 A	阿波四郎入道素仏	①辛島並頼、②日差荘住人三郎男妻、③葛原郷田地（返還）	鎮西下知状 （樋田文書／24802）

40	正和二・一・一九（一三一三）	豊後	単使 A	真玉孫四郎惟氏	①宇佐神官定基、②狭間入道覚智、③田染荘永正名（返還）	鎮西下知状（永弘文書/24890）
41	正和二・一・二五（一三一三）	肥前	両使 A	国分又次郎入道浄光（長季） 立石源兵衛入道々妙	①天雨田憲行、②本告秀基後家智覚、③神埼荘屋敷（押領）	鎮西下知状（本間文書/25366）
42	正和二・二・二（一三一三）	豊後	単使 A	真玉孫四郎惟氏	①宇佐神官定基、②狭間四郎左衛門入道智覚、③田染荘恒任名（返還）	鎮西下知状（到津文書/24917）
43	正和二・二・九（一三一三）	日向	両使 A	伊東藤内左衛門尉祐広 益戸四郎左衛門尉行直	①相良長氏、②穂北郷地頭代心生、③所従了信法師（拘留）	鎮西下知状（相良文書/24938）
44	正和二・二・一三（一三一三）	豊後	単使 A	八坂弥五郎入道々海	①宇佐神官定基、②尾崎弥三郎久澄、③田染荘尾崎屋敷（返還）	鎮西下知状（湯屋文書/24899）
45	正和二・三・一（一三一三）	豊後	単使 A	八坂弥五郎入道々海	①宇佐神官定基、②小田原弥五郎泰郷、③田染荘峯屋敷（返還）	鎮西下知状（湯屋文書/25010）
46	正和二・三・一（一三一三）	豊後	単使 A	八坂弥五郎入道々海	①（宇佐神官）忠基、②小田原四郎左衛門入道智覚、③田染荘末次名（返還）	鎮西下知状（永弘文書/24918）
47	正和二・三・一三（一三一三）	豊後	単使 A	八坂弥五郎入道々海	①（宇佐神官）忠基、②尾崎右衛門入道行信、③田染荘尾崎屋敷（返還）	鎮西下知状（永弘文書/24921）
48	正和二・三・一六（一三一三）	豊後	単使 A	八坂弥五郎入道々海	①（宇佐神官）忠基、②小田原弥五郎泰郷、③田染荘末次・永正名（返還）	鎮西下知状（永弘文書/24908）
49	正和二・三・二五（一三一三）	豊前		（奉行）某	①宇佐官人代宗明、②宇都宮頼房下人、③上毛郷是吉名（返還）	鎮西下知状（奥文書/24902）
50	正和二・四・一（一三一三）	豊前	単使 A	深見右近五郎広政	①宇佐供僧神尭、②酒井石見房神成、③？	鎮西下知状（北艮蔵文書/24882）
51	正和二・四・四（一三一三）	肥前	両使 A	志々岐三郎 斑島弥五郎	①佐志浦住人福□□郎、②斑島源次郎、③所従福童乙□□（拘留）	鎮西御教書（肥前松浦党有浦文書/41）
52	正和二・四・一五（一三一三）	豊前	単使 A	壱岐四郎太郎入道明覚	①弥勒寺神経、②高並常陸房行願妻、③？	鎮西下知状（小山田文書/24949）

	年代	国名	分類	使節	案件（①訴人、②論人、③論所等）	典拠
53	正和二・五・二六（一三一三）	豊後	単使 A	真玉孫四郎惟氏	①（宇佐神官）定基・忠基、②波多方村左近次郎妻、③田染荘永正名田地（返還）	鎮西下知状（永弘文書/24909）
54	正和二・六・七（一三一三）	豊前		（奉行）某	①宇佐公親、②佐田荘住人山三郎重安、③葛原郷光方名田地（返還）	鎮西下知状（到津文書/24948）
55	正和二・六・一九（一三一三）	豊前	単使 A	深見右近五郎広政	①宇佐供僧神尭、②山本播磨房ら、③神尭売却所々（返還）	鎮西下知状（宇佐八幡宮文書/24900）
56	正和二・六・一九（一三一三）	豊前	単使 A	久保六郎種栄	①宇佐神官諸成、②八坂孫三郎入道、③延入村原畠（返還）	鎮西下知状（時枝文書/24957）
57	正和二・六・二二（一三一三）	豊前	単使 A	（阿波）四郎入道素仏	①宇佐神官愛輔、②野仲道性房円空、③野仲郷全得・世永名（返還）	鎮西下知状（永弘文書/24901）
58	正和二・七・二（一三一三）	薩摩	両使 A	石堂又次郎入道 □□四郎親治	①比志島孫太郎忠範、②辺牟木房禅慶、③出挙米（対捍）	鎮西下知状（比志島文書/25508）
59	正和二・七・一一（一三一三）	豊後	単使 A	阿波五郎太郎	①（宇佐神官）定基、②小田原宗忍従人渡辺入道、③田染荘田地（返還）	鎮西御教書（到津文書/24920）
60	正和二・七・一二（一三一三）	豊後	単使 A	都甲左衛門次郎入道妙浄	①宇佐宮□一分領主尼正覚、②？ ③正覚売却所々（返還？）	鎮西下知状（永弘文書/24922）
61	正和二・八・一四（一三一三）	肥前	両使 A	宇久孫三郎（披） 志佐小二郎（祝）	①？ ②青方八郎高継、③青方浦	鎮西御教書（青方文書/24946）
62	正和二・九・三〇（一三一三）	豊後	単使 C	八坂左衛門五郎入道	①宇佐神官忠基、②小田原弥五郎泰郷、③田染荘末次・永正名（返還）	鎮西御教書（永弘文書/25005）
63	正和二・一〇・二四（一三一三）	豊後	守護 C	都甲四郎入道 恵良五郎入道	①宇佐神官忠基、②？ ③田染荘恒任名（返還）	豊後守護書下（永弘文書/25022）
64	正和二・一一・一三（一三一三）	肥前	両使 C	宇久孫三郎（披） 志佐小二郎（祝）	①？ ②青方八郎高継、③青方浦	鎮西御教書（青方文書/25038）

65	正和二・一一・二〇（一三一三）	薩摩	単使 A	下総権守（渋谷重雄）	①比志島忠範、②下野前司入道（島津）、③城前田	鎮西御教書（比志島文書/25040）
66	正和二・一二・二六（一三一三）	筑前	両使 C	八坂弥五郎入道（道海） 合屋日向前司入道（覚仏）	①宇佐擬大宮司清輔、②武藤入道浄然、③立岩別符在家（返還）	鎮西御教書（到津文書/25089）
67	正和三・三・二八（一三一四）	豊後	両使 C	安心院新三郎入道浄妙 武藤三郎能氏	①（宇佐神官）定基、②小田原大蔵左衛門入道宗忍、③来縄郷小野名（返還）	宇佐宮神官等連署申状（到津文書/25459）
68	正和三・四・二四（一三一四）	肥前	両使 A	志々岐三郎 大島源五郎	①佐々浦福□□女太郎、②斑島源二郎、③所従福童乙□（拘留）	鎮西御教書（肥前松浦党有浦文書/18）
69	正和三・四・二五（一三一四）	肥前	両使 A	尻田八郎 神埼田所藤三入道浄西	①河上社雑掌禅勝、②脊振山住侶成秀、③幡免神役（対捍）	鎮西下知状（河上神社文書/25504）
70	正和三・五・六（一三一四）	肥前	両使 A	白垣弥藤三入道 戸町又三郎入道	①有河五郎次郎入道性心、②青方高家、③所従又次郎男ら（拘留）	鎮西御教書（青方文書/25136）
71	正和三・六・一四（一三一四）	肥前	守護 A	守護代	①？　②青方八郎高継、③青方浦	鎮西御教書（青方文書/25155）
72	正和三・七・二（一三一四）	薩摩	両使 A	頴娃次郎左衛門尉久純 鮫島彦次郎家藤	①嶋津久長、②市来孫太郎家貞、③小舟一艘（押領）	鎮西下知状（島津家文書/25308）
73	正和三・七・一三（一三一四）	肥前	両使 A	国分又次郎入道浄光 高木三郎家相	①彼杵荘雑掌、②一分小地頭千綿純西、③惣検・年貢済物（拒否）	鎮西下知状（尊経閣文庫・東福寺文書/25375）
74	正和三・八・一九（一三一四）	肥前	両使 A	城戸太郎左衛門入道々種 田中又二郎入道善種	①彼杵荘雑掌、②彼杵次郎入道行蓮、③惣検・年貢済物（拒否）	鎮西下知状（尊経閣文庫・東福寺文書/25452）
75	正和三・九・一〇（一三一四）	肥前	両使 A	城戸太郎左衛門入道々種 田中又二郎入道善種	①彼杵荘雑掌、②日那浦小佐々守童丸、③惣検・年貢済物（拒否）	鎮西下知状（尊経閣文庫・東福寺文書/25380）
76	正和三・九・一九（一三一四）	豊後	両使 C	真玉孫四郎（惟氏） 都甲四郎入道（惟遠）	①弥勒寺所司神鎮・神世、②河越重方、③香地荘東宝塔供料田（返還）	鎮西御教書（北艮蔵文書/25226）
77	正和三・九・（一三一四）	豊後	単使 C	八坂弥五郎	①宇佐神官定基、②小田原泰郷ら、③来縄郷小野名（返還）	鎮西御教書（永弘文書/25235）

	年代	国名	分類	使節	案件（①訴人、②論人、③論所等）	典拠
78	正和三・一〇 （一三一四）	肥前	両使 C	尻田八郎 神埼田所藤三入道浄西	①河上社雑掌禅勝、②大塩春王丸、③三重塔婆修理免課役（対捍）	鎮西下知状 （河上神社文書／25526）
79	正和三・一一・一六 （一三一四）	豊後	両使 C	安心院新三郎入道（浄妙） 深水武藤三郎（能氏）	①（宇佐神官）定基、②小田原大蔵左衛門入道宗忍、③来縄郷小野名（返還）	鎮西御教書 （永弘文書／25291）
80	正和四・二・一八 （一三一五）	肥前	両使 A	城戸太郎左衛門入道々種 田中又二郎入道善種	①彼杵荘雑掌、②河棚・又六入道々性、③惣検・年貢済物（拒否）	鎮西御教書 （尊経閣文庫・東福寺文書／25578）
81	正和四・二・二五 （一三一五）	肥前	両使 A	城戸太郎左衛門入道々種 田中又二郎入道善種	①彼杵荘雑掌、②河棚・河内入道観盛、③惣検・年貢済物（拒否）	鎮西御教書 （尊経閣文庫・東福寺文書／25575）
82	正和四・三・一三 （一三一五）	肥前	両使 A	西郷藤三郎幸朝 立石孫三郎	①河上社雑掌、②高木温江小二郎種頼、③造営用途（対捍）	鎮西御教書 （河上神社文書／25522）
83	正和四・三・二七 （一三一五）	肥前	両使 A	国分又次郎入道浄光 高木三郎家相	①彼杵荘雑掌、②今福四郎定、③惣検・年貢済物（拒否）	鎮西下知状 （尊経閣文庫・東福寺文書／25457）
84	正和四・三・二八 （一三一五）	豊後	両使 C	別符弥太郎種房 和泉右衛門次郎景長	①（宇佐神官）定基、②小田原大蔵左衛門入道宗忍、③来縄郷小野名（返還）	宇佐宮神官等連署申状 （到津文書／25459）
85	正和四・四・七 （一三一五）	豊後	両使 C	青木式部大夫 友枝左衛門次郎	①（宇佐神官）定基、②小田原大蔵左衛門入道宗忍、③来縄郷小野名（返還）	宇佐宮神官書状 （到津文書／25472）
86	正和四・一〇・二四 （一三一五）	豊後	両使 B	八坂五郎（親盛） 真玉孫四郎（惟氏）	①都甲荘雑掌、②？ ③弥石丸名・四郎丸名	鎮西御教書 （都甲文書／25645）
87	正和五・一一・二 （一三一六）	豊前	両使 C	深水藤三郎秋氏 □□□入道々妙	①（宇佐神官）定基、②小田原大蔵左衛門入道宗忍、③来縄郷小野名（返還）	宇佐某下知状 （到津文書／25976）
88	正和五・一二・二六 （一三一六）	豊前	両使 A	諸氏 頼行	①宇佐神官布袋丸、②（深水）高継、③野仲郷弘光名垣坪田地（返還）	頼玄奉書 （小山田文書／26053）
89	文保元・二・一四 （一三一七）	豊前	単使 A	山田平内左衛門尉	①宇佐後馬所検校重次、②深水高継、③野仲郷田地（返還）	鎮西御教書 （小山田文書／26096）

90	文保元・五・七（一三一七）	大隅	守護 A	守護代安藤景綱	①台明寺衆徒、②大隅国目代盛範、③狼藉	安藤景綱請文（台明寺文書 /26169）
91	文保元・七・二〇（一三一七）	豊後	両使 C	友枝左衛門次郎 阿波五郎太郎	①（宇佐神官）定基、②小田原大蔵左衛門入道宗忍、③来縄郷小野名（返還）	鎮西御教書（永弘文書 /26280）
92	文保元・九・六（一三一七）	肥前	両使 A	高木又太郎家能 河上六郎家昌	①河上社雑掌禅勝、②地頭北原太郎、③北原村神用米（対捍）	鎮西下知状（河上神社文書 /26485）
93	文保二・六・七（一三一八）	肥前	両使 A	高木又太郎家能 河上六郎家昌	①河上社雑掌禅勝、②北村寺院主了恵、③仁王講免神用物（対捍）	鎮西下知状（河上神社文書 /26755）
94	文保二・七・二（一三一八）	肥前	両使 C	大村太郎家重 中津隈六郎判官代入道寂妙	①櫛田社、②蜷河三郎太郎胤恒、③造営用途（未進）	鎮西御教書（東妙寺文書 /26725）
95	文保二・一一・二（一三一八）	薩摩	単使 A	下総権守（渋谷重雄）	①山門種友、②島津道義扶持人蓮心、③宮里郷正富名（押妨）	鎮西下知状（薩藩旧記・市来崎文書 /26832）
96	文保二・一一・二（一三一八）	肥前	両使 C	大村彦次郎 白石次郎入道	①深堀弥五郎時仲跡、②戸町三郎俊基、③彼杵郡戸町杉浦（和与）	鎮西御教書（深堀文書 /26830・26831）
97	文保二・一・一〇（一三一八）	筑後	守護 A	守護代 山田小太郎入道	①白魚行覚、②住吉弥四郎為孝跡？③三潴荘是友名（為孝跡）	鎮西御教書（青方文書 /26846）
98	文保三・二・一四（一三一九）	豊前	単使 A	山田平内左衛門尉	①宇佐後馬所検校重次、②深水高継、③野仲郷田地（返還）	鎮西御教書（小山田文書 /26954）
99	文保三・三・一二（一三一九）	大隅	単使 A	比志島孫太郎（忠範）	①□意代行兼法師、②別符彦三郎光実、③下木田村田地	鎮西御教書（比志島文書 /26966）
100	元応元・七・一三（一三一九）	豊前	守護 B	（守護）糸田顕義 安心院又五郎公宣	①兵庫允範資、②宇佐擬少宮司愛輔、③西野中草場（実検）	兵庫允範資陳状（宮成文書 /27095）
101	元応元・七・二一（一三一九）	豊後	単使 A	八坂岡五郎	①弁分雑掌盛久、②住人長野馬次郎ら、③田染荘（放火狼藉）	掃部允景親奉書（永弘文書 /27119）
102	元応元・八・一九（一三一九）	豊前	両使 C	深見弥次郎 津布佐弥五郎入道	①宇佐供僧神尭、②野仲次郎太郎、③大家・野仲郷自見名田畠	鎮西御教書（北艮蔵文書 /27212）

	年代	国名	分類	使節	案件（①訴人、②論人、③論所等）	典拠
103	元応元・九・二〇（一三一九）	薩摩	単使 A	在国司入道（二階堂道雄）	①雑掌承信、②隠岐三郎（二階堂行雄）、③伊作荘入来別符（境相論）	鎮西御教書（島津伊作家文書／27247）
104	元応元・一〇・三（一三一九）	豊前	単使 A	深見左衛門五郎光盛	①野上資盛代信貞、②安心院入道浄妙、③延枝名（押領）	鎮西下知状（諸家文書纂・野上文書／27387）
105	元応二・二・一五（一三二〇）	肥前	単使 A	伊佐早三郎通澄	①大河幸継、②大河幸賢孫女藤原氏、③高来郡伊福村田地（押領）	鎮西下知状（大川文書／27537）
106	元応二・五・二五（一三二〇）	大隅	両使 C	禰寝郡司（清保） 河俣掾入道	①平世村雑掌、②平山房ら、③平世村（濫妨、院宣の施行）	鎮西御教書（禰寝文書／27491）
107	元応二・八・三（一三二〇）	肥前	単使 A	横大路次郎入道西迎	①広瀬国平、②名主吉田某後家尼妙心、③神埼荘吉田里（押領）	鎮西下知状（青方文書／28225）
108	元応二・八・（一三二〇）	豊後	単使 A	八坂五郎親盛	①雑掌正円、②都甲惟国妻源氏女、③都甲荘近成・四郎丸名	都甲荘雑掌正円申状（都甲文書／27544）
109	元応二・一〇・六（一三二〇）	大隅	両使 C	禰寝郡司（清保） 河俣掾入道	①平世村雑掌、②平山房ら、③平世村（濫妨、院宣の施行）	鎮西御教書（禰寝文書／27585）
110	元応二・一〇・一一（一三二〇）	薩摩	単使 A	禰寝郡司（清保）	①国分寺雑掌、②大隅守護北条時直、③国分寺（狼藉）	鎮西御教書（国分氏文書／27593）
111	元亨元・三・二八（一三二一）	薩摩	両使 A	在国司 頴娃次郎左衛門尉	①上神殿入道迎祐、②伊集院郡司宗継、③伊集院下神殿山下田地（押領）	上神殿入道迎祐申状（島津家文書／27730）
112	元亨元・七・（一三二一）	大隅	単使 A	禰寝郡司清保	①姶良荘弁済使永信子息永俊、②肝付岸良弁済使阿性ら、③（永信殺害）	永俊申状（薩藩旧記・岸良文書／27820）
113	元亨二・四・二六（一三二二）	豊前	両使 C	阿波五郎太郎 野仲郷司	①宇佐神宮久貞、②地頭代従人浄法、③多布原村薬丸名（押領）	鎮西御教書（薬丸文書／28003）
114	元亨二・五・三（一三二二）	肥前	単使 A	国分彦次郎季朝	①河上社雑掌、②西泉弥四郎政茂、③河原村神役（対捍）	鎮西下知状（河上神社文書／28523・28524）

115	元亨二・五・六（一三二二）	肥前	単使 A	国分彦次郎季朝	①河上社雑掌、②安徳次郎政国、③河原村神役（対捍）	鎮西下知状（河上神社文書／28708）
116	元亨二・五・九（一三二二）	肥前	単使 A	国分彦次郎季朝	①河上社雑掌、②岡尼如教、③河原村栗小島中村神役（対捍）	鎮西下知状（河上神社文書／28115）
117	元亨二・五・一一（一三二二）	肥前	単使 A	国分季朝	①河上社雑掌、②今山太郎入道浄西跡季政、③河原村神役（対捍）	鎮西下知状（実相院文書／28129）
118	元亨二・五・一三（一三二二）	肥前	単使 A	国分彦次郎季朝	①河上社雑掌、②国分三郎五郎入道善行、③御鉾料所今村神役（対捍）	鎮西下知状（河上神社文書／28750）
119	元亨二・七・一一（一三二二）	肥前	単使 A	横大路次郎入道西迎	①河上社雑掌、②脊振山住侶長政、③三根西郷神役（対捍）	鎮西下知状（河上神社文書／28402）
120	元亨二・七・二八（一三二二）	肥前	単使 A	大町六郎入道	①塚崎後藤又次郎光明、②？　③大町荘福母村山野（境相論）	鎮西御教書（後藤文書／28116）
121	元亨二・九・二〇（一三二二）	薩摩	単使 A	渋谷弥平三為重	①新田宮雑掌、②吉永名領主友経、③放生会饗膳役（対捍）	鎮西下知状（新田神社文書／28526）
122	元亨二・九・二五（一三二二）	肥前	単使 A	宇都宮頼房	①櫛田宮修理別当理善、②一分地頭神山実氏、③造営用途（対捍）	鎮西下知状（櫛田神社文書／28507）
123	元亨二・九・二九（一三二二）	肥前	単使 A	多久孫太郎宗種	①広瀬次郎左衛門尉国平、②名主吉田某後家尼妙心、③神埼荘吉田里（押領）	鎮西下知状（青方文書／28225）
124	元亨二・一〇・二〇（一三二二）	肥前	単使 A	塚崎後藤三郎秀朝	①武雄社雑掌覚円、②地頭橘薩摩公継、③長島荘上村御神楽米（対捍）	鎮西下知状（武雄神社文書／28265）
125	元亨二・一一・一一（一三二二）	肥前	単使 A	大和前司（宇都宮）頼房	①櫛田宮修理別当理善、②一分地頭今村妙観・土窪兼直、③造営用途（対捍）	鎮西下知状（櫛田神社文書／28859・28860）
126	元亨二・一一・二〇（一三二二）	肥前	単使 A	佐留志新太郎入道覚印	①河上社雑掌禅勝、②南郷仏念房良弁、③神用銭（対捍）	鎮西下知状（河上神社文書／28398）
127	元亨二・一一・二五（一三二二）	肥前	単使 A	飯田彦次郎定重	①彼杵荘雑掌如月、②河棚浦一分領主源二郎入道々妙、③惣検・年貢済物	鎮西下知状（田中繁三文書／28438）

	年代	国名	分類	使節	案件（①訴人、②論人、③論所等）	典拠
128	元亨三・二・六（一三二三）	肥前	単使 A	神埼執行兼則	①河上社雑掌禅勝、②土々呂木四郎左衛門入道西能、③神用（対捍）	鎮西下知状（河上神社文書／28543）
129	元亨三・二・一五（一三二三）	肥前	単使 A	別符孫太郎種房	①櫛田宮修理別当理善、②城野覚信・山田政盛・小犬丸祐西、③造営用途（未進）	鎮西下知状（櫛田神社文書／28574-76）
130	元亨三・二・二六（一三二三）	薩摩	単使 A	莫禰郡司（成貞）	①国分次郎友貞、②国分彦次郎友任、③国分寺領（追捕・放火狼藉）	鎮西御教書（国分氏文書／28341）
131	元亨三・三・四（一三二三）	薩摩	単使 A	頴娃次郎左衛門尉久純	①島津式部孫五郎入道々慶、②世々彦三郎忠行、③伊集院島廻田地	頴娃久純請文（薩摩山田文書／28350）
132	元亨三・三・二一（一三二三）	大隅	単使 A	谷山五郎覚信	①宮原頼重息尼禅阿、②禰寝清元、③禰寝院畠田	鎮西下知状（池端文書／28428）
133	元亨三・四・一七（一三二三）	大隅	両使 C	守護代盛秀 税所介敦胤	①肝付郡弁済使尊阿子息兼尚、②地頭代盛貞、③所職名田	盛秀・敦胤連署打渡状（薩藩旧記／28380）
134	元亨三・五・三（一三二三）	薩摩	単使 A	渋谷為重	①島津式部孫五郎入道々慶、②頴娃次郎左衛門尉（久純）、③伊集院島廻田地	渋谷為重請文（薩摩山田文書／28391）
135	元亨三・六・一三（一三二三）	肥前	単使 A	国分次郎季朝	①河上社雑掌、②河原馬入道一円女子、③河原村神役（対捍）	鎮西下知状（河上神社文書／28725）
136	正中二・三・一四（一三二五）	肥前	単使 A	河棚源三郎入道々蓮	①橘薩摩公有、②名主三間坂入道乗願、③墓崎五ヶ村岩富名半分地頭得分	鎮西下知状（橘中村文書／29186）
137	正中二・七・三（一三二五）	薩摩	単使 A	知覧又四郎	①島津入道道慶、②上野平九郎入道、③農具・牛馬（押領）	鎮西御教書（薩摩山田文書／29145）
138	正中二・九・五（一三二五）	日向	単使 A	土持新左衛門久栄	①宮崎荘鎮守奈古社大宮司頼清、②新名瓜別符預所元氏、③饗膳・相撲（対捍）	鎮西下知状（奈古神社文書／補 2056）
139	正中二・一二・一三（一三二五）	肥前	両使 A	守護代親政 横大路小次郎入道西迎	①（宇佐）愛輔子息身輔・前輔、②安楽寺卿法眼賢叡、③大豆津別符（返還）	関東御教書（大川文書／29288）

140	正中二・一二・二〇（一三二五）	豊前	単使 A	都甲左衛門次郎入道（妙浄）	①宇佐神官永基、②弁分領□□丸、③田染荘狼藉	掃部允景親奉書（永弘文書／29292）
141	正中二・一二・二三（一三二五）	肥前	単使 A	守護代	①河上社雑掌、②淵次郎後家岡尼、③神役（対捍）	鎮西御教書（河上神社文書／29296）
142	嘉暦元・一〇・五（一三二六）	豊前	単使 A	別符孫太郎種房	①田部氏代尊有、②岩根公貞ら、③封戸・向野両郷（押領）	鎮西下知状（日奈古文書／29691）
143	嘉暦元・一二・二〇（一三二六）	大隅	単使 A	加治木郡司政平	①禰寝郡司清保、②庶子清元、③本所年貢・正八幡宮御領物（抑留）	鎮西下知状（禰寝文書／29692）
144	嘉暦二・二・一九（一三二七）	肥前	単使 A	神埼入道寂意	①河上社雑掌、②巨勢大宮司入道跡、③神役（対捍）	鎮西下知状（河上神社文書／29891）
145	嘉暦二・五・七（一三二七）	大隅	単使 A	加治木郡司政平	①薩摩国雑掌明尊、②伊敷村名主四郎入道、③国検・済物（抑留）	鎮西御教書（藤野文書／30005）
146	嘉暦二・六・一五（一三二七）	肥前	単使 A	国分彦次郎季朝	①河上社雑掌、②筑前大山寺執行、③神用物（対捍）	鎮西下知状（河上神社文書／29972）
147	嘉暦二・八・一七（一三二七）	肥前	単使 A	丹後五郎（省）	①青方八郎入道覚性、②青方高光、③貝俣島	鎮西御教書（青方文書／29925）
148	嘉暦二・八・二九（一三二七）	大隅	単使 A	禰寝郡司入道	①比志島入道仏念（忠範）、②蒲生宗清、③所従千与王女母子（拘留）	鎮西御教書（比志島文書／29951）
149	嘉暦二・九・二六（一三二七）	豊前	両使 C	安心院又五郎（公宣） 深見左衛門弥次郎	①（宇佐神官）愛輔子息身輔、②？　③野仲郷全得名（返還？）	鎮西御教書（永弘文書／30021）
150	嘉暦二・一二・二〇（一三二七）	肥前	単使 A	国分彦次郎季朝	①河上社雑掌、②戸綿五郎兵衛入道、③河原村神役（対捍）	鎮西下知状（河上神社文書／30107）
151	嘉暦三・一・二七（一三二八）	大隅	単使 A	加治木郡司政平	①禰寝郡司清保、②庶子佐多信親、③佐多村西方（押妨）	鎮西下知状（禰寝文書／30364）
152	嘉暦三・三・九（一三二八）	肥後	両使 C	菊池二郎入道（武時） 守護使	①安富左近将監貞泰、②？　③大野別符岩崎村屋敷	鎮西御教書（深江文書／30117・30118）

	年代	国名	分類	使節	案件（①訴人、②論人、③論所等）	典拠
153	元亨三・六・二六（一三二三）	筑前	単使A	野介左衛門大夫章綱	①地頭大友貞宗、②毘沙丸・永元名々主種信跡、③怡土荘友永方年貢（対捍）	鎮西下知状（大友文書／28539）
154	元亨三・七・九（一三二三）	薩摩	単使A	渋谷新平次（重基）	①島津久長代道慶、②?、③伊作荘年貢（未進）	鎮西御教書（島津家伊作文書／28452）
155	元亨三・七・一九（一三二三）	筑後	単使A	酒見小太郎教員	①雑掌道慶、②安富兵部丞泰長、③鷹尾別符年貢（抑留）	鎮西下知状（深江文書／28704）
156	元亨三・七・二一（一三二三）	薩摩	単使A	頴娃次郎左衛門尉久純	①島津式部孫五郎入道々慶、②上野平九郎入道禅意、③農具・牛場（押領）	鎮西下知状（薩摩山田文書／28705）
157	元亨三・八・二九（一三二三）	肥前	単使A	神埼執行兼則	①大河幸継法師幸蓮、②預所増慶、③大豆津村田畠在家（押領）	鎮西下知状（大川文書／28607）
158	元亨三・九・一四（一三二三）	肥前	単使A	丹後次郎（定）	①青方八郎高継、②青方藤四郎高光、③五島西浦青方村	鎮西御教書（青方文書／28516）
159	元亨三・一一・二四（一三二三）	大隅	単使B	□□次郎左衛門尉	①宮幸智門房慶恵、②武光入道行恵、③宮里郷田地・御家人身分	鎮西御教書（大隅有馬文書／28594）
160	元亨三・一一・二五（一三二三）	大隅	単使A	別符彦□郎光実	①比志島忠範、②大隅・蒲生宗清、③所従千与王女・同女子（拘留）	鎮西下知状（比志島文書／28596）
161	元亨三・一二・三（一三二三）	薩摩	単使A	莫禰郡司成貞	①筑前安楽寺、②国分寺友貞、③薩摩国分寺領	鎮西御教書（薩摩国分寺文書／28605）
162	元亨三・一二・五（一三二三）	豊後	単使A	真玉孫四郎惟氏	①弥勒寺長講神文、②都甲左衛門四郎入道妙仏、③都甲荘仏性米（対捍）	鎮西下知状（薬丸文書／28751）
163	元亨三・一二・二九（一三二三）	肥前	単使A	国分彦次郎季朝	①河上社雑掌禅勝、②目代信慶、③放生会（懈怠）	鎮西下知状（河上神社文書／28686）
164	元亨三・（一三二三）	薩摩	単使A	渋谷新平次（重基）	①比志島忠範代義範、②島津実忠、③?	比志島忠範代義範申状（比志島文書／28627）

165	元亨四・二・二〇（一三二四）	大隅	両使 C	税所介、加治木郡司（政平）	①禰寝郡司清保、②禰寝清任・清政ら、③禰寝清治跡	鎮西御教書（禰寝文書／28676・28677）
166	元亨四・六・一二（一三二四）	薩摩	両使 B	渋谷弥平三為重、渋谷又次郎重幸	①永利如性、②山田八郎次郎道政（能）、③（薩摩郡）石上村（論所絵図注進）	鎮西下知状（入来院文書／28910）
167	元亨四・九・八（一三二四）	豊前	両使 C	阿波五郎太郎、野仲郷司	①宇佐神官久世、②地頭代頼重従人、③多布原村薬丸名田地（返還）	鎮西御教書（薬丸文書／28821）
168	正中元・一二・一六（一三二四）	薩摩	両使 B	渋谷弥平三為重、渋谷又次郎重幸	①永利如性、②山田八郎次郎道政（能）、③（薩摩郡）石上村（論所絵図注進）	鎮西下知状（入来院文書／29308）
169	正中二・一・九（一三二五）	肥前	守護 A	志佐小二郎（祝）	①博多住人藤原氏女、②青方八郎高継、③所従乙久曽・比賀久曽（拘留）	少弐貞経書下（青方文書／28913）
170	嘉暦三・四・一一（一三二八）	肥前	単使 A	大村次郎	①河上社雑掌禅勝、②伊古次郎入道、③免田神用米（未進）	鎮西御教書（河上神社文書／30226）
171	嘉暦三・六・五（一三二八）	豊後	単使 C	稙田大夫房	①伊勢親景母尼妙円、②親景後家尼良全、③国東郷来浦地頭職（押妨）	鎮西御教書（早大所蔵文書／30276）
172	嘉暦三・六・二三（一三二八）	大隅	単使 C	禰寝郡司	①比志島入道仏念（忠範）、②蒲生彦太郎入道、③所従千与王女母子（拘留）	鎮西御教書（比志島文書／30291）
173	嘉暦三・七・三（一三二八）	薩摩	単使 A	渋谷又次郎入道（重清）	①新田宮雑掌、②鹿児島郡司矢上某・薩摩郡司某、③神馬・供米（無沙汰）	鎮西御教書（新田神社文書／30306）
174	嘉暦三・七・（一三二八）	薩摩	両使 B	宗覚、増成	①新田宮雑掌道海、②国分次郎入道々然、③宇佐宮造営（文書披見）	新田宮雑掌道海庭中申状（新田神社文書／30328）
175	嘉暦三・八・二八（一三二八）	豊後	両使 C	竈戸孫次郎入道、僧有範	①賀来社領阿南荘預所継幸、②地頭某、③阿南荘武宮村	僧有範請文（柞原八幡宮文書／30363）
176	嘉暦三・九・二五（一三二八）	肥前	両使 C	国分季朝、成松藤三入道	①斎藤左衛門四郎実利、②?　③佐嘉荘末吉名	藤原（国分）季朝請文（龍造寺文書／30399）
177	嘉暦三・九・二九（一三二八）	薩摩	単使 A	市来孫太郎時家	①新田宮雑掌道海、②一分地頭給黎院三郎入道保宇、③給黎院供米（対捍）	鎮西下知状（新田神社文書／31263）

	年代	国名	分類	使節	案件（①訴人、②論人、③論所等）	典拠
178	嘉暦三・一二・一八（一三二八）	肥前	両使 C	大膳弥太郎 矢俣弥藤太	①宇佐神官愛輔子息身輔、②大河孫三郎入道幸蓮、③大豆津別符（返還）	鎮西御教書（大川文書／30475）
179	嘉暦四・一・二八（一三二九）	薩摩	単使 A	市来孫三郎時家	①二階堂行雄、②二階堂行職、③阿多北方高橋郷御所用途（対捍）	鎮西下知状（二階堂文書／30704）
180	嘉暦四・二・二五（一三二九）	豊前	両使 C	宗像大宮司 下総三郎入道	①太政法眼坊雑掌宗慶、②？ ③散在領半分安保房跡	鎮西探題奉行人連署奉書（門司文書／30517）
181	嘉暦四・三・五（一三二九）	薩摩	単使 C	智覧又四郎（忠世）	①島津入道道慶、②上野平九郎入道禅意、③農具・牛馬（押領）	鎮西御教書（薩摩山田文書／30526）
182	嘉暦四・三・一二（一三二九）	肥前	単使 A	国分季朝	①河上社雑掌禅勝、②与賀執行入道蓮宗、③与賀荘神用（対捍）	鎮西下知状（河上神社文書／30836）
183	嘉暦四・四・二〇（一三二九）	肥前	単使 A	国分季朝	①河上社雑掌禅勝、②鯖岡尼跡、③御鉾料所河原村栗小島等神用（対捍）	鎮西下知状（河上神社文書／30784）
184	嘉暦四・四・二〇（一三二九）	肥前	単使 A	国分季朝	①河上社雑掌禅勝、②鯖岡尼跡、③三重塔料殖木田神用（対捍）	鎮西下知状（河上神社文書／30785）
185	嘉暦四・五・一五（一三二九）	薩摩	単使 A	住吉神主政忠	①坂本刑部房澄円、②島津大隅前司入道代道慶、③伊作荘（押領）	鎮西下知状（島津家文書／31319）
186	嘉暦四・五・二三（一三二九）	薩摩	単使 B	島津三郎兵衛尉（実忠）	①島津式部孫五郎入道々慶、②？ ③谷山郡山田・上別符（当知行）	鎮西御教書（薩摩山田文書／30609）
187	嘉暦四・七・二七（一三二九）	薩摩	単使 B	島津三郎兵衛尉（実忠）	①島津式部入道々慶子息諸三郎、②？ ③谷山郡山田・上別符（当知行）	鎮西御教書（薩摩山田文書／30680）
188	元徳元・一二・三（一三二九）	豊前	単使 B	阿波五郎太郎入道	①高家安芸房清円、②？ ③高家郷犬太郎・犬丸名（当知行）	鎮西御教書（金光清明系図／30788B）
189	元徳元・一二・五（一三二九）	薩摩	単使 C	智覧又四郎（忠世）	①島津入道道慶、②上野平九郎入道禅意、③農具・牛馬（押領）	鎮西御教書（薩摩山田文書／30795）

190	元徳元・一二・五（一三二九）	肥後	両使 C	上津浦次郎太郎入道、豊福彦五郎入道	①天草余三入道蓮種子息浄種、②山田野孫六入道覚心、③天草山田野地頭職	鎮西御教書（島津家文書／30794）
191	元徳二・二・三（一三三〇）	肥前	両使 C	高木太郎、飯田彦次郎	①青方藤四郎高光、②？、③神埼荘吉田里	鎮西御教書（青方文書／30890）
192	元徳二・三・四（一三三〇）	肥前	単使 A	神埼執行兼政	①河上社雑掌禅勝、②長瀬孫太郎入道覚尊、③免田神用（対捍）	鎮西下知状（河上神社文書／31045）
193	元徳二・三・一一（一三三〇）	肥後	守護 C	守護代藤原秀種、豊福彦五郎	①山田野孫六入道覚心、②天草入道蓮種子息浄種？　③天草山田野地頭職	規矩高政書下（藤野文書／30964）
194	元徳二・四・六（一三三〇）	肥後	単使 A	宇土三郎高俊	①詫磨一房丸盛綱、②庶子詫磨親基、③新造御所用途（無沙汰）	鎮西下知状（詫磨文書／31056）
195	元徳二・四・一〇（一三三〇）	豊後	単使 A	八坂孫五郎入道々西	①六郷山執行円増代定什、②伊美郷地頭又五郎入道浄意跡、③千灯獄油田	鎮西下知状（島原松平文庫文書／補2113）
196	元徳二・五・二〇（一三三〇）	筑後	単使 B	住吉神主	①志賀貞泰、②大友貞宗、③三奈木荘勲功地（当知行）	鎮西御教書（志賀文書／31040）
197	元徳二・六・三（一三三〇）	薩摩	単使 A	智覧院郡司忠世	①上野平九郎入道禅意、②島津式部入道々慶、③伊集院土橋名警固用途（抑留）	鎮西下知状（薩摩山田文書／31281）
198	元徳二・六・八（一三三〇）	薩摩	単使 A	渋谷定円（新平次入道）	①島津入道慶子息諸三郎、②谷山五郎入道（覚信）、③谷山郡山田・上別符	沙弥定円請文（薩摩山田文書／31097）
199	元徳二・六・一〇（一三三〇）	肥前	単使 A	佐留志新太郎入道覚印	①河上社雑掌家邦、②由比村地頭代、③免田神用（対捍）	鎮西下知状（実相院文書／31098）
200	元徳二・七・五（一三三〇）	薩摩	単使 A	渋谷元祐（弥平三入道）	①島津入道慶子息諸三郎、②谷山五郎入道（覚信）、③谷山郡山田・上別符	沙弥元祐請文（薩摩山田文書／31137）
201	元徳二・九・八（一三三〇）	薩摩	単使 A	渋谷又次郎入道覚禅	①二階堂行雄代顕雄、②近江四郎左衛門尉後家代道阿、③阿多北方（年貢未進）	鎮西御教書（二階堂文書／31496）
202	元徳二・九・（一三三〇）	薩摩	単使 A	渋谷又次郎入道覚禅	①新田宮雑掌道海、②延時入道法仏、③供米（抑留）	宇佐少宮司（永弘保景）請文（永弘文書／24382）

	年代	国名	分類	使節	案件（①訴人、②論人、③論所等）	典拠
203	元徳二・一〇・一四（一三三〇）	肥前	単使 A	横大路次郎入道祐西	①宗像氏勝代朝秀、②名主通信、③晴気保乙久安名	鎮西下知状（出光佐三・宗像文書/31478）
204	元徳二・一一・一三（一三三〇）	肥前	単使 A	早岐五郎蔵人入道	①日宇弥五郎入道覚心、②高浜又五郎、③夜叉女一類（拘留？）	鎮西御教書（深堀文書/31277）
205	元徳二・一二・一〇（一三三〇）	肥前	単使 A	佐留志新太郎入道覚印	①河上社雑掌禅勝、②鯖岡尼跡、③三重塔婆修理免神用（対捍）	鎮西御教書（河上神社文書/31305）
206	元徳三・四・一〇（一三三一）	肥前	両使 B	成松藤三入道 高木太郎	①西米田弁房勇明、②久治布留左近次郎女子夫執行寂祐、③岩屋寺林（検見）	鎮西御教書（武雄鍋島文書/31409）
207	元徳三・七・二（一三三一）	薩摩	単使 A	莫禰郡司（成貞）	①新田宮雑掌、②宮里導門房、③修理料米（対捍）	鎮西御教書（新田神社文書/31461）
208	元弘二・四・一〇（一三三二）	肥前	単使 A	国分彦次郎季朝	①龍造寺六郎入道持善孫女藤原氏、②浦上俊家、③末吉名（押領）	鎮西下知状（龍造寺文書/31781）
209	元弘二・四・一四（一三三二）	大隅	単使 A	頴娃三郎貞澄	①国執行兼拒捍使味智入道俊恵、②禰寝清成、③日次入物雑事（対捍）	鎮西下知状（禰寝正統系図/31935）
210	元弘二・七・二五（一三三二）	豊後	単使 A	真玉又次郎惟能	①弥勒寺長講神文、②某、③都甲荘四郎丸・孫八仏聖米（対捍）	鎮西下知状（宇佐諸家古文書/31848）
211	元弘二・七・二九（一三三二）	肥前	単使 C	佐留志新太郎入道覚印	①河上社雑掌禅勝、②鯖岡尼跡、③三重塔婆修理免神用（対捍）	鎮西御教書（河上神社文書/31795）
212	元弘二・八・一〇（一三三二）	薩摩	単使 A	莫禰郡司（成貞）	①新田宮雑掌、②宮里導門房・大隅新三郎、③修理料米・段米（対捍）	鎮西御教書（新田神社文書/31807）
213	元弘二・九・三（一三三二）	大隅	単使 A	谷山五郎左衛門入道隆信	①禰寝弥次郎清種、②佐多弥七親経、③禰寝院佐多村田地（押領）	鎮西下知状（池端文書/31913）
214	元弘二・九・八（一三三二）	肥前	単使 A	飯田彦四郎定	①築地孫四郎入道蓮喜、②野世源次郎入道西蓮子息宗仙房、③松元縄手（押領）	鎮西下知状（峯尨文書/31901）

215	元弘二・一一・一〇（一三三二）	薩摩	両使 C	渋谷又次郎入道（定円） 渋谷又次郎入道（覚禅）	①島津式部孫五郎入道々慶、②谷山五郎入道覚信、③山田・上別符地頭職	鎮西御教書（薩摩山田文書／31919・31920）
216	元弘二・一二・二〇（一三三二）	大隅	両使 C	税所介 谷山五郎左衛門入道（隆信）	①禰寝清種、②佐多弥七親経？　③禰寝院佐多村田地（押領）	鎮西御教書（池端文書／31927）
217	正慶二・三・二五（一三三三）	筑後	両使 C	草野次郎太郎入道 大城五郎入道	①高良玉垂宮雑掌朝慶、②鏡馬入道、③山本郷田地（返還）	鎮西御教書（隅文書／32000B）

さて、増山は鎮西使節の形態として次の二点を指摘している。

①鎮西使節の機能としては、表6ではAとして分類した論人召喚を中心とした訴訟進行にかかる使節が多数をしめること。

②鎮西使節は両使よりも単使のほうが多く検出され、検出事例の七割が単使であり、正和年間にその増加の起点があること。

これらは表6からもほぼ確認されるが、詳細部分で若干の相違点もある。それらの分析も含め、鎮西探題評価にかかる論点を抽出しておこう。

（一）鎮西使節の年代的分布

ここでは、検出した鎮西使節がどのような年代的分布を示し、さらにはその分布にA～Cの分類や使節の構成を重ねあわせたとき、鎮西使節の基本的性格にかかわる重要な論点が確認できることを指摘したい。

まず、鎮西使節は永仁六（一二九八）年以降検出されている。鎮西探題の成立時点については諸説あるが、村井章介によれば、建治元（一二七五）年の金沢実政鎮西下向を端緒とし、正応五（一二九二）年の北条兼時・時家の下向をもって成立、永仁二（一二九四）年、実政の探題就任と確定判決権付与により確立したという。(96)また、残される鎮西裁許状は永仁五年九月の文書を緒としているから、鎮西使節の登場は、鎮西探題の裁判機関としての充実と連接する事象と考えてよさそうである。

次に、機械的に五年ごとの検出数をA～Cの分類ならびに使節の構成と関連させて表記してみると、表7のようになる（なお、表7の理解を深めるために、図3・4のグラフを添えた）。残される鎮西裁許状の数と見比べてみても、増減の傾向は一致しており、ここでも鎮西使節が鎮西探題の裁判システムのなかで機能していたことが確認される。

それでは増減の要因は何か。

まず、表7で嘉元四（一三〇六）年～延慶三（一三一〇）年の期間に検出数が減少したのは、嘉元三（一三〇五）年冬に鎮西探題が確定裁決権を失い、延慶二（一三〇九）年二月まで回復しなかったことによる。さらに、正和五（一三一六）年～元応二（一三二〇）年の期間にも減少する。これは正和五（一三一六）年に探題金沢政顕が罷免され、文保元（一三一七）年の阿曽随時就任まで探題が欠員となり、少弐・大友両氏がその機能を代行したことと関連があろう。(97)

一方、応長元（一三一一）年～正和四（一三一五）年の急増は、いわゆる正和の神領興行法の施行による膨大な旧領回復運動をその背景としている。表6の内容欄③に「論所返還」の表記をしたものは、すべて旧領回復要求である。ただ、神社・神官の執拗な提訴にもかかわらず、回復は容易に実現せず、使節による論人召喚や沙汰付が繰り返される結果となったことが、五七件というデータに反映しているようにも思える。神領興行法の評価の問題にもからむ重要課題であるが、ここでは指摘するにとどめる。(98)

次に、そのほかの項目の年代的変化に注目すると、以下の二点が確認される。

①A～Cの分類では、増山の指摘通りAの優位は動かないものの、嘉暦元（一三二六）年～正慶二（一三三三）年

表7　鎮西使節年代分布

年代	鎮西使節	A	B	C	両使	単使	守護	奉行人	鎮西裁許状
～1305	23	16	2	5	17	3	2	0	21
～1310	6	4	0	2	5	0	1	0	15
～1315	57	43	2	12	30	23	1	3	68
～1320	24	15	1	7	11	12	1	0	28
～1325	48	41	3	4	8	39	1	0	49
～1330	46	27	5	14	9	36	1	0	40
～1333	12	7	1	4	4	8	0	0	13

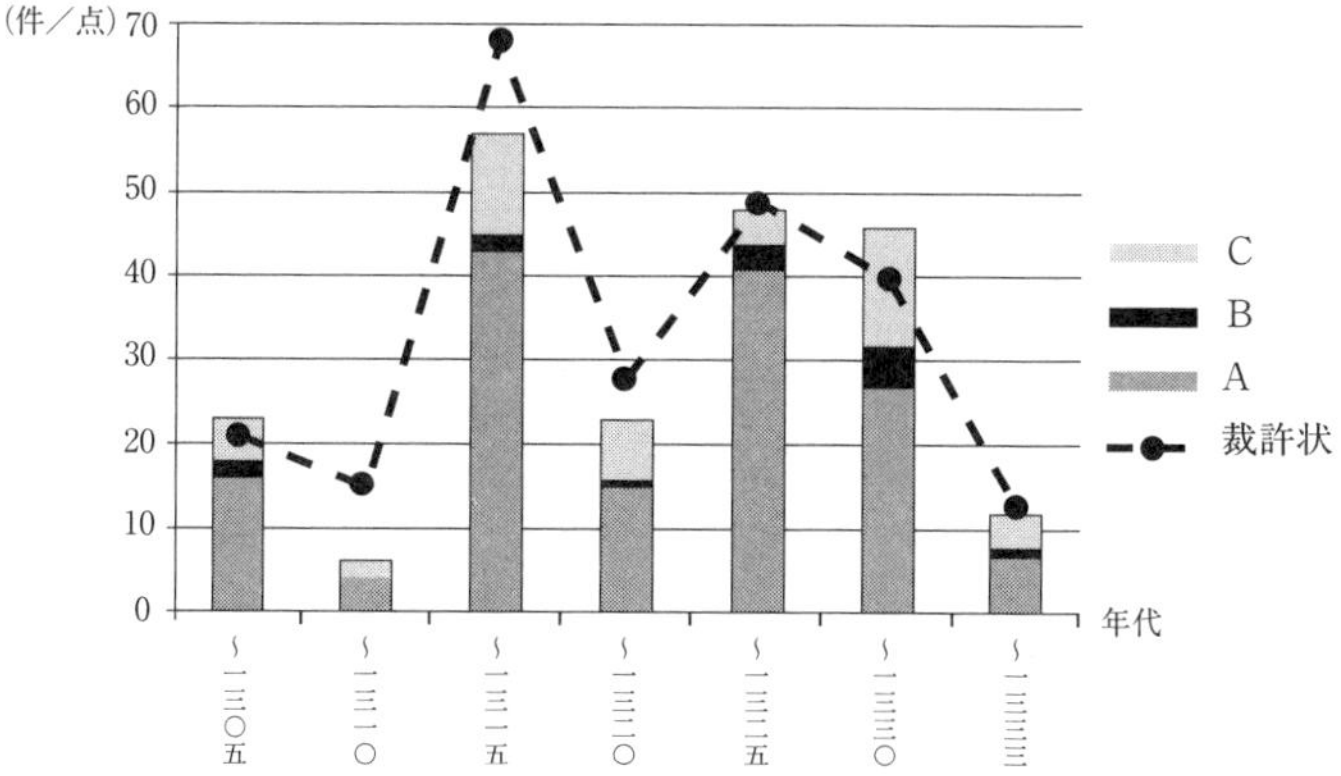

図3　鎮西使節年代分布（内容）

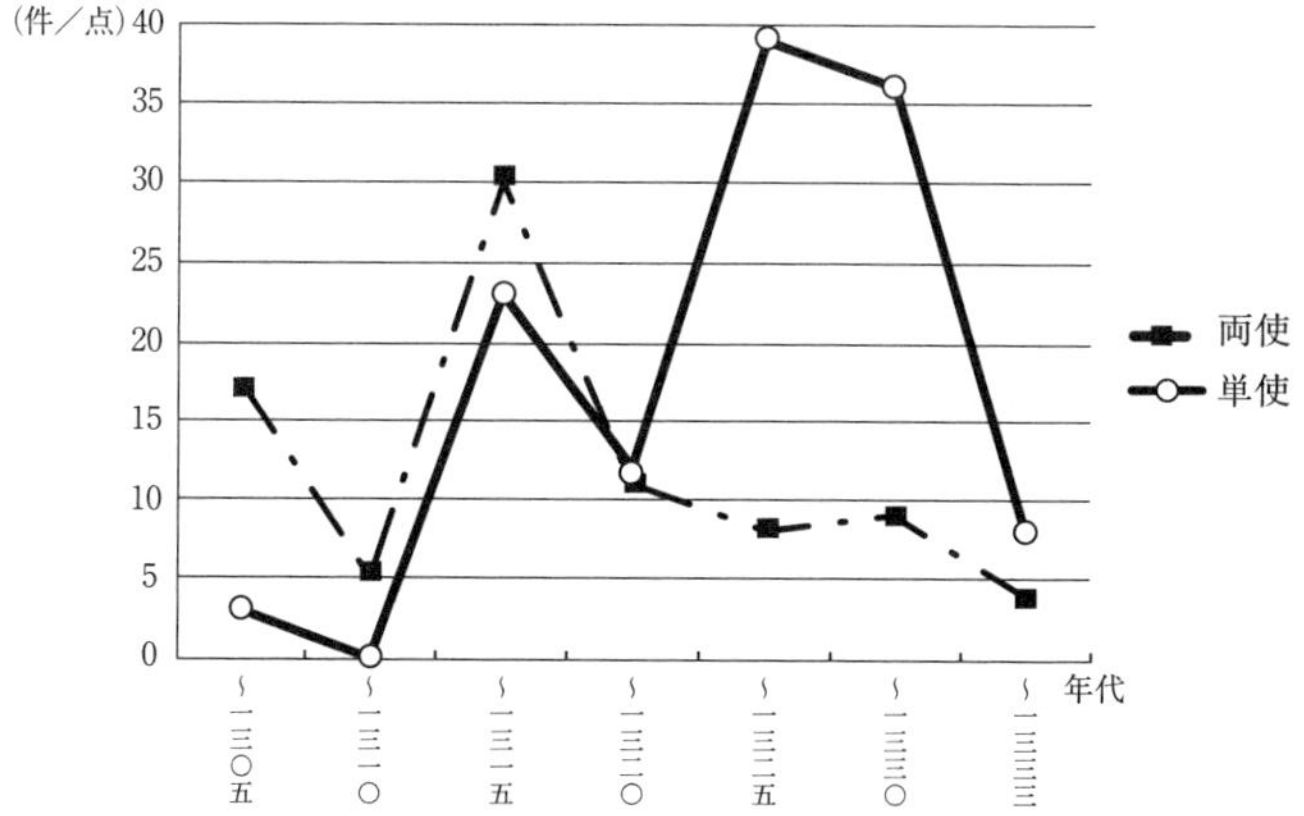

図4　鎮西使節年代分布（両使・単使比較）

の時期にCの事例比率が増加していること。

②両使／単使の比率は八四／一一八で、七割という増山の指摘ほど単使の優位は確認できないが、正和年間以降増加することは確かで、正和五（一三一六）年～元応二（一三二〇）年の時期を境に両使優位から単使優位へと転換していること。

六波羅使節の年代的分布では、①についてはA・Bという訴訟手続に関する機能からC（D）という執行機能への転換を確認した。六波羅使節の機能転換の背景としては、院―本所体制による紛争解決、とくに本所の当知行回復要求を実現するための強制手段として六波羅探題の武力が要請されたことがあった(99)。しかし、鎮西使節の場合、院―本所体制による紛争解決として位置づけられるのは、表6―106・109が「院宣幷六波羅施行状」をうけていたにとどまる。

圧倒的多数は、「名主」としてあらわれる国御家人をも含む御家人間相論と神領興行を契機とした神官領主による旧領回復要求であり、御家人知行地の年貢対捍などを糾弾する在地寺社領荘官らの訴訟がこれに続く。六波羅探題が、みずから裁定を下した案件でもなく、関東からの指令をうけてでもなく、ひたすら院―本所体制擁護のために奔走することが多かったのと異なり、鎮西探題はみずからが裁定し、執行すべく種々の指令を使節に下したのである。

表6―182・204・210の展開は、使節国分季朝の催促にもかかわらず論人が散状に及ばなかったため、訴人に裁許（勝訴）が下されたものの、訴人の地行は回復せず、再度の催促となったがこれも無沙汰に終わったため、沙汰付の使節となっている。すべてのCについて同様の検証ができるわけではないが、提訴から判決、そしてその執行に至る一連の手続のなかにCは位置していたと考えられる。院宣や綸旨によってC（D）のみ委ねられることとさえあった六波羅使節とは、この点が大きく異なる。

ただ、そうした鎮西探題の裁判システムを職権主義的と評することは許されるかもしれない。Aに分類される鎮西使節の多くも、たびたびの召文に応じない論人に「尋沙汰」（おそらくは出廷を拒否している事情や陳弁を聴取）のうえ、再度出廷を促し、論人の請文を執進したことが知られる。したがって、有効な具書の存在が訴人勝訴の必要条件とすれば、使節による出廷催促を論人が拒否したりすれば、訴人に十分条件を与える結果となったのである。表6―197の場合は使節の「尋沙汰」の結果論人が承服し訴人の要求が実現されている。きわめてCに近いAといえよう。

次に、②について増山は、鎮西使節に単使が増加する要因として、訴訟の激増とその迅速な処理をめざす探題の意図をあげ、鎌倉幕府訴訟制度の職権主義化をその背景においた。たしかに両使の場合、厳正さが期待できる一方で、ともに主体的責任を逃れあって結局使節入部が停滞する危険もあった(100)。単使とすることで責任の所在を明らかにし、訴訟の迅速な処理がはかられた可能性はあるかもしれない。

表8　鎮西使節分類別年代分布

年代	両使			単使		
	A	B	C	A	B	C
～1305	11	1	5	2	1	0
～1310	3	0	2	0	0	0
～1315	19	2	9	21	0	2
～1320	3	1	7	12	0	0
～1325	2	2	4	38	1	0
～1330	0	1	8	27	4	5
～1333	0	1	3	7	0	1

表8として、両使・単使の分類別年代分布を示した。これによると、表7で確認した両使優位から単使優位へという転換とほぼ並行して、単使はA・B、両使はCを主要な役割とする傾向が強まっていったらしいことが読み取れる。単使がA・Bに集中することは、訴訟の迅速な処理をはかるという増山の見解を支えるだろう。そして、強制執行手続のなかではしばしば要請される軍事力の問題を勘案すれば、Cは単使より両使という判断も容易につこう。しかし、こうした制度史的な観点からする即断には陥穽が隠されていることが多い。地域的分布を考察しながら、個々の使節とそれを取り巻く地域事情などについて押さえたうえで、再び単使の問題について言及することにしたい。

表9　鎮西使節国別分布（年代）

年代	鎮西使節	筑前	筑後	豊前	豊後	日向	大隅	薩摩	肥後	肥前
～1305	23	3	2	2	2	0	2	2	0	10
～1310	6	0	0	1	0	0	0	1	0	4
～1315	57	1	1	10	21	1	0	3	0	20
～1320	24	0	1	6	4	0	4	3	0	6
～1325	48	2	1	3	1	1	6	12	0	22
～1330	46	1	0	4	3	0	5	14	4	15
～1333	12	0	1	0	1	0	3	3	0	4
	216	7	6	26	32	2	20	38	4	81

(二) 鎮西使節の地域的分布

前段での考察を通して、表象はきわめて似通った存在である六波羅探題・鎮西探題それぞれの遵行のあり方、使節の性格には顕著な差異があることが明らかになってきた。この差異こそ、鎮西使節の基本的性格を語り、鎮西探題の存在意義を説くものと思われる。ただ、前段での考察のみでは、その差異が基本的には両探題の裁判機能（管轄）の相違に起因することになり、鎮西探題が負った歴史的・地域的課題――これこそが裁判機能の相違をも創出したはずである――とは無縁なところへ議論が帰着してしまう可能性が高い。

そこで、次に鎮西使節の地域的分布を手がかりに、使節を取り巻く地域事情を探ってみることにしたい。そして、それは同時に九州土着の国御家人の地域権力としての質を問う作業を随伴することになる。

表9として、国別分布を示した。増山は、国によって検出数に開きがあるのは史料の残り方の問題として処理したが、史料の遺存率に加えて、提起した訴訟案件の数が反映されている可能性も考慮したい。訴訟がなければ文書も作成されない。

たとえば、豊前・豊後の事例は大半が宇佐神官らによる神領興行法を根拠とする旧領回復要求であるし、肥前の事例数を支えているのは肥前一宮河上社の訴訟と松浦党諸氏の族内相論である（河上神社・実相院文書二

八、松浦党関係文書二二）。また、薩摩は新田八幡宮関連が三割を占め、あとは同一案件の再訴・再令が目立つ。表9の数字の決定要因はまずここに求めるべきであろう。[101]

さて、それでは各国ごとに鎮西使節の動向を追ってみよう。[102]

【筑前】　偶然ではあろうが、鎮西引付頭人であったとされる大友・少弐氏の本人または族縁の者が訴訟当事者となる案件で占められている。鎮西使節は、野介・白水・住吉神主は国御家人であるが、草野（筑後）・山田（豊前）・八坂（豊後）など他国国御家人の存在も確認される。14草野・山田は13野介・白水の使節が召喚を実現できなかったあとをうけての後任である。怡土荘友永方の地頭得分対捍を地頭大友氏から糾弾された名主たちも、国御家人の範疇に含められる存在であることから、当初は国御家人の野介・白水が起用されたものの、論人召喚・請文執進は実現せず（論人引級？）、他国使節草野・山田の起用となったとも考えられる。[103]八坂（66・合屋は未詳）については後述する。

【筑後】　国御家人間の相論が四件、東国出身の安富が論人の案件・宇佐神領興行案件が各一件となっている。使節は守護代某と筑前にも登場した加治（東国出身？）のほかは、在庁系の草野をはじめ上妻・西牟田・酒見も国御家人である（ほかは未詳）。また、国御家人間相論の当事者一方はともに肥前松浦党武士であるが、筑後国内に所領を有する（または獲得を狙う）彼らも、筑後では鎮西使節としての活動のあとを残してはいない。九州御家人には守護・惣地頭クラスの御家人はもちろん、小地頭・名主クラスの国御家人でも複数の国に所領所職を有している場合がある。白魚行覚はまさに、本国肥前における訴訟とともに筑後でも所職獲得をめざしたのであった。[104]筑前の項でみた八坂などは本領を豊後に有し、豊後でも鎮西使節としての足跡を顕著に残している。筑前ではこれを他国使節としたが、その命名の是非や、「国使節」といった場合の国をどこに設定するかなど、筑前・筑後の検出事例はそうした論点をあぶりだしている。

【豊前】　宇佐神領興行にかかる使節が圧倒的多数を占め、宇佐社と無縁とおぼしき案件は四件にとどまる。使節のなかにも深見・安心院など宇佐姓の者を発見でき、宇佐社膝元にふさわしい事象といえよう。そのほかの使節に目を向けると、大蔵姓の別府・久保と並んで、東国御家人宇都宮氏の一族である山田・野仲がみえることがまず注目される。訴訟案件や当事者の性格によって国御家人使節と東国御家人使節が使い分けられていた様子も確認できないので、鎮西探題の裁判システムのなかでは、安心院のような名主レベルの御家人も[105]、宇都宮一族の御家人も対等な役割を演じていたことになる。また、奉行人使節に分類したのは、典拠とした鎮西裁許状に、神領興行の実施のため九州に滞在していた関東奉行人三名、すなわち斉藤重行・明石盛行・安富長嗣が、おそらくはその指示のもとに起用したことが記されている使節である。彼らの滞在期間中（正和元年九月以前〜同二年十月頃）に、神領興行にかかわるすべての両使がそうであった可能性もあるが、豊前の例（38・49・54）に限られることや、「以奉行人使者」という表現を同時期のほかの鎮西裁許状がもたないことから判断すると、豊前のみの特殊形態ともいえよう[106]。

【豊後】　豊前と同様に宇佐神領興行関連の訴訟案件が並ぶ。とくに注目されるのは、田染荘内の名をめぐって宇佐神官と長期係争を続けた小田原一族の存在である。豊後三二件のうち、この関連が一三件をしめる（狭間四郎左衛門尉智覚と小田原四郎左衛門尉智覚は同人）。小田原一族は、豊後守護大友氏と同系近藤氏の一族であるが、67では沙汰付に向かった使節・社使らに狼藉に及びながら、現場に居合わせた守護大友貞宗の使者はこれを止めようとしなかったと宇佐神官所司らに非難されている。小田原氏が嵐のような宇佐神領興行へ根強く抵抗できたのも、こうした大友氏や豊前・豊後で同じく抵抗した宇都宮氏・河越氏などの存在（49・54・76）と無縁とは思われない。

遵行使節では真玉・八坂の事例が多い。真玉は一説には大神姓といわれる国御家人[107]、八坂は豊前出身宇佐姓の国御家人である。彼らに集中する理由としては、守護大友氏の影響力などを考慮した場合、小田原一族などと対等にわたりあえる御家人が限られていたことが考えられる。鎮西探題の地域認識とともに、訴人である宇佐社等の地縁・縁戚などにも目を向ける必要があるかもしれない。なお、真玉は、弘安八（一二八五）年の豊後国図田帳に真玉荘を領したことが知られる以外はほとんど未詳である。八坂は豊後八坂荘のほか豊前にも所領を有し（56はその延長上にある動向とも判断できる）、筑前の遵行使節としても登場している。しかも、治承・寿永の内乱期から平家に敵対し九州では早期に鎌倉御家人となったとされる。まずは、豊後国御家人のトップクラスの存在と判断してよかろう。

また、安心院・都甲などのように豊前・豊後両国の遵行使節となる武家もみられる。ここでも宇佐社の影響・地縁などの事情を含む鎮西探題の地域認識をここでも考慮すべきである。

【日向】　事例が少ないながら、使節はともに東国出身で日向に下向、定着した伊東（伊豆）・益戸（常陸）であり、単使は豊前出身ながら日向在庁を支配した日下部氏と結び、これにかわって在国司職を相伝した土持であるという対照をなしている。中世日向の権力状況は、伊東・土持に島津を加えた三極構造に国人衆がからんで展開するが、使節遵行の場面でこうしたあらわれ方をするのも興味深い。

【大隅】　国御家人のうち、いわゆる国方御家人と称された税所介・河俣掾・禰寝郡司・加治木郡司・東郷郡司・（西郷）酒大夫のほか、薩摩国御家人頴娃郡司・谷山郡司の名もみえている。逆のケース、すなわち薩摩の鎮西使節に大隅の国御家人が起用されることも110一例ながら確認されるので、豊前・豊後の場合と同様に地域的な相互交流と鎮西探題の地域認識が前提になっていると考えておく。

鎮西使節の素性に注目すると、在庁・郡司クラスの国御家人が、本来守護検断の一例に数えるべき90を除けば、院宣・六波羅施行状をうけて鎮西使節が動いた106・109を含め[108]、すべてをしめる。島津一族と北条一門の名越氏以外に有力な東国出身の御家人がいなかったこともあろうが、平安以来の旧勢力が使節の過半をしめるのも、南九州の特質を反映したものであろう。

【薩摩】　大隅と同様、莫禰郡司・頴娃郡司・知覧郡司・市来郡司などの国御家人が使節としてあらわれる。その一方、在国司二階堂・（入来院・祁答院・東郷など）渋谷という東国出身で薩摩に下向、定着した御家人もウェイトを占めている。しかも、渋谷氏などは本領相模国から百姓を同道して下向したといわれ[109]、領主化への意志も並大抵ではなかったのである。ただ、ここでも東国御家人使節と国御家人使節とが特定の訴訟案件や訴訟当事者によって使い分けられたような形跡は認められない。

【肥前】 松浦党の諸氏（志佐・宇久など）、高木・国分など一宮河上社・国分寺と関係する国御家人を中心に、大村・多久・志々岐・佐留志・横大路・神崎などの国御家人が大半をしめる。橘薩摩・宇都宮などの東国出身の御家人、別府など他国御家人をも含む複合的な構成となっている。国御家人の優位、とくに国分氏の存在意義については増山が詳しく論じているので参照されたい[110]。

【肥後】 すべて御家人間相論で、使節は守護代を除くと、肥後国御家人の頭目菊池をはじめ豊福・宇土も国御家人である。訴訟当事者は安富・詫磨が東国出身。天草・山田野は国御家人と推定される。事例が鎌倉最末期に集中していることと、守護のからんだCが多いのが特徴である。

以上、鎮西使節の素性に関心を深くしながら、鎮西使節が共有する性格と、国ごとに微妙な差異をみせる鎮西使節の存在形態について素描した。増山が指摘した、国御家人の優位が彼らの自立性と在地社会への影響力に裏打ちされたものであることが、明瞭に確認されたようである。荘園公領制的秩序に準拠した惣地頭―小地頭制に埋没したかにみえた国御家人の個性が、鎮西探題の裁判システムのなかに鮮やかに表現されることになったのである。

もちろん、すべての国御家人がその機会を得られたわけではない。使節がある特定の御家人に集中する傾向は、豊後・肥前などを典型としてそのほかの諸国でもみられる。国御家人の現状は使節関連の訴訟文書に訴人・論人としてあらわれる彼らのすがたにこそ示されているのだという判断もできよう。しかし、鎮西使節となるようないわば国御家人のなかのエリートのみを素材とした九州御家人論が不毛なのと同様、浮き上がろうとして浮き上がれないでいる弱小国御家人のみを典型に据えて論じる九州御家人論もまた無意味であろう。大切なのは、そうした格差＝階層分解が何故に生じたのかということである。それはたとえば平安以来の伝統であり、また、平家与党の結果として北九州は旧勢力が没落し、南九州は伝統勢力が温存されたというような説明によって、当面の解釈を得てきたように思う。(111)しかし、鎌倉時代後期に、神領興行やモンゴル危機と平行して深化した九州御家人の階層分化がたしかに存在した。そして、鎮西探題の裁判システムは、エリートにステイタスを与え、弱小御家人を見捨てた（たとえば白魚行覚）(112)と評価できる可能性を含んでいる。

（一）（二）の考察のなかで、鎮西使節ならびに鎮西探題の裁判システムについてどのような評価を下すべきか、わずかながらみえてきたようである。次に、九州守護との相関性を確定してさらに展望を広大にしていきたい。

二　九州守護と鎮西使節

鎮西使節が多く国御家人で占められることは前段で確認した。しかし、増山も指摘するように、これを守護対探題の対立構造のなかでとらえ、探題による守護牽制策と位置づけることはできない。なぜなら、鎮西使節としてみえる御家人が一方で守護使節となるケースがいくつか確認できるからである。

都甲四郎入道（惟遠）　63守護使節　76探題使節
豊福彦五郎入道　189探題使節　192守護使節

右などがそれにあたる（探題が守護を兼任した肥前にも類例はみられる）。国御家人は探題・守護それぞれから独立して使節となったのであって、守護使節となったことをもって守護被官と認定することも、探題使節ゆえに自立し守護と対抗関係にあったと判断することもできないのである。

鎮西探題と九州守護の関係はどうとらえたらよいのか。鎮西使節を媒介項としながら考察するのがここでの目的となる。

（一）守護と鎮西使節

いわゆる大犯三箇条として示される守護の職権範囲は軍事警察部門に限られていた。鎌倉幕府成立以前から国衙機構を支配し、その伝統のうえに守護として勢をふるった東国守護のいくつかを除外すれば、現実に行使し得た権能もまたその周囲に集約できるだろう。御成敗式目の守護職務規定を思い返すまでもなく、幕府自身も守護各自の無限定な職権拡大は禁圧の対象としていた。幕府権力の相対的強化とともに、幕府みずからが統御不能な地域権力の出現を許してしまう危険があったからである。

幕府指令の伝達ルートにもそのことが反映されている。すなわち、六波羅探題の管国にあっては、軍勢催促・異国降伏祈禱など軍事部門の指令のみが守護ルートで伝達（執行）されたのである[113]。しかし、九州守護の場合は、モンゴル危機によってさらに強化されることになる軍事警察的権能のほか、領国単位の守護裁判権を有していたと考えられている。鎮西探題成立以前の守護裁許状も少なからず現存し、守護裁判に係属する関東・六波羅への問注書注進はさらに多く確認できるからである[114]。

ところが、鎮西探題の成立とともに守護は裁判の世界から後退を余儀なくされる。探題と守護の間に裁判管轄が設定されたからである。佐藤進一の分析に従えば、次のようにまとめられる。

①所務沙汰は探題。雑務・検断沙汰は守護の管轄。
②雑務・検断沙汰が、「守護退座」の理由によって探題方に提起されたときは引付で受理・審理する。
③探題が守護を兼任した肥前については、雑務沙汰も探題で取り扱ったが、検断沙汰については別途守護方として別奉行をたて処理する。

その結果、守護は所務沙汰から撤退し、守護本来の役割として期待される軍事警察部門に係属する検断沙汰を中心とした部分に狭められることとなった（③に注意）。表6－143・165・172は、大隅国御家人比志島忠範が同蒲生宗清に所従千与王女母子の返還を求めた訴訟案件にかかわる使節であるが、本来守護管轄のところ「守護退座」の理由によって鎮西探題が処理した事例である[115]。

ただ、守護が所務沙汰の裁判権を喪失したことと、所務相論の世界から撤退したこととはおのずから意味が異なる。所務相論にかかわる守護使節の存在と、沙汰付の場への守護の参入が確認されるからである。

守護使節としては前掲の事例を含め次のものがある（①国名、②使節、③典拠文書名、④裁判管轄）。

21　①大隅、②酒大夫入道円也・東郷郡司義秀、③守護北条時直裁許状、④雑務沙汰

22　①肥前、②福島二郎入道（如性）・古佐小二郎（祝）、③守護代平岡為政書下、④検断沙汰

24　①肥前、②多久小太郎・大村太郎（家直）、③守護代平岡為政書下、④検断沙汰

63　①豊後、②都甲四郎入道（惟遠）・恵良五郎入道、③守護大友貞宗書下、④所務沙汰

90　①大隅、②守護代、③守護北条時直書下、④検断沙汰

152　①筑前、②志佐小二郎（祝）、③守護少弐貞経書下、④雑務沙汰

192　①肥後、②守護代・豊福彦五郎入道、③守護規矩高政書下、④所務沙汰

守護の裁判管轄にかかわる訴訟案件についてのみならず、所務沙汰にかかわる守護使節も存在したのである。

さらに、前段の考察のなかでも紹介した67の事例では、宇佐神領興行沙汰により宇佐神官定基の旧領返還の沙汰付に向かった使節・社使らに、論人小田原宗忍とその与党が凌礫・刃傷に及んでいるが、その場に守護大友貞宗の使者が居合わせている。この場合、小田原が大友氏縁故であるといっても、これに助勢するための使者ではない。守護使者は鎮西使節の論所打渡を実現させるべき役割を負っていたと考えるのが妥当であり、また、それゆえにこそ期待を

裏切られた宇佐社所司に非難をこうむることになったのであろう。

このように考えてくると、守護裁判権から所務沙汰をはずしても、判決執行の場では国御家人と同様に守護の力量に負うところが少なくなかったことになる。守護裁判権の縮小が即守護の領国支配権削減につながったのか疑問が生じる。先に掲げた裁判管轄の原則も、外様守護のみならず北条一門守護にも適用されるのであって、③はまさにその原則が徹底していたことを示している。つまり、探題と守護との裁判管轄の設定は、文字通り探題と守護の役割分担を明確化し、それぞれの領分に権能を集中的に発揮する環境をつくる意図のもとにおこなわれたのではなかったか。そして、その設定のなかに、現実に在地社会に影響力を有し紛争解決能力を期待できる御家人勢力を登用し活用することも組み込まれていたと想像される[116]。鎮西使節はまさにその重要な一環に位置していたのである[117]。

守護と鎮西使節を対抗的にとらえることの誤りはここに再確認された。鎮西探題と守護もおそらく然りであろう。ただ、その検証に入る前に、ひとつ考えておかなければならない問題がある。鎮西使節となるような御家人に対する指揮・統制権の所在である。検断沙汰・雑務沙汰であれば、裁判権は守護にあるから、鎮西使節としての徴証がある御家人が守護使節となっても不思議はないし、152の如く筑前守護が肥前国御家人に論人召喚を命じた事例も存在する[118]。所務沙汰に関する守護使節をどう考えるか、解決しておく必要があろう。

そこで再びさきの守護使節一覧に戻ると、所務沙汰守護使節の事例には共通した性格があることがわかる。すなわち、63は42、192は189をそれぞれ前提とし、両者ともCに分類されていることである。もちろん、使節難渋・緩怠や論人の抵抗などによる再度のC使節がすべて守護使節となるわけではないし、事例数からいえば守護使節のほうが特例に近い。しかし、たびたび指摘する67のケース、すなわち鎮西使節の打渡に守護使が同行していることを想起するなら、所務沙汰を所管する探題が裁許を下した案件について、その執行段階からは守護が関与するのが通例であったことを想定してもよいように思える。そして、このことが単使によるCの実施を可能にする条件となったとすれば、守護使節と鎮西使節という区分そのものが意味をなさなくなる。

つまり、原則として、雑務・検断沙汰については守護、所務沙汰については探題の指揮・統制のもとに鎮西使節は動いたが、所務沙汰の執行段階では随時守護の指揮・統制下に入ることがあった、というのが鎮西使節の存在形態と結論づけられる(119)。

いよいよことの本質がみえてきたようである。しかし、これまでの叙述では裁判システムの問題しか議論していない。鎮西探題の設置理由の根本にかかわるモンゴル危機への軍事的対応のなかで、その裁判システムはどのような効果を期待され、また発揮したのかを明らかにすることが本節の最終目的である。

（二）探題と守護

そもそも鎮西探題の成立が、守護抑制の意義をもってとらえられる理由として、探題成立に先行する守護更迭問題があった。建治元（一二七五）年末に一斉に断行された守護更迭で、まず、筑後は大友頼泰から北条義政、豊前は少弐資能から金沢実時、肥後は同じく資能から安達泰盛へ交替となる(120)。さらに、島津氏が相伝した日向守護も弘安三（一二八〇）年には北条久時に移り、少弐氏の肥前守護も同四年に北条時定に交替する(121)。したがって、これら一連の守護更迭は、北条氏得宗がモンゴル危機を口実に少弐・大友・島津といった有力九州守護から管国を奪い、その影響力を削減するとともに得宗専制体制を強化する意図のもとに進められたと評価され(122)、その延長上に鎮西探題の成立も位置づけられてきたのである。村井章介は、これら一連の守護交替の結果、①守護自身あるいはその名代が直接現地へおもむいて、管国の武士の軍事指揮にあたったこと、②北条一門が大量の守護国を獲得したことを、それまでの守護更迭と質的に区別される特徴として重視し、「対外的緊張のもとで、北条一門の有力者が九州へ下向し、直接の軍事指揮にあたる。これはまったくあたらしい事態であって、系譜的に鎮西探題へつながる側面をもつ」と評価した(123)。

村井の評価は、基本的には通説的理解に連接する。しかし、佐藤進一が開発した、裁判機関としての鎮西探題を沿革史的にとらえる方法論を脱して、軍事的側面から鎮西探題をとらえなおす村井の視角は重要である。モンゴル危機への具体的対応のなかで、守護の更迭と探題設置がはかられていく過程を明示する作業によって、得宗専制そのものの限界を見据える視座を開いたからである。本節は、村井の議論を前提にしながら、村井があえて捨象した鎮西探題の裁判機関としての機能を、モンゴル危機対応のなかにおけないか、検討してきたのであるが、ここで、守護更迭のもうひとつの結果に注目してみたい。

建治～弘安の守護更迭によって、北条一門が新守護として九州に入部してきたことのほかに、もうひとつ、おそらくは軍事的にはより重要な対応が実現されている。すなわち、兼任守護が清算されて、一国ごとに現地指揮官としての守護が設定されたということである。軍事的危機に際して鎌倉幕府が原則として一国単位の軍事編成をとり、それぞれに指揮官がおかれたことは、倒幕勢力に対抗する軍事編成を記した『光明寺残篇』その他によっても明らかである。[124] 従来は、少弐等外様守護が管国を削減されたことばかりに注目が集まったが、守護更迭の目的がモンゴル危機対応であり臨戦体制の構築であったならば、むしろ、一国単位の軍事指揮体制こそとられるべき方途であった。北条一門守護も自身あるいはその名代が九州に下向することになったのも臨戦体制ゆえのことであろう。

しかも、事実上モンゴル襲来の危機が去ったあとも、異国警固番役などモンゴル対応の諸軍制は解かれていない。[125] したがって、守護は文字通り一国単位の軍事指揮官として存在し続け、臨戦体制を維持したのである。ただ、ここでいう臨戦体制とは、対外戦争に備えた軍事動員の方途を常に用意しておくことばかりをさすのではない。管国内の「悪党」鎮圧に代表される治安維持一般も含んでいた。[126] 鎮西探題の成立にともなって設定された裁判管轄のうえでも、守護が検断沙汰を所管したのは、本来の権能であるうえに臨戦体制という条件が加わったからであろう。鎮西探題が下した裁許に服さず、実力をもってこれに抵抗すれば「悪党」となる。鎮西使節のC執行に守護の関与は当然だったのである。

先に、鎮西探題と守護との裁判管轄設定は、相互の役割分担を明確化し、それぞれの領分に権能を集中的に発揮する環境をつくる目的のもとにおこなわれたのではないかと指摘した。守護裁判権から所務沙汰が削除できたのは、ときに長期化し煩雑化する裁判の裁定者としての地位から守護を解放し、軍事に専従させるという大義名分があったからではなかったか。

相田二郎は鎮西探題の設置によって、「地頭御家人は訴訟のために関東に出向く必要もなくなり、その国に絶えず在住して専心異国警固の番役に就くことができたのである」とした[127]。本当にそうであったか、種々疑問も、また明らかな誤りも含んでいるが[128]、鎮西探題の第一義的な設置目的が裁判機関としての充実にあり、その存在によってモンゴル危機に対応する軍制が有効に機能することを的確に表現している点で重要である。鎮西探題は、一国単位に設定された守護の軍事指揮権を中核に構成された対モンゴル臨戦体制を、有効に機能させる目的のもとに設置され、所務相論解決をその主要な任務とすることによって所期の目的を達成しようとしたのである。

さて、ここに至ってようやく鎮西探題をモンゴル危機対応策のなかに位置づけることができた。しかし、こうした鎮西探題評価は、いってみれば先祖がえりなのである。詳細な事実関係の発掘・復元によって豊かな鎮西探題像が形成されてくるとともに、さまざまな角度からの評価が可能になり、研究者それぞれが関心ある分野にひきつけて理解してきた結果、本来中核に据えられるべき議論が薄れ、ドーナツ化現象をきたしたのではなかったか。本節は鎮西探題研究の軌跡に生じた穴を修復する試みとしての意味をもつことになろう。

したがって、作業量のわりには大きな展望は拓けなかったが、鎮西探題・九州守護・地頭・御家人それぞれの位置は確定できたように思う。鎮西探題崩壊ののち、九州は長い混乱期に入っていく。鎌倉後期に醸成された諸矛盾が一気にはじけたわけであるが、その諸矛盾の具体像については九州御家人の特質論、神領興行論などさまざまな論点から議論されている[129]。これらの議論と本論がどうリンクしていくのか、本書後段に課された課題のひとつである。

前節で六波羅使節の問題を取りあげた折、関心の底には、守護職獲得が本当に得宗専制を支えるのかという疑問があった。大量の守護職を特定の一族が占有することは、たしかに政権担当者としてのステイタス形成には有効であったかもしれないが、守護として現地に臨み、御家人支配を中核とした地域支配を実現できなければ、一門配置は専制の維持・強化に何ら貢献することがないのではないか。そんな問題関心から、本節では鎮西探題と九州守護の関係を論じた。しかし、六波羅使節と鎮西使節の間には顕著な差異があった。そして、そこにはそれぞれの探題の設置目的や機能、さらにはこれらを一面では支えることになる守護や地頭・御家人の存在形態が相互に異なるという事情があったことがわかってきた。ともすれば、ともに北条氏専制を支える手足として位置づけられて終わってしまう両探題が、異なる歴史的課題を負い、これに対応するために開発した独自の解決プログラムを有していたことはきわめて重要である。六波羅探題が創出した解決プログラムは実質的に室町幕府の設計図を描いていくことになる[130]。鎮西探題のプログラムは何に連接していくのか。先に掲げた本節の今後への課題は、それを見据えるものしなければならない。

次節では鎌倉幕府と東国守護との相関関係を論じる。前節六波羅探題の評価ともあわせ、鎌倉幕府論にも展開する議論を構築できればと思う。

第三節　鎌倉幕府と東国守護

鎌倉幕府がその終焉に至るまで基本的に東国政権としての性格を持ち続けたことは周知の通りである。しかし、その一方で、東国が鎌倉幕府の政権中枢部にとって九州・西国に比べてより強固な支配権を行使し得た地域であったかといえば、必ずしもそう言い切れない側面があったことは否めない。鎌倉幕府成立以前から、一国単位またはそれに近いかたちで軍事・検断権等を行使しており、その実績によって幕府により守護としての立場を認められた「自然恩沢の守護人」の存在[131]、北条氏による他氏排斥の過程で没落したかにみえる東国武家たちの多くも、権力中枢からは遠ざかったとはいえ、在地勢力としてはなお影響力を保持しており[132]、鎌倉幕府滅亡〜南北朝内乱期に再びそのすがたを歴史の表舞台にあらわしてくることなどは、鎌倉幕府（北条氏専制）の東国支配の実情を考察するとき見逃せない事象である。

本節は、鎌倉幕府に提起された各種訴訟案件処理の過程で、論人召喚や論所の実検、さらには判決の執行にかかる使節の動向を追究することを通じて、東国守護の働きや、幕府の東国支配の様相を描出することを目的としている。訴訟案件にかかる使節の動きを追うことが、論所の属する在地情勢の把握や、幕府・守護らによる支配の実態分析に有効であることは、前節までにあつかった六波羅使節・鎮西使節についての分析によっても明らかであると考えている[133]。また、南北朝期以降の東国使節を素材に、鎌倉府権力の実情を個々の在地状況とリンクさせて理解する試みもすでに始められ、すぐれた研究成果を得ている[134]。

こうした前提によりながら、本節では、まず鎌倉幕府支配のもとで、幕府の訴訟管轄地域に設定された能登・信濃・三河以東の各国内を論所とする訴訟案件にからんで史料にみえる使節を摘出し、ついでこれら使節遵行のあり方から想定される在地状況について論じたい。これらの議論から、幕府の東国支配の様相や、そのなかで占める「自然恩沢の守護人」をはじめとする東国守護の役割もみえてくると考えている。

ところで、鎌倉時代初期の東国守護については、その存在形態による類型化が松本一夫によって試みられている[135]。松本説では、東国における初期の守護は、A安堵型（純粋Aが本来の「自然恩沢の守護人」であり、上総平広常を典型例に、駿河守護武田信義、遠江守護安田義定がこれに次ぐが、ともに早期に失脚）、B新恩型（常陸守護八田知家・

上野守護安達盛長・信濃比企能員、初期においては国衙掌握困難ながら、大番催促など軍事指揮権は明瞭）、C幕府直轄型（武蔵・伊豆など）に分類でき、これまで「自然恩沢の守護人」と理解された下野守護小山・相模守護三浦・下総守護千葉も、その実態はAとBの中間に位置する存在であり、彼らも、承元三（一二〇九）年の鎌倉近国守護職補任由来調査を契機に、北条氏政権の意向に忠実に従うことによってのみ守護職を確保し得るものに変容するという。一般に鎌倉幕府守護制度確立の時期とされる建久年間までに、A型「自然恩沢の守護人」は没落してB型（またはC型）守護に切り替えられ、承元三年を画期に「自然恩沢の守護人」の色合いをもつ守護も（諸国守護職の北条氏への集中傾向の深化とともに）、北条氏政権にとってコントロール可能な存在になるという、鎌倉時代を見通した評価も松本説は含んでおり、重要である。

ただ、松本の主眼は南北朝期以降の東国守護評価にあり、鎌倉時代の東国守護についての評価は、あくまでその前史として位置づけられているために、東国使節の動向を含めた在地情勢などについては詳説していない。したがって、ここに生まれた研究上の余地を埋めることも本節の使命となろう。

一　東国使節の分析

『鎌倉遺文』その他の刊本資料によって検出した東国使節について、使節が実際に機能した時点を基準に編年整理したのが表10である。年代表記は、使節が機能した時点が明瞭であればこれを採っているので、典拠史料の年代（年月日）と一致しない場合がある。また、守護使節（守護の指示によって動く使節）であることが判明している使節についても表10に載せ、各論の部分でその差異を論じるつもりである。さらに、分類欄の記号はそれぞれ、

A＝論人召喚・論人請文執進など訴訟進行にかかる使節

B＝絵図注進・証人尋問等を含む論所実検にかかる使節

C＝沙汰付など幕府・守護の裁決執行にかかる使節を意味している。

表10　東国使節編年譜

	年代	国名	分類	使節	案件（①訴人、②論人、③論所等）	典拠
1	建仁二・九（一二〇二）	武蔵	両使 B	大和前司光行 右衛門太郎光俊	①別府太郎能行、②別府次郎行助、③幡羅郡別府郷	将軍家（実朝）下文（集古文書/1509）
2	文暦二（一二三五）	武蔵	単使 B	加治豊後前司家茂	①熊谷直時、②熊谷祐時、③熊谷郷	関東下知状（熊谷家文書/9099）
3	建長八・六・五（一二五六）	越中	両使 C	長井斉藤左近将監 富来武者入道	①感神院、②地頭、③堀江荘小泉・梅沢・西条	関東御教書（八坂神社文書/8003）
4	文応元・六・二（一二六〇）	陸奥	両使 B	山内中務三郎経通 高泉太郎信幹	①飯高胤員、②那須資長、③八幡荘萩園・蒲生両郷堺	関東下知状（秋田藩採集文書/11005）
5	弘長三・三・一一（一二六三）	越後	単使 A	波田野五郎左衛門尉	①越後国御家人沙弥能忍、②国末、③下人拘引	六波羅御教書（後藤文書/8937）
6	弘安九・一一（一二八六）	陸奥	単使 A	上総国雑色守吉（奉行人太田時連使者）	①□□資親、②岩崎四郎左衛門、③岩崎郡金成村	関東下知状（秋田藩採集文書/神奈川県史1067）
7	弘安一一・三・一九（一二八八）	陸奥	両使 B	沼倉少輔次郎入道行蓮 和賀右衛門入道行盛	①中尊・毛越寺住侶、②葛西宗清等、③岩井・伊沢両郷山野抃非法	関東下知状（中尊寺経蔵文書/16692）
8	弘安一一・二・一五（一二八八）	越後	単使 C	守護代義行	①池中務大夫頼房法師、②池宮内大夫頼章、③福雄荘	関東下知状（高橋文書/16516）
9	正応三・六・二一（一二九〇）	陸奥	単使 A	雑色善勝（奉行人太田時連使者）	①好島荘西方預所伊賀頼泰、②地頭好島盛隆、③好島山	関東下知状（飯野文書/裁許状182）
10	正安元・一一（一二九九）	信濃	両使 A	斉藤九郎兵衛尉基連 山名下野権守盛康	①市河盛房、②中野幸重、③中野西条内田地	関東下知状（市河文書/20385）

	年代	国名	分類	使節	案件（①訴人、②論人、③論所等）	典拠
11	正安元・一二・二七（一二九九）	常陸	両使 C	那珂三郎左衛門尉 真壁入道（浄教盛時）	①鹿島社禰宜則朝、②同大禰宜則氏、③大窪郷并塩浜	関東下知状（鹿島大禰宜家文書／20349）
12	嘉元三・一一・一八（一三〇五）	陸奥	単使 A	神郷蔵人範能	①毛利親忠女子、②留守家明代資有、③宮城郡家切村	関東下知状（留守文書／裁許状 249）
13	嘉元四・九・一七（一三〇六）	陸奥	単使 A	神郷蔵人範能	①毛利親忠女子、②留守家明代資有、③宮城郡家切村	関東下知状（留守文書／裁許状 249）
14	徳治二・六・七（一三〇七）	常陸	両使 C	塩屋入道 森戸三郎	①□□重経・清経、②某、③当郷内田畠在家	沙弥忍暁書下（吉田神社文書／22981）
15	正和元・一〇・一八（一三一二）	遠江	両使 C	田中三郎入道 奥山六郎	①賀茂新宮神主忠久、②某、③浜松荘岡部郷地頭職	関東御教書（座田文書／24673）
16	正和三・八・二〇（一三一四）	武蔵	単使 A	岡部孫六入道々海	①中村道覚後家尼音阿、②中村馬三郎時広、③三山郷内屋敷等	関東下知状（中村文書／25876）
17	文保元・一一・一五（一三一七）	下野	単使 A	三村兵衛次郎親氏	①佐野増綱、②佐野親綱、③佐野荘小見□□家壱宇	関東下知状（武沢文書／26651）
18	文保二・二・一八（一三一八）	武蔵	両使 A	参河蔵人邦宗 清式部六郎能定	①別府幸時、②別府光綱後家尼崇恵、③武蔵東光寺修理用途	関東下知状（別府文書／27091）
19	文保二・八・一六（一三一八）	下野	単使 A	三村兵衛次郎親氏	①佐野増綱、②鳥居戸五郎次郎法師性智、③佐野荘中郷沽却田	関東下知状（武沢文書／裁許状 278）
20	元応二・三・二八（一三二〇）	下総	単使 A	千葉新左衛門尉	①香取神主実秋、②千葉弥次郎・国分彦五郎等、③香取社領	伊予守某奉書（香取神宮文書／千葉県史料 15）
21	元応二・一〇・一八（一三二〇）	越後	両使 C	加地筑後前司有綱 大見肥後彦三郎家長	①和田章連、②河村太郎次郎入道浄阿妻平氏、③奥山荘草水条	関東下知状（三浦和田文書／28090）
22	元亨元・四・八（一三二一）	越後	両使 C	加地筑後前司有綱 大見肥後彦三郎家長	①和田章連、②河村太郎次郎入道浄阿妻平氏、③草水条	関東下知状（三浦和田文書／28090）

23	元亨元・六・二三（一三二一）	上総	単使 C	守護足利貞氏	①称名寺雑掌光信、②東盛義女子尼明通、③周東郡深谷・胡麻窪	関東下知状（金沢文庫文書／裁許状補 41）
24	元亨元・六・二三（一三二一）	下総	両使 B	鎌田遠江前司 八幡彦太郎（国御使）	①称名寺、②小笠原円道跡、③小笠原道円跡寄進	将軍家（守邦）寄進状（案）（金沢文庫文書／27808）
25	元亨元・六・二三（一三二一）	下総	? B	千葉介（貞胤）御使		
26	元亨元・一〇（一三二一）	陸奥	両使 C	岩城次郎 結城上野前司（宗広）	①相馬重胤、②長崎思元、③行方郡高村在家三分一	相馬重胤申状（相馬文書／27918）
27	元亨二・一・二八（一三二二）	信濃	単使 A	藤沢左衛門尉信政	①諏訪大祝時澄代久政、②塩尻次郎重光、③塩尻郷東条神役抑留	関東下知状（諏訪大社下社文書／28463）
28	元亨二・四・八（一三二二）	越後	両使 A	加地筑後前司有綱 大見肥後彦三郎家長	①和田章連、②河村太郎次郎入道浄阿妻平氏、③奥山荘草水条	関東下知状（三浦和田文書／28090）
29	元亨二・六・六（一三二二）	下総	両使 C	米倉孫太郎光常 下総四郎左衛門尉胤直	①尼妙観、②③買得地安堵	尼妙観田・在家売券（金沢文庫文書／28056）
30	元亨四・四・二二（一三二四）	陸奥	単使 A	岩崎弾正左衛門尉隆衡	①西方預所伊賀光貞、②地頭好島泰行、③好島山	関東下知状（飯野文書／28934）
31	元亨四・七・七（一三二四）	陸奥	単使 A	岩崎弾正左衛門尉隆衡	①西方預所伊賀光貞、②地頭好島泰行、③好島山	関東下知状（飯野文書／28903）
32	正中元・一二（一三二四）	下総	両使 C	守護代　右衛門常賢 淡路次郎右衛門貞行	①称名寺、②某、③東荘上代郷東盛義知行分三分一	称名寺雑掌申状（金沢文庫文書／神奈川県史 2408）
33	嘉暦元・一二・二四（一三二六）	遠江	両使 C	田中三郎入道 奥山太郎	①雑掌忠茂、②保蔵、③浜松荘岡部郷地頭職	沙弥某奉書（徴古雑抄／静岡県史 1732）
34	嘉暦二・一〇・二八（一三二七）	遠江	両使 B	内田孫八郎（致景） 早原六郎入道	①山田孫太郎入道々光、②同刑部阿闍梨道俊、③飯田荘下郷田地	大仏貞直書下（内田文書／静岡県史 1743）
35	嘉暦三・六・二〇（一三二八）	相模	両使 A	安威新左衛門尉資脩 斉藤九郎兵衛尉基連	①鶴岡供僧円重、②長江政綱、③北深沢郷供料田	関東下知状（相承院文書／30337）

	年代	国名	分類	使節	案件（①訴人、②論人、③論所等）	典拠
36	嘉暦三・八・八（一三二八）	陸奥	単使 A	小山出羽入道	①預所伊賀盛光、②岩城小次郎等、③飯野八幡宮造営料	沙弥某奉書（飯野文書/30334）
37	嘉暦三・九・二四（一三二八）	越後	両使 C	池駿河七郎大夫 大槻孫四郎	①海老名忠顕等、②未詳、③奥山荘荒居以下村々	沙弥某奉書（色部文書/30398）
38	嘉暦四・三・二三（一三二九）	陸奥	単使 A	白川上野入道	①預所伊賀盛光、②岩城小次郎、③年貢幷召文違背	関東御教書（飯野文書/30546）
39	嘉暦四・四・一二（一三二九）	上総	単使 C	守護代平（伊勢）宗継	①周東郡下村等、②称名寺雑掌、③東盛義所領三分一	伊勢貞継請文（金沢文庫文書/神奈川県史2786）
40	嘉暦四・四・二七（一三二九）	武蔵	単使 A	小河小太郎季泰	①□□藤原氏、②土淵貞重法師定喜、③土淵郷在家	関東下知状（水府史料/埼玉県史236）
41	嘉暦四・五・晦（一三二九）	越後	両使 C	「両使」	①和田茂長女子平氏、②某、③奥山荘内得分	関東下知状（三浦和田文書/31973）
42	元徳元・一一・二三（一三二九）	遠江	単使 A	内田孫八郎（致景）	①勝田尼理阿代法阿、②内海彦太郎範長、③朝生西明寺田在家	大仏貞直書下（内田文書/静岡県史1757）
43	元徳二・一・二九（一三三〇）	上総	単使 C	守護代伊勢貞継	①称名寺、②未詳、③東盛義跡	沙弥義観（足利貞氏）請文（金沢文庫文書/神奈川県史2819）
44	元徳二・三・二六（一三三〇）	越後	両使 C	色部三郎 河村弥三郎	①和田茂実、②某、③奥山荘黒河条	宮内大輔某奉書（三浦和田文書/30992）
45	元徳二・五・二（一三三〇）	上総	単使 C	守護代平（伊勢）貞継	①称名寺、②未詳、③周東郡末利下村西方子安村（東盛義跡）	伊勢貞継請文（金沢文庫文書/神奈川県史2862）
46	元徳二・六・五（一三三〇）	相模	単使 A	二宮右衛門五郎忠行	①永福寺供僧厳演、②一分地頭飯田家頼、③飯田郷供米	関東下知状（神田孝平文書/31500）
47	元徳二・八・四（一三三〇）	遠江	両使 A	能定 文永（承）	①雑掌定祐、②地頭馬場禅尼、③村櫛荘年貢未進	関東御教書（桂文書/31253）

48	元徳二・九・八（一三三〇）	遠江	？ A	「御使」	①雑掌定祐、②上野前司代豪円、③村櫛荘年貢未進	地頭代豪円請文（東寺百合文書せ／静岡県史1765）
49	元徳三・三・二（一三三一）	相模	単使 A	二宮右衛門五郎忠行	①永福寺供僧厳演、②一分地頭飯田家頼、③飯田郷供米	関東下知状（神田孝平文書／31500）
50	元徳三・四・四（一三三一）	常陸	両使 A	両奉行人	①雑掌定祐、②地頭駿河式部大夫高長等、③信太荘年貢	関東下知状（東寺百合文書せ／裁許状318）
51	元弘元・一二・一二（一三三一）	越中	単使 A	小泉四郎蔵人義重	①佐々木時経、②岡成景治、③岡成名足利宗家跡	関東下知状（朽木文書／31850）
52	正慶元・六・一九（一三三二）	信濃	単使 A	常岩弥六宗家	①市河助房代秋厳、②中野幸重後家尼円阿、③志久見郷春近年貢	関東下知状（市河文書／31940）
53	正慶元・八・一〇（一三三二）	陸奥	両使 C	白川上野入道 小山出羽入道	①預所伊賀盛光、②地頭好島泰行、③好島山	中務大夫某奉書（飯野文書／31806）
54	正慶元・一一・二四（一三三二）	武蔵	単使 A	河越三郎太郎	①雑掌冬俊、②野田太郎四郎、③大河御厨野田四郎丸所領	安達時顕奉書（類聚神祇本源神鏡篇紙背文書／埼玉県史258）
55	正慶二・三・二八（一三三三）	武蔵	単使 B	高麗太郎次郎入道	①曽我左衛門太郎入道光称、②③祖母幷母遺領安堵申請	沙弥某奉書（遠野斎藤文書／32067）

（一）東国使節の年代的分布

表10に示した使節の年代的分布に注目して作成したのが表11である。件数が増加する一二八〇年代以降は機械的に二〇年単位としてある。

まず、全体で五七という件数は、九州を含む西国に偏在する鎌倉時代の史料群の性格を考慮すると、必ずしも少ないとはいえない。訴訟の進行や裁決の執行にかかる使節の機能が、九州・西国とともに東国においても重要な役割を果たしたことをまず認識すべきであろう。

表11　東国使節年代的分布

年　代	件数	任　務			構　成			性　格		裁許状
		A	B	C	両使	単使	未詳	守護使	奉行人	
～1280	6	2	3	1	3	3	0	1	1	44
～1300	6	3	1	2	3	3	0	1	3	38
～1320	10	7	0	3	4	6	0	0	1	35
～1333	35	17	4	14	15	18	2	9	3	34
合計	57	29	8	20	25	30	2	11	8	151

裁許状の数は『増訂鎌倉幕府裁許状集』（上）による。

年代的変化をみると、一三二一年以降に集中していることが確認される。表11には、参考までに東国諸国（地域）を論所とする関東裁許状の数量を掲げたが、一二八〇年以前を含め、大きな数量的変動はみられない。裁許状の数量は、大概ながら、訴訟案件の数量に比例しているものと想定することが許されるであろう。表11にみえる使節検出件数の急増は、訴訟案件そのものの増加を前提としているのではなさそうである。おそらくは、当該期の訴訟進行や裁決の執行の場面で、これまでとは異なる状況が生まれていたことを示しているのであろう。その意味で、十四世紀初頭に鎌倉幕府法の世界に登場する「外題安堵法」の理解についての渡邉正男の言説は注目される。[136]渡邉は、かつて小林一岳が明らかにした在地領主の一門評定、近隣地域との間に成立する「当知行保全システム」の存在と、鎌倉時代末期におけるその機能不全化という問題に注目し、[137]譲状作成交付による譲与という、本来一家・一門さらには近隣地域という局所的秩序のなかで実現され保障されてきた行為が、局所的秩序そのものの動揺によって停滞し、「外題安堵」という幕府の介入、強制力の行使を促したとする。しかも、幕府の介入は在地領主によって求められた側面をもつとして、局所的秩序側からの幕府法活用能力の再評価との見解も示している。

本節で扱う東国使節の問題に即しても、この渡邉の見解は受け入れられるものである。一般に、使節による訴訟進行の促進（A）や裁決の強制執行（C）は、訴訟当事者からの要請をうけて幕府が動いた結果としてあらわれる。[138]表11

にみえる使節の任務も、初期においてBが目立つものの、基本的にはA・Cが中心であり、しかも、鎮西使節の場合と同様に、Aについてもその多くが再三の召喚に応じない論人等に催促を加え、これが実現されないと「無理」と判定（論人敗訴）されるケースが表10にもみられる（23・24・37・46など）。また、Bについても、4では訴人の申請によって使節による実検が実施されている。さらには、表10にみえる訴訟案件（内容）の大半が在地領主相互（族内相論含む）の相論である。これら本来一門評定等によって解決されるべき案件が幕府法廷に持ち込まれたことも重要であるが、論人等の抵抗によってしばしば訴訟が停滞し、そのうえ裁許状が交付されても一向に勝訴者の権利が保障されないという事態に即して使節が発向していくという経緯は、いわば私文書としての譲状による譲与行為が不安定化した結果、幕府による公的「外題安堵」の手続が当事者側からの要求で導入されていくことと軌を一にしているといわなければならない。

次に、使節の構成・性格に目を転じる。まず、両使/単使の比較では年代的変化に乏しく、件数のうえでもほぼ拮抗していることが確認される。しかし、表10を参照すると、Cについては、守護（守護代）による遵行を除いてすべて両使によって担われていることがわかる。この点は六波羅使節・鎮西使節にもその傾向が認められるところであるが、東国使節の場合は例外なくCは守護（守護代）または両使によって担われており、東国使節の特質のひとつとしてとらえてよいかもしれない。

一方、使節の性格についてみると、奉行人使節が八件、守護使節が一一件確認される。奉行人使節はAまたはBであり、顕著な年代的変化は認められない。ただ、7・10については奉行人太田時連の指示によって雑掌が、11・19・36・49・52はそれぞれ奉行人の「使者」が、それぞれ召文催促に出向いていることが注目される。当該訴訟を担当している奉行人が、その職務遂行の一環としておこなったものと解釈できる（1も使節の素性〈後述〉から使者が発向したと想定）。しかし、こうして奉行人が雑色等を「使者」とする場合のAと、おそらくは担当奉行人からの要請をうけて関東御教書により立てられる使節のAとで、使節としての質的相違を想定するべきか、全体の考察のなかで明らかにする必要があろう。

守護使節は一三二一年以降に九件集中している。幕府訴訟手続のなかで東国守護が果たした役割については後段で論じることになるので、ここでは、時期的に集中してあらわれるという事実のみ指摘しておきたい。

さて、以上、表10・表11のデータをもとに東国使節の年代的分布を追跡してきた。その結果明らかになった東国使節の性格について、六波羅使節・鎮西使節と比較してみると、次のような相異が確認できる。

①六波羅使節においては、使節の任務がA・BからC（D＝武力行使をともなう強制執行）へと年代的変遷を遂げるのであるが、鎮西使節と同様に、東国使節の場合もA・BからCへという年代的変遷はみられないこと。

②鎮西使節の場合はCについても単使による執行がみられたのに対して、東国使節の場合は両使または守護（守護代・守護使節）に限られること。

①については、やはり六波羅探題が院―本所体制による紛争解決、とくに本所の当知行回復要求を実現することを期待され、六波羅使節の多くがそのような任務を果たしたのに対して、鎮西使節・東国使節は、それぞれ鎮西探題・鎌倉幕府の確定裁決権のもとで動いたことが、両者の相異を生み出す背景として考えられよう。賀茂別雷神社領遠江国浜松荘岡部郷地頭職相論にかかる表10－16は、「院宣に任せ」との文言を前提とするCであるが、十余年を経た34では、賀茂別雷神社内部の紛争という性格を有するこの相論に、幕府として裁断しこれを執行している。

一方、②については、鎮西使節の場合、Cについては使節とともに守護（守護代等）も論所に莅むことで、単使による執行が可能であったのではないかと考えたのであるが、東国使節においてもそのような守護による後援があったかどうかは確認できない。守護と使節の関係を扱う後段において再論することにしたい。

表12　東国使節地域的分布

年代	陸奥	下野	常陸	武蔵	下総	上総	相模	遠江	信濃	越中	越後
～1280	1	0	0	2	0	0	0	1	0	1	1
～1300	3	0	1	0	0	0	0	0	1	0	1
～1320	2	2	1	2	1	0	0	1	0	0	1
～1333	6	0	1	3	3	3	3	5	2	1	6
合計	12	2	3	7	4	3	3	7	3	2	9

(二)　東国使節の地域的分布

東国使節の地域的分布をみるために表12を作成した。陸奥・越後・武蔵・遠江に事例検出が多く、飛驒・三河・駿河・甲斐・伊豆・安房・上野・出羽・佐渡・能登については使節の事例を検出できなかった。また、下総・上総の使節事例がほとんど金沢称名寺領関連の案件であるなど、史料の偏在を前提にみていかなければならないことは、前掲表10・11と同様であるが、地域的分布の大概はこれでとらえるより手だてがない。飛驒以下の諸国については、本来使節が立てられることがなかったのか、にわかに判定し得ないので、これら諸国は当面これからの考察の対象にはなりがたいことを確認しておく。

以下、奉行人使節および雑色の事例も含め、使節としてあらわれる御家人の素性について国ごとに略説しておこう。

【陸奥】　守護不設置。奥州合戦ののちに陸奥の所領を得た御家人が使節となるケースがすべてである。

表10－4山内経通は相模山内荘を本領とする御家人山内首藤氏の一員で、寛元四（一二四六）年八月十五日鶴岡放生会随兵としてみえるから（『吾妻鏡』〈以下「鏡」と略記〉同日条）、在鎌倉人であったと考えられる。山内首藤の陸奥進出は奥州合戦後に桃生郡地頭職を得て以降と考えられるが、経通が桃生郡地頭であったという徴証は未見である。なお、周知の如く桃生の山内首藤は戦国期まで勢力を維持する。高泉信幹は常陸大掾の一族が栗原郡高泉（高清水）に進出したと推定されるが詳細は未詳

である。

7沼倉は栗原郡沼倉、和賀は和賀郡をそれぞれ名字の地とする武家と推定される。沼倉については、嘉暦二（一三二七）年、沼倉小輔《ママ》三次隆経・小野寺彦次郎入道々亨が平泉中尊寺の修造にかかる破壊・顛倒の実検使となったことが知られ[139]、和賀については、建長八（一二五六）年六月二日に鎌倉幕府が「奥大道夜討強盗蜂起」への対応として警固を命じた路次の地頭等のなかに和賀三郎兵衛尉・同五郎右衛門尉の名がみえる（『吾妻鏡』同日条）。ともに出自については推定の域を出ないが、奥州合戦以前から陸奥に勢力をもった武家である可能性がある。

26岩城は高泉同様常陸大掾氏の一族で、海岸沿いを北上して磐城郡に進出した則道が岩城の祖となったと伝えられる。奥州合戦では幕府方につき、論功行賞で清隆が好島荘地頭職を得て以来これを世襲するとともに、宝治元（一二四七）年に同荘預所となった伊賀（南北朝期以降飯野）との間で熾烈な領主間相論を継続したことは表10にもみえるところである（好島は岩城の一族）。31・32岩崎も岩城の一族で岩崎（磐前）郡地頭であった。

26・38・53（白川）結城は東国の雄族であり詳説の要はないが、ここにみえる宗広は陸奥白河荘地頭・上野介であったことから表記のように称された。

36・53小山も嫡流家が鎌倉時代を通じて下野守護を世襲した雄族であり、これも詳説の要はないが、ここにみえる小山出羽入道は、出羽守に任じられた宗朝（長村の孫）に比定される。奥州合戦ののち小山朝政が陸奥菊田荘地頭職を得たことが知られ、宗朝がこれを継承していたとも考えられる。

12・13神郷蔵人範能については未詳。

訴訟案件に注目すると、一二件のうち半数の六件（9・30・31・36・38・53）が好島荘関連の伊賀と岩城一族の相論、その他も新旧の領主間相論と思われる案件が並ぶ。これらは、それぞれに、奥州合戦後の論功行賞によって創出された勢力地図が十三世紀後半以降大きくその様相を変えていく一場面であるともいえよう。

【下野】 守護は小山。「自然恩沢の守護人」にひとりに数えられるが、守護使節は検出されず、御家人使節二例が確認されている。

17・19三村親氏は、『吾妻鏡』に将軍家（頼嗣）近習などとしての事績を残す時親（親時）・親泰等と同族と考えられる。三村は常陸国筑波郡三村郷を名字の地とする一族と推定されるが、下野との関係は未詳である。訴訟案件はともに藤姓足利の一流佐野の本領佐野荘の領有をめぐる同族内相論である。(140)

【常陸】 守護は小田。全体事例が少ないので評価は困難であるが、陸奥の事例を考慮すると常陸大掾一族の存在が注目される。

11那珂は常陸国那珂東郷・西郷などを所領とした御家人で、ここにみえる那珂三郎左衛門尉は宗久と推定される。(141) 真壁は同国真壁郡を名字の地とする雄族で詳説の要はないが、ここにみえる真壁盛時（法名浄教）は、『真壁氏系図』によると正安元（一二九九）年十二月四日に没したという。(142) ただ、表10に記した年代はこの場合典拠史料（裁許状）の年紀をとっており、史料の文言から正応三（一二九〇）年以降の使節と判断されるので、矛盾しない。なお、那珂・真壁ともに『吾妻鏡』への登場機会は少ない。14森戸（盛戸）は常陸大掾氏の一族で吉田郡内に勢力を維持した武家であるが、塩屋入道については徴証を得ない。

訴訟案件は文字通り三者三様である。

【武蔵】 守護は北条氏得宗家。陸奥・越後に次ぐ七例が確認される。

1大和前司光行は、『東関紀行』の著者で学者・歌人としての名を残す源光行である。『吾妻鏡』によると、光行は三善康信（善信）とともに京から下って幕府草創期を支え、将軍頼家の政所始にも列し、その後も上総国奉行・鎌倉中寺社奉行などを務めている。使節としての徴証も奉行人としての役割を右衛門太郎光俊とともに果たしたものと考えておく。18は奉行人橘邦宗・清原能定である。

2加治は武蔵七党丹党、16岡部は同猪俣党、40小河は同西党である。54河越、55高麗も同様に、武蔵国の伝統勢力がみえることにも注目すべきだろう。和田合戦（建暦三・一二一三年）以来、北条氏嫡流家に敵対して没落した武家に与同することが多く、その都度衰退したとも評価される武蔵国御家人衆が、こうして使節として再浮上してくる構図は、鎮西使節との共通点でもある。

また、訴訟案件をみても、1・18別符は奉行人使節があてられ、2熊谷、16中村（横山党）、40土淵（西党）の族内相論には武蔵七党系の使節があてられていることも興味深い。もとより国衙を基盤に成長した武蔵七党であれば、こうした相論解決の実施を担う力量をもつし、また訴訟当事者側からの指名による使節となる可能性も高い。

【下総】守護は千葉。「自然恩沢の守護人」の一例とされ、守護使節の存在も確認される。

20千葉新左衛門尉（胤高？）、29米倉孫太郎光常・下総四郎左衛門尉胤直はいずれも千葉の一族。25守護千葉貞胤「御使」、32守護代常賢・淡路次郎右衛門貞《（ママ）》行（□□介貞胤代）は守護使節、20で論人として千葉弥次郎・国分彦五郎等があらわれることを含め、千葉の役割、影響力が大きいことがわかる。訴訟案件との関連では、称名寺への東盛義跡寄進に関するCが守護、その他はA・Cともに両使という結果になっている。

【上総】「自然恩沢の守護人」の典型とされる上総介広常の没落後、鎌倉中期から足利が守護として登場する。訴訟案件はすべて称名寺への東盛義跡寄進に関するものであるが、23・39・43・45ともに守護足利貞氏（守護代伊勢宗継）の遵行となっている。事例が限定されているため、上総の状況を根拠に東国守護の実態を論じることには慎重を要する。

【相模】守護は北条氏得宗家。実質二例である。

34安威・斉藤は奉行人。46・49二宮は相模国西部に発展した中村氏の一流で、二宮川匂荘を領した一族である。『吾妻鏡』では弓始の射手に欠かさず列するなど弓の使い手としての活躍がみえる。

訴訟案件に注目すると、鶴岡八幡宮および永福寺の供僧が訴人、相模御家人が論人（論所も鎌倉近郷）という共通性をもつ。鶴岡八幡宮慈月坊慈弁は二宮氏の出身で、相模二宮（川匂社）供僧を兼職し、慈弁以降、鎌倉時代の慈月坊供僧もみな相模二宮供僧を兼ねている[143]。二宮が使節となった背景に、鎌倉中の僧侶間の連携を想定すべきかもしれない。

【遠江】「自然恩沢の守護人」とされる安田義定が没落したあと、鎌倉中期以降の守護は北条氏一門大仏。守護遵行が年代的に先行する貴重な事例である。

15・33田中は、鎌倉幕府草創期の遠江守護で国司も兼ねた安田義定の子義資が田中を称したことから興った武家と伝えられる。ただ、義資は建久四（一一九三）年に罪を得て梟首となり、父義定も連座しており、義資の子孫がどのようなかたちで遠江に居住していたかわからず、田中三郎入道が安田義定の後裔であれば興味深い。この田中三郎入道とともに使節となった奥山六（太）郎は、引佐郡井伊谷近隣に成長した井伊氏の一族で、至徳元（一三八四）年に方広寺を開いた奥山朝藤は六郎の子孫と推定される。

34・42内田は、遠江国内田荘を拠点に発展した武家で、「高田大屋敷遺跡」や『内田文書』によってその活動のあとを追うことができるが、34早原については史料に恵まれない。なお、この二件の使節については、守護大仏貞直の指示をうけて動いており、守護遵行である。また、上総・下総とこの遠江のみに守護使節があらわれることにも注目しておきたい。

47は奉行人清原能定・文永（承）、48は「御使」とのみあり素性を知り得ない。しかし、前掲15・33が賀茂別雷神社領浜松荘岡部郷をめぐる社内相論、33・41が遠江国内の領主間相論（族内相論）であり、使節の顔ぶれも一定していることを考慮すると、同じく奉行人であった可能性が高い。47・48（50もおそらく同様に）ともに論人が北条氏一族であることもその推測を支えるだろう。

なお、田中は『吾妻鏡』への登場機会がなく、奥山・内田も僅少で、遠江に生活基盤をおいていたと考えられる。

【信濃】　鎌倉後期の守護は北条氏一門塩田。諏訪氏など得宗被官としての徴証をもつ武家が使節・訴訟当事者にみえる。

10斉藤・山名は奉行人。典拠の関東裁許状によれば、二度の召喚に「無音」であった論人中野幸重が、たまたま「当参」（鎌倉に出仕）であったので奉行人使者による催促が加えられたという。

27藤沢は、訴人諏訪と同じ神氏の系譜をひき伊那郡藤沢郷（諏訪社領）を名字の地とする御家人である。論所の塩尻郷とは隔たりがあるが、典拠史料によれば「近隣地頭」とある。『吾妻鏡』にも一族がしばしば登場し、弓始などに射手として参加していることが確認される。

52常岩（常葉）は、信濃北部の常岩牧を基盤に成長した武家で、『参考源平盛衰記』（一五）に平家方の武将として信濃国住人常葉江三郎がみえる。使節となった弥六宗家はその子孫であろうが、鎌倉幕府滅亡後、諏訪氏等を中核とする北条氏与党が高時の遺児時行を擁して蜂起した中先代の乱（建武二／一三三五年）では、宗家は反乱軍の先鋒として常岩北条城を拠点に活動したことが知られる(144)。訴訟案件は10との連続性が考えられるが、論人が信濃に所在していたのであろう。ちなみに、中先代の乱では、宗家はこのときの訴人市河助房等の軍勢に居城常岩北条城を破却されている(145)。

【越中】　鎌倉後期の守護は北条氏一門名越。

3長井斉藤左近将監は、基澄（『尊卑分脈』、弘長元年出家）に比定され、寛元二（一二四四）年一月二日の椀飯記事にみえる「斉藤左近将監」と同人と考えられる（『吾妻鏡』同日条）。富来武者入道は、能登国富来院を名字の地とする御家人であるが実名は未詳。ただ、富来（木）光行が問注所公人、光康が引付奉行・執筆・元合奉行、富来左衛門入道が右筆・合奉行としてみえる(146)。ともに在鎌倉の吏僚的御家人と推定される。

51小泉四郎蔵人義重については徴証を得ないが[147]、3の案件も堀江荘地頭土肥の背景には北条（名越）があり、この案件においても、悪党召捕の賞として佐々木（朽木）に与えられた闕所地の知行が困難であったのは、もとよりこの地がやはり名越の伝領地であったことが背景にある。名越はまた鎌倉時代後期を通じて越中守護であり、幕府裁許の前提（支証文書）と当知行の実際が必ずしも一致していない状況が想像される。

【越後】　鎌倉後期の守護は北条氏一門名越。初期に守護遵行がみられるが、御家人使節が中心である。

5波田（多）野は相模御家人の雄であるが、鎌倉時代中期以降は在京人としての徴証を多く得る。この案件も、詳細は未詳ながら六波羅御教書による論人催促である[148]。

8は守護人尾張入道々鑑（名越公時）代官義行が、越後国御家人池（37では使節）の族内相論に対する幕府裁決の執行を試みた事例で、守護による遵行が越後においても存在することを示している。

21・22・28加地は越後加地荘を本拠に展開した佐々木の一流、大見は伊豆国から越後水原に転じてここで成長した。44色部は武蔵国秩父郡に展開した平氏（畠山氏）の一流で、越後小泉荘色部条が名字の地となった。河村も相模御家人で、越後荒川保を得てここで発展した。21・22・28では論人としてあらわれるが、論所奥山荘と荒川保・加地荘・小泉荘などはそれぞれに近隣荘園であり、21・22・28の訴人奥山荘の三浦和田一族を含め、これら武家は越後国へ進出した東国御家人としての連携も維持していくことになる。

37大槻もおそらく同様で、常陸那珂氏の一流が越後大槻荘に所領を得て定着したものであるが、一方の池は越後出身の御家人である。池の動向は、鎌倉時代末期に所領の越後吉河荘を若狭本郷氏に売却し[149]、南北朝期は一貫して南朝方として活動したことなどで知られる。

以上、やや冗長となったが東国使節の地域的分布をみてきた。使節の素性とともに、訴訟案件との関連についてもたようである。場を改めて総括的な考察を試みてみたい。いての地域差（年代的変化）など、使節遵行全般についての論点、さらには、東国使節特有の性格など垣間見えてき情報を得られた限りで掲げてみた。使節となった御家人の在所と論所との関連、守護使節／御家人使節のあり方につ

二　東国使節と東国守護

（一）守護と使節

ここでは、守護使節が検出された上総・下総・越後・遠江の使節を素材に、守護と使節の関係について考察する。六波羅使節においては、西国守護（守護使節）との間に地域的および任務（指令内容）のうえでの差異が存在した。すなわち、守護を経由する幕府指令は守護領および守護の軍事指揮権に属する案件に限られ、地域的には、北条氏一門守護国で御家人使節の活動が顕著であり、外様守護国ではこれが僅少であるという特徴を有した。しかし、鎮西使節と九州守護の場合は、使節となった御家人が別の場面では守護使節としてあらわれる事例の存在が確認された。そこで、鎮西使節においては、雑務・検断沙汰においては守護、所務沙汰については鎮西探題の指揮・統制のもとに動き、所務沙汰の執行段階においては随時守護の指揮下に入ることがあったと考えてみた⑮⓪。東国使節の場合はいかがであろうか⑮⓪。

これまで述べてきたところで考えると、守護（守護使節を含む東国使節が関与した訴訟案件は、５（雑務沙汰）を除きすべて所務沙汰案件で、検断沙汰案件は見当たらない。しかも、所務沙汰案件に付随して検断沙汰案件が生じたり、争点が多岐にわたり所務・検断沙汰が混在する場合などは、関東裁許状の文言に、「強竊二盗」については「仰守護人所、可被尋究也」とか、「四一半事」は「尋明犯否、可注申之旨、所被仰守護所也」などとみえることがある⑮①。これらは、幕府訴訟制度のなかで東国においては検断沙汰が原則として守護の管轄であったことを示しているが、表

10に検断沙汰案件がみえないため、使節遵行の場面への反映は確認できない。

一方、所務沙汰案件（A・B・C）について守護（守護使節）と御家人使節が併存することは、鎮西使節の場合と同様である。守護使節は初期の6（A）を除いてすべてCであることも鎮西使節と共通している。しかし、東国では守護使節があらわれる国は上総・下総・越後・遠江の四か国で、比較的限定されている。上総・下総・遠江が含まれることから、「自然恩沢の守護人」という言葉も思い浮かぶ。ただ、事実上千葉一族によって使節が担われた下総はともかく、上総・遠江は「新恩」に他ならない。守護権（検断権および一般的行政権）について、前任者の権威・権力がそのまま継承されるかどうかは疑問で、そこにこそ、「自然恩沢」を否定し、各国守護を幕府の統制下におくことのできる隙間も存在したのであろう。北条氏一門の大仏が守護となっていた遠江についても、得宗政権のもとでは例外ではなさそうである。

ところで、上総・下総の守護使節は、北条氏一門金沢が外護する称名寺への御家人闕所地給与にかかる案件に限られる。東国の史料的条件の問題があるので、ここから一概に両国の守護遵行のありかたを検討することは困難であるが、注目すべきは24・25である。これらは常陸国北郡内寄進地の替えとして、小笠原彦二郎入道々円跡と東盛義跡三分の一を称名寺に寄進するとの将軍守邦親王の寄進状をうけ、在所未詳の小笠原彦二郎入道々円跡(152)については「国御使」が(24)、東盛義跡三分の一については下総守護が(25)、それぞれ打渡にあたった事例である。形式上同一案件であっても、遵行の形式は論所（この場合は寄進地）が所在する国や地域の事情によって異なる場合があることは明白であるが、下総の場合、この称名寺への東盛義跡寄進に関するCが守護、その他はA・Cともに両使という結果になっていることは先に指摘した通りである。したがって、ここに称名寺を訴人とする一連の訴訟案件について、称名寺ないしその周辺の人物等によって守護遵行が求められた可能性を想定できることになる。

一方、越後については、訴訟案件をみる限りでは御家人使節と守護使節の間に明確な差異は認められない。越後国、とくに表10に論所としてみえる阿賀野川流域を中心とする中北部地域については、建仁元（一二〇一）年に反鎌倉幕府の兵をあげて敗れ去った城氏が基盤としたところであり、城氏鎮圧に功のあった佐々木盛綱は、22・23・29加地有綱の属する加地氏の始祖である。盛綱が守護に比肩する力量を有していたことも知られ[153]、この加地をはじめ城氏没落後にこの地域で成長した東国御家人たちが使節となっている。軽率な比較は誤解のもとであるが、南北朝～室町期への展望を含め、六波羅使節における安芸国の状況と似通っている[154]。使節遵行に訴人方への「合力」という側面があることは否めない[155]。越後奥山荘の事例にみられる「近隣地頭」などとしての使節起用には、近隣対立の側面とともに、安芸国と同様に、一揆的な秩序の存在を前提に、「近隣地頭」の起用が訴人方から要請されるケースの存在を無視できないであろう。その場合、訴人にとって守護使節（48）もまた権益回復への選択肢のひとつであった。

遠江の場合は、御家人使節は賀茂別雷神社領の荘務をめぐる相論にあてられ、守護書下をもってA・Bを指示する二事例が続く。守護使節の先行・優位は所務相論にかかる守護裁判の可能性を感じさせる。しかし、33は訴陳状に基づき両者の主張の真偽を論所に莅んで検証する使節で、守護裁判の可能性を含むが、42は論人内海範長が鎌倉に出廷しながら「不終沙汰篇下国」したため、再度の召喚に及ぶ使節であり、幕府法廷での訴訟進行にかかる。各国守護を幕府の統制下におくという点では北条氏一門の大仏も例外でないと先に述べたが、下総守護の千葉氏と同様に、使節遵行の場面で決定的な役割を果たした可能性はあると考えられる。

以上のように、東国使節の場合、史料的制約もあって、守護使節と御家人使節の相異を幕府訴訟制度上の管轄や諸国守護権力の状況からきれいに説明することは困難であり、当面、訴人の選択肢のなかでも相異してくるものという見通しを示すにとどまることとなった。しかし、使節遵行のあり方は本来そのようなものであって、訴訟当事者がさまざまな回路を通じてその目的を達成しようとする限り、守護も地頭御家人（あるいはその他の在地勢力）も使節候補となり得るのである。「自然恩沢の守護人」という言葉が生まれたように、先行する私的領域支配の実績を鎌倉幕府が認知し把握した結果が守護というタイトルに表現されたのである[156]。荘郷地頭についても、同じく軍事的占領などの既成事実を地頭というタイトルで幕府が把握した結果であった[157]。訴訟当事者が使節に期待するのは、こうした私的領域支配の実績や在地社会における政治的影響力である。幕府御教書の獲得は、訴訟当事者が彼ら使節と連携して目的を達成するためにおこなうすべての行動を正当化する。万一合戦となってもそれは「公戦」なのである。

一方、下総・遠江については守護による使節遵行の可能性も見出せたようである。「自然恩沢の守護人」の伝統をひく千葉氏と、得宗専制を後景におきながら北条氏一門守護として成長した大仏とでは、権力の形成過程に相異があるとしても、局所的秩序の動揺に対する、守護という立場からの対応として評価できる。こうした守護の動向も鎌倉中期以降に進行した在地状況の変化としてとらえることも可能であろう。

(二)　幕府と使節

前節では、使節の陣容が訴人の選択肢のなかで相異してくることがあることを指摘したが、使節に任じられた御家人は、その時点でどこに所在したのか。守護の場合に明らかなように、使節となる御家人が必ずしも在国していない場合もある。そのあたりの事情を、表10に即して再考してみよう。

「六条八幡宮造営注文[158]」(以下「注文」と略記)を参考に、東国使節となった御家人が基本的な生活基盤としていたところはどこか整理してみると、以下のようになる。

鎌倉中――北条氏一門、各国守護(千葉・足利)、鎌田、大見(越後)

在　京――波多野(越後)

在　国――河越・長井斉藤・岡部・加治・小河・高麗(以上武蔵)、藤沢(信濃)、岩城・岩崎(以上陸奥)

「注文」は建治二(一二七六)年の造営に際して作成されたものであるが、すでにこの段階で、武蔵七党を中核とする武蔵国御家人が多く、「在国」、すなわち武蔵国内の本領ないし武蔵国衙をその生活基盤としていたことが判明する。陸奥についても、小山・結城・山内については保留せざるを得ないが、沼倉・和賀・高泉も陸奥在住であったと考えられる。越後の大見は、『吾妻鏡』を参照すると、鎌倉中期以降鎌倉での活動の記録を欠く。加地は、有綱の父章綱まで記載があるが、『吾妻鏡』の中絶によってその後を知ることができない。ただ、祖父義綱に比較して章綱の登場機会は僅少で、越後に活動の中心を移した可能性は考えられる。河村も鎌倉中期以降の記載を欠き、色部・大槻についてはほとんど登場機会がなく、池は皆無。常陸の那珂・真壁も『吾妻鏡』に記載は少なく、森戸は皆無。遠江の田中・奥山・内田・早原も『吾妻鏡』への登場機会は少ないか皆無である。『吾妻鏡』のみによって、御家人のアリバイを検証することはきわめて危ういが、彼ら御家人の鎌倉在住の可能性を低めることはできるだろう。

一方、下野の三村、相模の二宮などは前述した通りで、鎌倉における活動記録を豊富にもつ。「注文」との関連では、信濃の藤沢が「在国」ながら『吾妻鏡』への登場機会は豊富であることが注目される[159]。

東国使節の活動が本格化する十三世紀末以降の記事を欠くとはいえ、『吾妻鏡』があることによって、「注文」の史料的限界を補い、東国使節となった御家人の生活の場が基本的にどこにあったかは推測可能となる。加地・河村等の越後移転にみられるように、おそらくは三浦合戦（宝治元・一二四七年）後をひとつの画期として、東国御家人の本拠移転は進められたものと考えられる。東国使節の活動は、まずこうした在地状況の変化を前提に考えられる必要があろう。また、鎌倉の政界からは遠ざかっていたものの、常陸大掾一族や武蔵七党の面々など、幕府草創を担った御家人の子孫が、在地においてなおその勢力を維持し、在地秩序の維持・更新に力量を期待されていることについても同様である。訴訟当事者が使節に期待するのは、私的領域支配の実績や在地社会における政治的影響力であると先に述べたが、みずからが在地秩序の一環を担う存在であってはじめて使節に期待を託せるのである。

その意味で、陸奥・越後・武蔵などで御家人使節が優位であり、さらには検出事例が多いことは注目されてよい。

局地的秩序の動揺が使節遵行という形式を生み出したとすれば、近隣地頭御家人による使節遵行は、訴人（論人）を含む局地的秩序の再建を促す側面があると考えられるからである。本節の考察の範囲を超えるが、南北朝～室町期の武蔵における国人一揆の活動や、越後「揚北衆」の存在は、こうした地域性が、その後の歴史を規定していく要素になり得ることを示しているように思う。

ただ、いったい訴訟当事者はどのようにして使節としてみずからの期待を託す人材に出会えたのであろうか。もちろん、訴訟当事者自身が属する在地社会の地縁はその場合重要であるが、鎌倉での人脈に基づく使節の選択があり得ることも、相模二宮氏の事例で紹介した通りである。二宮氏の所領は論所の近隣とはいえないが、鎌倉に生活基盤をおいていた可能性は高く、論所飯田郷は鎌倉からは近い。「注文」に「鎌倉中」とある御家人ばかりでなく、儀式への参列や訴訟にさいして鎌倉と本領を往還する御家人相互においても、こうした人脈は形成されたであろう。使節遵行においては、訴訟当事者の親族はもちろん、姻族や別件訴訟の「敵人」にいたるまでが、使節を忌避する（あるいは敵方から使節不適格の糾弾をうける）理由になったから、姻戚関係等を有しない地縁が必要だったのである。本所訴訟においてもこうした地縁が求められたことが知られ⑯、訴訟当事者にとっては、選択以前に使節に適格な御家人の捜索が必ずしも容易なことではなかったことも想像される⑯。

さて、以上のような条件のなかで、使節遵行は機能していた。幕府の役割は、直接審理に携わる奉行人がAの使節に立つ（使者を派す）ことを除けば、訴訟当事者の要請をうけて御教書を発給することのほか、あまりない。中世訴訟制度における当事者主義の原則を想起すれば、決して不思議な事態でないことは明らかであるが、ここに鎌倉幕府の直面する課題も顕在化していたと考えられる。惣領制、「当知行保全システム」、動揺し始めたこれら局地的秩序は、幕府の存立基盤でもあった。幕府裁許が裁許状の交付のみでは執行されないという事態は、幕府公権の信頼性にもかかわる。したがって、これを何らかのかたちで再生・再建しない限り、幕府も存亡の危機に瀕することになる。

失われつつあったのは訴訟当事者の権益ばかりではなかったのである。使節遵行の導入は、幕府にとっては、①現実に機能している局地的秩序を把握し意思疎通の回路として位置づけること、②制度疲労をあらわにする局地的秩序にかわる新たな在地秩序の創造（ある種の広域性・公益性を有する）をはかる機縁となる可能性をもっていたこと、を認知する必要があろう。

正慶二（一三三三）年五月、鎌倉幕府は滅亡する。幕府が存立基盤とした惣領制、「当知行保全システム」などの動揺に歯止めがかけられなかったばかりか、新たに生まれつつあった地域秩序形成の動きを、幕府は最終的に体制のなかに取り込むことができなかったのである。幕府草創期に「自然恩沢の守護人」を抑圧・排除したように、六波羅探題・鎮西探題といった広域支配機関の自律性、守護領国形成の動きを警戒し、かえってそれぞれを孤立させてしまった結果でもある。

六波羅使節・鎮西使節の分析のなかで、六波羅探題・鎮西探題がそれぞれに異なる歴史的課題を負い、その解決プログラムの一環として使節遵行があらわれることはすでに指摘したところである。しかし、両探題がそれぞれに異なる歴史的課題を負わなければならなかったのは、それぞれが管轄とする地域の歴史的特性の存在とともに、幕府自身が基本的に東国政権としての性格から脱却できずに、両探題が直面した歴史的課題に積極的なかかわりをもたなかった、あるいはもてなかったことによると考えられる。

守護の問題にしても、「大犯三箇条」の原則を貫徹し、得宗自身を含め、守護という立場で所務相論に関与する事例は例外に属するといってもよい状況があった。幕府がその草創期に「自然恩沢の守護人」を排除し、検断権を中核とする守護権力のすがたを設計したのは、御恩—奉公という、将軍と個別御家人との関係を第一義とした結果でもあろうが、これはまさに局地的秩序の機能を前提とした御家人制と評価できる。

しかし、この秩序が動揺したとき、守護は使節の一選択肢に過ぎない現状にあったのである。南北朝の内乱のなかですがたを現す室町幕府は、鎌倉幕府の轍を踏まないことでその存立基盤を構想していくことになる。しかし、この課題は本節のものではない。場を改めて論じることにしたい。

註

（1）佐藤進一が指摘する諸国守護職の北条氏への集中化傾向（『増訂鎌倉幕府守護制度の研究』東京大学出版会、一九七一年、以下『守護制度』とする）、上横手雅敬の六波羅探題に対する、「幕府の惣領制的な一族配置による集権的地方支配の一環として、西国制圧に必要な最低の権能を賦与された幕府政治の請負機関」という評価（「六波羅探題の構造と変質」『ヒストリア』一〇）、鎮西探題に関する村井章介の、「成長しつつある地域権力を制度上に位置づけることができず、それが自己への敵対勢力に転化することを（得宗は）絶えずおそれていなければならなかった」という言説（「蒙古襲来と鎮西探題の成立」『史学雑誌』八七―四）など。

（2）佐藤進一『鎌倉幕府訴訟制度の研究』（畝傍書房、一九四三年、岩波書店復刊、一九九三年、以下『訴訟制度』）。

（3）五味克夫「鎌倉御家人の番役勤仕について」（一）（二）（『史学雑誌』六三―九・一〇）、瀬野精一郎「京都大番役勤仕に関する一考察」（『東京大学史料編纂所報』九）。

（4）使節については、佐藤進一『訴訟制度』、五味文彦「在京人とその位置」（『史学雑誌』八三―八）にも関説される。専論としては松井輝昭「「国上使」・「国使節」についての覚書」（『広島県史研究』五）などがある。

（5）関東の幕府と六波羅探題との権能上の関係を明確にするためこのように表現するが、幕府を関東の地域権力に矮少化する意図はない。

（6）スペースの関係で、典拠は主に刊本史料を示し、刊本史料によらなかった場合に原文書の所蔵者・整理番号を掲げた。なお、初出論文掲載の表形式を改め、同一案件にかかる複数回の使節についても掲げた。また、新たに追加すべき事例も検出されているので、これらを増補してある。以上の改変により、各事例番号も更新し、初出表の番号は「旧番号」として示した。その作業の折、「旧番号」87（対象国未詳）と88（越中）を削除した。

（7）『大宮文書』（東京大学史料編纂所影写本・三）。頓宮六郎三郎入道清観の請文（同年三月廿日付）も残るが、④とほぼ同内容であるので紹介を省いた。

（8）『訴訟制度』で触れられた六波羅検断方・所務方などの奉行所であろう。使節の請文でも充所に「御奉行所」と記す例がある（表1－48など）。

（9）日本歴史学会編『概説古文書学・古代中世編』（吉川弘文館、一九八三年）請文の項（千々和到執筆）参照。

（10）黒田俊雄「鎌倉幕府論覚書」、「鎌倉時代の国家機構―薪・大住両荘の争乱を中心に」（ともに同『日本中世の国家と宗教』岩波書店、一九七五年、所収）。

（11）「関東申次と鎌倉幕府」（『史学雑誌』八六―八）、引用部も同じ。

（12）大日本古文書『東寺文書』三―八五。また、この訴訟の手続進行に関して東寺側から使節に対して直接督促がおこなわれたこと、使節に本御使・合節使の別があって、任務遂行が本御使のリードのもとにおこなわれたこと（すべての使節がそうであったかは未考）が、（永仁五年?）十二月七日付の（平野殿荘雑掌聖賢書状（『東寺百合文書』ネ一二三）によって判明する。

（13）大日本古文書『東大寺文書』十―八八～九三など。

（14）鎌倉幕府の訴訟制度一般について、鎌倉末期の永仁年間以降職権主義が台頭することは、『訴訟制度』以後ほぼ通説となっている。使節としての六波羅奉行人の派遣もまた職権主義の現象形態であろう。

（15）上横手は「権力によって一応固定された社会関係が次第に変化し権力支配の枠からはみ出るとき、（中略）裁判による合法的解決は次第にその意義を減殺し、（中略）軍事機能の占める地位が大きくなる」として、悪党の続発・両統迭立問題の表面化を契機とする軍事機能の強化を指摘する（「六波羅探題の構造と変質」前掲）。

（16）『東大寺文書』一―十二―一四二―（3）。

（17）『訴訟制度』。

（18）前掲註（7）『大宮文書』。

（19）大日本古文書『東大寺文書』十―一〇三。

（20）「在京人とその位置」（前掲）。

（21）仲村研編『紀伊国阿氏河荘史料』一（吉川弘文館、一九七六年）一、所収系図など。

（22）外岡「鎌倉幕府指令伝達ルートの一考察―若狭国の守護と在地勢力―」（『古文書研究』二二）参照。

（23）『大見水原文書』（『鎌倉遺文』一六三五五～七）。これらは行定の所領譲与に関する幕府の安堵状で、家政には将軍家政所下文、家綱・娘平氏には関東下知状が与えられている。
(24)『三浦和田文書』(『新潟県史』資料編4・中世二・一二四二)。
(25) 五味が在京人表に掲げた大見肥後新左衛門尉もこの大見氏の一族であろう。また、政行は表1－66典拠文書等には安芸国志芳荘一方地頭として出てくる。
(26)『金沢文庫文書』年次未詳関東下知状(『神奈川県史』資料編・古代中世2・二四七二)に、訴訟関係の使節として大多和五郎太郎がある。
(27)「在京人とその位置」(前掲)。なお、第二章第三節参照。
(28) なお、黒田俊雄「中世後期の畿内村落と領主—伊丹森本の村落構造」(同『日本中世封建制論』東京大学出版会、一九七四年、所収)参照。
(29)『長福寺文書』(東京大学史料編纂所影写本)永仁六年八月日付、某目安事書条々。
(30) 鎌倉末期、播磨国福泊雑掌の訴訟に関する守護使に大井藤内左衛門尉なる者もある(『姫路市史』一、寺院史料・東大寺文書四)。
(31)『京都府の地名』(平凡社日本歴史地名大系)丹波国物部郷の項、横尾国和「明応の政変と細山氏内衆上原元秀」(『日本歴史』四二七)など参照。
(32)『厳島神社文書』(『広島県史』古代中世資料編Ⅲ、新出厳島文書一一二)。
(33) なお、『鎌倉遺文』一一三二六参照。
(34) 高橋昌明「西国地頭と王朝貴族—安芸国沼田荘地頭小早川氏の場合—」(『日本史研究』二三一)参照。
(35)『近衛家文書』(東京大学史料編纂所影写本・七)嘉元三年十一月日付、宮田荘雑掌申状案に、「副進二通　当国押領使小河二郎左衛門尉成貞状案」とある。
(36)『訴訟制度』は、六波羅探題における西国闕所注文の作成を根拠に、六波羅探題の御家人科罪権取得を指摘するが、上横手雅敬は「六波羅は単に注進をおこなうのみで(中略)御家人科罪の権利をもたなかった」(「六波羅探題の構造と変質」・前掲)としてこれに否定的である。
(37)『建治三年記』十二月十九日条。
(38) 探題が御家人科罪権を有していることが使節任用・派遣の必要条件であるとは考えていない。使節あての御教書に「使節緩怠」があれば厳正に対処する旨の文言があることで、指揮・命令の実効性がいちおう担保されていたとも考えられる。
(39)『小早川家文書』『出雲小野文書』『大阪四天王寺所蔵・如意宝珠御修法日記裏文書』(『鎌倉遺文』一六八一二―三、一七三三二―四、一七四四九)など。
(40)上横手雅敬「六波羅探題の構造と変質」(前掲)。
(41)鎌倉の幕府も京都の六波羅探題も、ともに御家人勢力の支持は得られずに壊滅するのである。
(42)前掲註(22)外岡論文。
(43)『熊谷家文書』(『鎌倉遺文』一六六六九)。
(44)佐藤進一「室町幕府論」(旧版岩波講座・日本歴史・中世三、所収)、福田豊彦「室町幕府『奉公衆』の研究」(『北海道武蔵女子短期大学紀要』三)。
(45)五味文彦「在京人とその位置」(前掲)。
(46)同年六月、六波羅探題を罷免され、常陸国で自害したとも、誅殺されたともいわれる(『武家年代記』『尊卑分脈』『六波羅守護次第』など)。
(47)『守護制度』は、54使節一方の鵜沼が金沢貞顕の被官であることから論を展開して、貞顕以降六波羅南方探題兼補とする。しかるに、27使節一方の税所左衛門尉は、大仏維貞南方探題期に守護代としての徴証のある税所左衛門入道道栄と同一人か、少なくとも父祖にあたり、27の時点の南方探題が維貞の父宗宣であることから、まず、宗宣南方探題期(永仁五～乾元元、一二九七～一三〇二)にすでに南方探題兼補と断定できる。また、南方探題兼補の開始は、宗宣の前任者盛房が就任(正応元・一二八八年)後まもなく丹波守に任ぜられ(『鎌倉年代記』)、北条氏佐介流の一族であることから丹波守護も前後して手に入れていた可能性が高い。
(48)摂津のところで述べるが、六波羅探題と六波羅一方探題守護国内の御家人との間にゆるやかな被官関係を想定すれば、何も一方守護代という型にこだわることはないのかもしれない。
(49)この点については後述部分で再論する。
(50)表4・指令内容の部分に二度「悪党ニ加担ス」とあるが、ともに守護代としての徴証のある人物の行動を示したもので、幕府指令の内容ではない。
(51)『蓮華寺過去帳』は、岡見正雄「番場蓮華寺過去帳のことなど」(柴田実先生古稀記念会『日本文化史論叢』一九七六年、所収）に全文載せられたものを利用した。持直が資信であることは『高槻市史』第一巻、四七九頁参照。
(52) この点については、なお『高槻市史』第一巻、四七二ページ参照。
(53)『高野山文書』（『鎌倉遺文』一五四三四、一七八三二など）。
(54) これについては、佐藤和彦『南北朝内乱史論』（東京大学出版会、一九七九年）第五章・悪党発生の社会的要因、参照。
(55)『高野山文書』（『鎌倉遺文』一七七五五）。
(56)『高野山文書』（『鎌倉遺文』一七八三二）。
(57)『高野山文書』（『鎌倉遺文』一七七八九）。
(58)『薬王寺文書』（『紀伊国阿氏河荘史料』二―二七三）。
(59)『守護制度』。ただ、北条氏の前任守護の佐原氏は宝治元（一二四七）年の三浦合戦で没落するので（『吾妻鏡』宝治元年六月廿二日条）、守護職が北条氏の手に移るのもこの時点まで遡らせることができるかもしれない。
(60) このルートについては後述する。
(61) むしろそのために湯浅氏が在京人に編成されたのである。
(62)『長門国一宮住吉神社文書』『忌宮神社文書』『赤間宮文書』（東京大学史料編纂所影写本）など。
(63)『守護制度』。
(64)『日本中世国家史の研究』（岩波書店、一九七〇年）三九四頁。
(65) この点については、井上寛司「中世出雲国一宮杵築大社と荘園制支配」（『日本史研究』二一四）参照。
(66)『千家文書』（東京大学史料編纂所影写本・一）。
(67) 幕府の専権事項ではもちろんない。杵築社造営に関しては国司系統の文書も多数確認されている（『千家文書』前掲）。
(68) 牛山佳幸「諸国在国司職沿革考証」（史正会創立十周年記念『日本古代・中世史論集』一九八〇年、所収）。なお、朝山氏は『相国寺供養記』（『群書類従』所収）に朝山出雲守大伴師綱、『永享以来御番帳』（同前）に朝山肥前入道、『文安年中御番帳』（同前）に朝山肥前入道・朝山中務少輔・同孫三郎がみえる。
(69) 井上寛司前掲註（65）論文参照。
(70) 文永九年九月日付の出雲鰐淵寺衆徒等申状案（『鰐淵寺文書』『鎌倉遺文』一一一〇八）によると、守護代・在国司が関東の下知と号して杵築大社三月会大般若布施物を不当に減少させているとされるから、守護佐々木氏と在国司朝山氏が共通の利益に対して協働（共謀？）していたことが想定される。

(71)『守護制度』。

(72)『守護制度』、『高野山文書』（『鎌倉遺文』一六一三一）。

(73)高野山文書刊行会編『高野山文書』・金剛峯寺文書一七。

(74)小泉宜右「御家人長井氏について」（高橋隆三先生喜寿記念論集『古記録の研究』所収）参照。

(75)長井氏の所領支配が請負代官制であったことは、前掲小泉論文が指摘するところである。したがって、長井氏自身の行動として国衙所務を押領するというような性格をもったとは考えていない。

(76)異国降伏祈禱指令を軍勢催促と同列に扱うことについては、川添昭二「蒙古襲来と中世文学」（『日本歴史』三〇二、のち「蒙古襲来と中世文芸」と改題、同『中世文芸の地方史』平凡社選書、一九八二年、所収）、富田正弘「中世東寺の祈禱文書について」（『古文書研究』一一）、村井章介「蒙古襲来と鎮西探題の成立」（前掲）など参照。

(77)『金剛寺文書』（『鎌倉遺文』一三五七四）。

(78)『金剛寺文書』（『鎌倉遺文』一三三六四）。

(79)大日本古文書『金剛寺文書』拾遺八。

(80)『吾妻鏡』などの記事を信用すれば、このとき時房は連署として関東にいた。しかし、佐藤進一・安田元久両氏が疑義を呈し、六波羅探題との説が現段階では有力である。これら経緯については、上横手雅敬『日本中世政治史研究』（塙書房、一九七〇年）三八七―三八九頁参照。

(81)上横手雅敬前註（80）書。

(82)『東大寺文書』（『鎌倉遺文』三三七六）、『春日神社文書』（『鎌倉遺文』三三六九）。

(83)初見とおぼしき文書は、高野山領政所・名手・荒河三ケ荘にかかる守護使入部を禁じる承久三年八月十三日付六波羅御教書案（三浦又太郎／氏村あて、『高野山文書』、『鎌倉遺文』二七九七）で、⑦はこれに次ぐ。

(84)なお、『金剛寺文書』（『鎌倉遺文』三六八三・四〇〇一）参照。

(85)『建治三年記』。

(86)集権的支配の根幹は人事であろう。その意味で探題人事は特定の一門に偏ることはなく、幕府＝関東の進止下にあったのであるが、探題個人がどう異動しようと奉行人等を中核とする官僚機構は依然として存続し、西国におけるもっとも整備された訴訟処理・強制執行機関として、承久の乱以降暴力機構を失った王朝権力や頻発する悪党問題に個別対応の限界を感じていた荘園本所には唯一無二の存在となっていたのである。

(87)『訴訟制度』六波羅探題の項。

(88)五味文彦「在京人とその位置」(前掲)、佐藤進一「室町幕府開創期の官制体系」(石母田正・佐藤進一編『中世の法と国家』東京大学出版会、一九六〇年、所収)。

(89)佐藤進一「室町幕府論」(前掲)。

(90)羽下徳彦「室町幕府侍所頭人付山城守護補任沿革考証稿」(『東洋大学紀要・文学部編』一六集)。

(91)「地域社会研究」六、収載。

(92)本章第一節、外岡「使節遵行と在地社会」(一九九六年度歴史学研究会大会・中世史部会報告、『歴史学研究』六九〇)など。

(93)『訴訟制度』第五章・鎮西探題、参照。

(94)同右。九州守護が守護裁判権をここで縮小されたことの評価については後段で再論する。ここで佐藤は、守護が所与の職権として有したであろう軍事指揮権に加えて国衙行政権や司法権を次第に奪取していくことによって守護領国を形成していくという展望のもとに「歴史的後退」と評したのである。鎌倉時代以降戦国期に至る、ほぼ中世を通じて論議される機会が多い守護公権論の基本的視角は、現実の政治過程のなかに諸制度の沿革史をリンクさせる佐藤の手法によって生み出されたともいえるだろう。しかし、九州守護の裁判権も、一方では裁判権力の多様性、当事者主義的な裁判制度のなかにおかれていたのであって、管国内のすべての訴訟が守護を裁定者としたわけではないし、また、守護の注進状が関東・六波羅に送られるという原則が存在したわけでもない。「歴史的後退」の程度は、なお微細な制度史的考究をまって判定していく必要がある。

(95)本章第一節。

(96)「蒙古襲来と鎮西探題の成立」(『史学雑誌』八七―四)。

(97)表6では、86までが政顕の発給文書、89からが随時の発給文書となる。87は同日付安心院公宣下知状にみえる鎮西使節であり、活動時期は年記に先行する。88は、鎮西奉行人連署奉書で、鎮西探題不在期の訴訟文書の一形態を示す。

(98)神領興行の評価については海津一朗『中世の変革と徳政』(吉川弘文館、一九九四年)参照。海津は、従来の寺社領保護にシフトした評価を批判し、幕府による神社領統制の意図と上からの一円領創出という効果を見落とすべきでないことを主張した。神領興行から宗教的外皮を取り去った現実的な政策論といえるだろう。その意味で、こうした御家人の根強い抵抗もまた所領統制と一円領創出という議論のなかで理解できるのかどうか、考えてみたいところである。

(99) 外岡「使節遵行と在地社会」(前掲)。
(100) たとえば、東寺領平野殿荘雑掌の訴をうけて論人召喚に向かうはずの両使は、それぞれ主体的責任を他方に譲り合って、結局「使節緩怠」を糾弾されることになる(『東寺百合文書』と、『鎌倉遺文』二九五五六)。
(101) さらに、彼杵荘雑掌の訴訟(仁和寺文書・尊経閣文庫東福寺文書)の一〇件がこれに続く。
(102) このあとの叙述は、瀬野精一郎『鎮西御家人の研究』(吉川弘文館、一九七五年)、五味克夫「大隅の御家人について」(『日本歴史』一三〇・一三一)、同「薩摩の御家人について」(『鹿大史学』六・七)、同「日向の御家人について」(『鹿児島大学文学科論集』七)、恵良宏「鎌倉時代における豊前国の御家人及び在地領主について」「豊前国の御家人について」(『史創』三・六)、外山幹夫「豊後国の鎌倉御家人について」(『広島大学文学部紀要』一八)などを参照している。個々に注記しないので、あらかじめここに掲げる。
(103) 怡土荘相論については、瀬野精一郎「鎮西御家人と元寇恩賞地」(『鎮西御家人の研究』所収)参照。
(104) 瀬野精一郎「肥前国御家人白魚行覚について」(『鎮西御家人の研究』所収)参照。
(105) 恵良宏「鎌倉時代における豊前国の御家人及び在地領主について」(前掲)参照。
(106) 典拠文書(いずれも鎮西裁許状)が特記していることから、宇佐神領興行にかかわるこれらの訴訟が、彼ら関東奉行人の指揮のもとで審理されたであろうことは理解できる。しかし、豊前の事例で同じく鎮西裁許状を典拠とする39・50・52・55~57は、いずれも特記がなく、訴訟案件も宇佐神領興行である。このあたりをどう理解するか。東使の具体的機能にかかわる事象であるが、判断を留保したい。
(107) 表6にみえる都甲・植田も大神姓である。
(108) 院宣が六波羅探題を経て鎮西探題に施行されることの意義については、本書第二章第二節参照。
(109) 海津一朗「鎌倉時代における東国農民の西遷開拓入植」(中世東国史研究会『中世東国史の研究』東京大学出版会、一九八八年)参照。
(110) 増山前掲註(91)論文。
(111) 水上一久「南北朝内乱に関する歴史的考察―特に薩摩・大隅地方について」(『金沢大学法文学部論集』三)、山口隼正「鎌倉期九州における御家人及び在地領主研究―南部九州」（『九州史学』三〇・三一）、瀬野精一郎「肥前国における鎌倉御家人」（『鎮西御家人の研究』所収）など参照。

(112) 瀬野精一郎「肥前国御家人白魚行覚について」（前掲）。

(113) 本章第一節。

(114) 佐藤進一『鎌倉幕府訴訟制度の研究』（前掲）。

(115) 肥前でも同様の事例が確認できるが、探題が守護兼任であるので峻別が困難である。

(116) 幕府は対モンゴル戦争に備え、戦闘能力のあるものを出自や身分階層を問わず動員する方途をすでに開発済みであったことも想起すべきかもしれない。

(117) 異国警固番役勤仕が御家人身分の標章として理解され、その勤仕をもって御家人であることを主張し、惣領からの自立を合む上昇転化を望む人々があったのと同様に、鎮西使節となることが望まれたとは考えられない。むしろ、鎮西使節の起用は、前段でも指摘したように、九州御家人の階層秩序を再認識させる効果をもつかとさえ想像されるのである。

(118) これは、裁判管轄が御家人の指揮・統制権に影響し、訴訟当事者の所在によっては一国単位に設定されているはずの権限範囲を越えて他国使節を起用できたことを示している。守護裁判権の沿革史的な考察を得て、さらに考究すべき問題だろう。

(119) 執行段階のこうした守護の役割は、鎮西探題発給文書のみの追跡ではみえてこない。個別訴訟案件への沈潜、守護文書の分析など、さらになすべき前提作業は多い。

(120) 村井章介「蒙古襲来と鎮西探題の成立」（前掲）による。

(121) 佐藤進一『増訂鎌倉幕府守護制度の研究』（東京大学出版会、一九七一年）による。

(122) この点については後述する。

(123) 「蒙古襲来と鎮西探題の成立」（前掲）。

(124) 佐藤進一「光明寺残篇小考」（同『増訂鎌倉幕府守護制度の研究』前掲、所収）参照。

(125) 相田二郎『蒙古襲来の研究』（吉川弘文館、一九五八年）、五味克夫「鎌倉御家人の番役勤仕について」（『史学雑誌』六三―九・一〇）など参照。

(126) たとえば、対モンゴル戦争に備えるため、九州に所領をもつ御家人の下向を命じた史料として著名な、文永八年九月十三日付関東御教書（二階堂文書・『鎌倉遺文』一〇八七四）は、守護人に従って異国の防禦にあたるとともに領内の悪党鎮圧を命じている。

(127)『蒙古襲来の研究』(前掲)三三二頁。

(128)九州の御家人を訴訟当事者とする関東裁許状も存在するから、訴案によっては、九州から関東に赴くことも必要であった。

(129)瀬野精一郎『鎌倉幕府と鎮西』(吉川弘文館、二〇一一年)、海津一朗『中世の変革と徳政』(前掲)など。

(130)本書第三章。

(131)大山喬平「自然恩沢の守護人」(『鎌倉遺文』月報八、一九七五年)。

(132)その点は東国使節の素性が明らかになるなかで再論したい。なお、註(134)の諸文献参照。

(133)本章第一節・第二節。

(134)小国浩寿『鎌倉府体制と東国』(吉川弘文館、二〇〇一年)、阿部哲人「鎌倉府料国武蔵国にみる守護支配—遵行体制を手懸りとして」(『文化』六二—一・二、一九九八年)など。

(135)松本一夫『東国守護の歴史的特質』(岩田書院、二〇〇一年)。

(136)渡邉正男「「外題安堵法」の再検討」(『日本歴史』六七四、二〇〇四年)。

(137)小林一岳『日本中世の一揆と戦争』(校倉書房、二〇〇一年)。

(138)六波羅使節・鎮西使節の場合も同様に、訴訟当事者からの要請により使節が動いている。相論裁決や寄進・所領給与などの行為にほぼ自動的に沙汰付手続がともなうようになるのは南北朝期以降のことで、鎌倉時代の使節遵行ではみられない。

(139)「中尊寺文書」建武元年八月日付、中尊寺衆徒等言上状。

(140)佐野実綱の子に、増綱(船越)・親綱(戸室)・宗綱(鳥居戸)があった(『尊卑文脈』『群書類従系図部・佐野系図』など参照)。

(141)桐村家蔵「大中臣氏略系図」(網野善彦『中世史料学の課題』(弘文堂、一九九六年、所載)による。

(142)「真壁氏略系図」(『真壁町史料』中世編Ⅰ、一九八三年、所載)による。

(143)『鶴岡八幡宮供僧次第』(『続群書類従』)。

(144)『信濃史料』『長野県史』通史編・中世1(長野県、一九八六年)による。

(145)「市河文書」建武二年三月日付、市河助房等着到状。

(146)『加能史料』(石川県史料刊行会)による。

(147) 越後その他の小泉氏の可能性があるが、特定できない。後考をまつ。
(148) 署判者は北条時茂で、当時六波羅探題北方にあった。この時期の徴証を得ない越後守護に比定し、雑務沙汰案件により守護の管轄と想定できるかもしれないが、その場合は、波多野との関係が説明されなければならない。後考をまつ。
(149)『本郷文書』元応二年九月廿六日付、池為定去状。なお、36池駿河七郎大夫と為定（新大夫）とは別人。
(150) 本章第二節。
(151) 瀬野精一郎編『増訂鎌倉幕府裁許状集』上、一〇六号。
(152) 小笠原彦次郎は、霜月騒動で敗死した人物と思われる。当該闕所地の所在は、小笠原氏の所領という点と、鎌田遠江前司（鎌田氏は遠江が本領）であることから遠江の可能性を指摘しておく。ただ、25の典拠史料によれば、遵行使節は「道円跡ハ一向無之」との報告をもたらしたという。
(153) 佐藤進一『増訂鎌倉幕府守護制度の研究』（東京大学出版会、一九七一年）越後の項。
(154) 本章第一節、第四章第三節。
(155) 外岡「将軍・御家人・奉公衆」（『今日の古文書学』中世、雄山閣、二〇〇一年、所収）。
(156) 新田英治「中世後期の東国守護をめぐる二、三の問題」（『学習院大学文学部研究年報』四〇、一九九二年）。
(157) 川合康「鎌倉幕府荘郷地頭職の展開に関する一考察」（『日本史研究』二七二、一九八五年）。
(158) 福田豊彦・海老名尚「（田中穣氏旧蔵典籍古文書）「六条八幡宮造営注文」について」（『国立歴史民俗博物館研究報告』四五）による。
(159)『吾妻鏡』に登場する藤沢がそれぞれ当主であると仮定した場合、「注文」との調整が必要となるかもしれない。もちろん、儀式等について鎌倉に上がり、その他は信濃にいたと考えることもできる。「注文」の情報をどう読むかの問題ではあるが、本論の作業の限界としても指摘しておく。
(160) 本書第四章第一節。
(161) ただ、雑色を派遣した事例を除く奉行人使節が、鎌倉中の論人に対するAであることにも注目しておこう。B・Cは論所に莅むことが任務であるが、Aは論人の所在地が目的地であり、これが論所とは限らない。二宮忠行が飯田家頼の鎌倉館に召文を届けた可能性を否定できないし、5波田野の事例もその点を考慮する必要があろう。

第二章　鎌倉時代の西国と東国

第一節　鎌倉幕府の西国認識

鎌倉幕府が全国規模での軍事警察機構（御家人制）を保持し、行政的には東国地域を支配する政権として誕生し、その基本的性格をほとんど変えることなく滅亡の日を迎えたことについては、ほぼ異論のないところであろう。この鎌倉幕府が西国社会とどう向き合い、また西国社会が鎌倉幕府をどのように受容したのかを考えることが本節に与えられた課題である。

さて、すでに多くの先行研究が明らかにしているように、鎌倉幕府と西国社会は三つの戦争、すなわち治承・寿永の内乱、承久の乱、モンゴル襲来を契機にして接点を増大、拡散させ、そこに多くの紛争と軋轢を生じていく。これらの紛争はときに鎌倉幕府創立以前の歴史を呼び戻しながら、多岐にわたる論点を形成し、自力救済から公訴に至るさまざまな闘争形態によって争われた。そうした状況のなかで、鎌倉幕府御家人制も揺らぎ、制度疲労をきたしていく。そして、鎌倉幕府の滅亡は、複雑化する紛争案件に対して有効な解決策を提示し得ず、また、最終的に御家人制の再構築も実現しなかったことに起因し、建武新政の崩壊から南北朝内乱へと続く時代状況も、これらの懸案事項をひきつぎながら展開していくことになる。しかし、東国御家人の西国進出によって、いわゆる「東国の論理」と「西国の論理」が衝突するなかで、武家被官・京都被官、器量・非器など新たな身分・帰属標識にかかる言説が生まれ、荘園所職の重層的構成もこの言説のもとに解体されて、いわゆる武家領・本所一円地体制が形成されていく。また、紛争解決の場面でも、「非局所的・抗事実的」な効力を有する「公方の法」「中央の法」が、自力救済や局所的ルールに彩られた「田舎の法」を律していくなかで、新たな政治のかたちとしての室町殿権力、あるいは室町期荘園制は、鎌倉幕府・建武新政の限界を乗り越えて成立していく(1)。

やや恣意的ながら、鎌倉幕府が西国社会とどう向き合い、また西国社会が鎌倉幕府をどのように受容したのかということについて、現段階での通説的理解を概観すれば以上のようにまとめることができるだろう。本節の課題に即していえば、つまるところ、室町幕府とそのもとに展開する政治・経済社会の構造は、鎌倉幕府と西国社会のせめぎあいのなかから生成したのだということになる。

次に、鎌倉幕府が西国社会と向き合う最前線に位置した六波羅探題についての研究は、近年目覚しい進捗を遂げている(2)。とくに、六波羅探題を室町幕府へとつなげて理解する動向は顕著である。室町幕府を六波羅探題の発展型とする評価については、筆者もかつて支持を表明したことがあるが、その意味は、室町幕府の畿内近国政権としての性格が六波羅探題のあり方に由来するのではないかというところにあった(3)。しかし、近年は室町幕府―守護体制への展望を含む、非常に大きな議論となっている(4)。

ただ、鎌倉時代の西国も一様ではない。九州は平家没落後すみやかに鎌倉幕府の支配が進んだとされ、治承・寿永の内乱期に多く平家方に与した九州の武家は、東国から下向・移住した幕府御家人のもとで小地頭・名主などとして生きていくことになった。鎌倉時代中期〜後期に頻発する紛争も、御家人対御家人、御家人対在地寺社という構図で展開し、基本的には地域的領主間紛争の域を出ない(5)。また、室町時代を通じて室町殿権力が行き届いた範囲であり、また室町期荘園制が明快に展開することになる畿内近国とその周辺諸地域は、鎌倉時代は院―本所勢力の支配が効力を有し、六波羅探題がその支配を支える暴力機構として機能する場であった⑹。

そこで本節では、鎌倉時代の西国社会が有した複合的構成――一様ではない西国社会――を確認し、そのなかに占めるそれぞれの地域の位置とその特質について考えることとしたい。

一　東国と西国

鎌倉時代の東国と西国という地域区分を考える場合、六波羅探題の管轄領域としての尾張・美濃・加賀以西を西国と認識するのが通例であろう。六波羅探題の管轄領域は鎌倉時代後期に至り変動することがあったが、おおむね上記三か国を境界領域として東国―西国の地域区分が国制上機能したと考えられるからである⑺。この東西地域区分はまた、日本列島東西の文化的異質性を議論するときにしばしば導入されるので、鎌倉時代の国制的地域区分であることを超えて、ある意味では超歴史的に存在する東国―西国の区分として認識される傾向もある。

かつて五味文彦は、初期鎌倉幕府が、治承四年の反乱以来実力によって築きあげてきた東国国家としての性格と、旧来の王朝国家の軍事・検断上の権門としての性格をあわせもち、承久の乱以前には西国＝院、東国＝鎌倉殿という支配権が両立しており、西国の訴訟案件については院が幕府に通じることなく幕府の組織（守護等）を利用して処理し得たことを指摘した⑻。しかし、承久の乱ののち、六波羅探題が設置され、院が軍事・検断的事項について、幕府に通じることなく守護等を利用して処理することはなくなるが、西国＝聖断（院による西国行政権掌握）原則が維持された結果、院宣ないし綸旨の施行による六波羅探題、鎮西探題の動員が可能となっていく⑼。

すなわち、五味のいう初期鎌倉幕府の二つの性格は鎌倉時代を通じて基本的に維持されていくのであって、承久の乱以後は、東国国家を体現する鎌倉の幕府と、西国における王朝国家の軍事・検断上の権門としての機能を果たす六波羅探題が、それぞれに東国―西国に存在することになるのだとも理解されることになる。

ところが、承久の乱以前に、六波羅探題管轄領域に連なる東国—西国の地域区分とは若干異なる地域区分認識が存在したことも知られる。

建仁三（一二〇三）年八月二十七日、鎌倉幕府将軍源頼家の病状が重篤に及び、北条時政等の判断によって「御譲補沙汰」が断行される。その内容は、頼家の舎弟千幡君（実朝）に「関西三十八ヶ国地頭職」を、長子一幡君に「関東二十八ヶ国地頭幷惣守護職」を譲与するというものであった。この分割相続決定に危機感を募らせた頼家妾若狭局が頼家に北条時政等の追討を進言し、頼家も若狭局の実父比企能員を病床に呼んでこれを許諾したことからいわゆる比企合戦が惹起していくことになるが、ここでの関心は合戦ではない。千幡・一幡に譲られる「関西三十八ヶ国地頭職」と「関東二十八ヶ国地頭幷惣守護職」の違いをどう読むかということである。

論点は二つ。ひとつは「関東」と「関西」の領域であり、もうひとつは「関東二十八ヶ国地頭幷惣守護職」とある「惣守護職」を、源頼朝が得たとされる「日本国惣追捕使（惣守護職）」と読むか、地域的に限定された「関東二十八ヶ国惣守護職」と読むかということである。

保立道久は中田薫以来の研究史を総括し、これらについて簡潔な解釈を提示した。保立は『吾妻鏡』文治二年六月二十一日条にみえる「頼朝状」の趣旨には同条にみえる西国三十七ヶ国守護権の院への返還が含まれており、これが頼朝から頼家に継承されることはなく、また幕府がこれを取り戻した徴証が確認できない以上、「御譲補沙汰」で一幡君に譲られることになるのは地域的に限定された「関東二十八ヶ国惣守護職」であるとした。そして、「関西三十八ヶ国」を「頼朝状」にみえる尾張・美濃・飛騨・越中以西の三十七ヶ国に三河を加えた領域と理解し、「関東二十八ヶ国」の領域を遠江・信濃・越後以東の十九か国および九州の九か国に求め、これを鎌倉前期国家における「国土分割」と評価したのである。[10]

本州地域の「関東」「関西」の領域については、六波羅探題管轄領域に基づく東国—西国の地域区分と大差はない。

六波羅探題が王朝国家の軍事・検断上の権門としての機能を果たす領域＝西国という理解のうえに立てば至極当然のこととといえよう。ただ、越中が「関西」に属する点が注目される。いわゆる承久京方没収地の展開も北陸道は越中が東限であり、乱以前の西国（本州地域）＝院支配領域がここでいう「関西」の領域と重なっていた可能性は高い。したがって、能登・越中が六波羅探題管轄から離れた理由はなお検討課題としなければならない(11)。

次に、九州は「関東」に属するという保立の理解は正鵠を射たものであると考える。冒頭でも述べたように、九州は平家打倒後の鎌倉幕府が他の西国諸地域に先んじてその支配を浸透させた場であり、承久京方没収地の検出も僅少である(12)。九州が乱以前の西国＝院支配からすでに疎遠であった可能性は高い。

承久の乱のあと、六波羅探題が設置され九州はその管轄下に属することになる。しかし、西国守護の権能について、寛元三（一二四五）年、「於鎮西者、依為遠国、不相鎮狼藉之間、任大将家御時之例、可致沙汰之由、被仰下畢、必不可依御式目、其外西国者、任被定置之旨、可致沙汰（以下略）」との通達が幕府から六波羅探題に送られていることも知られる(13)。すなわち、守護が狼藉鎮圧という趣旨において行動するとき、「任大将家御時之例」「必不可依御式目」という点で、「其外西国」と異なる扱いをすることが六波羅探題に指示されたのであって、六波羅探題（鎌倉幕府）が向き合う西国社会が九州とその他の西国とに分別され、認識されていたことがわかる。九州＝「関東」という認識と通じるところも大いにあろう。

ところが、事例は少ないながら、鎮西探題設置後においても、九州地域の紛争を裁断する院宣・綸旨は存在し、六波羅探題経由で鎮西探題に施行された(14)。王朝権力は「西国堺相論」の解決などの場面ではなおその権能を九州に対しても維持していたのであり、その裁断は鎌倉幕府に通じることなく六波羅探題を経由して鎮西探題へと伝えられた。

鎌倉幕府と西国社会という問題設定のなかで、鎌倉時代における九州の個性はまずこの点において確認されるべきであろう。鎌倉幕府の支配が浸透した場であり、政治的には「関東」とみなされる一方で、西国＝院支配の原則から脱していないのである。九州については、南九州と北九州、筑・肥・豊の相違など、さらに明細な視点が地域社会論には必要であると考えるが、一様でない西国社会のあり方を示すという意味においては、上記の点の確認でひとまずこと足りるであろう。

二 畿内近国の意味

畿内近国は六波羅探題の管轄領域に基づく東国―西国の地域分割では西国に属することになる。鎌倉幕府の法令等で「西国守護」「西国地頭」「西国御家人」などという場合に、畿内近国の守護・地頭・御家人が含まれることに異議はないだろう。ちなみに、鎌倉幕府の法令等で「東国守護」「東国地頭」「東国御家人」などの用語は見出せない。まず鎌倉幕府の法・制度のなかでは、「東国守護」「東国地頭」「東国御家人」が標準であり、[15] 畿内近国を含む「西国守護」「西国地頭」「西国御家人」は別記される存在、ないし規格であったと考えられる。したがって、東国国家を支える守護・地頭・御家人制と、王朝国家の軍事・検断上の権門としての機能を果たす守護・地頭・御家人制は、その面貌も内実も異なるものであったと理解するのが穏当ともいえる。

しかし、一方で鎌倉幕府の法令等において、「畿内近国幷西国堺相論」「(畿内)近国幷西国浦々関々」などの文言も見出される。[16] ここでは、西国と畿内近国が並列される。また、「清水橋」や「鴨河堤」の修理・修固は「近国御家人役」であった。[17]「西国御家人」のなかに「近国御家人」として峻別される御家人群の存在も知られるのである。鎌倉幕府に、畿内近国(あるいは畿内とその近国)というエリア認識があったことは疑いない。

ところで、王朝国家の畿内―近国―中国―遠国という同心円的な地域区分を示す『延喜式』(巻第二十二)によれば、畿内は山城・大和・河内・和泉・摂津の五か国、近国とは伊賀・伊勢・志摩・尾張・三河(東海道)、近江・美濃(東山道)、若狭(北陸道)、丹波・丹後・但馬・因幡(山陰道)、播磨・美作・備前(山陽道)の十五か国とされる。

しかるに、鎌倉幕府の法令等で「畿内近国幷西国」という場合の「近国」とはいかなる領域に設定されるのであろうか。六波羅探題管轄領域などと異なり、法令等のなかにその規則を見出せない以上、いくつかの情況証拠から推定するほかはない[18]。

まず、「清水橋」や「鴨河堤」の修理・修固の役を負担する「近国御家人」の事例は和泉・播磨である[19]。鎌倉時代の「鴨河堤」修固については、「近国御家人内当国分」などと記され、少ないながら『延喜式』の「畿内」「近国」に含まれる。王朝国家における「鴨河堤」の修固は、検非違使の兼任たる防鴨河使（防河使）の管轄で、十一世紀に、その負担は畿内五か国に課せられる慣例で近江・丹波が加えられたことが確認されている[20]。十二世紀に入り、山陰道諸国司にあてた治承二（一一七八）年七月十八日付太政官符では、「置可行之官、定可勤之国、而近年各無其勤、殆失基趾」といい、その「催行」が指示されている[21]。注目したいのは「定可勤之国」という文言と、この官符が山陰道諸国司にあてられていることで、具体的には丹波が想定される。そして、山陰道の「可勤之国」と同じ情況が発生していたならば、同文の条を含む官符が摂津を含む畿内、および播磨を含む山陽道諸国、近江を含む東山道諸国にも発せられていた可能性も高いといえよう。そして、「鴨河堤」修固が「近国御家人」役となる前提には、十一世紀以来の「可勤之国」という遺制と、検非違使の機能を鎌倉幕府・六波羅探題が継受しているという事情があったことが容易に想像できるのではあるまいか[22]。

次に、元徳二（一三三〇）年十月、伊賀国黒田荘における悪党の跳梁を歎き、幕府に断固たる対応を求める東大寺が認めた申状である。ここで東大寺は、悪党の中心人物である覚舜は丹後、清高は備後、道願は備中、仏念は但馬、円春は因幡にそれぞれ配流となったものの、悪党の「賄賂」により、「或当国（伊賀）守護御使内通於悪党、或配国守護預人免遣悪党」（括弧内筆者註）との事態に転じたことに対し、「云守護、云御使、専為濫悪之脂粉、豈非造意之忽張哉」と非難し、その解任を求めている。[23] 注目すべきは悪党たちの配流先である。それぞれ『延喜式』にいう山陰道の「近国」（丹後、但馬、因幡）、山陽道の「中国」（備中、備後）である。この場合は伊賀国を中心とする同心円構造を考えなければならないのかもしれないが、畿内および伊賀などこれに近接する国々の外側に配流先（国）を求めた結果が上記の諸国であったと考えられるのではないだろうか。

以上の考察をまとめれば、鎌倉幕府の法令等に「畿内近国」あるいは「近国」とある場合、『延喜式』に示される「近国」の領域を前提としつつも、これよりよりやや狭く、畿内五か国に近接する国々をさしていた可能性が高いように思われる。そして、そこには播磨・丹波・近江・伊賀が含まれるということになる。伊勢・志摩・紀伊など畿内五か国に接する国々についても「近国」に含まれる可能性を否定できないが、[24] ひとまずそのように理解しておきたい。

さて、そのように考えてくると、六波羅探題が鎌倉時代後期に至り摂津・播磨・丹波の守護を兼任し、筆者が「六波羅分国」（畿内と播磨・丹波[25]）と称した支配領域を形成したことの意味も、室町幕府への展開とともに、古代国家が畿内政権として出発したことを前提として理解する必要があるように思われる。『延喜式』にみえる畿内を中心とした同心円的な地域区分は、もとより畿内政権による畿外支配の系譜、体系を前提としている。[26] 六波羅探題が担う「王朝国家の軍事・検断上の権門としての機能」がもっとも期待されたのは他ならぬ畿内近国である。そして、そこにこそ、「畿内近国幷西国」などという表現で、西国一般とは区別される畿内近国が鎌倉幕府において意識されなければならなかった理由があると思われる。

鎌倉時代の西国社会も一様ではないという文脈をうけて、西国社会における九州および畿内近国の個性を考察した。あたりまえのことを再確認したに過ぎないところもあるが、鎌倉幕府が西国社会に向き合う向き合い方を決める条件として重要であることは疑いない。

鎌倉時代以前に西国といえば現在の中国・四国・九州地方をいい、観念的には唐・天竺までを含む領域として認識されていた。しかし、鎌倉幕府が成立し、治承・寿永の内乱、承久の乱を経てその体制を確立していくなかで、王朝権力は本来の体質である畿内近国政権として自己保存をはかることになる。その結果、鎌倉幕府と王朝権力がそれぞれにみずからを中心とする同心円構造の地域認識が並立していく。

『延喜式』に示される王朝権力の同心円構造に対し、鎌倉幕府の法令等で「近国」「遠国」などという場合、「近国」「遠国」の基準は原則鎌倉からの遠近にあると理解される。召文発行から問注参対までの日限にかかる規定を示す建長七（一二五五）年三月廿九日付関東御教書は、「遠国」と「近国」でその日限に差異を設けている。幕府所領年貢の究済・結解の期限を指示する弘安七（一二八四）年六月の関東評定事書も、「近国」と「遠国」でその期限を異にする。同心円的構造をもつ地域認識が鎌倉の幕府を中心に構築されたことをそれぞれに示していよう。そして、モンゴル危機と鎮西探題の成立によって九州地域が幕府法制度のなかで独自の位置を占めるようになることもすでに確認した(27)。

王朝権力と鎌倉幕府、それぞれに同心的構造をもつ地域認識、支配構造を構築し対峙していた。源頼朝が「天下の草創」と称した「天下」とは円の中心のことであり、王朝権力には「遠国」に属する相模国鎌倉の地にこれが創出されたことを宣言したことになる。鎌倉時代の国家権力の構成をひとまずこのように理解したうえで、その内容にかかる考察を次節以降で続けてみたい。

第二節　鎌倉時代後期の公武交渉

鎌倉時代の西国と東国というテーマ設定のなかで、前節では西国―東国の統治権力の分立を契機とする東国―西国という地域区分のすがたを描出した。本節では西国―東国の統治権力の権限分割の様相を考察することにしたい。ただ、その場合、従前の鎌倉時代の国家像をめぐる言説との接点を明確にしておく必要があろう。

黒田俊雄は、荘園制的秩序のそれぞれトップを占める諸権門が国家の上部構造を構成し、あい対立する側面を含みつつも相互補完的に院を首班とする国政を運営するシステム（=「権門体制」）こそが中世国家の特質であるとし、鎌倉幕府もまた軍事・警察的部門を担当する一権門として、その構造のなかに組み込まれていたと評価した[28]。黒田の言説は、武家政権（=中世封建制）によって克服される旧体制として荘園制を評価するそれまでの通説を批判し、中世社会の基本構造を荘園制にもとめる立場から構築された国家構造論であった[29]。その後、封建制概念の動揺もあり、中世社会の基本構造を荘園制にもとめることに疑いをさしはさむ余地は次第に失われていくのであるが、鎌倉幕府を権門体制下の一権門と位置づける評価については、いわゆる「東国国家」論が「権門体制」論に対峙していくことになる。

「東国国家」論の提唱者に位置づけられる佐藤進一は、「権門体制」論を意識しつつ、古代律令国家の変質解体のうえに構築された官司請負制を主柱とする王朝国家こそが中世国家の祖型であり、鎌倉幕府は王朝国家と基本的には同質でありながら支配者集団の異質のゆえに独自性を獲得した中世国家の「第二の型」であるとした[30]。しかし、官司請負制による各官司の個別完結（家職）化は、程度の差こそあれ、黒田のいう各権門の自立性と無限の近似性をもつ。また、同じく官司請負制の論理から幕府の諸権限を王朝国家の治安警察業務の独占的請負と表現してしまうと、軍事権門として幕府を位置づける黒田との差異がみえにくくなってもいる。[31]近年では、「東国国家」から展開して、鎌倉幕府を「東の王権」と評価し、王朝権力（＝「西の王権」）と対峙させる言説も生まれている。[32]

本節では、こうした鎌倉時代の国家像をめぐる議論を前提に、西国―東国の地域区分にかかる王朝権力と鎌倉幕府の権限分割の様相を、訴訟処理にかかり王朝権力から関東申次[33]を介して鎌倉幕府に向けて発給された文書を素材に描出してみたい。

ところで、この王朝権力の側から鎌倉幕府に向けて発給された文書については、すでに森茂暁の研究がある。[34]森は、蒐集した公武交渉文書を関東申次西園寺家の世代ごとにまとめ、それぞれの時期の関東申次施行状の形式・施行ルート等についてきわめて興味深い指摘をしているが、あるいは慎重に論及を避けたかと思われる点もあるように感じられ、なお研究の余地が残されていると思う。以下、森の諸指摘を道標としつつ、森とはやや異なる視点からこれらの文書群に迫ってみることにする。

一　公武交渉文書の分析Ⅰ――院宣か綸旨か――

勅裁により、関東申次を介して案件の処理等が幕府に委任されたことを示す訴訟関係文書を中心に、A＝勅裁の主体を示す文書、B＝案件処理の主体（関東申次施行状の充所）、C＝関東申次施行状の形式を分類項目として作成したのが表13である。[35]以下、この表13をめぐって論を進めていくわけであるが、その前に、王朝権力の側からどのように案件処理等の委任がおこなわれたかを示す一連の文書を、Ⅰ（関東＝鎌倉幕府あて）、Ⅱ（武家＝六波羅探題あて）に分けて示しておこう。[36]

表13　公武交渉文書編年譜

<table>
<tr><th></th><th>年代</th><th>A</th><th>B</th><th>C</th><th>内容（事書）</th><th>典拠</th></tr>
<tr><td>1</td><td>弘安六・八・二二（一二八三）</td><td>亀山院宣</td><td>武家</td><td>観証奉</td><td>延暦寺執当法眼兼覚・同三綱寺主定意等被召遣武家事</td><td>公衡公記・同日条</td></tr>
<tr><td>2</td><td>正応四・二・一一（一二九一）</td><td rowspan="6">伏見綸旨</td><td>関東</td><td></td><td>大隅国台明寺申在庁篤秀已下輩狼藉事</td><td>台明寺文書（鎌倉遺文17543）</td></tr>
<tr><td>※3</td><td>正応四・四・二（一二九一）</td><td>武家</td><td></td><td>（大和国宇陀神戸竹荘領主摂津四郎親景代申状　副進文書　悪党事）</td><td>実躬卿記紙背文書（19034）</td></tr>
<tr><td>4</td><td>正応四・九・四（一二九一）※西</td><td>武家</td><td>観悟奉</td><td>菅浦供御人等申近江国守護使舟木藤二郎狼藉由事</td><td>菅浦文書（17676）</td></tr>
<tr><td>※5</td><td>正応四・一二・一二（一二九一）</td><td>武家</td><td></td><td>（正安二・四・東大寺衆徒等申状　副進文書　伊賀国黒田荘悪党事）</td><td>東大寺文書（20428）</td></tr>
<tr><td>6</td><td>正応五・二・一二（一二九二）</td><td>武家</td><td></td><td>讃岐国善通寺寺僧訴申良田郷地頭抑留仏聖供等事</td><td>兼仲卿記紙背文書（17818）</td></tr>
<tr><td>7</td><td>正応五・一〇・二五（一二九二）</td><td>武家</td><td></td><td>元興寺領播磨国穂積荘間事（殺害事件）</td><td>春日神社文書（18037）</td></tr>
<tr><td>8</td><td>永仁元・一〇・七（一二九三）</td><td rowspan="2">後深草院宣</td><td>武家</td><td>（中原）師衡奉</td><td>御願所歓喜寺申紀伊国和佐荘内箕田村事（寺領寄進？）</td><td>歓喜寺文書（18387）</td></tr>
<tr><td>9</td><td>永仁二・八・一八（一二九四）</td><td>武家</td><td>（中原）師衡奉</td><td>（丹波国）吉富荘雑掌道性申小野細河御作手等狼藉事</td><td>神護寺文書（18634）</td></tr>
<tr><td>10</td><td>永仁四・四・七（一二九六）</td><td></td><td>武家</td><td>（中原）師衡奉</td><td>大和国平野殿荘雑掌訴申当荘土民等違背寺家下知抑留当寺々用事</td><td>東寺百合文書（19044）</td></tr>
<tr><td>11</td><td>永仁四・八・一七（一二九六）</td><td></td><td>武家</td><td></td><td>蔵人所供御人等申近江国大浦荘住人等狼藉事</td><td>菅浦文書（19113）</td></tr>
</table>

12	永仁四・一一・一一（一二九六）	伏見綸旨	関東		横川霊山院聖寂真申召功事	近江来迎寺文書（19187）
※13	永仁五・二・五（一二九七）		武家		（永仁五・九・東大寺学侶等申状　副進文書　美濃国茜部荘年貢事）	東大寺文書（19464）
14	永仁六・五・一三（一二九八）※六		武家		蔵人所近江国菅浦荘供御人等申漁事（近隣妨害？）	菅浦文書（19681）
※15	永仁六・六・一三（一二九八）		武家		宇佐宮警固事	益永家文書（19710）
16	正安二・九・一〇（一三〇〇）※西	伏見綸旨	武家		春日社領山城国葛原新荘観阿・重親等違勅狼藉事	東寺百合文書め 25-（3）
17	正安四・三・二四（一三〇二）		武家	玄証奉	丹波国宮田荘雑掌申大山荘地頭基員称大嘗会米致濫責事	近衛家文書（21014）
18	嘉元四・七・二三（一三〇六）	後宇多院宣	関東		興福寺申和泉木津木守春日社禰宜等罪科事	大宮家文書（史料編纂所影写本）
※19					興福寺申大和国住人政康跡地頭職事	
※20					興福寺申遠流寺僧赦免事	
※21					興福寺西院菩提院衆徒原免事	
※22					春日社禰宜十一人原免事	
※23			武家		興福寺申伊賀国河合郷土作地頭代実忠春日社禰宜殺害刃傷事	

	年代	A	B	C	内容（事書）	典拠
※24	嘉元四・七・二二（一三〇六）	後宇多院宣	武家		興福寺申武家使者入部大和国事	大宮家文書（史料編纂所影写本）
※25					興福寺申春日社領摂津国垂水牧榎坂村人助村与党等禰宜害以下狼藉事	
26	徳治三・六・一〇（一三〇八）		武家		長門国厚狭郡松嶽寺々僧等申同国厚保地頭朝尚濫妨当寺免田……事	防長風土記注進案16
27	延慶元・一二・二二（一三〇八）	伏見院宣	関東		建長・円覚両寺可為定額寺事	円覚寺文書（23487）
28	延慶二・一・二二（一三〇九）		関東	公衡直	西大寺四王院幷醍醐寺・祇園社三方修造料所敦賀津升米事	西大寺文書（福井県史）
29	延慶二・一二・二四（一三〇九）		関東		摂津国経島升米事（東大寺八幡宮へ寄進）	内閣文庫・摂津国古文書（23841）
30	延慶三・一〇・二三（一三一〇）		関東		高野山大塔修営料所淀関升米半分事	高野山文書（24101）
31	正和二・四・一二（一三一三）		関東	公衡直	丹後国大内荘預所職事（地頭以下濫妨）	東寺百合文書（24844）
32	正和二・六・二三（一三一三）		武家	静真奉	長門国々分寺申増円幷富成地頭代伊与房……以下輩等狼藉事	長門国分寺文書（史料編纂所影写本）
33	正和三・一〇・一〇（一三一四）※関	？	関東		八幡宮大山崎神人等申内殿御燈油料荏胡麻等諸関所津料事	離宮八幡宮文書（25256）
34	正和四・一二・二八（一三一五）※西	後伏見院宣	武家	春衡奉	長門国々分寺僧侶増円謀書事	長門国分寺文書（史料編纂所影写本）

35	正和五・四・一八（一三一六）		武家		兵庫嶋関米事（新関停止令除外）	東大寺文書（25817）
36	文保二・五・二八（一三一八）	後宇多院宣	武家		尾張国立石御厨事（地頭代以下輩濫妨）	醍醐寺文書（26687）
37	元応二・三・一五（一三二〇）		武家		紀伊国南部荘地頭年貢抑留事	高野山文書（27409）
38	元応二・六・六（一三二〇）		武家	春衡奉	東大寺神輿帰座之時東寺警固事	東寺百合文書（27500）
39	元応二・六・二六（一三二〇）		関東		播磨国福泊嶋修固（升米）事	福智院家文書（24062・27658）
40	元応二・一〇・六（一三二〇）		武家		高野山衆徒申備後国守護悪行事	高野山文書（27584）
41	元応二・一一・一二（一三二〇）		武家		高野山蓮華乗院領紀伊国南部荘地頭年貢事	高野山文書（大日本古文書 265）
42	元亨元・四・一〇（一三二一）※六		武家		南禅寺雑掌申加賀国山内荘地頭吉谷五郎子息虎犬丸……追捕以下狼藉事	尊経閣・南禅寺慈聖院文書（27763）
43	元亨元・八・二八（一三二一）		武家		金剛峯寺申南部荘地頭年貢抑留事	高野山文書（27848）
44	元亨三・五・一二（一三二三）	後醍醐綸旨	武家		安楽寺領薩摩国国分寺友貞濫妨事	薩摩国分寺文書（29105・28527）
45	元亨三・五・二八（一三二三）※西		武家	静悟奉	三聖寺禅侶申豊後国大野荘宇佐宮仮殿造営料譴責（事）	田中繁三文書（28415）
46	元亨三・八・二（一三二三）		武家	静悟奉	長門国松嶽寺々僧申当寺領地頭濫妨事	防長風土記注進案 16

	年代	A	B	C	内容（事書）	典拠
47	正中二・三・二（一三二五）	後醍醐綸旨	武家	静悟奉	安楽寺領薩摩国国分寺和与事	薩摩国分寺文書（29026）
48	嘉暦元・一〇・一四（一三二六）		武家		尾張国立石御厨事地頭代以下輩濫妨所務事	醍醐寺文書（29633）
49	嘉暦元・一一・二（一三二六）		関東		（元弘二・三・東大寺衆徒等申状　副進文書　摂津国三ケ津商船目銭事）	東大寺文書（31712）
50	嘉暦二・四・一九（一三二七）		関東	公宗奉	周防国分寺興行事	周防国分寺文書（史料編纂所影写本）
51	嘉暦三・一〇・一四（一三二八）		武家	観証奉	東大寺衆徒申伊賀国黒田荘悪党覚舜清高以下輩罪名事	東大寺文書（30420）
※52	嘉暦三・一二・二五（一三二八）		武家	静悟奉	春日社禰宜守職申備前国上道郷荒野覚法以下輩濫妨事	大宮家文書（史料編纂所影写本）
53	嘉暦四・三・二九（一三二九）		武家	静悟奉	近江国菅浦物官供御人等申守護代已下輩狼藉事	菅浦文書（30548）
54	元徳二・三・一二（一三三〇）		関東	公宗奉	藤崎社造営料所肥後国正税段米已下事	藤崎八幡宮文書（30968）
55	元徳二・七・二〇（一三三〇）		関東		南禅寺住持事（元翁本元御請）	永保寺文書（史料編纂所影写本）
56	元徳三・七・二七（一三三一）		武家		最勝光院領肥後国神倉荘前雑掌濫妨事	東寺百合文書（31481）
57	元徳三・七・二七（一三三一）		武家	静悟奉	最勝光院領肥前国松浦荘地頭等年貢抑留事	東寺百合文書（31480）

Ⅰ（鎌倉幕府あて　表13―28）

①西大寺四王院幷醍醐寺・祇園社三方修造料所敦賀津升米間事、信空上人申状副雑掌解具書等如此、子細載于状候歟、
可被申関東之由、院御気色候也、頼藤誠恐頓首謹言、
（延慶二年）
正月廿三日　（葉室）頼藤奉
進上　伊豆前司殿

②西大寺四王院幷醍醐寺・祇園社三方修造料所敦賀津升米間事、二条前中納言奉書副信空上人申状・具書如此候、仍執達如
件、
正月廿四日　在御判
（北条師時＝執権）
相模守殿

③越前国敦賀津升米事、去徳治二未歳季、限五箇季、所被寄附西大寺四王院幷醍醐寺・祇園社三方修造也、早任院宣
可致沙汰之由、可令下知之状、依仰執達如件、
延慶二酉歳年三月十四日　（北条宗宣）陸奥守在御判
（北条師時）相模守在御判
（北条貞房＝六波羅探題）
越前々司殿

④西大寺申越前国敦賀津升米事、去三月十四日関東御教書如此、任被仰下之旨可致沙汰之由、可令下知之状如
件、
延慶二酉歳年四月廿三日　前越前守御判
越前国守護代

Ⅱ（六波羅探題あて　表13－10）

①東寺領大和国平野殿庄雑掌申、当庄土民等違背寺家下知、抑留東寺々用事、供僧等申状副雑掌解如此、可尋沙汰之旨、可被仰遣武家之由、天気所候也、以此旨可令洩申給、仍光泰頓首謹言、

（永仁四年）四月七日　　　　（藤原）兵部卿光泰奉

進上　弾正大弼殿（藤原経清）

②寺領大和国平野殿庄雑掌訴申、当庄土民等違背寺家下知、抑留寺用事、綸旨副具書如此、子細見状候歟之由、前太政大臣殿（西園寺実兼）可申之旨候也、恐々謹言、

四月九日　　　　左京権大夫師衡奉

謹上　越後守殿（北条久時＝六波羅探題）

③東寺領大和国平野殿庄雑掌訴申、当庄土民等違背寺家下知状、抑留寺用物事、綸旨・西園寺前太政大臣家御消息副雑掌解具書如此、為有其沙汰、可被催上彼土民等也、仍執達如件、

永仁四年六月六日　　　　越後守（北条盛房）御判

丹波守御判

深栖八郎蔵人殿

このように、院宣あるいは綸旨のかたちで表現される「治天の君」の意思が、関東申次を介して鎌倉の幕府、京都の六波羅探題へと伝達され、最終的な現地への指令執行を命じられた幕府御家人は、すなわち「治天の君」の意思の執行者となるのである。

表13のA欄に注目してみよう。参考までに院・天皇の世代交代を記しておくと、まず弘安十（一二八七）年十月、

亀山院政が幕府の干渉によって終わり、後深草院政がこれにかわるが、わずか三年にして後深草院は出家（正応三・一二九〇年）、伏見天皇の親政が開始される。永仁六（一二九八）年七月、伏見天皇は後伏見天皇に譲位して院政をしくが、親政期からの持明院統内部の対立がこうじて、正安三（一三〇一）年一月、大覚寺統の後宇多院政に交代。ところが、今度は大覚寺統内部で分裂が生じて持明院統のまき返しにあい、延慶元（一三〇八）年八月、再び伏見院政の開始をみ、正和二（一三一三）年十月の後伏見院政への移行を経て、文保二（一三一八）年二月、再び後宇多院政が開始されるまで持明院統の治天が続く。そして、元亨元（一三二一）年十二月、「異形」の天皇とも評される[37]後醍醐天皇の親政が開始され、王朝権力は大きな転換期を迎える、という展開となる。したがって、若干の例外を除けば[38]、政務にかかわらない院が関東申次を介して幕府・六波羅探題に訴訟案件の処理等を申し入れることはなかったこと、および、親政期間における綸旨は院宣とまったく同じ機能を果たすものとして使用されたことが[39]、A欄から確認されたことになる。

このことに関連して、もうひとつ興味深い事実がある。永仁二（一二九四）年正月（＝伏見親政期）に、寺領四至内における御家人の悪行を訴えた摂津勝尾寺住侶等はその申状に、「欲早被下　綸旨於武家、被召出悪行張本等」と記し[40]、下って正慶元（一三三二）年十一月（＝後伏見院政期）、守護代等による大嘗会米譴責の停止を訴えた丹波国宮田荘雑掌尊舜はその申状に、「欲早被経御　奏聞被成　院宣於武家、任旧規可止譴責由、被仰下（中略）守護御代官」と記している事実がそれで[41]、もとよりすべての申状を検討したわけではないが、これらの申状の存在は、提訴の時点で訴訟当事者が、治天は誰であり、また当該案件が武家（六波羅探題）に移管さるべき性質のものだと認識していたことをうかがわせる。とくに後者は重要であって、関東（＝鎌倉幕府）か武家かという移管先の選択が、もとより関東申次の判断によるまでもない――このことは、院宣・綸旨が下されるべき相手が関東か武家かが申状に指示されていることから明白である――ばかりか、院評定など公卿の合議による移管先の決定も存在しなかった可能性を示唆しているのである。[42]

しかし、そうであるためには、ある訴訟内容が、関東の所管であるのか武家の所管であるのかについて、訴訟裁定者と訴訟当事者との間に共通した認識が存在しなければならない。それほど、関東と武家との所管関係は明白なものだったのだろうか。表13を通覧してわかるように、ここに掲げられた訴訟案件はすべて西国（九州を含む）に関するものであるから、ある訴訟案件が関東に移管されるか武家に移管されるかは、そのまま西国における関東と武家の所管関係——とくに関東が有する西国に対する「特殊権限」とでもいうべき執行権——を示しているといえるわけで、きわめて興味深い。次項以下ではB欄に目を転じて、この問題を考えてみたい。

二　公武交渉文言の分析Ⅱ——関東移管の訴訟——

まず、関東移管の訴訟案件を考える。

B欄から関東移管の訴訟案件を抽出すると、大まかに、①興福寺・春日社関係（18〜22）、②港湾・関所関係（28〜30・33・39・49）、③禅宗寺院関係（27・55）、④諸国国衙等寺社関係（50・54）、⑤その他（2・12・31）の五つのグループに分けられる。以下、順に検討していく。

表13で興福寺・春日社が訴訟当事者となっているのは、18〜25[43]および52である。このうち18〜22が関東、23〜25および52が武家へ移管されているので、関東か武家という移管先の選択が訴訟当事者の性格に基づくのではなく、訴訟内容によるのだということがわかる。それでは、その基準はいかなるものだったのか。表13の訴訟内容の欄をみると、18〜22は興福寺・春日社の僧侶・神職等の犯罪（18・20〜22）および犯罪人跡地頭職補任（19）に関する訴訟に大別できる。後者（19）が六波羅探題が関与するところでないことは自明であるから、ここでは前者について考える。

ここで想起されるのは、永仁元（一二九三）年十一月の興福寺一乗院・大乗院対立抗争事件に際し、六波羅探題は事件の詳細を逐一関東に報告してその判断を仰ぎ、最終的な解決にあたっては東使（関東の特命使節）が上洛、南都入りして処理した経緯である(44)。いわゆる権門寺社の規模を有する興福寺・春日社の僧侶・神職の犯罪に対する免罪（＝赦免・原免）については、関東の判断を仰ぐ場面があり、本件はこれに相当したと判断してよいようである。一方、同じく興福寺・春日社を当事者とする23～25および52は、興福寺の領域支配下にある大和国への武家使者（六波羅探題の特命使節）入部に関する24と、六波羅探題の所轄下にある諸国内で発生した事件に関する訴訟であり、あえて関東に判断を仰ぐまでもなく六波羅探題が独自に処理し得たと考えられる。

次に、港湾・関所関係の訴訟である。これらはいうまでもなく、幕府——より具体的には得宗家を中核とする北条氏——の交通路支配(45)にかかわる。日本海から瀬戸内海を経て畿内に至る海上交通に、得宗家をはじめとする北条氏一門が、南都西大寺の律僧と強固な連携を保ちつつ、重大な影響力をもっていたことはいまさら申し述べるまでもない(46)。表13に載せたところでは、摂津守護北条氏（六波羅北方探題兼任(47)）の守護所があったという29摂津国経嶋（兵庫嶋(48)）、その築造に得宗被官安東蓮聖が関与している39播磨国福泊嶋(49)などがとくに北条氏と関係が深い。したがって、これら港湾・関所関係の訴訟案件が関東に移管されたのは、主に北条氏（得宗家）との関係によると考えてよいのではないだろうか。

さらに、次の禅宗寺院関係の案件もまた、北条氏との関係で関東に移管されたと考えられる(50)。27の鎌倉建長寺・円覚寺はそれぞれ北条時頼・同時宗の創建になる北条氏の私寺であり、55で南禅寺住持に就任を求められた元翁本元は、そのとき北条貞時の創建になる鎌倉万寿寺住持であった(51)。禅宗とくに臨済禅は北条氏の厚く保護・育成したところであり、北条氏の権力伸長にともなって臨済禅が当時の宗教界に占める地位も上昇した。北条氏の私寺である建長寺・円覚寺が定額寺に列せられたのも、一方で王朝国家の寺院秩序への取り込みの側面があるとはいえ、元翁本元の例のように中世僧綱制の枠外にある禅僧の人事権を多く北条氏が掌中にしていたこととあわせ[52]、中世前期の国家像を論ずる場合に忘れてはならない事象である。

次に諸国衙等寺社とは、要するに諸国国分寺・一宮およびそれに準ずる寺社の修造等に関する訴訟ということである。諸国国分寺・一宮の修造が、国衙など王朝権力側の諸機構と鎌倉幕府の諸機構の共同作業として進められたことは、石井進の研究などによって明らかであるが[53]、森茂暁も注目しているように[54]、50は関東から東大寺大勧進＝周防国務である西大寺系律僧俊海——俊海は周防国分寺興行の申請者であり実行者である[55]——に指令が下され、54は関東→鎮西探題→肥後守護と指令が伝達されており、ともに六波羅探題を介してはいない。森はこれらのことから、「当該期における鎮西周辺への関東の関心の強まりをうかがいうる[56]」としているが、はたしてそうか。後述部分で検討したい。

最後に、その他に分類した訴訟案件について考える。2大隅国台明寺は関東祈禱寺（将軍家御祈禱寺）に列していること[57]、12横川霊山院諸堂修造のための召功は、幕府御家人への功銭募集（＝官位叙任）が幕府の主従制的支配にかかわることから、ともに関東に移管されたと推定できるが、31丹後国大内荘預所職に対する地頭代等の濫妨を訴えた一件が、なぜ関東に移管されたのかについては、いまだに適当な理由を見出し得ていない[58]。

以上、関東に移管された訴訟の内容・訴訟当事者の性格を論じながら、関東が西国（九州を含む）に有した執行権を具体化する作業を進めてきたが、その結果、王朝権力と鎌倉幕府権力との関係を考える場合に決定的に重要な指標を入手できたようである。すなわち、交通路支配や禅宗寺院人事にかかる案件の関東移管に示されるように、北条得宗家の実効支配が「聖断」の領域を侵しつつあったことであって、これは、権門体制による国家公権への鎌倉幕府の関与とは、あるいは異質の存在とみることもできるだけに、今後検討の必要があると思われる。

三　公武交渉文書の分析Ⅲ——武家移管の訴訟——

表13に掲げた武家移管の訴訟案件のうち、九州に関する訴訟（15・44・45・47・55・56）をひとまず除いて整理すると、若干の例外を除いて[59]、六波羅探題管轄の諸国内で発生した殺害・刃傷・押領・年貢抑留等に関する内容に一括できる。このことは、これまでの論述の経緯からも当然予想できたことであるが、重要なのは、これらの訴訟に対する勅裁をうけた六波羅探題が、関東の指示を仰ぐことなくその執行をおこなったことである。つまり、関東からの指令をうけて所轄の諸国に伝達するという役割のほかに、王朝権力の意思を強制執行する役割を六波羅探題は担っていたのであって、このことは、日常的な首都京都の警備（在京人篝屋役など）・南都衆徒発向などの非常時に際しての首都防衛、院や天皇のおこなう各種行事への参加（警固・流鏑馬役）などとあわせ、六波羅探題の性格を考える場合の重要な指標となる（第一章第一節、本章第三節）。

次に、森も注目した九州関係の訴訟について考える。まず表13－47の関係史料を掲げてみよう。

①菅三位家（菅原長宣）雑掌宗清謹言上
欲早被経御　奏聞、被下和与綸旨於武家、安楽寺領薩摩国々分寺下地幷年貢事
副進
一通　先度綸旨安（ママ）
一通　領家菅三位家和与御状
一通　友貞請文
右、当御領者、菅三位御相承之地、爰御家人国分助次郎友貞募武威、有限御年貢・公事等抑留之間、先雑掌友任
申成綸旨於武家、沙汰之処、友貞令糺返年々抑留物、毎年御年貢捌拾伍石・公事用途拾陸貫伍百文・簾文革二枚・節供用

途等、任承元請所之例、無懈怠可致沙汰之由、進請文之間、被出領家和与御状畢、然者、早被下知(和)与綸旨於武家、於鎮西申給和与御下知、備後証亀鏡、為全来御年貢、恐々言上如件、

正中二年二月　日

②安楽寺領薩摩国分寺領下地幷年貢事

先度申下　綸旨於武家、致沙汰候之処、友貞望申和与儀候之間、令承諾候畢、且雑掌解副具書如此候、向後可存其旨之由、被下綸旨於武家候之様、可有申御沙汰候畢、恐惶謹言、

二月晦日　　長宣

蔵人次官殿

③安楽寺領薩摩国々分寺和与事、菅三位状副雑掌申状・具書如此、子細見状候歟、可被仰遣武家之由、天気所候也、以此旨可令洩申給、仍言上如件、光顕誠恐頓首謹言、

三月二日　　勘解由次官光顕上

④安楽寺領薩摩国々分寺和与事、綸旨副具書如此、子細見状候歟之由、内大臣殿(西園寺実衡)可申之旨候也、恐惶謹言、

三月三日　　沙弥静語(悟)

謹上　越後前司殿(金沢貞将)

⑤菅三品雑掌宗清申薩摩国々分寺領家与友貞和与事、今年三月三日綸旨・内大臣家御消息副具書如此、子細載状候、仍執達如件、

正中二年三月十三日　　左近将監(常葉範貞)御判

前越後守御判

武蔵修理亮殿(北条英時)

これら一連の文書は、表13－44の訴訟案件が「和与」により解決がはかられたことを示している。[61] ①に「早被下知与（和）綸旨於武家、於鎮西中給和与御下知」と記された通り、①②をうけた後醍醐天皇の綸旨（③）は武家（六波羅探題）から鎮西探題へと施行された。[62] この指令伝達ルートが、先に紹介した54肥後国藤崎社修造（関東移管）の揚合の伝達ルート（勅裁→関東→鎮西探題）と異なることについて、森は「当該期における鎮西周辺への関東の関心の強まり」と評価するが、[63] 関東の鎮西周辺への関心の高まりは、鎌倉時代末の元徳二（一三三〇）年をまつまでもなく、二度にわたるモンゴル襲来とその再来の恐怖感が国内に充満しつつあった十三世紀末にそのピークを迎えていた。[64] 指令伝達ルートの相異は訴訟内容（とこれに対応した幕府の執行体制）によると考えるべきであろう。

さて、以上、武家移管の訴訟案件について考察を加えてきたわけであるが、とりわけ重要なのは九州の扱いであろう。王朝権力は、鎮西探題と直接交渉の手段をもたなかったが、関係史料を掲げた47の如く、西国＝聖断の原則に属し、関東＝幕府（あるいは北条得宗家）の支配権限に抵触しない訴訟案件については、関東の意向をうかがうことなく、六波羅探題を介してこれを動かし得た。つまり、幕府指令の伝達に際しては原則として存在しないはずの六波羅探題→鎮西探題の伝達ルートが、[65] 勅裁の伝達にあたっては用いられたのであって、この事実は、基本的には関東を中核とした集権的構造をもつ鎌倉幕府の地方官制を相対化せずにはおかない。先述した六波羅探題の性格（王朝権力の暴力機構）とあわせ、記憶されるべき事象である。

五味文彦は、鎌倉前期（承久の乱以前）においては西国＝院・東国＝鎌倉殿という支配権が両立しており、西国で発生した事件については、院が関東に通じることなく幕府の組織（守護等）を利用して処理し得たことを指摘したが、[66] 本章での分析による限りでは、院権力の実態に大きな差異はあるにしても、[67] 西国に対する院の支配権は、鎌倉幕府滅亡に至るまで、六波羅探題の全面的協力のもとに存続したといえそうである。

寿永二（一一八三）年の十月宣旨に始まる、東国＝鎌倉幕府、西国＝王朝権力（院支配）という支配領域の分化は、承久の乱における幕府側の勝利によって確定し、その後は、王朝権力側の内部分裂――両統対立とそれにともなう貴族層の分裂など――や、モンゴル襲来に対する軍事行動――本所一円地住人の動員権獲得[68]・諸寺社への異国降伏祈禱催促など――を契機として、幕府の支配権が西国に及ぶことはあっても、その逆、つまり王朝権力の支配権が東国に及ぶということはほとんどなかったといってよい。本節のように、西国で起こった諸訴訟を素材に王朝権力の動向ばかりみつめていると、いわゆる権門体制論の枠組みから一歩も踏み出せないのであるが、いま述べた点に留意しつつ論述を整理してみると、いくつか興味深い視点が浮かびあがってくる。そして、それらは鎌倉幕府の滅亡をめぐる議論に集約されるように思う。

鎌倉幕府と王朝権力が基本的には同質の政治権力であったことは、ともに荘園公領制を基盤とし、公田からのあがりによってその財政をまかなっていたこと[69]、官司請負制という官制原理によって構成されていたこと[70]、などからもはや常識的理解となっている。また、幕府の国家公権への関与とその深化という事態も、王朝権力の権限縮小という点で院や貴族等に若干の不満を生ぜしめたとしても[71]、幕府とすれば、国家公権へ深く関与すれば関与するほど――これをジレンマと言い切れるかどうかはともかくとして[72]――、王朝権力を盛り立てなければならなかったことを思えば[73]、何故に権門体制的な公武協調路線が破綻しなければならなかったのか、疑問に思うのがむしろ当然であろう。後醍醐天皇を、あれほどまでに狂躁的な討幕運動[74]へかりたてたものはいったい何だったのであろうか。

網野善彦は、「天皇制の危機」としてこれを説明した。すなわち、天皇支配権[75]がすでに東国に及ばず、そのうえ西国の交通支配権も東の幕府による強い規制をうけ、対外交渉も幕府主導となっていたこと（＝外部からの危機）、および官司請負制の弊害としての貴族等の活力減退と、両統分裂やそれにともなう貴族・官人諸家の分裂抗争による王朝権力の停滞（＝内部からの危機[76]）が、当該期の社会変動とあいまって天皇の地位を脅かし、それを鋭敏に感じ取っ

た後醍醐天皇が、可能な限りでのあらゆる権威と権力を動員して天皇専制体制の樹立を企図したのだ、というのである。(77)

網野の言説を全面的に検討する能力はないが、幕府との関係について、本節で触れた公武交渉の有り様を念頭においていえば、網野のいう天皇制の「外部からの危機」とは、幕府による東国支配、暴力機構独占という幕府開創以来の公武関係の原則を超えるかたちで、宗教秩序の変更（「禅宗」の導入と保護育成）、西国交通路の支配など、いわゆる天皇支配権が得宗家を中心とする北条氏の権力によって侵されつつあったことに求められる。幕府創設以来の原則を逸脱して「聖断」が支配するはずの西国にも私的権益を拡大したところに、公武協調路線破綻の原因があったと考えられるのである。

ただ、得宗家が滅亡したからといって東国の自立性が消滅したわけではもちろんない。建武政権は結局東国支配を実現できず（第三章第一節）、足利尊氏は京都に幕府を開き東国に自己分裂の契機を残す。すなわち、得宗の滅亡によって清算されたのは、東国—西国という二元性ではなく、西国支配における東西両権力の併存という二元性だったのである。

第三節　六波羅探題の領分

本節では、第一章第一節ならびに本章第二節の趣旨をうけて、鎌倉幕府の西国支配の拠点機能と王朝権力の暴力機構としての機能を同時に果たすことになった六波羅探題の歴史的評価を試みたい。

表14　法勝寺九重塔供養守護武士

番所		御家人名
南面	大門	駿河大夫判官（大内）惟信 豊後左衛門尉（大友）能直 源三左衛門尉（安達）親長
	東脇門	山田次郎重忠 熊谷左衛門尉実景
	西脇門	加藤次郎兵衛尉光時 金持二郎広成
西面	大門	遠江守中原親広
	南門	権二郎刑部丞忠季 江左衛門太郎能実
	南次門	江右衛門尉範親 民部右衛門尉中原能広
	北門	佐々木左衛門尉広綱
北面	大門	中条駿河前司信綱 同馬助範俊
	同少門	佐々木中務入道経蓮（経高） 同弥太郎左衛門尉高重
	東脇門	内藤左衛門尉盛家
	西脇門	加藤左衛門尉景廉
東面		朝日判官代頼清 内部蔵人 宗左衛門尉孝親 重原（翔）左衛門尉次広 備前国守護代 河内国守護代

一　「洛中警固」と鎌倉幕府

鎌倉幕府草創期に王朝権力より授与されたとされる「諸国守護権」のなかに、いわゆる「洛中警固」の項目は含まれておらず、西国一般に有したとされる院の軍事指揮権の中核的位置を占めていたと考えられる。しかし、承久合戦の結果、北面・西面の武士等をはじめとする院の私的武力集団は崩壊し、六波羅探題が「洛中警固」を実践する武力を担うことになった。

六波羅探題の「洛中警固」としては、篝屋などを拠点とする日常的な治安・警察機能や探題被官（検断）に率いられた在京人等の軍事行動があるが、[78]ここで注目しておきたいのは王朝権力が主催する仏神事にかかる幕府御家人の動員についてである。

建暦三（一二一三）年四月、五年前に落雷により焼失した法勝寺九重塔の再建がなり供養がおこなわれた。その折、「九重御塔守護武士」として警固にあたった武士たちの名簿を表14に示した。[79]これら警固への動員は王朝権力（院）の催徴によると考えて大過ないであろう。表14にみえる幕府御家人のうち、大内惟信・安達親長・山田重忠・佐々木広綱・中条信綱・佐々木経蓮（経高）・佐々木高重・朝日頼清・宗孝親・重原次広（翔）は、のちの承久合戦に京方となる。

また、検非違使（廷尉）を主体としつつ、これに河内国守護代・備前国守護代（ともに姓名未詳）が加えられていることについては、本章第一節で扱った「近国」とのかかわりが考えられる。もとより守護代は鎌倉幕府の職制であるが、河内は畿内、備前は近国である。備前は幕府の「畿内近国」領域では省いた。しかし、ここでは王朝権力の制度内での「近国」が反映したものと理解できる。その意味でも、建暦三年法勝寺九重塔供養にかかる「守護武士」動員は王朝権力（院）が主宰したと考えられるのである。

しかるに、承久合戦後の状況はどうか。

①建長五年十二月廿二日　丙寅、雪降、今日法勝寺阿弥陀堂供養也、（中略）今日門守護武士、兼被仰関東、各帯甲冑守護之、（中略）

来十二月廿二日法勝寺阿弥陀堂供養門守護武士

南大門

出羽二郎左衛門（二階堂行有）　隠岐三郎左衛門尉（二階堂行景）

武田小笠原之外可相具甲斐国大番衆

鎌田兵衛入道　　同三郎入道（西仏）

西二階門

因幡守　　周防前司入道（藤原親朝）

大宰少弐（藤原為佐）

西北門

武田一門人々　　島津大隅前司（忠時）

北門西腋

小笠原一門人々　　豊後四郎左衛門尉（島津忠綱）

同三郎左衛門尉（忠直）　　同四郎
同十郎
北門
美作入道（小早川茂平）　　出雲前司（波多野義重）
此外
小門等
一所
松葉二郎入道（助宗）　　同平賀右衛門尉（泰実）
海老名二郎左衛門尉
一所
湯浅人々　　野部介
建長五年十一月十四日
相模守　在判
陸奥守　在判
（以下略）(80)

②（弘安九年正月）六日　癸酉　晴、参院、奏聞春日行幸次第日時事、（中略）橋渡官人并供奉衛府、任例可被（仰）関東歟、早可仰遣之由、可仰春宮大夫（以下略）
八日　乙亥　晴、参院、橋渡官人并供奉衛府事、任例可沙汰進之由、可仰武家之旨、以御教書仰春宮大夫、
（同年二月）十五日　壬申　晴、早旦参院、以新宰相奏聞行幸條條事、武家注賜人数可相催之由申之、仍注文

永人数経奏聞、靱負尉人数少々被加増、（以下略[81]）

①建長五年の法勝寺阿弥陀堂供養では、幕府執権・連署の署判が備えられた守護武士の名簿が届けられていたことがわかる。関東からこの機に上洛したと考えられる人々（二階堂行有・行景、藤原為佐など）、在京御家人（小早川、波多野、武田、小笠原、島津、海老名など）、（甲斐国）大番衆（鎌田兵衛入道・三郎入道）という構成にみえる。「湯浅人々」（紀伊）、「野部介」（摂津？）は、在京御家人に含んで考えてよいと思われるが、在庁系国御家人であることに注目して、前掲法勝寺九重塔供養における河内・備前守護代の事例と同様、王朝権力の「近国」認識、あるいはそれを前提とした王朝権力伝統の儀礼秩序の反映とみることも可能である。

次に②は、仏神事ではなく行幸の警固であるが、この場合は「武家」、すなわち六波羅探題が警固にあたる武士の名簿を作成したらしいことが読み取れる。表15として、この春日行幸の行列次第にみえる幕府御家人の名簿を掲げた。王朝権力伝統の儀礼秩序のなかに、御家人が溶け込んでいることで、①あるいは法勝寺九重塔供養（表14）の場合と異なるところはない。しかし、承久合戦後に創生・定着する関東申次を経由した公武交渉の手続にのっとり、六波羅探題と王朝権力の調整によって警固の御家人が選任されていることは、建治三年の体制改革以降の六波羅探題の在京御家人・西国御家人への指揮統制権強化の結果とも理解できる事象である[82]。

もうひとつ、「洛中警固」にかかる六波羅探題の機能を示す事例を紹介しよう。原則毎年五月に催される新日吉社小五月会流鏑馬役である。表16は承久合戦以前の事例、表17は承久合戦以後の事例である。両者の比較から明白なように、承久合戦以前は院近臣等が立てた「西面輩子息垂髪」が射手を勤め、これには院寵童も含まれることがあった[83]。しかし、承久合戦後は、原則一番は六波羅北方探題、七番は六波羅南方探題が役を負担し[84]、北方探題が故障あるときは南方探題が両方勤め、南方探題不在の時節は長井・後藤という西国守護がこれにかわるという体制が構築されたようだ。「洛中警固」にかかる武力が六波羅探題によって担われ、独占されていることを内外に示す格好の機会がここ

表15 春日行幸警固御家人

所属	御家人
左衛門府	出雲四郎／藤原(波多野)重通 佐々木備中三郎／源宗信 栢植左衛門三郎／平時継 島津常陸五郎／惟宗忠宗 海老名左衛門三郎／藤原忠秋
左兵衛府	堤谷周防五郎／少尉藤原泰景
左馬寮	大多和又太郎／少允平泰義
右馬寮	物部彦二郎／少允神成頼
左近衛府	太田五郎二郎／将監宮道武宣
右近衛府	松田八郎／将監平頼直
右兵衛府	若狭二郎／少尉惟宗忠兼
右衛門府	佐々木四郎／少尉源行綱 佐々木又源太／源時綱

にあったとも評価できるだろう。

なお、この流鏑馬役について、葉室定嗣はその日記（『葉黄記』宝治元年五月九日条）に、「承久以往北面・西面輩騎之、天福武士騎之、今度同被仰遣関東、（中略）依関東下知騎之」と記している。建治三年以前のことであるが、流鏑馬役の名簿（役負担者の決定）は鎌倉の幕府でおこなったことがわかる。ただ、幕府御家人がこの役を勤めた初例が「天福」ではないことは、『承久三年四年日記』の貞応元（一二二二）年五月九日条に、「新日吉社小五月会、法皇（高倉）臨幸、次第如恒、但流鏑馬七番関東武士令射之」とあることにより確認できる。[85]

二 「西国成敗」の構造I——畿内近国——

王朝権力の同心円的地域認識（畿内近国政権としての属性）が六波羅探題の「西国成敗」にどのように反映されているのかを確かめるのが本項の目的であ

表16 新日吉社小五月会流鏑馬役注文（承久合戦以前）

	一番	二番	三番	四番	五番	六番	七番	史料
承元二（一二〇八）	源翔（範茂少将）	熊谷直宗（右大臣）	鶴丸（別当）	岑王丸（有雅朝臣）	松王丸（秀康）	金王丸（二条中納言）	藤次郎信村（大弐）	明月記 同五・九条
建保元（一二一三）	秀能	医王丸	左衛門尉藤原助清	右衛門尉源康景	右衛門尉藤遠綱	源康重	源康重	明月記 同五・九条

表17　新日吉社小五月会流鏑馬役注文（承久合戦以前）

	一番	二番	三番	四番	五番	六番	七番	史料
天福元（一二三三）	北条重時	長井泰重	小山長村	長沼時宗	上野頼俊	大炊助親秀	北条時盛	民経記 同五・九条
宝治元（一二四七）	北条重時	小笠原長経	波多野宣政	佐々木泰清	大田政直	小早川茂平	長井泰重	葉黄記 同五・九条
建長五（一二五三）	北条長時	大江政茂	塩谷朝親	波多野義重	小早川茂平	佐々木重綱	長井泰重	厳島神社文書 鎌倉遺文7550
正嘉元（一二五七）	北条時茂	佐分利親清	波多野義重	佐々木泰清	加治重綱	小早川茂平	長井泰重	経俊卿記 同五・十一条
弘安三（一二八〇）	北条時村	後藤基頼	武石長胤	波多野道覚	小早川頼平	大井朝氏	北条時国	勘仲記 同五・九条
弘安四（一二八一）	北条時村	長井頼重	畠山上野 左衛門	長沼宗泰	小早川雅平	伊賀 孫太郎兵衛	北条時国	勘仲記 同五・九条
弘安七（一二八四）	北条時村	町野政泰	葛西宗清	肥後行定	東　行氏	頓宮盛氏	後藤基頼	勘仲記 同十二・九条
弘安九（一二八六）	北条兼時	藤原経親	町野政泰	佐々木長綱	中条長家	大友頼泰	北条兼時	勘仲記 同五・九条
正応四（一二九一）	北条兼時	大井朝氏	二階堂行時	東　行氏	二階堂貞綱	畠山宗義	北条盛房	実躬卿記 同五・九条
永仁三（一二九五）	北条久時	佐々木行綱	長井貞重	島津忠景	小田知宗	後藤基頼	北条盛房	実躬卿記 同五・二六条
嘉元二（一三〇四）	北条時範	町田季宣	俣野成家 跡	相賀惟忠 跡	梶原景行 跡	佐々木貞長	長井貞重	実躬卿記 同五・二九条

る。

まずは、前節で「畿内近国」と考えた領域について考察する。

（一）畿内近国① 京・山城および大和・伊賀

表18（第一章第一節表1を国別に再構築、表30まで同じ）に京・山城の六波羅使節を示した。北野社紅梅殿にかかる案件（C）に海老名・富樫がある以外は、六波羅奉行人のA、「近国」の国御家人によるCに二分される。海老名（相模）・富樫（加賀）ともに在京人で、海老名は「四条大宮篝屋」、加地は「六条大宮篝屋」、富樫も篝屋守護人であった[86]。国御家人の深栖泰長・柘植泰清は大和での活動がみえ、春近は大和、服部は伊賀で同族とおぼしき人物が使節となっている。

次に、表19のように大和国の事例は、東寺領平野殿荘における「土民」等の寺用物抑留にかかる東寺の訴をうけた綸旨（院宣）施行による六波羅使節派遣と、越前国坪江郷住人等による「関東御免津軽船」押取りにかかる論人召進を坪江郷本所（興福寺大乗院）にたびたび要請する奉行人使節派遣の案件でほぼ占められる。東国出身の御家人である庄（武蔵七党・児玉党、備中国草壁荘地頭など）、勝田（遠江国勝田荘?）を除き[87]、深栖、柘植、服部、春近など山城と同様に「近国」の国御家人が使節となっている。

なかでも、正安元年、深栖・春近が山城国悪党交名人召進を大和・山城・伊賀に触申したことは重要である。同様に大和のほか山城、伊賀での活動実績を残す柘植・服部を含め、彼ら国御家人の使節としての活動が越境性・広域性を有したことが知られる。もちろん、その前提には、訴訟のなかで「悪党」とされた論人たちの行動・連携が越境性・広域性を深めていたことがあるが、後述するように（第四章第一節）、「悪党」と使節となる国御家人との間にも地縁・血縁のネットワークが及んでいたのであり、その分、荘園領主が使節に寄せる期待に応えられない場面が多く

表18　京・山城国の六波羅使節

国名	年代	分類	使節	案件（①訴人、②論人、③論所等）
京	応長元・六・五（一三一一）	両使A	（神沢）秀政・（斎藤）基夏	①北野宮寺、②在地人（狼藉）、③紅梅殿
	応長二・二・七（一三一二）	両使C	海老名和泉弥五郎・加地宝（丸）	
	正和元・四・一〇（一三一二）		海老名和泉弥五郎・富樫介入道（定昭）	
	正和五・四・二九（一三一六）	両使A	倫□（長）・（安富）行長	①備後国泉村地頭代重俊、②丹後国符米□□郷住人源次郎為近・新次郎安友、③銭貨
	嘉暦二・三・四（一三二七）	両使A	（奉行人）惟家・（同）□基	①御家人芥河岡孫四郎入道信覚、②御家人広瀬太郎左衛門尉景基、③質物抑留
山城	永仁五・二・二（一二九七）	両使C	深栖八郎蔵人（泰長）・柘植又次郎（泰清）	①東大寺衆徒等、②悪党右衛門入道以下輩、③賀茂荘（夜討強盗）
	永仁六・六・二三（一二九八）			
	永仁六・七・二七（一二九八）			
	徳治三・五・五（一三〇八）	両使C	春近馬允・服部平三（家保）	①東大寺衆徒等、②（悪党）右衛門入道源仏・慈法（夜討強盗）、③賀茂荘
	延慶四・三・一六（一三一一）			
	応長二・三・二（一三一二）		（春近馬允？）・服部平三（家保）	
	正和二・二・一五（一三一三）		春近馬允・服部平三（家保）	
	正和三・三・二（一三一四）			
	正和四・一〇・二（一三一五）			
	正和五・三・二三（一三一六）	両使C	春近馬允康朝・中島助房	①松尾神主相憲、②土民、③（境内地）仁倉林（狼藉、勅裁叙用せず）
	正慶元・三・一七（一三三二）	両使A	宣秀・頼連	①領主快乗・道行、②多聞丸・若狭房、③山城国葛原荘（左馬寮雑掌と号し追捕・濫妨）

発生していくことになる。

表20として伊賀の事例をまとめた。すべて東大寺領黒田荘の「悪党」にかかる使節である。一方守護代の使節構成に特徴があるといえるが、服部などはまもなく東大寺によって「悪党」に加担するとされ、その適性が問われていく

表19　大和国の六波羅使節

年代	分類	使節	案件（①訴人、②論人、③論所等）
永仁四・六・六（一二九六）	単使A	深栖八郎蔵人（泰長）	①平野殿荘雑掌、②同荘土民ら、③寺用物抑留
永仁四・八・一〇（一二九六）			
永仁四・一〇・二五（一二九六）			
永仁五・九・七（一二九七）			
永仁五・一二・二（一二九七）	両使A	深栖八郎蔵人（泰長）・柘植弥二郎（泰清）	①平野殿荘雑掌聖賢、②同荘土民ら、③寺用物抑留
永仁六・三・九（一二九八）			
永仁七・二・二四（一二九九）			
永仁五・一二・二四（一二九七）	上御使	庄四郎左衛門尉（資兼）	①平野殿荘雑掌聖賢、②同荘土民ら、③寺用物抑留（深栖・柘植の請文督促）
永仁六・四・一五（一二九八）			
正安元・五・二四（一二九九）	両使A	深栖八郎蔵人（泰長）・勝田修理亮太郎	①平野殿荘雑掌快実、②同荘土民（願妙・平清氏）ら、③寺用物抑留
正安元・八・二〇（一二九九）	両使A	深栖八郎蔵人（泰長）・春近五郎二郎	①（六波羅探題）、②（山城国悪党交名人召進）、③大和・山城・伊賀に触申す
延慶三・五・三（一三一〇）	両使A	大野五郎秀尚・雑賀中務丞貞尚	①越中国大袋荘東放生津住人沙弥本阿代則房、②越前国坪江郷佐幾良・加持羅・阿久多宇三ケ浦預所代左衛門次郎・刀禰十郎権守・又太郎大夫・進士次郎、三国湊住人五郎三郎入道・信寂房、③関東御免津軽船（押取）
延慶四・三・二（一三一一）	両使A	斎藤四郎左衛門尉基夏・津戸筑後権守康朝	
正和三・一・二七（一三一四）	両使A	神沢五郎兵衛尉秀政・関左衛門蔵人正宗	
正和三・三・五（一三一四）	両使A	飯尾兵衛大夫（為定）・雅楽左近将監信重	
正和四・一・二八（一三一五）	両使A	三宮孫四郎国明・雑賀中務丞貞尚	
正和五・九・一七（一三一六）	両使A	頼成・為連	
延慶三・一〇・五（一三一〇）	両使A	（大野）秀尚・（雑賀）貞尚	①（東寺）、②（大和国大強盗交名人）、③（平野殿荘?）
元亨三・一〇・二（一三二三）	両使C	矢具島三郎左衛門・服部左衛門□郎	①東大寺衆徒、②夜討・苅田、③（先度御教書返進）

表20　伊賀国の六波羅使節

年代	分類	使節	案件（①訴人、②論人、③論所等）
元亨四・二・二〇（一三二四）	両使D	（守護代）佐々木三郎左衛門尉（範綱）・柘植二郎左衛門尉	①東大寺衆徒等、②（悪党）覚舜・清高・道願等、③黒田荘
嘉暦元・八・二二（一三二六）		伊賀守護代（範綱）・柘植次郎左衛門尉	
嘉暦二・三・一二（一三二七）		服部右衛門太郎入道（持法）・守護代（千葉常茂）	
嘉暦二・八・二一（一三二七）			
嘉暦二・九・一〇（一三二七）			
嘉暦二・一二・二一（一三二七）			
元徳二（一三三〇）	両使B	宣秀・貞兼	①東大寺衆徒等、②（悪党人）、③黒田荘

ことになる(88)。守護代等もまた彼らの地縁に依存しつつ守護（代）の非在地性を補っていたと考えられるから、柘植、服部等が離脱すれば、もはや現地とのコンタクトさえ危ぶまれる状況に立ち至ったことは想像に難くない。

東寺（平野殿荘）、東大寺（黒田荘）ともに、院宣・綸旨の六波羅探題への施行を含め、執拗ともいえるほどの訴訟努力を重ね、使節派遣による問題解決をはかろうとするのであるが、事態はほとんど好転しなかったようである(89)。

（二）畿内近国②　摂津

表21は摂津の六波羅使節である。山城、大和、伊賀とは人員構成に差異が認められる。

まずは東国御家人の進出で、俣野（5件）、渋谷（4）、勅使河原（2）、大井、有賀、能登、筑後（各1）がこれにあたる。それぞれ在京人と考えてよい(90)。一方、国御家人は、真上（6）、伊丹（4）、溝杭（3）、野部（1）で、真上彦三郎資信（持直）が六波羅探題被官であった可能性については第一章第一節で言及した。伊丹は藤原利仁流、溝杭は摂津源氏末流との伝を有し、野部（介）は在庁官人の系譜をひくと推定される。使節となった案件数の比較では、東国御家人15件、国御家人14件と拮抗する。組み合わせでは、東国御家人二名の組み合わせが5件、国御家人二名が4件、東国御家人と国御家人の組み合わせが4件と、これまた近接し、特段の差異が見出せない。係争案件とのクロス分析でも原則的な要素は抽出できそうもない。

表21　摂津国の六波羅使節

年代	分類	使節	案件（①訴人、②論人、③論所等）
永仁元・八・九（一二九三）	両使A	渋谷三郎入道道智・有賀某（法名充念）	①寂静院衆僧、②多田院御家人吉川蔵人惟衡（悪党扶持）、③九十九町下荘
延慶元・三・（一三〇八）	両使C	飯尾但馬房（善覚）・神沢五郎兵衛尉	①（寄付院宣・関東下知）、②③兵庫関（沙汰居）
延慶二・二・七（一三〇九）	両使A	野部介光長・伊丹四郎左衛門入道妙智	①雑掌祐快、②御家人芥河孫三郎・土室式部大夫ら、③垂水荘（年貢抑留・苅田狼藉）
正和四・九・三（一三一五）	両使C	能登次郎左衛門尉・大井美作五郎	①（新関停止令）、②③淀河・尼崎・兵庫嶋・渡辺等
正和四・一〇・九（一三一五）	両使C	（守護代・糟屋）長義・伊丹左衛門三郎親盛	①八幡宮大山崎神人、②関所雑掌、天王寺領木村住人七郎男・得願法師、③兵庫以下関所
元亨四・二・二（一三二四）	両使D	俣野七郎太郎・真上彦三郎（資信）	①下司日下部氏代覚賢、②百姓浄願・良賢、覚尊・祐尊ら、勘解由允河縁兵衛尉・舎弟宮内丞左衛門太郎（数百人悪党）、③垂水荘（下司代追却・苅田・放火・刃傷）
正中二・二・二（一三二五）			
嘉暦元・二・六（一三二六）	両使D	溝杭孫三郎・真上彦三郎（資信）	
嘉暦二・八・五（一三二七）			
元徳三・四・二八（一三三一）			
嘉暦二・三・三〇（一三二七）	両使C	伊丹左衛門三郎（親盛）	①東大寺衆徒等、②播磨国福泊雑掌良基・明円、③兵庫嶋（津料妨）
嘉暦二・五・二五（一三二七）		渋谷四郎太郎入道	
嘉暦三・八・二四（一三二八）	両使C	保野（七郎太郎）・渋谷（四郎太郎入道）	①兵庫関雑掌、②福泊雑掌幷春日神人、③関煩
嘉暦四・二・二（一三二九）	両使A	俣野七郎太郎・勅使河原彦三郎	①雑掌秀恵、②大炊助入道女子藤原氏幷後家、③橘御園（公文職）
嘉暦四・二・二（一三二九）	両使A	俣野七郎太郎・勅使河原彦三郎	①雑掌秀恵、②伊丹村住人西道、③橘御園安延名（所当米抑留、伊丹左衛門三郎に尋ね）
元徳三・七・五（一三三一）	両使	（守護代）高橋新左衛門尉・筑後二郎	①六条若宮別当代景澄、②播磨国住吉上保預所光誉跡輩ら、③山田荘内加納村（濫妨）
年月日未詳	両使？	真上彦三郎資信	①東大寺衆徒等、②山僧良厳以下悪党、③兵庫嶋、（正和四年？）

ただ、真上氏の場合で想定した、守護を兼任した六波羅北方探題とのゆるやかな被官関係が伊丹、溝杭等にも認められる可能性があれば、垂水荘「悪党」にかかる真上・溝杭・(俣野)が一国地頭御家人の動員権を付与され、不参の御家人交名を注進し、さらに「毎度雖不被仰下、及狼藉者、馳向其庭、相鎮之」とあることは重要である。(91)彼らが守護権＝軍事・警察機能を本所と連携しつつ恒常的に果たす役割を求められていることは明らかで、「六波羅分国」の意義を示すことになるからである。

(三)　畿内近国③　和泉・河内

表22に和泉・河内の事例をまとめた。和泉の事例にある香河氏は東国出身の在京人で、讃岐のほか安芸、和泉などにも所領を有した武家である。(92)品川氏は武蔵国在庁系の紀姓品川氏の一族と推定され、紀伊国丹生屋村地頭として名手荘用水をめぐる高野山との相論でも著名であるが、ここでは高野山衆徒の訴をうけた六波羅使節となっている。小塩氏の名字の地が山城国小塩荘であれば山城国御家人の可能性があるが、和泉に所領を有したことも確認できる。堀江氏については、越前国河口・坪江荘を舞台に成長した藤原利仁流の武家と想定されるが、和泉との関連は未詳である。一方、鴨河堤役負担など「近国御家人」としてあらわれる和田氏、淡輪氏など国御家人の使節起用は確認されていない。

河内の事例はともに論所が大和で、論人の居所が河内であることから河内の事例としたものである。畿内地域の「悪党」活動が越境性・広域性をもつことが河内でも確認されることになる。大内・酒匂ともに在京人で、河内に所領を有していたかはわかっていない。

ちなみに、和泉・河内において六波羅使節派遣の契機となる一連の「悪党」活動が、楠木正成らを中核とする鎌倉幕府討幕運動に連節していくとの指摘がある。(93)総じて、畿内近国における六波羅使節の活動が示しているのは、寺社

表22 和泉国・河内国の六波羅使節

国名	年代	分類	使節	案件(①訴人、②論人、③論所等)
和泉	永仁六・九・三(一二九八)	単使A	品川刑部左衛門尉(宗清)	①高野山金剛峯寺衆徒、②麻生五郎入道西入并舎弟信家ら、③近木荘(年貢抑留)
	正応三・九・八(一二九〇)	両使C	香河弥五郎・守護代	①大鳥荘雑掌快賢、②御家人(丹生)宗綱、③大鳥荘(雑掌追却・苅田狼藉)
	正応五・六・九(一二九二)	両使C	小塩左近太郎入道・守護代	①日根荘鶴原村雑掌、②同村沙汰人兼綱、③(年貢抑留)
	嘉暦二・六・二(一三二七)	両使A	関六郎入道正澄・伊地知右近将監親清	①高陽院大番頭雑掌頼直、②上条地頭田代又次郎基綱、③大番舎人雑免田・番米
	元徳二・一〇・二五(一三二九)	両使D	香河彦五郎・堀江六郎二郎(秀清)	①地頭田代基綱代真行、②大鳥荘住人等覚、③大鳥荘(城郭を構え殺害)
河内	正応三・七・九(一二九〇)	両使A	通益・頼成	①平田荘地頭代行政、②河内国当麻荘住人忠行法師、③大番用途抑留
	嘉元四・四・七(一三〇六)	両使A	大内弥三郎入道・酒匂左衛門八郎	①雑掌重舜、②河内国御家人高安太郎、③平野荘(濫妨狼藉)

本所による個別荘園支配の限界であり、さらには寺社本所の権益を回復・保存する役割を六波羅探題が果たすことによって、「本所敵対」として開始されたはずの「悪党」運動が倒幕運動へ転化する契機が生まれたことである。

(四) 畿内近国④ 播磨・丹波

表23に播磨、表24に丹波の六波羅使節をまとめた。ともに六波羅南方探題が守護を兼任した。播磨の梶原・江田・大多和(相模)、長浜(武蔵)、丹波の中沢・久下・足立(武蔵)、荻野・酒井(相模)、臼井(下総)、物部(上原、信濃)はそれぞれ東国出身の御家人(おそらくは在京人)で、ときに守護代(六波羅探題被官)や六波羅奉行人と組んで使節となっている。六波羅北方探題が守護を兼任した摂津のように国御家人が使節となる事例は、「丹波国押領使」との徴証がある小河のみである。[94]

係争事案の内容も、のちに「悪党」の名をほしいままにする播磨国御家人寺田法念が訴人となった播磨の一例を除き、すべて権門貴族・寺社本所からの要請による六波羅使節である。一例をあげよう(95)。

①（端裏書）「違勅院宣案　大阝荘悪党沙汰具書　元亨二十七」

播广国平野荘悪党事、内府状副雑掌重申状具書如此、子細載于状候歟、此事依不叙用、度々　院宣、可誡沙汰之由、先度被仰武家了、而件輩相語所々悪党、立籠荘家、弥及濫吹云々、太以無謂、所詮急速可誡沙汰之由、重可被仰武家旨、新院御気色所候也、仍言上如件、頼藤誠恐頓首謹言、

正和五
六月廿四日　　按察使頼藤奉

進上　伊予前司殿

②（端裏書）「御教書案　平野荘悪党事　到来正和五八二」

播磨国平野荘悪党乱入事、領家内大臣家御消息副雑掌真勝成安重申状如此、度々有其沙汰之処、彼輩乱入狼藉令超過歟、早長浜六郎入道相共、相催国中地頭御家人等、莅彼所、且相鎮狼藉、且任法可召捕其身、且地頭御家人等参否交名可注進之、凡悪党雖令退散、尋捜在所可召捕之、加之、毎度雖不被仰下、悪党乱入之由、真勝等訴申者、致其沙汰、載起請之詞、可被進請文也、仍執達如件、

正和五年七月十三日　　越後守（花押）

陸奥守（花押）

糟屋弥次郎殿

①②は、表23にみえる正和五年平野荘「悪党」鎮圧にかかる六波羅使節糟屋・長浜の派遣を語る史料である。②に「地頭御家人等参否交名可注進之」「毎度雖不被仰下、悪党乱入之由、真勝等訴申者、致其沙汰」とあるように、摂津垂水荘「悪党」にかかる事例と同様に、六波羅使節が守護権＝軍事・警察機能を本所と連携しつつ恒常的に果たす役割を与えられていることがわかる。

表23　播磨国の六波羅使節

年代	分類	使節	案件（①訴人、②論人、③論所等）
正安元・五・二〇(一二九九)	両使A	梶原三郎	①東大寺衆徒等、②坂部地頭代定行、③大部荘（濫妨）
正安元・七・七(一二九九)		江田六郎	
嘉元四・九・二(一三〇六)	両使A	神沢太郎左衛門尉重綱・大多和彦次郎□基	①播磨国御家人寺田法念、②一方地頭代季継、③矢野荘重藤名・公文職(年貢抑留)
徳治三・二・六(一三〇八)	両使C	江田五郎入道・伊豆五郎太郎入道	①神護寺領福井西保雑掌、②③役夫工米(譴責停止、「御室御教書」の施行)
正和四・二・一三(一三一五)	両使C	(守護代)糟屋弥次郎・石原又次郎	①南禅寺領矢野例名雑掌、②範家法師・法念弥太郎・安芸法橋、③矢野例名(濫妨狼藉)
正和五・七・一三(一三一六)	両使D	(守護代)糟屋弥次郎・長浜六郎入道	①雑掌真勝・成安、②悪党、③平野荘(乱入狼藉)「領家内大臣家御消息」の施行
元亨二・三・一八(一三二二)	両使C	(守護代)小串三郎左衛門尉(範行)・江田六郎入道	①上方地頭代頼融、②前代官澄海、③高野山金剛三昧院領有田荘(押領・年貢抑留)
元亨三・七・五(一三二三)	両使C	(守護代)小串三郎左衛門尉・内藤馬允	①東大寺衆徒等、②窪木地頭向井八郎、③大部荘（年貢押取狼藉）
元徳三・四・二〇(一三三一)	両使B	(守護代)高橋新左衛門尉・梶取弥六	①②福泊升米、③(修固・関務検知)

それぞれの端裏書にみえるように、これらは播磨国大部荘「悪党」鎮圧を求める元亨二（一三二二）年十月日付東大寺衆徒等申状に添えられた具書である。この申状では①は「違勅院宣」、②は「衾御教書案」と記される。[96]そして、この申状をうけた六波羅使節が表23元亨三年小串・内藤ということになる。

重要なのは、東大寺衆徒等の訴状具書に、洞院家領（「内府」「領家内大臣家」は洞院実泰）平野荘「悪党」鎮圧にかかる院宣・六波羅御教書が具書として採用されていることである。背景には大部荘「悪党」が、安志荘（宍粟郡）・林田荘（揖東郡）・垂井（加東郡）などの住人により構成され、「平野荘違　勅悪党」円了法師祐真がこれに含まれていることがあったと考えられるが、それ以上に、「悪党」問題が権門貴族・寺社本所が共同して対処すべき課題として顕在化していたことを示す事例として評価すべきであろう。

表24にまとめた丹波の六波羅使節の場合も、すべて権門貴族（近衛家）・寺社（松尾社・仁和寺・法金剛院）の要

請をうけた事例である。

丹波国宮田荘雑掌円道申生西父子致条々狼藉由事、重訴状副具書如此、如請文者、為在所不定、悪党伺隙令乱入云々、於向後者、毎度雖不被仰下、雑掌随相触、任法可被召進生西父子也、且載起請詞可被注申也、仍執達如件、

表24　丹波国の六波羅使節

年代	分類	使節	案件（①訴人、②論人、③論所等）
文永六・二・二二(一二六九)	両使C	小河左衛門太郎・臼井五郎太郎	①松尾社禰宜相幸、②地頭浄心幷舎弟光長、③雀部荘（乱入狼藉）
建治二・七・七(一二七六)	両使C	小河左衛門太郎・久下五郎左衛門入道	①波々伯部保雑掌、②保民盛利（御家人号を仮り煩）、③波々伯部保
永仁三(一二九五)	両使C	飯尾但馬房善覚・三宮孫四郎国明・荻野四郎入道忍性	①仁和寺領弥勒寺別院雑掌、②地頭中沢佐綱、③弥勒寺別院領（地頭分坪付）
永仁五・一〇・九(一二九七) 正安二・六・一(一三〇〇)	両使C	（守護代）税所左衛門尉・中沢三郎左衛門尉	①仁和寺、②三ヶ北荘前下司貞綱・貞重ら、③（逐電、当国地頭御家人に捜索指示）
正安四・四・七(一三〇二)	単使C	中沢三郎左衛門尉基員	
正慶元・二・(一三三二) 正慶元・三・二〇(一三三二)	両使C	（守護代）鵜沼四郎左衛門尉・酒井次郎左衛門尉	①雑掌（尊舜）、②③宮田荘大嘗会米譴責（中沢は譴責強行）
嘉元二・二・二二(一三〇四)	両使A	（雅楽入道）正観・成基	①主殿保雑掌定慶、②地頭酒井次郎左衛門尉孝信（年貢抑留）、③法金剛院領主殿保
嘉元三・四・二(一三〇五)	両使C	中沢三郎左衛門尉（基員）・（荻野四郎入道）忍性	
嘉元四・九・二九(一三〇六) 徳治二・一・二五(一三〇七)	両使D	（守護代）糟屋孫三郎入道・三尾（谷）十郎入道	①雑掌円道、②（前公文）生西父子ら、③宮田荘（乱入、殺害・放火等狼藉）
正和五・五・二三(一三一六)	両使A	（守護代）税所左衛門入道々栄・物部豊前弥二郎成家	①雑掌良有、②下司三郎左衛門入道寂仏・公文次郎左衛門入道観円、③宮田荘（本所違背・御家人役所望）
正中二・四・二四(一三二五)	両使D	荻野総三郎入道・足立彦五郎	①雑掌政雄、②景資法師ら、③松尾社領雀部荘（城郭を構え狼藉）

嘉元四年九月廿九日

越後守　在判
遠江守　在判

酒井次郎左衛門尉殿
鵜沼四郎左衛門尉殿

播磨の場合と同様に、ここでも「毎度雖不被仰下、雑掌随相触」とある。[97] 徳治二年の再令では「相催近隣地頭御家人、馳向」「於緩怠輩者、可被注申交名」と指示されている。摂津・播磨とともに六波羅探題が守護を兼任する丹波でも、六波羅使節が守護権＝軍事・警察機能を本所と連携しつつ恒常的に果たす役割が与えられたことが確認できる。第一章第一節で「六波羅分国」としたエリアにおける使節の特質ととらえておきたい。

（五）畿内近国⑤　近江

表25に近江の六波羅使節を一覧した。園城寺・延暦寺抗争にかかる奉行人使節（三件）、守護代が論人となる事案を除くと、曽我、矢島、小串、有賀、頓宮（内藤）はすべて在京人と認定される。矢島弥太郎、曽我又次郎は室町幕府使節としての徴証もある（第三章第二節）。近江守護は佐々木氏が世襲したが、興福寺領柿御園における春日神人殺害事件では、有賀・頓宮の六波羅使節に「近隣地頭御家人」を動員した論人（殺害人）の召進が指示されている。[98]

①近江国鯰江荘中道西法師神人殺害事、覚円僧正状　奏聞之処、早没収所職、可被召出其身於使庁之旨、可被申近衛前関白（家平）之由、所被仰下候也、仍執達如件、

（元応二年）十二月廿六日

（万里小路）宣房

左少弁殿

②興福寺領近江国鯰江荘中柿御園惣追捕使道西法師狼藉事、院宣副覚円僧正状幷具書如此、子細見状候歟、以此旨可令洩申

表25　近江国の六波羅使節

年代	分類	使節	案件（①訴人、②論人、③論所等）
永仁六・二・二（一二九八）	両使A	曽我又次郎太郎・矢島弥太郎	①菅浦供御人、②塩津荘地頭熊谷七郎次郎（直忠）、③（鈎事）
永仁七・二・二〇（一二九九）			
永仁七・三・二七（一二九九）			
延慶三・三・三〇（一三一〇）	両使A	小串五郎左衛門尉・□（矢？）嶋弥□□□	①雑掌道円、②沙汰人・百姓、③一切経保田（年貢未進）
元応元・三・二四（一三一九）	両使B	（大野？）秀尚・（関）良成	①②（園城寺・延暦寺抗争）、③（園城寺への使者）
元応元・四・（一三一九）		伊地知孫三郎季昌・関右近蔵人良成 宗像新左衛門尉基氏・俣野中務丞家景	①②（園城寺・延暦寺抗争）、③（園城寺境内戒壇・城郭の破却実否検知）
元亨元・八・九（一三二一）	両使D	有賀左衛門四郎・頓宮肥後彦六郎	①興福寺、②前惣追捕使大炊助入道々西ら、③柿御園（春日神人殺害）
嘉暦四・五・五（一三二九）	守護A	佐々木三郎右衛門尉	①菅浦惣官供御人、②守護代ら、③菅浦（狼藉）

入給、仍執啓如件、

（元応二年）十二月廿六日　　左少弁（柳原）資明

（充所欠）

③柿御園住人道西法師間事、停廃所職、被追却御領内候了、於其身者武家被管之間、非本所進止候、得此御意、

可令計披露給之由所候也、恐々謹言、

（元応三年）二月十八日　　（平）仲定

謹上　左少弁殿

④学侶申道西法師間事、近衛前関白請文如此、子細見状候歟、以此趣可令申給、仍執達如件、

（元応三年）二月廿日　　左少弁資明奉

謹上　東北院法印御房（覚円）

⑤興福寺申近江国柿御園前惣追捕使大炊助入道々西以下輩殺害春日神人定源由事、重交名注文如此、頓宮肥後彦六郎相共、相催近隣地頭御家人、任法可被召進道西以下輩也、更不可有緩怠之儀、且載起請詞可申散状也、仍執達如件、

元亨元年八月九日　　　　　　　陸奥守維貞

有賀左衛門四郎殿

①は後宇多院院宣、②④は興福寺を氏寺とする藤原氏長者（一条内経）宣。③は④に「近衛前関白請文」と記されるから仲定（蔵人の履歴あり）は近衛家家司とみるのが穏当である。②は充所を欠くが、これも近衛家家司であるのがふさわしい。⑤は六波羅使節派遣にかかる六波羅御教書。この時点で六波羅北方探題は不在。南方探題大仏維貞のみの署名である。

さて、ここにみえる「柿御園前惣追捕使大炊助入道々西」による「春日神人定源」殺害事件の端緒は、近江守護佐々木頼綱等による柿御園新規用水設営にある。いま、ここにその経緯を詳論する余裕はないが、新規用水設営を不当とする鯰江荘住人と領主興福寺と柿御園・佐々木氏との相論は、南都神木の入洛を経て、頼綱は尾張へ配流となったのである。[99] その後もくすぶり続けた柿御園と鯰江荘との対立関係のなかでひきおこされたのが、この事件である。

ただ、このときは本所間相論としての扱いで訴訟手続が進行し、①②では道西等の所職没収と、検非違使庁への身柄引渡しが柿御園本所である近衛家に指示されている。ところが、③にあるように、近衛家としては道西等の所職を没収し、「御領内」追却の処分としたが、道西等は「武家被管」であるから、（検非違使庁への引渡しの前提となる）身柄の拘束については「本所進止」にあらずとして、院宣を帯びた興福寺の要求に応えることはなかった。いうまで

もなく、近衛家は興福寺を氏寺とする藤原氏五摂家の嫡流である。

道西等の「武家被管」たる根拠はまず近江守護佐々木氏との関係にある。おそらくは③をうけて、興福寺は六波羅探題に道西等の「召進」を求め、⑤による六波羅使節派遣となったのである。検断沙汰でありながら守護の関与がないとすれば、係争当事者と縁戚ある人物を訴訟手続（使節任用を含む）に関与させないという幕府訴訟制度の退座規則が機能したというより、退座規則を理由に守護佐々木氏の関与を嫌った興福寺の意向が六波羅探題の沙汰に反映したというのが真相であろう。守護が使節遵行を主管すれば、サボタージュが予想され、さらには解決したはずのかつての争いが再燃する懸念も興福寺にはあったと考えられる。「相催近隣地頭御家人」という畿内近国の六波羅使節にしばしば与えられた権限が近江でも確認されることにも留意しておきたい。

三　「西国成敗」の構造Ⅱ——畿外諸国——

（一）東海道および東山道（美濃）

表26に、すでに紹介した伊賀を除く東海道諸国および近江を除く東山道ということで美濃の六波羅使節を一覧した。東海道の「近国」は三河までであるが、三河は原則関東の管轄であった。

伊勢は、奉行人使節の関・斎藤（伊勢）を除き、河村（相模）、佐竹（常陸）が東国出身の在京人。豊田は国御家人の可能性がある（豊田荘？）。柏原（近江・丹波など）については未詳である。伊勢守護は当該期金沢北条氏の世襲で、貞顕が前任の父顕時のあとを継いで正安三（一三〇一）年から元徳二（一三三〇）年まで守護の任にあった。表28に示される範囲のほぼすべてが貞顕守護期にあたる。また、貞顕は応長元（一三一一）年から正和三（一三一四）年まで六波羅北方探題でもあった。金沢北条氏の氏寺でもある称名寺関係の事案がみえ、これらに守護貞顕の関与があった可能性も否定できない。

表26 東海道・東山道諸国の六波羅使節

国名	年代	分類	使節	案件(①訴人、②論人、③論所等)
伊勢	正安二・七・三(一三〇〇)	両使A	河村佐藤(五郎入道)・豊田彦五(郎)	①(三重郡)南松本地頭代順恵、②百姓民部次郎入道等、③所当公事対捍
	嘉元二・六・八(一三〇四)	両使A	豊田彦五郎・河村佐藤五郎入道	①③(関東御教書、諸御厨)、②祭主(大中臣定忠)
	嘉元二・九・二八(一三〇四)	両使A	春日部弥二郎入道正仏・(姓未詳)景家	①(称名寺)、②真近地頭代、③寺領平松・壁口(押領)
	徳治三・六・二五(一三〇八)	両使B	関左近大夫・斎藤六郎入道行西	①②③「延慶元六廿四五比、伊勢国へ叛逆悪党乱入御使」(官宣旨は正慶元年六月十八日付、「元弘の乱」にかかる)
	正和三・六・一九(一三一四)	両使A	佐竹四郎五郎入道義念・柏原九郎次郎貞秀	①守護領庄田方地頭代浄慶、②太神宮領殿村住人西蓮・又四郎、③(出作年貢未済)
	正和五・九・二五(一三一六)	両使C	(守護代)小串六郎行郷 佐竹四郎五郎入道(義念)	①富樫介(家春/定照)子息次郎(泰明)、②土民ら、③飯野・多気・三重・安濃・員弁郡地頭職(本所望みにより地頭を置くも抵抗・狼藉)
志摩	元亨二・五・二(一三二二)	両使C	桑原神兵衛尉・山田又三郎入道	①二見江寺住僧弁盛、②荒島住人右衛門三郎、③悪志島(蔵本・同舎兄道妙住宅強盗)
尾張	正安三・二・七(一三〇一) 乾元二・二・九(一三〇三)	両使C	味鏡太郎左衛門尉・朝日孫太郎	①安食荘五郎丸・光弘名主能真、②地頭代、③(押領・狼藉)(醍醐寺文書/大日本古文書一九三四・一九三五)
	嘉元二・三・三(一三〇四)	両使A	朝日孫二郎(頼氏)・守護代	①京都住人理真、②尾張国西門真荘地頭代、③借用証文(返却難渋)
	正和三・四・二五(一三一四)	両使A	朝日孫次郎頼氏・中島正介入道承念	①草部郷一分地頭幸寿丸代教円、②宗隆跡地頭草部助太郎入道善願、③同郷清水寺・田畠(濫妨)
美濃	正安三・三・一〇(一三〇一)	両使A	伊賀二郎兵衛尉・鵜飼三郎太郎	①東大寺学侶等、②地頭代、③茜部荘(年貢未済)
	嘉暦二・八・二八(一三二七)		波賀次郎入道・矢部七郎	①東大寺衆徒等、②地頭代、③茜部荘(年貢抑留)
	嘉暦四・六・二八(一三二九)		波賀次郎入道・椙谷又三郎入道	①雑掌定尊、②地頭代、③茜部荘(年貢抑留)
	正慶元・八・二一(一三三二)		和田四郎・飯尾大蔵右衛門尉(下人)	
	元応二・一二・一八(一三二〇)	両使C	小笠原二郎・塩谷又二郎入道(定仏)	①御即位以下三ケ奉幣美濃国使貞光、②地頭御家人、③奉幣物准擬雑事(難渋)

貞顕はまた表26志摩の事例においては志摩守護としてあらわれる。桑原・山田は守護代親政奉書をうけた守護使節である。検断沙汰に属するため、守護が管掌することになったと理解しておく。

次に尾張は特徴的な構成である。朝日は知多郡大野荘の開発領主大野氏の一族、中島は在庁系御家人で、ともに承久合戦で京方に与し一時没落したが復活するという歴史をともに刻んだ武家である。伊勢の使節となる春日部も国御家人で伊勢に所領を有した可能性がある。[100]味鏡《あじま》も国御家人で、本領は味鏡郷。論所の安食荘に隣接する位置にある。

尾張守護が北条氏一門（名越）に帰するのは正和三（一三一四）年のことで、表26の年代範囲は、承久合戦ののち尾張守護を世襲した中条氏（景長）守護期にあたる。中条氏は六波羅評定衆にも列する雄族で、使節事例のすべてにあらわれる朝日は在京人である可能性が高い（第一章第一節）。尾張の六波羅使節の中核的位置を占める朝日が、在京生活を通じて守護中条氏とも連携し、六波羅探題の意思の回路を構築・維持していたと考えることもできる。

東山道では近江・美濃が「近国」。美濃の六波羅使節は、奉行人の飯尾のほか波賀（芳賀）、伊賀、小笠原、塩谷など東国出身の在京人によって担われ、鵜飼がわずかに美濃国御家人である可能性を有する。[101]美濃もまた尾張と同様に承久合戦で国御家人の多くが京方に与し没落した。尾張の場合は前述のように復活し六波羅使節となる御家人があったが、美濃の場合そのような事例は確認できていない。係争事案は東大寺領茜部荘地頭（長井氏）の年貢抑留問題がほとんどで、「御即位以下三ケ奉幣（料）」徴収にかかる事案は、丹波・安芸の大嘗会米徴収（譴責）と同様に、王朝権力による一国平均役賦課・徴収に幕府（六波羅探題）が関与した事例として理解しておきたい。

（二）山陽道

備前から長門に至る山陽道諸国の六波羅使節を表27にまとめた。いわゆる国御家人で使節となっているのは美作の江見・角田と備後の椙原である。[102]その他は東国出身の御家人であり、六波羅探題の在京人編制を前提に理解すべき顔ぶれであるが、伊賀・頓宮・松田が備前に、安東が美作にそれぞれ所領を有したことが確認される。(103) 備中の雅楽・関・斎藤は六波羅奉行人で、「西国」において六波羅奉行人が六波羅使節として確認できるのは備後までである。(104) 周防については長門探題設置後の案件であるので守護代使節となったと理解しておく。

まず注目するのは渋谷平六（重氏）である。重氏は相模渋谷（薩摩入来院）氏の一流で、相模国・薩摩国の所領のほか、美作国英多郡河（川）会郷内亀石・土師谷にも所領をもった。(105) この渋谷平六が、美作国英多郡林野保一分地頭江見信茂出家暇一件の実情確認の使節となり、その三年後には備前国豊原荘の所務相論にかかる狼藉の実否確認の使節ともなっている。河会郷は備前国との境界部にあり、林野保、江見氏の本領江見荘、およびこれに近接する安東氏の英多保とは吉井川水系でつながる位置にある。備前国豊原荘は吉井川が瀬戸内海に注ぐ河口近くにあり、渋谷氏にとっては物資需給ルートの一角として親近性があったと考えられるが、渋谷平六が備前国内に所領をもった徴証は見出せない。六波羅探題の在京人編制のなかで、紛争の当事国に所領を有するかどうかにかかわらず、同じ御家人が複数の異なる国の使節にたった事例として確認しておきたい。

犬甘氏も備前と備中で確認される。年代、仮名の異同から別人であることは明らかであるが、信濃源氏平賀氏の一流と推定される犬甘氏が、備中・備前国内（両方またはそのいずれか）に所領を有した可能性をはらみつつ、六波羅探題の在京人編制のなかで複数の異なる国の使節に立っていることもまた重要である。

表27 山陽道諸国の六波羅使節

国名	年代	分類	使節	案件（①訴人、②論人、③論所等）
美作	弘安元・四・二(一二七八)	単使A	江見三郎入道々阿	①渋谷定仏後家尼妙蓮、②渋谷重員、③渋谷屋敷（押領）
	嘉元二・九・二〇(一三〇四)	両使B	渋谷三郎入道定親・松田三郎太郎盛経	①備前国藤野保地頭（頓宮肥後六郎義綱）、②八塔寺衆徒、③山木相論
	延慶二・三・二一(一三〇九)	両使A	江見孫次郎・角田六郎次郎	①六波羅蜜寺所司、②高野郷一分地頭牧木工助家綱、③高野郷（苅田狼藉）
	元亨二・三・九(一三二二)	両使B	安東二郎兵衛入道・渋谷平六（重氏）	①林野保一分地頭江見信茂（出家暇申すにつき年齢・病体検見）

備前	正中二・三・二三(一三二五)	両使B	犬甘彦六郎・渋谷平六(重氏)	①雑掌宗清、②(姓未詳)親経・範平ら、③豊原荘(濫妨・追捕狼藉)
	嘉暦二・三・七(一三二七)	両使C	伊賀左衛門二郎光幸 頓宮六郎三郎入道清観	①春日社禰宜守職、②平井覚法ら、③上道郡荒野(濫妨)
	嘉暦四・二・一〇(一三二九)			
備中	弘安六・八・四(一二八三)	両使A	犬甘蔵人入道・雅楽左衛門三郎入道	①小坂荘雑掌、②同荘地頭庄藤四郎入道行信、③小坂荘(違乱・非法)
	弘安六・一二・八(一二八三)			
	弘安八・四・二(一二八五)	両使C		
	正和二・六・九(一三一三)	両使A	正証(関)・玄基(斉藤)	①東福寺領上原郷地頭代宗覚、②在庁重氏・弥氏ら、③上原郷(刃傷・追捕狼藉)
備後	嘉元三・三・二〇(一三〇五)	両使C	土肥六郎・相原右近将監	①雑掌慶海、②山中郷公文善願子息富部貞信、③高野山大塔領大田荘(年貢抑留)
	文保元・三・二〇(一三一七)	両使C	伊地知民部大夫長清・藍原左衛門入道定光・太田又次郎	①金剛峯寺衆徒、②守護長井貞重代官円清、③大田荘倉敷尾道浦(放火・殺害・刃傷・追捕狼藉)
	元応二・三・一二(一三二〇)	両使C	山鹿孫三郎・長加賀馬大夫	①高野山大塔、②(悪党)覚寿以下輩、③大田荘(狼藉)
安芸	建治元・九・一〇(一二七五)	両使A	美作三郎(小早川)・下妻孫次郎	①在庁上西清経・惣社三昧堂一和尚承兼、②温科地頭代能秀、③名田押領・苅田
	永仁六・五・(一二九八)	両使B	下妻孫次郎入道浄一・熊谷三郎四郎入道行蓮	①三田新荘上村、②同荘下村、③(堺相論、牓示打)
	永仁六・五・(一二九八)		小早川美作前司忠茂・武田孫四郎泰継	①三田新荘上村、②同荘下村、③(堺相論、牓示復検)
	正安三・二・一(一三〇一)	両使C	肥後五郎左衛門尉(政行)・安芸三郎(遠政)	①安芸国田所資賢、②久村地頭金子三郎二郎入道願西、③所当以下得分物(弁償)
	嘉元元・一二・(一三〇三)	両使A	下妻孫三郎朝幹・狛原五郎四郎忠時	①三入荘一方地頭熊谷行蓮(頼直)後家尼・子息直明、②可部荘東方地頭遠江修理亮後家代源秀、③三入荘(乱入・狩猟)
	延慶三・一〇・一〇(一三一〇)	両使C	肥後五郎左衛門尉政行・安芸三郎遠政	①新勅旨田雑掌頼有、②肥後五郎左衛門尉政行・安芸三郎遠政、③大嘗会米(譴責)
	正和三・四・一二(一三一四)	両使A	下妻孫三郎(明房)・児玉七郎入道(遍心)	①雑掌頼有、②志芳荘一方地頭肥後五郎左衛門尉政行・同一方地頭安芸三郎遠政、③新勅旨田(大嘗会米譴責)
	元応二・八・一七(一三二〇)	両使C	塩谷左衛門入道・児玉七郎入道	①②(海上警固令)、③安芸国(安南郡)亀頸警固(賊徒)
周防	永仁七・三・二五(一二九九)	単使A	守護代	①佐波如円代盛親、②与田保地頭武者六郎光朝・頼氏、③与田保公文職

次に、備後の土肥六郎は、永仁六（一二九八）年に六波羅探題で争われた近江国箕浦荘内境相論の当事者土肥六郎入道行蓮のほかに比定の材料を求め得ないが、[106]鎌倉幕府草創期における土肥実平の備前・備中・備後における活動実績を考慮すれば、備後国内に地頭職を得た子孫があっても不思議はない。備後国在庁の出自と伝え、幕府ならびに六波羅奉行人としての活動実績を残す椙原一族の右近将監とともに、地頭クラスの御家人と考えておく。

安芸はいずれも安芸国内に地頭職を有した東国御家人である。[107]

山陽道諸国においては、末は九州に至る物資供給ルートとしての瀬戸内海を擁し、またそれゆえに多くの荘園が設営されてきているだけに、権門貴族・寺社の関心ないし危機意識の強さがこれら六波羅使節の事例検出にあらわれたといえよう。

（三）山陰道

表28に丹波を除く山陰道諸国の六波羅使節事例をまとめた。

丹後から石見に至る諸国でも、国御家人は丹後の山田四郎利直（与謝郡山田郷が本貫地）のみであり、東国御家人の優位が確認される。

丹後の佐貫彦太郎忠広は上野国佐貫荘を本貫地とする東国御家人で、但馬・出雲の所領が確認できる。[108]堤五郎については、承久の乱の折に宇治橋合戦で負傷した同名の人物があるほか、元亨二（一三二二）年、播磨国大部荘に対する「苅田狼藉悪党人」「文保三年悪党退治御使下向之時搦進交名人」と指弾される播磨国賀茂郡の「垂井住人」に同名の人物がある。おそらくこの人物はさらに貞和三（一三四七）年に尾道浄土寺からも悪党人と糾弾されている。ここでは「広沢一族」と自称したことも知られる。[109]

丹後に矢部孫次郎、因幡に矢部七郎がみえる矢部氏は、駿河国有度郡矢部郷を本貫地とする御家人と推定される。

表28　山陰道諸国の六波羅使節

国名	年代	分類	使節	案件（①訴人、②論人、③論所等）
丹後	正和三・二・一六（一三一四）	両使C	堤五郎・矢部孫次郎入道	①大内荘雑掌道円・円成、②地頭代・正舜、③大内荘（濫妨狼藉、関東御教書の施行）
	嘉暦四・三・二七（一三二九）	両使A	佐貫彦太郎忠広・山田四郎利直	①久美孫三郎行親代行信、②吉岡保一分地頭次郎入道円阿ら、③佐野郷吉岡保買得田
因幡	元応元・一〇・二四（一三一九）	両使C	保土原馬允・矢部七郎	①地頭代有尊、②郷内薬師寺住人新河兵衛次郎ら、③（高草郡）古海郷（刃傷・作毛刈取）
	元徳元・七・二（一三三一）	単使C	海老名左衛門五郎維則	①称名寺雑掌光信、②（東盛義跡）、③千土師郷東方上村三分一
出雲	建長四・六・二七（一二五二）	単使A	守護代	①岩坂郷地頭代、②神魂社神官、③境相論（地頭代上洛難渋）
	文永一〇・二・二〇（一二七三）	守護C	佐々木信濃前司（泰清）・三崎検校（日置政吉）	①日三崎社、②殺生禁断違反者注進、③社領分
	文保元・三・一〇（一三一七）	両使A	相馬八郎次郎胤時・片山平三入道観知	①禰宇村地頭明知息女紀氏宮石女等代泰次、②日野又次郎茂直、③大野荘（名田畠、論人下国につき召文催促）
石見	元徳三・一・二三（一三三一）	両使C	河上添三郎入道・内田左衛門三郎入道（朝員）	①周布郷惣領地頭兼宗代頼重、②兼光、③惣領分（打入・城郭を構え濫妨）

矢部氏は因幡国・備前国・淡路国に所領を有したことが確認できるが[110]、矢部七郎については、嘉暦二（一三二七）年に美濃国茜部荘相論にかかる六波羅使節に同名の人物がみえることが注目される[111]。ここではこれを同一人と想定し、美作・備前における渋谷平六の如く、同じ御家人が複数の異なる国について六波羅使節となる事例と考える。この場合は京より東西に異なる意味で興味深い。なお、同じく因幡の六波羅使節としてみえる保土原氏は陸奥国岩瀬郡に本貫地を有する御家人であるが、承久の乱の折に宇治橋合戦で負傷した保土原三郎のほか一族の動向を知り得ない[112]。海老名氏は相模国に本貫地を有する御家人で、西国では播磨国矢野荘、備後国信敷荘等に所領を有したことが知られるが、因幡国内の所領は確認できていない[113]。

次に出雲。六波羅使節としてみえる相馬八郎次郎胤時は下総国相馬厨を本貫地とする御家人相馬氏の一族で、出雲国松井荘に所領を有する相馬四郎の名が確認できる[114]。片山平三入道観知については、東国御家人で丹波国和知荘に所領を有した片山氏の一族であり、出雲国知伊社に所領を有した片山二郎入道との関連も注目される[115]。

（四）南海道

表29に南海道諸国の六波羅使節事例をまとめた。

紀伊における湯浅一族の卓越した立場が使節遵行の場面でも確認されることは、第一章第一節でも指摘した。高橋修は、湯浅党盟主の湯浅宗業が紀伊国上使として守護代・六波羅使節にも優越する地位にあり、紀伊一国の紛争解決機能の中枢は幕府・六波羅の公認のもと、湯浅氏という地域権力により担われていたと評価している[116]。高野山が当事者となる事案も含め、基本的に地域的領主間紛争が主体であって、播磨のケースでみたような荘園領主の在地支配権保存のための法廷闘争という性格も希薄である。王朝権力の地域認識では「近国」にありながら、他の「近国」に比して王朝権力の浸透度は薄く、そうした背景をうけて湯浅氏を中核とする在地秩序も形成されたと考えることもできる。前掲、法勝寺阿弥陀堂供養守護武士に摂津在庁「野部介」と並んで「湯浅人々」があることについて、王朝権力の「近国」認識を反映していると考えた。王朝権力（院）が守護武士を催徴していた時代の遺制に基づき、「近国」在庁系の「国侍」が守護の役に加わったのであるが、摂津の「野部介」は六波羅使節の一員（一事例）としてあらわれるに過ぎない。摂津の場合は、摂関・院政期にかけて国内武士が「国侍」として摂津国衙に結集することなく、多くは摂関家や院に仕え、あるいは摂津源氏や伊勢平氏などの軍事貴族と主従関係を結んでいったことと無縁ではあるまい。湯浅氏の場合は、惣領制的な枠組みを地縁的（党）的結合に昇華させることによって南北朝内乱期に至るまでその地位を維持する。

讃岐に守護使節が確認される。守護は北条有時に比定され、当該期の六波羅探題は有時には甥となる北条長時である。ただ、使節となった三堀氏、山鹿氏については讃岐国御家人のなかにも、北条氏被官のなかにも見出すことがで

表29　南海道諸国の六波羅使節

国名	年代	分類	使節	案件（①訴人、②論人、③論所等）
紀伊	仁治二・(一二四一)	両使B	越前法橋頼円・富田入道西念	①丹生屋村地頭品川清尚、②高野山領名手荘住人等(水論/苅田・刃傷)、③丹生屋村
	弘長三・八・一八(一二六三)	両使A	守護代・湯浅左衛門入道	①丹生屋村地頭品川為清、②高野山領名手荘住人等(水論/苅田・刃傷)、③丹生屋村
	建治元・一二・(一二七五)	両使C	湯浅二郎左衛門入道・湯浅三郎左衛門次郎宗親	①湯浅三郎左衛門次郎宗親、②荒川弥四郎為時（召進）、③阿氐川荘
	弘安一一・(一二八八)	両使B	斎藤四郎左衛門尉基永・俣野八郎（法名寂一）	①薬勝寺雑掌僧良俊、②勢多半分地頭金持三郎右衛門尉広親、③三上荘勢多郷（相伝由緒の尋究）
	正応二・一二・一二(一二八九)	両使C	香河五郎忠景・守護代唯心	①薬勝寺雑掌僧良俊、②勢多半分地頭金持三郎右衛門尉広親、③三上荘勢多郷（論所を除き広親に沙汰付）
	正応五・一〇・七(一二九二)	両使C	玉井小太郎入道(西蓮)・石垣太郎左衛門尉宗明	
	正応四・一〇・五(一二九〇)	単使A	高橋三郎入道（→菱田唯心）	①金剛峯寺衆徒、②荒河荘・名手荘住人為時法師・義賢・蓮空、③吉中荘(殺害・放火)
	永仁元・八・一二(一二九三)	両使C	（守護代）高橋三郎入道貴志次郎入道	①千住名地頭代景親、②（充行？）、③散在名
	永仁六・一二・七(一二九八)	両使B	湯（浅）七郎兵衛宗泰・守護代重連	①粉川寺住侶等・徳大寺前内大臣家雑掌、②当給人地頭等、③栗栖荘
	乾元二・四・一八(一三〇三)	両使A	源（藤並）尚・左兵衛尉家持	①歓喜寺々僧等、②千住名地頭代、③和佐荘南村（押領）
	正和二・四・二九(一三一三)	両使A	飯尾兵衛大夫（為定）・三宮孫四郎（国明）	①紀伊国御家人長田刑部房紹金息女藤原氏女西金、②百姓景久・氏行・末行・光行、③鞆淵園（殺害、召出要求→鞆淵八幡宮検校）
	文保元・一二・一二(一三一七)	両使C	湯浅太郎左衛門入道・丹生図彦十郎	①高野山蓮華乗院学侶、②地頭代、③南部荘（年貢抑留）
	文保二・八・六(一三一八)			
	元応二・八・一三(一三二〇)			
	元応二・一二・一〇(一三二〇)	両使C	山口孫太郎・和佐孫太郎入道	①雑掌季清、②③役夫工米譴責停止
淡路	元徳二・三・一〇(一三三〇)	両使C	安見弥三郎入道・大山又三郎	①都志郷地頭代真勝、②同郷公文泰信・真阿ら、③山賊・刃傷
	元徳二・五・一八(一三三〇)	両使D		
	元徳三・一一・二四(一三三一)			

阿波	徳治二・七・五（一三〇七）	両使C	柿原四郎・源泰経	①賀茂社領福田荘雑掌宗親、②惣追捕使行阿代忠房、③福田荘
	元徳元・二・二（一三二九）	両使C	小笠原又大郎・田村十郎入道	①大山崎神人、②柿原四郎入道笑三師房并国衙雑掌、③吉野川（新関、荏胡麻押取）
讃岐	宝治二・五・二三（一二四八）	両使C	三堀蔵人太郎・山鹿五郎	①（石清水八幡宮検校）、②（守護）、③本山新荘守護使入部（停止）
伊予	正安二・七・三（一三〇〇）	両使A	淡路四郎左衛門尉宗業・大槻又大郎盛綱	①伊予御家人三島大祝安俊代安胤、②福角清六入道、③貞光名内沽却田地
	正安三・三・五（一三〇一）	両使C	淡路四郎左衛門尉宗業・宇佐美六郎	①伊予御家人三島大祝安俊代安胤、②井上郷地頭代・石手民部房、③貞光名内沽却田地
	正安三・三・二（一三〇一）			
	嘉元二・九・二二（一三〇四）	両使C	神野四郎入道道覚・綿貫左衛門太郎幸綱	①預所栄実、②地頭宮内少輔仲良、③弓削島荘（下地・網庭）
	延慶二・二・二二（一三〇九）	両使A	綿貫左衛門二郎・高木五郎兵衛入道	①一分地頭藤原氏代長忠、②一方地頭重則、③忽那島（押領）
	元応三・二・二三（一三二一）	両使C	河野対馬前司（通有）・土肥彦九郎	①②（海上警固令）、③忽那島
	嘉暦二・七・二（一三二七）	単使A	守護代	①忽那島一分地頭代祐賢、②一分名主孫四郎ら、③苅田狼藉
土佐	嘉暦二・四・六（一三二七）	両使A	豊永彦太郎入道覚雲・山田彦太郎入道々賢	①立山社地頭彦太郎宣通、②御家人大高坂左衛門太郎助貞・伊勢房隆秀、③年貢抑留

きない(117)。

阿波の柿原氏は国衙在庁出身と伝える国御家人で、阿波の使節柿原四郎と論人柿原四郎入道笑三師房は同一人である可能性が高い。小笠原又太郎は守護小笠原氏の一族であると考えられる。源泰経については苗字を明らかにし得ず、出自の確定できない田村十郎入道とともに、阿波国内に所領を有したかどうかは不明であるが、それぞれ東国御家人と考えられる(118)。

伊予についてはすべて東国御家人と考えてよいであろう。ただ、上野国御家人と推定される綿貫氏が伊予国高橋郷にも所領を有していた可能性がみえるのみで、その他の御家人については現状で伊予国内の所領を確認できない(119)。ちなみに淡路四郎左衛門尉宗業は淡路守護長沼氏の一族で、長沼氏は淡路国のほか美作国・備後国にも所領を有していた。大槻氏は近江国・丹波国（推定）、宇佐美氏は淡路国に所領を有したことが確認される。高木五郎兵衛入道盛久は在京人の可能性がある[120]。

土佐は豊永氏、山田氏ともに国御家人で、それぞれ長岡郡豊永郷、香美郡山田郷を名字の地とする[121]。

権門寺社が訴人となる事案は阿波・讃岐・伊予で確認される。土佐の検出事例が一例であるという前提はあるが、山陽道の状況を参考に、瀬戸内海沿岸地域に対する王朝権力の関心ないし危機意識が山陰および土佐に比して高いと考えることは許されるであろう。

（五）北陸道

表30に北陸道諸国の六波羅使節をまとめた。北陸道では「近国」は若狭のみ。加賀までが六波羅探題の管轄である。

若狭の薬師寺は摂津輪田荘地頭に橘姓薬師寺左衛門三郎貞義があり、出浦が使節となる重親が若狭安賀荘に所領を有する。本郷は若狭本郷（大飯郡）を本領とする御家人、田河は近江田河荘が名字の地と推定され、伊勢麻生浦も領していた。若狭三方郷に所領を有する多伊良（惟宗）も含め、在京人であったと考えてよいだろう[122]。

加賀は、在庁系の御家人で守護に匹敵する名望・地縁と実力を有した富樫、倉光（富樫一族）は国御家人、出雲（波多野）、肥後（大見、熊坂荘地頭）、成（城）、安房（姓未詳）などは東国御家人と認定されるが、六波羅奉行人である津戸のほか、富樫、波多野、大見はともに代表的な在京人である。特異な存在にも映る小松上総房円勝は、小松寺（廃寺、後世の小松城の位置にあったとされる）の住僧と理解するのが穏当であろう。白山系寺院の名望僧であれば、係争事案にはふさわしい[123]。

いずれにしても傾向としては若狭・加賀ともに六波羅使節は在京人を中心に構成されたが、加賀は在庁系国御家人や白山系寺院の僧とおぼしき人物が使節となる事例が確認でき、そこに差異があると評価できる。

表30　北陸道諸国の六波羅使節

国名	年代	分類	使節	案件（①訴人、②論人、③論所等）
若狭	文永一一・(一二七四)	両使B	薬師寺左衛門入道通賢・出浦蔵人入道行念	①(雑掌)円実栄、②古老へ尋究、③前河荘
	正応元・七・二(一二八八)	両使C	(本郷)美作左近蔵人入道・多伊良兵部房	①若狭国一宮禰宜・若狭国税所代、②(造営)、③(一宮造営)
	嘉元三・二(一三〇五)	両使A	出浦孫四郎重親・田河孫五郎	①松田十郎頼成、②安倍頼延・景延、③(所従か否か)(安倍家文書/22116・22117)
越前	徳治二・二・六(一三〇七)	単使A	美作四郎泰景	①越中国大袋荘東放生津住人沙弥本阿代則房、②越前国坪江郷佐幾良・加持羅・阿久多宇三ケ浦預所代左衛門次郎・刀禰十郎権守・又太郎大夫・進士次郎、三国湊住人五郎三郎入道・信寂房、③関東御免津軽船（押取）
加賀	弘安一〇・(一二八七)	両使B	富樫新介家泰・倉光五郎入道観昭	①熊坂荘一方雑掌、②江尻左衛門尉泰俊、③熊坂荘（名田并苅田狼藉）
	乾元元・二・二八(一三〇二)	両使A	津戸孫三郎・守護代	①雑掌阿印、②地頭、③東前保（所務押妨・年貢抑留）
	嘉元二・二・二二(一三〇四)	両使C	安房蔵人大夫氏時・富樫四郎泰景	①得橋郷内佐羅別宮御供田雑掌貞清、
	嘉元四・七・二三(一三〇六)	両使C	出雲五郎左衛門尉景秀・肥後左衛門三郎秀時	②得橋本郷地頭（丹波掃部助貞高）代乗賢、③御供田（押領・苅田狼藉）
	徳治二・二・二二(一三〇七)	両使A	成（城）六郎尚親・小松上総房円勝	①得橋郷地頭代興範、②白山中宮佐羅別宮雑掌貞清、③別当郷佐羅村(押領)

四　「西国成敗」と六波羅使節

王朝権力―六波羅探題の「西国成敗」にかかる機能、役割がすべて六波羅使節によって担われ、実現されていたわけではないが、六波羅使節の動きをとらえることを通じて、六波羅探題の「西国成敗」の構造がみえてきたようである。まずは、王朝権力の畿内近国的性格がどのように反映されているのか、確認していきたい。

六波羅探題（京）を中心とする「西国成敗」の中核となるのは、まずは検非違使の機能をひきついだという意味を含め、京中である。京中における使節は篝屋守護人と奉行人という特徴的な構成となっている。雑務相論にかかる奉行人使節を除くと、限られた一件の範囲ではあるが、「洛中警固」とも関連して、ここに六波羅探題の京中「成敗」

いることを想起すればコントラストは明らかである。

次に、両使機能分類Dである。Dは六波羅探題が守護を兼任した摂津・播磨・丹波のほか和泉・近江・伊賀（守護代が使節一方）・淡路で確認される。多くは所務相論が先鋭化、武力化して検断事案に発展したケースで、同一事案でCからDへ転換することもある。地域的には本章第一節で鎌倉幕府法制にいう「畿内近国」の範囲として想定したエリアとほぼ重なる。ただ、山城・大和では確認されない。いわゆる「悪党」への対応でも、城郭を構え抵抗し当知行を継続している「悪党」に対して使節が「近隣地頭御家人」等を催して武力排除にかかる場合をDに分類したが、丹波の事例で紹介したように、「悪党」が「在所不定」であって、使節が「近隣地頭御家人」を催し捜索している場合はCとしてある。山城賀茂荘や大和平野殿荘の「悪党」や、論所が大和で論人の居所が河内であるケースなども同様のケースと理解すると、Dで示される武力対応とともに、「悪党」の行動に対応した六波羅使節による「畿内近国」の広域捜査を想定できるように思われる。深栖・春近による大和・山城・伊賀への「山城国悪党交名人召進」触れ申しなどは好例といえる。

第三に、六波羅使節における東国御家人／国御家人の比重である。総論的には東国御家人（東国出身の在京人）の優位は明らかといえる。その意味では、鎮西探題使節において国御家人の力量が再浮上してくることとは対照的な傾向を示すと結論づけられる。ただ、各論的には地域的な偏差も存在し、山城・大和・伊賀・摂津・紀伊・土佐・加賀・尾張・石見などでは国御家人（西国出身の御家人、多くは在京人）が優位となっている国も存在する。分布でみると、鎌倉幕府法制にみえる「畿内近国」として想定したエリアと六波羅探題管轄領域の周縁部（土佐・尾張・石見）という対照的な構成になっている。

さらに、同じ比較要件で六波羅使節となった御家人が論所の所在する国内に所領を有していたかどうか、考えてみる。国御家人が所領を有したことは論じるまでもない。東国御家人については、二、三の作業でも確認できるものと確認できないものが存在する。これについては、史料的な制約と筆者の調査能力不足に言及する前に、もとより六波羅使節のなかには本所側の要請に基づいて、在京人・篝屋守護人が起用されることがあったことを想起すべきであろう(124)。国御家人使節を含め、論所の所在する国に所領をもつことによって、その地域における一定の紛争解決能力が期待され、使節に起用されたとすれば、これはむしろ当事者主義的な論理で紛争解決への途が求められたと理解することができる。これに対し、論所との地縁を考慮せず、在京人・篝屋守護人が六波羅使節となる場合は、むしろ六波羅探題の職権主義的紛争解決の手腕が期待されたことになるであろう。同じ御家人が異なる国の六波羅使節となる事例の背景もこれで理解できそうである。そのように考えたうえで、二、三の作業結果をみると、六波羅探題のある京から遠い国ほど、その国に所領をもつ御家人が使節に起用される傾向が確認できることは重要と思われる(125)。

職権主義的な紛争解決という部分で、もうひとつ確認しておきたいのが奉行人使節である。いうまでもなく、六波羅奉行人は強制執行的な武力とはおそらく無縁で、迅速、的確な訴訟進行が期待される存在である。表31に奉行人使節を一覧にした。分類からするとCも若干みえるが、A・Bでほぼ占められることは瞭然である。Cも、それぞれ在京人等と組んだ使節の一員となっている（丹波・備中・備後）。地域分布をみると、北陸道・東山道では六波羅探題管轄の東限にあたる加賀・美濃、東海道では伊勢まで、西は山陽道が備後、山陰道は丹波、南海道は紀伊までである。奉行人が使節となるといっても、その「下人」が召文を届けているケースもあり(126)、この地域分布が、奉行人が実際に現地に臨んだ実績範囲を示すわけでないことを念頭においても、奉行人使節の活動範囲として了解することは許されるであろう。

最後に、相論の内容についてみると、荘園領主が訴人という構図が確認できるのは、山陽道では備後、山陰道では丹後、南海道では伊予までであり、それ以遠の諸国での相論は基本的に地域的領主間紛争と理解できる(127)。また、東海

表31　奉行人使節　（A3 は A 使節が 3 回、A/C は A・C が各 1 回を示す。他もこの原則に従う。）

奉行人名／国名	京	山城	大和	摂津	和泉	河内	丹波	播磨	伊賀	近江	美濃	紀伊	伊勢	備中	備後	加賀
（安富）行長	A															
飯尾大蔵右衛門尉											A					
飯尾貞兼									B							
飯尾但馬房善覚				C			C									
飯尾為定			A									A				
飯尾為連			A													
飯尾頼連		A														
伊地知家昌										B						
伊地知親清					A											
伊地知長清															C	
大野秀尚			A2							B						
雅楽三郎左衛門入道														A/C		
雅楽入道正観							A									
雅楽信重			A													
神沢重綱								A								
神沢秀政	A		A	C												
雑賀貞尚			A3													
斎藤（入道）玄基														A		
斎藤基永												B				
斎藤基夏	A		A													
斎藤六郎入道行西													B			
三宮国明			A				C					A				
関（入道）正証														A		
関左近大夫													B			
関正澄					A											
関正宗			A													
関頼成			A			A										
関良成										B2						
津戸弥三郎																A
津戸康朝			A													
俣野家景										B						
俣野寂一												B				
宗像基氏										B						
惟家	A															
宣秀		A							B							
通益						A										
成基							A									
倫□	A															
□基	A															
	6	2	16	2	2	2	4	1	6	6	1	4	2	4	1	1

道・東山道・北陸道についてはそれぞれ六波羅探題管轄の境界（尾張・美濃・加賀）まで確認できるので、管轄外の領域に目を向けなければならない。表32は、第一章第三節に掲載した東国使節の表から荘園領主が訴人という構図の相論事例を検出したものである。信濃に事例は確認されていない。東寺領常陸国信太荘のように荘園領主が一定の直務支配を実現していた荘園が東国にも存在していたことは明らかであるが、駿河・信濃・越後以東では使節がかかわる荘園領主が訴人という構図の相論は未確認である。

参考までに、表33を用意した。ここには、荘園領主が提訴事案の迅速な解決をはかる目的で、「武家」（六波羅探題）に院宣（綸旨）を下すことを求めた訴状が一覧にしてある。これをうけた院宣・綸旨が確認できない場合などは、本章第二節の公武交渉編年譜からは落ちていることになるので、その不足を補う意味もある。便宜、九州の事案も掲げた。山陽道で周防、山陰道で出雲へ拡大されたが、もとより院宣・綸旨が六波羅探題を経由して九州に施行されたことを考慮すれば、荘園領主が訴人となる構図の存在範囲を確定すべきは、その東限ということになるのかもしれない。

また、六波羅使節のかかわった事案を訴人別に件数比較した表34にみえるように、在京荘園領主が訴人となる事案の比率がきわめて高い。在京荘園領主は「畿内近国」の外側にも荘園を有していたのであるから、件数の多寡は、荘園領主の関心度や支配形式の異同に連動しているはずである(128)。本章第一節で述べた「六波羅探題が担う王朝国家の軍事・検断上の権門としての機能がもっとも期待されたのは他ならぬ畿内近国である」という文言をここで再確認しておきたい。

以上、やや点描的になったが、六波羅使節の地域、事案、人員構成などから、六波羅探題の「西国成敗」の構造について考えてみた。その結果、六波羅探題の「西国成敗」が王朝国家の畿内近国的性格に大きく規定される構造を有していたことが確認できた。結論ありきの運びと読まれる懸念はあるが、まずはその輪郭を確かめておけば、まず

表32　遠江・越中の使節遵行

国名	年代	分類	使節	案件（①訴人、②論人、③論所等）
遠江	建治三・二・一五（一二七七）	単使A	（守護代）山城兵衛次郎	①高野山領那賀荘雑掌、②百姓、③那賀荘（預所違背百姓召進）
遠江	正和元・一〇・一八（一三一二）	両使C	田中三郎入道・奥山六郎	①賀茂新宮神主忠久、②某、③浜松荘岡部郷地頭職
遠江	嘉暦元・三・一四（一三二六）	両使C	田中三郎入道・奥山六郎	①雑掌忠茂、②保歳、③浜松荘岡部郷地頭職
遠江	嘉暦二・一〇・二八（一三二七）	両使B	内田孫八郎（致景）・早原六郎入道	①山内孫太郎入道々光、②同刑部阿闍梨道俊、③飯田荘下郷田地
遠江	元徳元・二・二三（一三二九）	単使A	内田孫八郎（致景）	①勝田尼理阿代法阿、②内海彦太郎範長、③朝生西明寺在家
遠江	元徳二・八・四（一三三〇）	両使A	能定・文永（承）	①雑掌定祐、②地頭馬場禅尼、③村櫛荘（年貢未進）
遠江	元徳二・九・八（一三三〇）	両使A	「御使」	①雑掌定祐、②上野前司代豪円、③村櫛荘（年貢未進）
越中	建長八・六・五（一二五六）	両使C	長井斉藤左近将監・富来武者入道	①感神院、②下地中分牓示打、③堀江荘小泉・梅沢・西条村

表33　「院宣／綸旨→武家」申状

年代	国名	案件（①訴人、②論人、③論所等）	院宣・綸旨／武家	典拠
正安二・九・一〇（一三〇〇）	山城	①春日社、②観阿・重親（違勅狼藉）、③葛原新荘	院宣／武家	西園寺悦空（実兼）施行状（東寺百合文書／鎌倉遺文・東寺436）
延慶四・三・—（一三一一）	山城	①北野宮寺祠官等、②在地甲乙人等、③紅梅殿敷地（濫妨）	院宣／武家	北野宮寺祠官等申状（北野社紅梅殿記／補1913）
正和元・—（一三一二）	山城	①稲荷社神主（陳状）、②在家人寂恵・光覚法師、③五条以南敷地	院宣／武家	稲荷社神主等陳状（東大寺文書／24766）
弘安二?（一二七九）	大和	①多武峯九品院々主良算、②慶敏以下交名輩、③九品院強盗・殺害	院宣／武家	多武峯九品院良算申状（兼仲卿記紙背文書／13647）
永仁二・三・—（一二九四）	大和	①東寺領平野殿荘百姓、②一乗院家領安明寺・吉田荘百姓、③乱入濫妨・打擲刃傷	綸旨／武家	平野殿荘百姓等申状（東寺百合文書／18512）

年代	国名	案件（①訴人、②論人、③論所等）	院宣・綸旨／武家	典拠
永仁二・八・—（一二九四）	大和	①東寺領平野殿荘百姓、②一乗院家領安明寺・吉田荘百姓、③乱入濫妨・打擲刃傷	綸旨／武家	平野殿荘百姓等申状（東寺百合文書／18657）
永仁三・一・一七（一二九五）			綸旨／武家	平野殿荘百姓等申状（東寺百合文書／18727）
永仁三・三・—（一二九五）			綸旨／武家	平野殿荘雑掌弁性申状（東寺百合文書／18794）
永仁三・八・—（一二九五）			綸旨／武家	平野殿荘雑掌尚慶申状（東寺百合文書／18897）
永仁三・一〇・—（一二九五）			綸旨／武家	平野殿荘雑掌尚慶申状（東寺百合文書／18922）
永仁四・一・—（一二九六）		①神宮領宇陀郡神戸竹荘領主摂津親景、②土民悪党、③城郭を構え悪行狼藉	綸旨／武家	某（摂津親景）申状（実躬卿記紙背文書／18971）
永仁四・三・—（一二九六）			綸旨／武家	摂津親景申状（実躬卿記紙背文書／19034）
永仁四・七・—（一二九六）		①東寺領平野殿荘雑掌、②下司（清重）・惣追捕使（願妙）以下土民、③年貢・公事抑留	綸旨／武家	平野殿荘雑掌尚慶申状（東寺百合文書／19103）
永仁四・一〇・—（一二九六）			綸旨／武家	平野殿荘雑掌尚慶申状（東寺百合文書／19177）
永仁五・一一・二（一二九七）			綸旨／武家	平野殿荘雑掌聖賢申状（東寺百合文書／19177）
永仁六・四・一一（一二九八）			綸旨／武家	平野殿荘雑掌聖賢申状（東寺百合文書／19651）
永仁六・一〇・—（一二九八）			院宣／武家	平野殿荘雑掌重実申状（東寺百合文書／東寺397）

永仁六・一一・—（一二九八）			院宣／武家	平野殿荘雑掌重実申状（東寺百合文書／東寺399）
永仁七・四・—（一二九九）			院宣／武家	平野殿荘雑掌快実申状（東寺百合文書／東寺408）
欠			院宣／武家	平野殿荘雑掌聖賢申状（東寺百合文書／19686）
正安三・三・—（一三〇一）		①春日社神主等、②某、③放火・追捕	院宣／武家	春日神主等連署申状（中臣祐春記／20756）
嘉元二・四・—（一三〇四）		①東大寺衆徒等、②預所興福寺々僧実順、③窪荘年貢抑留	院宣／武家	東大寺衆徒等申状（水木直箭文書／21811）
徳治三・二・—（一三〇八）		①東大寺衆徒等、②河井荘住人一王次郎行康、③大仏殿日次仏聖料小東荘（未済）	院宣／武家	東大寺衆徒等解状（東大寺文書／23186）
応長元・—（一三一一）		①東大寺年預実玄、②大勧進円瑜、③防州年貢等	院宣／武家	東大寺年預実玄書状（東大寺文書／24295）
応長二・二・—（一三一二）		①東大寺年預実専、②河井荘住人一王次郎行康、③大仏殿日次仏聖料小東荘（未済）	院宣／武家	東大寺年預実専書状（東大寺文書／24535）
文保元・—（一三一七）		①西大寺、②秋篠寺、③秋篠山	院宣／武家	西大寺僧訴状（西大寺文書／26505）
永仁二・一・—（一二九四）	摂津	①勝尾寺住侶等、②（摂津）御家人宿久六郎・源三兵衛、③寺中殺人・殺鹿	綸旨／武家	勝尾寺住侶等申状（勝尾寺文書／18467）
嘉元三・一一・—（一三〇五）		①春日社司等、②百姓助村（本所敵対、供米押領）、③垂水西御牧榎坂郷	院宣／武家	春日社司等申状（中臣祐春記／22399）
正和二・三・—（一三一三）		①輪田荘雑掌静成、②真浄・（地頭）義清、③輪田荘	院宣／武家	輪田荘雑掌静成申状（九条家文書／24837）
正和二・六・一九（一三一三）		①（輪田荘雑掌）円真、②宰相局（九条師教祗候女房）、③輪田荘	院宣／武家	輪田荘雑掌静成申状（九条家文書／24894）

年代	国名	案件（①訴人、②論人、③論所等）	院宣・綸旨／武家	典拠
正和二・（一三一三）	摂津	①（輪田荘）前雑掌源氏女・同子息円真阿闍梨、②宰相局？ ③輪田荘	院宣／武家	前雑掌源氏女・円真申状（九条家文書／24896）
文保元・五・—（一三一七）		①東大寺学侶衆徒等、②住吉神主国冬・河内国住人臼井八郎蔵人、③兵庫津	院宣／武家	東大寺学侶衆徒等訴状（東大寺文書／26211）
嘉暦三・二・二七（一三二八）		①東大寺衆徒等、②播磨国福泊雑掌良基・明円（乱入）、③兵庫嶋	綸旨／武家	東大寺衆徒衆議状（東大寺文書／30158）
嘉暦三・八・—（一三二八）		①勝尾寺住侶等、②浄土寺門跡雑掌、③寺領三箇荘（外院・高山・美河原）	綸旨／武家	勝尾寺住侶等訴状（勝尾寺文書／30368）
元弘二・三・—（一三三二）		①東大寺衆徒等、②住吉社、③摂津国三箇津目銭	綸旨／関東	東大寺衆徒等申状（東大寺文書／31712）
正和三・③・三（一三一四）	丹波	①預所頼尊、②厳増以下悪党人、③大山荘	院宣／武家	大山荘預所頼尊申状（東寺百合文書／東寺 737）
正慶元・一一・—（一三三二）		①宮田荘雑掌尊舜、②中沢基員・三尾谷十郎入道守護代等、③宮田荘（大嘗会米）	院宣／武家	宮田荘雑掌尊舜言上状（近衛家文書／31902）
正和四・一一・—（一三一五）	播磨	①雑掌覚真、②寺田法念一族・山僧石見房覚海ら、③矢野荘別名	院宣／武家	矢野荘別名雑掌覚真申状（東寺百合文書／東寺 764）
元応二・一一・—（一三二〇）		①播磨清水寺僧等、②（成功召三〇人・仏閣修造）、③清水寺	院宣／武家	清水寺寺僧等申状（清水寺文書／補 2005）
応長元・七・—（一三一一）	伊賀	①東大寺衆徒等、②覚舜・道顕等、③黒田荘	院宣／武家	東大寺衆徒等申状（東大寺文書／24383）
応長二・—（一三一二）		①東大寺衆徒等、②越後房観俊・覚舜・道顕等、③黒田荘	院宣／武家	東大寺衆徒等申状（東大寺文書／24560）
文保二・一二・一六（一三一八）		①東大寺衆徒等、②？ ③内保荘	院宣／武家	東大寺衆徒等連署起請文（東大寺文書／26910）

嘉暦二・四・二四（一三二七）		①内保荘雑掌実蓮、②千戸別所住人左近入道蓮日、③内保荘	院宣／武家	東大寺年預5師頼昭書状（東大寺文書／29821）
嘉暦二・⑨・—（一三二七）		①東大寺衆徒等、②悪党覚舜・清高・道順等、③黒田荘	綸旨／武家	東大寺衆徒等申状（東大寺文書／29986）
元徳二・五・二五（一三三〇）		①東大寺衆徒等、②寺僧快実・青蓮寺八郎以下、③黒田新荘	綸旨／武家	東大寺衆徒等申状（東南院文書／31335）
欠	尾張	①（姓未詳）知範、②左近蔵人行長、③熱田社領落合郷	院宣／武家	熱田社領落合郷和与状（妙興寺文書／19781）
正中三・三・九（一三二六）	美濃	①東大寺衆徒等、②（地頭長井宗秀）、③茜部荘（地頭職停止）	綸旨／関東	東大寺衆徒言上状（東大寺文書／29379・29453・29454・29538）
元応二・八・—（一三二〇）	備後	①金剛峯寺衆徒等、②備後守護長井貞重代官円清等、③大田荘倉敷尾道浦	院宣／武家	金剛峯寺衆徒等解状（金剛峯寺文書／27558）
元応二・九・二四（一三二〇）		①金剛峯寺衆徒等、②備後守護長井貞重、③大田荘倉敷尾道浦	院宣／武家	東寺長者道順書状（高野山文書宝簡集／27573）
延慶三・二（一三一〇）	周防	①東大寺大勧進円瑜、②③防州着岸の周防・肥前年貢を私用せんがため院宣を武家に申し下す	院宣／武家	東大寺衆徒等申状（東大寺文書／23924）
正和五・九・二五（一三一六）	越前	①延暦寺檀那院、②深町式部大夫、③（坪江荘）津料（神人殺害）	院宣／武家	延暦寺檀那院集会事書（内閣文庫雑々引付／25937）
嘉暦三・九・—（一三二八）		①興福寺学侶、②（坪江荘）荘官・百姓等、③坪江荘（本所敵対殺害刃傷放火）	院宣／武家	興福寺学侶議状（福智院文書／30406）
元徳二・⑥・—（一三三〇）	加賀	①加賀八院衆徒等、②金沢称名寺雑掌等、③加賀八院・岩蔵寺	綸旨／武家	加賀八院衆徒等申状（金沢文庫・称名寺文書／31131）
元応二・三・二（一三二〇）	出雲	①万里小路中将某？②雑掌教円、③（国司遷替の隙を伺い）公領を濫妨	院宣／武家	関東下知状（六波羅注進状）（飯野文書／27392）
正応四・一一・—（一二九一）	紀伊	①高野山衆徒、②為時法師以下悪党人、③荒川荘	綸旨／武家	高野山衆徒申状（高野山文書／17763・17764）

年代	国名	案件（①訴人、②論人、③論所等）	院宣・綸旨／武家	典拠
正応五・三・―（一二九二）	讃岐	①善通寺衆徒、②地頭太郎左衛門尉仲泰、③良田郷後嵯峨法皇御菩提所仏聖人供	綸旨／武家	善通寺衆徒申状（兼仲卿記紙背文書／17819・17865）
正応三?（一二九〇）	筑前	①七条院法花堂領殖木荘園雑掌、②肥前守護代野尻入道以下武家被官、③乱入狼藉	綸旨／武家	某請文（兼仲卿記紙背文書／17374・17796）
元徳三・四・―（一三三一）	肥前	①最勝光院所司等、②地頭等、③松浦荘（年貢抑留）	綸旨／武家	最勝光院所司等申状（東寺百合文書／31423・31474-75）
正中二・二・―（一三二五）	薩摩	①菅三位（菅原長宣）家雑掌宗清、②御家人国分助次郎友貞、③筑前安楽寺領薩摩国分寺下地・年貢	綸旨／武家	菅三位家雑掌宗清申状（薩摩国分寺文書／28916・29157・29158）
嘉元二・六・二（一三〇四）	（関東）	①東大寺八幡宮、②鎌倉幕府、③神輿造替用途「関東召功名国司二人之分」催促	院宣／武家	東大寺八幡宮神輿造替記録（狩野亨吉文書／21844）
弘安元?・八・―（一二七八）	未詳	①（某）国衙、②荒木田延季、③某国国衙領	院宣／武家	左兵衛督藤原親朝書状（兼仲卿記紙背文書／13406）
嘉元三・―（一三〇五）		①阿道上人、②梵証等、③闕所	院宣／武家	某申状（京博・伏見天皇宸翰歌集紙背文書／22502）
文保元・―（一三一七）		①阿道上人、②梵証等、③闕所※重複	院宣／武家	某申状（京博・伏見天皇宸翰歌集紙背文書／26358）

は、第一章第一節の分析をうけて検証した「六波羅分国」である。本章ではこれを鎌倉幕府法制にみえる「畿内近国」に連結・拡大し、六波羅使節のD機能、および広域的軍事警察機能が及ぶ領域として理解した。これまでの分析で明らかなように、この領域での六波羅使節は、荘園本所からの要請（ときに院宣・綸旨を六波羅探題に施行させるという様式での要請）をうけて、荘園本所勢力の権益保障にもっぱら従事することになった。「洛中警固」を中核とする軍事・警察機能、ひいては王朝国家の暴力機構が承久合戦後に六波羅探題に集約された結果でもある。

次に、「畿内近国」の外側に目を向けると、越後、信濃、駿河以東では荘園領主が訴人となる形式の訴訟案件が確

表34　訴人分類（地域別）

	権門	御家人	その他
畿内近国	81	5	11
東山・東海道	7	5	0
山陽道	13	4	2
山陰道	1	6	1
北陸道	6	1	2
南海道	10	14	5
	118	35	21

認できなくなる。六波羅探題の管轄領域とほぼ重なり、表33の示すところでは、王朝国家の西国＝聖断という場合の「西国」の東限もまた六波羅探題の管轄内である。一方、「畿内近国」の西方では、荘園領主が訴人となる形式の訴訟案件について、山陽道および南海道の瀬戸内海沿岸諸国と山陰道諸国、南海道土佐国とのコントラストも明らかである。当面九州を除いたかたちではあるが、越中、美濃、遠江以西および瀬戸内海沿岸地域が、王朝国家の自給的経済を支える地域（いわゆる「生存圏」）であったと考えて大過なかろう。

ただ、もとより「畿内近国」が西国に属するという認識は鎌倉幕府特有のものであり、鎌倉幕府滅亡後の政権が再び畿内近国政権という色彩を帯びることとなれば、東国―西国の区分、境界もまた変動していくことになる。

一　分諸国有沙汰事

三方内談之時者、分諸国於三、五方内談之時者、分諸国於五、令沙汰之、国者依其類分配之、東山、東海、山陽、山陰之類是也、至関東・鎮西者、不入之、別奉行人在之、

『武政軌範』にみえる室町幕府訴訟制度の一端である。(129) ここにいう関東・鎮西は『延喜式』が示す「遠国」の領域にほぼ相当する。その意味で、室町幕府は武人政権としては鎌倉幕府を前提としつつも、日本列島を統治する権力としての淵源は王朝権力に由来しているといえる。六波羅探題が室町幕府の原型と評価する場合においても、その点は留意されるべきであろう。

そうした認識のなかで、改めて建武政権ならびに室町幕府の使節遵行を評価することも必要となろう。とくに重要なのは、王朝国家の首都を中核とする同心的構造がどのように反映されているのかを追究することだと思われる。章

を改めて論じることにしたい。

註

(1) 参考文献は枚挙に暇ないが、この部分の叙述については以下の文献によるところが大きい。海津一朗『中世の変革と徳政』(吉川弘文館、一九九四年)、新田一郎『日本中世の社会と法』(東京大学出版会、一九九五年)、高橋典幸『鎌倉幕府軍制と御家人制』(吉川弘文館、二〇〇八年)。

(2) 森幸夫『六波羅探題の研究』(続群書類従完成会、二〇〇五年)、高橋慎一朗『中世の都市と武士』(吉川弘文館、一九九六年)、木村英一「鎌倉時代の寺社紛争と六波羅探題」(『史学雑誌』一一七―七)、同「鎌倉後期の勅命施行と六波羅探題」(『ヒストリア』一七八)、本間志奈「鎌倉幕府派遣使節について」(『法政史学』六九)など。

(3) 第一章第一節。

(4) 熊谷隆之「六波羅探題考」(『史学雑誌』一一三―七)、同「六波羅・守護体制の構造と展開」(『日本史研究』四九一)、同「六波羅探題任免小考」(『史林』八六―六)。

(5) 第一章第二節。

(6) 第一章第一節。初出以後の六波羅探題研究においても、基本的にこの点について、異論は提出されていないように感じている。

(7) 六波羅探題の管轄領域およびその変遷については、佐藤進一『鎌倉幕府訴訟制度の研究』(岩波書店、一九九三年、初版は畝傍書房、一九四三年)参照。

(8) 五味文彦「初期鎌倉幕府の二つの性格」(『日本歴史』三四五)。

(9) 本章第二節。

(10) 保立道久「鎌倉前期国家における国土分割」(『歴史評論』七〇〇)。

(11) この点については現段階で展望を述べることはできない。ただ、室町幕府御料所(禅宗寺院領、奉公衆所領含む)の展開などからみて、三河・美濃・越中までを畿内権力としての王朝国家〜室町幕府の基盤領域と想定することは可能であると考える。この点については、なお本章第三節で論及する。

(12) 承久京方没収地については、田中稔「承久京方武士の一考察」、同「承久の乱後の新地頭補任地〈拾遺〉」(同『鎌倉幕府御

家人制度の研究』吉川弘文館、一九九一年）参照。

(13) 佐藤進一・池内義資編『中世法制史料集』第一巻・鎌倉幕府追加法二五〇条。

(14) 本章第二節。

(15) 高橋典幸『鎌倉幕府軍制と御家人制』（前掲）第二部第二章など参照。

(16)『中世法制史料集』第一巻・鎌倉幕府法追加法四二条、『賀茂別雷神社文書』（『鎌倉遺文』一二三二一〇）。

(17)『広峯家文書』（『鎌倉遺文』八九七〇、一二三四四八）、『和田文書』（『鎌倉遺文』二六一四二）、『淡輪文書』（『鎌倉遺文』二八八〇六）。

(18) 石井進『日本中世国家史の研究』（岩波書店、一九七〇年）の地域区分は東国・畿内近国・九州であり、畿内近国は「東国および九州諸国とは区別された、尾張・美濃・飛騨・越中以西の近畿・中国・四国地方であり、（中略）庄園本所の勢力もっとも強固だった地域」とされる。本章第一節では「畿内近国幷西国」という表記の存在を根拠に、西国一般から「畿内近国」が識別される場面があることに注目している。

(19) 註（17）に同じ。

(20) 大津透『律令国家支配構造の研究』（岩波書店、一九九三年）第三章参照。

(21)『壬生家古文書』（『平安遺文』三八五二）。

(22) 鎌倉時代の同役負担については、『吾妻鏡』建暦二年七月七日条に関係記事がある。趣意は「賀茂川堤」（修固）について、今回は「江丹両国幷神社仏寺権門庄領等」については「穏便沙汰」すべしとの意向が院より伝えられたことにあるが、この措置は、「堤事」について「関東」が「九ヶ国御家人」に仰せて「権門勢家神社仏寺領」を論ぜず賦課をあて催したことに対して「賀茂八幡已下庄々面々」が異論を唱えたことに原因するものであった。注目すべきは「九ヶ国御家人」であり、これが「近国御家人」と同義である可能性は高い。その場合、畿内五か国とこの記事にもみえる近江・丹波、本文中に負担実績が示される播磨が入ることは自明である。残りの一か国については伊賀を想定している。

(23)『東大寺文書』（『鎌倉遺文』三一二六五）。ちなみに、嘉元二（一三〇四）年七月廿五日付官宣旨は、摂津国に対して東大寺八幡宮転害会の日に殺生禁断を命じるが、この間宣旨を引き出したのは、「転害大会之濫觴」を考え、天平以来の旧例である「畿内・伊賀六箇国之放生」を復興すべしとの東大寺衆徒等の奏状であった。少なくとも東大寺の認識では畿内に近接する特別な「近国」であったのかもしれない。

(24) 建治元(一二七五)年五月の「六条八幡宮造営注文」では、畿内五か国と伊賀・伊勢・志摩・近江・播磨については「諸国」(用途負担)の設定がなく、この地域の御家人のなかに「在京」として用途を負担したものがあること、紀伊の湯浅氏のように、在京人としての実績がありながら「在京」の列には入れられず、「諸国」におかれた御家人があったことが森幸夫によって指摘されている(『六波羅探題の研究』第一編第三章)。鎌倉幕府御家人制における西国—東国の問題とともに、御家人役負担体系のなかでの「鎌倉中」「在京」「諸国」の区分を考慮することを通じて「近国」の領域を確定していく必要がある。また、鎌倉時代末期に至り、伊勢・志摩は加賀・美濃・尾張などとともに六波羅探題管轄領域を離れたことがある。ごく短期間でこの措置は終了し旧に復しているが、この事象もまた幕府の「近国」認識を考える場合の素材となろう。なお、『古事類苑』(地部一)諸引の『日本国郡沿革考』は、「五畿内及近江、丹波、播磨之八国」について「上方筋」あるいは「五畿内三州」という地方汎称があることを紹介している。

(25) 第一章第一節。

(26)「畿内政権による畿外支配の系譜」という表現については、大津透『律令国家支配構造の研究』(前掲)に大いなる示唆をうけている。また、熊谷隆之「六波羅・守護体制の構造と展開」(前掲)が指摘する同心円的な六波羅探題権力の構造も、こうした理解のうえに考察されるべきであろうと考える。

(27) 第一章第二節、本章第二節。

(28) 黒田俊雄「中世の国家と天皇」(旧岩波講座『日本歴史・中世2』一九六三年、のち黒田『日本中世の国家と宗教』岩波書店、一九七五年に収録)。

(29) 黒田俊雄『日本中世封建制論』(東京大学出版会、一九七四年)

(30) 佐藤進一『日本の中世国家』(岩波書店、一九八三年)。なお、佐藤の東国国家論はすでに「幕府論」(中央公論社『新日本史講座 封建時代前期』一九四九年、所収)で展開され、これが東国国家論の端緒と位置づけられている。

(31) なお、上記『日本の中世国家』への村井章介の書評(『史学雑誌』九三—一)参照。

(32) 五味文彦『鎌倉と京』(小学館『日本の歴史』五、一九八八年、のち講談社学術文庫)、同『京・鎌倉の王権』(吉川弘文館『日本の時代史』八、二〇〇三年)、本郷恵子『京・鎌倉ふたつの王権』(小学館『全集日本の歴史』六、二〇〇八年)など、一般読者向けの書籍においても採用されている。

(33) 関東申次については、山本博也「関東申次と鎌倉幕府」(『史学雑誌』八六—八)、梶博行「中世における公武関係—関東申次と皇位継承」（『鎌倉』三二）、美川圭「関東申次と院伝奏の成立と展開」（『史林』六七―三）、西山恵子「関東申次をめぐって」（『京都市歴史資料館紀要』創刊号）などがあるが、いずれもその成立期に論点が集中している。

(34) 森茂暁「鎌倉期の公武交渉関係文書について―朝廷から幕府へ―」（『金沢文庫研究』二七三、のち同『増補改訂鎌倉時代公武関係史の研究』思文閣出版、二〇〇八年、に収録）。

(35) 表13の略記等について説明する。①番号の下の※は、前掲註（34）森論文（初出）で扱われなかった史料を示す。②年代欄に※を付した記号が入っているのは、A欄の文書が遺存しない場合に、もっとも年記の早い文書（※西＝関東申次施行状、※関＝関東御教書・※六＝六波羅御教書）に年代を拠ったことを示す。その場合のA欄文書名の決定は、関係文書の「綸旨如此」等の文言に基づく。③A欄について、正文・案文の区分はしていない。④C欄の略記は、たとえば「静悟奉」は西園寺家々司（沙弥）静悟の奉書、「公宗直」は西園寺公宗の直状によって施行されたことを示す。なお、C欄についての理解は森に従う。

(36)『福井県史』資料編2中世所収『西大寺文書』二―五（Ⅰ）、『東寺百合文書』と（『鎌倉遺文』一九〇四四・一九〇四七・一九〇八五）（Ⅱ）。

(37) 網野善彦『異形の王権』（平凡社イメージリーディング叢書、一九八六年）。

(38) 8・9は伏見親政期の後深草院宣、17は後宇多院政期の伏見院宣である。8は紀伊歓喜寺が院御願寺であること、9は有名な関東御領丹波国吉富荘と院領同国細川荘との相論に関する文書で、この相論に際しては関東の命をうけた六波羅探題の使節（武家使）と院使が発遣されて、その解決にあたったことが知られる（飯沼賢司「丹波国吉富荘と絵詞」『民衆史研究』三〇、仲村研「丹波国吉富荘の古絵図について」、同『荘園支配構造の研究』吉川弘文館、一九七八年、所収、など参照）。この院宣も、院領細川荘作手等の狼藉を停めるべき旨の関東御教書を、院庁を通じて細川荘に下したことを幕府に伝える意図で出されていることから、ともに院の家産支配（本所権）に関係していたことがわかる。こうした場合、院は例外的に関東申次を利用できたようだ。17については未詳である。なお、この文書を伏見院宣とした根拠は、奉者の葉室頼親が伏見院の院司であることが確認できたからである（『皇室制度史料』太上天皇二）。

(39) この点については、日本歴史学会編『概説古文書学・古代中世編』（吉川弘文館、一九八二年）綸旨の項（富田正弘執筆）参照。

(40)『勝尾寺文書』（『鎌倉遺文』一八四六七）。

(41)『近衛家文書』(『大山村史』史料編)。
(42)春日社でおきた神鏡強奪事件にかかる院評定では、「凶徒等事、猶可被仰武家歟、使庁召出其身者可被行不次賞之由、可被仰下歟」という議論がされており(『吉続記』正安三年十二月一日条)、検断案件についても院評定や検非違使庁の実効性が思量される。六波羅探題に執行が求められるまでに、いくつかの階梯を踏んだ可能性は否定できない。
(43)19~25は案文として一紙に書かれている(東京大学史料編纂所影写本『大宮文書』三)。
(44)『興福寺略年代記』(『続群書類従』)など。
(45)網野善彦『蒙古襲来』(小学館・日本の歴史一〇、一九七四年)、同「文永以後新関停止令について」(『年報中世史研究』九)、相田二郎『中世の関所』(吉川弘文館、一九八三年、再刊)、豊田武「中世における関所の統制」(豊田武著作集『中世の商人と交通』吉川弘文館、一九八三年、所収)など参照。
(46)網野善彦『蒙古襲来』(前掲)。
(47)佐藤進一『増訂鎌倉幕府守護制度の研究』(東京大学出版会、一九七一年)。
(48)『楠木合戦注文』(史料大成本)。
(49)石井進「九州諸国における北条氏所領の研究」(竹内理三博士還暦記念『荘園制と武家社会』吉川弘文館、一九六九年、所収)、戸田芳実「播磨国福泊と安藤蓮聖」(『兵庫県の歴史』一三)など参照。
(50)これらは具体的な訴訟案件ではないが、勅裁の幕府による執行という点で重要と考え、ともに考察の対象とした。
(51)貫達人・川副武胤『鎌倉廃寺事典』(有隣堂、一九八〇年)、『禅学大辞典』(大修館)。
(52)禅僧は僧官・僧位を帯びず、したがって、中世宗教界で支配的であった顕密仏教僧の身分秩序である中世僧綱制(王朝権力を核とする)の枠外にあった。禅僧と近似した側面をもち「禅律僧」と呼称された僧侶群像については、徳田明本「東大寺戒壇院戒和上相承について」(『南都仏教』三七)に言及がある。また、「禅律僧」の語義については、永村真「東大寺大勧進と「禅律僧」」(『南都仏教』四七)参照。
(53)石井進『日本中世国家史の研究』(岩波書店、一九七〇年)。
(54)森茂暁前掲註(34)論文。
(55)『周防国分寺文書』、また周防国分寺修造の経緯については、松井輝昭「西大寺律宗展開の問題点—瀬戸内地域を中心に」(『芸備地方史研究』一三八)参照。

(56) 森茂暁前掲註(34)論文。
(57) 関東祈禱寺については、湯之上隆「関東祈禱寺の展開と歴史的背景」(『静岡大学人文論集』二八―二)、同「関東祈禱寺の成立と分布」(『九州史学』六四)、綾仁重次「鎌倉幕府と寺社―関東祈禱所をめぐって」(『国史談話会雑誌』二〇)など参照。
(58) 鎌倉時代初期の本所が八条院であったこと(『東寺百合文書』ホ10―1・2)などが関係するか。
(59) 38は京中警固の一環である。34は、摂津国兵庫嶋関米に関する29・49がともに関東移管となったことと矛盾する。この院宣が、その前年、兵庫嶋の東大寺八幡宮修造料雑物二百文・同御輿造替料石別一升雑物二百文の関料徴収が、摂津守護と六波羅北方探題を兼任する北条時敦の使節によって新関と認定され停止されたこと(『東大寺文書』1―15―69)に抗議する東大寺申状(『同』1―15―32)をうけて出されていることから推定すると、新関であると認定した行為――その主体は守護＝六波羅探題――そのものに誤りがあったことを趣旨としていたので、武家にあてられたと考えることもできる。その場合、東大寺が新関であると自認したうえで例外的扱い等を求めるのであれば関東移管を求めただろうことも推定される。
(60) 本書第一章第一節。
(61) 『薩藩旧記雑録前編』(『鹿児島県史料』)。
(62) 森はこの事実から鎮西探題が官制のうえで六波羅探題に従属していたことを指摘したが(前掲註34論文)、鎮西探題で裁許不能の訴訟は関東に送られたのであって、六波羅探題に判断が求められることはなかった。
(63) 森茂暁前掲註(34)論文。
(64) 相田二郎『蒙古襲来の研究』(吉川弘文館、一九五八年)、村井章介「蒙古襲来と鎮西探題の成立」(『史学雑誌』八七―四)など参照。
(65) 瀬野精一郎「鎮西における六波羅探題の権限」(同『鎮西御家人の研究』吉川弘文館、一九七五年、所収)など参照。
(66) 五味文彦「院支配権の一考察」(『日本史研究』一三八)。
(67) 天皇・院を含めた王朝権力の人事が、承久の乱以降、幕府の強い制肘下にあったことはいまさら指摘するまでもない。
(68) 『中世法制史料集』第一巻・鎌倉幕府追加法四六三条。
(69) 入間田宣夫「鎌倉時代の国家権力」(前掲『大系日本国家史』2中世、所収)など参照。
(70) 佐藤進一『日本の中世国家』(前掲)。
(71) 貴族・官人の基本的姿勢のなかには、党派的、個人的な濃淡はあるにせよ、自己の権益が一程度確保されるのであれば、幕府への依存を強め、ときに理不尽な要求を飲むことも止むなしとする傾向があったと考えている。

(72) 西国＝「聖断」という幕府の立場は、幕府開創以来の政治的原則であり、公武（協調）関係の支柱である。しかし、本章第二節で触れた公武交渉の現場は、「聖断」を支える幕府機能の強化・拡充が、かえって「聖断」の意義を相対化していく事態の進展とも読める。

(73) 院評定制をはじめとする院政政治機構の整備が幕府の強い指導下におこなわれたこと（佐藤進一『日本の中世国家』、橋本義彦「院評定制について」、同『平安貴族社会の研究』吉川弘文館、一九七六年、所収）や、幕府官制上はあり得ない六波羅探題→鎮西探題の指令伝達ルートを、勅裁の伝達について開いたこと（先述）などは、西国＝「聖断」という主張が単なる不干渉宣言ではなかったことを示す事実である。

(74) 鎌倉幕府の滅亡を、破局型か衰退型かと問われれば、破局型であったと答えたい。幕府の大幅な国家公権への関与が、その財政支出を増大させ、そのしわよせを幕府御家人等がまともにうけて窮乏していくのを尻目に、幕府中枢を構成する北条氏一門はその政治的支出をまかなうための権益を拡大し富を蓄積していた。御家人等の離反・討幕挙兵を生活防衛という視点から説明することは十分可能である。

(75) 網野善彦の言説を引用する場面として「天皇支配権」の語を使用する。

(76) 網野は「王朝そのものの内部に深く根ざした本質的なもの（＝危機）」（括弧内外岡）と表現し、この「内部からの危機」という表現を使用していない。

(77) 網野善彦『異形の王権』（前掲）。

(78) 高橋慎一朗『中世の都市と武士』（吉川弘文館、一九九六年）、森茂暁『鎌倉時代の朝幕関係』（思文閣出版、一九九一年）森幸夫『六波羅探題の研究』（続群書類従完成会、二〇〇五年）参照。

(79) 『明月記』建暦三年四月二十六日条。

(80) 『経俊卿記』同日条。

(81) 『勘仲記』同日条。

(82) 第一章第一節。

(83) 『吾妻鏡』承元二年五月二十九日条。

(84) 表にある人名はそれぞれに流鏑馬役の負担者で、射手、的立役などを選任する立場にある。表16の人物（承元二年の分は括弧内の人名）も役負担（儲）者と考えられる。表17では煩雑を避け、記載を省略したが、各典拠史料に射手・的立役の人名が記載されるので、参照願いたい。なお、新日吉社小五月会流鏑馬については、山本真紗美「新日吉小五月会の成立と展開―行事開催における院と鎌倉幕府」（『鎌倉遺文研究』二一）など参照。

(85)『大日本史料』。

(86) 海老名・加治が篝屋守護人であったことについては典拠史料による。富樫氏が篝屋守護人であったことは、富樫氏が「篝屋料所」近江国大原荘を知行していたことから確認できる（「大阪四天王寺所蔵如意宝珠御修法日記裏文書」『鎌倉遺文』一七三三二、一七三三四）。

(87) 勝田氏の出自については美作の可能性もある。

(88) 第四章第一節参照。

(89) 平野殿荘の場合は、大和国一国に政治・経済的支配を展開する興福寺との闘争という側面を有しており、その狭間に「悪党」問題が発生していると考えられる。詳細をいま検討する用意がない。網野善彦『中世東寺と東寺領荘園』（東京大学出版会、一九七八年）、小泉宜右「東寺領大和国平野殿庄の悪党」（『国史学』七〇）、坂井孝一「大和国平野殿荘の悪党」（『創価大学人文論集』六）など参照。

(90) 俣野・渋谷（後述）は相模、勅使河原は武蔵、大井・有賀は信濃が本貫地である。受領名で示される武家についてもいちおう東国出身の御家人と推定した。個々に在京人としての徴証を求めることは困難であるが、大井・俣野についてはすでに第一章第一節で在京人であることを述べた。渋谷は後掲註105の項目から推定した。他は未詳ながら、六波羅使節の一般的性質から在京人と考えておく。

(91)『東寺百合文書』ぬ（『鎌倉遺文』二九九一五など）。

(92)『安芸香川家文書』（『鎌倉遺文』五一三五三）など。香河（川）は「景」を通字（通し名）とする平姓鎌倉氏の一族とされる。在京人であることについては、第一章第一節で述べた。

(93) 福田栄次郎「和泉国大鳥荘と地頭田代氏について」（『駿台史学』五）、堀内和明「悪党の系譜」（『立命館文学』五二一・五二三）、同「楠木一党と和泉国大鳥荘をめぐって」（『ヒストリア』一四六）、同「楠木合戦と摂河泉の在地動向」（『立命館文学』六一七・六一八）など。

(94) 嘉元三年十一月日付、丹波国宮田荘雑掌円道申状（『近衛家文書』東大史料編纂所影写本）の副進文書に「当国押領使小河

二郎左衛門尉成貞状案」とあり、小河氏が丹波国押領使であったことが確認される。

(95)『東大寺文書』(『鎌倉遺文』二五八七五、二五八八九)。

(96)衾御教書については、近藤成一「悪党召し捕りの構造」(永原慶二編『中世の発見』吉川弘文館、一九九三年、所収)、西田友広『鎌倉幕府の検断と国制』(吉川弘文館、二〇一一年)など参照。

(97)『近衛家文書』(東京大学史料編纂所影写本)。

(98)『春日大社文書』第一巻(吉川弘文館)、『福智院家文書』(『鎌倉遺文』二七八三〇)。

(99)『武家年代記』『興福寺略年代記』。

(100)室町時代の事例であるが、応永二十一年九月、伊勢国内の近江永源寺領について幕府・守護の指令をうけた遵行使節に春(日)部三郎左衛門尉がある(『永源寺文書』、『大日本史料』による)。

(101)鵜飼氏については、源姓であることが指摘されており、美濃源氏一門であった可能性がある(『岐阜市史』通史編、原始・古代・中世)。

(102)江見氏、楢原氏については本文中で触れる。角田氏の本貫地(名字の地)は未詳。元弘三(一三三三)年十月、「美作国御家人角田弥平入道正秀」が鎌倉から上洛して足利高氏に着到を報告している(『諸家文書纂角田文書』『鎌倉遺文』三二五九四)。『太平記』巻二九「越後守自石見引返事」にも「美作ノ住人芳賀・角田ノ者共相集リテ七百余騎」とみえることから美作国御家人と考えた。応永二十七(一四二〇)年八月二十五日・道遣り状(『潮崎稜威主文書』、史料纂集『熊野那智大社文書』四)にも「美作角田一家」とあり、美作に定着していたものらしい。

(103)伊賀氏が備前国長田荘に所領を有したことは、『神田孝平氏所蔵文書』(『鎌倉遺文』一六二四一)、『飯野八幡宮文書』(『鎌倉遺文』一八六九五)などにより判明する。頓宮氏は備前福岡荘内吉井村地頭職を有していたと考えられる(『東寺百合文書』サ七―二、暦応三年八月二十二日・足利尊氏御判御教書など)。鎌倉時代における松田氏の所領を備前国内に確認できていないが、南北朝期以降の備前松田氏の存在を考慮している。安東氏が美作国英多保に所領を有したことは、康永四(一三四五)年四月二十七日・足利直義下知状(『東作誌』、『大日本史料』六―九)から推定した。

(104)文保二(一三一八)年十二月に派遣が決まった悪党・海賊鎮圧のための特命使節においては、六波羅探題被官と六波羅奉行人が使節の一員となっていることが判明している(網野善彦「鎌倉幕府の海賊禁圧について」、同『悪党と海賊』一九九五年、法政大学出版会、所収)。こうした事例を含め、奉行人が使節となることの意味については後述する。

(105)『岡元家文書』(『鎌倉遺文』一六六七六、一七三二一、一七六七一ほか)。
(106)『中世法制史料集』第一巻・参考資料九四。
(107)第一章第一節、第四章第二節。
(108)佐貫氏については、文永八(一二七一)年十一月日関東御教書(杵築社頭役にかかる、『千家文書』、『鎌倉遺文』一〇九二二)に(四番)佐貫弥四郎、弘安八(一二八五)年十二月日・但馬国太田文(『鎌倉遺文』一五七七四)に(田道荘)佐貫三郎太郎がみえる。
(109)『東大寺文書』(『鎌倉遺文』二八一八九、二八二一二)、貞和三(一三四七)年五月十六日・相原親光請文(『浄土寺文書』『大日本史料』六―一〇)。
(110)貞応二(一二二三)年四月日・淡路国大田文に矢部二郎(掃守保地頭、『皆川文書』『鎌倉遺文』三〇八八)、正和元(一三一二)年十一月二十三日・平政有寄進状(備前上道郷、『金山寺文書』『鎌倉遺文』二四七〇七)の端裏に「矢部三郎殿不断行法田寄進状」とある。因幡については、八東郡に土着した矢部氏の存在から推定した。
(111)『東南院文書』(『鎌倉遺文』二九九四八)。
(112)『吾妻鏡』承久三年六月十八日条。
(113)海老名氏が備後国信敷東方地頭であったことは、建武五(一三三八)年二月三日・足利尊氏下文(『山内首藤家文書』『南北朝遺文』中国・四国編七一七)に、同地が「海老名五郎左衛門尉跡」とあることから確認される。在京人であることはすでに京の六波羅使節の項で指摘した。
(114)文永八(一二七一)年十一月日関東御教書(杵築社頭役にかかる、『千家文書』、『鎌倉遺文』一〇九二二)に相馬四郎(五番)および片山二郎入道(十九番)の名がみえる。
(115)片山二郎入道は、観応二(一三五一)年八月に山名時氏の招きに応じて挙兵した因幡の国人衆にみえる片山平次郎入道とおそらく同一人ではないかと考える。また、時代は下るが文明十七(一四八五)年九月に伊勢国饗庭郷押領を批難されている奉公衆片山平三は、仮名の一致から推定して、使節片山平三入道の系譜をひくものと推定される。六波羅使節となった在京人の奉公衆への展開は多くみられる。
(116)高橋修『中世武士団と地域社会』(清文堂出版、二〇〇〇年)。
(117)讃岐国御家人については、田中稔「讃岐国御家人について」(同『鎌倉幕府御家人制度の研究』前掲、所収)参照。北条氏被官については、奥富敬之『鎌倉北条氏の基礎的研究』(吉川弘文館、一九八〇年)、高橋慎一朗『中世の都市と武士』(前掲)、細川重男『鎌倉政権得宗専制論』(吉川弘文館、二〇〇〇年)など参照。

(118) 小笠原氏は阿波守護職を得るに前後して承久没収地である阿波国麻殖保地頭となっている(『吾妻鏡』元仁元年十月二十九日条)。また、南北朝期にも室町幕府使節としての徴証がある(観応二年四月十一日・室町幕府引付頭人奉書、『仁和寺文書』『大日本史料』六―一四)。源泰経については系図等の捜索にもかかわらず、人物を特定するに至らないが、小笠原氏、あるいは承久の乱以前の阿波守護佐々木氏の一流ではないかと想像している。田村氏も小笠原氏同様に在京人～奉公衆の系譜を想定できる御家人である。

(119) 綿貫氏の所領が伊予国高橋郷にあったことは、建武五年十月二十三日・藤原(綿貫)幸長寄進状(『大山積神社文書』『大日本史料』六―二)により判明する。

(120) 淡路国内の所領は前掲淡路国大田文による。長沼氏の所領については『皆川文書』(『鎌倉遺文』四〇一一など)、近江国の大槻氏の所領については文和三年十二月七日足利尊氏御判御教書(『曼殊院文書』『大日本史料』六―十九)、丹波国の所領については南北朝期以降の丹波大槻氏の活動からそれぞれ推定した。高木盛久については、洛中屋地をめぐる相論にかかる文保元(一三一七)年十月日・村田安房新左衛門尉秀信代法橋龍海陳状(『白河本東寺文書』『鎌倉遺文』二六四一二)にみえる「造沙汰張本高木六郎行盛幷盛覚」との関連が想定できる。ちなみに盛覚は「阿波国御家人金丸宰相房」を称している。

(121) 山田氏については、南北朝期に土佐国大里荘濫妨を咎められている(観応三年九月三日・室町幕府引付頭人奉書、『熊野早玉神社文書』『大日本史料』六―十九)。

(122) 第四章第三節参照。

(123) 小松上総房円勝を白山系の僧侶、あるいは、これを小松寺の存在を前提にその住僧とする判断の根拠は不安定なものである。今後の情報更新をまちたい。

(124) 伊賀国黒田荘の悪党問題では、東大寺が使節に「自国他国地頭御家人」と六波羅の「雑色」を添えることを求め、緩怠の使節を罪科に処し「在京人篝屋」を派遣すべしとも主張している(『東大寺文書』、『鎌倉遺文』二九九八二、三〇二二七)。これらは、服部等伊賀国内に基盤をもつ国御家人による紛争解決に期待できなくなった段階での訴状にみえる文言である。第四章第一節でみる通り、原則、使節遵行にかかる諸手続のほとんどは当事者(訴人)の自助的営みに属しており、使節の選任から現地下向の催促に至るまで、六波羅探題が直接的に関与することは少なかった。その意味で、前記東大寺の主張は当事者主義的な手法をあえて放棄し、六波羅の直接的関与を求めた主張として理解することができる。院宣・綸旨の施行による六波羅の武力発動一般についても同様な理解が可能である。

(125) その境界については明示できない。個別事案の性質に影響される人選もあり得るので、いまは残念であるが課題としておく。

(126) 東大寺領美濃国茜部荘にかかる事例では、使節の「下人」が論人である地頭代に召文を届けている（『竹内文平文書』、『鎌倉遺文』三一八〇八）。この場合の「下人」がどのような存在であるか、また六波羅奉行人使節において同様の対応があるか、そのあたりについての追究はしていない。ただ、奉行人ではない御家人が使節となる場合でも代官（被官？）が請文を認めているケースは多くあり、これらを含め、使節遵行の実態把握にはなお追究の余地がある。

(127) 荘園領主＝在京権門領主という理解である。地方寺社なども領主の性格としてはいわゆる「在地領主」に属するから、これらを訴訟当事者とする場合も地域的領主間紛争と理解している。紀伊における高野山を当事者とする訴訟案件も地域的領主間紛争に分類することもできると考えるが、表34では権門領主としてある。

(128) 史料残存率の地域偏差は考慮すべきであるが、東寺や東大寺といったあたりの荘園関係文書を考えるとき、やはり畿内近国の荘園に関する文書が圧倒的多数を占める現実もある。

(129)『中世法制史料集』第二巻・室町幕府法所載。

第三章　南北朝内乱と使節遵行

第一節　建武政権期の使節遵行

鎌倉幕府のもとで成立・発展してきた使節遵行による紛争処理・解決のシステムが、鎌倉幕府の滅亡と天皇権力による公武一統を掲げた建武政権の成立によって、どのような影響をうけ、あるいは変容していくのかを考えるのが本節の課題である。

建武政権が討幕戦争後のさまざまな訴訟案件に対応して発給した文書は二種、すなわち後醍醐天皇綸旨と雑訴決断所牒である。裁判（審理）機関との関連でいえば、記録所・恩賞方からの案件が綸旨で、雑訴決断所の所管案件は牒によりその裁定が提示されることになったと考えられる。ただ、『建武年間記』所載の「雑訴決断所沙汰定条書」に、「本領安堵事、当所幷記録所、可任訴人之心」とあるように[1]、裁判手続における当事者主義の原則は前代以来ひきつがれている部分があったようである。

そして、これらによって示された裁決の執行については、国司（目代）・守護（守護代）・上御使（国上使）がその任にあたったことが知られる[2]。使節遵行ということでいえば、国司・守護・上御使が適宜、本人またはその代官をもって使節とし、遵行の実際を担ったということができる。しかし、これら三者の連携はいかなるものであったろうか。建武政権を主宰する後醍醐天皇の政治構想では、地方支配の要は国司であって、国司（目代）の指示によって守護等が機能するというのが理想型であったはずである。ところが、のちにみるように、雑訴決断所牒は、国司（国衙）および守護（守護所）・上御使あてにそれぞれ下される形式をとることがあり、遵行についても、守護方使節と国（国司）方使節がそれぞれ立って相共に論所に莅むこともあれば、国司・守護・上御使のいずれかが機能して、いわば単独で「沙汰付」などを実現する場合も多くみられる。

もちろん、当事者主義の原則に即して考えれば、綸旨・雑訴決断所牒の充所、すなわちいま得た裁定の論所における執行者として、国司・守護・上御使のいずれがもっとも有効な使節となるかを当事者（訴人）自身が判断し、適宜文書を獲得した可能性も否定できない。しかし、政治情勢からみると、建武二（一三三五）年十月以降は足利尊氏と後醍醐天皇の亀裂が明確化した結果、国司・守護が並列する地方制度もおそらくはその完成形態をみることなく、各国の地域事情（権力情況）によってさらなる変容を遂げつつあったと想像される。国司・守護に比して制度的な背景が不明確で実例にも乏しい上御使は、国司・守護の力量では難航する「沙汰付」を実現するためのいわば第三のカードとして理解することもできよう[3]。そのような情勢のなかで、裁定の執行を誰に求めたかを考えること、すなわち使節遵行のためにどのような文書発給が求められたかを知ることは、各国の地域事情（権力情況）と、地方支配の要は国司とする後醍醐天皇の理想との距離をはかる作業に等しいといえよう。

本節では、上記のような問題意識のもとに、建武政権期（元弘三年六月―建武三年十二月に設定）の使節遵行事例を分析検討する。そして、建武政権の地方支配の実態を明確にするとともに、鎌倉幕府のもとで展開した使節遵行のシステムが室町幕府に継承されていく経緯のなかで、建武政権期の使節遵行のあり方はどのように位置づけられるのかを考察する。

なお、使節遵行事例の検討にあたっては、西国（旧六波羅探題管轄域）・九州（旧鎮西探題管轄域）・東国（旧鎌倉幕府管轄域）の諸地域を個別に取りあげることにしたい。六波羅探題・鎮西探題がそれぞれに与えられた地域的・歴史的課題のなかで使節遵行システムを起動し機能させたこと、および鎌倉幕府の東国支配もまた独自の地域的・歴史的課題を負うことになったことはすでに論じてきたところである。[4]その意味で、建武政権の政権としての足場が従前の院―権門（本所）体制にある以上、[5]東国・九州との疎遠さは覆うべくもない。また、前掲「雑訴決断所沙汰定条書」も、「所務濫妨」「領家・地頭所務相論幷年貢難済」などのほかは「本所成敗」とし、「関東十ヶ国成敗」については雑訴決断所の一向成敗あるべしとするなど、鎌倉幕府の裁判管轄を雑訴決断所がひきついだかのような感さえある。こうした条件のなかで展開する使節遵行である。少なくとも西国と東国、そして九州という地域的偏差を想定して分析することが穏当であるように考えるからである。

一　建武政権と西国

（一）若狭国太良荘の使節遵行

鎌倉幕府の滅亡によって、これまで北条得宗家が所持してきた太良荘地頭職は、元弘三（一三三三）年九月一日付の後醍醐天皇綸旨によって領家東寺に寄進される。ここに東寺による一円支配が開始されることになったのであるが、事は容易に運ばなかった。北条得宗家によってその地位を追われた若狭氏一族が復権を求めて実力行使に出てきたのである。若狭入道直阿・季兼父子とその一党は、太良荘に立てこもり、堺を掘り切り、城郭を構えてその実行支配を試み、さきの後醍醐天皇綸旨をうけ、十一月初めに東寺雑掌への所務打渡し（「沙汰居」）を企図した使節本郷貞泰・三方貞清の入部を許さなかった。北条得宗家の滅亡を契機に、若狭一族は失った利権を回復しようともくろんだのである。

①「後日請文可有御備候、是は先度之請文案に候也、□□□□事にて候、」

東寺領当国太良荘地頭職事、任綸旨・国宣之旨、目代相共莅彼所、欲沙汰居之処、若狭次郎入道直阿代子息四郎、堀切堺、構城郭、不入立荘内候間、不及沙汰居、可為何様候哉、以此旨、可有御披露候、恐惶謹言、

（元弘三年）十一月七日　源貞泰請文裏判

進上　御奉行所

②「子細同前、後之請文於不見候、先度之備て候也、」

去月廿一日国宣、同廿八日御施行、今月晦日到来、謹拝見仕候、東寺領多良荘事、任被仰下候旨、莅彼所、欲沙汰居雑掌候之処、若狭次郎入道直阿代子息四郎、堀切堺、不入立荘内候、可為何様候哉、以此旨、可有御披露候、恐惶謹言、

（元弘三年）十一月八日　藤原貞清請文裏判

進上　御奉行所

東寺雑掌への打渡しに失敗した両使の請文（案文）である（表35－3）[6]。

同月十九日、再度の綸旨が若狭国司洞院公賢に下され、公賢はこれを目代波多野通郷（毘沙王丸）に同二十九日付国宣をもって伝えたが、ここには「守護人・上御使」に相触れて沙汰すべき由が載せられていた。上記①の源（本郷）貞泰の請文には「目代相共莅彼所」とあるので、藤原（三方）貞清が「目代」（ないし国衙方使節）と認定できる。したがって、ここにいう上御使が国衙方使節と同義でなければ、国司（目代）の指揮のもとに守護使節と上御使が太良荘に莅んだことになる。ちなみに、①②の袖書を、本郷貞泰の請文は本来二通（すなわち、十一月七日付請文＝「先度請文」と伝存しない後述十二月十五日打渡しに関する請文＝「後日請文」）あり、三方貞清の請文については十一月八日付請文（＝「先度請文」）のみで、「後日請文」がみえないと解釈すれば、三方貞清は二度目の使節とは

ならなかった可能性が高い。

さて、十二月十五日、「御使」（上記守護使節と上御使）による下地打渡しが成功したものの、翌十六日寅刻に再度若狭季兼等が荘内に立ちかえり、百姓等の家々を追捕し乱妨狼藉に及んだので、太良荘雑掌は若狭季兼等の召し捕えと追捕物の返還を求める再度の使節遵行を要請する。太良荘雑掌の訴えは、翌建武元（一三三四）年三月にも試みられ、これに応えるかたちで若狭守護・国衙あての雑訴決断所牒が下された。太良荘雑掌はこれらを根拠に、さらに若狭国目代（波多野通郷か）あての国宣と、若狭守護代あての守護（布志名雅清）施行状を得たが、実際に莅み季兼が恭順の意を示していったん退去したことを報告したのは源盛信（加地か）であった[7]。

源盛信が守護・国司いずれの系統に属するものか、またはそのいずれにも属さない上御使（国上使）であったのかは不明である。ただ、太良荘雑掌や太良荘百姓等が、このような二元的（三元的？）な指令執行システムに翻弄されたであろうことは想像に難くない。鎌倉幕府のもとで機能した使節遵行システムは、基本的に当事者主義原則に基づき、使節となる御家人の指定、ならびに使節発遣にともなう幕府御教書等の獲得や実質経費負担などはすべて訴人の負担であったと考えられる[8]。しかし、建武政権による国司制復活（再編）の構想のなかには、国司・守護の差異こそあれ、室町幕府―守護体制にも通じる地方権力の一元化という項目が含まれていたはずである。そのなかで遵行システムも当事者主義原則を脱して、国司へ一元化されるはずであった。ところが、若狭国太良荘の事例をみる限り、後醍醐天皇近臣で固めた感さえある若狭国衙でさえ[9]、権力の一元化は実現できないままに内乱期を迎えることになったようである。

ただ、その後、若狭国における守護支配がいちおうの安定をみるまでにはなお三十年以上の時日と多くの戦乱を要したことを想起すると[10]、発足二年足らずで実現する政治課題としては重過ぎたことは否定できない。東寺による太良荘支配はその後も混乱を余儀なくされ、雑掌等の訴訟と雑訴決断所牒の発給も重ねられる。しかし、建武三（一三三六）年七月二十七日付足利尊氏御教書以降、東寺の太良荘支配安定化は新たに誕生する室町幕府に期待していくことになる。[11] 場を改めて、若狭以外の諸地域の情況に目を転じよう。

（二）西国における使節遵行の様相

表35は、『大日本史料』『鎌倉遺文』『南北朝遺文』等の刊本史料の検索をもとに作成した建武政権期使節遵行の編年譜（西国）である。[12] 原本ならびに自治体史等への目配りが十分でないため不備の感は免れないが、いちおうの素材にはできると考える。なお、後掲表36・37についても同様であるが、表に掲げる事例は実際に現地に莅んだことが確認できる事例に限定し、「沙汰付」等を命じる綸旨・雑訴決断所牒のみが残され、遵行使節の実態が明確ではない事例は除いてある。綸旨や雑訴決断所牒のみを所持して現地に莅む当事者は皆無であったと想像されるが、遵行使節あての守護や目代の施行状が付帯されていない以上、遵行の実態を知る典拠とはならないからである。ただ、これら実務的な文書が廃棄され、自己の権益を明示し将来にわたり保障する（はずの）根拠的な文書のみが保存される傾向があるとすれば、それはひとつの論点として興味深い。

さて、表35に目を移そう。

表35 建武政権期西国の使節遵行

	年代	国名	分類	使節	案件（①訴人、②論人、③論所等）	典拠
1	元弘三・六・四（一三三三）	土佐	両使C	長宗我部新左衛門（信能） 甲斐孫四郎（秀頼）	①走湯山密厳院、②甲乙人濫妨狼藉、③介良荘	足利高氏御教書（土佐香宗我部文書／32238）
2	元弘三・八・九（一三三三）	摂津	単使C	楠木判官（正成）	①今出河兼季、②？ ③榎並上荘西方下司職	後醍醐天皇綸旨（永明院文書／32455）
3	元弘三・一一・七（一三三三）	若狭	両使C	本郷貞泰 三方貞清（目代）	①東寺雑掌、②若狭次郎入道直阿・季兼ら、③太良荘地頭職	源貞泰請文（東寺百合文書ヱ／32667）

4	元弘三・一二・一五（一三三三）	若狭	両使C	本郷貞泰 三方貞清（目代）	①東寺雑掌、②若狭次郎入道直阿・季兼ら、③太良荘地頭職	太良荘雑掌申状（東寺百合文書ヱ／32814）
5	建武元・五・二六（一三三四）	長門	両使C	越前法橋（国方使節） 厚東武実（守護使節）	①松嶽寺院主賢円、②厚保前地頭尚種・政忠ら、③沓野田地荒野	越前法橋某打渡状（長門正法寺文書／31・32）
6	建武元・七・九（一三三四）	丹波	両使C	伯耆守（名和）長年 （姓未詳）七郎入道	①東寺雑掌、②前地頭、③大山荘（濫妨）	雑訴決断所牒（東寺文書・京都博覧社文書／1-663）
7	建武元・七・一八（一三三四）	安芸	両使C	小林藤兵衛入道 相賀八郎	①熊谷小四郎直経、②新野太郎三郎頼俊跡、③三入本荘三分一一方	安芸目代法橋祐実施行状（熊谷家文書／47）
8	建武元・一二・一五（一三三四）	近江	両使C	目加田二郎左衛門尉 宗左衛門尉（国方）	①仁和寺雑掌信性、②（安堵）、③愛知郡内円城寺領七ヶ所	近江守護奉行人連署奉書（東寺百合文書み／2-168）
9	建武二・九・一四（一三三五）	美濃	両使C	有久彦次郎 鵜飼弥太郎入道	①近衛家領仲村荘雑掌定海、②地頭代、③仲村荘所務中分	美濃国目代施行状（大友文書／2-378）
10	建武三・四・一五（一三三六）	周防	守護C	大内豊前守（長弘）	①平子彦三郎重嗣ら、②当給人上総宮内大輔代官、③仁保荘地頭職（元弘没収返付）	高師直施行状（三浦家文書／322）
11	建武三・四・二三（一三三六）	長門	両使C	河越次郎 守護代	①長門国神功皇后宮大宮司国為、②（寄進）、③牛牧荘、紫福郷	厚東武実遵行状（忌宮神社文書／330）
12	建武三・四・二三（一三三六）	長門	単使C	守護代	①長門国一宮大宮司貞近ら、②（寄進）、③津布田別符地頭職	厚東武実遵行状（住吉神社文書／332）
13	建武三・八・二（一三三六）	加賀	守護C	富樫介（高家）	①臨川寺、②（軍勢濫妨狼藉）、③大野荘領家職	足利尊氏御判御教書（天竜寺文書／3-646）
14	建武三・一一・二四（一三三六）	伯耆	単使C	南条又五郎	①小早川中務入道々円、②（還補）、③富田荘天万郷一分地頭職	高師直施行状（長門小早川家文書／540）
15	建武三・一二・一（一三三六）	長門	両使C	厚東太郎左衛門尉（武実） 益富弥八入道	①小野弥四郎資顕、②寺家違乱、③豊西郡上津小野村	沙弥某施行状（萩藩閥閲録／547）
16	建武三・一一・一八（一三三六）	播磨	守護C	赤松入道（則村）	①賀茂別雷神社、②室四郎兼朝濫妨狼藉、③室御厨下司・公文職	高師直施行状（賀茂注進雑記／3-872）
17	建武三・一二・一八（一三三六）	近江	単使C	高野瀬七郎（愛知郡代？）	①仁和寺雑掌信性、②甲乙人濫妨、③愛知郡内円城寺領七ヶ所	守護佐々木高氏施行状（東寺百合文書み／3-857）

まず、元弘三年六月四日は後醍醐天皇が入京し東寺に入った日であるが⑬、まさにその日の日付で表35－1が確認される。足利尊氏はいまだ高氏の頃であるが、鎌倉幕府源氏将軍の崇敬篤かった伊豆走湯山密厳院領土佐国介良荘における甲乙人の濫妨狼藉を禁じ、所務を密厳院代官に引き渡すよう命じる御教書を下付している。充所は長宗我部信能と甲斐（香宗我部）秀頼である。ともに鎌倉時代以来の土佐の有力武家であり、この時点では、両者ともに足利高氏の六波羅探題攻撃に従軍しそのまま在京していた可能性が高い⑭。密厳院は醍醐寺との縁故も深く、はたして伊豆から使者が上洛したかは不明であるが、在京する土佐の有力武家に訴訟案件の解決が委ねられたことは使者にとっては一端の安堵感・期待感を得るには十分であったに違いない。六波羅探題を滅ぼしたあと京都に駐留した足利高氏の役割は、続々と上洛してくる地方武士たちの着到に応じるばかりではなく、こうした訴訟案件に対応することも含まれていたのである⑮。

次に、1に続く事例について、年代的分布を検討することは対象期間が短期であるので意味がないかとも思われるが、足利尊氏が鎌倉に下向していわゆる中先代の乱を平定したあとも鎌倉に残り後醍醐天皇の召還指令に応じなかった建武二年十月以降、国司系統の遵行事例がなくなることは注目しておいてよい。表36・37に示す九州・東国においても同様の傾向が指摘できるからである。建武政権が中央政府としての実質的な機能を有した期間を考える場合、決定的に重要な事象といえよう。

比較的事例の多い長門国で確認してみよう。

①袖判

長門国松嶽寺院主賢円申当国厚保前地頭尚種・政忠等寺領濫妨事、解状副具書如此、如訴状者、前国司雖被加下知不叙用云々、然者任事書之旨、守護方相共、可令致沙汰給之由、国宣所候也、仍執達如件、

（建武元年）四月十一日　　左近将監安清

謹上　越前法橋御房

②長門国松嶽寺領沓野田地荒野事、任今年四月十一日国宣之旨、止同国厚保地頭尚種・政忠等妨、守護使節相共、打渡彼下地於寺家条、無相違者也、可被存其旨給、仍執達如件、

建武元年五月廿六日　　法橋（花押）

謹上　院主律師御房

③長門国松嶽寺領沓野田地荒野事、任宣旨之趣、就被成国宣、止同国厚保地頭尚種・政忠等妨、国方相共、打渡彼下地於寺家畢、仍向後不可有相違之状如件、

建武元年五月廿六日　　沙弥（花押）

松嶽寺院主御房

表35－5に関する典拠史料である。[16] ③に「宣旨」とあって、①の根拠となる後醍醐天皇綸旨があったことが推測されるが文書としては伝存しない。また、①の国宣は「越前法橋」（③の「国方」使節、目代か）を充所とし、守護（厚東武実）あてのものは確認されないが、③に「就被成国宣」とあるから、守護もまた国宣を得たか、あるいは①によって目代から催促をうけたかいずれかであろう。長門府中は国衙・守護所・一二宮を域内に包含する空間構造をもったことが知られるから、[17] 松嶽寺院主賢円（ないしその代官）は一通の国宣でこと足りたのかもしれない。

前段で取りあげた若狭国太良荘の事例と同様に、文書面からみえる指令系統は天皇（綸旨）→国司（国宣）→目代（施行状）→使節（守護方・国方）と確認される。遵行の現場における実質的な力関係を度外視すれば、国司（国衙・目代）主導の使節遵行と評価して大過あるまい。しかし、長門国にかかる表35－11、12、15はいずれも守護厚東武実の遵行状によって占められる。厚東武実は建武政権によって守護に任じられた経歴をもつが、建武三年二月のいわゆる「室津軍議」の折に守護職安堵の条件で尊氏方に帰順したとされる。[18] 11・12は足利尊氏寄進地の遵行であり、

15も尊氏御教書が根拠と推断されるから、これらの遵行が足利方（室町幕府）の主導になることは明らかである。

再び表35に戻る。表35－7は綸旨、6・7・9は雑訴決断所牒を根拠とし、綸旨・雑訴決断所牒の差異はあるものの[19]、いずれも国宣を得た目代施行状によって使節遵行が進行している（7・9、安芸の小林・相賀、美濃の鵜飼・有久について守護方・国方の判定は不能）。表35－6は雑訴決断所による両使遵行、表35－8も、雑訴決断所牒が国衙に下され（守護あての牒は未確認）、目代（宗）と守護（六角時信）の指示をうけた守護代（目加田）が両使となった事例である。なお、同一案件に属する表35－17の高野瀬は目加田（これも本拠は愛知郡）の代官（又守護代あるいは郡代）と目される。

ところが、表35－10以降は、すべて足利政権─守護ルートによる遵行事例に変容する。10は建武元年「勅裁」によって回復したはずの「元弘没収地」が当給人の居座りによって知行を実現できないでいた平子重嗣らが尊氏に訴えた結果発給された御教書である。そして、前掲長門国にかかる11・12以降はそれぞれ室町幕府の主導にかかる使節遵行事例が並ぶ[20]。

建武二年十月の尊氏鎌倉滞留から箱根竹の下の戦い（十二月）、京都・摂津での敗戦（翌三年一・二月）と「室津軍議」を経て、尊氏が九州多々良浜の合戦で勝利（三月）して反攻に移るまでの期間に、室町幕府の原初形態が形成されたとの言説は[21]、使節遵行の場面でもその有効性が確認されたことになる。そしてまた、建武政権の公武一統政権としての性格が失われ、後醍醐天皇が構想した国司を要とする地方支配のかたちも、そのすがたを明瞭にし得ないままに崩れ去っていくことになったようである。

多々良浜の合戦のあった九州においてはどうか。次に考察してみよう。

二　建武政権と九州

（一）薩摩国谷山郡山田・上別符村の使節遵行

鎌倉時代後期、鎮西探題の使節遵行を通覧すると、九州には九州独自の課題があり、この課題解決の困難さが二百をはるかに超える遵行事例を見出せる結果につながったということがわかる[22]。鎌倉時代初期の東国御家人の西遷により開始される、九州各地の伝統勢力との地域支配をめぐるさまざまな衝突は、モンゴル危機によってさらに複雑化したと考えられる。鎌倉時代後期から建武政権の時代を過ぎ、南北朝内乱期にまでその決着をみない相論が多く確認されるのも九州の特色といえるだろう。九州は中世武家文書の宝庫といわれるが、これは裏を返せばより多くの文書発給が求められたからと解釈することもできる。いわゆる地域的領主間紛争が熾烈であり、それぞれの紛争当事者が上位権力の保護・保障を求めて得た公験や関係文書を子々孫々に伝えつつ、当知行の危機に備え、あるいは実効支配のままならない所領についての権利保存を試みた結果が、宝庫の所以といえるかもしれない。

さて、薩摩国谷山郡山田・上別符村の支配をめぐる谷山郡司と山田（島津支族）氏との法廷闘争もまた、熾烈な地域的領主間紛争の一事例といえる。ともに二世代、谷山資忠（覚信）・隆信父子と山田宗久（道慶）・忠能父子によって争われ、半世紀を越えて長期化した法廷闘争のなかで、いったい何通の文書が作成されたのかまったく想像にあまりあるが、まずは主要なところをかいつまんで相論の経過とこれにともなう使節遵行の様相をみてよう。

当面この法廷闘争の始まりを弘安十（一二八七）年十月三日付関東裁許状におく[23]。この対決に及ぶまでの事実経過は論点として裁許状に示されることになるが、本質的な争点は伝統勢力である郡司が西遷地頭の支配から脱出して「御別納」の権利を得られるか、あるいは地頭がその一円支配を貫徹できるかにある。現象的には郡司が地頭の所管に従わない状況（「非分押領」）が継続しているのである。個別論点の紹介・検討は煩瑣となるので省略したいが、所務相論の常ながら、ここでも訴陳は多岐にわたり、言いがかりともいえそうな争点まで用意して双方主張を繰り広げている。しかし、これら瑣末な争点はあくまで上記の目的を達成するための手段とみなしてよい。しかも、本質的な争点について決定的な論拠が示されれば明快な裁定も実現するところ、双方ともに根本的な公験を提示できず決定的な論拠を用意できない。したがって、上記関東裁許状は所務について「両方所申無指実証之間、皆以被棄置畢、此上守先例、可致所務沙汰」として、本質的な争点についての判断を留保する。弘安十年以降に生じた瑣末な争点を付加して争われたことを示す、正安二(一三〇〇)年七月二日付鎮西裁許状もまた、山田が「右大将御時建久年中」に拝領したとする谷山郡惣地頭職に基づく地頭所務と、「為覚信先祖開発領主、建仁三年十二月廿五日令拝領関東御下文」とする谷山郡司の谷山郡山田・上別符両村「下地支配」の間隙を調整することなく、谷山郡司の「別納」を拒否する。[24]

現地における実力、地縁・血縁など周囲の支持基盤ともに両者拮抗しており、現実的な力関係による解決(屈服、妥協など)が困難であるために法廷闘争に持ち込まれたのであろうが、法廷闘争の現実が上記のようなものであれば、解決はもとよりほど遠いものと考えられる。一方で法廷闘争を試みながら、現地においてはさまざまな方途で自己主張・実力行使を継続した結果が法廷における争点を多様化・瑣末化させていくという情況は、前段で触れた若狭国太良荘の若狭一族の動きと共通の思考的・行動的基盤をもつ。この案件の場合、論所を当知行しているのは谷山郡司で、谷山郡司は当知行分についての「御別納御下知(御下文)」を希求している。しかし、裁許も瑣末的・具体的な争点についてはそれぞれ判断が示されるものの、本質的な争点については論拠を得ず曖昧なままである。正安二年の裁許のあと、「和談」というかたちで妥協がはかられたのも、終わりのない争いに双方辟易としたあらわれかもしれない。

ところが、今度はこの「和談」をめぐる争いが惹起する。元亨二(一三二二)年十一月、地頭道慶は再度の申状をしたためて覚信の「非分押領」を糾弾し、正安四年の「年記請所状案」を具書とした。[25]具書に示される十一か年の請所契約の年期を過ぎても所務が返還されないというのである。しかし、谷山郡司はこれに反駁して、正安二年裁許の折の争点を再燃させるとともに論所を「請所」とすり替えることによって道慶が訴訟の中絶を企図していることを非難し[26]、さらには正安五年の「道慶放券」（本銭返売券）を具書として請所契約の存在そのものを否定して争う姿勢をみせる[27]。

当該案件について鎮西探題使節が最初に確認されるのは、上記の訴訟に先立つ正和四（一三一五）年七月である[28]。ここで使節加世田別符地頭代・渋谷白男河小太郎入道に課せられた課題は、覚心（信）が不当に徴収したと地頭道慶が主張する「検断過料物」等の百姓等への返還である。地頭道慶はすでにみずからその実施を試みたが、覚心（信）の威力により百姓等が受け取らなかったという事態をうけての遵行であり、難航は必至である。谷山郡司の当知行は百姓等の支持（たとえ消極的にせよ）をうけていたようだからである。

正中二（一三二五）年十月、ようやく両者に和与が成立し、弘安十年の裁許からでも四十年近い争いにいったん解決がはかられた。鎮西探題もこれを歓迎しつつ承認する[29]。翌三年、道慶は子息諸三郎（忠能）に山田・上別符を譲与するにあたり谷山郡司との和与の尊重を伝えたが[30]、相論は再燃し、嘉暦四（一三二九）年（当知行実否調査）、元徳二（一三三〇）年（覚信請文受領）の使節遵行が実施される[31]。そして、これらをうけた正慶元（一三三二）年十二月の鎮西裁許状とその執行を任務とする使節遵行が、鎌倉幕府としての同案件への最後の対応となるが[32]、なお解決には時日を要することになる。

翌正慶二年五月、鎮西探題が滅亡する。山田道慶は探題攻撃軍に参じて大友貞宗（具簡）の覆勘状をうけ、さらに上洛して当知行安堵の綸旨を獲得し、足利高氏に着到を報じた[33]。一方、谷山郡司は鎮西探題攻撃に参戦したかどうかを含め動向が未詳で、建武元（一三三四）年六月の谷山覚信代教信請文も、惣地頭所務を道慶に「返付」し、以前五か年分の得分物を「勘渡」すことを約しているので、法廷闘争のうえでは山田側の優勢は決定的となったようである[34]。

法廷闘争の勝利が現地支配の実現を確約するわけではないが、後掲表36－10のような遵行も試みられ、得分物の返還を抑留し続けた覚信死去に際して覚信子息隆信への雑訴決断所牒発給を申請するなど、山田は後事に備えてもいた[35]。山田道慶・忠能父子はその後も足利軍に従軍し、忠能は多々良浜合戦で軍忠をあげる。一方、谷山隆信は南北朝分裂後九州に南朝方の拠点を構築する懐良親王を支持する勢力の中心となっていく。山田と谷山の戦いはまたその機軸を替えてその後も継続していくことになる。

九州における使節遵行の展開をみると、建武政権期を挟んだ両時代の地域状況というものの特色がそのまま反映されてきているように感じられる。南北朝分裂後の実態については稿を改めて論じることになるが、建武政権期を越えて展開する地域的領主間紛争の一事例として以上紹介してみた。

次に、こうした地域状況のなかで展開した建武政権期九州の使節遵行事例について考察してみたい。

(二) 九州における使節遵行の様相

表36は前掲表35と同様の史料検索により作成した九州の事例一覧である。刊本史料による検索という限界を否定できないが大概の傾向は知ることができよう。

まず、年代的分布を考察すると、建武二年十月から翌三年三月に至る足利尊氏離反～敗戦～反攻の期間を境にして、国司系統の使節遵行事例が消滅していくことが確認できる。この点、西国の事例と共通する。守護・地頭クラスの鎌倉幕府御家人の系譜をひく九州の武家が、多々良浜合戦でその多くが足利尊氏軍に参じていることもおそらくこれと無縁ではない[36]。

地域的分布はいかがであろうか。国ごとに考察していくことにする。

【薩摩】 表36には2・7・10・13・20・24の六事例がみえる。

表36　建武政権期九州の使節遵行

	年代	国名	分類	使節	案件（①訴人、②論人、③論所等）	典拠
1	元弘三・一〇・一三（一三三三）	日向	両使A	揖宿郡司入道（成栄） 土持掃部左衛門入道	①富山七郎左衛門尉義通、②嶋津荘住人右衛門五郎、③嶋津荘日向方・苅田狼藉	守護島津貞久書下（揖宿文書/32622）
2	建武元・四・八（一三三四）	薩摩（ママ）	単使C	在国司入道 山門弥次郎入道	①篠原平九郎高国、②(勲功賞)、③牛糞院別符村地頭職	守護島津貞久施行状（日向篠原文書/26）
3	建武元・八・四（一三三四）	肥前	単使A	塚崎後藤彦三郎経明	①橘薩摩聖空、②勇猛寺大進法眼ら、③長島荘内下村田畠	肥前目代源処英書下（武雄鍋島文書/103）
4	建武元・八・五（一三三四）	肥前	単使A	塚崎後藤彦三郎経明	①橘薩摩入道浄蓮、②岩永次郎左衛門入道ら、③長島荘下村田畠	肥前目代源処英書下（武雄鍋島文書/104）
5	建武元・九・二（一三三四）	筑後	単使A	八町嶋四郎入道道西	①草野孫次郎入道円真、②宇土唯覚房女子、③(質券地)竹野東郷総公文職	筑後目代源某書下（草野文書/121）
6	建武元・九・二（一三三四）	筑後	単使A	八町嶋四郎入道道西	①草野孫次郎入道円真、②恒用弥五郎入道、③(質券地)山本郷内山渋田畠等	筑後目代源某書下（草野文書/122）
7	建武元・一〇・七（一三三四）	薩摩	単使A	薩摩国在庁武光三郎	①大隈国国分助二郎入道道然、②石塚四郎入道・新田宮権執印ら、③本物返地抑留	大隈国国宣（薩藩旧記・権執印文書/135）
8	建武元・一〇・一七（一三三四）	肥前	単使C	守護代（斎藤正遍）	①彼杵荘南方地頭代賢法、②深堀孫太郎入道明意ら、③荘内放火・刃傷・狼藉	大友貞載書下（深堀文書/144）
9	建武元・一一・一八（一三三四）	筑前	単使A	三雲五郎入道道法	①中村孫四郎入道栄永、②北崎次郎丸後家尼、③志登社神宮寺別当職免田	中村栄永重申状（広瀬文書/280）
10	建武元・一一・二七（一三三四）	薩摩	単使C	有保三郎入道	①島津式部孫五郎入道道慶、②谷山五郎入道覚信、③谷山郡山田・上別府所務	成阿奉書（薩藩旧記・山田文書/169）
11	建武元・一一・二八（一三三四）	豊後	両使C	都甲弥次郎入道 竹田津諸次郎入道（道景）	①田原貞広、②(勲功賞)、③香賀地荘地頭職（河越安芸入道跡）三分一	大友貞載施行状（草野文書・竹田津文書/170・171）

	年代	国名	分類	使節	案件（①訴人、②論人、③論所等）	典拠
12	建武元・一一・三〇（一三三四）	豊後	両使C	都甲弥次郎入道 竹田津諸次郎入道（道景）	①田原貞広・貞挙、②（勲功賞）③香賀地荘地頭職（河越安芸入道跡）三分二・三分一	豊前国宣（草野文書・竹田津文書／173・174）
13	建武元・一二・一八（一三三四）	薩摩	両使C	薩摩郡司弥太郎 牛屎郡司入道	①白浜三郎入道道歓・寄田弥三郎道緒、②？ ③入来院上副田村地頭職名半分	島津貞久書下（薩藩旧記／181）
14	建武元・一二・二五（一三三四）	肥前	両使C	守護代（斎藤正遍） 塚崎後藤又次郎（光明）	①松浦御厨坂本彦次郎安、②（勲功賞?）、③坊所保領家職拾分一（越後孫四郎跡）	大友貞載書下（後藤文書／190）
15	建武元（一三三四）	大隅	両使C	牧五郎 田部上総房	①禰寝九郎入道日念子息八郎清通、②？ ③佐気岩村苅田狼藉	大隅国目代源某書下（市来文書／287）
16	建武二・二・一四（一三三五）	肥前	単使A	高木又太郎入道道覚	①河上社雑掌増祐、②泉孫三郎入道、③大路□壱町弁淵村内田地（本物返地）	大友貞載下知状（河上神社文書／274）
17	建武二・二・二九（一三三五）	豊前	両使C	深見新五郎（盛顕） 如法寺六郎（信勝）	①狭間大炊四郎入道正供、②（勲功賞?）、③御沓村地頭職（北条泰家跡）	少弐頼尚施行状（大友文書／213・214）
18	建武二・四・一七（一三三五）	肥後	両使C	守護代 山田左衛門三郎	①横山通利・上島惟頼ら、②（勲功賞?）、③萱津又三郎跡五分一	少弐頼尚施行状（阿蘇家文書／247）
19	建武二・四・二九（一三三五）	肥前	単使C	奈良田次郎入道弁西	①河上菩提院住持如浄、②？ ③河上宮大般若免・仏性灯油免・大石北村田畠	奈良田弁西請文（河上宮古文書写／251）
20	建武二・五・二五（一三三五）	薩摩	両使C	伊集院弥五郎入道 矢上左衛門五郎	①揖宿郡司彦次郎入道成栄、②山口三郎入道了一跡輩、③揖宿郡秋富名（抑留）	島津貞久施行状（指宿文書／258）
21	建武二・六・一〇（一三三五）	豊前	両使C	守護代 別符孫太郎	①肥前深江安富民部丞永泰代妙寂、②（勲功賞?）、③豊前白桑紀平四郎入道跡	少弐頼尚施行状（深江文書／265）
22	建武二・八・一八（一三三五）	大隅	単使A	伊佐敷又四郎（親篤）	①禰寝九郎入道日念子息八郎清通、②？ ③佐気岩村苅田狼藉	大隅国目代源某書下（市来文書／287）
23	建武二・七・一二（一三三五）	肥前	単使A	鎰尼浄円房栄秀	①河上社雑掌増流、②定楽七郎入道浄喜、③当山大師講料田山田西郷・東郷	大友貞載下知状（河上神社文書／335）

24	建武二・八・二七（一三三五）	薩摩	両使C	国分助次郎入道 薩摩郡司（成枝）弥太郎	①河田智門房慶喜、②石塚覚念・莫禰源朝房跡、③宮里郷正岡名（本物返）	島津貞久書下（有馬文書／289・290）
25	建武二・九・一二（一三三五）	豊後	両使A	賀来五郎入道 伊美五郎四郎	①八幡宇佐若宮権擬神主宣基、②法光（田原盛直）ら、③田染荘永正名（正和興行）	豊後国国宣（永弘文書／298）
26	建武二・九・二八（一三三五）	豊後	両使A	伊美五郎四郎 守護代	①八幡宇佐若宮権擬神主宣基、②法光（田原盛直）ら、③田染荘永正名（正和興行）	大友貞載施行状（永弘文書／305）
27	建武二・一〇・一三（一三三四）	豊後	単使C	竹田津諸次郎入道 （道景）	①田原貞広・貞挙、②河越安芸入道子息治重ら、③香賀地荘地頭職（河越安芸入道跡）	豊後国国宣（森文書／318）
28	建武二・一〇・一五（一三三五）	豊後	両使C	都甲弥次郎入道・守護代 竹田津諸次郎入道（道景）	①田原貞広・貞挙、②河越安芸入道子息治重ら、③香賀地荘地頭職（河越安芸入道跡）	大友貞載書下（竹田津文書／319・320）
29	建武三・三・三〇（一三三六）	豊後	単使C	守護代（藤原宗能）	①田原貞広・貞挙、②河越安芸入道宗重・子息治重ら、③香賀地荘地頭職	高師直書下（荒巻文書／540）
30	建武三・四・一（一三三六）	日向	単使C	守護代（土持栄幽）	①島津下野四郎時久、②（勲功賞?）、③新納院地頭職	高師直施行状（薩摩旧記新納文書／554）
31	建武三・四・二九（一三三六）	豊前	両使C	弓削田六郎入道 白土新三郎	①長門国串崎若宮大宮司惟包、②（寄進地）、③得永地頭職、	少弐頼尚施行状（保阪潤治所蔵手鑑／596）
32	建武三・七・二七（一三三六）	筑後	両使C	西牟田弥次郎入道 守護代（藤原貞兼）	①筑後浄土寺幷宝琳尼寺雑掌快潤、②白垣八郎入道、③三豬荘八院村領家方	一色範氏書下（歴世古文書・浄土寺文書／702）

2は本来大隅国菱刈郡牛糞（屎）院が論所であるが、遵行使節は薩摩国在国司入道（大前道超）・山門弥次郎入道（薩摩国山門院郡司）となっている。訴人は牛糞（屎）一族の篠原で、別符村を勲功賞として申請しているところをみると、鎌倉北条氏所領であった島津荘大隅方に含まれる（寄郡）「菱刈郡百三十八町一反」との関連が考慮される[37]。在国司大前が根拠とした薩摩国府周辺、および山門院とも近く、大隅国の案件ではあるが薩摩の武家が使節となったと考えられる。10の有保は未詳。20伊集院弥五郎入道は薩摩国伊集院を領有し名字の地とした紀姓伊集院氏の

宗継（法名迎意）と推定され[38]、長谷場氏の一族と目される矢上左衛門五郎とともに揖宿郡司の訴訟案件について論人召喚の使節となっている。また、13・24薩摩郡司（成枝）弥太郎や7薩摩在庁武光、13牛屎郡司（太秦牛屎）とともに鎌倉時代以前からの由緒をもつ薩摩の武家である。したがって、未詳の有保と東国御家人千葉の入部を伝える山門院郡司を除くと、鎌倉幕府の影響力が九州にもたらされる以前からの由緒と実績を有する武家が、九州においては使節となる傾向が認められることになる。この点、郡司などのタイトルを有する国御家人と渋谷・二階堂などの西遷御家人が臨機に混在した鎮西探題使節と対照的といえる。なお、7訴人の「大隅国国分助二郎入道道然」と24使節国分助次郎入道は同人であり、論所の相異はあるものの関連する案件である可能性が高い。

次に、典拠となる文書については、2は後醍醐天皇綸旨、10・20は雑訴決断所牒を根拠として発給されるが、24は守護島津貞久の訴訟指揮によって進められた論人召喚（陳状注進）である。いずれも武家領主間の紛争でありながら、24に至って守護裁判権の行使がうかがわれることは注目しておいてよい。

【大隅】　表36－15・22が検出される。22伊佐敷は肝属郡佐多郷を名字の地とする惟宗姓佐多氏の一族と推定され（伊佐敷村あり）、論所の佐気岩村に地縁を有するが、15牧・田部については未詳。ともに大隅国目代の指揮下に実施された苅田狼藉対応の使節遵行事例である。

【日向】　表36－1は島津荘日向方島津院住人右衛門五郎が追捕・苅田以下の狼藉に及んだことを訴える同荘荘官富山義通の訴状に応じた守護島津貞久書下、30は島津時久に新納院地頭職給与（勲功賞）を伝える足利尊氏下文を施行する高師直施行状によりそれぞれ実施された使節遵行である。鎌倉時代以来日向国の在国司職を相伝し、建武政権期後半に日向守護代も兼帯する土持が、両使一方・守護代として両者にあらわれている。新納院はまた在国司として得分を有する所領のひとつであったことも知られる[39]。島津院（日向国諸県郡）は島津荘発祥の地であるが、1で薩摩の揖宿郡司が使節となっている理由については未詳。守護島津貞久がこの時期薩摩・大隅・日向守護を兼任していたこと、島津荘がこの三か国にまたがる広域荘園であったことなどとの関連を考察すべきかもしれない。また、22の時期の日向守護について諸説あるが、ここでは立ち入らない(40)。

【豊後】　表36－11・12・25・26・27・28・29の七事例検出されるが、案件としては香賀地荘地頭職をめぐる本主（いわゆる「元弘没収地」の旧主と推定）河越と新主（勲功地）田原との相論、ならびに、「正和神領興行令」に基づく「神領」回復を企図する宇佐八幡宮若宮権擬神主田染宣基とおそらくこれを当知行する田原との相論の二件である。田原は守護大友氏の一族で、11・12・27・28の訴人貞広は25・26の論人盛直の甥にあたる。11・12はともに同月二十五日付後醍醐天皇綸旨を根拠として、守護施行状（11）は二十八日付、国宣（12）は三十日付で得ている。守護・国司とともに田原も在京していたことが想定される。また、これに継続する27・28は、論人である河越治重が綸旨を謀作して当知行を実現しようと試みたことに発するが、ここでは再度の綸旨・雑訴決断所牒を得ることなく、田原側の訴によって臨機に国衙・守護が対応しているかに観察される。一方、25・26はともに同月十日付雑訴決断所牒を根拠とするが、国宣が十二日付、守護施行状が二十八日付となっている。田原のケースと逆順であり、日差もある。些細なことではあるが、訴人・論人の立場ということを考慮させる事象である。29は事実上の室町幕府の裁断を得ている。なお、11・12・27・28都甲・竹田津はともに鎮西探題使節としての実績を有し、25・26伊美とともに国東郡に基盤をおいている。論所である田染荘・香賀地荘ともに国東郡に所在するから、地縁が前提の人選と考えられる。25・26伊美五郎四郎は、27・28では河越治重に与同して濫妨に加わっている。香賀地荘が伊美郷内に発生したことを思うと、何らかの権益をかつて有していた可能性を考慮すべきであろう。ただ、25賀来は大神氏の一族ながら、大分郡に本拠を有する。26と対照すると守護代の可能性があることを指摘しておく。

【豊前】　表36－17・18・21・31の四事例ある。31は典拠文書に「任将軍家御下文幷御教書」とあるから、これも事実上の幕府裁許と考えてよい。17・18・21は綸旨あるいは雑訴決断所牒を根拠とする。17深見、21別符は鎮西探題使節の実績を有し、17の論所は深見の根拠深見荘の所在する宇佐郡内である。また、17如法寺は東国から西遷した宇都宮氏の一族。30弓削田・白土ともに田川郡内に名字の地があり、隣接する京都郡得永名を長門国串崎若宮大宮司に打ち渡す役割を負っている。18山田は未詳。

【筑前】　表36－9の一事例である。使節三雲は怡土郡三雲を名字の地とする武家と推定され、その場合、志登社との地縁がある。

【筑後】　表36－5・6・31の三事例が検出される。5・6八町嶋は御井郡八町嶋を名字の地とする武家であろうが、詳細は未詳。筑後国の有族草野氏の訴にかかる山本郡・竹野郡内の質券地相論につき、論人（請文）催促の使節に立っている。30西牟田氏は、論所と同じ三潴郡を本拠とする武家で、この案件では鎮西管領一色範氏の指揮下で使節遵行が実施されている。

【肥前】　表36には3・4・8・14・16・19・23の七事例が載る。3・4・14塚崎と16高木はともに鎮西探題使節の実績を有する。塚崎（墓崎）は3・4の論所杵島郡長島荘内墓崎を名字の地とし、同案件の訴人で同荘惣地頭橘薩摩と競合しつつ同荘から墓崎荘を分出させた武家である。高木は佐賀郡高木荘を名字の地とする有族で、鎌倉末期より肥前一宮河上社大宮司職を相伝して同社免田も支配した。16はその一環とも解される。19奈良田は三養基郡奈良田荘を名字の地とする武家と考えられるが、論所・訴人との関連については未詳である。23鎰尼浄円房栄秀についても素性を知る史料を得ていない。

【肥後】　所見なし。

以上、やや煩雑となったが事例の多い九州については国ごとの状況を検討してみた。28以降の、いわゆる事実上の室町幕府成立をまつことなく、あるいは建武政権のもとでの守護権限行使として、1・8・16・23・24が守護裁判による使節遵行であることは注目してよい。前節西国との比較でいえば、鎌倉時代の守護がそのまま建武政権期の守護としてのこるのに対して、西国では近江（六角）・淡路（長沼）・安芸（武田）・伊賀（千葉）などを除き、旧北条氏守護国など多くの国で守護の交替がみられたことに連接する事象である。ただ、8・16・23の大友の場合、新補の守護国である肥前において守護裁判事例があり、本貫国である豊後ではこれがみられないなど、建武政権期の守護（国司）権限についてなお追究すべき論点もある。(41)

次に、相論内容に注目すると、前段で取りあげた谷山と山田の相論のように鎌倉時代から継続している案件（神領興行地など）、いわゆる元弘没収地（北条氏およびその与党の旧領）における本主の抵抗、あるいは旧主（論所に由緒を有する過去の領主たち）の回復要求を契機とする相論が多いことが認められる。また、九州の特徴として、質券地、あるいは本物返地を論所とする相論も散見される。これらは、建武元（一三三四）年五月の検非違使庁牒による徳政令（本銭の半倍を償還すれば負物・質券地・本物返地を本主が取り戻せるとの趣旨）の影響と考えられる。(42)そして、西国の事例では多くみられる荘園本所による提訴を契機とする使節遵行事例は、九州ではみられない。鎌倉時代以来の傾向ではあるが、建武政権の立脚点を考えるという意味では重要である。

東国の事例検証に移ろう。

三　建武政権と東国

（一）熊谷直経の場合

「伊豆国在庁時政子孫高時法師」の「征伐」を命じる大塔宮護良親王の令旨が元弘三（一三三三）年四月一日の日付で各地の武家に発せられた。その一通は熊谷直経にあてられたが、直経はその頃、楠木正成が籠る千早城を囲む鎌倉幕府軍の陣中にあり、奇しくも四月一日の合戦で自身負傷していた。

その後、どの時点で直経が討幕勢力に参入することになったか判然としないが、六波羅探題陥落後の五月十二日には、直経の代官として同族の直清・直久が丹後に出陣して六波羅方残党の掃蕩戦を展開している。また、直経自身の名がみえる文書としては、直経に参戦を命じる五月十六日付千種忠顕御教書、同二十五日付後醍醐天皇綸旨がある。(43)直経の討幕勢力への参入が、六波羅探題陥落後のことであればなおのこと、丹後でも西国でも顕著な戦果を求められた可能性は高い。

しかし、直経の配慮は戦陣にのみ払われていたわけではない。鎌倉幕府の滅亡によって混乱を余儀なくされる所領支配の維持にも腐心を余儀なくされるのである。鎌倉時代の末、直経は継母尼真継と真継子息で直経には兄となる直継の遺領をめぐって相論に及んだことがあった。論所は武蔵国熊谷郷・同国木田見郷・美濃国金光寺・安芸国三入本荘等で、嘉暦三（一三二八）年七月の鎌倉幕府裁許は直経の主張を全面的に認める内容で、直経の地行を正統とし、真継は謀書の咎にも問われることになったのである。しかるに、直経はこの裁許状を改めて足利尊氏に提出し外題安堵をうける。(44)

武蔵国分

任此状、領掌不可有相違者、守元弘三年七月廿六日　宣旨之状、下知如件、

建武元年卯月十八日

源朝臣（花押）

外題の文言によれば、尊氏は上記鎌倉幕府裁許状にみえる「武蔵国分」、すなわち熊谷郷・木田見郷について直経の当知行を安堵したことになる。また、その根拠は「元弘三年七月廿六日宣旨」（元弘三年七月二十五日付または同二十六日付で諸国国衙あてに発給された官宣旨で「（北条）高時法師党類以下朝敵与同輩」以外の当知行地を安堵する内容）であった。しかし、これに先立つ元弘三年十二月二十日付の足利尊氏御教書は、木田見孫太郎の濫妨により当知行を実現できないとの直経の訴をうけて、上杉重能に直経への打渡しを命じる内容である。(45)足利尊氏はこの時点

で、すでに武蔵国務（国司）と守護を兼帯しており、木田見郷の知行回復という点からすれば、上記外題安堵より、尊氏御教書と守護代上杉重能の合力のほうが実効力ありと思われる。

そこで、安堵申請~外題安堵までの期間が長期化したなどの理由を排除して、再び建武元年四月の時点で尊氏の外題安堵をうける意義について検討していくと、建武元年六月十日付雑訴決断所牒にいきあたる。この牒は、武蔵国熊谷郷・同国木田見郷・美濃国金光寺・安芸国三入本荘等を直経に安堵する旨を載せる。上記嘉暦三年の鎌倉幕府裁許状に繋続する案件で、直経はこれに尊氏の外題安堵を得たうえで、雑訴決断所に当知行安堵を求めたのではなかろうか。

ただ、熊谷直経がここで得た雑訴決断所牒は、そのままではほとんど機能しない公験である。七月、直経はこの牒を根拠に安芸国国宣の下付を願う申状を作成して知行国主万里小路宣房、ないし国司中御門宣明のもとに提出し、同月二十二日付の国宣を得る。また、足利尊氏にも申請して御教書を得て、ようやく当知行安堵の目処をつけていくことになるのである[46]。

さて、ここから使節遵行である。武蔵国熊谷郷・木田見郷については尊氏施行状（→一色範氏）を経て平重時が遵行使節として打渡しを実現し、安芸国三入本荘については安芸国目代の指揮下に打渡しが試みられたようである。三入本荘については、さらに建武元年二月十四日付後醍醐天皇綸旨で新野太郎三郎頼俊跡が「由緒之地」として直経に給与され、これが国宣・目代施行状により遵行使節が立てられる。前掲表35－7である。美濃国金光寺については同地頭代道山経行の軍忠状が残るばかりで、雑訴決断所牒獲得後の直経の運動経過を知る史料に乏しいが[47]、建武政権下の地方行政組織が国ごとにさまざまな差異を有しており、訴訟当事者はそれらを考慮しながら、自己の権益が回復・維持・保障されるための最善の行政ルートを模索・選択していたことがうかがわれる。

とくに東国については、前述したように、雑訴決断所は「関東十ヶ国成敗」について、「所務相論幷年貢以下沙汰、一向可有成敗」とする。これは、「領家・地頭所務相論幷年貢難済以下事」「下職以下開発余流幷帯代々上裁鬱訴之事」以外は「本所成敗」とする西国一般と大きく様相を異にし、鎌倉幕府の裁判管轄を彷彿とさせる。また、「関東十ヶ国成敗」は「所領幷遺跡相論、異重事者、執整訴陳、可為注進事」・「訴論人、或在京、或在国者、訴人之在所、可有沙汰事」とあって、「異重事」以外の案件、および「訴人之在所」を考慮した案件について在地裁判権、おそらくは守護（国司）の裁判（確定裁決）権を認めていたことが想定できる。(48)場を改めて、東国における使節遵行の実態を検証し、建武政権下東国の行政組織の特質について考察していくことにする。

（二）東国における使節遵行の様相

表37は表35・36と同様の方途による史料検索で作成した使節遵行事例の一覧である。以下、この表の分析を中心に議論を進めたい。

表37 建武政権期東国の使節遵行

	年代	国名	分類	使節	案件（①訴人、②論人、③論所等）	典拠
1	元弘三・八・三（一三三三）	下総	単使C	阿曽沼四郎次郎	①金沢称名寺、②山川五郎入道ら濫妨狼藉、③結城郡茂呂郷	弾正忠某施行状（金沢文庫文書／32442）
2	元弘三・九・九（一三三三）	遠江	守護C	今川五郎入道（範国）	①鴨江寺雑掌、②（濫妨人）、③同寺用田当知行地	沙弥某・伴某連署施行状（鴨江寺文書／32553）
3	元弘三・九・一〇（一三三三）	上総	単使C	守護代	①金沢称名寺雑掌覚忍、②東弥六（胤義）ら濫妨、③波多沢・子安・馬篭等	守護足利高氏書下（金沢文庫文書／32555）
4	元弘三・一一・二〇（一三三三）	武蔵	単使C	伊豆守（上杉重能）	①熊谷小四郎直経、②木田見孫太郎、③木田見郷濫妨	足利尊氏御判御教書（熊谷家文書／32781）

5	元弘四・二・一八（一三三四）	陸奥	単使C	南部又次郎（師行）	①信濃前司入道行珍、②?、③久慈郡	陸奥国宣（遠野南部文書／32850）
6	元弘四・二・二二（一三三四）	陸奥	単使C	南部又次郎（師行）	①大田孫太郎行綱代行俊、②?、③比内南河内	陸奥国宣（遠野南部文書／32853）
7	元弘四・二（一三三四）	陸奥	?	（在国御使）	①曽我太郎光高、②曽我経光・同代官濫妨、③平賀村（年貢・私財等）	曽我光高申状（斎藤文書／32856）
8	建武元・八・一〇（一三三四）	武蔵	両使C	平戸四郎太郎（光行） 奈良六郎太郎（綱長）	①正続院末寺長福寺雑掌祖広、②上壁屋左衛門次郎濫妨、③恩田御厨	平戸光行請文（円覚寺文書／1-696）
9	建武元・八・一五（一三三四）	伊豆	守護C	石塔義房	①三島社正神主盛親、②四郎盛行濫妨、③神領北中村・安富等	足利尊氏御判御教書（三島神社文書／1-726）
10	建武元・八・二二（一三三四）	下野	単使C	大内山城入道	①茂木左衛門尉知貞代祐恵、②（勲功賞、押領人?）、③東茂木保	大膳権大夫某奉書（茂木文書／1-488）
11	建武元・八・二九（一三三四）	上野	単使C	兵庫助氏政	①別符尾張権守幸時、②（本主?）、③上野国下佐貫羽禰継（摂津親鑑跡）	兵庫助氏政打渡状（別符文書／埼281）
12	建武元・九・六（一三三四）	陸奥	単使C	南部又次郎（師行）	①工藤三郎景資、②（本主?）、③糠部郡三戸会田四郎三郎跡	陸奥国宣（遠野南部文書／1-776）
13	建武元・九・二二（一三三四）	武蔵	単使C	平重時	①熊谷小四郎直経、②（安堵）、③熊谷郷恒正名、木田見郷等	平重時打渡状（熊谷家文書／1-613）
14	建武元・九・二三（一三三四）	伊豆	単使C	僧祐禅（目代）	①三島社、②（本主?）、③狩野荘三福郷	伊豆国目代祐禅打渡状（三島神社文書／静59）
15	建武元・九・二七（一三三四）	陸奥	単使C	新田孫五郎	①後藤佐渡三郎太郎基泰、②（本主）、③岩手郡二王郷三分二	陸奥国宣（大石寺文書／1-915）
16	建武元・一一・一八（一三三四）	相模	守護C	上杉頼成	①大友詫磨別当太郎宗直、②矢田余一濫妨、③大友郷	足利直義書下（詫磨文書／2-39）
17	建武元・一一・一六（一三三四）	常陸	両使C	小栗掃部助（重貞） 佐竹上総入道（貞義）	①正続院僧子院、②宮山孫次郎押領、③宮山村	細川頼春奉書（円覚寺文書／2-133）

	年代	国名	分類	使節	案件（①訴人、②論人、③論所等）	典拠
18	建武二・二・一四（一三三五）	武蔵	両使C	右馬允政季 金井八郎	①極楽寺新宮社、②（寄進）、③足立郡箕田村	右馬允政季打渡状（相州文書/2-281）
19	建武二・二・二一（一三三五）	陸奥	単使C	南部又次郎（師行）	①横溝彦三郎祐貞、②（本主?）、③糠部郡南門横溝弥五郎入道跡	陸奥国宣（遠野南部文書/2-290）
20	建武二・四・二五（一三三五）	上総	両使C	伊北三郎常信 魚道七郎常綱	①金沢称名寺雑掌光信、②東弥六胤義ら、③周東郡下村三分一・子安村	伊北常信請文（金沢文庫文書/神3209）
21	建武二・八・一五（一三三五）	越後	単使C	守護使貞久（比野）	①三浦和田三郎茂継、②（安堵）、③奥山荘中条地頭職	守護使貞久打渡状（中条文書/新1921）
22	建武二・一一・九（一三三五）	武蔵	単使C	橘行貞	①岩松兵部大輔跡代官頼円ら、②（本主?）、③武蔵国内矢野伊賀入道善久跡	橘行貞打渡状（正木文書/群・正木21）
23	建武三・四・二一（一三三六）	越後	単使C	源為経（目代）	①長井福河斎藤三郎実利法師円心、②和田彦四郎茂真、③奥山荘黒河条地頭職	源為経打渡状（伊佐早文書/2-360）
24	建武三・九・八（一三三六）	伊豆	単使C	伊豆国目代（祐禅）	①三島社正神主盛親代頼円、②宮四郎盛行濫妨、③神領北中村・安富等	沙弥某・惟宗某連署奉書（三島神社文書/静132）

※典拠欄、静は『静岡県史』、神は『神奈川県史』、新は『新潟県史』、群は『群馬県史』、埼は『埼玉県史』の資料編。

まず、表35（西国）、表36（九州）で確認された、建武二年十月～建武三年三月の時期を画期とした変化（国司系→守護系）が、表37では確認できない。綸旨や雑訴決断所牒を根拠に進行した使節遵行事例も、2・9・10・11・13・15・21・23と分散しており、その他は、守護または国司の確定裁決権を前提とする裁許と使節遵行事例である。前段で触れた武蔵国の足利尊氏のように、関東地方を中心に、東国では武家が守護・国司を兼帯する場合が多かったことと関連する事象であろう。

東国については、年代的分布よりも地域的分布に意味がありそうである。早速検討を進めてみよう。

【陸奥】　表37－5・6・7・12・15・19の六事例確認される。7を除き典拠は国司北畠顕家袖判の国宣である[49]。いずれも綸旨・雑訴決断所牒の施行ではなく、国司の行政・裁判権に由来する決定事項（事例はすべて所領安堵に繋続した打渡し）が載せられている。また、7は曽我光高が「代々先御下文幷外題等」「譲状幷系図」を添えて所領安堵の国宣を求めた申状である。顕家もまた前段足利尊氏と同様に、「（北条）高時法師党類以下朝敵与同輩」以外の当知行地を安堵する官宣旨をうけて、陸奥国内に所領を有する武家の申請に応じて外題安堵の証判を加えた事例に事欠かない[50]。5・6・12・19に使節としてみえる南部師行は、北畠顕家の陸奥下向に従い国司代に任じられたといわれ、留守氏とともに顕家の国務遂行を補佐した人物である。15新田孫五郎については未詳。

【常陸】　表37－17の一事例である。論所宮山村は鎌倉時代末期に建長寺正続院（当時）に寄進された地であるが、本主が論人となっていると想定されることから元来係争を含んでいたのかもしれない[51]。使節となっているのは、論所と同じ真壁郡内に本領小栗御厨を有する小栗重貞と、のちに守護となる佐竹貞義である。

【下野】　表37－10の一事例である。綸旨・雑訴決断所牒の施行による使節遵行事例で、使節となっている大内山城入道は、芳賀郡大内荘を名字の地とする武家と推定される。ただ、典拠文書の端書には「□小山下野守、已遂其節之間、此御教書者□渡、仍正文帯之者也」とある。欠字により文意の解釈は揺らぐが、茂木知貞が正文を伝存することになった理由として、小山下野守（秀朝、下野守護・国司兼帯）が「其節」（遵行、論所の打渡し）を遂げていたため、大内山城入道に正文を渡すことがなかったからだ、と解すると、文書としては残らなかった守護使節による遵行が実在したらしいことになる。

【上野】　表37－11の一事例である。訴人は武蔵国別符氏の一族であるが、論所が上野国邑楽郡佐貫である。上野国は新田義貞が守護・国司を兼帯した国であるが、ここでは綸旨・国宣による使節遵行となっている。使節の兵庫助氏政については未詳。新田一族に一井氏政があるが官途・伝記の面で可能性は低い。

【武蔵】表37－4・8・13・18・22の五事例が確認される。前段で紹介した事例も含め、すべて守護・国司を兼帯する足利尊氏の指揮下に進められた使節遵行と考えられる。8の論所恩田御厨は使節奈良綱長の本拠と同じ都筑郡に所在し、隣接する橘樹郡を本拠とする平戸光行が使節一方となっている。13・18・22の使節については詳細未詳。

【相模】表37－16の一事例である。相模国は足利直義が守護・国司を兼帯した国であるが、ここでは雑訴決断所牒の施行による使節遵行である。使節には上杉頼成（目代？）が立っている。[52]

【下総】表37－1の一事例である。論所は鎌倉時代末期に金沢称名寺に寄進された土地であるが、ここでもまた本主が論人となっていると想定されることから元来係争を含んでいたのかもしれない。[53]使節になっているのは下野国安蘇郡に本拠をもつ阿曽沼氏の一員であるが、結城郡毛呂郷は近隣という判断であろうか。あるいは、阿曽沼が具体的縁故を有したのであろうか。後考をまつ。

【上総】表37－3・20の二事例である。金沢称名寺を訴人とする鎌倉時代以来の相論で、鎌倉時代から引き続き、守護足利氏の指揮下に訴訟手続、使節遵行が進んでいる。

【伊豆】表37－9・14・24の三事例で、いずれも三島社を訴人とする案件である。伊豆国は足利尊氏が守護・国司（国主）を兼帯した国で、9石塔義房は守護代と認定されている。14・24は目代祐禅が使節となっている。

【遠江】表37－2の一事例で、使節としてみえる今川五郎入道（範国）は遠江守護である。おそらく、その後の施行状などが存在したのであろうが未見である。

【越後】表37－21・23の二事例である。越後国は新田義貞が守護・国司を兼帯した国で、21は守護使、23は目代の遵行と相異するけれども、指揮主体は義貞と考えてよい。陸奥国と同様、越後国内の所領安堵申請に義貞が外題安堵で対応した事例もある。[54]いずれも鎌倉時代以来継続する相論にかかる打渡しの事例である。

以上、必ずしも詳細にわたる分析を実現できなかったところもあるが、東国における使節遵行の様相はおおよそみえてきたようである。今回事例を検出できなかった、甲斐・信濃・越中・能登・安房・駿河についてもほぼ同様の傾向は認められることになろう。

すなわち、東国においては確定裁決権や個別所領安堵権をもつ守護・国司兼帯の武家・公家による裁判、行政一般が実施されていることが、使節遵行の場でも確認されること。そして、それに起因するかたちで、西国・九州でみられたような年代的変化を認めることができず、また、使節遵行の様相も国ごとに偏差をみせることになるというのが東国の特質ということになろう。

建武政権は、いわば途半ばにして崩壊する政権である。したがって、地方行政組織も、本来のかたち、あるいは構想した仕組みというものを現出させることなく、次期政権である室町幕府の構想・構築に委ねられていくことになったと考えられる。本節での考察でも、建武政権期の使節遵行の様相が、鎌倉幕府の遺制から脱却していない部分と、建武政権の中央集権的な構成を構築しつつある部分とが、地域的偏差を有しながら混交していることは明瞭である。

鎌倉幕府の遺制ということでは、まず東国・西国・九州という政治的区分がなお解消されないことに関心を払うべきであろう。また、鎌倉北条氏守護国を除き、国ごとの政治地図に必ずしも大きな変化がみられないことにも注目しておくべきである。鎌倉幕府（六波羅探題・鎮西探題）使節としての経歴をもつ武家が、建武政権期にも使節遵行の担い手としてあらわれる事実は、鎌倉幕府の滅亡と建武政権の誕生がもたらした政治的変革の規模を表現するだろう。

一方、建武政権期に使節遵行を要することになった相論案件に目を向ければ、鎌倉時代以来の継続案件も少なくない。そして、討幕戦争の戦後処理的な案件のなかには、鎌倉時代にいったんは決着をみた相論が、敗訴者としての、あるいは雌伏を余儀なくされた者としての本主・旧主が提訴、あるいは濫妨というかたちで訴訟当事者となっていく事態もみられる。そして、これらの相論の一部は確実に十四世紀後半までその解決をみないのである。

南北朝時代、あるいは南北朝内乱期、十四世紀内乱期などさまざまな命名がなされている時代の底流には、あるいは局地的に先鋭化し、あるいは集団化・党派化して争う地域的領主間紛争があった。使節遵行は、そうした紛争地に「平和」を実現する仕組みに他ならない。しかし、紛争の現場は、道理に基づく公権力の裁決や、守護・国司など地方行政官による命令も、ひとつの提案、せいぜい勧告程度にしか受け入れない人々で満ち溢れていたのかもしれない。室町幕府の課題はまさにこの部分に集約されていたのである。

第二節　室町幕府・南朝と使節遵行

前節で指摘した室町幕府の課題解決への営みのなかで、使節遵行というシステムがどのように機能したのかを明示することが本節の目的である。視点は二つ。その一は、前節で鎌倉時代の遺制と評した地域区分が、京におかれた幕府のもとでどのように変容するのかということで、中世という時代のこの国のかたち、地域のすがたを考える本書の基本的視点でもある。室町幕府は東国に鎌倉府、奥州管領府、九州に九州探題をおく支配機構を構築する。これらの組織とのかかわりで、使節遵行がどのように機能したのか、明らかにしていくことになる。

一、分諸国有沙汰事

三方内談之時者、分諸国於三、五方内談之時者、分諸国於五、令沙汰之、国者依其類分配之、東山、東海、山陽、山陰之類是也、至関東・鎮西者、不入之、別奉行人在之、

『武政軌範』にみえる室町幕府訴訟制度の一端である。[55] 鎌倉府管轄の十か国（相模・武蔵・安房・上総・下総・常陸・下野・上野・甲斐・伊豆）および陸奥・出羽を考慮すると、ここにいう関東・鎮西は『延喜式』が示す「遠国」の領域にほぼ相当する。その意味で、室町幕府は武人政権としては鎌倉幕府を前提としつつも、日本列島を統治する権力としての淵源は王朝権力に由来しているといえる。室町幕府の地方支配機構を評価する場合においても、その点

は留意されるべきであろう。本節では、まず前節までの地域区分を前提とした事例検証の方法を原則踏襲しながら、南北朝内乱期の使節遵行の様相を確認していくことになる。おそらくその作業はまた、室町幕府の統治権力としての特質を究明する作業にもなると考えている。

　ついでその二は、内乱という時代環境である。いわゆる南北朝内乱といっても、南朝・北朝という二極対立ばかりで理解できるわけではない。鎌倉時代後期以来、列島各地で惹起していた地域的領主間紛争や、畿内近国地域を中心に惹起した悪党問題は、鎌倉幕府の滅亡と建武政権の頓挫、さらには王統の分裂や幕府内部の権力闘争を契機とする統治権力の不在、ないし多極化により、決着点を見出せないままに混迷していく。そうした環境のなかで、幕府や征西府等の使節による論所の打渡が実効性を持ち得たのかどうか、疑わしい。また、軍事優先の状況のなかで、それぞれの軍事権力が本領安堵や恩賞下付の空手形を発行し、また論所を成功報酬として得られると確信し、あるいは参戦の条件として戦闘行為を継続する武家もあった。北朝、南朝、直冬党、それぞれ旗色は異なっていても、訴訟当事者たちが競っていたのは本領や獲得所領の実効支配である。したがって、時勢をみながら旗色を変え、実効支配により効果的な公験を得るために奔走し「軍忠」を重ねなければならなかったのである。そして、使節遵行もまた、そうした時代状況と無縁ではない。

　肥前国武雄社大宮司申同国石動村田地拾町大蔵左衛門尉跡内地頭職事、寄附当社之間、可沙汰付下地之由、度々被仰之処、
如請文者、当村一分地頭彦三郎・同三郎五郎・同郷房等、以彼地称望申恩賞、構城郭擬及合戦之間、不打渡
云々、所詮、重莅彼所、沙汰付下地、載起請之詞、可被注申子細、仍執達如件、

　　暦応二年九月廿四日　　　　沙弥（花押）

　　佐留志太郎殿

　　吉田弥二郎入道殿

一色道猷（直氏）が、みずからが肥前武雄社に寄進した田地について佐留志・吉田の両使に打渡を再令した文書である[56]。鎌倉時代には、所領寄進や本領安堵・新給充行について使節遵行が附随することはなかった。ここに使節遵行の意義、機能が変容してきていることを確認することができる。城郭を構えて実効支配を続ける一分地頭彦三郎等が、「彼地」を「恩賞」として要求していたというから、事実関係としては彼らが大蔵左衛門尉を合戦等により現地から排除した実績を根拠に抵抗していた可能性が高い。鎌倉幕府成立期の謀反人跡地頭職と同じ論理が[57]、内乱という時代環境のなかで浮上してきた状況が読み取れる。もし、この彼らの主張を否定すれば、一色を支持して戦っている在地武家等の士気に影響するし、政治的意思としての寄進行為が実現されないとなれば、一色の統治能力が問われることになる。軍事的要請のなかで支証に基づく理非の決断さえ無効となる場面も想定される。

内乱期の使節遵行の現場は、軍事優先といういわば現実論と、統治者ないし裁定者としての衡平観が衝突する場であった[58]。そのなかで、室町幕府は係争案件にかかるさまざまな主張、由緒、傍例、などから何を選択し擁護するのか、ここに権力としての利害が示されることになる。以下、検証していきたい。

一　畿内近国の使節遵行

室町幕府にとっても「近国」となる畿内地域の使節遵行の様相をまず確認しておかなければならない。とくに「六波羅分国」のその後に着目してみたい。六波羅探題の消滅によって、「六波羅分国」はすでに解消している。これまでみてきたように、「六波羅分国」は王朝権力を支える軍事権門としての幕府が、六波羅探題を中核に構築した政治・経済的防衛圏としての性格を有している。淵源を尋ねれば治承・寿永内乱期の平家惣官（五畿内・近江・伊賀・伊勢・丹波）に遡及することも可能かもしれない。しかし、建武政権がこれに相当する基盤を形成した事実はない。早々に頓挫したこともあって、その意図があったのかさえ確認することができない。

一方、室町幕府については、その基本的性格が畿内近国政権であったことが指摘されている[59]。京に将軍がいる幕府には、王家、荘園本所勢力の経済的基盤を維持することも期待されたはずである。

【山城】　まずは山城である。室町幕府による山城国内への使節遵行については、侍所（および山城守護）の沿革（人事・機能）を考証した羽賀徳彦がすでに事例収集をおこなっている[60]。羽賀の収集事例を基礎に作成したのが表38である。羽賀は暦応元（一三三八）年から康正二（一四五六）年に至る広範囲に事例を集めたが、表38は両使の形態をとる使節の最終確認をもって終期とした。その理由は後述する。また、典拠史料にとくに記載がない場合は『大日本史料』によっている。

さて、羽賀は侍所頭人・山城守護の人事異動の経過とともに、使節遵行にかかる侍所と山城守護の権能について、①幕府成立以来文和元（一三五二）年までは山城守護不設置であり、使節遵行は将軍家御判御教書や幕府執事奉書によって指示されていること、②文和二年以降至徳元（一三八四）年に至る期間においては、侍所が遵行主体（山城守護兼務）となっていること、③至徳二年以降は、遵行に関して、洛中は侍所、洛外は山城守護という地域分担が確認できることを明らかにした。本節が前提とするのは①②となるが、六波羅探題から侍所へという視点もつくっておきたいので、③についても論及していくことになる。

表38をみよう。羽賀が指摘したように、文和元年までは両使遵行、文和二年以降は侍所頭人（山城守護）が遵行主体となっている。両使遵行を担う武家は、①六波羅使節としての事例を確認できる武家（小早川、小串、曽我、中島、俣野、庄、勝田、斎藤、大野、飯尾、和泉、安富、安東、大内）、②六波羅使節としての事例確認はないが鎌倉時代在京人としての徴証のある武家（波多野、松井、粟飯原、海部）、③室町幕府使節としてはじめてあらわれる武家（相賀、安楽、市、関部、広田、佐々木馬坂、四方田）に分類できる。六波羅探題の壊滅によっても多くの在京御家人は生き残り、将軍家近習から奉公衆へ編成されていくことが指摘されている[61]。小早川、小串、曽我、中島、庄、

勝田、安東、大内、粟飯原、市などは奉公衆の番帳類にその名字がみられる。[62] 相賀、市などがあらわれる理由についてはなお検討の余地があるが[63]、室町幕府初期の山城における使節遵行が六波羅探題の遺制（六波羅使節）を前提に成立、機能したと考えて大過あるまい。

表38 山城国の使節遵行

	年代	分類	使節	案件（①訴人、②論人、③論所等）	典拠
1	建武五・一・二九（一三三八）	C	斉藤刑部左衛門入道 飯尾彦六左衛門入道	①東寺八幡宮、②（寄進）、③久世上下荘地頭職	室町幕府執事奉書（東寺百合文書・み29-1-4）
2	暦応元・一〇・一九（一三三八）	C	和泉次郎左衛門尉 安富右近大夫	①興福寺一乗院、②西大寺雑掌、③淀津関所（還付）	室町幕府執事奉書（春日神社文書）
3	暦応二・一一・一三（一三三八）	A	金持三郎右衛門尉広信	①東寺雑掌光信、②公文広世・仲貞、下司広綱、③久世上下荘（半済と称し所勘に従わず）	1338/12/9 足利直義下知状（東寺文書・射）
4	暦応二・六・一五（一三三九）	A	相賀弥三郎忠基		1339/8/21 足利直義下知状（東寺文書・射）
5	暦応四・四・二九（一三四一）	C	大内豊前権守（長弘） 勝田孫太郎入道（静照）	①金頂寺（東寺）雑掌頼英、②（裁許、春日社）、③九条散在田	室町幕府引付頭人奉書（東寺百合文書・ヨ93）
6	康永三・二・一八（一三四四）	C	松井蔵人太郎 相賀弥三郎（忠基）	①東寺雑掌光信、②兵衛入道子息八郎 以下輩、加藤新左衛門尉・刑部入道等相加わる、③上久世荘今在家	室町幕府引付頭人奉書（東寺百合文書・み29-4-2）
7	康永三・一〇・一八（一三四四）	C	相賀弥三郎 大野左近入道	①東寺雑掌光信、②土民兵衛入道以下輩、③上久世荘今在家	室町幕府引付頭人奉書（東寺百合文書・み29-2-3〜5）
8	康永四・一・二二（一三四五）	C	小串下野権守（秀信） 庄四郎左衛門尉	①遍照心院雑掌、②（寄進）、③中村（六波羅料所分）	室町幕府執事奉書（大通寺文書）
9	康永四・一〇・一八（一三四五）	C	松井太郎	①東寺雑掌光信、②千菊丸、③上久世荘公文職（千菊丸訴訟遵行停止）	室町幕府引付頭人奉書（桂文書）

10	貞和二・二・一八（一三四六）	C	相賀源三郎 大野左近入道（向阿）	①東寺雑掌光信、②土民兵衛入道以下輩、③上久世荘今在家	室町幕府引付頭人奉書（東寺百合文書み29-1-4）
11	貞和四・一〇・八（一三四八）	C	四方田七郎兵衛入道 市新左衛門尉	①雑掌良盛、②朝山輔直・磯谷兼家、③拝師荘日吉散在田（濫妨）	室町幕府執事奉書（東寺百合文書・を9）
12	貞和四・一二・一八（一三四八）	C	小串下野権守秀信 市新左衛門尉	①斉藤辰一丸、②（幕府料所・一作預置）、③紀伊郡散在田畠（賀来法眼跡）	室町幕府執事奉書（東寺百合文書・ゐ25-1）
13	貞和五・一二・二四（一三四九）	A	相賀弥三郎	①東寺雑掌光信、②千菊丸、③上久世荘公文職	室町幕府引付頭人奉書（東寺百合文書ミ90-9）
14	観応二・四・一（一三五一）	C	佐々木馬坂八郎 松井蔵人太郎	①雑掌良盛、②須賀壱岐守、③紀伊郡日吉散在田（濫妨）	室町幕府引付頭人奉書（東寺百合文書・ム26）
15	観応二・四・二一（一三五一）	C	相賀三郎次郎 小早川備後守	①松尾社雑掌重幸、②高木次郎左衛門尉、③西七条田地（濫妨）	室町幕府引付頭人奉書（根岸文書）
16	観応二・一〇・二五（一三五一）	C	相賀弥三郎 大野左近蔵人入道（向阿）	①東寺雑掌光信、②甲乙人、③久世・桂・林（拝師）荘（濫妨）	足利義詮御判御教書（東寺百合文書・せ足6）
17	正平六・一一・一九（一三五一）	C	関部但馬孫二郎左衛門尉 藤原直重	①東寺雑掌（光信）、②東久世荘公文左衛門四郎・大藪荘公文右衛門、③久世荘地頭職（久世荘公文宅濫妨狼藉）	藤原直重請文（東寺百合文書・キ40）
18	正平六・一二・一（一三五一）	C	小串八郎右衛門尉 中島二郎左衛門尉（幸家）	①竹田次郎兵衛尉秀元、②（濫妨人）、③上久世荘公文職（恩賞）	足利義詮御判御教書（東寺百合文書・ミ90-11）
19	正平七・二・二五（一三五二）	C	海部但馬守 広田出羽亮五郎	①東寺八幡宮雑掌、②（濫妨人）、③久世荘	室町幕府引付頭人奉書（東寺百合文書・ホ26）
20	正平七・二・二八（一三五二）	C	中島次郎左衛門尉（幸家） 安東平次（高泰）	①円城寺雑掌定春、②畔蒜中将家代官、③円城寺敷地・山（濫妨）	室町幕府引付頭人奉書（東寺百合文書・ア60-2・3）
21	観応三・三・二三（一三五二）	C	波多野因幡入道 小串下野権守秀信	①東寺八幡宮雑掌、②（濫妨人）、③久世荘	足利義詮御判御教書（東寺百合文書・ホ28-1・2）
22	観応三・八・三（一三五二）	C	相賀三郎次郎 曽我又次郎	①雑掌元円、②竹鼻新左衛門尉、③後白河御影堂領山科小野西荘	足利義詮御判御教書（勧修寺文書）

	年代	分類	使節	案件（①訴人、②論人、③論所等）	典拠
23	観応三・八・五（一三五二）	C	中島次郎左衛門尉（幸家） 斉藤三郎左衛門入道	①竹田次郎兵衛尉秀元、②前田七郎、③上久世荘公文職（濫妨）	室町幕府引付頭人奉書（東寺百合文書・ミ19-13）
24	観応三・八・二〇（一三五二）	C	曽我又太郎	①冷泉家雑掌、②（未詳）、③後白河御影堂領山科東荘散在、四宮河原田地	足利義詮御判御教書（勧修寺文書）
25	観応三・八・二七（一三五二）	C	小串下野守 粟飯原下総入道	①日吉社雑掌、②土民、③紀伊郡散在田（濫妨）	足利義詮御判御教書（東寺百合文書・レ51）
26	観応三・八・二七（一三五二）	C	相賀三郎二郎（惟氏） 曽我又次郎	①東寺雑掌光信、②下津林大蔵左衛門尉友正・葛岡弥次郎・西山善法寺往生院寺僧、③上久世荘今在家（濫妨狼藉）	足利義詮御判御教書（東寺百合文書せ足12-1・2）
27	観応三・九・一五（一三五二）	C	相賀三郎次郎 市四郎左衛門尉（信明）	①松尾月読社雑掌、②預所・地下人、③桂上野荘（濫妨）	足利義詮御判御教書（東寺文書）
28	観応三・九・一八（一三五二）	C	斉藤三郎左衛門入道（円心） 小早川出雲四郎左衛門尉（重景）	①東寺雑掌光信、②下司清廉、③上桂荘領家職（武威濫妨）	足利義詮御判御教書（東寺百合文書・せ足13-3）
29	観応三・九・一八（一三五二）	C	斉藤三郎左衛門入道（円心） 小早川出雲四郎左衛門尉（重景）	①東寺増長院法印清我代行全、②高島次郎左衛門尉・雑色孫六、③東寺南田地・唐橋猪熊畠地	足利義詮御判御教書（東寺百合文書・の23-3）
30	観応三・九・一八（一三五二）	C	相賀三郎次郎（惟氏） 小早川弾正左衛門尉（惟平）	①東寺雑掌光信、②船越三河房、③拝師荘	足利義詮御判御教書（東寺百合文書・せ足13-1、ウ37、み30）
31	文和元・一一・一八（一三五二）	C	俣野中務丞（家高） 小早川出雲四郎左衛門尉（重景）	①東寺雑掌光信、②二階堂三河入道行煙、③唐橋南信濃小路北猪熊西敷地	室町幕府引付頭人奉書（東寺百合文書・レ51-1・2）
32	文和二・一一・二五（一三五三）	C	（侍所頭人土岐頼康）	①延暦寺東法華堂、②預人三浦大隅左衛門九郎入道・岩堀五郎左衛門尉・山下藤五郎入道子息、③紀伊郡石橋田	足利義詮御判御教書（東寺文書）
33	文和三・三・二二（一三五四）	C	（侍所頭人土岐頼康）	①日野僧正坊、②（還付）、③東西九条	室町幕府執事施行状（東寺百合文書・ミ87-6〜8）
34	文和三・一〇・一三（一三五四）	C	（侍所頭人）佐竹右馬頭義篤 →（使者）	①東寺雑掌宗信、②小俣少輔六郎氏澄代安芸入道幷中次右馬允、③拝師荘	足利義詮御判御教書（東寺百合文書・ヒ51、せ武34）

35	文和三・一〇・一三 （一三五四）	C	（侍所頭人）佐竹右馬頭義篤 →（使者）	①東寺雑掌宗信、②室田勘解由左衛門尉頼直、③拝師荘	足利義詮御判御教書 （東寺文書・甲号外）
36	文和三・一〇・一六 （一三五四）	C	（侍所頭人）佐竹右馬頭義篤 →（使者）	①東寺雑掌、②（還付、幕府料所停止）、③植松荘	足利義詮御判御教書（桂文書） （東寺百合文書・せ武35）
37	延文五・八・二八 （一三六〇）	C	（侍所頭人京極高秀） →貴志次郎左衛門尉（義政） 若山右衛門尉（信雄）	①称光院雑掌清澄、②桑原上野入道、③嵯峨遍照寺領	侍所頭人京極高秀施行状 （森川文書）
38	延文五・一一・二 （一三六〇）	C	（侍所頭人京極高秀） →多賀将監 （瓜生）勝	①冷泉侍従雑掌、②（還付）、③山科小野西荘	室町幕府執事施行状 （勧修寺文書）
39	貞治二・八・一二 （一三六三）	C	市太郎左衛門尉 小串治郎右衛門尉	①東寺八幡宮、②政所料所給人、③久世上下荘地頭職（政所料所停止）	室町幕府管領奉書 （東寺百合文書・マ65-5・6）
40	貞治二・一一・四 （一三六三）	C	（侍所頭人土岐直氏）	①西山善法寺往生院雑掌祐円、②久世七郎、③上久世荘石原方法西跡	室町幕府引付頭人奉書 （三鈷寺文書）
41	貞治三・九・二〇 （一三六四）	C	（侍所頭人土岐直氏）	①東寺？　②三宝院僧正坊雑掌、③深草郷内賀茂河・七瀬河等	土岐直氏請文 （三宝院文書）
42	貞治四・一二・一四 （一三六五）	C	（侍所頭人斯波義種）	①春日社、②（神木強訴・還付）海老名備中入道跡、③葛原新荘	足利義詮御判御教書 （東寺百合文書・ホ34-1）
43	貞治六・六・三 （一三六七）	C	（侍所頭人今川貞世） →英比五郎左衛門尉 井伊備前入道	①西山善法寺往生院雑掌祐円、②（久世七郎？）、③上久世荘石原方法西跡	侍所頭人今川貞世施行状 （三鈷寺文書）
44	貞治六・八・五 （一三六七）	C	（侍所頭人今川貞世） →田中備前入道・新野民部丞	①仁和寺雑掌宗尋、②竹鼻新左衛門入道覚智、③円城寺敷地・山林（9/10重施行）	侍所頭人今川貞世施行状 （東寺百合文書・ア72-1・2）
45	貞治六・八・二四 （一三六七）	C	（侍所頭人今川貞世） →井伊介惟政・伊井越前守直朝	①東寺雑掌頼憲、②山徒越前堅者・大弐房、③植松荘	侍所頭人今川貞世施行状 （東寺文書・数）
46	貞治六・九・一〇 （一三六七）	C	（侍所頭人今川貞世） →花田式部大夫（貞綱）	①上乗院宮雑掌、②小早川安芸七郎、③遍照寺領生田村	侍所頭人今川貞世施行状 （願泉寺文書）

	年代	分類	使節	案件（①訴人、②論人、③論所等）	典拠
47	貞治六・九・一〇（一三六七）	C	（侍所頭人今川貞世）	①大炊寮、②上野兵庫介ら、③乙訓上村	足利義詮御判御教書（師守記）
48	貞治六・九・一〇（一三六七）	C	（侍所頭人今川貞世）	①松尾社雑掌、②東寺雑掌、③西七条六ケ保内八条唐橋田地	足利義詮御判御教書（東寺文書・甲号外）
49	貞治六・九・一九（一三六七）	C	（侍所頭人今川貞世）→田中備前入道・新野民部丞	①仁和寺雑掌宗尋、②竹鼻新左衛門入道覚智、③円城寺敷地・山林	侍所頭人今川貞世施行状（東寺百合文書・ア72-3）
50	応安元・六・一四（一三六八）	C	（侍所頭人今川国泰）→稲垣伊勢入道・斉藤六郎左衛門尉	①東寺雑掌頼憲、②（寄進・修造料所）、③東西九条	室町幕府引付頭人奉書（東寺百合文書・ア202-3～6）
51	応安元・九・一四（一三六八）	C	（侍所頭人今川国泰）→花田式部大夫入道（了忠）・山名太郎左衛門入道（円蔵）	①東寺雑掌頼憲、②室田勘解由左衛門入道、③教令院領塩小路朱雀水田・巷所（濫妨）	室町幕府引付頭人奉書（東寺百合文書・み42-1～3）
52	応安二・四・一七（一三六九）	C	（侍所頭人土岐義行）→光景・師国	①石清水八幡宮雑掌唯勝、②東寺雑掌、③右京七条道祖大路田地	室町幕府管領奉書（東寺百合文書・ゐ58-3～6）
53	応安三・六・一七（一三七〇）	C	（侍所頭人京極高秀）	①東寺雑掌頼憲、②従人虎王、③愛宕郡教令院敷地（押妨）	室町幕府管領奉書（東寺文書・数）
54	応安三・七・一七（一三七〇）	C	（侍所頭人京極高秀）→安威次郎左衛門入道（資脩）・赤田次郎左衛門尉	①覚王院僧正雑掌、②遍照心院・室田入道、③教令院門跡跡敷地、同領塩小路朱雀欵冬田・同巷所	侍所頭人京極高秀施行状（東寺百合文書・ヒ64-9～13）
55	応安四・六・六（一三七一）	C	庄駿河入道・小串次郎右衛門尉	①仁和寺雑掌宗尋、②竹鼻新左衛門入道覚智、③円城寺敷地・山林	室町幕府管領奉書（東寺百合文書・テ54）
56	応安四・九・一七（一三七一）	C	（侍所頭人京極高秀）	①上総堅者真顕、②甲乙人、③常光寺・曼荼羅堂領散在田地（武威押領）	室町幕府管領奉書（東寺百合文書・ト59-2）
57	応安五・九・二四（一三七二）	C	（侍所頭人京極高秀）	①葛原民部入道々勝、②寺岡兵庫允・多門丸、③葛原荘領主職	室町幕府引付頭人奉書（東寺百合文書・ホ34-9）

58	応安七・四・三（一三七四）	C	（侍所頭人細川頼基）	①春日社、②塩屋入道、③葛原新荘菊末・貞宗名	室町幕府管領奉書（東寺百合文書・ホ34-6）
59	応安七・一〇・一七（一三七四）	C	（侍所頭人細川頼元）	①冷泉少将守教、②（半済湯河庄司詮光預分を除き、勧修寺経顕知行分跡知行分還付）、③山科小野西荘	室町幕府管領奉書（勧修寺文書）
60	永和元・一〇・二二（一三七五）	C	安楽信濃入道（常通）市太郎	①冷泉少将守教朝臣雑掌、②（半済給人湯河庄司の知行を停め還付）、③山科小野西荘	室町幕府管領奉書（勧修寺文書）
61	永和三・一二・八（一三七七）	C	（侍所頭人山名氏清）	①東寺雑掌、②（11/21足利義満寄進状）、③東西九条地頭職	室町幕府管領施行状（東寺百合文書・せ武49、の16）

ただ、六波羅使節の場合、洛中は在京人、洛外は国御家人が中核となる特徴がみられたが（第二章第三節）、ここではみられない。幕府による山城国人層の掌握という問題も含め、注目すべき傾向といえる。表38にみえるように、訴訟事案の大半が荘園本所対在地勢力（荘官、百姓、中小領主層）という構図で、六波羅使節の場合と同様に、侍所、山城守護は基本的に荘園領主の利害を擁護する立場で機能している。しかも、幕府直属の御家人および侍所頭人被官衆が使節となる職権主義的対応となっている。畿内近国では、鎌倉時代末期にすでに論所に影響力を有する在地勢力に依存した遵行体制の限界を感じ、六波羅探題直属の在京人・篝屋守護人による使節遵行を求める荘園本所勢力の声が高かったことはすでに指摘した（第二章第三節）。内乱期室町幕府の遵行体制のひとつの典型例がここに示されていると評価できる。

なお、論所を一覧すれば、洛中・洛外で対応の異同がないことも確認できる（29・31・48・51・52・54は洛中）。至徳二年以降は、侍所・山城守護が分離する時期が確認されるようになり、その折は、洛中は侍所、洛外は山城守護という地域分担が成立することになる（前掲羽賀説③）。ここに検非違使→六波羅探題→侍所という「洛中警固」の系譜が、内乱の終息とともに明確になると評価することもできるが、羽賀も指摘するように、侍所・山城守護分離期の守護は結城、高などで、のちに四（五）職などと家格が固定するような有力守護家ではない。侍所・山城守護の分離は、幕府による山城支配機構の組織改編ということにとどまらず、奉公衆編制などとも連携する将軍—守護関係の展開のなかで把握すべき余地も残されている。

【摂津】　次に摂津は、在京荘園本所の提訴による鎌倉時代以来の継続案件とみられる事案が多くみられる。山城では時系列をみるために編年表としたが、摂津は事案ごとに整理して表39とした。守護遵行が幕府草創期から原則となっていたこと、および荘園領主が訴人となる事案でほぼ埋め尽くされていることは明らかである。ただ、これら訴訟事案、たとえば10垂水荘にかかる事案で論人となっている吹田・芥河（真上）などは、鎌倉時代の国御家人の系譜をひき、北摂地域で事実上の国人一揆を形成したとされる。[64] 守護の遵行使節が対峙したのはこうした在地に根を張る国人衆であった。とくに芥河の垂水荘への関与は鎌倉時代に始まっており（第一章第一節）、垂水荘下司職を幕府から充行われてもいる。さらに両使（守護不在期）として能勢とともに吹田の濫妨停止の任を得ることもあった。ところが、その後は論人としてあらわれ、最終的には垂水荘からの撤退を余儀なくされていく。[65] 芥河は他にも8・14、吹田も13・17にあらわれる。5の走井、6の松原はそれぞれ「当国御家人」、6瓦（河原）林、8三宅、15富島、17松山・車瀬、19長良（柄）も摂津国人衆である。そして、個々にその事情を明らかにはできないが、内乱という時代環境が、彼ら国人衆に恩賞、半済など荘園領主支配に抵抗し得る新たな根拠を与えた可能性が高い。

表39　摂津国の使節遵行

	年代	分類	使節	案件（①訴人、②論人、③論所等）	典拠
1	暦応元・一〇・一九（一三三八）	守護C		①興福寺一乗院、②（還付）、③渡辺・神埼関米	室町幕府執事奉書（春日神社文書）

2	暦応元・一〇・一九（一三三八）	守護C	赤松美作権守（範資）	①興福寺一乗院、②（還付）、③兵庫嶋商船目銭	室町幕府執事奉書（春日神社文書）
3	暦応二・三・二七（一三三九）	守護C		①興福寺一乗院（律家雑掌）、②当沙汰人、③渡辺・神埼関升米・兵庫嶋商船目銭	室町幕府執事奉書（春日神社文書）
4	暦応二・七・四（一三三九）	守護C	仁木弥太郎（義有）	①雑掌成円、②武田彦太郎、③仏名院領野鞍荘（濫妨、大覚寺宮寛尊法親王令旨の施行）	室町幕府引付頭人奉書（醍醐寺文書）
	暦応二・八・一八（一三三九）			①雑掌成円、②武田彦太郎、荒川三川三郎、③仏名院領野鞍荘（濫妨、荒川は恩賞地と号し押領）	室町幕府引付頭人奉書（醍醐寺文書）
5	暦応三・九・一八（一三四〇）	守護A	赤松美作権守範資	①雑掌善覚、②（当国御家人）走井孫九郎、③大炊寮領中条六車御稲田（供米抑留）	1341/2/27 足利直義下知状（師守記 1341/3/18 条）
6	貞和四・八・二四（一三四八）	両使A	渋谷三郎左衛門尉重茂 瓦林太郎三郎貞綱	①感神院巫女松鶴、②（当国御家人）松原兵衛尉貞朝、子息貞直、③（有馬郡）金心寺田畠（濫妨）	1348/12/27 足利直義下知状（建内文書）
7	貞和四・一〇・一七（一三四八）	両使C	（前播磨守） →所次郎左衛門尉 斉藤刑部左衛門尉	①寿命寺僧徒、②（寄進?）、③池田荘雑免以下所々	前播磨守書下（摂津寿命寺文書）
8	観応三・八・二四（一三五二）	守護C	赤松信濃二郎左衛門尉（光範）	①園城寺実相院雑掌慶重、②三宅出羽左衛門尉・芥川信貞、③新御位田領家職（濫妨）	足利義詮御判御教書（実相院文書）
9	観応三・八・二七（一三五二）	守護C	赤松信濃二郎左衛門尉（光範）	①仏名院雑掌頼覚、②高見五郎左衛門尉、③野鞍荘（公文職拝領と称し多勢を率入れ殺害刃傷放火狼藉、押領）	足利義詮御判御教書（三宝院文書）
	延文三・二・一六（一三五八）	守護C	（赤松光範） →守護代安芸守（間島）範清	①三宝院僧正坊雑掌、②（高見五郎左衛門尉）、③野鞍荘（要害・濫妨）	安芸守範清請文（三宝院文書）
10	文和三・八・一八（一三五四）	両使C	芥河真上左近将監 能勢左京亮	①東寺雑掌光信、②吹田三郎左衛門尉、③垂水荘（濫妨）	室町幕府執事奉書（東寺百合文書・せ武32・33）
	文和三・九・二（一三五四）	守護C	（赤松）信濃次郎左衛門尉（光範）→安芸守（間島範清） →加藤六郎左衛門尉	①芥河垂水四郎五郎貞継、②（充行、足利尊氏下文）、③垂水荘下司職	室町幕府引付頭人奉書（東寺百合文書・京67-2～4）

	年代	分類	使節	案件（①訴人、②論人、③論所等）	典拠
10	延文二・七・一三（一三五七）	守護C	（赤松光範）→守護代（安芸守間島）範清	①東寺雑掌光信、②吹田河内守・芥河五郎四郎入道、③垂水荘（恩賞と称し抵抗）	安芸守間島範清請文（東寺文書・数）
	延文五・一〇・二五（一三六〇）	守護C	（佐々木）佐渡大夫判官入道（導誉）	①東寺雑掌頼憲、②吹田河内守・芥河五郎四郎入道、③垂水荘領家職（濫妨）	室町幕府執事奉書（東寺百合文書・せ武39）
	貞治二・一二・九（一三六三）	守護C	（赤松光範）→赤松兵庫助（範顕）	①東寺雑掌、②半済給人、③垂水荘公文・下司職	赤松光範書状（東寺百合文書・ミ36）
	（年未詳）・一〇・二九	守護C	（赤松光範）→赤松兵庫助（範顕）	①東寺雑掌、②芥河五郎左衛門尉、③垂水荘公文・下司職	赤松光範書状（東寺百合文書・テ42-4）
	貞治四・九・三（一三六五）	守護C	（赤松光範）→（赤松範顕）→高見宮内左衛門尉 田宮弾正左衛門尉	①東寺雑掌頼憲、②芥河五郎左衛門尉貞継・下野房、③垂水荘領家職（濫妨）	赤松光範施行状（東寺百合文書・ユ43-2〜4）
	貞治五・一一・一〇（一三六六）	両使C	安威次郎右衛門尉 松田八郎左衛門尉	①東寺雑掌頼憲、②半済守護被官人、③垂水荘領家職（押領）	安威某・松田貞秀連署打渡状（東寺百合文書・み39）
	貞治六・八・二八（一三六七）	守護C	赤松大夫判官（光範）	①東寺雑掌頼憲、②芥河五郎左衛門尉貞継・子息五郎、③垂水荘領家職（濫妨）	1370/7/東寺雑掌頼憲申状（東寺百合文書・チ32）
	応安三・九・三（一三七〇）	守護C	赤松大夫判官入道（光範）	①東寺雑掌頼憲、②芥河五郎左衛門尉貞継・下野房、③垂水荘領家職（濫妨）	室町幕府引付頭人奉書（東寺百合文書・せ武47）
	至徳元・五・一〇（一三八四）	守護C	細川右京大夫（頼元）	①東寺雑掌頼勝、②（守護）家人、③垂水荘下司職（押妨）	室町幕府管領奉書（東寺文書）
11	文和四・三・一〇（一三五五）	守護C	赤松信濃次郎左衛門尉（光範）	①春日社雑掌、②（押領人）、③浜・富松郷	足利義詮御判御教書（成簣堂古文書）
12	延文元・六・二四（一三五六）	守護C	赤松信濃次郎左衛門尉（光範）	①八幡宮領雑掌、②為用、③小松名神用公事（抑留）	室町幕府引付頭人奉書（京大・渡辺文書）
13	延文元・八・四（一三五六）	守護C	赤松信濃判官（光範）→真（間）島安芸守（頼基）	①春日社領榎坂郷雑掌、②吹田河内守家人小蔵法師、③榎坂郷（濫妨）	室町幕府引付頭人奉書（今西文書）

14	延文二・一〇・七（一三五七）	守護C	赤松信濃大夫判官（光範）	①後鳥羽院御影堂雑掌定勝、②芥河右馬允信貞、③水無瀬荘など（濫妨）	足利義詮御判御教書（水無瀬宮文書）
15	延文五・三・一六（一三六〇）	守護C	赤松大夫判官（光範）↓間島安芸入道（頼基）↓長尾次郎左衛門尉 水尾次郎左衛門尉	①摂津大覚寺、②（寄進）、③富島荘下司職（富島蔵人太郎跡、押領）	赤松光範施行状（摂津大覚寺文書）
	応安七・九・二〇（一三七四）	守護C	（細川頼基）↓（難波祖覚）↓長尾次郎左衛門尉 水原次郎左衛門尉	①摂津大覚寺、②富島蔵人太郎？、③富島荘下司職（濫妨）	細川頼基書状（摂津大覚寺文書）
16	貞治二・八・二五（一三六三）	守護C	（赤松光範）↓赤松兵庫助（範顕）	①大山崎神人、②吹田彦五郎、③河上新関（新関停止）	足利義詮御判御教書（離宮八幡宮文書）
17	貞治六・七・二八（一三六七）	守護C	赤松大夫判官（光範）	①祇園社僧定栄、②松山藪四郎・車瀬彦太郎、③有馬郡金心寺田畠（濫妨）	室町幕府引付頭人奉書（建内文書）
	応安四・一二・一五（一三七一）	守護C	赤松律師御房（則祐）		室町幕府引付頭人奉書（祇園社記続録）
	応安五・九・一四（一三七二）	守護C	赤松蔵人左近将監（義則）	①祇園社僧定栄、②松山藪四郎、③有馬郡金心寺田畠（押領）	室町幕府引付頭人奉書（八坂神社文書）
	応安六・一・九（一三七三）	守護C	赤松蔵人左近将監（義則）		室町幕府引付頭人奉書（八坂神社文書）
	応安六・一二・二四（一三七三）	守護C	赤松蔵人左近将監（義則）		室町幕府引付頭人奉書（八坂神社文書）
	応安七・八・二八（一三七四）	守護C	（赤松義則）↓大野新左衛門尉	①祇園社僧定栄、②（1373/12/24御奉書）、③有馬郡金心寺田畠（濫妨）	赤松義則施行状（八坂神社文書）
	応安七・九・二七（一三七四）	守護C	（細川頼基）↓大野新左衛門尉	①祇園社僧定栄、②今村五郎左衛門入道、③有馬郡金心寺田畠（濫妨、子細を申す）	赤松義則施行状（八坂神社文書）
	応安七・一一・二四（一三七四）	守護C	赤松蔵人左近将監（義則）	①祇園社僧定栄、②今村五郎左衛門入道、③有馬郡金心寺田畠（濫妨不休）	室町幕府引付頭人奉書（八坂神社文書）

	年代	分類	使節	案件（①訴人、②論人、③論所等）	典拠
17	永和元・六・二六（一三七五）	守護C	赤松蔵人左近将監（義則） →五郎（赤松氏康）	①祇園社僧定栄、②今村五郎左衛門入道、③有馬郡金心寺田畠（濫妨不休）	室町幕府引付頭人奉書（建内文書）
18	応安元・六・一二（一三六八）	守護C	赤松大夫判官（光範）	①安威左衛門入道性威、②（充行）、赤松弾正少弼氏範、③江口五ケ荘下司公文跡	室町幕府管領奉書（秋元興朝所蔵文書）
	応安五・五・一九（一三七二）	守護C	赤松大夫判官入道（光範）	①安威左衛門入道性威、②（充行）、赤松弾正少弼氏範、③江口五ケ荘下司公文跡	室町幕府管領奉書（関戸守彦所蔵文書）
19	応安七・四・三（一三七四）	守護C	細河右馬助（頼基） →難波太郎左衛門入道（祖覚） 尾崎兵衛三郎（高貞）	①春日社、②長良孫三郎、③宮原北保領家職（濫妨）	室町幕府管領奉書（春日神社文書）
20	永和三・一二・一五（一三七七）	守護C	右京大夫（細川頼基）	①新熊野長床衆暹信、②原兵庫助・岡八郎入道・春日神人、③中条牧粟生村（親孫四郎信茂跡、違乱）	室町幕府引付頭人奉書（南狩遺文・粟生氏文書）
21	永和四・一一・一二（一三七八）	守護C	細川右京大夫（頼基）	①大山崎神人、②摂津国久岐荘内道祖小路散在土民、③荏胡麻売買	室町幕府管領奉書（離宮八幡宮文書）
	康暦元・四・七（一三七九）	両使C	白井四郎左衛門尉秀氏 飯尾弾正忠胤秀	①大山崎神人、②摂津国久岐荘内道祖小路散在土民、③荏胡麻売買（油木破却）	室町幕府奉行人連署請文（離宮八幡宮文書）
22	康暦二・六・三（一三八〇）	守護C	渋河長寿王（満頼） →吉見弾正少弼	①多田院雑掌性妙、②近隣輩、③善源寺東方地頭職（諏訪三郎左衛門入道跡、押妨）	室町幕府管領奉書（多田神社文書）
	康暦二・六・六（一三八〇）	守護C	渋河長寿王（満頼） →吉見弾正少弼	①多田院雑掌性妙、②赤松兵部少輔（義則）幷楠木中務大輔（正儀）家人、③善源寺東方地頭職（諏訪三郎左衛門入道跡、押妨狼藉）	室町幕府管領奉書（多田神社文書）
23	永徳元・一二・一五（一三八一）	守護C	右京大夫（細川頼元） →奈良又四郎 庄十郎三郎	①高野山安養院雑掌、②（安堵?）、③混陽寺荘西方内笠池平次郎名	摂津守護細川頼元施行状（甲斐慈源寺・古文書）
	至徳元・一〇・九（一三八四）	守護C	細川右京大夫（頼元）	①高野山安養院雑掌、②田能村大和入道、③混陽寺荘西方内笠池平次郎名（伊予阿闍梨跡と称し　掠領）	室町幕府管領奉書（諸国古文書抄）

24	永徳二・九・一〇（一三八二）	守護C	吉見弾正少弼	①多田院雑掌、②赤松・楠木家人？ ③善源寺西方地頭職（諏訪三郎左衛門入道跡、遵行不事行、7/6御教書の施行）	摂津守護奉行人連署施行状（多田神社文書）
25	嘉慶元・一二・二九（一三八七）	守護C	赤松上総介（義則）	①実相院門跡雑掌、②赤松五郎満祐幷公文貞清、③八多荘（押妨）	室町幕府管領奉書（実相院文書）

10にみえるもうひと組の両使の安威・松田は在京（奉行）人の系譜をひく武家で、これも守護不在期とみえる。安威は18にみえるように摂津に所領を得て、南朝に与しいわゆる赤松宮を奉じるなど幕府や赤松守護家とは異なる途を選んでいた赤松氏範と対決する立場にもいた[66]。なお、能勢、安威、松田は奉公衆に同姓のものがあり、芥河についても奉公衆に編成された可能性が指摘されている[67]。赤松、ついで細川の守護支配が展開していくなかで、表39に論人としてあらわれる摂津国人衆も多く守護被官への途を選んでいく[68]。その一方で、守護不在期とはいえ両使遵行の使節となった芥河・能勢が、奉公衆に編成されていくという事情は、彼らの実力、名望を抜きにしては考えられない。能勢は摂津源氏一門。すでに鎌倉時代の正中二（一三二五）年四月、丹波大山荘地頭中沢尊蓮後家の年貢抑留にかかる請文を執進した使節として沙弥善昭（能勢判官代入道）があり[69]、鎌倉時代には在京御家人であった可能性が高い。芥河もまた、鎌倉時代に垂水荘百姓浄願等の「悪党」に対処する六波羅使節としてみえる真上資信が六波羅探題滅亡とともに死没したのちに真上一門の中核となった存在である[70]。

こうしてみると、摂津の場合、守護支配から一定の距離、自律度を高めながら奉公衆へ転じていった国人衆は、同時に六波羅探題の在京人編制に従い、六波羅使節としての実績を有したことが確認できる。

【播磨】　播磨の場合も表40に明らかなように、守護遵行が原則とみられる。訴訟事案は荘園本所と在地勢力との相論という構図がもっとも多く確認され、広峰社など在地神社を含めた地域的領主間紛争は多くはない。表40も訴訟事案ごとに整理したので若干時系列変化が読み取りにくいが、両使遵行は12神沢・梶原（観応元／一三五〇年四月四日）まで確認され、その後は守護遵行に固定した模様である。守護赤松の世代では初代則村（円心、観応元年正月没）から二代範資への交代期にあたる。

表40 播磨国の使節遵行

	年代	分類	使節	案件（①訴人、②論人、③論所等）	典拠
1	建武三・一一・一八（一三三六）	守護C	赤松入道（則村／円心）	①賀茂社、②室四郎朝兼、③室御厨下司幷公文職	室町幕府執事奉書（賀茂注進雑記）
2	建武四・二・一九（一三三七）	守護C	赤松入道（則村／円心）↓柏原入道（重頼？）	①金剛三昧院雑掌慶意、②円道房澄海、③在田上荘所務	室町幕府引付頭人奉書（金剛三昧院文書）
3	暦応元・一〇・六（一三三八）	守護A	赤松入道（則村／円心）	①南禅寺雑掌良玄、②海老名七郎、③西奥村（論人召喚）	室町幕府引付頭人奉書（南禅寺文書）
	暦応二・三・一六（一三三九）	守護A			室町幕府引付頭人奉書（南禅寺文書）
	暦応三・三・二一（一三四〇）	守護A			室町幕府引付頭人奉書（南禅寺文書）
4	暦応元・一一・二五（一三三八）	守護C	赤松入道（則村／円心）	①南禅寺雑掌良玄、②海老名源三郎（景知）、③矢野別名那波浦（濫妨）	室町幕府引付頭人奉書（南禅寺文書）
	暦応二・三・一六（一三三九）	守護C			室町幕府引付頭人奉書（南禅寺文書）
	暦応三・三・二一（一三四〇）	守護C			室町幕府引付頭人奉書（南禅寺文書）
	応安三・一一・晦（一三七〇）	守護C	赤松帥律師（則祐）	①南禅寺雑掌、②海老名甲斐入道源賀、③矢野別名下司職	室町幕府管領奉書（南禅寺文書）

5	暦応二・三・四（一三三九）	両使C	大多和弥次郎 後藤伊勢八郎入道	①広峰社雑掌長秀、②布施彦三郎入道々乗、③土山荘中井村地頭職	室町幕府引付頭人奉書（広峰神社文書）
	暦応三・四・一八（一三四〇）	両使C	後藤佐渡五郎左衛門尉 志水左衛門尉	①広峰社大別当（入道）昌俊、②平居新三郎、③土山荘中井村地頭職（押領）	室町幕府引付頭人奉書（広峰神社文書）
	康永四・一〇・二八（一三四五）	両使C	後藤佐渡五郎左衛門尉 内藤右馬允	①広峰社大別当長種代長秀、②敬田寺雑掌成行、③土山荘中井村地頭職	室町幕府執事奉書（播磨内藤家文書）
	延文二・一〇・一二（一三五七）	守護C	赤松師律師（則祐）	①広峰社大別当長種、②敬田寺雑掌成行、③土山荘中井村（1344/11/13御下文による敬田寺への遵行撤回）	足利義詮御教書（広峰文書）
	延文四・一〇・二五（一三五九）	守護C	赤松師律師（則祐）	①広峰社大別当長種、②菟原住吉社神官若狭前司江左衛門尉、③土山荘所領（押妨）	足利義詮御判御教書（広峰文書）
6	暦応二・三・一八（一三三九）	守護C	赤松入道（則村／円心）	①吉川経景（仁心）、②梶原平四郎、③福井荘東保上村地頭職	室町幕府御教書（吉川家文書）
7	暦応二・六・一八（一三三九）	守護C	赤松入道（則村／円心）	①広峰社大別当昌俊、②浦上孫三郎、③土山荘萩原村地頭職（押妨）	室町幕府引付頭人奉書（広峰文書）
	観応元・九・二四（一三五〇）	守護C	赤松美作権守（範資）	①広峰社大別当長種、②浦上三郎入道宗恵、③土山荘萩原村（遵行地に立還濫妨狼藉）	室町幕府引付頭人奉書（広峰文書）
8	康永二・八・二四（一三四三）	守護C	赤松二郎入道（則村／円心）	①東寺雑掌光信、②寺田孫太郎・大寺新兵衛尉、③矢野荘例名内重藤名	室町幕府引付頭人奉書（東寺文書・射）
9	康永四・一〇・一八（一三四五）	守護C	赤松次郎入道（則村／円心）	①東寺雑掌光信、②飽間十郎入道、吉川孫太郎（経貞）・今津三位房、③矢野荘例名内重藤名	室町幕府引付頭人奉書（東寺文書・射）
	貞和五・七・六（一三四九）	守護C	円心（赤松則村） →宇野三郎左衛門尉	①東寺雑掌光信、②吉川孫太郎・飽間九郎、③矢野荘例名重藤名（6/18御奉書の施行）	守護赤松則村施行状（東寺百合文書ゐ51-8）
	観応三・九・一五（一三五二）	守護C	赤松師律師（則祐）	①東寺雑掌、②飽間九郎左衛門尉、③矢野荘公文職	足利義詮御判御教書（東寺文書・射）
	文和二・九・一四（一三五三）	守護C	赤松師律師（則祐）	①東寺雑掌光信、②飽間斉藤九郎左衛門尉、③矢野荘重藤十六名・公文職	室町幕府引付頭人奉書（東寺百合文書・ユ38）

	年代	分類	使節	案件（①訴人、②論人、③論所等）	典拠
9	文和四・一〇・一三（一三五五）	守護C	赤松師律師（則祐）→宇野弾正忠（季有）	①東寺雑掌、②飽間斉藤九郎左衛門尉、③矢野荘重藤十六名・公文職	室町幕府執事奉書（東寺百合文書・ヨ104-8）（東寺文書・射、五常）
	延文元・七・四（一三五六）	守護C	赤松師律師（則祐）	①東寺雑掌、②飽間斉藤九郎左衛門尉、③矢野荘重藤十六名・公文職	室町幕府執事奉書（東寺文書・射）（東寺百合文書・ム30）
	延文二・八・二一（一三五七）	守護C	赤松律師（則祐）	①東寺雑掌、②飽間斉藤九郎左衛門尉、③矢野荘重藤十六名・公文職	足利義詮御判御教書（東寺文書・射）
	延文四・八・一八（一三五九）	守護C	赤松師律師（則祐）	①東寺雑掌頼憲、②飽間斉藤九郎左衛門尉、③矢野荘重藤十六名・公文職	足利義詮御判御教書（東寺百合文書・オ52-2）
	延文五・九・一（一三六〇）	守護C	赤松師律師（則祐）	①東寺雑掌頼憲、②飽間九郎左衛門尉光泰、③矢野例名公文職	室町幕府執事奉書（東寺百合文書・み38-3）
	延文五・一二・二（一三六〇）	守護C	赤松律師（則祐）	①東寺雑掌頼憲、②飽間九郎左衛門尉光泰、③矢野例名公文職	室町幕府執事奉書（東寺文書・射）
	貞治二・一一・一四（一三六三）	守護C	赤松律師（則祐）	①東寺雑掌頼憲、②飽間九郎左衛門尉（光泰）、③矢野例名公文職	室町幕府引付頭人奉書（東寺百合文書・オ52-3）
	観応三・四・二一（一三五二）	守護C	赤松権律師（則祐）	①東寺雑掌、②飽間斉藤九郎左衛門尉、③矢野荘重藤十六名・公文職	足利尊氏御内書（東寺文書・五常）
	観応三・七・四（一三五二）	守護C	赤松師律師（則祐）→資氏	①東寺雑掌、②飽間九郎、③矢野荘重藤十六名・公文職	室町幕府執事奉書（東寺百合文書・ヨ104-6～7）
	延文二・八・二一（一三五七）	守護C	赤松律師（則祐）	①東寺雑掌、②飽間斎藤九郎左衛門尉、③矢野荘重藤十六名・公文職	足利義詮御判御教書（東寺文書・射）
10	貞和三・九・四（一三四七）	守護C	赤松次郎入道（則村）	①熊谷直経、②（充行、7/11 御下文）、③的部北条公文職三分一	室町幕府引付頭人奉書（萩藩閥閲録・熊谷帯刀）

11	貞和四・六・二二（一三四八）	両使C	梶原平三左衛門尉（景貞） 佐藤二郎左衛門尉（幸清）	①久我前太政大臣（長通）家雑掌、②還付？（1338/10/20将軍家消息）、③這田荘地頭職	室町幕府執事施行状（久我家文書）
	貞和五・四・二一（一三四九）	守護C	赤松次郎入道（則村／円心）	①久我前太政大臣（長通）家雑掌、②（還付）石塔義房、③這田荘地頭職	室町幕府執事施行状（久我家文書）
	観応元・四・三（一三五〇）	守護C	赤松美作権守（範資）	①（久我）前太政大臣（長通）家雑掌、②当荘東条郷公文尭観法師・子息大和房、③這田荘（本所違背、城郭構える）	室町幕府執事施行状（久我家文書）
12	貞和五・三・四（一三四九）	両使C	石原又次郎入道 内藤馬允	①延暦寺東法華堂領大部荘地頭方雑掌興助、②八木次郎三郎重高、③大部荘（往古用水切落）	室町幕府引付頭人奉書（東大寺文書）
	観応元・四・四（一三五〇）	両使C	神沢六郎左衛門尉（範俊） 梶原平四郎	①東大寺（大部荘領家方）、②③当国住人豊福次郎（世上動乱の折、武家恩賞と称し公文職押領、領家職濫妨）、当国窪木公文八木次郎三郎重高（往古用水切塞、濫妨）	東大寺衆徒評定事書（東大寺文書）
13	貞和五・三・二三（一三四九）	両使C	神沢六郎左衛門尉（範俊） 粟生田又次郎行時	①東寺雑掌光信、②海老名源三郎・七沢左衛門太郎、③矢野例名那波浦・佐方領家職	⑥/27足利直義下知状（東寺百合文書・せ足3）
	貞和五・七・四（一三四九）	両使C	粟生田又次郎（行時） 志水左衛門尉		室町幕府引付頭人奉書（東寺百合文書・せ武26）
	貞和五・一二・二四（一三四九）	両使C	神沢六郎左衛門尉（範俊） 粟生田又次郎行時		室町幕府引付頭人奉書（東寺百合文書・ウ57-6）
	観応元・三・四（一三五〇）	両使C	粟生田又次郎（行時） 志水左衛門尉		室町幕府引付頭人奉書（東寺百合文書・せ武28）
	貞治三・一二・一八（一三六四）	守護C	赤松律師（則祐） ↓吉田右衛門尉（貞守）	①東寺雑掌光信、②海老名甲斐入道、③矢野例名那波浦・佐方領家職	室町幕府引付頭人奉書（東寺百合文書・ウ57-8）
	貞治六・八・二八（一三六七）	守護C	赤松律師（則祐）	①東寺雑掌頼憲、②（海老名甲斐入道）、③矢野例名那波浦・佐方浦領家職	室町幕府引付頭人奉書（東寺百合文書・ウ57-12）
	応安七・一一・二八（一三七四）	守護C	赤松蔵人左近将監（義則）	①東寺雑掌頼憲、②海老名甲斐入道・新左衛門入道、③矢野例名那波浦・佐方領家職	室町幕府引付頭人奉書（東寺百合文書・ウ57-13）

	年代	分類	使節	案件（①訴人、②論人、③論所等）	典拠
14	観応元・七・四（一三五〇）	守護C	赤松律師（則祐） 赤松美作守（範資）	①東寺学衆、②宝厳院深源、③矢野荘一方給主職（棄破の置文を捧げて補任状を掠取る）	大覚寺宮（寛尊法親王）令旨（東寺百合文書・ム24）
15	正平六・八・一八（一三五一）	守護C	（守護所？） →為行	①（東寺）当方雑掌秀恵、②（安堵）、③矢野荘重藤名	（宮将軍使節）為行請文（東寺百合文書・せ南14）
16	正平六・九・二九（一三五一）	守護C	播磨国守護所 （→源親房・源盛親）	①東寺雑掌、②飽間斎藤九郎、③矢野荘西方重藤名	宮将軍某令旨（東寺百合文書・せ南18-1・2）
17	正平六・一二・一三（一三五一）	守護C	播磨国守護館	①神護寺、②（安堵）、③福井荘領家職	宮将軍某令旨（色色証文）
18	観応三・九・三（一三五二）	守護C	赤松帥律師（則祐） →宇野備前守頼季	①雑掌円海、②英賀備中阿闍梨、③八坂法観寺領英賀散在田・坂本荘領家職	足利義詮御判御教書（法観寺文書）
19	観応三・九・二七（一三五二）	守護C	権律師 →宇野備前守（頼季）	①竹中律師快宗・快誉、②肥塚孫四郎・河間上野房跡預人、③平野北条（書写・広峰所役押妨）	赤松則祐書下（祇園社記）
20	文和二・二・二四（一三五三）	守護C	赤松帥律師（則祐）	①三宝院雑掌頼覚、②粟生田次郎左衛門尉、③田中荘領家職	足利義詮御判御教書（徳禅寺文書）
	文和四・一〇・七（一三五五）	守護C	赤松帥律師（則祐）	①三宝院大僧正坊雑掌、②粟生田次郎左衛門尉、③田中荘（半済停止）	室町幕府執事奉書（徳禅寺文書）
	延文三・三・二六（一三五八）	守護C	赤松律師（則祐）	①久世大輔律師賢宣、②粟生田次郎左衛門尉、③田中荘	足利義詮御判御教書（徳禅寺文書）
	延文五・三・四（一三六〇）	守護C	赤松律師（則祐） →宇野弾正忠（季有）	①久世大輔律師賢宣、②粟生田丹後入道、③田中荘	足利義詮御判御教書（徳禅寺文書）
	貞治二・一一・四（一三六三）	守護C	赤松律師（則祐）		室町幕府引付頭人奉書（徳禅寺文書）
	貞治六・三・二八（一三六七）	守護C	赤松帥律師（則祐）	①正伝庵雑掌宗勝、②粟生田入道、③田中荘	足利義詮御判御教書（徳禅寺文書）
	貞治六・八・一三（一三六七）	守護C			足利義詮御判御教書（徳禅寺文書）

	貞治六・一〇・二三（一三六七）	守護C	赤松帥律師（則祐）	①正伝庵雑掌宗勝、②粟生田丹後入道、③田中荘	足利義詮御判御教書（徳禅寺文書）
21	文和三・二・一六（一三五四）	守護C	赤松律師（則祐）	①小串五郎左衛門尉光行、②（充行、2/12足利尊氏下文）、③下揖保保内大浜彦左衛門入道跡	室町幕府執事奉書（前田家所蔵文書）
22	文和三・五・一八（一三五四）	守護C	赤松律師（則祐）→宇野弾正忠	①金剛三昧院、②安保忠実代官長浜七郎左衛門尉、③在田上荘	足利尊氏御判御教書（金剛三昧院文書）
	文和三・八・一八（一三五四）	守護C	（守護赤松則祐）→宇野弾正忠（→快秀・茂次）		足利尊氏御判御教書（金剛三昧院文書）
23	文和三・八・四（一三五四）	守護C	赤松律師（則祐）	①雑掌道義、②（公文）後藤筑後入道、③松原荘（押領）	室町幕府執事奉書（離宮八幡宮文書）
	延文二・八・二一（一三五七）	守護C	権律師（赤松則祐）→宇野弾正忠	①石清水八幡宮雑掌、②（公文）後藤筑後入道、③松原荘（押領、7/22御教書の施行）	守護赤松則祐施行状（保坂潤治所蔵文書）
	延文四・七・六（一三五九）	守護C	赤松律師（則祐）	①大山崎神人、②後藤筑後入道貞誉、③松原荘領家職（濫妨）	足利義詮御判御教書（離宮八幡宮文書）
24	延文元・五・二八（一三五六）	守護C	赤松帥律師（則祐）	①南龍院前大僧正坊雑掌円俊、②河江新左衛門入道、③鞍位牧	室町幕府執事奉書（実相院文書）
25	延文四・一一・二〇（一三五九）	守護C	赤松帥律師（則祐）	①大光明院、②（還付）、③多可荘地頭職（赤松貞範使節緩怠）	足利義詮御判御教書（前田家所蔵文書）
	延文五・八・二三（一三六〇）	守護C	赤松帥律師（則祐）	①大光明院雑掌良円、②赤松筑前々司入道世貞、③多可荘（濫妨）	室町幕府執事奉書（前田家所蔵文書）
26	貞治二・一一・一〇（一三六三）	守護C	赤松律師（則祐）	①善法寺法印昇清雑掌、②（平等王院）曽清、③船曳荘	室町幕府引付頭人奉書（石清水文書）
27	貞治四・一二・二一（一三六五）	守護C	赤松律師（則祐）	①冷泉為秀、②預所代貞信、③越部下荘領家職（濫妨）	足利義詮御判御教書（大森新蔵所蔵文書）
28	貞治五・一〇・一四（一三六六）	守護C	赤松律師（則祐）	①東寺雑掌頼憲、②有本和泉守・福井次郎、③矢野例名（濫妨）	室町幕府引付頭人奉書（東寺百合文書・京64）

	年代	分類	使節	案件（①訴人、②論人、③論所等）	典拠
29	応安元・一一・一九（一三六八）	守護C	（守護代）山城守季有	①海老名新左衛門尉知定（源延）、②（安堵）、③矢野荘例名下村半分地頭職（海老名四郎左衛門入道跡）	山城守季有打渡状（海老名文書）
30	応安三・九・三（一三七〇）	守護C	赤松律師（則祐）	①東寺雑掌頼憲、②守護家人小河次郎兵衛入道、③矢野荘重藤名・公文職	室町幕府引付頭人奉書（東寺文書・射）
	応安六・三・二四（一三七三）	守護C	赤松蔵人将監（義則）	①東寺雑掌頼憲、②小河次郎兵衛入道、③矢野荘公文職（押領）	室町幕府引付頭人奉書（檜垣元吉所蔵文書）
	応安六・一・二四（一三七三）	守護C	赤松蔵人左近将監（義則）	①東寺雑掌頼憲、②小河民部少輔、③矢野例名公文職（押領）	室町幕府引付頭人奉書（東寺百合文書・ゐ49-9）
	至徳元・五・一〇（一三八四）	守護C	赤松兵部少輔（義則）	①東寺雑掌頼勝、②（守護）家人小河民部丞、③矢野荘公文職（押領）	室町幕府管領奉書（東寺文書）
31	応安四・一〇・六（一三七一）	守護C	赤松律師（則祐）	①大徳寺雑掌、②本領主貞宗、③小宅荘三職	室町幕府管領奉書（大徳寺文書）
32	応安六・四・二七（一三七三）	守護C	赤松蔵人左近将監（義則）	①徳禅寺雑掌、②半済給人、③田中・平井・寺田	室町幕府管領奉書（大徳寺文書）
	応安七・九・二三（一三七四）	守護C		①徳禅寺雑掌、②高浦但馬入道、③平位荘半済	室町幕府管領奉書（大徳寺文書）
33	応安七・一二・一五（一三七四）	守護C	赤松蔵人左近将監（義則）	①興福寺衆徒（神木強訴）、②広峰範長・遠藤五郎右衛門尉、③土山荘領家職（押領）	室町幕府管領奉書（建内文書）
34	永和元・一二・八（一三七五）	守護C	（赤松義則）→下野権守（直綱）→藤田兵庫助	①春日社雑掌、②違乱輩、③久留美荘領家職（「今月六日御書下」の施行）	赤松直綱遵行状（中沢広勝文書）
35	永和元・一二・二三（一三七五）	守護C	（赤松義則）→赤松下野権守（直綱）	①高野山金剛三昧院雑掌、②原兵庫助、③在田上荘（押妨）	播磨守護家奉行人連署奉書（金剛三昧院文書）

ちなみに、則村による守護遵行の最終所見は9貞和五年七月六日付文書で、則村守護期（死没前）の両使遵行は八例あり、範資による守護遵行の初見は11観応元年四月三日付文書で、文書の日付では12神沢・梶原に一日先行する。また、両使遵行の事例は、5・12・13にほぼ集中して確認される。両使遵行／守護遵行の時系列とともに、事案、とくに訴訟当事者に着目して考察する必要がある。4南禅寺領矢野荘別名にかかる南禅寺と海老名との相論では一貫して守護遵行、5・7土山荘にかかる広峰社の訴訟も中井村については観応元年四月以前両使遵行、萩原村については守護遵行である。13東寺領矢野荘例名にかかる東寺と海老名との相論でも観応元年四月以前は両使遵行であるが、9東寺領矢野荘園重藤名等にかかる東寺と飽間との相論は守護遵行である。訴人と論所、論人との組み合わせ如何で遵行の形式が選択された可能性を排除できない。いま、その個別の事由について説明を用意できないが、使節遵行が訴人側の当事者主義的な手続に属している限り、遵行形式の選択権が当事者に残されていたと考えれば、理解できることであり、また、守護遵行に収斂されていくという事象は、使節遵行が幕府―守護による職権主義的な手続によって推進されることを意味することになろう。

次に、両使遵行を担う武家をみると、摂津と同様に六波羅使節の系譜を感じ取ることができる。5・12内藤（右）馬允、11・12石原又次郎入道については、同一人物と思われる人名が播磨の六波羅使節にみえ、5大多和、12・13神沢、12梶原についても同姓の人物が播磨の六波羅使節にみえる（第一章第一節）。5後藤は、六波羅評定衆に同姓の人物があり、5後藤佐渡五郎は、建武政権期に丹波国葦田荘にかかる相論で使節となり（仁和寺文書建武元年七月四日左衛門尉佐綱請文）、当該事案の訴人である広峰昌俊の軍忠をみつぐ証人となったこともある[71]。5・13志水左衛門尉は、六波羅探題職員等には徴証を得ないが、康永三（一三四四）年の幕府引付番文一番にその名がみえる人物である。13粟生田は、おそらく東国御家人の系譜をひき播磨に所領を得た武家であり[72]、11佐藤二郎左衛門尉（幸清）は諱から院北面の系譜をひくかとも想像されるが詳細は未詳。出雲の所領が確認される[73]。六波羅探題以来の系譜が確認できない武家もあるが、基本的に鎌倉時代在京人であり、室町幕府に吸収された武家と考えてよいだろう。大多和、後藤、梶原、神沢等も播磨に所領を維持していた[74]。

さらに、論人にも注目しておく。3・4・13海老名は六波羅使節としての実績もある有力な播磨国人であり、相論も長期化している。しかも、康永二（一三四三）年八月、建武三（一三三六）年三月に赤松則村（円心）が白旗城に籠城し、押し寄せた新田義貞軍に抗戦した折に宿所が放火され紛失したという理由で海老名源三郎景知が紛失状を立てたとき、その証人として13神沢六郎左衛門尉範俊のほか、梶原、大多和、後藤などの国人衆が、守護代柏原・宇野などとともに証判を加えたことが知られる[75]。20論人の粟生田次郎左衛門尉も6の訴人吉川経景（仁心）とともに守護赤松に属して摂津で戦っている[76]。前掲、広峰、後藤のケースも含め、訴訟事案のなかでは訴人、論人、使節、さまざまな立場で名をあらわす国人衆は、ともに内乱期に守護の催促に応じていたのである。一方、9論人の飽間は観応の擾乱を契機に荘内重藤名の公文職を得た守護赤松の被官である。守護遵行が重ねられてはいるが解決に至っていない模様である。したがって、使節遵行の現場でせめぎあう当事者の主張が、最終的に守護の政治的判断によって優劣をつけられるという場面があったことも容易に想定できる。遵行の停滞はいうまでもなく、論人の利益であることを見落とせない。

奉公衆への連接については、粟生田（13・20）、海老名（3・4・13）、小串（21）、大多和（5）、後藤（5・23）について、同姓の人物が番帳等に記載されている[77]。表40にあらわれる人物の系譜がこれらにつながるかどうか、なお検討の余地があるが、播磨国人衆のなかにも奉公衆編制に組み込まれたものがあった可能性は高い。

最後に14～17について付記しておく。14は幕府を経ず大覚寺宮から直接守護赤松にあてられた文書である。事案の性質上、いわゆる本所裁断事項にあたる。武家伝奏を経由して院宣等が幕府に施行される形式とは異なる文書の流れが確認される。この種の文書の流れについては、一括して後述する。また、15～17は、幕府権力に対する信頼性が相対的に低下した「正平一統」期における荘園本所による権益維持、請求権保存の営みとして理解できる[78]。

【丹波】　丹波は表41にみえるように、早期から守護遵行が原則化した模様である。訴訟事案は荘園本所と在地勢力との相論という構図がもっとも多く確認され、安国寺など在地寺院を含めた地域的領主間紛争は多くはない。仁木、山名という有力守護家が、ときに幕府内部の権力闘争を挟み込みながら丹波守護に任じられている。表41－3で、仁木頼章は祇園社前執行顕詮を「当国御敵張本」と糾弾し、波々伯部を擁護する主張を展開したが、足利直義の裁定はこれを容れることはなかった。使節遵行の現場で、軍事指揮官としての頼章の立場と、直面する軍事的情勢とは切り離して理非判断しようとする直義の立場が衝突したのである。観応の擾乱に際して頼章が一貫して尊氏派に位置することになる伏線とも読める。

表41　丹波国の使節遵行

	年代	分類	使節	案件（①訴人、②論人、③論所等）	典拠
1	建武四・一〇・二（一三三七）	守護C	仁木伊賀守（頼章）	①保野中務大夫入道明一、②（還付、9/27御下文）、③小野荘一方地頭職	室町幕府執事施行状（前田家所蔵文書）
2	建武四・一一・一三（一三三七）	両使C	酒井与一 ？	①正脈庵雑掌、②沙汰人・百姓、清水寺衆徒、③正脈庵領市原村	室町幕府執事奉書（播磨清水寺文書）
	建武四・一二・二〇（一三三七）	両使C	志賀弥太郎行貞 上原孫神太秀基	①祇園社前執行顕詮、②安行荘住人（波々伯部）又太郎信盛・宮田荘住人次郎左衛門尉、③波々伯部保（押領）	1339/12/17足利直義下知状（南部晋所蔵文書）
3	建武五・八・九（一三三八）	守護C	仁木伊賀守（頼章）		
	文和元・一〇・六（一三五二）	守護C	守護（仁木頼章）	①（祇園社）雑掌、②次郎左衛門入道永阿・又太郎信盛、③波々伯部保（押領）	足利義詮御判御教書（建内文書）
	文和二・三・四（一三五三）	守護C	当国守護（仁木頼章）		室町幕府執事奉書（建内文書）

	年代	分類	使節	案件（①訴人、②論人、③論所等）	典拠
4	暦応二・八・四（一三三九）	守護C	仁木伊賀守（頼章）	①神護寺雑掌尊隆、②（軍勢濫妨輩）、③吉富本新荘	室町幕府引付頭人奉書（神護寺文書）
	観応二・八・一三（一三五一）	守護C	仁木兵部大輔（頼章）	①神護寺、②（草野保公文職）内藤孫三郎定光、③吉富本新荘（濫妨）	足利義詮御判御教書（神護寺文書）
	観応二・八・一六（一三五一）	守護C	（仁木）兵部大輔（頼章）	①神護寺、②内藤孫三郎定光・波々伯部源次郎、③吉富本新荘（濫妨）	足利義詮御判御教書（前田家所蔵文書・武家手鑑）
5	貞和二・五・六（一三四六）	守護A	山名伊豆前司（時氏）	①保安寺雑掌良澄、②下司季正、③葛野荘（違勅論人召喚）	室町幕府禅律方頭人奉書（東寺百合文書・京 50-2）
6	貞和二・七・三（一三四六）	守護A	（守護山名時氏） →守護代小林国範	①南条高光、②久下次郎入道仙阿、③小椋荘（論人請文）	山名時氏請文（大石寺文書）
7	観応二・四・二九（一三五一）	両使C	庁鼻和次郎左衛門尉	①円宗寺雑掌定勝、②葛野新五郎、③三和勅旨田（濫妨）	民部丞某遵行状（仁和寺文書）
8	観応二・一一・六（一三五一）	守護C	仁木兵部大輔（頼章）	①三宝院僧正、②（寄進?・）、③篠村八幡宮造営料所篠村佐伯荘黒岡・光久	足利義詮御判御教書（三宝院文書）
	文和元・一一・三（一三五二）	守護C		①篠村八幡宮雑掌、②（遵行未了）、③黒岡・光久、（11/12 義詮あて尊氏御判御教書あり）	足利義詮御判御教書（三宝院文書）
9	正平六・一一・一〇（一三五一）	守護C	仁木兵部大輔（頼章）	①安国寺雑掌、②赤松筑前守貞範、③春日部荘中山村（違乱）	足利義詮御判御教書（丹波安国寺文書）
	貞治五・一二・二三（一三六六）	守護C	山名左京大夫入道（時氏） →小林左近将監	①安国寺雑掌、②（還付、12/22 安国寺長老あて義詮御教書）、赤松備前入道世貞、③春日部荘中山村	足利義詮御判御教書（丹波安国寺文書）
	応安三・四・六（一三七〇）	守護C	山名左京大夫入道（時氏）	①安国寺雑掌、②赤松筑前入道貞範、③春日部荘内中山村（濫妨）	室町幕府管領奉書（丹波安国寺文書）
10	観応三・三・一八（一三五二）	守護C	当国守護（仁木頼章）	①久下貞重、②（濫妨人）、③河口荘（毛利掃部助跡）・小椋荘（小椋金龍丸跡）（恩賞）	足利義詮御判御教書（久下文書）
11	観応三・八・八（一三五二）	両使C	中沢次郎左衛門尉 酒井次郎左衛門尉	①北野社雑掌、②荻野尾張権守朝忠・一宮慈鏡、③船井荘熊崎村・与田村（濫妨）	足利義詮御判御教書（黒板勝美・北野文書）

12	観応三・八・二五（一三五二）	守護C	当国守護（仁木頼章）	①飯尾三郎左衛門尉為宗、②(充行)、③勝林寺地頭職	足利義詮御判御教書（京大所蔵文書）
14	文和元・一〇・一二（一三五二）	守護C	当国守護（仁木頼章）	①天竜寺雑掌、②目代(宗覚)、③弓削荘（年貢・材木）、宿野（丹波出雲社上分、新関停止）	足利義詮御判御教書（天竜寺文書）
15	文和三・八・一一（一三五四）	守護C	左京大夫（仁木頼章）	①(祇園社）雑掌、②波々伯部源二郎・海老名七郎太郎、③吉富新荘下司職	室町幕府引付頭人奉書（京大所蔵文書）
16	延文五・三・一二（一三六〇）	守護C	仁木中務少輔（頼夏）	①松尾神主相季、②(違勅人）相音・志賀勘解由左衛門尉・新穂六郎、③雀部荘（濫妨）	足利義詮御判御教書（東文書）
	康安元・一一・一三（一三六一）	守護C	（仁木義尹）→守護代	①松尾神主相季、②相音、③雀部荘并桑田神戸田（10/5 足利義詮御判御教書、相音代召進）	仁木義尹施行状（松尾神社文書）
	至徳三・六・五（一三八六）	守護C	前陸奥守（山名時氏）→小林上野介	①松尾神主相季、②良恵僧都代土師今西入道、③雀部荘寺方田畠（押領、「被仰出之旨」）	山名時氏施行状（東文書）
17	貞治三・七・七（一三六四）	守護C	（山名氏冬）→小林民部大夫（重長）坂上章蔭	①仏師院吉、②(充行?)、③国分寺地頭職	山名氏冬施行状（雨森善四郎所蔵文書）
18	貞治三・一二・二二（一三六四）	守護C	（山名時氏）→小林民部大夫	①雑掌、②久下弥三郎入道妙道、③栗作荘領家職	山名時氏施行状（出羽小林家文書）
19	貞治四・四・二九（一三六五）	守護C	山名左京大夫（時氏）	①天竜寺雑掌、②目代（宗覚）、③弓削荘（年貢・材木）、宿野・河野・野村・大谷・保津（新関停止）	足利義詮御判御教書（天竜寺文書）
20	貞治四・一〇・七（一三六五）	守護C	（守護山名時氏）→小林左近将監	①東福寺永明・慈観両庵雑掌明真、②中沢五郎左衛門入道恵綱、③今林荘寺村・寄合・重行名（濫妨）	山名時氏施行状（保坂潤治所蔵文書）
21	貞治四・一一・一六（一三六五）	守護C	（守護山名時氏）→為貞・景氏	①三宝院雑掌、②(御書下に任せ)、③篠村八幡宮領佐々岐荘内牧八郎入道跡	為貞・景氏連署打渡状（三宝院文書）
22	貞治五・一〇・五（一三六六）	守護C	山名左京大夫入道（時氏）	①三宝院雑掌、②(10/2 足利義詮寄進状)、③篠村八幡宮領河口荘内蓮台寺分（牧八郎入道玄衣分）	足利義詮御判御教書（三宝院文書）
23	応安二・一〇・五（一三六九）	守護C	山名左京大夫入道（時氏）→小林左近将監	①安国寺雑掌、②荻野出羽入道常義、③夜久郷内今西村（濫妨）	室町幕府引付頭人奉書（丹波安国寺文書）

	年代	分類	使節	案件（①訴人、②論人、③論所等）	典拠
23	応安三・四・六（一三七〇）	守護C	山名左京大夫入道（時氏）	①安国寺雑掌、②荻野出羽入道常義、③夜久郷内今西村（濫妨）	室町幕府管領奉書（丹波安国寺文書）
	応安六・一二・一九（一三七三）	守護C	山名陸奥守（時氏）	①安国寺雑掌、②（半済分）被官人、③夜久郷内今西村（押妨）	室町幕府管領奉書（丹波安国寺文書）
24	応安二・一〇・五（一三六九）	守護C	山名左京大夫入道（時氏）	①安国寺雑掌、②赤松筑前入道貞範、③春日部荘内中山村（濫妨）	室町幕府引付頭人奉書（丹波安国寺文書）
	康暦二・三・二七（一三八〇）	守護C	山名陸奥守（時氏）	①安国寺雑掌、②（半済還付）、③春日部荘内中山村（御寄進状に任せ）	室町幕府管領施行状（丹波安国寺文書）
25	応安二・一一・二（一三六九）	守護C	（守護山名時氏）→小林左近将監→小林代長鼻	①東寺（雑掌）、②半済給人、③大山荘領家	山名時氏書下（東寺百合文書・り61、ミ38-2）
26	応安四・一〇・一七（一三七一）	守護C	山名民部少輔（時氏）	①吉田社雑掌、②稲岡以下輩、③石田本荘内一色名（日供料所、押妨）	室町幕府管領奉書（吉田家日次記）
27	応安四・一一・一（一三七一）	守護C	山名民部少輔（時氏）	①吉田社雑掌、②清涼寺雑掌・中沢一族、③味間二品勅旨田地頭職（内談奉書掠取・押妨）	室町幕府管領奉書（吉田家日次記）

両使遵行の使節あるいは訴訟当事者としてみえる2・11酒井、3上原、3・16志賀、3・4・15波々伯部、6・10・18久下、11・20中沢、11・23荻野等は、それぞれ東国出身の鎌倉御家人の系譜をひく武家で、丹波に所領を得て西遷、定着したものたちである。酒井・久下・中沢・荻野については六波羅使節としての実績もある（第一章第一節）。4内藤が細川内衆内藤につながる人物かは未詳。9・24赤松、15海老名など隣接する播磨国人衆の関与もみられる。ただ、彼らは奉公衆編制に連なることはなく、十四世紀末以降丹波守護となる細川と対峙する丹波国人一揆を構成していくと考えられる。

【河内・和泉】　表42に河内、表43に和泉の使節遵行事例を一覧にした。一括して扱うのは、室町幕府守護ないし南朝守護について、細川顕氏、楠木正儀など両国を兼務する武家があること、および畿内近国における南朝方の拠点をともに多く擁することから派生する幕府の地域的課題の共通性を考慮した結果である。

さて、表42・43に目を転じると、やはり原則守護遵行であったことが確認できる。表42－4と表43－8がわずかに両使遵行である。ちなみに、表42－4は典拠史料に「当参」（この場合は在京の意）の論人召喚とあるので、大野・安威の幕府奉行人使節となった。また表43－8は、守護細川顕氏の不在期（顕氏は観応の擾乱期直義に与し、このころ尊氏方に帰参。讃岐守護としての活動も認められる）にあたる。

次に、この地域が南朝勢力の拠点を多く擁し、しばしば南朝優勢の戦況となることもあったことが、使節遵行の現場にどのように反映されているのか、みていきたい。

表42　河内国の使節遵行

	年代	分類	使節	案件（①訴人、②論人、③論所等）	典拠
1	建武三・一二・一九（一三三六）	守護C	細河兵部少輔（顕氏）	①東寺雑掌、②方々濫妨狼藉、③新開荘（1338/1/10 足利尊氏替地寄進）	室町幕府執事奉書（東寺文書・射）
2	暦応元・一〇・一九（一三三八）	守護C	細河兵部少輔（顕氏）	①興福寺一乗院、②（還付）、西大寺雑掌、③禁野関所	室町幕府執事奉書（春日神社文書）
3	延元五・四・二六（一三四〇）	南朝C	左衛門尉（楠木正行）→跡部左近将監	①観心寺、②（寄進、1340/2/13 綸旨）、③小高瀬荘領家職	楠木正行施行状（観心寺文書）
	正平二・一二・一五（一三四七）	南朝C	左衛門尉（楠木正行）→和田左衛門尉		楠木正行施行状（観心寺文書）
	正平四・八・二九（一三四九）	南朝C	左衛門尉（楠木正時）→橋本九郎左衛門入道→左馬允	①観心寺、②（寄進、1349/8/24（5）綸旨）、③小高瀬荘領家職　※1350/12/20 左馬允遵行状に「綸旨幷国宣如此」とある	楠木正時施行状（国宣）（観心寺文書）

	年代	分類	使節	案件（①訴人、②論人、③論所等）	典拠
4	暦応三・六・二五（一三四〇）	守護C	細河兵部少輔（顕氏）	①島津上総入道道鑑（貞久）代季能、②田村助三郎、③丹下郡西島地頭職（濫妨）	1341/9/11 足利直義下知状（島津家文書）
	暦応四・四・一〇（一三四一）	両使A	大野弥五郎光尚 （安威）性遵	①島津上総入道道鑑（貞久）代季能、②三池三郎蔵人近房女子中原氏、③丹下郡西島地頭職（1340/8/賦に属し訴申すも道鑑陳状に無音、召喚）	
5	暦応三・八・一九（一三四〇）	守護C	細河兵部少輔（顕氏）	①春日社、②（寄進）、③楠葉関升米、（光厳院宣→菊亭実尹施行状（→高師直）→細川顕氏）	室町幕府執事奉書（春日若宮記録）
6	興国四・四・二二（一三四四）	南朝C	左衛門尉（楠木正行）	①西琳寺、②（安堵）、③厚見荘公文職（4/4綸旨、近衛三位中将御教書）	楠木正行施行状（金剛寺文書）
7	貞和二・四・二三（一三四六）	守護C	陸奥守（細川顕氏）	①高野山金剛三昧院、②（寄進、同日足利直義寄進状）、③岸和田荘	室町幕府執事施行状（金剛三昧院文書）
8	貞和五・五・九（一三四九）	守護C	越後守（高師泰） →岩堀中左衛門尉	①妙心寺雑掌、②（地頭）彦部七郎、③下仁和寺荘地頭職（1345/2/13花園上皇寄進院宣、1348/11/10下司名主百姓等申状、4/17光厳院宣→武家）	室町幕府禅律方頭人奉書（妙心寺文書）
9	観応二・七・二七（一三五一）	守護C	越後刑部丞（高師秀）	①（妙心寺）雑掌、②（摂津国住人）三宅左衛門尉、③下仁和寺荘	足利義詮御判御教書（妙心寺文書）
10	文和元・一〇・一八（一三五二）	守護C	越後刑部丞（高師秀）	①石清水八幡宮雑掌、②（寄進）、③田井荘地頭職	室町幕府執事施行状（石清水文書）
11	正平九・九・一二（一三五四）	南朝C	河内守（楠木正儀） →河野辺左衛門尉	①石清水八幡宮山上五師、②（安堵）、③紺口荘	楠木正儀書下（尾張大伴文書）
12	正平一二・三・一五（一三五七）	南朝C	（河野辺）左衛門尉 →菱江民部丞	①花園侍従房・同次郎兵衛尉、②（充行、綸旨・国宣の施行）、③上仁和寺荘園朝用分、5/4再令	（河野辺）左衛門尉某施行状（脇文書）
13	延文五・七・一六（一三六〇）	守護C	（畠山国清）	①石清水八幡宮（別当陶清）、②（安堵?）、③楠葉荘内弥勒寺、（端裏書「相原渡状」）	沙弥某打渡状（石清水文書）
14	延文五・七・一六（一三六〇）	守護C	（畠山国清）	①三浦兵衛丸、②（安堵?）、③新田下村地頭職	沙弥某打渡状（紀伊三浦文書）

年代	分類	使節	案件（①訴人、②論人、③論所等）	典拠
15 正平一七・九・二（一三六二）	南朝C	左馬頭（楠木正儀）→橋本宮内権少輔→渡辺中務丞	①金剛輪寺、②（寄進？先度綸旨・国宣に任せ）、③摂津葺屋荘下司跡　※1363.①.19橋本某遵行状に「去年九月二日国宣旨如此」とある	楠木正儀施行状（国宣）（金剛寺文書）
16 正平二〇・九・六（一三六五）	南朝C	左馬頭（楠木正儀）→河野辺駿河守	①観心寺、②（安堵）、③小高瀬荘領家職（先度国宣に任せ）　※9/15河野辺駿河守遵行状に「国宣如此」とある	楠木正儀施行状（国宣）（観心寺文書）
正平二三・五・八（一三六八）	南朝C	（河野辺）駿河守→菱江民部大夫入道→草地右衛門次郎	①観心寺、②（還付）、③小高瀬荘領家弐分（軍勢幷一揆分）　※5/10菱江某遵行状に「任御書下」とある	河野辺駿河守書下（観心寺文書）
17 正平二二・一〇・四（一三六七）	南朝C	右兵衛督（楠木正儀）→河野辺駿河守	①河内法通寺、②（還付）、③興福寺西金堂領三分一（軍勢分）	楠木正儀書下（久我家文書）
18 応安二・五・一六（一三六九）	守護C	左衛門督（楠木正儀）→河野辺駿河守→菱江民部大夫入道	①南禅寺、②上仁和寺幷禁野地下輩、③南禅寺材木船（違乱）　※6/16河野辺某遵行状に「任国宣之旨」とある	楠木正儀書下（国宣）（里見忠三郎文書・南禅寺文書）
19 応安四・一一・二〇（一三七一）	守護C	散位（楠木正儀）→河野辺駿河守→菱江民部大夫入道	①栂尾（高山寺）雑掌、②下司清冬、③新開新荘内寺田（天役・質物奪取）　※河野辺某施行状に「御下知如此」	楠木正儀書下（高山寺文書）
20 応安五・一一・二四（一三七二）	守護C	散位（楠木正儀）→河野辺駿河守→菱江民部大夫入道	①栂尾（高山寺）雑掌、②和田正頼、③新開新荘内寺田（押妨）　※河野辺某施行状に「御下知如此」	楠木正儀書下（高山寺文書）
21 弘和三・一二・二四（一三八三）	南朝C	参議（楠木正儀）→河野辺兵庫頭→菱江兵庫允	①観心寺、②（寄進、12/9綸旨）、③観心寺七ケ村預所職	楠木正儀施行状（観心寺文書）

表43　和泉国の使節遵行

	年代	分類	使節	案件（①訴人、②論人、③論所等）	典拠
1	建武四・四・一（一三三七）	守護C	畠山左近大夫将監（国清）	①紀伊伝法院、②（3/29足利尊氏寄進状）、③信達荘	室町幕府執事施行状（報恩院文書）
2	建武四・八・二二（一三三七）	守護C	細川兵部少輔（顕氏）→都筑次郎左衛門入道	①和泉国大番領雑掌、②高松弥四郎、③南北郡領家職（濫妨、関白家／近衛家嗣御教書に任せ）	室町幕府引付頭人奉書（田代文書）

	年代	分類	使節	案件（①訴人、②論人、③論所等）	典拠
3	建武四・八・二四（一三三七）	守護C	細川兵部少輔（顕氏）	①田代豊前又二郎入道了賢（顕綱）、②住人入（丹生）道丸、上村彦三郎入道（信海／基宗）	室町幕府引付頭人奉書（田代文書）
	建武五・七・二四（一三三八）	守護C	細川兵部少輔（顕氏）→安達房釈恵・月成盛国		室町幕府引付頭人奉書（田代文書）
	暦応四・八・三（一三四一）	守護C	（細川顕氏）→沙弥量空（守護代）	①大番領保司信海（上村基宗）、②田代又次郎入道了賢（基綱）、③大鳥荘上条内重富・友貞名	守護代沙弥量空請文（田代文書）
4	建武四・八・二八（一三三七）	守護C	細川兵部少輔（顕氏）→都筑次郎左衛門入道	①高野山金剛三昧院雑掌、②（寄進）、③近木荘	細川顕氏書状（金剛三昧院文書）
5	延元三・三・一〇（一三三八）	南朝C	大塚掃部助（惟正）	①（久米田寺）、②方々妨、③山直郷包近名以下（8/5南朝綸旨・8/7近衛家嗣御教書の施行）	左兵衛尉某施行状（久米田寺文書）
	康永三・六・二六（一三四四）	守護C	陸奥守（細川顕氏）→都筑左衛門入道	①久米田寺雑掌、②大平出羽守義尚、③山直郷内寺田	細川顕氏施行状（久米田寺文書）
6	康永三・一一・七（一三四四）	守護C	陸奥守（細川顕氏）→都筑左衛門入道	①久米田寺雑掌、②（還付）、③加守郷寺田	細川顕氏書下（久米田寺文書）
7	興国七・九・二六（一三四六）	南朝C	和泉国守護館	①九条宰相家雑掌、②（安堵）、③和田荘領家職三分一（綸旨に任せ）	御酒正某奉書（金剛寺文書）
8	観応二・二・二一（一三五一）	両使C	二宮太郎左衛門入道 式部伊賀六郎	①田代顕綱、②春虎左衛門尉・式部法橋、③大鳥荘上条	田代顕綱代光重目安（田代文書）
9	正平九・一〇・二（一三五四）	南朝C	左衛門少尉（楠木正儀）	①金剛寺雑掌、②（安堵）、③新待賢門院領大鳥荘	楠木正儀施行状（金剛寺文書）
10	正平九・一一・一五（一三五四）	南朝C	河内大夫判官（楠木正儀）→四郎判官（楠木正高）	①保安寺雑掌、②（違乱人）、③若松荘（寺米）、右中弁平時経奉書の施行	楠木正儀施行状（楠文書）
11	正平二五・二・二七（一三七〇）	南朝C	民部大輔（橋本正督）→橋本四郎左衛門尉	①観心寺、②（寄進、2/25御教書）、③利行・富益名	橋本正督施行状（観心寺文書）

12	建徳元・七・二八（一三七〇）	南朝C	民部大輔（橋本正督）	①久米田寺雑掌、②釈尊寺正種、③軽部郷以下散在田（押領、7/27中御門経高奉書に任せ）	橋本正督施行状（久米田寺文書）
13	建徳元・一〇・二二（一三七〇）	南朝C	民部大輔（橋本正督）	①観心寺、②（法華堂造営料寄進、9/22綸旨）、③鳥取荘山中関半分	橋本正督施行状（観心寺文書）
14	文中元・一〇・二二（一三七二）	南朝C	済恩寺飛騨守	①宇佐美下野守、②（充行）、③毛穴五郎兵衛尉跡（南朝綸旨の施行）	伊予守某施行状（脇文書）
15	応安七・七・一一（一三七四）	守護C	中務大輔（楠木正儀）（→渡辺憑）	①渡辺憑、②下司長門入道光阿、③土師保御酒司領（掠領押妨、世上静謐を待ち知行あるべし）	楠木正儀書下（大和渡辺文書）
16	永和三・一二・九（一三七七）	守護C	中務大輔（楠木正儀）→伊予守	①高野山平等心院僧定成、②（同?）貞秀、③大泉荘高野米（押妨）	楠木正儀施行状（高野山西南院文書）
17	永和三・一二・一二（一三七七）	守護C	中務大輔（楠木正儀）→橋本九郎（橘正仲）→渡辺薩摩入道	①大山崎神人、②摂津国堺荘住人助五郎・持宝・持国、③荏胡麻売買	楠木正儀書下（離宮八幡宮文書）

まずは、楠木正儀に注目する。楠木正儀は楠木正成の三男と伝えられ、貞和四（一三四八）年の四条畷合戦で二人の兄（正行・正時）が戦死したあとは、河内・和泉における南朝勢力の中心的存在となる。そのあたりの事情は表42、43から確認できる。ところが、正儀は応安二（一三六九）年に北朝（幕府）に降伏（南朝内部の路線対立が要因とされる）。幕府からは河内・和泉守護を安堵された。表42－11～20、表43－9～17にあらわれる遵行主体の様相は正儀転身の影響を映している。しかし、正儀は永徳二（一三八二）年、再転して南朝に帰参（康暦政変の余波といわれる）。表42－21は南朝守護としての遵行である。しかし、こうした転身にもかかわらず、河内では河野辺→菱江という遵行体制（支配機構）に変動はない。和泉でも橘姓橋本が正儀を支えた可能性がみえる[79]。このことは、正儀が構築した支配機構が転身のなかでも温存され、在地における実力と名望に翳りがなかったことを示している。

ただ、南朝守護正儀の遵行は、表43－10に違乱排除がみられるものの、ほかは武家・寺社に対する安堵、充行、寄進、還付など、紛争解決以外の事案が占める。一方、幕府守護としての遵行は紛争処理事案である（表42―18～20、表43―15～17）。これをどう読むか。そこで再度表に目を転じると、南朝による遵行事案で紛争処理にかかる事案は、大塚の表43―5と正儀の表43―10しか確認できないことがわかる。幕府守護細川顕氏等の遵行事案をみると紛争処理にかかる事案が多い。南朝、北朝（幕府）の権力（政権）としての位相の相違がここにあらわとなるのであって、少なくとも河内・和泉において南朝は軍事権力としては機能したが、行政（司法）権力としてはほとんど機能することがなかった可能性を示し重要である。

以上、内乱期畿内近国における使節遵行の様相をみてきた。赤松や足利一門守護（細川・山名・畠山・仁木）配置が実施され、これを六波羅使節の実績を有する国人衆が支える構造ととらえておきたい。ただ、国、地域ごとの課題は、鎌倉時代以来の項目や南北朝内乱期の情勢について差異、個性があり、このことが使節遵行の様相にも反映されたことが確認された。とくに、河内・和泉の項で指摘した南朝権力の特質は重要で、九州の事例検証をまって再論したい。

二　九州の使節遵行

鎮西探題は鎌倉幕府に遅れて滅亡したが、少弐・大友・島津等九州の有力守護は攻撃軍の主力となり、その後の九州においても勢力を温存した。建武政権から離脱し、京で敗れて九州に下った足利尊氏を支援し、復活させたのも彼らである。一方、鎮西探題使節として鎌倉幕府成立以前からの伝統と名望を浮上させた九州土着の御家人衆は、九州支配をめぐる幕府、南朝勢力（懐良親王、征西府）、足利直冬などの覇権闘争のなかで揺さぶられることになる。そのあたりの状況を使節遵行の場面を通して観察してみる。

【筑前・筑後】　筑前・筑後の使節遵行事例を『南北朝遺文』九州編の検索作業等により作成したのが表44（筑

前）・表45（筑後）である（以下、表51まで同じ[80]）。九州探題ないし守護による遵行が主体で、室町幕府から直接御教書等をうけて動く両使遵行は確認できない。

表44　筑前国の使節遵行

	年代	分類	使節	案件（①訴人、②論人、③論所等）	典拠
1	建武五・一・六（一三三八）	守護C	大宰少弐（少弐頼尚）	①大友孫太郎氏泰、②（恩賞、御下文に任せ）、③怡土荘大仏維貞跡	室町幕府執事施行状（筑後大友文書/1114）
2	建武五・七・一一（一三三八）	守護C	（少弐頼尚）→草野次郎	①一貴寺山政所朗融、②有智山按擦律師代琳智、③政所坊領苅田狼藉	少弐頼尚施行状（肥前修学院文書/1219）
3	暦応二・一一・六（一三三九）	両使B	（一色範氏）→（饗庭）右衛門少尉宣尚青柳左衛門三郎	①（宗像郡）朝町一方地頭佐々目孫太郎入道禅恵、②野坂荘地頭代神埼孫次郎（苅田・追捕狼藉）、③（宗像郡）朝町	饗庭宣尚請文（宗像神社文書/1419）
	康永三・九・二三（一三四四）	両使C	（一色範氏）→打橋兵庫次郎入道野介辰若		（九州探題奉行人）沙弥定智・沙弥妙雲連署書状（宗像神社文書/2056）
4	観応二・七・九（一三五一）	直冬C	大宰筑後守（頼尚）→守護代	①宇佐前擬大宮司（益永）利輔、②内山田彦七（濫妨）、③（嘉摩郡）立岩別符	足利直冬（?）書下（到津文書/3127・3178）
5	観応二・一二・二七（一三五一）	直冬C	守護代	①隠岐三郎左衛門入道行存（行雄）、②高津播磨権守（押妨）、③（鞍手郡）佐與村	少弐頼尚書下（二階堂文書/3300）
6	観応三・九・一〇（一三五二）	直冬C	筑後守（少弐頼尚）	①筥崎宮雑掌、②松浦丹後又次郎庶子宗幸法師（押妨）、③（早良郡）鳥飼村	足利直冬書下（筑前田村文書/3451）
7	文和元・一一・二二（一三五二）	守護C	一色右京権大夫（直氏）	①宗像三郎氏俊、②（恩賞）、③（糟屋郡）久原村（久原五郎跡）等地頭職	室町幕府引付頭人奉書（宗像文書/3490）
8	文和元・一一・二二（一三五二）	守護C	一色右京権大夫（直氏）	①宗像三郎氏俊、②（恩賞）、③宗像荘曲村・赤間荘（中元寺二郎左衛門尉跡）地頭職	室町幕府引付頭人奉書（宗像文書/3491）
9	文和三・一二・一七（一三五四）	守護C	（守護代）民部少輔（一色氏冬）→秋山兵庫助・原田刑部丞	①宗像大宮司氏正、②（充行、1353/12/25御下文・執事施行状）、③当社本家米（得宗跡）	一色直氏施行状・同氏冬遵行状（宗像神社文書/3756・3780）

	年代	分類	使節	案件（①訴人、②論人、③論所等）	典拠
10	文和三・七・一〇（一三五四）	守護C	一色右京権大夫（直氏）	①六条八幡宮雑掌、②武藤肥前守・開田佐渡次郎（濫妨）、③鞍手郡武恒・犬丸	足利義詮御教書（醍醐寺文書/3696）
	延文四・一二・七（一三五九）	守護C	大宰筑後守（頼尚）	①六条八幡宮雑掌、②軍勢等（預所と称し避進めず）、③鞍手郡武恒・犬丸・石松名	足利義詮御判御教書（醍醐寺文書/4163・4164）
	応安五・一一・二七（一三七二）	守護C	今川伊与入道（貞世・了俊）	①宗像社雑掌、②（軍勢違乱）、③六条八幡宮領鞍手郡たけ恒・いぬ丸方	足利義満御内書（醍醐寺文書/4999）
11	正平一二・七・二（一三五七）	南朝C	菊池肥後守（武光）	①木屋行実、②（志摩郡）代官（違乱）、③桑原荘志摩郡	征西将軍宮令旨（筑後木屋文書/3975・4112）
12	延文五・二・一一（一三六〇）	守護C	（少弐頼尚）→守護代那珂次郎左衛門入道	①宗像大宮司氏俊、②（安堵?-1352/11御教書・引付御奉書）、③宗像荘山口上下村地頭職	少弐頼尚施行状（宗像神社文書/4179）
13	応安五・一一・三（一三七二）	守護C	今川伊与入道（貞世・了俊）	①三宝院大僧正坊雑掌、②近隣輩、③楠橋荘園領家職（非分競望濫妨）	室町幕府管領奉書（醍醐寺文書/4990）
14	応安六・一二・二六（一三七三）	守護C	（今川了俊）→原田少輔三郎	①宗像権大宮司氏頼、②押妨人（少弐冬資）、③宗像別符・曲村地頭職	今川了俊書下（宗像神社文書/5083）
15	応安七・四・五（一三七四）	守護C	（今川了俊）→松浦馬場参河権守 松浦中村若狭権守	①天満宮雑掌、②（宗伊賀守）、③板持荘吉富名（違乱押領）	今川了俊書下（筑前御供屋文書/5090）
16	永和四・五・三（一三七八）	守護C			今川了俊書下（筑前御供屋文書/5474）
17	永和五・三・二三（一三七九）	守護C	（今川了俊）→中野入道那知入道	①嶋津上総介代、②（充行、預状に任せ）、③須江荘半分	今川了俊書下（島津家文書/5527）
18	康暦二・一一・三（一三八〇）	守護C	（今川了俊）→新開因幡権守	①天満宮雑掌、②鷹野刑部丞・根田美已下輩、③（糟屋郡）席内院重久名	今川了俊書下（太宰府天満宮文書/5624）
19	康暦二・一二・一二（一三八〇）	守護C	（今川了俊）→阿曽沼式部入道	①天満宮安楽寺雑掌、②（半済給人）村櫛伊勢守、③神山村	今川了俊書下（太宰府天満宮文書/5629）

表45　筑後国の使節遵行

	年代	分類	使節	案件（①訴人、②論人、③論所等）	典拠
1	建武四・五・二八（一三三七）	守護C	（一色範氏／道猷）→守護代（大炊助政俊）	①松浦山代弥三郎弘、②（安堵、4/3御下文）、③三潴郡八院村地頭職	一色道猷施行状（山代文書/959・911）
2	建武四・七・一三（一三三七）	守護C	宇都宮常陸前司（冬綱）→守護代	①西大寺雑掌僧範盛、②(1336/3/24御寄進状)、③竹野新荘四箇郷	室町幕府執事施行状（西大寺文書/987）
	建武四・一一・三〇（一三三七）			①西大寺雑掌僧範盛、②(1336/3/24御寄進状)、③竹野新荘四箇郷（「於国充行軍勢」）	室町幕府執事施行状（西大寺文書/1091）
		探題C	宮内少輔太郎入道（一色範氏）		室町幕府執事施行状（西大寺文書/1090）
3	建武四・九・五（一三三七）	守護C	守護代	①隈三郎入道西智、②（恩賞）、③竹野本荘武松村松延九郎跡	一色道猷書下（周防照円寺文書/1034）
4	建武五・八・五（一三三八）	守護C	大友式部亮（丞、氏泰）大宰少弐（頼尚）	①中院頭中将（具光）家雑掌、②某（押妨人）、③山本荘職	室町幕府引付頭人奉書（土居寛申文書/1226）
5	貞和七・二・一八（一三五一）	直冬C	宇都宮常陸前司（冬綱）	①脊振山修学院、②（寄進、1350/12/20寄進状／直冬?）、③板井荘古飯村（古飯次郎資信跡）	散位（杉原光房）奉書（脊振山修学院古文書/3008）
6	正平一三・六・二九（一三五八）	南朝A	草野長門権守	①天満宮安楽寺権別当法印（大鳥居）信高、②馬渡助房（難渋）、③（竹野郡）楽得別符	征西将軍宮令旨（太宰府天満宮文書/4052）
7	永和三・一〇・二八（一三七七）	守護C	（今川了俊）→関口掃部助	①天満宮雑掌、②（半税給人）、③水田荘内下牟田（「任大法」）	今川了俊書状（太宰府天満宮文書/5421）
8	永和四・一一・二八（一三七八）	守護C	（今川了俊）→長瀬式部丞 伊東薩摩守	①大鳥居亀松丸、②大鳥居信弁・信源、③水田荘南島幷下牟田村・三池大使所荘職所々	今川了俊書下（太宰府天満宮文書/5509・5492～97・5505）
9	永和五・四・二（一三七九）	単使C	矢野新左衛門入道（道俊）	①宝琳尼寺雑掌、②（安堵）、③三潴荘八院村荘方	越後守某書下（筑後浄土寺文書/5530・5532）
10	康暦二・一二・一二（一三八〇）	守護C	（今川了俊）→長瀬尾張守	①天満宮安楽寺雑掌、②（半済給人）関口掃部助、③水田荘下牟田村	今川了俊書下（太宰府天満宮文書/5630～33・5637）

まず、次項にも関係することであるが、少弐頼尚の動きを確認しておく。頼尚は京で敗れて九州に下った足利尊氏を支援し復活させた九州武家のひとりであり、その功績により筑前・豊前・肥後の守護となる。ところが、貞和五（一三四九）年九月に観応の擾乱が惹起し足利直義の養子直冬が九州に逃れるとこれを庇護・支援し、直義の没後、直冬が長門へ没落し南朝に降伏すると、今度は南朝勢力の菊池と結んで文和二（一三五三）年二月に、一色範氏軍を針摺原合戦で破る。範氏が九州を去ったあと、頼尚はしばらく懐良（征西府）に従っていたが、延文四（一三五九）年四月に北朝（幕府）に帰参し、筑前守護に復任する。表44（筑前）に即して頼尚の立場を確認すると、4～6が直冬党守護としての遵行、九州探題の一色直氏が筑前守護を兼任している時期（文和元年～）は南朝方にあり、針摺原合戦のあと、11にみえるように菊池が南朝守護として機能している。頼尚が北朝に帰参したあとの事例は10・12ということになる。

次に訴訟当事者と文書の流れの関係に注目すると、特徴的な事柄がひとつみえてくる。7（以前？　足利直冬文書を除く）～13は、ほぼ室町幕府の裁定（指令）を九州探題ないし筑前守護が施行、使節遵行する流れでとらえられる。訴人も、六条八幡宮、三宝院など在京領主がある一方で宗像社（司）も幕府に提訴していた可能性が高い[81]。ところが、14以降は、在京領主の訴訟事案がみえないながら、宗像社も今川了俊の裁断を得たようである。九州探題としての今川了俊の権限にかかわる問題で、すでに先行研究もあるので、深入りしないが[82]、室町幕府権力の地域的構成という視点で重要な事象である。

表45に掲げた筑後は、おもいのほか収集事例が少ない。守護の沿革からすると、宇都宮→大友→今川と変遷するのであるが[83]、大友守護期の事例がみえない。戦況なども関連すると考えられるが、説得力ある説明は不能である。ただ、筑前の事例から判明した、直冬党の活動、一色範氏の九州撤退後は南朝勢力が行政（司法）支配を実現したこと、訴訟当事者と文書の流れの関係（今川了俊守護期から、少なくとも九州探題管内からの提訴案件については今川

が処理したらしいこと）は確認できる。これらについては、九州全域の遵行事案を検討するなかで正論を得たい。

【豊前・豊後】　表46（豊前）・表47（豊後）を用意した。豊前は少弐頼尚が室町幕府草創期から守護であった関係で、筑前と同様に、頼尚の去就によって遵行の主体に変更が繰り返されていることがまず確認できる。頼尚が直冬に属して以降の守護は、貞治二（一三六三）年九月まで大友氏泰→氏時と大友の手にあるのだが(84)、表46にその間の実績はみえない。かわって、直冬党～南朝の頼尚（6～8、10）、ついで征西府による遵行事例（11～18）が続く。前述のように頼尚は延文四（一三五九）年四月に北朝（幕府）に帰参するが、同年八月に懐良・菊池武光等と戦い敗北、没落する（筑後川合戦）。頼尚の子頼澄は南朝勢力に加担し、12・13にみえるように南朝守護となる。12の段階ですでに大宰府は南朝の手に落ちており、征西府の東征が挫折する正平二十三（一三六八）年に至るまで豊前の行政（司法）が征西府の主導に属していた可能性が高いことが確認できる。ただ、その場合、10～18の訴訟事案の性質は改めて問われる必要があるかもしれない。他国の事例を踏まえ後述する。

表46　豊前国の使節遵行

	年代	分類	使節	案件（①訴人、②論人、③論所等）	典拠
1	建武四・三・二七（一三三七）	両使C	延枝八郎入道 久下又三郎入道	①宇佐宮少宮司身輔、②壱岐紀内左衛門尉久景・彫門彦次郎、③全得・世永名	一色道猷書下（到津文書/898）
2	暦応三・三・一四（一三四〇）	守護A	大宰少弐（頼尚）	①宇佐宮神官（大神）宇貞、②熊井六郎左衛門尉信直、河野四郎通貞、③（宇佐郡）封戸郷日足村新開門田（狼藉）	室町幕府引付頭人奉書（小山田文書/1489）
	暦応四・四・一一（一三四一）	守護C	守護代（少弐経資） 深見五郎太郎	①宇佐宮神官（大神）宇貞、②熊井六郎左衛門尉信直、③（宇佐郡）封戸郷石丸名田・入江屋敷（濫妨狼藉）	少弐頼尚書下（小山田文書/1651・1653）

	年代	分類	使節	案件（①訴人、②論人、③論所等）	典拠
3	康永三・一一・二（一三四四）	守護C	大宰少弐（頼尚）→守護代 野仲郷司	①小代八郎左衛門尉重氏、②（建武三、恩賞?・）、③（下毛郡）山国郷於曽木村地頭職（7/22 室町幕府執事奉書の施行）	少弐頼尚施行状（小代文書/2037・38・2067）
4	貞和二・一一・八（一三四六）	守護C	大宰少弐（頼尚）	①宇佐弥勒寺領金国保雑掌行昌、②上野弥次郎（輔世）、③（田河郡）金国保 1347/8/18 再令	室町幕府引付頭人奉書（八幡善法寺文書/2264・2329・2356）
5	貞和四・三・二五（一三四八）	両使C	（少弐頼尚?・）→宇佐（山本）盛宣 私（深見）武光	①平井清十郎入道了源、②（恩賞?・）、③別府那何尾名（合屋豊後大夫入道跡）（1347/1/6 御奉書・8/13 御教書に任せ）	深見武光・山本盛宣連署請文（豊前福本文書/2460）
6	貞和七・二・二八（一三五一）	直冬C	大宰筑後守（少弐頼尚）	①筑前一宮住吉社神主政忠、②（寄進、1/18 直冬寄進状）、③赤荘	杉原光房施行状（筑前住吉神社文書/3017）
7	観応三・一・二九（一三五二）		守護代 宇佐宮兼番長太夫（宇佐重輔）	①宇佐宮擬大宮司重経、②宮永右衛門次郎入道、③恒富名（濫妨）	少弐頼尚施行状（永弘文書/3320・21）
8	観応三・四・二三（一三五二）		守護代 宇佐宮兼番長太夫（宇佐重輔）	①宇佐宮擬大宮司重経、②野上郷司、③恒富名（違乱）	少弐頼尚施行状（永弘文書/3392）
9	文和三・一一・二〇（一三五四）	守護C	宇都宮常陸前司（守綱）（京都郡分郡守護?・）	①田原直資、②氏家九郎・荒宇津大和孫太郎等（濫妨）、③苅田荘地頭職	足利義詮御教書（豊後川瀬文書/3757）
10	正平一二・八・一七（一三五七）		（少弐頼尚）→守護代（西郷顕景）→別府某 深見左衛門蔵人	①宇佐宮神官（漆嶋）並居、②上毛彦三郎忠本、③（宇佐郡）辛島・葛原郷（7/17 御教書〈懐良〉の施行、12/17 再令）	少弐頼尚施行状（辛島文書/3986・3987・4016）
11	正平一三・一一・二二（一三五八）		左馬権守（五条良遠）→久下七郎入道	①宇佐宮惣検校（香志田）内輔、②赤孫四郎・柳田兵庫助頼範、③津隈弁分次郎丸・三郎丸小屋敷名（押妨、「去年其沙汰畢」）	五条良遠書下（益永文書/4080）
	正平一六・一〇・一八（一三六一）		大宰少弐（頼澄）→野仲郷司（政道）久下七郎入道（本光）		征西将軍宮令旨（八幡善法寺文書/4311・4312）

12	正平一八・四・二三（一三六三）	南朝C	野仲郷司（政道）（久下七郎入道？）	①宇佐弥勒寺、②新田田中蔵人以下輩・国衙、③（京都郡）畠原下崎荘・大野井荘等（押妨）	征西将軍宮令旨（八幡善法寺文書/4474・4491）
	正平一九・八・二四（一三六四）		野仲郷司（政道） 久下七郎入道（本光）		征西将軍宮令旨（八幡善法寺文書/4546・4555・4556）
13	正平一七・五・二三（一三六二）		大宰少弐（頼澄）	①（宇佐郡）大楽寺雑掌顕日、②（安堵？）（1334/4/10宣旨）、③上毛郡節丸名以下散在田地	征西将軍宮令旨（豊前大楽寺文書/4366）
	正平一八・五・二三（一三六三）			①大楽寺雑掌、②垂水宮内大夫入道、大塚孫次郎、荒巻新兵衛入道以下、③上毛郡節丸名以下散在田地（違乱）	征西将軍宮令旨（豊前大楽寺文書/4488・4490）
14	正平一七・七・一一（一三六二）	南朝A	久下七郎入道	①宇佐宮惣検校（益永）内輔、②宇都宮常陸前司守綱扶持人薬丸三郎左衛門尉、③津隈弁分犬丸名（違乱）	征西将軍宮令旨（薬丸文書/4374）
15	正平二〇・八・一二（一三六五）	南朝C	山田美濃守（政朝）	①宇佐弥勒寺所司、②八幡善法寺雑掌、給人等（樟原新左衛門尉・新田田中蔵人能皮・平周防介・堀新兵衛尉・寺尾亀童丸、押妨）、③（京都郡）畠原下崎荘・大野井荘等	征西将軍宮令旨（八幡善法寺文書/4580・4582・4667・4668・4699）
	正平二一・四・九（一三六六）		（征西将軍宮）	①八幡善法寺雑掌、②給人等（樟原新左衛門尉・新田田中蔵人能皮・平周防介・堀新兵衛尉・寺尾亀童丸、押妨）、③（京都郡）畠原下崎荘・大野井荘等　※坊門資世あて	後村上天皇綸旨（八幡善法寺文書/4614・4626・4628）
	正平二一・一二・一三（一三六六）	南朝A	別符安芸守（種比）	①八幡善法寺雑掌、②宇佐弥勒寺雑掌、③（京都郡）畠原下崎荘・大野井荘等	征西将軍宮令旨（八幡善法寺文書/4649・4654・4662）
	正平二二・八・七（一三六七）				征西将軍宮令旨（八幡善法寺文書/4690・4692・4694・4695）
16	正平二〇・九・二三（一三六五）	南朝C	別符安芸守（種此） 斎藤左衛門大夫（光名？）	①宇佐宮（神輿動座）、②守護人（少弐）頼澄（押妨）、守護代（菊池）武尚（違乱）、③所々寺領	征西将軍宮令旨（八幡善法寺文書/4593）

	年代	分類	使節	案件（①訴人、②論人、③論所等）	典拠
17	正平二〇・二・二一（一三六五）	南朝C	別符安芸守（種此）山田美濃守（政朝）	①宇佐宮（寺院閉鎖）、②某、③所々寺領	征西将軍宮令旨（八幡善法寺文書/4611・4612）
18	正平二三・三・五（一三六八）		参議（坊門資世）	①上毛彦三郎忠本、②(充行？ 去年12/19御教書〈懐良〉の施行)、③本領幷大家郷	坊門資世施行状（永弘文書/4719）
19	応安八・二・一九（一三七五）	守護C	（今川了俊）→（今川氏兼）→上毛小太郎満忠	①相良近江守前頼代成恒種仲、②別符隼人佑種、③上毛郡成恒内末光名（違乱、9/9探題御内書・1375/1/26守護御遵行・2/19御使節請文）	1377相良前頼代成恒種仲申状（豊前成恒文書/5440）
20	応安八・五・二二（一三七五）		今川了俊→弾正少弼（今川氏兼）	①石清水八幡宮大般若転読供僧、②(違乱輩)、③篠崎荘地頭職（1374/11/御教書に任せ）	今川了俊施行状（京大・古文書集/5190）

表47 豊後国の使節遵行

	年代	分類	使節	案件（①訴人、②論人、③論所等）	典拠
1	建武四・三・二七（一三三七）	守護C	大友孫太郎（氏泰）	①多原蔵人三郎入道正曇、②(充行、1336/4/2足利尊氏下文)、③八坂下荘	室町幕府執事施行状（武内淳文書/897）
2	建武四・八・七（一三三七）	単使C	島津上総入道（貞久/道鑑）	①大友出羽蔵人入道正全、②③入田兵庫助入道士寂（泰親）・同出羽次郎（季貞）跡入田郷等地頭職（跡の実否確認、御下文に任せ打渡）	室町幕府執事施行状（志賀文書/1018）
3	建武四・一〇・九（一三三七）	両使C	（大友氏泰）植木弥五郎入道 守護代	①稙田大輔房有快、②(還付)、③稙田荘霊山寺執行職、上義・乙犬等地頭職（9/23御下文、9/26御施行如此）	沙弥某施行状（豊後霊山寺文書/1060）
4	建武四・一一・二四（一三三七）	守護C	稙田大輔房（有快）賀来孫五郎入道（生阿）	①深堀孫太郎入道（時通/明意）、②敷戸弥次郎入道（寿延）跡、③豊後国同跡地頭職（寿延退去せず）	一色道猷書下（深堀文書/1105・1012・1157）
	建武四・二・二八（一三三七）	守護C	守護代（稙田寂円）		一色道猷書下（深堀文書/858）
	建武四・五・二六（一三三七）	両使C	賀来孫五郎入道（生阿）守護使		小俣道剰書下（深堀文書/955）

5	暦応元・一一・五（一三三八）	両使C	（一色道猷9/12御教書）→沙弥寂本（守護代）稙田大輔房（有快）	①大友志賀蔵人太郎頼房、②（恩賞）、魚返又次郎等、③球磨郡小田次郎入道々覚女子跡	寂本請文・有快請文（志賀文書/1275・1276）
	暦応元・一二・二九（一三三八）	両使C	沙弥寂本（守護代）稙田大輔房（有快）		一色道猷書下（志賀文/1298・1299・1311・1324）
	暦応二・七・二三（一三三九）	両使C	賀来弥五郎入道（生阿）稙田大輔房（有快）		一色道猷書下（志賀文/1368・1412・1413・1470）
	暦応四・六・一二（一三四一）	両使C	賀来弥五郎入道（生阿）稙田大輔房（有快）		一色道猷書下（志賀文書/1674・1675）
6	暦応元・一二・二七（一三三八）	守護C	大友式部丞（氏泰	①島津上総入道々鑑、②戸次豊前太郎頼時、③井田郷（一色道猷預状を根拠に抵抗）	室町幕府執事施行状（島津家文書/1295・1334）
	暦応四・四・二（一三四一）	守護C			室町幕府執事奉書（島津家文書/1646・1750）
	観応三・七・二七（一三五二）	守護C	大友孫三郎（氏時）	①島津上総入道々鑑代（酒匂）資光、②戸次丹後守、③（大野郡）井田郷地頭職	宇都宮蓮智奉書（島津家文書/3434・3452）
	延文五・一一・一（一三六〇）	守護C	大友刑部大輔（氏時）	①島津貞久代頼兼、②阿蘇筑後守（恵良惟澄）（濫妨）、③（大野郡）井田郷地頭職	室町幕府御教書（島津家文書/4231）
7	暦応四・一〇・八（一三四一）	守護C	守護代（宇都宮宗頼）八坂道円（彦五郎入道）	①田部氏（女）、②曽根崎左衛門三郎入道・長野右馬次郎・田染定基等、③田染荘内名田（9/9御教書・9/15御施行）	八坂道円請文（到津文書・永弘文書/1719・1720）
	暦応四・五・二（一三四二）	守護C		①田部氏（女）、②曽根崎左衛門三郎入道・長野右馬次郎・田染定基等、③田染荘内名田（1341/12/18御教書、4/26御施行）	八坂道円請文（永弘文書/1778・1783・1868）
	康永四・六・八（一三四五）	守護C	大友式部丞（氏泰）	①田部氏女、②豊前蔵人次郎入道法光（田原盛直）・神主（田染）定基ら、③宇佐宮領田染荘内小手則・永正・末次名	室町幕府引付頭人奉書（永弘文書/2117）
	康永四・六・一八（一三四五）	守護C	大友式部丞（氏泰）	①田部氏女、②香志田藤五入道（久重/妙円）・秦氏女、③宇佐宮領田染荘内恒任・永正名	室町幕府引付頭人奉書（永弘文書/2120）

	年代	分類	使節	案件（①訴人、②論人、③論所等）	典拠
7	康永四・一〇・七 （一三四五）	両使C	守護代 伊美小四郎（永親）	①田部氏女、②香志田藤五入道（久重／妙円）・秦氏女、③宇佐領田染荘内恒任・永正名	1363/5/28 田部氏女代郷輔請文（宇佐郡諸家文書/2203・2208）
	康永三・三・四 （一三四四）	両使C	竹田津小次郎 日田肥前次郎	①田部氏女、②豊前蔵人次郎入道法光（田原盛直）・神主（田染）定基ら、③宇佐宮領田染荘内重安・恒任・小手則・永正・末次名	室町幕府引付頭人奉書（永弘文書/1997）
	貞和四・二・一九 （一三四八）	両使C	沙弥（八坂）道円 都甲次郎入道	①田部氏女、②田原次郎入道法光・神主定基ら、③宇佐領田染荘小手則・永正・末次名	八坂道円請文（永弘文書/2445）
8	暦応四・四・一〇 （一三四一）	両使B	沙弥道円（八坂）代盛親 田吹六郎入道	①野上但馬権守資親等、②帆足六郎左衛門入道義鑑子息安芸権守通種、③（恩賞）球珠郡山田郷（小田三郎顕成跡、4/16 合戦）（4/22 御教書謹拝見）	八坂道円請文（諸家文書・野上文書/1650）
9	暦応四・五・二 （一三四一）	守護C	大友式部丞（氏泰）	①随心院雑掌、②（尊氏御教書の施行）、③二位家法華堂領竈門荘内小坂村地頭職	室町幕府執事施行状（随心院文書/1659）
10	暦応四・一〇・一九 （一三四一）	両使C	日田肥前次郎 稙田大輔房（有快）	①豊前六郎蔵人貞広代貞則（田原）、②戸次頼忠等、③国東来縄郷、（引付頭人奉書の施行）	一色道猷施行状（碩田叢史・田原文書/1723）
11	康永三・八・四 （一三四四）	守護C	守護代（宇都宮宗頼） 牧三郎左衛門入道	①（柞原八幡宮領）阿南荘預所幸仙、②先師正淳遺跡之輩（濫妨）、③阿南荘務	大友氏泰書下（柞原八幡宮文書/2046）
12	貞和元・一一・八 （一三四五）	守護C	大友式部丞（氏泰） ↓守護代宇都宮宗頼 竈門孫太郎左衛門尉（貞郷）	①宇佐若宮権擬神主（田染）秀基、②豊前蔵人次郎入道法光・（香志田藤五入道）、③田染荘内須加牟田・（恒任・永正名）	室町幕府引付頭人奉書（永弘文書/2152・2258・2259・2260～62・2279・2280）
13	貞和二・五・一〇 （一三四六）	守護C	衛藤左衛門入道 小田原四郎左衛門入道	①（大野郡）深山八幡宮、②（寄進）、③大野荘宮佐田名	沙弥某・左兵衛（尉）某連署施行状（深山八幡宮文/2196）
14	観応元・一二・八 （一三五〇）	守護C	大友式部丞（氏泰）	①豊前六郎蔵人（田原）貞広、②（恩賞）、③香地荘地頭職	室町幕府執事施行状（大友家文書録/2959）
15	正平六・一一・二五 （一三五一）	守護C	少輔太郎入道（一色道猷）	①豊前六郎蔵人（田原）貞広、②富来弥五郎忠茂、③国東郷内来浦・富来等地頭職	足利義詮御教書（入江文書/3267）

16	正平七・三・二五（一三五二）	守護C	守護代 稙田大輔房（有快）	①利根孫三郎頼貞、②□□左衛門尉ら（城郭を構え狼藉）、③球珠郡野上村	大友氏泰書下（諸家文書纂・野上文書/3380）
17	文和二・四・五（一三五三）	守護C	守護代 稙田大輔房（有快）	①田原直資、②(恩賞)、③阿南荘国光一松名等（戸次頼時跡）・大神荘等（戸次朝直跡）	大友氏時施行状（草野文書/3542・3543）
18	正平一一・一〇・二〇（一三五六）	守護C	守護代 野上但馬権守（資親）	①(大友)出羽孫三郎宗房、②帆足安芸守（通種）、③球珠郡大隈上下村（菊池武光より預かると称し押妨）	大友氏時書下（志賀文書/3916）
19	正平一一・一二・一八（一三五六）	守護C	河野靍亀 竈門権次郎	①宇佐宮権惣検校（香志田）内重、②田染孫三郎入道（宣基、濫妨狼藉）、③田染荘重安・末次・恒任・永正・小手則名 12/11 再令	大友氏時書下（永弘文書/3902・3933）
	康安二・一一・一一（一三六二）	守護C	河野靍亀丸 稙田大輔房（有快）	①宇佐宮権惣検校（香志田）内重、②田染孫三郎入道其阿（乱暴狼藉）、③田染荘重安・永正・小手則・末次・恒任名	大友氏時書下（豊後河野文書/4427・4428）
20	延文四・一二・二九（一三五九）	守護C	守護代（藤原宗秀） 稙田大輔房	①豊前三郎（田原）氏能、②大神筑前弥次郎、志賀蔵人太郎、③（速見郡）日出荘地頭職（11/18御教書如此）	大友氏時施行状（草野文書/4169）
21	延文五・八・二八（一三六〇）	守護C	大友刑部大輔（氏時）	①田原豊前三郎氏能、②戸次筑前弥三郎・富来木工助入道正寿・帆足安芸権守道種（濫妨）、③国東郷諸吉・来浦・富来・小原、玖珠郡山田・帆足等	足利義詮御判御教書（入江文書/4223）
22	貞治四・二・一七（一三六五）	守護C	（大友氏継?）→斎藤二郎入道	①戸次新蔵人貞光、②(恩賞?)、③(海部郡)毛井社内平林弥次郎跡	大友氏奉行人連署奉書（豊後平林文書/7090）
23	永和四・八・二八（一三七八）	守護C	大友式部丞（親世）	①嶋津上総介伊久、②(本領安堵)、③(大野郡)井田郷	今川了俊奉書（島津家文書/5484）
24	天授二・三・一八（一三七六）	南朝C	大友孫三郎（氏継）	①阿蘇大宮司惟武、②(充行、兵粮料所)、③(国東郡)武蔵郷（寄進1374/10/14懐良令旨）	征西将軍宮令旨（大友松野文書/5278）

また、豊前の場合も、今川了俊守護期には、国内事案は了俊裁断、在京領主の提訴案件は幕府文書を了俊が施行する文書の流れとなっている（19・20）。

次に豊後（表47）は、幕府草創期から大友が守護職を相伝した国であるが、稙田、八坂、竹田津、都甲、竈門（戸）、牧、河野、賀来、伊美など鎌倉時代の鎮西使節、建武政権使節としての実績をもつ武家（第一章第二節、第三章第一節）が幕府ないし九州探題使節となっていることが注目される。ただ、観応の擾乱期以降は守護使節としてあらわれることが多くなり、ここに守護による編制の様相をみることができるかもしれない。しかし、田原一族が関係する事案がほぼすべて幕府の裁断に依拠しているように、国内の訴訟案件を独自に裁断し遵行を実施する能力は限定的である。なお、2・5・6は、大友一族が関与する事案については、幕府使節として守護クラスの武家（2）あるいは探題使節（5）が起用され、守護クラスの武家の訴訟に大友が対応しているようにうかがえるが、6戸次はもとより大神一族ではあるが、鎌倉時代に大友から養子を迎え、南北朝期以降は事実上大友一族として扱うことができる。

また、文和四（一三五五）年十月に懐良軍が博多を攻めて一色道猷・直氏を長門に逐って以降、南朝優勢の情勢のなか、大友氏時も南朝年号の使用を余儀なくされた（18・19）。ただ、その間も、遵行体制に変更はなく（19）、幕府守護としての立場にも影響はなかったとされる[85]。ところが、22では幕府守護であった氏継（氏時の子）はその後南朝に与し、23・24にみえるように、その弟親世が幕府守護となっている。

【肥前・肥後・壱岐】　表48（肥前）・49（肥後）・50（壱岐）を用意した。

肥前（表48）は両使遵行の事例が多く確認できる。しかも、鎮西使節、建武政権使節の実績を有する武家が幕府使節ないし九州探題使節となり、観応の擾乱以前（1～27）は守護遵行（18は探題・守護それぞれに執事奉書が発給されている）が確認できない。同じ事案については同じ組み合わせか、一方使節が継続する遵行事例も多い。また、足利直冬による使節遵行において、これら幕府使節・探題使節の実績を有する武家がみえることも興味深い。9・32の高木伯耆太郎は仮名も一致する。同一人の可能性がある。吉田、多久、後藤なども苗字が一致する。しかも、観応の擾乱以降は、鎮西使節としても多く活躍の実績を有する横大路、国分、伊佐早、本告らとともに、彼らの名（苗字）が守護使節などとしてあらわれることもない。前掲、豊後においては鎮西使節としての実績を有する武家が守護使節として再来するケースが確認できるが、肥前では松浦大河野（30・41）のみである。

33以降はしばらく守護遵行が続くが、延文四年八月の筑後川合戦（前掲）以後盤石の度を加えた征西府による遵行に転換していく（37～39）。征西府による遵行事例は河上社関係に限定されるとはいえ、[86]肥前の行政（司法）権力が征西府の強い規制下にあったことは疑いない。

表48　肥前国の使節遵行

	年代	分類	使節	案件（①訴人、②論人、③論所等）	典拠
1	建武四・二・一〇（一三三七）	守護C	中津隈次良判官代入道　守護代（大炊助政俊）	①肥前一宮千栗社大宮司惟幸、②牛原淡路房・有田養父三郎、③社領（濫妨、1/13御教書如此）	沙弥某施行状（実相院文書/846）
2	建武四・五・一五（一三三七）	両使C	山田弾正忠　円城寺禱左衛門尉	①河上社座主増恵代増勝、②（充行、今月七日下文に任せ）、③小城郡内田地	沙弥某施行状（河上神社文書/932・936）
3	建武四・五・二八（一三三七）	守護C	（一色範氏/道猷）→守護代（大炊助政俊）	①松浦山代弥三郎弘、②（安堵、4/3足利直義下文）、③宇野御厨内山代・多久島等惣追捕使・定使職	一色道猷施行状（山代文書/960・911）
4	建武四・七・一三（一三三七）	守護C	宮内少輔太郎入道（一色道猷）→守護代	①渋谷河内入道宗真（重棟）、②（恩賞、御下文に任せ）、③三根西郷地頭職	室町幕府執事施行状（岡元文書/988）
5	建武四・九・一一（一三三七）	両使C	城戸六郎左衛門尉（種高）　原田々中三郎（種利）	①後藤六郎朝明、②（恩賞、道猷充行）、③神辺荘古飯諸次郎入道妻了一跡	一色道猷書下（肥前後藤文書/1038・39・1087・1097）

	年代	分類	使節	案件（①訴人、②論人、③論所等）	典拠
6	建武四・一一・二二（一三三七）	守護C	（一色範氏／道猷）→守護代	①辻後藤五入道浄全、②（恩賞、9/5範氏充行状）、③相智小太郎跡地頭職	一色道猷書下（武雄鍋島文書/1082）
7	建武五・三・一七（一三三八）	両使C	伊佐早三郎入道（通澄） 鳥居源左衛門入道	①深堀政綱、②（恩賞、1338/2/9道猷充行状）、矢上空閑民部三郎入道妻豊島氏（女）、③伊佐早荘内戸石村同跡地頭職	小俣道剰施行状（深堀文書/1149・1150）
	暦応三・五・四（一三四〇）	両使C	河原源三郎入道 莅浦六郎次郎入道		一色道猷書下（深堀文書/1511・1528・1530・1621）
	暦応三・五・四（一三四〇）	両使C			一色道猷書下（深堀文書/1511・1528・1530・1621）
	暦応四・一〇・七（一三四一）	両使A	西郷藤三郎入道 伊佐早次郎入道		一色道猷書下（深堀文書/1718・1744）
8	建武五・六・二五（一三三八）	両使C	吉田弥次郎入道 佐留志太郎	①武雄社大宮司（諸久曽）、②（寄進、1338/5/28範氏寄進状）、一分地頭彦三郎等、③神埼郡石動村大蔵左衛門尉跡地頭職（押妨）	一色道猷書下（武雄神社文書/1184・1380）
	暦応二・九・二四（一三三九）				一色道猷書下（武雄神社文書/1405）
	暦応三・六・四（一三四〇）				一色道猷書下（武雄神社文書/1527）
9	暦応二・一一・一五（一三三九）	単使？C	横大路次郎入道（祐西）	①深堀孫太郎入道明意（時通）、②（恩賞）石動下司三郎、③神埼荘石動三郎跡（御方に参じ軍忠致すとして避退かず）	横大路祐西請文（深堀文書/1428）
	暦応二・一二・二（一三三九）	両使C	横大路次郎入道（祐西） 高木（伯耆）太郎		一色道猷書下（深堀文書/1440・1547・1616～17）
	暦応五・二・二六（一三四二）				一色道猷書下（深堀文書/1751）
	康永三・七・二（一三四四）	両使C	高木伯耆太郎 横大路次郎入道	①深堀明意（時通）子息時広、②（濫妨人）、③（恩賞地）神崎荘内石動下司三郎跡	一色道猷書下（深堀文書/2026）
	貞和四・五・一〇（一三四八）	両使C	高木伯耆太郎 国分彦二郎（季朝）		一色道猷書下（深堀文書/2473）

10	暦応二・五・一六（一三三九）	両使C	長与民部次郎入道（定勝）／小宮三郎	①深堀又五郎清綱、②（恩賞）、③宇礼志野内大野又次郎入道跡地頭職	一色道猷書下（深堀文書／1342・1499・1500）
11	暦応二・五・二四（一三三九）	両使C	横大路次郎入道（祐西）／国分彦次郎	①深堀高木三郎五郎時広、②（恩賞、道猷充行）、③山浦・原口田地（原口十郎三郎／重兼、同庶子跡）、神埼荘（伊倉次郎跡）	一色道猷書下（深堀文書／1344・1345・1620）
	暦応三・一二・一九（一三四〇）			①深堀高木三郎五郎時広、②（恩賞）原口十郎三郎・山浦定恵房（支え申す）、③（養父郡）山浦・（藤津郡）原口	一色道猷書下（深堀文書／1620）
	康永二・九・一二（一三四三）				一色道猷書下（深堀文書／1954）
	康永三・七・二（一三四四）				一色道猷書下（深堀文書／2027）
12	暦応二・八・二七（一三三九）	両使C	伊佐早三郎入道（通澄）／江浦六郎次郎入道	①深堀弥五郎政綱、②（恩賞、道猷充行）、③高来郡温江大野田崎村孫次郎入道等跡地頭職（湯江弥次郎支申す）	一色道猷書下（深堀文書／1388）
13	暦応二・一一・一九（一三三九）	両使C	中津隈彦三郎入道／綾部四郎次郎入道	①福田平四郎兼益、②（恩賞）、③神埼荘詫田郷内河島覚房跡・佐治左衛門次郎跡	一色道猷書下（肥前福田文書／7018）
14	暦応四・三・二七（一三四一）	両使C	多久太郎／飯田源次	①松浦斑嶋源次納、②（恩賞、道猷充行）、③松浦相知五郎入道跡	一色道猷書下（斑嶋文書／1635）
15	暦応四・四・四（一三四一）	両使C	尼寺弥太郎／鴨打源次	①神田彦五郎調、②（恩賞、道猷充行）、③松浦安良久地頭職（丹後守代景平支申）	一色道猷書下（武雄市教委文書／1647）
16	暦応四・五・一五（一三四一）	単使B	千葉胤泰	①宗像小太郎氏重、②（安堵、当知行実否調査）、③（小城郡）晴気保地頭職	千葉胤泰請文（宗像神社文書／1666）
17	暦応四・五・二〇（一三四一）	両使A	大村太郎／日宇弥五郎入道 長与民部次郎入道（定勝）	①深堀孫太郎入道明意跡、②同跡（喧嘩）、③同跡	一色道猷書下（深堀文書／1667・1668）
18	暦応四・八・二八（一三四一）	守護C	大友式部丞（氏泰） （宮内）少輔太郎入道（道猷）	①豊前蔵人三郎入道正曇（田原直貞）、②（充行、同日足利尊氏下文）、③（高来郡）山田郷地頭職（阿蘇治時跡）	室町幕府執事施行状（大友家文書／1697・1698・1699）
19	暦応五・三・二〇（一三四二）	両使B	長与民部次郎入道（定勝）／小宮三郎	①深堀三郎五郎時通、②同五郎二郎時元（放火狼藉）、③戸町浦	小俣道剰書下（深堀文書／1761～1764・71・76・77・91・92）

	年代	分類	使節	案件（①訴人、②論人、③論所等）	典拠
19	康永四・六・二三（一三四五）	両使B	鷹居七郎右衛門尉 多比良又六	①深堀三郎五郎時明、②河原源六ら、③戸町浦（放火狼藉）	藤原直郷書下（深堀文書／2123）
	貞和四・六・一〇（一三四八）	両使C	長与孫次郎 伊木力兵衛二郎	①深堀明意（時通）子息時広、②（恩賞）、③戸町浦萱木村地頭職	一色道猷書下（深堀文書／2478・2494）
20	康永二・九・一二（一三四三）	両使C	惣公文入道（安念） 本吉（告）執行（秀幸）	①東妙寺・妙法寺雑掌、②平津孫三郎入道・席田四郎左衛門入道、③（寄進地）神埼荘内中元寺孫三郎入道・鷹田九郎三郎跡	一色道猷書下（東妙寺文書／1955・1967）
21	康永三・一二・二四（一三四四）	両使C	田手後藤又二郎（義明） 本吉（告）執行（秀幸）	①東妙寺・妙法寺雑掌、②北蒜生弥二郎永康・中村大輔房幸澄、③（寄進地）神埼荘内中元寺孫三郎入道（浄印）跡	一色道猷書下（東妙寺文書／2073・2102）
22	康永三・三・一八（一三四四）	単使C	藤原（本告）秀幸	①東妙寺・妙法寺雑掌、②（寄進？）尼寺弥太郎秀政（恩賞地）、③神埼荘々三郎入道跡	本告秀幸請文（東妙寺文書／2000）
23	康永三・六・二七（一三四四）	両使A	藤原（後藤）義明	①東妙寺・妙法寺雑掌、②美作四郎兼信、③（恩賞地）神埼荘内田島十郎入道跡	後藤義明請文・本告秀幸請文（武雄鍋島文書・東妙寺文書／2022・2025・2107・2112）
24	康永三・七・二四（一三四四）	両使C	平宗国→塚崎後藤兵庫允 佐留志太郎	①松浦山代弥三郎弘、②有河弥四郎左衛門尉（多勢を率い濫妨）、③（松浦郡）東嶋	平宗国請文（山代文書／2039）
25	貞和二・五・二六（一三四六）	両使C	田手後藤又二郎（義明） 本吉（告）執行（秀幸）	①東妙寺・妙法寺雑掌、②美作四郎兼信、③（恩賞地）神埼荘内田島十郎入道跡	一色道猷書下（武雄鍋島文書／2202）
26	貞和二・六・一二（一三四六）	両使C	安富民部丞（泰重） 伊佐早二郎入道	①開田佐渡次郎（遠員）、②（預置）、③高来東郷加津佐村	室町幕府執事奉書（深江文書／2209）
27	貞和四・七・一〇（一三四八）	両使C	横大路次郎入道（祐西） 西嶋又太郎（成重）	①宇都宮因幡権守公景、②（恩賞）宮鶴丸代官ら、③田中宮鶴丸跡	一色道猷書下（肥後佐田文書／2485・86・2490・96・97）
	貞和四・八・二〇（一三四八）				一色道猷書下（肥後佐田文書／2507）
28	貞和六・一二・二（一三五〇）	単使B	掃部允（後藤）経明	①松浦坂本彦次郎護、②（安堵）、③護当知行地	後藤経明請文（後藤家事蹟／2953）

29	観応元・六（一三五〇）	単使C	左近将監（松浦飯田）集	①天満宮和歌所雑掌、②（寄進）、③（養父郡）鳥屋村（岩光七郎入道跡）	松浦飯田集請文（大宰府天満宮文書/2795）
30	貞和七・三・一一（一三五一）	両使C	松浦大河野彦三郎 後藤兵庫助	①武雄社社家雑掌、②（1/28 直冬寄進状）、③（小城郡）吉田村（平町彦次郎兼谷跡）	杉原光房施行状（武雄神社文書/3028）
31	貞和七・三・二一（一三五一）	両使C	吉田藤二郎 多久小太郎	①河上社社家雑掌、②（1350/12/18 直冬寄進状）、③佐嘉郡内森部次郎入道・当山衆徒覚順阿闍梨跡等	杉原光房施行状（河上神社文書/3040・3041）
32	観応二・六・一五（一三五一）	守護C	河尻肥後権守（幸俊） →守護代・高木伯耆太郎	①高城寺雑掌、②（1350/12/18 直冬寄進状）、③佐嘉郡惣社畠地（高来井崎太郎跡）・笠寺三郎入道跡等	杉原光房施行状（高城寺文書/3107・3115）
33	観応三・六・二（一三五二）	守護？C	（一色直氏？） →龍造寺又七（家政）	①安東次郎兵衛尉右有、②（恩賞？奉書の旨に任せ）、③河副荘（小具井小次郎跡・伊木力太郎跡）	沙弥某・平某連署奉書（龍造寺文書/3416）
34	文和元・一〇・二六（一三五二）	守護C	右京権大夫（一色直氏）	①島津上総三郎師久、②（1351/11/2 足利尊氏下文）、③松浦荘内早湊村地頭職（島津忠茂跡）	室町幕府執事奉書（島津家文書/3480）
35	延文四・九・二（一三五九）	守護C	大宰少弐（頼尚）	①（高来郡）四面雑掌、②（4/20 御寄進状）、③高来郡上津佐村	室町幕府執事奉書（肥前松尾貞明文書/4135）
36	延文四・一〇・一五（一三五九）	守護C	（少弐頼尚） →藤原家治	①高城寺、②（安堵?·10/7 御書下）、③井崎太郎跡・笠寺三郎入道跡等	藤原家治打渡状（高城寺文書/4145）
37	正平一六・九・二七（一三六一）	南朝C	（菊池武光）→守護代 矢俣越前太郎	①河上社雑掌、②国分四郎・高木肥前入道、③佐嘉郡平尾村闕所等（懐良親王令旨の施行）	菊池武光施行状（河上神社文書/4301・4302）
38	正平二一・一一・三（一三六六）	南朝C	坊門宰相（資世）	①河上社座主増如、②（寄進）、③佐嘉郡内田畠（宮原入道仏念跡）	征西将軍宮令旨（河上神社文書/4650）
39	正平二二・九・三（一三六七）	南朝A	於保弥五郎（胤宗）	①河上社末社一品宮本司増勝、②③新善光寺長老・長福寺明億房・悲田院預所（対捍）	征西将軍宮令旨（多久文書/4697）
40	応安七・六・二九（一三七四）	守護C	貫名民部丞	①西島光浄寺、②（半済給人）、③同寺領（「大法之旨」に任せ還付、違乱）	今川了俊書下（光浄寺文書/5104）
	永和三・二・一三（一三七七）		早岐三河権守	①西島光浄寺、②（半済給人）、③同寺領泰吉名、「半済之法」に背き違乱）	今川了俊書下（光浄寺文書/5370）

	年代	分類	使節	案件（①訴人、②論人、③論所等）	典拠
41	永和二・二・一四（一三七六）	守護C	松浦大河野豊前権守	①松浦伊万里中務丞貞、②(安堵)、③松浦大河野対馬入道（聖本）跡	今川了俊書下（伊万里文書/5270）
	永和三・三・一二（一三七七）		相知美濃権守 相知備前権守	①松浦伊万里中務丞貞、②波多助三郎・大河野豊前権守、③松浦大河野対馬入道聖本跡	今川了俊書下（伊万里文書/5378・5398）
42	永和二・五・一八（一三七六）		守護代	①宗像大宮司氏俊、②(安堵)、③(小城郡)晴気郷・神埼荘内尾崎村地頭職	今川了俊書下（宗像神社文書/5294）
43	永和四・五・二四（一三七八）	単使？C	永里伯耆権守	①宇都宮小法師丸、②(安堵？ 今月17日御教書)、③田中村	室町幕府管領奉書（佐田文書/5475）
	永和四・一一・二八（一三七八）	守護C	中賀野式部大夫	①宇都宮河内小法師丸代貞親、②(安堵?)、③田中村	今川了俊書下（佐田文書/5510）
	永和五・三・二八（一三七九）		中賀野式部大夫	①宇都宮河内小法師丸代貞親、②寺原刑部少輔、③田中村（違乱）	今川了俊書下（佐田文書/5529）
	康暦元・一一・八（一三七九）		西島修理大夫 安徳大隅権守		今川了俊書下（佐田文書/5574）
	康暦元・一二・二三（一三七九）				今川了俊書下（佐田文書/5580）
44	康暦元・一一・二七（一三七九）		右衛門佐（今川仲秋）→草野駿河入道 長瀬駿河守	①(松浦)波多大和権守（祝）跡、②(安堵)、③松浦波多村地頭職（10/4今川了俊書下の施行）	今川仲秋施行状（有浦文書/5578）

表49 肥後国の使節遵行

	年代	分類	使節	案件（①訴人、②論人、③論所等）	典拠
1	建武四・五・三（一三三七）	両使C	宇都宮大和太郎（範綱） 豊福彦五郎	①山鹿兵藤太郎高弘、②河内浦大夫三郎入道（城郭）、③天草郡本砥島・亀河地頭職	一色道猷書下（志岐文書/928・976）

2	建武五・八・一三（一三三八）	守護C	守護代	①相良六郎三郎入道蓮道等、②(預)、③人吉荘北方	少弐頼尚施行状（相良文書/1230・1236）
3	暦応二・四・一八（一三三九）	両使C	河尻七郎左衛門尉 宇都宮中務丞	①山鹿兵藤太郎隆弘、②某（押妨輩）、③天草郡六箇浦内志岐四箇浦地頭職	沙弥某奉書（志岐文書/1327）
4	暦応四・三・一四（一三四一）	守護B	大宰少弐（少弐頼尚）	①詫磨四郎太郎宗秀、②(安堵/当知行実否調査)、③鹿子木東荘五郎丸名地頭職	前参河守某奉書（詫摩文書/1632）
5	暦応四・四・二〇（一三四一）	単使C	宗刑部丞（経茂）	①安富恩房丸、②弾正忠宣兼、③(玉名郡)岩崎村地頭職	少弐頼尚書下（深江文書/1640・1731）
6	康永元・一一・一八（一三四二）	守護C	託摩豊前太郎（貞政） 守護代	①(宇土郡)寿勝寺、②(寄進)、③高志郡内高樋保地頭職（遠江内供房跡）	少弐頼尚施行状（肥後寿勝寺誌/1842・78・79）
7	貞和二・九・二〇（一三四六）	両使C	合志能登守 詫磨別当太郎（宗直）	①肥後安国寺、②③（造営）	室町幕府執事奉書（肥後寿勝寺誌/2243）
8	貞和三・一〇・一三（一三四七）	守護C	守護代 小代八郎左衛門尉（重氏）	①久我前太政大臣（長通）家雑掌、②(今年3/18奉書、裁許?)、③山本荘北方領家職	少弐頼尚施行状（小代文書/2381）
9	貞和三・八・七（一三四七）	守護C	守護代 詫磨別当太郎（宗直）	①小代八郎左衛門尉重氏、②(暦応二、恩賞?)、③野原荘西郷	少弐頼尚施行状（小代文書/2352・2353）
10	貞和四・一〇・八（一三四八）	守護C	宮内少輔（一色直氏）	①菊池越前権守武宗、②(「依参御方」恩賞、9/17足利直義下文)、③(託摩郡)六ケ荘小山村地頭職	上杉重能施行状（詫摩文書/2540・2523）
11	貞和四・一二・二五（一三四八）	守護C	宮内少輔（一色直氏）	①菊池越前権守武宗、②(「依参御方」恩賞、12/7足利尊氏下文)、③千田荘等地頭職（養父武成跡）	室町幕府執事施行状（詫摩文書/2566・2563）
12	貞和五・二・二九（一三四九）	両使C	合志長門権守 立田後藤七郎左衛門尉	①三池兵庫助親元、②相良因幡権守(経頼)、③久米郷西方下村	室町幕府執事奉書（武家雲箋/2577）
13	貞和七・二・二九（一三五一）	両使C	合志長門権守 立田後藤七郎左衛門尉	①三池兵庫助親元、②橘遠江入道、③久米郷西方下村	源某奉書（新編会津風土記・梁瀬文書/3020）
14	正平一二・二・（一三五七）	南朝C	竹崎駿河権守長有	①甲佐社雑掌宗次、②河尻三河入道広覚、③守富荘内神田	甲佐社雑掌宗次申状（阿蘇家文書/3951）

	年代	分類	使節	案件（①訴人、②論人、③論所等）	典拠
15	正平一三・八・一三（一三五八）	南朝C	菊池肥後守（武光）→守護代（菊池武貫）窪田越中介（早岐武宗）	①恵良筑後守惟澄、②河尻七郎尚以代官（避退せず）、③守富荘半分地頭職　※1359/2/15再令	征西将軍宮令旨（阿蘇家文書/4059・4067・4091・4093）
16	延文四・九・二（一三五九）	守護C	大友刑部大輔（氏時）	①詫磨又太郎宗顕、②（恩賞、足利義詮下文）、③八王子荘内詫磨助二郎跡	室町幕府執事施行状（詫摩文書/4133）
17	延文四・九・二（一三五九）	守護C	大友刑部大輔（氏時）	①詫磨掃部助宗秀、②（恩賞、足利義詮下文）、③肥後国近見左近将監跡	室町幕府執事施行状（詫摩文書/4134）
18	正平一六・六・一二（一三六一）	南朝C	菊池肥後守（武光）→守護代（菊池武貫）窪田越中介（早岐武宗）	①阿蘇大宮司（恵良）惟澄、②（安堵?・5/25懐良親王令旨）、③（宇土郡）郡浦	菊池武光施行状（阿蘇家文書/4275・4276）
	正平一六・六・一二（一三六一）			①阿蘇大宮司（恵良）惟澄、②（安堵?・5/25懐良親王令旨）、③（八代郡）小河	菊池武光施行状（阿蘇家文書/4277・4278・4298・4299）
	正平一六・九・五（一三六一）			①阿蘇大宮司（恵良）惟澄、②③宇土壱岐入道道光（高俊）（宇土郡）郡浦押領、伯耆守（名和）顕興（八代郡）小河押領（ともに要害を構え抵抗）	征西将軍宮令旨（阿蘇家文書/4282・4300・4309）
	正平一六・一〇・二三（一三六一）				征西将軍宮令旨（阿蘇家文書/4314・4322・4323）
20	正平一七・五・一〇（一三六二）		菊池肥後守（武光）	①安富孫三郎泰治女子宇童、②（恩賞）、③大野荘岩崎村地頭職	征西将軍宮令旨（深江文書/4363）
21	正平二三・七・一二（一三六八）		菊池肥後守（武光）	①阿蘇社大宮司惟武、②（寄進、造営料所）、③守富荘半分地頭職（1365/10/28、1366/12/15令旨、不事行、1369/11/13再令）	征西将軍宮令旨（阿蘇家文書/4739・4797）
22	永和元・五・二（一三七五）	守護C	今河伊与入道（了俊）	①筥崎八幡宮社司供僧、②（半済給人）、③豊田荘地頭職（楠木判官跡）	室町幕府管領奉書（石清水八幡宮旧記抄/5185）
23	永和三・五・一三（一三七七）		右衛門佐（今川頼泰）	①宇都宮津田遠江入道、②（1372/12/3預状に任せ、本主御方に参ず）、③（託摩郡）金光	今川了俊書下（詫摩文書/5397）

40以降は今川了俊守護期の遵行事例で、守護遵行が定着した様相を示している。

次に肥後（表49）は、1豊福彦五郎が鎌倉時代末の鎮西使節にみえ（おそらく同人、第一章第二節）、3・7・13は幕府使節で肥後国人衆が使節となっているが、観応の擾乱以前（〜12）は守護少弐による守護遵行が原則であったと評価してよいだろう。13は典拠史料の性質から「源某」の素性を知り得ないが、貞和年号から直冬党の人物（畠山直顕か）と推定される。遵行使節・論所ともに12と同じで、肥前のケースとの関連性がうかがえる。

征西府による遵行事例は、豊前と同様に正平十二（一三五七）年から征西府の東征が挫折する正平二十三（一三六八）年に至るまで確認できる。肥後の行政（司法）がこの間征西府の主導に属していた可能性が高いことが確認できる。征西府を軍事的に支えた菊池一族の本拠であり、その点も表49に確認できる。16・17に幕府の遵行事例がみえるが、所領充行にかかる遵行で、実効支配は前提となっていない[87]。なお、ここでも訴訟事案は阿蘇社関係が大半を占める。

22以降は今川了俊守護期であるが、ここでは筥崎社の訴訟案件が幕府裁断となっている。

最後に壱岐（表50）は二例しか確認できないが、使節遵行の様相は、肥前と同質のものと推定している[88]。

表50　壱岐国の使節遵行

	年代	分類	使節	案件（①訴人、②論人、③論所等）	典拠
1	観応二・一二・二一（一三五一）	単使C	松浦志佐左近将監（有）	①筥崎宮雑掌、②松浦小豆弥五郎・大島三郎左衛門尉ら（押妨）、③瀬戸・相原村	足利直冬書下（筑前田村文書／3291）
2	永和四・二・二五（一三七八）	守護C	志佐男房	①宗像大宮氏俊代、②志佐浜田修理亮入道（違乱）、③壱岐島石田保薬師丸地頭職	今川了俊書下（宗像神社文書／5449）

【大隅・薩摩・日向】　表51（大隅・薩摩・日向）を用意した。総じて検出事例が少ない。大隅は種子島の事例のみである。懐良親王が暦応四（一三四一）年に薩摩谷山に橋頭保を設け九州進出の拠点化したこと、日向の軍事指揮官から守護に転じた畠山直顕が観応の擾乱期に直義、ついで直冬を支持したことなどにより、南九州地域の国人衆が大きく揺さぶられたことが背景にあろう。

表51　大隅・薩摩・日向の使節遵行

国名		年代	分類	使節	案件（①訴人、②論人、③論所等）	典拠
大隅	1	建武四・八・一（一三三七）	単使C	瀬戸山彦四郎入道	①禰寝弥次郎清種、②(闕所充行)、③多禰島現和村名主職、	(国大将) 畠山義顕書下（池端文書/1010）
	2	貞和二・九・二六（一三四六）	探題C	一色道猷	①橘薩摩一族、②(恩賞、1336/4/7 御下文・施行状)、③種嶋地頭職	散位某奉書（橘中村文書/2246）
	3	貞和三・三・二八（一三四七）		一色直氏	①橘薩摩一族、②楡井四郎（頼仲）・肥後中務丞（押領）③(恩賞地) 種嶋地頭職	散位某奉書（橘中村文書/2316）
薩摩	1	建武四・一二・一二（一三三七）	単使B	比志島孫太郎	①税所介敦直代忠直、②(相続安堵)、③祖父正恵遺領満家院郡司職等	散位某奉書（比志島文書/1100）
	2	暦応四・六・二三（一三四一）	単使B	（山田）左衛門少尉宗久	①新田宮執印友雄、②(安堵、当知行実否調査)、③新田宮執印職・五大院主職等	山田宗久請文（新田神社文書/1678）
	3	暦応四・七・二九（一三四一）	単使A	紀伊権守（二階堂行仲）	①薩摩在国司入道々超、②宮里郡司九郎入道正忍・薩摩郡司弥太郎忠保、③正税未進	室町幕府引付頭人奉書（二階堂文書/1688）
	4	暦応五・三・五（一三四二）	単使A	沙弥覚禅（東郷重清）	①新田宮執印友雄、②野田又太郎・宮里郷郡司九郎入道跡ら、③下地押領・神役対捍	沙弥覚禅請文（新田神社文書/1753）
	5	康永元・七・二九（一三四二）	単使A	渋谷又次郎入道（東郷重清）	①新田宮執印友雄、②武光大学入道忍性・渋谷新平次入道定円ら、③下地押領・神役対捍	室町幕府引付頭人奉書（新田神社文書/1822）
	6	康永二・四・五（一三四三）	両使C	渋谷下総権守入道 渋谷新平次入道（重基）	①嶋津大隈左京進入道々恵（伊作宗久）、②恩賞、③加世田荘別符（相模太郎時敏跡）	室町幕府執事施行状（島津家文書/1911）

	7	文和元・一二・二四（一三五二）	探題C	一色右京権大夫（直氏）	①島津孫三郎左衛門尉頼久、②（12/12 御下文）、③島津荘内別符半分地頭職	室町幕府執事奉書（島津家文書/3504）
	8	文和二・五・二二（一三五三）	探題C	右京権大夫（一色直氏）	①島津又三郎（氏久）、②（5/11 御下文）、③在国司（大前東郷）次郎入道道超跡	室町幕府執事施行状（薩藩旧記・正法寺文書/3555）
	9	文和二・五・二二（一三五三）	探題C	右京権大夫（一色直氏）	①島津三郎左衛門入道道珍（忠光）、②（5/11 御下文）、③島津荘智覧院郡司四郎忠世跡	室町幕府執事施行状（島津家文書/3556）
	10	建徳元・一二・二二（一三七〇）	南朝C	指宿能登守（忠勝） 鮫島下野守	①智覧美濃権守忠泰、②（譲与安堵）、③智覧院幷河辺郡	征西将軍宮令旨（薩藩旧記・指宿文書/4846）
日向	1	建武四・七・二三（一三三七）	両使C	土持左衛門太郎 伊東餘一	①（興福寺）東北院雑掌、②畠山助七郎（義顕）・松浦一族、③浮田荘小松方幷大墓別符（濫妨）	室町幕府執事奉書（前田家所蔵文書/996）
		暦応元・九・八（一三三八）	守護C	島津上総入道（貞久／道鑑）	①（興福寺東北院領）浮田荘小松方雑掌、②松浦党幷土持次郎、③浮田荘小松方（濫妨）、（8/15 光厳院宣の施行）	室町幕府引付頭人奉書（前田家所蔵文書/1246）
	2	建武五・七・二二（一三三八）	両使C	若林大炊左衛門尉（秀信） 林輔房	①藤馬左衛門入道自聴、②某、③嶋津院東方内石寺（遵行失敗）	沙弥某連署施行状（土持文書/1206）
		建武五・七・二三（一三三八）	両使C	（臼杵院代官） 内田次郎兵衛入道		沙弥某連署施行状（土持文書/1206）
	3	暦応三・八・九（一三四〇）	単使C	伊東大和太郎左衛門尉（祐持）	①伊東金熊丸、②本領安堵（御方に参ず）、③田嶋荘内堤村一方地頭職	畠山義（直）顕書下（大光寺文書/1563・1566）
	4	康永三・六・六（一三四四）	守護C	畠山修理亮（直顕）	①宇佐宮前大宮司（安心院）公直ら、②木脇伊藤（東）八郎祐顕子息祐為、③（児湯郡）村角別符地頭職（祐為子細を申す）	室町幕府引付頭人奉書奉書（宇佐郡諸家文書・北正樹文書/2020）
	5	文和二・一・二八（一三五三）	両使C	（一色氏使節）沙弥昌運 （大友氏使節） 沙弥聖源・沙弥観恵	①（給主代若林弾正忠年秀）、②畠山修理亮（直顕）、伊東下野守（祐氏）、③将軍家御台所領穆佐院・島津院（押領、御方忠の実否）	沙弥昌運請文、沙弥聖源・沙弥観恵連署請文（薩藩旧記/3511・3512）
		文和二・一〇・九（一三五三）	両使C	渋谷石見権守（重門） 島津上総入道（貞久・道鑑）	①給主代若林弾正忠年秀、②畠山修理亮（直顕）、伊東下野守（祐氏）、③将軍家御台所領穆佐院・島津院	足利義詮御判御教書（入来院文書・島津家文書/3604・3635・3511・3512）

国名		年代	分類	使節	案件（①訴人、②論人、③論所等）	典拠
日向	6	文和三・一〇・一三（一三五四）	両使C	指宿郡司入道 土持掃部左衛門入道	①富山七郎左衛門尉義道、②島津院住人、③島津荘日向方（追捕）	一色道猷書下（薩藩旧記・指宿文書/3736）
	7	明徳三・九・一七（一三九二）	守護C	島津又三郎（元久）	①相国寺雑掌、②高木某、③穆佐院、三俣院（半済と号し押妨）※1384/12/9幕府管領奉書で穆佐院、三俣院は守護兵粮料所となる	室町幕府管領奉書（島津家文書）

大隅、薩摩ともに地域的領主間紛争、あるいは充行で、幕府発給文書が根拠となっている。遵行使節も、東国出身で鎌倉時代に南九州地域に定着した武家で占められ、鎌倉時代に鎮西使節としての実績を有する、税所介・河俣掾・禰寝郡司・加治木郡司（大隅）、莫禰郡司・頴娃郡司・知覧郡司・市来郡司（薩摩）ら国御家人のすがたは表51にみえない。

日向は伊東、土持など鎮西使節としての実績を有する武家が遵行使節にみえる一方、島津など他国の武家も使節となっている。守護、使節がそれぞれ論人としてあらわれるケースも多く、混乱した様子がうかがえる。内乱期の使節遵行の特質でもある。

以上、きわめて雑駁ではあるが、地域ごとの使節遵行事例を検証してきた。これらを総合してみえてくるものは少なくない。重要な点に絞り論じておきたい。

第一に、内乱期使節遵行を特色づける戦争という時代環境である。すでに指摘したテーマであるが、九州地域の使節遵行の現場からもう少し詰めておきたい。次の二点の史料をみよう。

①（端裏書）「一色殿御代官加藤左衛門入道請文」

被尋下候畠山修理亮直顕幷島津上総入道々鑑忠否事、匠作（畠山直顕）者令与同兵衛佐（足利直冬）殿、於御台所領穆佐院幷島津近江守時久所領新納院（已上日向国島津荘内）度々及于合戦、致押領候間、御敵段無子細候、次道鑑者於御方致忠節候之条、全以無其隠候、若此条偽申候者、可罷蒙八幡大菩薩御罰候、以此旨可有御披露候、恐惶謹言、

文和二年正月廿八日　　沙弥昌運裏判

②将軍家御台所御領日向国穆佐院幷島津院事、度々被仰下之処、畠山修理亮・伊東下野守等不承引之間、加退治、可沙汰付下地於給主代若林弾正忠年秀之旨、所被仰守護人也、早馳向、可合力之状如件、

文和二年十月九日　（花押）（足利義詮）

島津上総入道殿

表51日向5の典拠史料である。①は実検使節の一方（一色方）請文で、一方の請文には「大友刑部大輔代官等請文」の端裏書がある。日向守護の畠山直顕はすでに直義・直冬に与しており、①の端裏「一色殿」は一色直氏（九州探題）、もう一方の「大友刑部大輔」は氏時（豊前・豊後守護）である。②については、渋谷石見権守（重門）あての同文御判御教書がある。

これらから判明するのは、端的にいえば、「将軍家御台所御領日向国穆佐院幷島津院」知行の正当性が、「畠山修理亮直顕幷島津上総入道々鑑忠否事」によって判断されていることである。「匠作者令与同兵衛佐殿、（中略）度々及于合戦、致押領候間、御敵段無子細」「道鑑者於御方致忠節候之条、全以無其隠」が使節請文の主旨であり、敵方による当知行は「押領」と評価される。そこに、支証に基づく知行由緒の糾明や、在地傍輩の証言を得る手続もない。したがって、②は「早馳向、可合力」とあるように、軍勢催促の御教書に他ならない。軍事優先の情勢のなかで、遵行という名の「公戦」が強行されたのである。

③肥後国甲佐社神官供僧等謹言上

欲早被停止河尻肥後守幸俊無理押妨、任旧規被付守富荘居合田於社家、弥致御祈禱子細事、

右、彼居合田者、為当社之神領、自往古為社家進止之処、世上騒乱以来、依為御敵領内、不及社家知行、因茲、恒例祭礼大略所令闕如也、而幸俊参御方之由、承及之間、任先例為奉被付彼居合田於社家、所令言上也、早被経御奏聞、執行神事、弥為致御祈禱、粗言上如件、

正平五年八月　日　　（裏花押）（五条頼元）

肥後甲佐社が征西府に提出した訴状である(89)。ここにみえる河尻幸俊の「無理押妨」とは「為当社之神領、自往古為社家進止之処、世上騒乱以来、依為御敵領内、不及社家知行」の現状をさす。しかるに、「幸俊参御方之由、承及之間、任先例為奉被付彼居合田於社家」と訴えた背景には、河尻が征西府の指揮下に入れば、「御敵領内」ではなくなり、征西府の裁断によって河尻の当知行を否定できるのではないかという期待感がある。現実には河尻の当知行を停止することが困難であったことは表46－14・15から確認できるが、当知行者の軍事的去就が訴訟の展開を大きく変えていく可能性があったことは確認できる。

こうした事情を前提に表44～51を再チェックする必要もありそうである。いわゆる南北朝内乱は、鎌倉時代以来、あるいは鎌倉幕府成立以前から世代を越えて争われてきた地域的領主間紛争を表面化、先鋭化させたことで長期化し、複雑化することになった。したがって、史料の文言やこれに準拠して作成した一覧表のうえでは、「押領」「濫妨」「押妨」と記されるものも、その実態は軍事的占領に基づく当知行であり、敵対勢力からはその当知行に対して（現存しない）安堵状が授与されていた可能性もあると考えなければならない。鎌倉時代の使節遵行事案にはよくみられた「年貢抑留」など本来的な所務事案は表44～51には見出せない。

鎌倉時代以来、使節遵行には訴人による当知行回復のための合力要請という性質があった。地域的領主間紛争の当事者がそれぞれに敵対する相手をおとしめる格好の機会を、いわゆる「特別訴訟手続」が整え、使節遵行というシステムが演出した可能性を十分考慮しておくことが重要である。

次に、幕府ならびに南朝政権の権力機構のなかでの九州地域の位置づけである。これは、鎌倉時代の遺制とも評した国家の地域区分ともかかわる。次の史料をみよう。

④八幡善法寺雑掌常善謹言上
欲早被成進　綸旨於鎮西　宮将軍家、停止樟原新左衛門尉・新田田中蔵人能皮・平周防介・堀新兵衛尉・寺尾亀童丸以下諸方押妨、全寺用弥抽御祈禱丹誠、豊前国大野井荘并畠原下崎荘所務事、

副進
一通　本願尚清法印寄進状
一通　綸旨案
一通　地下注進状案

右、（以下略）此上者、急被成進　綸旨於鎮西　宮将軍家、停止諸方之違乱、全寺用弥抽御祈禱之精誠、粗言上如件、

正平廿一年三月　日

八幡善法寺雑掌常善が、豊前国大野井荘并畠原下崎荘所務にかかる樟原新左衛門尉等の押妨を停止するよう求める綸旨を、宮将軍家（懐良）に下すことを求めた訴状である(90)。表46－15にみえる後村上綸旨がこれをうけて授与されたわけである。

こうした文書の流れは、鎌倉時代に本所の訴により綸旨が六波羅探題を経由して鎮西探題に施行されたケースに酷似している。南朝政権といっても、たとえば征西府宮将軍（懐良）令旨はしばしば「御教書」と称され、遵行システムも幕府のそれと変わるところはない。つまるところ、南朝もまた畿内政権であり、畿内政権が九州統治機関である征西府に指令を下す形式がここに示されていると評価できる。

一方、征西府の勢力伸長と九州地域の実効支配を阻むために乗り込んだ今川了俊も、征西府を軍事的に圧倒していくなかで、実質的に自律度の高い地域権力化への道を歩んだことも知られている。[91]

⑤北野宮寺祠官等謹解

欲早被経厳密御沙汰、且依社家旧領、且就神用料所、以筑後国河北荘、最前可被打渡社家雑掌之由、別而被成厳重御教書於鎮西探題方、全月次日並社用、成神事興復勇、益抽天下安泰懇祈間事、

右、(中略)所詮、被成厳重御教書於探題方、(中略)最前被打渡社家雑掌、可全重色社用之由被仰下者、吾神定含報賽之咲、弥施讃衛之徳、一社将成興復之勇、益抽懇丹之誠矣、仍祠官等謹解、

応安六年九月　日

小寺主法師
小法師
権都維那法師　盛昭
都維那法師　祐快
権寺主大法師　禅円
寺主大法師　祐円
権上座法印大和尚位　相禅
執行上座権少僧都法眼和尚位　祐賀

ここでは、「鎮西探題」(九州探題今川了俊)あての幕府御教書の授与が求められている。[92]これに対応する幕府文書は確認できていないが、在京領主による九州荘園にかかる訴訟事案が、こうしたかたちで九州統治機関に施行されるという文書の流れがあったことが確認される。

南北朝内乱期を含む室町時代を眺めて、九州地域を包括的に統御し得る可能性をもつ地域権力が創出されたのは征

西府、および今川了俊在任期の九州探題のみであるといっても過言ではない。したがって、右に述べた畿内政権と九州統治機関との間を結ぶ文書の流れも、その限界を超えては存在しない。ただ、大宰府〜鎮西探題と続く九州支配のかたちと、鎌倉幕府〜室町幕府において構想された将軍権力の国別執行人としての守護を配置する集権的支配のかたちが、中世という時代を通じて交錯したことは疑いない。中世のこの国のかたち、地域のすがたを描くことを目的とする本書にとって、征西府や今川権力は実に重要な存在に映る(93)。

三　東国の使節遵行

鎌倉幕府、さらに建武政権期の東国使節を分析するなかで、いわゆる「自然恩沢の守護人」に象徴される東国守護の確定裁決権を含む守護権力と、膝下地域への幕府支配という要素に規定された使節遵行の様相が明らかになっている（第一章第三節、本章第一節）。

足利尊氏・直義が後醍醐の帰京指令を黙殺して鎌倉に居座るところから室町幕府の歴史は始まる。しかも、東国においては南北朝内乱期を通じて南朝勢力の占領下に使節遵行がおこなわれた実績も確認できない。したがって、和泉・河内を中心に南朝による使節遵行事例が確認される畿内地域や、征西府が樹立され、一定期間においてはむしろこれが行政（司法）権力の中核に位置したかとも評価される九州地域とは、まったく条件、環境が異なるのが東国の使節遵行ということになる。

そうした前提で、鎌倉幕府の膝下地域支配や「自然恩沢の守護人」が、室町幕府、あるいは鎌倉府のもとでどのように変容するのか。使節遵行の様相から確認していきたい。なお、ここでの東国の範囲は、鎌倉府が管轄した関東八か国（相模・武蔵・安房・上総・下総・常陸・下野・上野）および甲斐・伊豆の十か国のエリアに、鎌倉幕府との比較を考えるために越後・越中・信濃・駿河・遠江・三河を加えた地域とする。

【相模・武蔵】　表52（相模）、表53（武蔵）を用意した。ともに鎌倉幕府の膝下地域であり、鎌倉幕府のもとでは北条得宗家が守護を世襲し、原則相模守の受領名は得宗に属した。建武政権期も、武蔵守は足利尊氏、相模守は足利直義であり、守護・国司兼任の武家が使節遵行の主体となる典型として位置づけたところである。したがって、室町幕府草創期に相模守護の徴証を得ることはできず、また、武蔵守護は足利被官の高一族が任を得た。

表52　相模国の使節遵行

	年代	分類	使節	案件（①訴人、②論人、③論所等）	典拠
1	建武四・一・一八（一三三七）	単使B	岡本孫四郎（重親）	①池上藤内左衛門尉泰光、②(安堵)、③池上内荻窪田在家、ほか伊賀・常陸・出羽所領	室町幕府引付頭人奉書（秋田藩・岡本元朝文書/638）
2	建武五・五・二七（一三三八）	守護C	上杉民部大輔（憲顕）	①走湯山密厳院雑掌通性、②甲乙人幷悪党、③金江郷（濫妨狼藉）	室町幕府執事奉書（田中教忠文書/831）
3	暦応二・二・六（一三三九）	単使C	散位貞国	①浄光明寺雑掌良賢、②某、③金目郷半分地頭職、	散位貞国打渡状（史料編纂所文書・評定文/921）
4	暦応二・六・二三（一三三九）	両使C	筑後道全房 英比左衛門次郎	①浄光明寺雑掌、②(6/1安堵御下文)、③(大住郡)白根郷	沙弥某施行状（浄光明寺文書/966）
5	・七・二二（一三五一）以前	両使C	古庄右馬允入道 座間太郎左衛門尉	①円覚寺正続院雑掌帰法、②(寄進、5/13御下文・御施行)、三浦介（高通）代官、③毛利荘厚木郷半分地頭職（支申す）	（関東管領）上杉憲顕奉書（越中岩田佐平文書・相州文書／大日本史料）
	観応二・七・二二（一三五一）	(守護)C	佐竹和泉前司→左衛門尉宗連 左衛門尉光近		
6	観応二・一〇・二三（一三五一）	守護C	三浦介高通 ↓（守護代）沙弥円証	①茂木越中三郎知世代貞通、②萩原四郎、③懐嶋郷萩原三郎跡（楯突支申す）	三浦高通請文（茂木文書/2068・2071）
	観応三・三・一九（一三五二）	守護C	斎藤四郎入道（道恵） 白井弾正忠（行胤）	①円覚寺正続院雑掌帰法、②(寄進、1351/5/13御下文)、③毛利荘厚木郷半分地頭職	室町幕府引付頭人奉書（岩瀬文庫古簡雑纂/2224・2222・2240・2241）

7	観応三・六・一八（一三五二）	守護C	海老名四郎左衛門入道（季康）園田美作守	①円覚寺正続院雑掌、②(寄進)、鶴岡八幡宮雑掌、③毛利荘厚木郷半分地頭職（課両使先立被沙汰付之処、立還濫妨）	足利尊氏御判御教書（常陸正宗寺文書／2281）
	観応三・八・五（一三五二）	守護C	武田参河守→（代官）青木新左衛門尉貞家		足利尊氏御判御教書（円覚寺文書／2321・2323）
8	観応三・四・八（一三五二）	守護C	斎藤四郎入道（道恵）白井弾正忠（行胤）	①崇寿寺雑掌、②(3/24 御寄進状并施行状)、③毛利荘厚木郷下方地頭職	白井行胤打渡状（黒田太久馬文書／2242）
9	観応三・八・二七（一三五二）	守護C	（長井？）備前入道	①鶴岡八幡宮雑掌、②(寄進)、③(愛甲郡)戸田郷内渕辺源五郎跡	足利尊氏御判御教書（上野浄法寺文書／2325）
10	文和元・一二・一八（一三五二）	単使C	曽我上野介	①今川上総介範氏代範景、②村山大夫房（押領）、③(淘綾郡)出縄郷佐竹和泉守（義長）跡	足利尊氏御判御教書（今川家古文書写／2385）
11	文和二・六・一七（一三五三）	守護C	成田備前守 中村備中権守（親平）	①鶴岡御影堂雑掌、②土肥兵衛入道・同舎弟甲斐守、③(大住郡)丸嶋郷箱王丸名	足利尊氏御判御教書（等覚院・相承院文書／2462）
12	文和二・七・一七（一三五三）	守護C	源光顕 源有顕	①鎌倉法泉寺雑掌慶全、②(御寄進状・御奉書に任せ)、③一宮荘宝蔵郷内中村（梶原五郎左衛門入道跡）	源光顕・源有顕連署打渡状（松雲公採集文書／2475）
13	文和三・六・二四（一三五四）	守護B	修理大夫（畠山国清／関東管領）河越弾正少弼（直重／相模守護）→河越上野介	①島津周防守忠兼、②宇子局代官飯田七郎左衛門尉、③鎌倉郡山内岩瀬郷・倉田郷(6/9 打入合戦、忠兼代官池田右衛門尉以下輩殺害、1352/5/10 足利尊氏下文で岩瀬郷は恩賞として忠兼に給与)	足利尊氏御内書（越前島津文書／2564・2565・2578・2581）
	文和三・九・一二（一三五四）		左馬頭（足利基氏）（→弾正少弼（河越）直重）		足利義詮御内書（越前島津文書／2586・2600・2612）
14	康安二・五・一二（一三六二）	単使C	沙弥行一	①守公神雑掌、②(寄進？・4/25 御施行に任せ)、③愛甲荘内愛名村（南部駿河守跡）	沙弥行一打渡状（神田孝平旧蔵文書／3013）
15	貞治二・二・二（一三六三）	守護C	河越弾正少弼（直重）	①鎌倉法泉寺雑掌、②(1/22 御寄進状)、③足柄上郡下曽比郷（村山法眼跡）	（関東管領）高師有施行状（神田孝平旧蔵文書／3065）
16	応安五・八・二九（一三七二）	両使C	源氏貞 薗田三河四郎	①走湯山雑掌、②(御事書の旨に任せ)、③早河荘内京極局・池上余藤五郎等跡	源氏貞打渡状（集古文書・走湯山東明寺文書／3623）
17	康暦二・六・八（一三八〇）	単使C	布施主計允（家連）	①円覚寺（造営料）、②(寄進、同日付・足利氏満御判御教書)、③箱根山葦河関所	（関東管領）上杉憲方施行状（円覚寺文書／3979・3980）

	年代	分類	使節	案件（①訴人、②論人、③論所等）	典拠
18	嘉慶二・九・二五（一三八八）	両使C	明石修理亮入道 矢多田左京亮	①大輔阿闍梨頼円、②(安堵、同日付・足利氏満御判御教書)、当社務弘賢僧正、③鶴岡八幡宮両界供僧職・供僧領（公方供僧教誉跡、押妨）	（関東管領）上杉憲方施行状（相承院文書/4417・4418・4419）
19	明徳元・八・六（一三九〇）	守護C	（三浦）大介高連→国代官岡蔵人大夫入道聖州	①走湯山雷電社中納言律師明善、②中村安芸太郎代官、③厨川村（立還違乱）	三浦高連請文（伊豆山神社文書/4505・4509）

『南北朝遺文』東国編の検索を主とした一覧表をみよう。相模の1～4はさしあたり将軍尊氏による寺社への寄進、武家への安堵にかかる遵行と解釈できる。この間の鎌倉の主は足利義詮である（貞和五／一三四九年九月に基氏と交替）。5・6は観応の擾乱期の足利直義派の遵行。7～12は、直義降伏（没）後しばらく尊氏が鎌倉にあって政務をとった時期の使節遵行事例となる。7は5の継続事案であるが、内容、遵行の方向性に異同はない。6・7にみえる臼井・斎藤は幕府奉行人（第四章第二節参照）。13は尊氏が鎌倉逗留中に実施した鎌倉府の人事異動（いわゆる薩埵山体制）で関東管領となった畠山国清、同じく相模守護となった河越直重に個々に遵行指令が発せられた事例で、義詮による関東公方足利基氏への再令を含め、京都からの指令となる。13にかかる文和三年八月十二日付の河越直重遵行状は、尊氏御内書を「去六月廿四日京都御書」と記す。

嶋津周防忠兼申相模国山内岩瀬郷幷倉田郷等事、任去六月廿四日京都御書之旨、先可被沙汰付下地於忠兼代之状如件、

文和三年八月十二日　（河越）直重（花押）

河越上野介殿

この時期基氏は鎌倉を不在にしている（後述）。訴人である島津忠兼が提訴先として京都の幕府を選択した事情と

ともに、幕府→鎌倉府への文書の流れがこのようなものであったことを確認しておきたい。

しかるに、13以降は鎌倉府主導の使節遵行に転換したことがうかがえる。延文三（一三五八）年四月に足利尊氏が没し、鎌倉府体制にもしばしの動揺が生じるなか、基氏による体制改革が断行されて、ようやく東国支配の中核として機能し始めたことと連動する事象ととらえておきたい[94]。ただ、基氏は貞治六（一三六七）年四月に没し、幼少の氏満が関東公方となる。17・18はそれぞれ鎌倉府奉行人が使節となる遵行である。氏満期の使節遵行における奉行人等の位置づけについては後述する。

次に武蔵（表53）は、2～8にかけて、武蔵守護を歴任した高一族が観応の擾乱のなかで没落し、鎌倉では直義派の上杉憲顕が関東執事として武蔵守護も兼任したが、直義の降伏（死）と尊氏の鎌倉駐留により上杉が排され、尊氏派の仁木頼章が武蔵守護となる流れがまず確認できる。文和二年七月末に尊氏は帰京の途につき、これに頼章も従い、畠山国清が関東執事として武蔵守護を兼ねるが、国清の遵行事例は8のみである。また、尊氏の帰京にわずかに先立つかたちで基氏は入間に出陣し、しばらく鎌倉を留守にする。7は基氏不在期の遵行事例となる[95]。

表53　武蔵国の使節遵行

	年代	分類	使節	案件（①訴人、②論人、③論所等）	典拠
1	暦応三・四・二四（一三四〇）	未詳C	私重実	①長福寺、②某、③（幡羅郡）田島郷	私重実打渡状（円覚寺文書/1110）
2	貞和二・九・八（一三四六）	守護A	小杉彦四郎	①江戸次郎太郎重通、②石浜（江戸）弥太郎入道（状を捧げながら帰国）、③石浜・墨田波・鳥越村	高重茂奉書（常陸正宗寺文書/1646）
3	観応元・八・九（一三五〇）	守護C	薬師寺二郎左衛門尉（公義）	①安保肥前権守（直実）、②（充行）、③（足立郡）大窪郷寺岡兵衛入道跡	高師直書下（安保文書/1911）

	年代	分類	使節	案件（①訴人、②論人、③論所等）	典拠
4	観応二・九・二六（一三五一）	守護C	（関東執事・守護上杉憲顕）→（守護代）上杉憲将→（守護使）宗貞・頼直	①世良田長楽寺雑掌宗阿、②（9/21上杉憲顕奉足利基氏寄進状）、③賀美郡長浜郷内安保中務丞跡	上杉憲将請文（長楽寺文書/2057）
5	観応三・七・二（一三五二）	守護C	（室町幕府執事・守護）仁木頼章→（守護代）仁木修理亮（義氏）	①久下弾正忠頼直、②（恩賞、御下文に任せ）、③（埼玉郡）池守郷・大里郡久下郷内宇波五郎入道等跡地頭職	室町幕府執事施行状（久下文書/2298）
6	文和元・一二・二〇（一三五二）			①別符尾張守幸実、②（恩賞、7/2御下文に任せ）、③（幡羅郡）別符郷東方闕所	室町幕府執事施行状（駿河別符文書/2387）
7	文和三・一一・一八（一三五四）	単使A	村岡藤内兵衛入道	①久下千松丸、②恩田左近将監（古符に背く、1353/7/23足利尊氏安堵状）、③（都筑郡）鴨志田郷比企弥太郎跡	（鎌倉府政所執事）二階堂成藤奉書（松平義行文書/2609）
8	延文二・一二・二三（一三五七）	守護C	阿波守（畠山国清）	①鶴岡八幡宮雑掌任阿、②江戸淡路守、③金曽木彦三郎・市谷孫四郎跡（押領）	足利基氏御判御教書（鶴岡八幡宮文書/2792）
9	康安二・四・二〇（一三六二）	両使C	高坂兵部大輔（氏重）→左衛門尉信計・左衛門尉政行 古尾谷刑部大輔→中間五郎兵衛入道真正	①称名寺雑掌光信、②（安堵、3/29御施行の旨に任せ）、③寺内阿弥陀堂敷地并塩場	高坂氏重代政行・信計、古尾谷代真正打渡状（称名寺文書/3003〜3005・3015）
10	貞治二・六・二（一三六三）	単使C	岡部出羽入道	①岩松治部少輔直国、②（充行、5/28足利基氏御判御教書）、③榛沢郡滝瀬郷内下手墓村（安保信乃入道跡）	足利基氏御判御教書（正木文書/3098・3097）
11	貞治三・六・二五（一三六四）	両使C	下野守（成田）泰直 玉井蔵人入道（覚道）	①大慈寺新釈迦堂寺雑掌、②片楊長門入道、③（入東郡）横沼郷（押領、6/11御教書の旨に任せ）	成田泰直打渡状（光触寺文書/3188・3189）
12	貞治三・一〇・二八（一三六四）	両使C	加治刑部丞（実規） 矢野左近将監（政親）	①御仁々局、②（寄進、御下文の旨を守り）、③小山田荘内黒河郷半分	（関東管領）上杉憲春施行状（黄梅院文書/3215・3221・3222）
13	貞治三・一一・九（一三六四）	両使C	（関東管領上杉憲春）→江戸式部大夫（代実清） 矢野備前入道	①（黄梅院）、②（寄進）、③（大里郡）山崎郷	黄梅院文書目録（黄梅院文書/3901）

14	貞治四・四・二五（一三六五）	両使C	三田蔵人大夫 平（曽我）重光	①高麗三郎左衛門尉跡、②（安堵?・4/19 御施行に任せ）、③高幡郷	平重光打渡状（尊経閣・編年文書/3254）
15	貞治五・一〇・一六（一三六六）	両使C	土屋備前入道 渋谷参河入道	①上杉兵部少輔能憲、②（還付、10/16 足利基氏御判御教書）、③六浦本郷	足利基氏御判御教書（上杉文書/3367-3369）
16	応安元・七・一二（一三六八）	守護C	兵部少輔入道（上杉能憲）	①鑁阿寺雑掌宥範、②（同日付、関東管領上杉憲顕奉・足利金王丸／氏満寄進状を守り）、③比企郡戸守郷（高坂左京亮／重家跡）	（守護）上杉憲顕施行状（鑁阿寺文書/3477）
17	応安二・六・二七（一三六九）	守護C	安房入道（道合／上杉憲方） →隼人佑（大石）能重	①藤田越中入道（覚能）、②（恩賞 6/15 関東管領上杉能憲奉・足利金王丸／氏満預状）、③（比企郡）竹沢郷内竹沢左近将監入道跡	（守護）上杉能憲施行状（円覚寺文書/3513・3550）
18	応安五・九・一一（一三七二）	守護C	安房入道（上杉道合／憲方）	①円覚寺黄梅院雑掌、②（同日関東管領上杉能憲奉・足利氏満寄進状、御仁々局申請）、③小山田荘黒河郷半分	（守護）上杉能憲施行状（黄梅院文書/3625・3626）
19	応安六・四・二八（一三七三）	守護C	上杉兵部少輔入道（能憲） （→上杉憲方?）	①鶴岡八幡宮雑掌、②（安堵）、③久良（岐）郡久友郷	室町幕府管領奉書（鶴岡八幡宮文書/3657）
20	応安七・八・九（一三七四）	守護C	安房入道（上杉道合／憲方）	①仙波平次郎信綱、②仙波秀阿（押領）、③（多摩郡）村山郷地頭職、（「自京都度々所被仰下」）	（守護）上杉能憲施行状（保阪潤治文書/3716）
21	応安七・一〇・一四（一三七四）	両使C	蓮沼安芸入道 阿佐美弥四郎左衛門入道	①藤田越中入道覚能、②竹沢二郎太郎（土用犬丸）・比丘尼（左近将監姉）ら、③（比企郡）竹沢郷内竹沢左近将監入道跡（押領、1369/6/15 御下文の旨に任せ）	沙弥某（関東管領上杉能憲）奉書（円覚寺文書/3739・40）
22	応安八・八・六（一三七五）	両使C	雑賀蔵人入道（希善） 壱岐兵庫助（貞有）	①称名寺雑掌光信、②村上河内入道（正貞／貞頼）代官高行、③金沢郷内敷地・塩場（煩をなす）	（関東管領）上杉能憲奉書（称名寺文書/3771・72・76・77）
23	永和四・八・三（一三七八）	守護C	（上杉憲春） →長尾孫四郎入道（景守）	①円覚寺仏日庵雑掌、②（造営要脚）、③神奈河・品河以下浦々帆別銭（仰下さる旨に任せ）	（守護）上杉憲春施行状（円覚寺文書/3900）
24	永和四・九・六（一三七八）	守護C	長尾入道（景守?）	①三島社神主長門守盛直、②信濃石弥藤次入道、③那賀郡小栗村（沽券に背き年記外押領）	（鎌倉府奉行人）沙弥某・兵庫助連署奉書（矢田部文書/3903）

	年代	分類	使節	案件（①訴人、②論人、③論所等）	典拠
25	康暦元・一一・三〇（一三七九）	両使C	雑賀民部大夫 布施兵庫大夫入道（得悦）	①（鶴岡）若宮僧正坊雑掌、②（預置）、③多東郡吉冨郷内宇都宮弾正少弼（高貞）入道女子跡	（鎌倉府政所執事）二階堂行詮奉書（相州文書・荘厳院文書/3949）
26	康暦元・一二・二七（一三七九）	守護C	（上杉道合/憲方） →大石遠江入道	①円覚寺仏日庵雑掌、②（造営要脚）、③神奈河・品河以下浦々帆別銭（御教書如此）	（守護）上杉憲方施行状（円覚寺文書/3954）
27	康暦二・八・二五（一三八〇）	両使C	山下四郎左衛門尉 宗兵庫允（助、重孝）	①金陸寺、②（寄進、8/6氏満寄進状）、③都筑郡石河郷（大井三郎跡）・足立郡畔牛郷内（塩田帯刀左衛門尉跡）	足利氏満御判御教書（円覚寺文書/3993・3997）
28	永徳元・一〇・二七（一三八一）	両使C	布施左近大夫 兵庫助（宗）重孝	①（鶴岡八幡宮）遍照院雑掌、②（補任、10/7足利氏満補任状）、③（埼玉郡）慈恩寺別当職	宗重孝打渡状（明王院文書/4048）
29	永徳二・三・八（一三八二）	両使C	須賀太郎左衛門尉 若児玉美作太郎	①高尾張五郎入道、②（還付、同日付足利氏満御判御教書）、③戸森郷	足利氏満御判御教書（永井氏・高文書/4074～4076）
30	永徳二・四・四（一三八二）	両使C	勅使河原中務入道 青木山城入道	①安保左衛門尉（憲光）、②（還付、下文）、③秩父郡三沢村半分	足利氏満御判御教書（横浜市大・安保文書/4080）
31	永徳二・四・五（一三八二）	両使C	鳩井（谷）美濃三郎（義景） 高山左近将監（重行）	①（鎌倉）法泉寺雑掌、②（寄進）、③荏原郡世田谷郷（世田左衛門入道跡）・足立郡芝郷大牧村地頭職（中条出羽入道跡）	足利氏満御判御教書（川上茂久文書・東大文学部相模文書/4081・4082）
32	永徳二・七・六（一三八二）	両使C	山下四郎左衛門尉 筑後刑部少輔	①（鶴岡）若宮神主（大伴時国）、②（充行、同日付足利氏満書下）、③小机保出戸村内紀弥五郎・八郎左衛入道跡	足利氏満御判御教書（鶴岡神主家伝文書・賜蘆文庫文書/4095・4096）
33	永徳二・九・九（一三八二）	守護C	（上杉憲方） →大石遠江入道	①三島社神主長門守盛直、②信濃石弥藤次入道、③那賀郡小栗村（年記外押領）	（鎌倉府奉行人）沙弥道欣・沙弥某連署奉書（三島神社文書/4102）
34	永徳二・一一・二（一三八二）	両使C	勅使河原中務入道 青木山城入道	①安保左衛門尉（憲光）、②（還付?）当知行人、③武蔵国本知行地（立還押領、合戦）	足利氏満御判御教書（横浜市大・安保文書/4112）
	至徳二・一一・二（一三八五）	両使C	勅使河原中務入道 青木山城入道	①安保左衛門尉（憲光）、②（安堵）、当知行人、③武蔵国本知行地（立還押領、合戦・押妨）	足利氏満御判御教書（北畠顕家卿奉賛会・安保文書/4275）

35	永徳三・四・一一（一三八三）	両使C	壱岐弾正大夫入道（希広） 布施主計允（家連）	①遍照院僧正坊、②渋江加賀入道、③慈恩寺領太田荘花積郷内御厩瀬渡幷船（押領）	足利氏満御判御教書（相州文書・我覚院文書／4132・4138）
36	至徳三・一〇・七（一三八六）	守護C	（上杉憲方） →大石遠江入道	①足利鑁阿寺雑掌、②(同日付足利氏満寄進状、1368/7/12上杉憲顕／道昌寄附状に任せ)、③比企郡戸守郷（高坂左京亮跡）	（守護）上杉憲方施行状（鑁阿寺文書／4329）
37	明徳二・一二・二五（一三九一）	守護C	（上杉憲方） →大石遠江入道	①大慈恩寺雑掌、②(同日付、足利氏満寄進状)、③下総国塔婆料所六郷保大森郷（陸奥五郎跡）	（守護）上杉憲方施行状（大慈恩寺文書／4553）

9～14は両使遵行が主体である。12の使節（加治・矢野）は鎌倉府奉行人。その他の使節は武蔵平一揆の成員など武蔵国人衆である。小国浩寿はこれらの遵行事例から、上杉と対抗関係にある平一揆、武蔵国人衆と連携した遵行体制を構築することで、上杉への依存度を軽減しつつ独自の権力基盤を創造する基氏の意図があったと評価している(96)。

鎌倉府奉行人や武蔵国人衆（平一揆含む）を起用した使節遵行は氏満期においても確認できる。すなわち、氏満の公方就任間もない時期は関東管領上杉憲顕・能憲の奉書による寺領寄進状が続き（16～18）、19・20は室町幕府裁断の施行であるが、21以降は、両使遵行が主体となる。使節となっているのは、鎌倉府奉行人・奉公衆（雑賀・壱岐・布施・山下・宗・高山・鳩井）および武蔵国人衆（蓮沼／猪俣党、阿佐美・若児玉／児玉党、須賀／横山党、勅使河原・青木／丹党）で、30・34の訴人安保も丹党の出自である。また、これら遵行指令の多くに氏満の御判御教書（管領施行状がつく場合もある）が用いられていることは、基氏の時代と比して公方が前面に出ている印象を深くする。相模（15～17）、常陸（後述）でも同様の傾向が確認され、氏満期の使節遵行を色づける要素のひとつとなっている。ただ、相模では9・10の曽我、中村が武蔵平一揆の蜂起（応安元／一三六八年二月～六月）、敗北により衰退した結果であろうか、国人衆の関与は少ない。

鎌倉時代の東国使節との関連でいえば、10岡部（猪俣党）、12加治（丹党）が東国使節としての実績を有する。第一章第三節では、鎌倉時代に執権北条氏と対立し、戦いに敗れ没落する者も少なくなかったなかで、武蔵国御家人衆が使節として浮上してくることの意義を考えた。ここでもやはり武蔵国御家人の系譜をひく国人衆が多く鎌倉府使節として登場してくる。とくに、武蔵平一揆の敗北によって武蔵の雄族秩父平氏一門が衰退したあと、かえってそのすがたを現すことにも注目しておきたい。

相模の場合も含め、遵行の内容が南北朝期以降は寄進や安堵、恩賞給与などが大半を占め、所務相論にかかる使節遵行は件数を減少させているようにも見受けられる。ただ、所務相論事案に絞ってみると、両使遵行の割合が大きい。守護遵行と両使遵行の性格づけ、評価にかかわる事象である。東国全体の状況をみながら再論したい。

【常陸・下野】 表54（常陸）、表55（下野）を用意した。

表54 常陸国の使節遵行

	年代	分類	使節	案件（①訴人、②論人、③論所等）	典拠
1	康永二・八・一六（一三四三）	守護C	佐竹上総入道（貞義）	①鹿島尾張権守利氏、②（還付、「相尋鹿島又次郎幹寛之処、本知行無相違云々」「参御方軍忠抜群」）、③鹿島郡内本知行永助・吉久名	（関東執事）高師冬奉書（常陸無量寺文書/1434）
2	康永二・九・一五（一三四三）	両使C	鹿島又二郎（幹寛）林六郎三郎	①鹿島護摩堂（住持顕真）雑掌、②（9/14 関東執事奉・足利義詮寄進状）、③行方郡舎人郷内根地木村	（関東執事）高師冬施行状（護国院文書/1442・1443・1445・1446）
	貞和三・一・二一（一三四七）	守護C	佐竹上総入道（貞義）	①鹿島社護摩堂住持顕真代成俊、②（御寄進状に任せ）、③行方郡若舎人郷根地木村地頭職	室町幕府執事奉書（楓軒・鹿島社文書/1678）
3	康永四・八・一二（一三四四）	管領C	上杉民部大輔（憲顕）	①真壁掃部助高幹、②（恩賞、7/2足利尊氏下文）、③真壁郡内山宇・田村等地頭職	室町幕府執事施行状（真壁文書/1506・1513）
4	貞和二・五・一七（一三四六）	管領C	民部大輔（上杉憲顕）	①佐竹上総入道々源（貞義）、②（恩賞、5/11御下文）、③田中荘相模左近大夫将監入道恵清（泰家）跡四分一	室町幕府執事施行状（密蔵院文書/1620）

5	貞和五・一二・一六（一三四九）	単使C	茅崎四郎左衛門尉	①僧浄意、②(12/10 安堵御奉書)、③信太荘下条佐倉郷阿弥陀堂住持職・田畠	平某施行状（常陸円常院文書/1863）
6	観応三・九・二（一三五二）	両使C	武田式部大夫（高信） 完（宍）戸備前守（朝世）	①下河辺左衛門蔵人行景、②(恩賞、8/15 下文)、③行方郡倉河郷倉河三郎太郎跡、小牧郷小牧弥十郎跡	足利尊氏御判御教書（鹿島神宮文書/2328・2421・2423・2572・2573）
	文和三・七・一六（一三五四）	両使C	下野守（益戸／益子）国行 安芸守（宍戸）朝里		益戸国行請文（鹿島神宮文書/2572・2573）
7	貞治二・一一・二（一三六三）	管領C	上杉民部大輔入道（道昌・憲顕）	①仁木兵部大輔義尹、②結城中務大輔入道（聖朝・直光）、③中郡荘、(厳密遵行あるべき旨関東に申す)	足利義詮御判御教書（上杉文書/3134）
8	貞治四・一・二三（一三六五）	両使C	完（宍）戸安芸権守（氏朝） 東条能登守	①二階堂出羽幸鶴丸、②(1352/9/1 安堵御下文に任せ）佐竹左馬助（義宣）、③久慈（西）郡中寺田村（押領）	足利基氏御判御教書（井上たか文書/3238）
9	貞治四・九・一四（一三六五）	単使B	常陸大掾入道（浄永・高幹）	①鹿島大禰宜高親、②③大胡秀能（岩瀬郷）、益戸国行（大枝郷）、小高直幹（行方郡小牧村）、所役未進・押領（2/2 御教書、9/20 御使催促状）	大胡秀能請文（鹿島神宮文書/3281）
	貞治四・九・二三（一三六五）				益戸国行請文（塙不二丸文書/3286・3295・3300）
	貞治四・一〇・七（一三六五）				小高直幹請文（羽生誠・鹿島大禰宜家文書/3289）
10	応安二・一〇・一三（一三六九）	管領C	上杉兵部少輔入道（能憲）	①鹿島社雑掌、②(1368/⑥/12 足利義満寄進状)、③伊佐郡平塚郷	室町幕府管領施行状（鹿島神宮文書・塙不二丸文書/3524・3545・3548）
	応安三・六・二七（一三七〇）	守護C	（小山義政） →門井祐助	①鹿島社、②(1370/6/25 小山義政寄進状)、③伊佐郡平塚郷（先年一円拝領地、公方寄進の由社家申すにより前後参差、寄進）	門井祐助打渡状（鹿島大禰宜家文書/3540・3541）
11	康暦二・一二・二九（一三八〇）	両使C	明石左京亮（幹行） 萩原掃部助	①烟田遠江入道（宗円／時幹）、②(還付、同日付足利氏満御判御教書)、③鹿島郡徳宿郷内冨田・大和田村	（関東管領）上杉憲方施行状（京都大・烟田文書/4013・4014・4016）

	年代	分類	使節	案件（①訴人、②論人、③論所等）	典拠
12	永徳三・五・一二（一三八三）	両使C	（海老名）修理亮季茂 →左衛門尉清安	①完（宍）戸彦四郎（家里）、②真壁近江次郎、③真壁郡源法寺郷（3/27御施行、多勢を率い文申し遵行不能）	海老名季茂請文（筑波大・常陸誌料所収文書/4139・4140）
	永徳三・七・二六（一三八三）	両使C	（古尾谷）前肥後守朝景 →左衛門尉景茂	①完（宍）戸彦四郎（家里）、②真壁近江次郎、③真壁郡源法寺郷（打渡）	足利氏満御判御教書（筑波大・常陸誌料所収文書/4154・4159・4160）
13	永徳三・一〇・六（一三八三）	両使C	税所安房守 吉原薩摩守	①円覚寺雑掌、②（寄進）、益戸常陸三郎、③南郡小河郷内益戸常陸介篤政法師跡（上裁に背き押領）	足利氏満御判御教書（円覚寺文書/4167・4168）
	永徳三・一二・二五（一三八三）	守護C	佐竹伊与守（義宣）		足利氏満御判御教書（常陸正宗寺文書/4180）

表55　下野国の使節遵行

	年代	分類	使節	案件（①訴人、②論人、③論所等）	典拠
1	暦応二・九・二三（一三三九）	守護B	（小山）左衛門尉朝氏	①鑁阿寺雑掌宥範、②(4/15足利尊氏寄進状)、③(那須郡)中山村、(「那須上野権介先日拝領、当知行無相違」)	小山朝氏（朝郷）請文（鑁阿寺文書/950・1006）
2	観応三・七・二六（一三五二）	単使C	西尾民部三郎	①佐野太郎四郎秀綱、②(替地充行、7/24足利尊氏下文、年未詳9/27尊氏御内書「赤見新兵衛入道先日掠申御書」)、③足利荘梅園六郎重綱跡	室町幕府執事施行状（尾張佐野文書/2312・2314・2315）
3	文和二・一二・一二（一三五三）	両使C	淵辺安房守 小俣民部卿律師（尊光）	①仁木左京大夫頼章代有俊、②大平修理亮・小嶋次郎左衛門尉等、③足利荘内町・村上等（濫妨、異儀に及ばば荘内給主等を相催し退治すべし）	足利基氏御判御教書（鶏足寺文書/2519）
4	文和四・四・八（一三五五）	守護C	左馬頭（足利基氏） ↓（守護？）	①佐々木大夫判官入道導誉代珍阿、②(安堵、1354/6/7後光厳綸旨)、江戸弥七、佐野越前守(師綱)以下輩、③(安蘇郡)足黒郷釜屋(金屋)村、石塚郷荒居村（押領狼藉）	足利義詮御判御教書（周防佐々木文書/2561・2641）

	貞治五・一一・一二（一三六六）	守護C	小山四郎（義政）	①佐々木佐渡判官入道導誉、②佐野越前守師綱、③（安蘇郡）足黒郷金屋村（師綱、一円御下文を帯び三十余年知行の由、支申すも、度々御教書に背き雅意に任せ混領→導誉代官に打渡）	足利基氏御判御教書（周防佐々木文書／3370）
5	延文五・二・二七（一三六〇）		左兵衛督（足利基氏）→（守護？）	①茂木越中入道賢安、②那須遠江守、③東茂木内小深・小高郷（賢安南方発向之最中押領）	足利義詮御判御教書（茂木文書／2911）
6	貞治六・二・一二（一三六七）	両使A	朝倉兵庫允入道 大沼田四郎左衛門入道	①大御堂（鑁阿寺）供僧、②難渋郷々、③足利荘（仏事供料）	足利基氏御判御教書（黒田太久馬文書／3386）
7	永徳三・一・二八（一三八三）	両使C	梶原修理亮（貞景） 完（宍）戸大炊助（基宗）	①鹿島社（大禰宜治親）、②（同日付足利氏満寄進状）、③大内荘内高橋三郎跡半分	（関東管領）上杉憲方施行（鹿島大禰宜家文書／4126・4134・4135）
	永徳三・五・二三（一三八三）	両使C			（関東管領）上杉憲方施行状（塙不二丸文書／4142・4145・4148）
	永徳三・八・二九（一三八三）	守護B	沙弥（木戸）法季 →（代官）元連・了久	①鹿島大禰宜治親代道専、②③大内荘内高橋三郎跡喧嘩（注進状執進）	木戸法季請文（塙不二丸文書／4161）

常陸は、表の扱う期間において佐竹が守護を世襲している。1〜4（観応の擾乱以前）において守護遵行が確認できる。ただ、1は守護への遵行指令の前に、おそらくは軍忠を根拠とした（訴人）鹿島利氏の安堵申請があり、これにかかり2の両使一方ともなる鹿島幹寛の実検（ないし証言、「本知行無相違」）を得ていた。ここまでは、両執事制期の一方執事高師冬の指揮に基づく動きと理解できる。したがって、守護は最終的な遵行の場面のみに登場したことになる。また、2は当初の両使遵行が守護遵行に切り替えられた事例である。両使遵行は高師冬施行状によったが、守護遵行は室町幕府執事高師直奉書によっている。論所は足利義詮の寄進地であるから、この間、訴人たる鹿島社護摩堂顕真が京都に提訴しない限り、幕府執事奉書が発行されることはないと考えられる。両使遵行にあたっては、鹿島幹寛の打渡状、顕真の請取状も残されているから当面遵行は成功したかにみえる。ところが再度守護遵行が企画さ

れたのであるから、少なくとも、2の関係文書では知られない論所の実情があったと推察せざるを得ない。

3・4については遵行文書が確認できない。遵行文書が存在しなかったことを証明することは困難であるが、恩賞受給者が真壁、佐竹（守護）であることを考えると、将軍家下文と執事施行状のみで当知行を実現できた可能性は高い。守護、両使等による遵行手続が必要なケース、不要なケースの存在にも配慮すべきかもしれない[97]。

5は使節茅崎、奉者平某ともに素性は未詳。直義派の人物とも想像される。そして、6以降が基氏・氏満期になるが、一躍両使遵行が主体となっている。鎌倉府奉公衆に編成されていくことになる6・8宍戸、6武田、9常陸大掾、12海老名、13吉原や奉行人の11明石が使節としてみえる。12古尾谷は平一揆か。幕府文書は、6（尊氏鎌倉駐在期）、7（訴人が在京、幕府に提訴）、10（将軍義満寄進状の施行[98]）で、いずれも鎌倉府発でない理由が明らかな事例である。また、両使遵行は相模・武蔵の場合と同様に所務相論がほとんどであることも確認しておきたい。

次に下野（表55）である。守護は永徳二（一三八二）年四月に終息する小山義政の乱まで、小山が世襲している。表では1・4・（おそらく5も）が守護小山による遵行事例である。6・7は小山義政の乱を挟むかたちで両使遵行が続き、8は7の継続事案とみられるが、乱後の守護木戸による遵行となる。1〜5については、尊氏の鎌倉駐留中の2・3を含め[99]、幕府文書を根拠として守護、関東公方が遵行を実施した事案である。3では、論人が異儀に及べば荘内給主等を動員して退治することも付記されるが、これは論所が足利荘内であるという事情を前提に理解できる。守護の国内武士動員とは異なり、「荘内給主等」とあり、使節も淵辺（足利被官）、小俣（足利一門）である。2もやはり足利荘が論所であり、使節の西尾は足利が三河守護を世襲したことから足利被官である可能性が高い。6も足利荘が論所ということで両使遵行となったと理解している[100]。なお、5は出陣中の押領を訴えた事案で、訴人の茂木は下野国人であるが、「南方発向最中」という事情で京都の幕府に提訴することになったようである。これも内乱期特有の事象といえる。

最後に7は、小山没落後の守護不在期とも考えられる。使節となっているのは鎌倉府奉公衆の梶原・宍戸であり、武蔵、常陸などと共通する傾向がわずかながらみられる。

【安房・上総・下総】　表56（安房）、57（上総）、58（下総）を用意した。

まず安房は、事例は四件と少ないものの、それぞれ個性がある。1は足利尊氏鎌倉駐留期の遵行で、使節は足利荘内の地名を苗字としていることから足利被官と想定される鵤木である。2以降は鎌倉府の遵行使節であるが、2の丸は安房国御家人（郡司）の系譜をひく武家、3は守護遵行、4は政所執事二階堂行詮の奉書をうけた奉行人壱岐の遵行である。すべて寄進、充行、預置にかかる事案で、所務相論はない。

次に上総は、守護に佐々木、千葉が交互に任じられたが、表の範囲では4～11が千葉氏胤守護期にあたり、守護遵行が原則と見受けられる。1の胤房、3の胤茂が千葉一族である可能性があるが、ともに守護とは認定できない。また、7の畠山も素性は未詳。3～8は尊氏鎌倉駐在期の遵行で、提訴の時機を考慮すると（註99参照）、9についてもこれに含められる可能性がある。市原八幡宮別当（社務）・社領事案については、尊氏在鎌倉期の6・8も含め、すべて幕府文書（「京都御施行」、尊氏御判御教書など）となっている（2・10・15・17）。12以降の守護交替、とくに公方基氏による世良田義政「誅殺」前後の鎌倉府内部の権力闘争が上総守護人事に強く反映されたことについては小国浩寿の研究がある[101]。使節遵行の現場を確認する限り、遵行形態や継続事案の扱い（12・16）などに変動はないから、鎌倉府内部の権力闘争が、在地支配のかたちに影響することはなかったようである。

最後に下総は、千葉が守護を世襲し、両使遵行の使節にみえる大須賀、国分、木内、論人としてみえる東なども千葉一族である。総じて千葉の動向が下総の政治状況を支配していたといっても過言ではない。もちろん、鎌倉府による守護統制の試みも実施されたのであるが、1～7が、訴人が関東にあっても幕府文書を根拠とする遵行で占められることから推察されるのは、この間、下総ないし千葉に対する鎌倉府権力の影響力が弱体であったことである。その意味で、7以降に展開する香取社の訴訟にかかる使節遵行の契機をとらえた対千葉・守護政策の展開は重要といえる。すでに、小国浩寿の研究が要を尽くしているので[102]、ここでは小国が指摘した幕府管領細川頼之と関東管領上杉能憲の連携が、一連の鎌倉府の対応、およびその後の遵行形態の変化の背景にある点について考えておきたい。

7の訴訟は、香取社の訴をうけた本所（関白家）が動き、関白家の挙状（藤氏長者御教書）を幕府（頼之）が鎌倉府に施行したことで開始されている。この間、能憲が上京、四か月ほど滞在している。小国は能憲の上洛の目的のひとつに頼之との会談があり、そのなかで香取社訴訟への対応も協議されたと推断している。その実効性はともあれ、9以降は鎌倉府主体の遵行に転換し、12では香取社訴訟の当面の終結とも思われる（守護代）円城寺の避状が確認されるから、香取社、能憲の思惑はそれぞれに実現したと解釈される。

表56　安房国の使節遵行

	年代	分類	使節	案件（①訴人、②論人、③論所等）	典拠
1	観応三・一〇・二二（一三五二）	単使C	鵜木式部少輔	①遠山安芸守景房、②(充行、3/2下文に任せ)、③古国府中村真下中務丞跡	足利尊氏御判御教書（美濃遠山文書/2208・2363）
2	貞治五・九・二九（一三六六）	単使C	丸豊前守	①鶴岡八幡宮神主山城守（大伴）時国、②(寄進、「故御所」(尊氏) 一円寄附状) ③安西八幡宮領郡房荘内広瀬北方	足利基氏御判御教書（鶴岡神主家文書/3364）
3	応安二・五・一七（一三六九）	守護C	結城中務大輔入道(聖朝/直光) ↓栃本上野入道	①円覚寺仏日庵雑掌祐重、②(1365/5/9足利基氏寄進状)、安西太郎左衛門入道（押領）、③(安房郡) 長田保西方	（関東管領）上杉朝房奉書（円覚寺文書/3506・3509、370/2/27円覚寺文書目録）
4	永和五・四・一三（一三七九）	両使C	森小四郎 大井彦太郎	①鶴岡八幡宮(本地供料所)遍照院雑掌、②(預置、同日政所執事二階堂行詮奉書)、③岩井不入計	壱岐希広遵行状（鶴岡八幡宮文書/3929・3930）

表57　上総国の使節遵行

	年代	分類	使節	案件（①訴人、②論人、③論所等）	典拠
1	建武四・六・一〇（一三三七）	単使C	（姓未詳、千葉?）胤房	①別符尾張権守代官、②（仰下さる旨に任せ）、③畔蒜荘泉郷（角田三郎跡）	胤房打渡状（佐藤行信文書/705）
2	観応二・七・一六（一三五一）	両使C	武田七郎三郎（資嗣） 村上式部大夫入道（源清）	①地蔵院僧正（覚雄）、②（6/17御教書并京都御施行）、③市原八幡宮別当職	村上源清打渡状（尊経閣・宝菩提院文書/2025・2026）
3	正平七・三・一六（一三五二）	単使C	隼人佑胤茂	①行方孫六郎幹胤、②（安堵?）、③佐是郡矢田郷	隼人佐胤茂打渡状（烟田文書/2217）
4	観応三・六・二〇（一三五二）	守護C	千葉介（氏胤）	①安田修理亮氏義、②（恩賞、6/8足利尊氏下文）、③一宮荘高根郷（大曾根大宰少弐跡）	足利尊氏御内書（垣谷隆一郎文書/2274・2282）
5	観応三・一〇・一五（一三五二）	守護C		①浄光明寺雑掌、②（寄附の旨に任せ）、③北山辺郡由井郷	足利尊氏御判御教書（浄光明寺文書/2360）
6	観応三・九・一四（一三五二）	守護C		①地蔵院僧正（覚雄）、②（安堵?）、③市原八幡宮別当職	足利尊氏御判御教書（東寺観智院文書/2339）
7	文和元・一二・二〇（一三五二）	守護C		①円頓宝戒寺雑掌、②（寄附の旨に任せ）、③武射郡小松村	足利尊氏御判御教書（宝戒寺文書/2386）
8	文和二・一・一九（一三五三）	単使C	畠山兵衛蔵人代小野助俊	①御方御局、②（充行、1352/12/30御下文并御教書に任せ）、③（周東郡）三直郷氏家九郎左衛門尉範能跡	小野助俊打渡状（黄梅院文書/2401）
9	文和二・一一・二一（一三五三）	守護C	千葉介（氏胤）	①覚園寺雑掌、②濫妨人、③（造営料所）小蓋・八板	足利尊氏御判御教書（覚園寺文書/2516）
10	文和三・二・五（一三五四）	守護C		①地蔵院僧正房（覚雄）、②先別当明円、③市原八幡宮領市原荘（押領）	足利尊氏御判御教書（東寺観智院文書/2530・2575）
11	康安二・四・二五（一三六二）	守護C		①御愛局、②（充行、4/23御教書を守り）、③二宮荘内住吉郷（細川清氏跡）	（関東執事）高師有施行状（帰源院文書/3008）

	年代	分類	使節	案件（①訴人、②論人、③論所等）	典拠
12	貞治三・四・一六（一三六四）	守護C	伊予守（世良田義政）	①浄光明寺雑掌賢秀、②（1352/10/15御寄進状）千葉介家人、③北山辺郡湯井郷内田地・屋敷（押領）	足利基氏御判御教書（浄光明寺文書/3175）
13	貞治三・六・七（一三六四）	守護C	（守護使?）左衛門尉政久	①称名寺雑掌頼恵、②（御教書幷御施行に任せ）、③周東郡下村半分西方参分壱・子安村地頭職	左衛門尉政久打渡状（称名寺文書/3185）
14	貞治三・九・一六（一三六四）	守護C	新田遠江彦五郎（岩松直明）	①鎌倉極楽寺雑掌玄覚、②（寄附状に任せ）、③（極楽寺）地蔵院領二宮荘小林郷半分	足利基氏御判御教書（極楽寺文書/3210・3212）
15	貞治四・二・三（一三六五）	単使C	左衛門尉基藤	①（醍醐寺）地蔵院前大僧正御房雑掌快豪、②（補任状幷御施行に任せ）、③周西郡別当分	左衛門尉基藤打渡状（尊経閣・宝菩提院文書/3241）
16	貞治四・二・八（一三六五）	守護C	石河勘解由左衛門尉	①浄光明寺雑掌賢秀、②（御施行状に任せ）千葉介家人、③北山辺郡湯井郷内滝若一王子神領（押領）	（守護）上杉朝房遵行状（保阪潤治文書/3248）
17	応安四・九・一二（一三七一）	管領C	上杉兵部少輔入道（能憲）	①地蔵院法印雑掌、②石川左近将監、③市原八幡宮社務職・社領（違乱）	室町幕府管領奉書（尊経閣・宝菩提院文書/3591）
18	応安五・八・二二（一三七二）	守護C	（守護使?）左近将監（石川朝藤）	①清浄光院法印、②（仰出に任せ）、③市原荘	石川朝藤打渡状（尊経閣・宝菩提院文書/3622）

表58　下総国の使節遵行

	年代	分類	使節	案件（①訴人、②論人、③論所等）	典拠
1	康永二・八・四（一三四三）	守護C	千葉介（貞胤）→竹元某（五郎左衛門尉?）	①金沢称名寺雑掌光信、②東弥六（胤義）・同七郎、③結城郡下方内毛呂郷等地頭職（濫妨）	室町幕府禅律方頭人奉書（称名寺文書/1432・1490・1529）
2	康永三・二・九（一三四四）	守護C	千葉介（貞胤）大須賀下総前司	①香取社、②③（造営催促）	室町幕府執事奉書（香取大禰宜家文書/1476）
3	文和二・八・二八（一三五三）	守護C	千葉介（氏胤）→守護代	①中村備中守親平、②大屋孫三郎入道、③□井荘星名郷神村半分（押領）	（鎌倉府政所執事）二階堂成藤奉書（神田孝平文書/2488）

4	文和二・九・二九（一三五三）	守護C	（千葉氏胤）→円城寺駿河守	①（伊勢）太神宮雑掌貞綱、②（御奉書案如此）、③相馬御厨（所務沙汰付）	千葉氏胤施行状（神宮文庫・鏑矢文書/2493）
5	貞治四・一〇・一五（一三六五）	両使A	民部丞師順 大須賀越後守	①称名寺、②□□左衛門尉、③埴生荘山口郷（論人返答執進）	民部丞師順請文（称名寺文書/3294）
6	貞治四・一二・二六（一三六五）	両使C	国分遠江守 大須賀越後守	①称名寺、②（1350/5/19下知）東弥六（胤義）・海上八郎入道、③東荘上代郷内闕所（押領）	室町幕府引付頭人奉書（称名寺文書/3301）
7	応安五・一一・一四（一三七二）	管領C	上杉兵部少輔入道（能憲）	①香取社大禰宜長房、②③造替無沙汰、実秋・実持等神輿狼藉、海夫等（細川頼之あて11/12藤氏長者二条師良御教書の施行）	室町幕府管領奉書（香取大禰宜家文書/3637・3630〜36）
	応安五・一二・一四（一三七二）	管領C		①香取社大禰宜長房、②③（葛飾郡）戸崎・大堺・行徳関務（藤氏長者二条師良御教書の施行）	室町幕府管領奉書（香取大禰宜家文書/3644）
8	応安七・三・二二（一三七四）	両使C	安富大蔵入道（道轍） 山名兵庫大夫入道（智兼）	①香取大禰宜長房、②③（条々事書、造替停滞、千葉介満胤家人中村式部丞胤幹社領押領、神輿帰座）、5/27両使請文（満胤代官円城寺式部丞幷深志中務丞、出逢堺曳橋塞路次）6/6両使請文（結句両方合戦）	（関東管領）上杉能憲奉書（香取大禰宜家文書/3689・90）
	応安七・四・二五（一三七四）				（関東管領）上杉能憲奉書（香取大禰宜家文書/3692〜97）
	応安七・六・五（一三七四）				（関東管領）上杉能憲奉書（香取大禰宜家文書/3709）
	応安七・八・九（一三七四）		木内七郎兵衛入道 大須賀左馬助（憲宗）	①香取社人長房、②千葉介（押領）、③香取神領（「両使に仰付、相催一族可加合力」）	（関東管領）上杉能憲奉書（香取大禰宜家文書/3717〜19）
	応安七・八・九（一三七四）		安富大蔵入道（道轍） 山名兵庫大夫入道（智兼）	①香取社人長房、②千葉介満胤家人、③香取社領（押領）	（関東管領）上杉能憲奉書（香取大禰宜家文書/3720〜22）
	応安七・一〇・一四（一三七四）		安富大蔵入道（道轍） 山名兵庫大夫入道（智兼）	①香取社人長房、②千葉介満胤、③香取社領香取郡大槻郷（押領）	安富道轍・山名智兼打渡状（香取大禰宜家文書/3741〜43）
9	応安七・九・二七（一三七四）	守護C	千葉介（満胤）	①香取社大禰宜長房、②③（香取郡）宮津以下浦々海夫橋	安富道轍・山名智兼連署奉書（香取大禰宜家文書/3736〜38）
10	応安七・一〇・一四（一三七四）	守護C	千葉介（満胤）	①香取社大禰宜長房、②（大中臣）実持・実秋跡、③風早荘内戸崎、大堺関務	安富道轍・山名智兼連署奉書（香取大禰宜家文書/3744）

	年代	分類	使節	案件（①訴人、②論人、③論所等）	典拠
11	永徳三・一二・八（一三八三）	守護C	隼人佑（千葉？）胤藤	①中山本妙寺、②荘主、③千田荘岩部郷中山本妙寺末寺運興寺領田畠・在家（仰下の旨に任せ）	隼人佑胤藤打渡状（浄光寺文書/4175）
12	嘉慶二・一〇・二五（一三八八）	守護C	千葉介（満胤）→円城寺隼人佑胤泰 匝瑳弾正左衛門尉氏泰	①香取大禰宜長房、②（1374/10/14円城寺式部丞政氏避状に任せ）、③訴訟地（散在地、別当分、八乙女分等）	千葉満胤書下（香取大禰宜家文書/4421）

上総は海を隔てて鎌倉府の基盤地域である相模、武蔵と向き合う位置にあり、鎌倉府にとっては政治（軍事）・経済的にも第三の拠点化がはかられたようだ。鎌倉～建武政権期の上総守護は足利で、足利の指揮下で使節遵行も実施されていた経緯がある。上総守護の人事が鎌倉府内部の権力闘争を反映したのも、そうした背景があってのことである。これに対して、下総から常陸、下野に到る地域は、守護も世襲（下総の千葉、下野の小山は鎌倉時代「自然恩沢の守護人」）で安定しており、ときに鎌倉府権力の到達しにくい、東国のなかの東国として位置づけられよう。使節遵行の様相も、そうした条件に規定されていることが明確になったと思われる。これらについては、さらに後段で展望を広げたい。

【上野・越後・佐渡】　表59（上野）、表60（越後）、表61（佐渡）を用意した。

上野の守護は、6の直前に足利直義を支持した上杉憲顕が更迭され、宇都宮氏綱に交替し、貞治二（一三六三）年三月に憲顕が越後から呼び戻され関東管領に復帰。上野守護にも返り咲いた。氏綱はその前年に越後守護も更迭されている。そのあたりの事情は表にも鮮明である。6は、宗良親王を奉じて上野に挙兵した新田義宗・義興、脇屋義治等が武蔵を攻略し、尊氏を一時的に逃亡させて鎌倉入りする二日前の日付となっている。「正平一統」が破れる直前の正平年号である。一方、10の足利義詮御判御教書は憲顕復帰前の康安元（一三六一）年十月三日付であるが、基氏による施行は憲顕復帰後の貞治二年十二月である。13の奉者左近将監については近年の研究では上杉顕能とされる。[103]

表59　上野国の使節遵行

	年代	分類	使節	案件（①訴人、②論人、③論所等）	典拠
1	建武二・九・一六（一三三五）	単使C	真下藤四郎	①(畠山)阿波式部大夫入道西蓮女源氏、②某、③一宮那波、	右京亮某施行状（武州文書・教念寺文書/282）
2	暦応元・九・一六（一三三八）	守護C	上杉民部大輔（憲顕）	①長楽寺、②(9/5足利尊氏寄進状)、③新田荘内平塚郷地頭職	室町幕府執事奉書（長楽寺文書/880）
3	暦応三・九・一三（一三四〇）	両使C	和田次郎左衛門尉代盛行 小幡宮内左衛門尉代氏泰	①熊谷小四郎（直経）、②瀬下与一入道ら、③(甘楽郡)高尾村地頭職（高尾小太郎跡、8/10「御施行謹拝見」）	和田盛行・小幡氏泰連署打渡状（熊谷家文書/1150・1159）
	暦応四・六・二九（一三四一）	両使C	長左衛門三郎（蓮性） 小幡右衛門尉	①熊谷小四郎（直経）、②瀬下与一入道ら、③(甘楽郡)高尾村地頭職（御下文に任せ）	（関東管領）高重茂奉書（熊谷家文書/1236・1262）
4	貞和五・八・二八（一三四九）	守護C	民部大輔（上杉憲顕）	①小林中村弥次郎実達、②(御下文の旨の旨に任せ)、③高山御厨大塚郷内堀籠村	室町幕府執事奉書（前田家所蔵文書／大日本史料）
5	観応元・一二・二三（一三五〇）	守護C	上杉民部大輔（憲顕）	①岩松治部少輔直国、②(恩賞、御下文の旨に任せ)、③新田荘世良田右京亮・桃井刑部大輔跡	室町幕府執事施行状（正木文書/1946）
6	正平七・二・一六（一三五二）	守護C	宇都宮下野守（氏綱）	①走湯山雑掌、②新田大嶋讃岐前司義政、③淵名荘（中分、1/20御教書、1351/10/11御書）	南宗継奉書（宇都宮文書/2194）
7	文和元・一二・二七（一三五二）	守護C		①鎌倉法泉寺雑掌、②(寄進)、新田兵庫頭（大嶋）義高并長尾景忠、③雀袋・戸矢郷	足利尊氏御判御教書（蜷川親治文書/2393）
8	文和二・一二・一七（一三五三）	守護C		①佐渡判官入道導誉、②神保太郎左衛門尉・瀬下宮内左衛門尉等、③多胡荘地頭職	足利義詮御判御教書（周防佐々木文書/2520）
9	文和四・一二・二七（一三五五）	単使C	左衛門尉秀義	①世良田長楽寺塔頭正伝庵、②新田荘村田頼氏（沽却）、③新田荘下江田郷	左衛門尉秀義打渡状（長楽寺文書/2694）
10	康安元・一〇・三（一三六一）	守護C	左兵衛督（足利基氏） →上杉民部大輔入道（憲顕） →長尾左衛門入道（教阿・景忠）	①中院前大納言（通冬）家雑掌良勝、②安堵、③上野国務、（9/2後光厳綸旨の施行、1363/12/19基氏、1364/4/7憲顕遵行）	足利義詮御判御教書（中院文書/2977・2973・3143）

	年代	分類	使節	案件（①訴人、②論人、③論所等）	典拠
10	貞治三・四・七（一三六四）	守護C	（守護代）教阿（長尾景忠）	①中院少将家雑掌良勝、②（1363/12/19足利基氏御判御教書）、③上野国国衙職	（守護）上杉憲顕施行状（京大・中院文書/3143・3169）
	貞治五・九・一四（一三六六）	守護C	左兵衛督（足利基氏）（→上杉民部大輔入道）	①（中院家）上野国雑掌良勝、②諸郷保地頭、③上野国衙（7/12後光厳綸旨の施行、正税抑留）	足利義詮御判御教書（京大・中院文書/3339・3351）
11	貞治二・一二・二九（一三六三）	守護C	上杉民部大輔入道（道昌・憲顕）	①（群馬郡）満行寺執行中納言大僧都頼印、②（安堵下文に任せ）、③淵名荘内花香塚実相院方	足利基氏施行状（相州文書・荘厳院文書/3146）
	貞治三・一・一六（一三六四）	守護C	（上杉憲顕）→（守護代）教阿（長尾景忠）	①中納言大僧都頼印、②（御施行に任せ）、③淵名荘花香塚実相院方	長尾景忠打渡状（相州文書・我覚院文書/3151）
12	貞治三・一・二八（一三六四）	守護C	（守護代）教阿（長尾景忠）→（守護使）安野四郎入道	①円覚寺正続院、②（寄進）、③八幡荘鼓岡村池鯖禅尼給分半分、	上杉憲顕施行状（円覚寺文書/3154・3155）
13	貞治三・一一・九（一三六四）	両使C	高田遠江守（忠遠）佐貫駿河守（師綱）	①新田治部大輔（岩松直国）、②（恩賞、10/28御下文）、③新田荘内江田郷（世良田義政跡）	左近将監（上杉顕能）施行状（正木文書/3217～3220）
14	貞治六・四・五（一三六七）	守護C	（上杉憲顕）→（守護代）教阿（長尾景忠）	①伊勢国二見郷来迎院、②地頭・預所、③（勢多郡）細井御厨内寺領（年貢抑留）	長尾景忠打渡状（氏経卿引付/3392・3449）
15	応安四・三・二九（一三七一）	守護C	長尾孫四郎入道	①中納言法印頼印、②（補任、③3/9御教書）、③榛名山座主職	上杉憲春施行状（相州文書・我覚院文書/3574）
16	康応元・八・一六（一三八九）	守護C	（上杉憲春）→（大石）石見守能重	①（鎌倉）明王院雑掌、②（寄進?度々御奉書の旨に任せ）、③浄法寺九郎跡平塚・牛田・岩井	大石能重打渡状（明王院文書/4464）

表60　越後国の使節遵行

	年代	分類	使節	案件（①訴人、②論人、③論所等）	典拠
1	建武四・一二・五（一三三七）	守護C	高越後守（師泰）	①金沢称名寺雑掌光信、②三浦下野入道道祐（貞宗）、③奥山荘内金山郷（道祐後日御下文を帯び子細申す、先日安堵状により寺家に打渡、道祐には替地を給す）	室町幕府引付頭人奉書（称名寺文書/771）

2	暦応二・一〇・二〇（一三三九）	両使C	佐々木加治近江権守（景綱）大見肥後彦五郎	①金沢称名寺雑掌光信、②三浦下野入道々祐代官、③奥山荘金山郷地頭職（使節緩怠により再令）	室町幕府禅律方頭人奉書（称名寺文書/1014）
3	康永二・三・四（一三四三）	守護C	上杉民部大輔（憲顕）	①青木四郎左衛門尉武房、②本庄左衛門次郎（持長）以下濫妨、③小泉荘内闕所	室町幕府引付頭人奉書（反町・色部文書/1394）
4	康永二・一二・八（一三四三）	守護C	（上杉憲顕？）→（村越）公房	①佐々木加地三郎章氏女子代惟信、②加地又三郎・同福丸（押領）、③加地荘桜曽根条等（11/20僧某・法橋某連署奉書の遵行）	村越公房打渡状（中条家文書/1455・1459）
5	康永三・一・二九（一三四四）	守護C	上杉民部大輔（憲顕）→（長尾左衛門尉）景忠	①三浦下野入道々祐、②（恩賞、1343/12/26足利尊氏下文）、③奥山荘堰沢条	室町幕府執事奉書（反町・三浦和田文書/1470）
6	康永四・六・一（一三四五）	守護C	上杉民部大輔（憲顕）→長尾左衛門尉景忠	①三浦和田四郎兵衛尉茂実、②（恩賞、5/26足利尊氏下文）、③奥山荘北条内海老名又太郎忠文妻女跡	室町幕府執事施行状（三浦和田文書/1555・1557・1563・1590）
7	貞和三・九・一五（一三四七）	守護B	（上杉憲顕）→左衛門尉（長尾）景忠	①三浦和田四郎兵衛尉茂実、②（安堵）、③奥山荘北条内（和田）章連跡（当知行実否調査、「御奉書謹拝見」）	長尾景忠請文（反町・三浦和田文書/1732・1738）
8	貞和三・一〇・五（一三四七）	守護B	近江権守（加地）景綱	①三浦和田四郎兵衛尉茂実、②（安堵）、③奥山荘北条内（和田）章連跡（当知行実否調査、9/1御奉書謹拝見）	佐々木加地景綱請文（反町・三浦和田文書/1740）
9	観応元・四・一二（一三五〇）	両使C	杉太郎 加地筑前次郎左衛門尉	①三浦和田下野権守茂実、②大槻千若丸（押妨）、③奥山荘荒居村（地頭職）	（鎌倉府引付？）長井高広（縫殿頭）奉書（反町・三浦和田文書/1890・91）
10	観応元・一一・二八（一三五〇）	単使C	加地近江四郎代貞知	①三浦和田下野権守茂実、②（大槻千若丸）、③奥山荘北条荒居村地頭職（9/28御教書に任せ）	加地近江四郎代貞知打渡状（反町・三浦和田文書/1933）
11	文和三・二・八（一三五四）	守護C	宇都宮伊予守（氏綱）	①三浦和田土佐守茂助、②（恩賞、2/6足利基氏御判御教書）、③奥山荘金山郷	（関東管領）畠山国清施行状（中条家文書/2532）
12	文和四・二・一〇（一三五五）	両使C	沙弥良性 右衛門尉高家	①三浦和田土佐守茂助、②（1354/10/24奉書の旨に任せ）、③奥山荘金山郷	沙弥良性・右衛門尉高家連署打渡状（中条家文書/2630）

	年代	分類	使節	案件（①訴人、②論人、③論所等）	典拠
13	文和四・六・二九（一三五五）	守護C	（守護代）駿河守（芳賀高家）	①三浦和田土佐守茂助、②(仰下さる旨に任せ)、③小泉荘弐分方	芳賀高家打渡状（中条家文書/2656）
14	文和四・一・一七？（一三五五）	守護A	（蒲原郡御奉行）	①和田三郎左衛門尉義成、②佐々木加地又三郎等、③義成妻女所領桜曽禰高浜条（押妨）	芳賀高家奉書（中条家文書/2678）
15	延文二・三・二四（一三五七）	守護C	駿河守（芳賀高家）	①本郷弥五郎頼泰、②(御下文の旨に任せ)、③吉河荘内大津幷瓜生両条	芳賀高家打渡状（中条家文書/2756）
16	貞治元・一一・六（一三六二）	守護C	上杉民部大輔入道（道昌・憲顕）	①大友刑部大輔氏時、②(恩賞、11/2足利義詮下文)、③風間入道跡	室町幕府執事施行状（大友文書/3044）
17	貞治二・四・二一（一三六三）	守護C		①西大寺雑掌、②安堵(「当国漸静謐」)、③佐味荘内赤沢・武直村	足利義詮御判御教書（西大寺文書/3085）
18	貞治二・一一・四（一三六三）	両使A	小笠原弥次郎入道 佐々木加地越前守	①(三浦和田時実)、②高野孫十郎（重有）・関孫三郎（胤清）ら、③奥山荘高野条幷関郷	室町幕府引付頭人奉書（反町・三浦和田文書/3135）
19	貞治三・五・二八（一三六四）	両使A	佐々木加地越前々司 小笠原弥二郎	①三浦和田下野四郎時実、②高野孫十郎・関孫三郎ら、③奥山荘高野条幷関郷	室町幕府引付頭人奉書（反町・三浦和田文書/3184）
20	貞治三・七・二五（一三六四）	守護C	（守護代）兵庫頭（憲将）	①西大寺雑掌、②(1363/4/21 御教書)、③佐味荘内赤沢・武直村	上杉憲顕施行状（西大寺文書/3195）
21	貞治四・一〇・一四（一三六五）	守護C	上杉民部大輔入道（憲顕）	①三浦遠江前司行連代道玄、②堰沢孫次郎、③奥山荘金山郷（押妨）	室町幕府引付頭人奉書（反町・三浦和田文書/3293）
22	貞治六・一一・二四（一三六七）	守護C	（守護代）長尾高景 →（守護使）小町修理亮	①東大寺雑掌、②佐々木近江守（10/14 室町幕府引付頭人奉書）、③豊田荘	上杉憲顕施行状（東大寺文書/3440・3441）
23	応安元・一一・二四（一三六八）	守護C	上杉左近将監（憲栄）	①三浦遠江入道々誠、②堰沢孫次郎・金沢称名寺雑掌、③奥山荘金山郷・堰沢条地頭職（濫妨）	室町幕府引付頭人奉書（反町・三浦和田文書/3498）
24	応安七・八・一七（一三七四）	守護C	上杉左近大夫将監（憲方）	①西大寺雑掌、②宇佐弁中務丞・同十郎入道昌政ら、③佐味荘武直村（押妨）	室町幕府管領奉書（西大寺文書/3731）

25	永和元・一二・一二（一三七五）	守護C	上杉左近大夫将監（憲方）	①丹波安国寺雑掌、②(9/6足利義満寄進状)、③鵜河荘安田条上方	室町幕府管領施行状（丹波安国寺文書/3781・3791）
26	永和二・七・一〇（一三七六）	守護C	散位（上杉憲栄）↓長尾弾正左衛門尉（高景）	①円覚寺、②(御寄進状幷御奉書に任せ)、③加地荘内佐々木備前々司時秀法師跡	上杉憲栄施行状（円覚寺文書/3816）
27	永和三・七・二三（一三七七）	守護C	上杉左近大夫将監（憲栄）↓長尾豊前入道（道継／景春）	①丹波安国寺雑掌、②(足利義満寄進状)毛利宮内少輔入道、③鵜河荘安田条上方（支申す）	室町幕府管領奉書（丹波安国寺文書/3856・3858・3882・3886）
28	永和四・七・二（一三七八）	守護C	上杉左近大夫将監（憲栄）	①上杉三郎満朝、②毛利宮内少輔入道（道幸）、③鵜河荘（道幸、延文五年御下文を帯びるとして支申すも、施行を帯びざるをもって、満朝に打渡）	室町幕府管領奉書（上杉家文書/3897）
29	康暦二・四・八（一三八〇）	守護C	上杉龍命（房方）	①上杉安房入道々合（憲方）、②(御下文に任せ)、③妻有荘	室町幕府管領奉書（上杉家文書/3965）
30	至徳元・八・二一（一三八四）	守護C	上杉左馬助（房方）	①金沢称名寺雑掌、②(安堵)、③奥山荘金山郷	室町幕府管領奉書（賜蘆文庫・称名寺文書/4213）
31	至徳四・五・晦（一三八七）	守護C		①本郷左衛門大夫入道照覚、②押領人、③吉河荘内中条北方壱分地頭職	室町幕府管領奉書（本郷文書/4350）
	明徳元・五・七（一三九〇）	守護C			室町幕府管領奉書（本郷文書/4493）
32	康応元・一〇・二三（一三八九）	守護C		①丹波安国寺雑掌、②(足利義満寄進状)毛利宮内少輔入道、③鵜河荘安田条上方（支申す、濫妨）	室町幕府管領奉書（丹波安国寺文書/4468）
33	明徳四・七・一六（一三九三）	守護C		①上杉安房入道々合（憲方）代（長尾）景実、②小国三河守・白河兵部少輔入道、③国衙内蒲原津・五十嵐保（押領）	室町幕府管領奉書（上杉文書/4604）

表61　佐渡国の使節遵行

	年代	分類	使節	案件（①訴人、②論人、③論所等）	典拠
1	永徳元・一二・一四（一三八一）	守護C	畠山播磨入道（国熈）	①本間太郎左衛門尉泰直、②（貞治以来度々仰せらるも証跡を出帯せず）、③梅津保・浦河浦地頭職（渋谷平三跡）	室町幕府管領奉書（佐渡本間文書/4060・4105）
	嘉慶元・一二・二（一三八七）	守護C	小笠原備中守	①本間太郎左衛門尉泰直、②（11/晦重施行に任せ）、③梅津保・浦河浦地頭職（渋谷平三跡、本主押妨）	右馬頭（一色詮範）遵行状（館山市立博物館・坂本武雄文書/4379）

両使遵行となる3の小幡は甘楽郡に拠点を有し白幡一揆の成員となる武家、和田も上野西部に拠点を得た三浦和田庶流、13高田も甘楽郡に拠点を有する武家、佐貫も鎌倉幕府御家人以来の伝統を有する武家である。これら上野国人衆はのちに上州一揆へ展開していく国人衆であり、上杉の守護支配から一定の自律性を維持していた可能性がある[104]。その意味で、それぞれ守護ではなく、関東執事・管領の奉書が用いられていることに一定の意義を見出すべきであろう。ちなみに、鎌倉時代の東国使節の事例が検出できていないので、これら上野国人衆の動向は内乱期に活性化されたともみえる。

次に越後は、本来鎌倉府の管轄域に含まれないが、観応の擾乱にかかり直義派の上杉憲顕が越後守護（および関東管領・上野守護）を解任され、かわって宇都宮氏綱が守護となるに及んで、鎌倉府の管轄に移された。しかるに、上野と同様に、憲顕の復帰とともに氏綱は更迭され、憲顕が守護に復帰するのであるが、その時期は、上野より早く、貞治元（一三六二）年十一月のことで、これにあわせて越後は再び鎌倉府の管轄を離れ、幕府の管轄に戻る。表60では9～15が氏綱守護期、すなわち鎌倉府管轄期である。

さて、越後の特色はなにより長期化する地域的領主間紛争事案が多いことである。全三二件のうち過半の十七件が所務相論であり、初発は安堵、寄進、充行などにかかる遵行であっても、これが当知行者（押領人）等によって妨げられ、所務相論に転化していく事案（15→31、20→24、25→27・32）もある。

金沢称名寺と三浦和田の間で争われた奥山荘金山郷の事案は表の範囲いっぱいに展開している。そもそも1で、三浦和田道祐の帯びる「後日御下文」より称名寺が帯びる「先日安堵状」が尊重されて、金山郷は称名寺雑掌に打渡されることになり、守護遵行がはかられたが、停滞したようだ。2は、称名寺から「使節緩怠」を咎められて幕府が両使遵行に切り替え打開をはかった遵行と解される。使節となったのは加地・大見で、鎌倉時代の東国使節として豊富な実績を有する武家である（第一章第三節）。ところが道祐は抵抗を続けた模様で、金山郷は元弘没収地として拝領したところに「本寺領」と称して称名寺が幕府の安堵を掠め給わったとして幕府裁決を求めた。貞和二（一三四六）年七月十九日付足利直義下知状に、禅律方での審理を経て確定した幕府裁断が示されるが、[105]ここで、幕府は称名寺提出した「（元徳）三年九月六日寄附状」を「謀作」として斥けるなど、寺家雑掌の主張をことごとく否定し、道祐の「一円知行不可有相違」としたのである。11は観応の擾乱終息後、鎌倉府への移管などを前提に理解できる。しかし、21・23をみると、同族の堰沢の濫妨が記され、称名寺雑掌もこれに加担していたことが知られる。

両使遵行では前述のように鎌倉時代の東国使節としても実績を有する佐々木加地の活動が顕著で、すべての両使遵行に従事している。7・8はそれぞれ守護上杉（守護代長尾）と加地に幕府御教書（「御奉書」）が下され、これに応じた請文とも読める。9・10は7・8と同様、三浦和田茂実の提訴を契機とする奥山荘を論所とする相論である。鎌倉府管轄に移管後は両使遵行が先行し、守護宇都宮の遵行が遅れたようにもみえるが、使節遵行は訴人、論所、論人のバランスがもっとも重要な要素となって、遵行のかたちを決める。容易には判断できない。ただ、三浦和田関連が十六件、佐々木（加地など）が四件、毛利が三件と、鎌倉時代に越後に本拠を移した旧鎌倉御家人が越後の地域的領主間紛争の具体的当事者であったことは疑いない。そうした前提で、表を眺めたとき、上杉憲顕の復帰を契機に両使遵行がすがたを消し、守護遵行が主体となることの意味も、単に上杉による守護支配の進化とのみ結論づけられない。

両使遵行が実施されなくなるのと軌を一にして、一族内相論や近隣領主間の紛争事案が後景に退き、幕府（将軍）による所領寄進を契機とする相論が目立つようになる。寄進された土地にはなお由緒を掲げ、当知行を継続する国人があり、抵抗したのである。寺社領を設定することで国人衆の在地支配に一定の掣肘を加える効果は期待できたであろう。そうした動向と連動する守護遵行が展開する環境のなかで、国人衆が既得権益を維持しようとすれば、守護被官化するか、守護とは距離をおき自律性を保存する途を模索したであろう。その意味で、これまで取り扱った諸国と大きな相違はない。ただ、越後の場合、越後に本拠を移した旧鎌倉御家人の後裔たちが戦国期に「揚北衆」としてあらわれることになることは、越後の個性として重要である。

最後に佐渡は、事例が二件、同一事案である。1は畠山国熈が守護であった可能性を示す徴証とされる唯一の典拠史料であり、その範囲での守護遵行という評価である。2は、右馬頭の人名比定に誤りがなければ、一色詮範もまた守護であった可能性を示すが、充所の小笠原備中守は幕府奉公衆の可能性があり、典拠史料の理解にはなお検討の余地がある。いずれにしても、これら史料のみから佐渡の在地状況を推定することは困難である。

【伊豆】　表62を用意した。1〜3は上杉重能が国司・守護両職を兼帯したと考えられている時期の遵行で、重能が充所となる文書が典拠となる1、伊豆国御家人の系譜をひく田代が一方使節となる2、守護代・目代祐禅が使節となる3と多様であるが、幕府文書を根拠とする遵行である。多様となった理由については未詳である。

4・5は3の継続事案である。観応の擾乱期に属し、石堂義房は直義派守護と考えられている。擾乱終息後は、畠山国清が関東管領とあわせて伊豆守護となり、6・7は国清指揮下の遵行である。国清は康安元（一三六一）年十一月、基氏に背いて伊豆に走り、翌二年に投降。伊豆守護は基氏が権力基盤の支えと期待した平一揆の指導層に属した高坂氏重である。8～12が氏重守護期の遵行事例で、12を除きすべて寺社領寄進にともなう遵行である。12の典拠史料は、基氏没（貞治六年四月）後、幼少の氏満（金王丸）を補佐する役割を負って下向した佐々木導誉が関東管領奉書の様式で法泉寺雑掌に授与した文書（6の継続事案）である。応安元（一三六八）年六月の平一揆の蜂起、敗北により高坂は滅亡。その後は、上杉能憲・憲方と上杉が世襲する（13・14）。

表62　伊豆国の使節遵行

	年代	分類	使節	案件（①訴人、②論人、③論所等）	典拠
1	建武五・五・二七（一三三八）	守護C	伊豆守（上杉重能）	①走湯山密厳院雑掌通性、②甲乙人、③大立野村（違乱）	室町幕府執事奉書（田中教忠文書／831）
2	暦応三・一一・一九（一三四〇）	両使C	長左衛門二郎 田代左京亮（房綱）	①三島社、②(1339/7/16足利尊氏寄進状)、③蒲原御厨内多牛村（宇都宮九郎左衛門尉跡）	室町幕府執事施行状（三島神社文書／1165・1166）
3	貞和三・三・二七（一三四七）	単使C	（守護代・目代）祐禅	①三島社神主、②(3/11御奉書に任せ)、③郡宅郷内御名田	祐禅打渡状（三島神社文書／1692）
4	観応元・一二・一九（一三五〇）	単使C	左衛門尉某	①三島社神主盛実代光頼、②(仰下さる旨に任せ)、③郡宅郷内御名田、	左衛門尉某打渡状（三島神社文書／1943）
5	観応二・二・二三（一三五一）	守護C	守護代	①三島社神主盛実代光頼、②(還付、1347/3/11御施行并3/27打渡状に任せ)、③郡宅郷内御名田（前目代人給に落とす）	石塔義房書下（三島神社文書／1973）
6	観応三・三・二六（一三五二）	守護C	（守護代）遊佐勘解由左衛門尉	①鎌倉法泉寺雑掌、②(御寄進状并御施行に任せ)、③狩野荘熊坂村	（守護）畠山国清遵行状（東大文・相模文書／2223）
7	文和三・一一・一一（一三五四）	守護C	左衛門尉某	①正法蔵寺雑掌、②(⑩/26御教書并御施行に任せ)、③(田方郡)馬宮荘上方地頭職	左衛門尉某打渡状（称名寺文書／2613）
8	康安二・四・二五（一三六二）	単使C	高坂兵部大輔（氏重） →修理亮頼重	①三島社神主盛実、②(同日足利基氏寄進状)、③矢田郷々司職（畠山国清跡）	（関東執事）高師有施行状（三島神社文書／3010・3009・3016）

	年代	分類	使節	案件（①訴人、②論人、③論所等）	典拠
9	康安二・七・六（一三六二）	単使C	高坂兵部大輔（氏重）	①三島社、②(安堵、7/6 足利基氏御判御教書)、③三薗郷（源頼朝寄進状典拠）	（関東執事）高師有施行状（三島神社文書／3026～3028）
10	貞治三・一二・二三（一三六四）	単使C	高坂兵庫大輔（氏重）	①円覚寺正続院、②(12/16 足利基氏寄進状)、③多呂郷	（関東管領）上杉憲春施行状（円覚寺文書／3232）
11	貞治三・一二・二五（一三六四）	単使C	高坂兵庫大輔（氏重）→横田新左衛門尉	①（醍醐寺）三宝院僧正坊（光済）雑掌重慶、②(2/19 御下文、補任)、③密厳院別当職	足利基氏御判御教書（施行状）（醍醐寺文書／3234・3236・3237）
12	貞治六・一〇・一二（一三六七）	単使C	高坂兵部大輔入道（氏重）	①鎌倉法泉寺雑掌祥光、②狩野介入道（京都御事書に背き押領）、③(田方郡)熊坂郷	佐々木導誉奉書（塙又三郎文書／3437）
13	応安四・三・二〇（一三七一）	守護C	長尾帯刀左衛門入道	①三島社神主長門守盛直、②宮左近将監・西大夫（盛経）、③神事執行（違乱、「京都御教書如此」）	（守護）上杉能憲施行状（矢田部文書／3571・72）
14	永徳二・一〇・一六（一三八二）	守護C	安房入道（上杉道合／憲方）→大石隼人佑（能重）	①三島宮東大夫盛直、②(寄進、9/25 足利氏満御判御教書) 大仏寺より悔返、③郡宅郷市原在家（佐介上野介跡）	（守護）上杉憲方施行状（三島神社文書／4104・4107・4108）

伊豆は鎌倉府管轄領域の西限であり、政治的要衝であった。したがって、鎌倉府内部の権力闘争が守護人事に反映され、右記のような交代劇を展開することになった。しかし、上総の場合でもそうであったように、こうした守護交替があっても、使節遵行の現場に影を落としたようには見受けられない。事案も三島社関連が八件と過半を占め、走湯山密厳院、鎌倉法泉寺が各二件など、すべてが寺社訴訟であるのが伊豆の特色である。

【甲斐・信濃】　表63（甲斐）、64（信濃）を用意した。

甲斐は八事例、五事案。守護代の表記がない使節についても、将軍下文→「御奉書」「御教書」（執事・管領施行状）→「御施行」（守護施行状）の流れが確認できるので、すべて守護遵行と考えることができる。守護は鎌倉時代後期以降武田の独占である。甲斐も鎌倉府管轄領域に含まれるが、表の限りでは鎌倉府の関与は皆無のように見受けられる。内容は武家への恩賞給与（尊氏区第文）にかかる遵行、あるいはこれを契機に発生した当知行（「押領」）者との相論にかかる遵行で占められる。1の訴人内藤教泰は、安芸国長田郷地頭でもあり（第四章第三節）、内乱期には安芸、甲斐両国でそれぞれ戦功をあげた実績がある。守護代が論人を引級し遵行が滞ることを理由に両使遵行への回帰を守護ないし幕府に求めていたことが確認できる。[106]領地を離れ転戦することの多い武家には、実効支配を継続できず他者からの押領を防ぎ得ない局面に立たされることがあるが、内藤の場合も甲斐、安芸双方で所務相論の当事者となっている。また、3・5羽仁の場合のように、本主がなお留まり、あるいは遵行が完了したところへ立還り再度押領を試みるケースは、内乱期の他の諸国、事例にも多くみられる。裁許、遵行によってもなお知行は定着、安定化しないのがこの時代の特色でもある。

表63　甲斐国の使節遵行

	年代	分類	使節	案件（①訴人、②論人、③論所等）	典拠
1	・一二・一四（一三四四）以前	守護C	武田弥五郎　伊沢次郎	①内藤次郎左衛門尉教泰、②松尾六郎左衛門尉（盛政）、③藤太郷内越生四郎左衛門尉跡（押領）、（論所は恩賞地、1338/1/28 足利尊氏下文、教泰、守護代高江が松尾を引級し遵行に及ばず、本御使／伊沢・武田の打渡をのぞむ）	内藤教泰申状（長門内藤家文書 /1565）
	康永三・一二・一四（一三四四）	守護C	（守護代）散位（高江）経兼		高江教兼請文（長門内藤家文書 /1527）
	康永四・五・八（一三四五）	守護C			内藤教泰申状（長門内藤家文書 /1565）
2	貞和二・一〇・二六（一三四六）	守護C	左衛門尉時実	①内藤左衛門四郎泰継子息松王丸、②（恩賞、1338/1/28 足利尊氏下文、5/14 御奉書・同20御施行）、③（山梨郡）飯田郷内武田源七跡	左衛門尉時実打渡状（斉藤元宣・内藤家文書 /1663）
3	観応三・八・五（一三五二）	守護C	（守護代？）武田弾正少弼（信明）→両使	①羽仁弥八信家、②（恩賞、6/20 足利尊氏下文・7/23 御教書）、③稲山保内平井孫三郎跡	武田信武施行状（国立公文書館・万沢家文書 /2284・2322・2537）

	年代	分類	使節	案件（①訴人、②論人、③論所等）	典拠
4	観応三・九・二一（一三五二）	守護C	源遠信 藤原俊行	①金子平内左衛門（尉）信泰、②（恩賞？6/20御下文・7/23御教書、8/5御施行）、③（山梨郡）青沼郷逸見甲斐入道跡	源遠信・藤原俊行連署打渡状（毛利家文書/2343）
5	文和三・四・三（一三五四）	守護C	守護代	①羽仁弥八信家、②（恩賞）市川弥平次、平井弥三郎、③稲山保内平井孫三郎跡（立帰遵行地、押領）	武田信武書下（国立公文書館・万沢家文書/2543）

表64　信濃国の使節遵行

	年代	分類	使節	案件（①訴人、②論人、③論所等）	典拠
1	建武五・四・二六（一三三八）	（守護）C	村上河内権守（信貞）	①金沢称名寺雑掌光信、②保巣孫次郎長俊、③太田荘内大倉郷（長俊逐電）	室町幕府禅律方頭人奉書（称名寺文書/820）
2	康永元・九・六（一三四二）	守護C	小笠原信濃前司（貞宗） →小笠原与次郎（兼経）	①金沢称名寺雑掌光信、②島津大夫判官宗久跡代官以下、③太田荘大倉郷地頭職（濫妨）	室町幕府禅律方頭人奉書（称名寺文書/1360・1390）
3	貞和元・一二・六（一三四五）	守護C	小笠原信濃前司（貞宗）	①岡本勝円房良円、②（恩賞、11/12足利尊氏下文）、③中野郷内中野佐藤太跡	室町幕府執事施行状（秋田藩採集・岡本文書/1598・1604）
4	貞和二・九・二〇（一三四六）	守護C	小笠原信濃前司（貞宗）	①金沢称名寺雑掌光信、②島津大夫判官宗久跡代官以下、③太田荘大倉郷地頭職（濫妨）	室町幕府禅律方頭人奉書（称名寺文書/1647）
5	貞和三・三・二三（一三四七）	守護C	小笠原信濃入道（貞宗）	①武蔵国金陸寺雑掌、②（1/11寄進状）、③浦野荘西馬越郷内薩摩九郎跡半分	室町幕府執事施行状（円覚寺文書/1686）
6	貞和五・三・一七（一三四九）	守護C	遠江守（小笠原）政長	①金沢称名寺雑掌光信、②当知行人島津宗久跡（御射山頭役）、③太田荘大倉郷地頭職	小笠原政長請文（称名寺文書/1816）
7	観応元・三・六（一三五〇）	両使C	海野左衛門（尉） 大井甲斐守	①金沢称名寺雑掌光信、②島津大夫判官宗久跡・高梨能登守（経頼）、③太田荘大倉郷地頭職	室町幕府禅律方頭人奉書（称名寺文書/1874・1883）
8	観応二・六・二（一三五一）	両使A	市河十郎左衛門尉（経助） 屋代越中権守	①毛見彦次郎実綱、②木嶋五郎次郎、③毛見郷本栖・平沢村地頭職	室町幕府引付頭人奉書（市河文書/2011）

9	観応二・六・一〇（一三五一）	両使C	（浦野勘解由）左衛門尉 禰津孫次郎（宗貞）	①金沢称名寺雑掌光信、②島津大夫判官宗久跡・高梨能登守（経頼）、③太田荘大倉郷地頭職	室町幕府禅律方頭人奉書（称名寺文書/2012・2013・2185・2428）
10	貞治二・一〇・七（一三六三）	守護C	十倉左衛門尉	①金陸寺雑掌、②安堵、③（小県郡）浦野荘西馬越郷（薩摩九郎跡半分）、（8/21「京都御書」＝足利義詮御判御教書の施行）	（守護）上杉朝房遵行状（円覚寺文書/3130・3114）
11	貞治五・一〇・一二（一三六六）	守護C	上杉弾正少弼（朝房）	①茂木三郎朝音、②（充行?）、③神林郷内下村1367/4/2再令	足利基氏御判御教書（吉成尚親文書/3365・3391）

次に信濃は、十一件、六事案である。太田荘をめぐる称名寺と島津（地頭）の相論（2・4・6・7・9）を含め、鎌倉周辺の寺院による提訴事案が八件となっている。まずはこれが特徴といえるかもしれない。また、室町幕府管轄領域に属するため、幕府文書を根拠とする遵行で占められるが、在京権門領主・武家が当事者となる事案は皆無である。

7~9は観応の擾乱期の両使遵行である。7大井甲斐守（光長）は尊氏派守護の小笠原政長の守護代との評価があり、8市河経助、9禰津宗貞はそれぞれ直義派として行動している[107]。8・9の時期は幕府政務が直義主導になっていたから、少なくともこれらについては、尊氏派の守護小笠原を排しての遵行と評価できるように思われる。ただ、上総、伊豆などでもみてきたように、政権内部の権力闘争が使節（守護）人事に反映されることはあっても、遵行の現場、使節のスタンスに大きく影響することがなかったことは、これら事案においても確認できる。

なお、11以降の使節遵行事例は検出できなかった。守護関係文書も軍事一色となる傾向にあり、こうした事情のなかで所務相論にかかる使節遵行が後景に退いたと理解しておきたい。

【駿河・遠江】　表65（駿河）、表66（遠江）を用意した。

駿河は今川が守護を世襲した国である。11を除き（9は未詳）、幕府文書を根拠とする守護遵行で、範国守護期に

表65 駿河国の使節遵行

	年代	分類	使節	案件（①訴人、②論人、③論所等）	典拠
1	康永四・四・五（一三四五）	守護C	今河五郎入道（心省・範国）	①吉河小二郎経時跡、②(恩賞、3/15足利尊氏下文)、③吉河郷内矢部五郎・六郎跡	室町幕府執事施行状（吉川家文書/1543・1549）
2	貞和二・七・一八（一三四六）	守護A	（今川範国?）→沙弥道恵	①南条時忠後家平氏代時直、②南条次郎左衛門入道大行女子乙松ら、③富士上方上野郷（5/4御施行に任せ、論人請文執進）	沙弥道恵請文（大石寺文書/1637）
3	観応二・九・八（一三五一）	守護C	今川五郎入道（心省／範国）	①細川伊予守元氏（清氏）代性空、②大草弥三郎以下悪党人、③田尻郷南村河原一色地頭職（濫妨）	足利義詮御判御教書（天竜寺文書/2050）
4	正平七・二・一四（一三五二）	守護C	今河入道（心省／範国）→木村四郎兵衛尉（盛綱）斎藤雅楽四郎入道（道恵）	①伊達藤三景宗、②(恩賞 1351/12/12 足利尊氏下文)、③入江荘三沢小次郎跡	南宗継奉書（駿河伊達文書/2118・2191・2195・2225）
5	文和三・一二・七（一三五四）	守護C	今川上総介（範氏）	①冷泉前左兵衛督雑掌秀成、②(充行?・11/12 綸旨の施行)、③(益頭郡) 小楊津御厨	足利尊氏御判御教書（東京国立博物館文書/2618）
6	延文三・一一・一八（一三五八）	守護C	今河上総介（範氏）	①円勝寺雑掌、②地頭摂津左衛門大夫、③益頭荘（年貢対捍）	足利義詮御判御教書（武蔵美吉文書/2824）
7	延文四・一二・一一（一三五九）	守護C	（今川範氏?）→（姓未詳）吉元	①走湯山衆徒、②(8/2□御教書幷御書下に任せ)、③(有度郡) 中田保・西嶋郷（立帰御沙汰遅引）	吉元打渡状（集古文書/2904）
8	延文五・九・二八（一三六〇）	守護C	今川上総介（範氏）	①理智院雑掌、②(守護) 家人、③志太郷領家職（濫妨）	室町幕府執事奉書（小西康夫文書/2941）
9	康安二・六・五（一三六二）	単使C	妙香	①三島社、②寄進（「建武元年御寄進状」）、③駿東郡土加利郷	妙香打渡状（三島神社文書/3020）
10	貞治元・一二・二二（一三六二）	守護C	（今川範氏）→伊達入道	①円覚寺雑掌、②(1362/12/7 今川範氏寄進状＝「御寄附状」の旨を守り)、③有度郡下嶋郷（大屋勘解由左衛門尉跡）	（今川家奉行人）道儀・宗久連署奉書（施行状）（円覚寺文書/3049）
	貞治二・二・一六（一三六三）	守護C	（今川範氏）→由比左衛門尉（光行）	①円覚寺雑掌法実都寺、②(今川入道心省申請の旨に任せ寄進、1363/①/17 義詮御判御教書)、③有度郡下嶋郷郷司職	今川範氏書下（円覚寺文書/3070・3071）

	年代	分類	使節	案件（①訴人、②論人、③論所等）	典拠
	貞治七・三・一六（一三六八）	守護C	（今川範国）→目代（斎藤某）	①円覚寺、②（寄進、「故御所（範氏）御判」を以て寄進、1367/8/19今川心省/範国寄進状）、③（有度郡）下島郷地頭職（当給人大喜安芸入道・伊達蔵人入道跡）	今川範国書下（施行状）（円覚寺文書/3458・3459）
11	応安八・二・二五（一三七五）	両使C	狩野介入道 土肥兵衛入道	①円覚寺雑掌、②大高伊予入道法智家人ら、③佐野郷（足利氏満、円覚寺再興料所にあてる、「法智罪科人」、法智を追出し、法智与力人の交名を注進すべし）	（関東管領）上杉能憲奉書（円覚寺文書/3759）
	至徳元・九・五（一三八四）	両使C	土肥参河守（顕平） 河村兵部少輔入道		（関東管領）上杉憲方奉書（円覚寺文書/4216・4217）
	至徳元・一二・五（一三八四）	両使C	土肥参河守（顕平） 河村兵部少輔入道	①円覚寺雑掌祐重、②大高刑部少輔氏成（成氏）、③佐野郷（違乱）	（関東管領）上杉憲方奉書（円覚寺文書/4230・4231・4248）

表66　遠江国の使節遵行

	年代	分類	使節	案件（①訴人、②論人、③論所等）	典拠
1	建武四・九・二〇（一三三七）	守護C	（守護殿）	①最勝光院雑掌、②（地頭高師業？）、③村櫛荘（寺用米抑留）※院宣の施行	室町幕府引付頭人奉書（東寺百合文書・サ15-5）
2	暦応二・一〇・二四（一三三九）	守護C	右馬権助（仁木義長）→那珂彦三郎左衛門尉　守護代	①浄智寺蔵雲庵雑掌、②依田兵部丞、③初倉荘内八幡宮別当職	仁木義長遵行状（相州文書・浄智寺文書/1016）
3	康永元・一二・二三（一三四二） 康永二・五・一（一三四三）	両使A	（奉行人）信重・宏昭	①最勝光院雑掌、②地頭高尾張守（師業）、③村櫛荘（寺用米抑留）（論人「当参」により出廷催促するも、弁じ申さず）※「当参」＝在京中	1344/②/21足利直義下知状（東寺百合文書・サ15～6、無29）
4	貞和二・六・一七（一三四六）	守護A	千葉介貞胤	①最勝光院雑掌定祐、②一分地頭原熊伊豆丸、③原田荘細谷郷（年貢対捍）（請文執進）	1346/⑨/27足利直義下知状（東寺百合文書/1655）
5	貞和二・七・七（一三四六）	守護A	千葉介貞胤	①最勝光院雑掌定祐、②一分地頭金子孫次郎忠継、③原田荘細谷郷（年貢対捍）（請文執進）	1346/10/7足利直義下知状（東寺百合文書/1661）

	年代	分類	使節	案件（①訴人、②論人、③論所等）	典拠
6	観応二・一一・七（一三五一）	守護C	仁木越後守（義長）	①細河左馬助頼和、②(恩賞、2/13足利尊氏下文)、③相良荘地頭職（二階堂成藤跡）	室町幕府執事奉書（紀伊野田文書/1970、大日本史料）
7	観応三・七・二三（一三五二）	守護C	（今川範国）→三浦太郎左衛門尉（宗久）岩滑左近将監（長範）	①松井弾正忠助宗、②(恩賞、②/15御下文・同16御施行)、③鎌田御厨蘇原・和口郷、常陸法眼幷重高神主跡	今川範国遵行状（土佐蠹簡集・朝比奈/2310・2317）
8	観応三・九・二一（一三五二）	守護C	今川五郎入道（心省／範国）	①南禅寺雑掌良玄、②軍勢、③初倉荘一方四箇郷（兵粮料所と号し濫妨）	足利義詮御判御教書（南禅寺文書／大日本史料）
9	文和三・八・四（一三五四）	守護A	今川入道（心省／範国）	①最勝光院雑掌定祐、②周防大夫房、安西三郎已下輩、③原田荘内細谷郷領家年貢（押妨）	室町幕府執事施行状（東寺百合文書・せ武31）
10	文和三・一二・二三（一三五四）	守護A	（今川心省／範国）→長瀬掃部助	①南禅寺雑掌、②益井民部入道、③初倉本宮米（狼藉）（上洛し明申すべし）	今川範国施行状（南禅寺文書）
11	延文二・二・三（一三五七）	守護C	（今川心省／範国）→長瀬尾張守	①熊野山雑掌幸包、②(還付?)、③遠江国衙職（山香村々においては、横山村は一円遵行すべし、残りの村々は凶徒陣、凶途向陣軍勢差置により分渡に及ばず）	今川範国書下（南狩遺文／大日本史料）
12	延文四・八・一五（一三五九）	守護C	今川入道（心省／範国）	①細河左馬助頼和、②二階堂遠江入道々超・今河伊予守直氏、③相良荘地頭職（二階堂成藤跡）	足利義詮御判御教書（紀伊野田文書／2880）
13	貞治三・一〇・九（一三六四）	守護C	（今川心省／範国）→大浦左衛門入道	①東寺雑掌、②高井七郎左衛門尉、③（原田荘内細谷郷領家方内周防大夫実蔵寄進地（押妨）	今川範国書下（東寺百合文書・オ41）
14	貞治三・一一・一二（一三六四）	守護C	沙弥（今川心省／範国）→大浦左衛門入道	①東寺雑掌、②半済給人等、③村櫛荘本家米（未済）	今川範国書下（東寺百合文書・ミ37）
15	永和四・六・一九（一三七八）	守護C	沙弥（今川心省／範国）→加々爪甲斐守　信太新右衛門入道	①洞院大納言（実夏）家雑掌、②(安堵1357/5/27後光厳院宣、4/6御教書)、③都田御厨	今川範国施行状（摂津吉田文書／大日本史料）
16	康暦元・一二・二〇（一三七九）	守護C	今川入道（心省／範国）	①天龍寺雑掌、②(百姓?)、③村櫛荘（本家年貢に寄せ違乱）	室町幕府管領奉書（東寺百合文書・ゐ47）

17	嘉慶二・二・二二（一三八八） 嘉慶二・四・八（一三八八） 嘉慶二・八・二二（一三八八） 嘉慶二・一一・一二（一三八八） 明徳二・六・七（一三九一）	守護C	今川伊与入道（了俊／貞世） 今川右衛門佐（仲秋）	①天野安芸入道寛誉息女（字比々）代定勝、②奥山信濃守跡輩、③山香荘内大結・福沢両村地頭職（押妨）	室町幕府管領奉書（天野文書／大日本史料）

武家訴訟がみられるが、範氏以降は寺社訴訟が占める。とくに歴史的背景があるとは考えられないが、寺社訴訟といっても東国寺社の事案であることは、後段遠江の場合と対照的である。在京領主による提訴事案は3・5・6・8の四件で、幕府管轄領域に属しながら総じて在京領主の関与は少ない印象がある。

さて、武家関連ではまず駿河に縁故深い吉河、伊達（恩賞給与）、南条（族内相論、参洛催促・請文執進）のほか、細川元氏（清氏）代官の訴訟事案がある。田尻郷南村河原一色をめぐる大草（三河額田郡の武家？）との相論で、ここでは大草の濫妨停止が遵行指令となっている。ところが、典拠史料が天龍寺文書であることからも推察されるように、永徳元（一三八一）年五月に清氏の子息正氏は当地を臨川寺に寄進し、将軍義満もこれを承認した。しかし、下って足利義持将軍期の応永十一（一四〇四）年十二月、今度は大草公弘の訴に基づき、臨川寺雑掌を追却し大草への下地打渡を命じる管領奉書が発せられ、その後も大草の知行を保護する幕府文書が残されているので[108]、結局細川清氏・正氏―臨川寺の知行に復することはなかったようである。ちなみに、清氏は幕府への反抗勢力として貞治元（一三六二）年に誅殺された。正氏の寄進も彼が阿波守護を退く年の行為である。禅宗寺院領という名義を冠することで、実効支配を安定化させる意図も感じられる。

10・11はともに円覚寺領にかかる遵行事例であるが、10は守護今川範氏の寄進地で将軍義詮からも重ねて寄進をうけた武家闕所地、11は関東公方足利氏満が応安七（一三七四）年十一月に焼失した円覚寺再興料所にあてた地である。したがって、10は守護文書・守護遵行、11は関東管領奉書・両使遵行となっている。[109] 11について、守護今川の関与はみられない。

遠江の守護は初期において今川のほか仁木、千葉など、短期に交替する様相を示すが、観応の擾乱期以降は今川の世襲となる。すべて守護遵行で、在京寺社・権門の提訴により起動した遵行で占められる。細川、松井、天野といった武家も在京ないし他国武家である。[110] また、論人を一覧しても、いわゆる地頭級の武家が並ぶ。鎌倉時代には北条氏一門守護であったことも理由のひとつであろうが、鎌倉時代に使節としての実績のある武家は17論人の奥山のほか、表には見出せない。ただ、最勝光院領村櫛荘の年貢問題のように、鎌倉時代以来の相論が、北条一族の地頭が交替しても継続しているような事案もみえる。荘園領主対地頭（在地勢力）という、ある意味古典的な構図が彩りを携えながら並んでいる印象がある。隣接する信濃、駿河とはまったく異なる。鎌倉時代の六波羅使節においても、在京権門領主の関与が深い東限として遠江を考えたが（第二章第三節）、内乱期において、むしろ鮮明にその性質が認められることになろう。また、駿河において特定事案（関東公方の寄進地）について鎌倉府の関与があったことを想起すると、東海道地域における室町幕府の管轄領域の実質的東限と評価しても過言ではなかろう。

【能登・越中】 表67（能登）、表68（越中）を用意した。

能登は四件。いずれも幕府文書を根拠とする守護（吉見・桃井）遵行である。2は尊氏派守護吉見と直義派守護桃井が交錯するが、ここでも遵行の方向性に異同はない。訴人の天野は安芸でも使節としての実績をもつが（第四章第三節）、守護吉見に従い、能登国人衆として軍事的活動に従事していたことが確認される。康安二（一三六二）年八

表67　能登国の使節遵行

	年代	分類	使節	案件（①訴人、②論人、③論所等）	典拠
1	暦応三・三・六（一三四〇）	守護C	吉見大蔵大輔（頼隆）	①永光寺雑掌、②(同日付足利尊氏寄進状)、③若部保地頭職（備前兵庫頭入道跡、利生塔婆料）	室町幕府執事施行状（永光寺文書／大日本史料）
2	観応二・七・二四（一三五一）	守護C	（桃井兵部大輔？）→藤原朝房 紀朝久	①天野安芸三郎遠政、②治田孫次郎家政、③能登島東方地頭職（御施行の旨に任せ打渡すも、家政代数多人数を率いて濫妨、家政代らを退け打渡）	藤原朝房・記朝久連署打渡状（尊経閣・天野文書／大日本史料）
	延文二・七・二（一三五七）	守護C	（吉見氏頼）→惟宗経光	①天野安芸守遠政、②(仰下さる旨に任せ)、③能登島東方野崎・飯浦（預人を退け打渡）	惟宗経光打渡状（尊経閣・天野文書/2762）
3	応安五・三・一二（一三七二）	守護C	吉見右馬頭入道（氏頼）	①南禅寺雑掌良心、②長近江守跡、③櫛比保（長近江守跡、山門造営料所）地頭職（庶子分と号し渡し漏らす）	室町幕府管領奉書（南禅寺文書／大日本史料）
4	応安五・七・一八（一三七二）	守護C	吉見右馬頭入道（氏頼）→飯河三郎左衛門尉	①五井左近将監頼持、②(恩賞、6/23細川頼之奉・足利義満充行状)、③正院郷伏見・小泊・毛寿・蟹浦（長近江守母跡）	仁木義尹施行状（加越能古文叢／大日本史料）

表68　越中国の使節遵行

	年代	分類	使節	案件（①訴人、②論人、③論所等）	典拠
1	建武四・四・九（一三三四）	守護C	大蔵大輔（吉見）頼隆→沼田太郎家秀 桑名伊予房快公	①院林六郎左衛門入道了法、②青柳孫次郎幷今村十郎、③院林・太海郷地頭職（濫妨、1336/12/22室町幕府引付頭人奉書に対する請文、4/2快公・家秀連署請文あり）	吉見頼隆請文（醍醐寺文書／大日本古文書）
2	建武四・七・五（一三三四）	守護C	右衛門蔵人（井上俊清）	①三宝院僧正（賢俊）坊雑掌、②能登権守子息左衛門五郎以下輩、③院林・太海両郷領家職	室町幕府執事施行状（醍醐寺文書／大日本古文書）

	年代	分類	使節	案件（①訴人、②論人、③論所等）	典拠
3	康永三・一一・二八（一三四四）	守護C	桃井駿河前司（直常）	①院林六郎左衛門入道了法、②今村十郎、③院林・太海郷地頭職（濫妨）	室町幕府引付頭人奉書（醍醐寺文書／大日本古文書）
	貞和三・五・一四（一三四七）	守護C		①院林六郎左衛門入道了法、②今村十郎、③院林・太海郷地頭職（濫妨、打渡すところ院林郷雑掌子細申し、両方召し決す、地頭職を了法に沙汰付）	室町幕府引付頭人奉書（醍醐寺文書／大日本古文書）
	貞和三・八・二八（一三四七）	守護C		①院林六郎左衛門入道了法、②今村十郎、③院林・太海郷地頭職（濫妨、了法に打渡すところ、地頭職は元久年間に停止、院林郷雑掌領家一円の由申し、審理のところ5/14奉書撤回し、地頭職の有無確認を指示）	室町幕府引付頭人奉書（醍醐寺文書／大日本古文書）
4	貞和五・七・二五（一三四九）	守護C	桃井刑部大輔（直常）	①祇園社御師助法印顕詮、②（1/11御寄進状）、諏方松犬丸、③（新川郡）高木村大蔵入道跡	室町幕府引付頭人奉書（八坂神社文書/1836）
5	観応二・四・一（一三五一）	守護C	桃井右馬権頭（直常）	①三宝院僧正（賢俊）坊雑掌、②逸見次郎三郎以下輩、③院林・太海両郷領家職（濫妨）	室町幕府引付頭人奉書（醍醐寺文書／大日本古文書）
	観応二・六・一七（一三五一）	守護C	右馬権守（桃井直常）		室町幕府引付頭人奉書（醍醐寺文書／大日本古文書）
6	文和元・九・一八（一三五二）	守護C	井上左京権大夫入道（暁悟、普門俊清）	①祇園社領堀江荘雑掌、②土肥中務入道以下輩、③堀江荘梅沢・西条・滑河・小泉村々領家職（「非御方要害所并軍陣」）	足利義詮御判御教書（井上文書／大日本史料）
7	文和二・二・二五（一三五三）	守護C	井上左京権大夫入道（暁悟、普門俊清）	①祇園社御師助法印顕詮、②（2/12足利義詮寄進状）、③堀江荘地頭職	宇都宮貞泰施行状（八坂神社文書/2412）
8	延文元・一二・四（一三五六）	守護C	井上左京権大夫入道（暁悟、普門俊清）	①三宝院大僧正坊（賢俊）雑掌、②波多野下野守、③（砺波郡）院林郷領家職	室町幕府引付頭人奉書（醍醐寺文書/2739）
9	延文二・一一・二（一三五七）	守護C	左衛門尉（白井）行胤 沙弥心蓮（真下）	①祇園社雑掌慶算、②（守護人申請により雑掌承諾、半済分沙汰付）、③堀江荘地頭職	白井行胤・真下心蓮連署打渡状（八坂神社文書/2789）

10	延文五・一〇・二五（一三六〇）	守護C	細川左馬助（頼和）	①雑掌成定、②土肥中務入道心覚父子、③堀江荘惣領方（濫妨）	1363/7 堀江荘惣領方雑掌成定申状（祇園社記続録／大日本史料）
	貞治二・一一・一四（一三六三）	守護C	治部大輔（斯波義将）	①祇園社御師法印顕詮、②伊丹勘解由左衛門尉、治田兵庫入道、③堀江荘地頭職内南北小泉・梅沢・西条等	室町幕府引付頭人奉書（祇園社記続録／大日本史料）
	貞治三・九・四（一三六四）	守護C		①雑掌成定、②土肥中務入道心覚父子、③堀江荘惣領方（濫妨）	室町幕府引付頭人奉書（祇園社記続録／大日本史料）
11	貞治六?・二・五（一三六七）	守護C	伊予守（斯波義種）	①佐野新左衛門入道道悟（秀綱）、②（充行、御下文幷御施行に任せ）、③（射水郡）金山・（婦負郡）長沢保	室町幕府管領斯波義将書状（尾張佐野文書/3384）
	貞治六・七・二四（一三六七）	守護C	沙弥宗気	①佐野新左衛門入道道悟（秀綱）ら六人、②（充行、御下文幷御施行に任せ）、③（射水郡）金山六分一地頭職	沙弥宗気打渡状（尾張佐野文書/3419）
12	貞治六・九・二七（一三六七）	守護C	桃井修理大夫（直信）	①（三条坊門）鎮守八幡宮、②（寄進、同日付足利義詮御判御教書）、③吉河西東（猪俣一族跡）	足利義詮御判御教書（醍醐寺文書／大日本史料）
13	貞治六・一一・一八（一三六七）	守護C		①本郷左衛門大夫入道照覚、②濫妨輩、③米田保地頭職（毛利一族跡）	足利義詮御判御教書（本郷文書／大日本史料）
14	応安元・八・六（一三六八）	守護C	治部大輔（斯波義将）	①祇園社雑掌、②軍勢等、③堀江荘領家・地頭職	室町幕府管領奉書（祇園社記／大日本史料）
	応安三・五・二五（一三七〇）	守護C		①祇園社雑掌、②軍勢等、③堀江荘地頭・領家職村々	室町幕府管領奉書（祇園社記／大日本史料）
	応安三・八・六（一三七〇）	守護C			室町幕府管領奉書（水木直箭文書）
	応安四?・七・一七（一三七一）	守護C	民部少輔（斯波義種）	①（祇園社）、②（半済給人）島田弥次郎、③堀江荘小泉村（押領）	斯波義将書状（建内文書／大日本史料）

	年代	分類	使節	案件（①訴人、②論人、③論所等）	典拠
15	永和元・一二・二（一三七五）	守護C	（斯波義種）→長田弾正蔵人由宇又次郎	①進士太郎左衛門入道自成（為行）、②（充行）、③三田社地頭職四分一	斯波義種書下（進士文書／大日本史料）
16	至徳元・三・二〇（一三八四）	守護C	畠山右衛門佐（基国）	①佐竹伊予守義宣、②（守護）被官人、③下世河保地頭職（押妨）	室町幕府管領奉書（千秋文庫・佐竹古文書／4191）

月、守護吉見氏頼は、天野の申請に基づき、能登島地頭職の安堵を求める挙状を斯波義将あてに認め授与した。その挙状には、「多年軍忠相積仁候、就中於当国（能登）、連々忠節異于他候」とある[11]。天野の知行は、2を経てもなお安定化していない（あるいは実現していない）ようであるが、守護との連携はこうした契機を通じて深まっていくものでもある。4五井は越中（砺波郡）五井荘が苗字の地である可能性があり、室町後期に吉見家臣としてみえる。吉見も南北朝期初頭に越中守護の経歴をもつ。あるいはその縁故で、能登に移転したのかもしれない。史料でそのことを検証できないが、五井がここで得た所領についても、その前提に吉見の幕府への働きかけがあった可能性は十分ある。3にもかかわるが、国内闕所の幕府への注進は守護の役割であり、闕所地の再給与に関しても守護が一定の発言力を有したであろうことは、国人衆の支持を前提に戦闘の継続を実現している守護の立場からして明白である。

次に越中（表68）もほぼすべてが幕府文書を根拠とする守護遵行である。9は幕府奉行人使節で、6・7の流れをうけながらも守護人の申請（半済）を雑掌が受け入れるかたちで解決がはかられた事例である。半済給人や守護被官人の「押領」にかかる事案では、奉行人使節を含む両使遵行となる事例は他の諸国でも確認できる。ここでも守護が事実上当事者であることで、奉行人使節が派遣されたと考えておく。なお、7の奉者宇都宮貞泰は、足利直冬・桃井直常・山名時氏等の入京で京をいったん離れた足利尊氏と行動を共にしている。異例の奉書にみえるが、こうした事情と関係があろう[12]。また、堀江荘への土肥の介入（7・10）は鎌倉時代からの懸案とみえる（第一章第三節）。

1・3は、元弘没収地の返還を実現しこれを契機とした事案である。訴人の院林了法は、鎌倉時代以来石黒荘内院林・太海郷地頭職を相伝した知行由緒を申し立て、建武三年二月に足利尊氏から還付安堵を得る。(113)これを契機に実効支配再建を企図し、今村らの排除に成功したかにみえたのであるが、雑掌から地頭職の存在そのものを否定する反論にあい、結局停滞したようである。ただ、5・8では地頭職については争われてはいない。

表をみると、右の院林了法の事案を除き、在京の権門領主、あるいは在京、他国武家の訴訟事案が占めることが確認できる。寺社訴訟は難航しているが、少なくとも遠江と同様に越中も在京権門領主にとって重要な経済的基盤として意識され、飽くなき訴訟努力が払われたことが知られる。

さて、以上内乱期東国の使節遵行の様相を国ごとにまとめてみた。国ごとの特色については個々に指摘したところであるが、なお比較・追究すべき点もある。しかし、まずは本書の目的に照らして重要な点のみを整理しておこう。

第一に、鎌倉府、室町幕府の管轄領域にかかわる論点である。鎌倉府が管轄したのは、関東八か国（相模・武蔵・安房・上総・下総・常陸・下野・上野）および甲斐・伊豆の十か国である。したがって、東海道では駿河、東山道では信濃、北陸道では越後以西が室町幕府管轄であった。これまでの叙述のなかでも触れたように、越後は観応の擾乱期に鎌倉府管轄になっていたことがあり、駿河でも関東公方足利氏満の寄進地にかかる遵行が鎌倉府文書による事例が確認されているが、大きな枠組みとしては、内乱期を通じて鎌倉府管轄は十か国。奥州地域が鎌倉府管轄に移行するのも、いわゆる南北朝合一が成る明徳三（一三九二）年のことである。(114)しかし、訴訟事案に注目すれば、在京荘園本所による荘園所務、年貢等権益維持にかかる事案は、遠江・越中で顕著に確認され、駿河で若干検出されるほかは、ほぼ皆無である。こうした傾向はすでに鎌倉時代から確認されており（第一章第三節）、室町幕府の管轄区分とは別に、荘園本所勢力の支配領域観という区分基準が構築できるように思われる。

第二に、内乱期以降、使節遵行の項目に、安堵・充行・寄進など項目が加わることである。鎌倉時代の使節遵行は、基本的に所務相論における当事者主義的な訴訟手続、執行手続のなかにおかれていた。したがって、当該所領を獲得した根拠が安堵・充行・寄進などにあっても、当知行を実現していく障害（押領人など）がなければ、訴訟事案になることもなく、使節遵行の対象事項にもならなかったのである。ところが、これまでみてきたように、たとえば幕府将軍の寄進状に、遵行主体となる守護・両使などにあてた執事（管領）施行状がつけられるのが通例となる。しかも、遵行事例の総数では所務相論にかかる遵行事例数を大きく上回っていることは確実である。また、幕府の安堵・充行・寄進などを端緒に開始される相論が少なくないことも確認してきたところである。内乱期（戦争の時代）における安堵・充行・寄進が、当該地の実情を審査せず、軍事的意義を最優先に、ある意味文書の世界だけで進められたことに起因し、味方が合戦で獲得し当知行を実現している土地にもかかわらず新たな領主が指名される、いまだ敵方が当知行しているにもかかわらず恩賞給与（成功報酬）の文書が発行・授与される、などの不条理が生じたのである。遵行を担う守護や国人衆の意思、力量次第で文書がめざす知行のかたちが、実現もされ、変更もされる余地がそこに生まれる。越後28の事例のように、下文を所持していても施行状を携えていなければ証拠能力を認められず敗訴となる場合もあったが、最終的には現地の実情に沿ったかたちに落ち着かせる文書が追認的に授与されるか、文書の世界とは異なるかたちで守護、国人一揆など地域権力の差配によって土地支配（知行）のかたちが決まっていったものと推測される。多くの遵行事例を収集しながら矛盾する見解ではあるが、幕府による遵行という行為のなかに、文書発給者である権力主体の意思を過度に読み取る必要はないと考えている。

南北朝内乱期の使節遵行の様相から、この国のかたち、地域のすがたをとらえてきた。幕府（北朝）、南朝、そして足利直義・直冬という、さしあたり三つの権力主体による使節遵行がみられることになったが、基本構造、形式に大きな違いはなく、とくに観応の擾乱を契機とする地域権力の変転を前提としながらも、継続事案については幕府と直義・直冬の間に権力闘争を背景とした「先判」の否定などがみられないことは、まず重要な事象と考えられる。戦争の時代という時代環境が使節遵行の現場にさまざまな混乱をもたらし、前述のように、使節遵行にも鎌倉時代とは異なる意義、目的が付け加えられた。文書に示された知行のかたちと現地に展開している知行のかたちとの乖離を前提とする措置ともみえる。その乖離した隙間に、守護、一揆、個々の国人衆がそれぞれの思惑をもって対峙したのである。

軍事指揮権を淵源とする守護権力の場合、安堵・充行・寄進などにかかり幕府将軍下文に多く守護あての執事（管領）施行状がつけられることによって、下文に示された知行予定者を支援する大義名分が付され、一国内個別領主ごとの版図形成、更新に決定的な役割を演ずる機会が与えられることになった。しかし、これまでみてきたように、両使遵行は所務相論に、守護遵行は安堵・充行・寄進などにかかる遵行に軸足をもったとも評価できる。室町幕府守護のいわゆる守護公権として数えられることもある「使節遵行権」は、紛争解決における守護の実力を前提として発生、展開したと考えるより、もとより守護による国別支配をめざす政権構想のなかで、法的、制度的に整備された可能性が高いように思われる(115)。

次に、鎌倉幕府の創設によっておそらく誕生し、鎌倉時代から建武政権期にかけて維持された畿内近国—西国、九州、東国という地域区分の形式が内乱期においてもなお有効であり、九州における征西府と今川了俊、東国における鎌倉府が事実上これを担保するかたちで、「国のかたち」の骨格を構成したことも明らかになったと考える。

ただ、室町幕府が畿内政権に回帰したことで、鎌倉時代とはまた異なる地域区分がおそらく必要になる。奥羽地域がそれであって、鎌倉時代には事実上幕府の属地的な位置づけで守護も不設置、畿内政権からは東国（幕府支配領域）の一部とされてきた。ところが、奥羽は南北朝内乱期には鎌倉府の管轄領域には属さず、その一方で守護もおかれた形跡がない。表69に、『南北朝遺文』東北編の検索による使節遵行一覧を掲げた。康永四（一三四五）年に吉良貞家・畠山国氏が奥州管領に任じられ多賀城に赴任する以前は、京の幕府文書のほか、陸奥国宣（3北畠顕信）、「奥州総大将」石塔義元などが遵行の根拠文書を発しているが、吉良・畠山の赴任後は、主に幕府文書に交じって吉良の文書が散見されるようになる。観応の擾乱期に直義派の吉良と尊氏派の畠山が争い、吉良が制した事情もその背景にはあるが、文和二（一三五三）年貞家の死後は北畠顕信の反抗、さらに尊氏派の斯波家兼の下向（文和三年）などにより、観応の擾乱の後、しばらく混乱する。このあたりの事情も表にあらわれている。

表69 奥羽の使節遵行

	年代	国名	分類	使節	案件（①訴人、②論人、③論所等）	典拠
1	建武四・三・二六（一三三七）	陸奥	単使C	少輔四郎入道（石塔義慶／義房）	①佐竹上総入道々源（貞義）、②（恩賞、同日付足利尊氏下文）③雅楽（宇多）荘地頭職	室町幕府執事施行状（常陸密蔵院文書/296）
2	建武四・七・二八（一三三七）		単使C	中賀野八郎（義長）	①伊賀式部三郎盛光・同左衛門次郎貞長、②（安堵、相伝文書に任せ）、③好島西方本知行分	弾正忠某・源某連署奉書（飯野文書/331・333）
	建武五・六・一一（一三三八）		単使C	出羽権守（相馬親胤）	①伊賀式部三郎盛光、②（安堵）、③好島西方本知行分（「為最前御方、異他軍忠」、「建武四任御教書」）	相馬親胤打渡状（飯野文書/398・402）
3	延元四・九・一七（一三三八）		単使C	結城大蔵大輔（親朝）	①式部少輔（源英房）、②二階堂時藤家人矢部又次郎、③岩瀬郡河東郷内大栗・狢森（「自白河被預置之由令申、未渡」）	陸奥国宣（結城文書/480・481）
4	暦応三・七・二三（一三四〇）	出羽	単使C	左衛門尉（貞隆）	①小早川左衛門五郎入道性善代性祐、（1339/7/8御教書に任せ）、③由利郡小友村	左衛門尉貞隆打渡状（小早川家文書/519）
5	暦応四・六・二（一三四一）		単使C	少輔四郎入道（石塔義慶／義房）	①律師経有、②（安堵、御下文を守り）、③中尊寺別当職	室町幕府執事施行状（中尊寺文書/553）

6	暦応五・六・一九（一三四二）	陸奥	単使C	加治十郎五郎（家頼？）	①伊賀式部三郎盛光、②(御下文に任せ)、③岩城郡飯野郷内今新田村	左衛門尉某・沙弥某連署奉書（飯野文書/628・630）
7	康永元・八・七（一三四二）		単使C	左衛門尉貞隆	①和田石見左衛門蔵人繁晴、② (8/4 御施行の旨に任せ)、③山本郡幡江郷荒居村	左衛門尉貞隆打渡状（新渡戸文書/634）
8	康永二・一一・一七（一三四三）		単使C	石河蒲田五郎太郎（兼光）	①結城上野彦七広政、②(安堵)、③白河荘本領	石塔義元書下（結城白川文書/699）
9	康永二・一二・一四（一三四三）		単使C		①結城上野次郎左衛門尉親政、②(安堵)、③高野郡釜子村	石塔義元書下（結城白川文書/700）
10	康永三・四・二六（一三四四）		単使C	出羽権守親胤（相馬）	①飯野八幡宮、②(4/19 石塔義房寄進状)、③岩城郡中平窪（村）三田彦四郎入道跡 1345/6/27 再打渡	相馬親胤打渡状（飯野文書/709・712・740）
11	康永三・五・一三（一三四四）		単使C		①伊賀三郎左衛門尉盛光、②(安堵、御教書の旨に任せ)、③標葉荘落合村（飯野八幡宮領）	相馬親胤打渡状（飯野文書/714）
12	康永三・六・五（一三四四）		単使C	平忠泰	①中尊寺別当代頼禅、②(安堵、仰下さる旨に任せ)、③胆沢郡・江刺郡・斯波郡内所々	平忠泰打渡状（中尊寺文書/715）
13	康永三・一一・一六（一三四四）		両使A	曽我余一左衛門尉（貞光） 安保小五郎	①波多野次郎義資代資家、②安藤四郎、③山辺郡亀山郷（押領、1342/9/8 御奉書に参陣せず）	1345/7/-波多野義資代資家重申状（新渡戸文書/635・743）
14	康永四・七・四（一三四五）		守護C	石堂少輔四郎入道（義慶／義房）	①岡本孫四郎重親、②岩崎隆宗ら、③岩崎彦三郎隆俊跡（1340/7/2 御下文に任せ、隆宗は度々降参の身ながら数ケ度御教書に背き押領）	室町幕府引付頭人奉書（秋田藩採集文書/720・752）
15	貞和二・七・二二（一三四六）		両使C	加治丹左衛門尉（家頼？） 相馬出羽権守（親胤）	①飯野八幡宮別当伊賀盛光、②放生会流鏑馬已下社役村々地頭・預所、③(社役催促)	沙弥某・左衛門尉某連署奉書（飯野文書/771）
16	貞和四・五・一九（一三四八）		両使C	相馬（以下欠字） 伊東五郎左衛門尉	①木内次郎左衛門尉胤有、②(5/16 御教書の旨に任せ)、③岩城郡平窪村	沙弥某・左衛門尉某連署奉書（相馬文書/978）
17	貞和四・一二・六（一三四八）		単使C	和賀薩摩守（基義？）	①和賀鬼柳三郎太郎盛胤、②和賀兵庫助義綱、③和賀郡鬼柳郷	吉良貞家裁許状（鬼柳文書/999）

	年代	国名	分類	使節	案件（①訴人、②論人、③論所等）	典拠
18	観応二・四・二一（一三五一）	出羽	管領	右京大夫（吉良貞家）	①円覚寺雑掌、②少輔与一（押領）、③寒河江荘内寺領	足利直義御判御教書（前田家・古蹟文徴/1064）
19	観応三・七・二〇（一三五二）	陸奥	両使C	田村能登左近将監 糟屋九郎左衛門尉	①飯野八幡宮神主伊賀盛光、②岩崎三郎左衛門尉隆久、③岩城郡矢河子村地頭職（御寄進地、押領）	沙弥某・駿河権守某連署奉書（飯野文書/1165・1166）
20	観応三・七・二二（一三五二）	出羽	単使C	長井備前太郎	①円頓宝戒寺雑掌、②（寄進）、③小田嶋荘内東根孫五郎跡	足利尊氏御判御教書（宝戒寺文書/1167）
21	観応三・九・一三（一三五二）		単使C		①円覚寺雑掌乗憲、②寒河江荘内吉田・堀口・三曹子・窪目（代々公験を帯び知行）、③少輔掃部助（押領）	足利尊氏御判御教書（瑞泉寺文書/1173）
22	文和元・一二・一五（一三五二）	陸奥	両使C	田村能登守 糟屋九郎左衛門尉	①飯野八幡宮神主伊賀盛光、②岩崎村上三郎左衛門尉隆久、③岩城郡矢河子村地頭職（御寄進地、押領）	吉良貞家書下（飯野文書/1204）
23	文和二・二・一九（一三五三）		両使C	田村能登守 岩崎土佐守	①石河蒲田左近大夫兼光、②（安堵、「関東御下文」＝1352/7/22足利尊氏袖判吉良貞家奉書）、③岩城郡片寄村、	吉良貞家施行状（秋田藩採集文書/1168・1217・1218）
24	文和二・二・二二（一三五三）		両使C	山下壱岐守 稗貫彌子兵庫助	①和賀鬼柳常陸介義綱、②（御下文の旨に任せ）、③和賀郡三戸村	吉良貞家施行状（鬼柳文書/1219・1220）
25	文和二・四・一三（一三五三）		単使C	長沼淡路守（秀直） 石河孫太郎入道	①結城弾正少弼顕朝、②（恩賞、4/10足利尊氏下文）、③信夫荘餘部地頭職	室町幕府執事施行状（長沼文書/1234・1230）
26	文和二・四・二七（一三五三）		両使C	都筑山城権守 桜井右衛門大夫 （代官?）左衛門尉季経	①石河蒲田左近大夫（兼光）、②（御教書の旨に任せ）、③宮城郡南目村	沙弥某・左兵衛尉某連署奉書（結城白川文書/1240、秋田藩採集文書/1266）
27	文和二・四・二七（一三五三）		単使C	伊賀守広家	①一宮塩竃新大夫恒高、②（御寄進状幷御施行の旨に任せ）、③宮城郡田子荘日御供米	伊賀守広家打渡状（塩竃神社文書/1241）
28	文和二・八・二（一三五三）		両使C	伊東右京亮 木内民部大夫	①飯野八幡宮神主伊賀盛光、②岩崎村上隠岐守隆久、③好嶋荘内矢河子村（押領）	吉良貞家書下（飯野文書/1267・1268）

29	文和二・八・二九（一三五三）		両使C	国分淡路守 高部屋四郎右衛門尉	①石河蒲田左近大夫兼光、②本主、③宮城郡南目村（大掾沢田平次跡、立還押領）	沙弥某・左兵衛尉某連署奉書（結城白川文書/1269）
30	文和三・二・四（一三五四）		単使C	源（小河）義雄	①国魂新兵衛尉隆秀、②（御教書の旨に任せ）、③岩城郡国魂村内太郎左衛門尉隆直跡・女子闕所	小河義雄打渡状（国魂文書/1282）
31	文和四・四・二七（一三五五）		両使C	大掾下総守 東福地刑部左衛門尉	①留守参河松法師（持家）、②（4/15安堵状に任せ）、③宮城郡余目郷二迫栗原郷等（「云相伝、云軍忠、異于他者」）	藤原某・左近将監某連署奉書（留守文書/1315・1316）
32	延文元・一〇・二三（一三五六）		両使C	大掾下総守 氏家彦十郎		斯波直持施行状（留守文書/1341・1516）
33	延文二・三・二四（一三五七）	出羽	守護C	上総宮内大輔（吉良貞経）	①円覚寺雑掌、②濫妨人、③寒河江荘内五箇郷（押領）	足利義詮御判御教書（武州文書・月桂寺/1347）
34	延文二・六・八（一三五七）	出羽	両使C	曽我周防守 安東太	①曽我上野介時助、②安藤孫五郎入道、③男鹿嶋（立還押領）	室町幕府引付頭人奉書（遠野南部文書/1352）
35	貞治三・九・一一（一三六四）	出羽	両使C	沙弥真季 大泉下野守	①相馬讃岐守、②（8/17御教書に任せ）、③下大山荘内漆山郷等	沙弥真季打渡状（相馬文書/1511）
36	貞治三・一一・二九（一三六四）	陸奥	単使C	岩城周防前司隆教	①神主備前守（伊賀盛光）、②好嶋新兵衛尉（一旦御教書を下さるも次第遵行を経ず乱入狼藉、京都に注申し訴を棄捐）、③好嶋田打引	斯波直持書下（飯野文書/1518・1519）
37	貞治六・九・三（一三六七）	陸奥	両使C	冨部少外記 石河駿河守	①岩崎宮内少輔泰隆、②（充行?）、③岩城郡河中（子村?）	斯波直持書下（飯野文書/1884）
38	応安四・一〇・一三（一三七一）	陸奥	両使C	稗貫下総守 鬼柳常陸入道	①黒岩五郎、②（10/13御下文の旨に任せ）、③和賀郡黒岩郷□□経義跡	沙弥某施行状（鬼柳文書/1927）
39	応安五・一二・一一（一三七二）	陸奥	両使C	沙弥清光 留守新左衛門尉	①相馬讃岐次郎、②（安堵、12/2斯波詮持奉書）、③（本領）高城保内赤沼郷	沙弥清光打渡状（相馬文書/1932・1933）
40	明徳二・六・二七（一三九一）	陸奥	両使C	伊達大善大夫（政宗） 葛西陸奥守	①畠山修理大夫国詮、②左京大夫（斯波詮持）、③（恩賞地）賀美郡・黒河郷（抑留）	室町幕府管領奉書（伊達文書/2198）

奥州管領時代を含め両使遵行が主体であり、岩城、和賀、岩崎など鎌倉時代に東国使節としての実績を有する武家のほか、稗貫、田村、石川、相馬、葛西、留守等、鎌倉時代に奥羽地域に定着している陸奥国人衆とともに、武蔵（安保・加治）、相模（曽我）、下野（長沼・氏家）、常陸（大掾）、下総（国分）などの国人衆も使節となっており、さしあたり原則のようなものは見出しにくい。ただ、ここで奥羽が新たに「国のかたち」の骨格に加わってきたことは確認しておきたい。

第三節　中世武家権力の地域的構成

第一章～第三章を通して鎌倉時代から南北朝内乱期の、この国のかたち、地域のすがたを使節遵行の「現場」から眺めてみた。鎌倉幕府の草創を契機にこの国のかたちに決定的な意味をもつことになる地域区分の様相について、ここでまとめておきたい。

東国政権としての鎌倉幕府は、畿内政権化することで自己保存を果たした王朝権力や、荘園制という枠組みのなかで生き続けた本所支配権が機能する西国に向き合う組織として六波羅探題を設置した。承久合戦の戦後処理に始まる公武交渉の窓口機能とともに、院（治天）を頂点とする王朝権力の統治機構と個別荘園本所支配が一体化した権門体制という枠組みのなかでは、承久合戦後崩壊した院の軍事・警察機構に代替する役割も、六波羅探題は担うことになる。したがって、王朝権力や荘園本所は六波羅探題の軍事・警察機構を援用して政治・経済的支配を実現することになり、六波羅探題もまた王朝権力の統治機構を通じて西国への影響力を行使していくことになる。

まずは、これまで触れてこなかった、院を頂点とする権門体制の枠組みのなかで試みられた紛争処理にかかる文書を一瞥しておく。

①（端裏書）「可被下荘家状案　太良荘事」
当荘事、国司不令存知以往荘号之由緒歟之間、一旦相触子細於荘家之由、就有風聞、自仁和寺宮御所、被経御奏聞之処、可止其妨之旨、被下　院宣於国務了、案文遣之、此上者、忩可被運送御年貢之由、可令下知賜旨、御衆議所候也、仍執達如件、
（正和三年？）十月廿六日　　頼尊
太良荘預所殿

東寺領若狭国太良荘に対する国衙の妨げを排除し年貢輸送を円滑化するために、ここでは「仁和寺宮御所」からの要請により若狭国司あてに院宣が下されている（「可止其妨之旨、被下　院宣於国務」）[116]。本章第二節では、「院宣（綸旨）於武家（関東）」形式の申状に始まり、これを具書として荘園本所等から院宣（綸旨）の授与が求められ、さらに関東申次の施行状を添えて「武家」（六波羅探題）あるいは「関東」（鎌倉幕府）に遵行を求める文書の流れを確認した。しかし、「院宣（綸旨）於誰々」という場合の「誰々」は「武家」「関東」ばかりではない。個別荘園本所支配の枠組みでは解決できない係争事案や、この場合のような本所対国司（本所対本所）の相論に際しては、論人あての院宣（綸旨）の授与が要請されることがあった。
①については、「重院宣案」との端裏書のある正和三（一三一四）年十一月十四日付の後伏見上皇院宣が残る[117]。院宣には「延応以前荘園号」を認め「国衙濫妨」を停止する旨が載せられている。院宣を得て、東寺は（在京）国司に関与の停止を求めるとともに、預所には院宣の案文を遣わして、現地での対応に備えたようである。こうしていちおう東寺としては相論に決着がつけられる見通しが得られたといえる。幕府、六波羅の遵行に依存せず、王朝権力固有のルールのなかで紛争解決がはかられ、実現する可能性が少なくなかったことも確認しておかなければならない。
②東寺御領大和国平野殿御荘百姓等重謹言上

欲早重被申入、一乗院家御領安明寺百姓等幷同御領吉田荘百姓等、去年正月比、率数多人勢、帯甲冑、捧弓箭、乱入當御領、恣伐取山木、苅萱草間、加制止処、剰被打擲刄傷了、仍蒙疵輩交名別紙注之自然以降濫妨于今無断絶、只非致如此狼籍、当荘者、為院家御領上者、不限山地田畠等、当荘百姓等不可進退旨、彼院家百姓等令申条、為言語道断由、言上已及度々了、仍雖被下　綸旨、百姓等企不承引、連々乱入当御荘、致濫妨条、未曽有次第也、云非法濫入、云刄傷悪行、為希代勝事者也、不拘度々　勅定、致種々濫妨上者、雖被下　綸旨於（一乗）院家、無其詮歟、然者、於今者、被申下綸旨於武家、被召彼刄傷人等者、非法乱入狼藉等事、定令落居歟、不然者濫妨狼籍不可断絶者乎、仍為欲被申下　綸旨於武家、故粗令言上子細事

副進

（中略）

度々雖被下　綸旨於一乗院家、百姓等不令承引、濫妨狼籍、于今無断絶之上者、濫妨悪行、違　勅罪科難遁者乎、所詮、此上者被申下　綸旨於武家、悪行張本之者、成疵刄傷之輩、皆以自武家欲被召取、不然者、云当時濫妨、云向後悪行、不可有断絶者也、不被経如此御沙汰者、百姓等難令安堵当御荘之間、御寺仏聖燈油以下公事備進之条、難随御所堪者也、仍不堪愁歎、重言上如件、

永仁二年三月　日

第一章第一節、第二章第三節でも取りあげた東寺領大和国平野殿荘の係争事案である[118]。文言による限り、平野殿荘百姓等は近隣の一乗院領安明寺・吉田荘百姓等の乱入狼藉を止めるべく、まずは東寺に申して一乗院あての綸旨を授与されたものの、「百姓等不令承引、濫妨狼籍、于今無断絶」という現実に直面する。そこで、綸旨を無視して濫妨狼藉を続ける安明寺百姓等を「違　勅罪科難遁」と糾弾しつつ、彼らの召し捕りを要請する綸旨を六波羅探題に施行するよう（東寺に）求めたのである。

本所による個別荘園支配を前提に成立している院―権門体制の枠組みのなかで紛争処理することの限界があらわになるのは、この場合のように直接武力による鎮圧、論人の捕縛が急務であるとき、あるいは第二章第三節でみた荘域を越え国境を越えて活動する「悪党」等への対処においてである。そして、その遵行の「現場」では院宣・綸旨によって示される「聖断」を根拠とした本所一円地への入部、武力行使が可能になったことは重要である。鎌倉幕府の本所一円地介入の契機としては、モンゴル危機を背景とする本所一円地住人の動員などが注目される。しかし、六波羅探題の活動を抜きに王朝権力、荘園本所の政治・経済基盤は成り立たなくなってきている以上、対外戦争という特殊な事態を迎えなくても、早晩本所一円地の自律性は消滅することになったであろう。

六波羅使節の活動を通して荘園本所と対抗する在地勢力と交渉する場を構築した御家人等がかえって在地勢力と結んで遵行をサボタージュし、荘園本所から糾弾される局面もすでに数多く紹介してきた。「使節若令遅滞者、可処重科」の文言が御教書に添えられるようになるのも、そうした使節の動向と連動している[119]。使節遵行の「現場」では、荘園本所の意向や六波羅探題の思惑とは異なる事態が進行していたからである。

一方、東国政権である鎌倉幕府に王朝権力や荘園本所はどのように向き合ったのであろうか。王朝権力の向き合い方は、原則関東申次を介した交渉の場面に象徴されるが、荘園本所はまた異なるアプローチも実施していた。

③東寺供僧等申若狭国太良荘地頭御代官非法間事、定厳法印申状如此、子細見于状候歟、任道理可尋沙汰之由、可有御下知候乎、恐々謹言、

(延慶三年)三月十二日　　大僧正成恵

謹上　最勝園□(寺)殿

④(端裏書)「六波羅挙状案」

東寺供僧領若狭国太良荘地頭非法事、雑掌解副具書進覧之候、子細見状候歟、任道理、可被停止新儀非法候哉、

恐々謹言、

九月六日　　　法印

謹上　武蔵守殿

太良荘地頭代の非法を訴える東寺寺僧の書状形式の訴状である。[120] ③「最勝園寺殿」は得宗北条貞時、④「武蔵守」は金沢貞顕である。貞顕は延慶三（一三一〇）年六月に六波羅北方となり、翌応長元（一三一一）年十月に武蔵守に転じ、正和三年（一三一四）十一月に鎌倉下向している。したがって、④は正和元（一三一二）年から同三（一三一四）年の文書となる。いま、この事案の詳細を述べる用意はないが、東寺はこうして鎌倉の幕府と京の六波羅探題にそれぞれ働きかけをしていたことがわかる。

⑤常陸国大枝郷三ケ村地頭職押領事、大禰宜高親申状副具書如此、子細見于状候歟、任道理、可令尋沙汰給之由、関白殿御気色所候也、仍執達如件、

（元徳三年？）四月廿六日　　　光継《（堀川）》奉

謹上　相模守《（守時）》殿

論所が東国であれば、もちろん直接幕府執権にあてた訴状も用意された。[121] 荘園本所も西国—東国の地域区分を前提にみずからの権益保存や本所権行使のための文書伝達ルートを開発し、機能させていたようである。

次に、鎌倉時代の九州は、第一章第二節で論じたように、鎮西探題設置後は西国一般とは異なる扱いとなることが多くなる。モンゴル危機（臨戦態勢、神社領興行など）がその背景にあることはいうまでもないが、畿内近国および西国と同様に、特定の係争事案が本所による個別荘園支配の能力を越えた場合、院宣（綸旨）の鎮西探題への施行が本所から求められることがあり、その場合は、院宣（綸旨）が六波羅探題を経由して鎮西探題に施行される文書の流れが確認できた。しかし、前掲③～⑤のように、在京の荘園本所が直接鎮西探題にあてて訴状を届けたことを示す史

料は未検出である。おそらくそのような文書伝達ルートは開発されなかったと推測される。第二章第一節で指摘した九州の個性はここでも確認される。

建武政権（畿内政権）は守護・国司併置制を軸とする地域支配のかたちを打ち出すとともに、奥羽に奥州将軍府（義良親王・北畠顕家）、鎌倉に鎌倉将軍府（成良親王・足利直義）をおいた。それぞれの評価についてはすでに議論があるが、(122) 使節遵行の様相をみる限り、鎌倉時代の六波羅探題や鎮西探題に相当する機関、組織としての機能は確認できない。また、第三章第一節で指摘したように、建武政権期においても東国・西国・九州という地域区分はなお有効であり、これらに奥羽（奥州）が加わるのも、建武政権期と評価することができる。使節の人材という点でも鎌倉時代に使節として実績を有する武家が中心となるなど、建武政権は鎌倉幕府の遺制から脱却しないまま、政権としての生命を終える。そして、室町幕府の原形が構築されるとされる建武二年十月〜建武三年三月の時期を画期として、西国・九州における使節遵行が、国司系統から守護系統に移行することや、東国においては「自然恩沢の守護人」や足利一門が守護・国司を兼任したため遵行の実をもとより武家が掌握していたことは、建武政権の残骸のうえに構築される室町幕府の地方支配機構構築の前提条件ともなった。

室町幕府は畿内政権である。鎌倉幕府からの展開を考慮すれば、第一章第一節、第二章第三節で指摘したように、六波羅探題の発展形ととらえることが可能である。

⑥醍醐寺三宝院領伊勢国法楽寺領中須荘幷大隆寺等雑掌頼継謹言上

欲早急速被経御　奏聞、被申下　院宣於祭主方、被糺行其身於重科、被糺返捜取内財物、為同国山田住常陸介長房、同子息千与菊大夫、幷同聟岩出住円福大夫、同家人蒜田五郎、同八郎、同九郎、十郎入道以下輩等、以今月三四両日、打入当荘百姓等住宅、捜取若干内財物、致追捕狼藉条、重科不可廻踵子細事

副進

追捕物注文
右、於當荘等者、爲十一箇寺内法楽寺領、寺家代々被全管領、被致　公家武家御祈祷所也、（中略）然早急速被経御奏聞、被下　院宣於祭主方、被処彼等於重科、被糺返追捕物、被懲向後悪行、寺家全管領弥為被致御祈禱忠、恐々言上如件、
貞和三年三月　日

醍醐寺三宝院領である伊勢国法楽寺領中須荘幷大隆寺等に神宮（伊勢）領山田住人が乱入し、百姓等の財物を奪取する「追捕狼藉」に及んだので、狼藉人の処罰と追捕物の返還を神宮祭主に下命する院宣の授与を求める雑掌の訴状である[123]。前掲②を踏襲する様式で、なお、本所間相論が院―権門体制の枠組みで処理されていることが確認できる。

⑦紀伊国鳴神社軍勢濫妨事、親宣《安倍》朝臣申状副具書如此、子細見状候歟、大嘗会神楯桙無違乱之様、可加下知之由、可被仰遣武家之旨、天気所候也、以此旨可令洩申給、仍言上如件、仲光誠恐頓首謹言、
（永和元年）十月十六日　　左中弁（広橋）仲光奉
進上　民部大輔殿

安倍親宣の訴により紀伊国鳴神社に対する軍勢の濫妨を止め、「大嘗会神楯桙」に違乱ないよう措置する下知を武家に求める後円融天皇綸旨である。親宣の訴状は、鳴神社は「公家毎月泰山府君御祭料所」として「数代相伝知行之地」であったが、近年「敵陣」となり、不知行となっていたが、去年より「武家方陣」となったので、綸旨を武家に下され、「軍勢之違乱」を止め、「古来之例」に復したいとの趣旨である[124]。内乱という時代背景を映す内容で、「敵陣」から「武家陣」への転換は、紀伊の南軍橋本正督の動き（この年幕府方に投降）と関連するだろう。いずれにしても、荘園領主からの要請をうけて、「武家」（室町幕府）に院宣（綸旨）が施行されるシステムは、鎌倉時代のそれをほぼ踏襲するかたちで室町幕府においても採用されている[125]。「武家」という表現に、室町幕府が六波羅探題の発展形

として王朝権力に認識されていたこともうかがえる。

さて、畿内政権としての室町幕府は東国（奥羽含む）、九州とどのように向き合い、畿内政権による畿外支配の構造を組み上げたのであろうか。教科書的に整理すれば、奥羽には奥州探題・羽州探題、東国に鎌倉府、九州に九州探題がおかれたということになる。しかし、それぞれに時系列的な変遷を含み、平板な制度的理解を許さない。

本書で扱う南北朝内乱期についていえば、奥羽および東国においては、観応の擾乱を画期として一定の制度的安定をみることになる。前節でみてきたように、鎌倉府、奥州管領府においても、尊氏派・直義派という二極対立を軸とした権力闘争が展開した。九州や西国のように、これに南朝が実質的に介入することはほとんどなかったが、建武政権下の鎌倉将軍府以来形成されてきた直義と東国武家との連携（上杉、三浦らを中核とする）が強固であった。直義の死後、いわゆる薩埵山体制を構築するのに尊氏が一年あまり鎌倉に駐在することになったという事実が、直義の「遺産」の重みを語っているとも考えられる。関東公方基氏・氏満による鎌倉府体制の構築は、さらに尊氏の死後推進されていくことになる。そのなかで、関東では室町将軍家御判御教書や室町幕府執事（管領）奉書を「京都御書」「京都御教書」「京都御施行」などと称し、京都では鎌倉府に指示することを「所令申関東也」などと表現するようになる。

⑧仁木兵部大輔義尹所領常陸国中郡荘事、退結城中務大輔入道（直光）押領、厳密可有遵行之旨、所令申関東也、急速可申沙汰之状、如件、

貞治二年十一月二日　（花押）

上杉民部大輔入道

前節でも触れた史料であるが、訴人（仁木義尹）が在京のため京で将軍義詮の裁可を得て、御判御教書を受領し、上杉に披露したのである。[126] 将軍家御判御教書は関東公方にあてられるケースもあったが、この場合は関東管領上杉憲

顕あてとなっている。

次の史料は、関東の事案について在京本所が幕府を通じて鎌倉府の遵行を求めてきた事例である。

⑨香取社大禰宜長房申

実秋・実持幷中村式部丞胤幹等、奉射神輿、殺害神人、社頭放火以下悪行狼藉事、申状副具書如此、子細見状候歟、可令計成敗給之由、関白殿御気色所候也、仍執達如件、

（応安五年）十一月八日　　　　左中弁宣方

謹上　武蔵守殿

⑩香取社大禰宜長房申条々

（二条 略）

一、実秋・実持幷中村式部丞胤幹等、対于神輿及狼藉、神人殺害、社宇放火以下事、以前条々、関白家就被執申所有吹嘘也、神訴異于他歟、早厳密且被遵行、且可被申左右、更無遅怠様、殊可有其沙汰之状、依仰執達如件、

応安五年十一月十四日　　　　武蔵守（花押）

上杉兵部少輔入道殿

幕府管領細川頼之あての氏長者（二条師良）宣が関東管領上杉能憲に施行されている[127]。鎌倉時代のように（③〜⑤）、本所から直接「関東」（公方・管領）にあてられる事例は確認できない。そのような文書伝達ルートは存在しなかったと判断している。

奥羽については、前節でみたように、使節遵行の様相をみる限り地域的領主間紛争にかかる事案で占められ、在京荘園領主の関与はない。

鎌倉府の管轄領域は関東十か国であり、鎌倉幕府のもとでの六波羅探題管轄領域との関係で設定された鎌倉幕府の管轄領域と異なる。ただ、すでに建武政(挙)権の雑訴決断所は「関東十ヶ国成敗」について特例事項としており（第三章第一節）、これが鎌倉将軍府の権限、さらには鎌倉府所管事項の前提となったことは疑いない。また、前節で確認したように、使節遵行の「現場」への在京荘園領主の関与は、東海道では遠江、東山道では美濃、北陸道では越中までであり、鎌倉府管轄域での関与も限定的である。室町時代の地域区分という関心で見逃せない事象である。

次に九州である。前節で触れたように、内乱という時代環境をもっとも鮮明に使節遵行の「現場」を映すのが九州地域である。征西府権力、直冬党が軍事政権として限定的にせよ所務相論にかかる遵行の根拠文書を授与するなど、明らかに東国や西国一般と異なる様相をみせた。そうしたなかで、前節では、征西府が実効支配している地域については、在京荘園領主が知行回復を求めて南朝政権に「被成進　綸旨於鎮西　宮将軍家（懐良）」との訴状を託し、また、今川了俊が征西府を抑えて実効支配を進めていくと、同様の訴状が「被成厳重御教書於鎮西探題（了俊）方」という文言を携えてあらわれることを示した。繰り返しになるが、これもまた室町時代の地域区分という関心で見逃せない事象である。

さて、使節遵行の様相から鎌倉～南北朝期に観察される国のかたちについて考察してきた。室町時代中・後期（十五世紀）の分析を欠いたまま戦国期（十六世紀）への展望を語ることに躊躇がないわけではないが、鎌倉幕府の草創によって生まれた上記地域区分に基づく国家公権の構成が、豊臣秀吉政権による「天下一統」まで、この国のかたちを規定する重要要件であったと考えている。

次章では、視点をかえて使節遵行がどのように在地社会に受容／拒絶されたかを考え、国家公権の発動による遵行と、在地社会の論理との距離感をはかるとともに、地域区分にかかり畿内政権の北、および西の境界領域に位置すると考える若狭・安芸における使節遵行の様相を確認していく。

註

（1）『鎌倉遺文』三三八六五。
（2）山口隼正「「国上使」について」（同『中世九州の政治社会構造』吉川弘文館、一九八三年、所収。主要部の初出は『月刊歴史』二八、一九七一年）。
（3）建武政権の地方行政組織が国司を中核とする構成を理想としていたことは疑いない。しかし、雑訴決断所牒が国衙・守護両者にあてられるのは、論所をかかえる地域の状況は、国司を中心に国衙機構の再整備をおこなえるほどの猶予を与えなかったからと考えられる。したがって、現実にその地域に影響力を行使し得る人材を優先して活用するとの善後策のなかで、守護さらには地域の有力武家等が遵行使節に立てられるという事態が発生したと理解される。訴訟当事者にとっては、その合力を得ることで自己の主張が実現できればよいのであって、制度あるいは職制の外部にいる人材でも、活用できれば幸いだったのではあるまいか。国衙あての牒とともに守護あての牒も下付される。さらに、これに加えて第三の人物あてに牒が作成され訴人に下付されることがあり、これを便宜「国上使」ないし「上御使」と称したのではなかったか。いわゆる「地方官」として常任するというより、案件により随時任用される、鎌倉幕府使節と類似した性質の遵行使節であったと考えている。
（4）本書第一章。
（5）「院—権門体制」の理解については、外岡「使節遵行と在地社会」（『歴史学研究』六九〇）を参照されたい。
（6）『鎌倉遺文』三三六六七、三三六六九。
（7）『鎌倉遺文』三三七〇二、三三七二〇、三三七九九、三三八一四。『東寺百合文書』ゐ十八—五・六・八、ツ二二、は八三—一・二、ウ一四六など。なお、『福井県史』通史編・中世、三八—三九頁参照。
（8）『鎌倉遺文』三三七九九。なお、本書第四章第一節参照。
（9）『福井県史』通史編・中世、三一四—三一七頁参照。
（10）本書第四章第二節。
（11）『東寺百合文書』は八三—三、ゐ十八—九〜十五、せ武—十九など。
（12）表35〜37に共通する表記として、典拠欄に刊本の注記なく番号が付されている場合は『鎌倉遺文』『南北朝遺文』の文書番号、1-246のような表記は『大日本史料』巻—頁である。
（13）『大日本史料』同日条。

(14) 元弘三年五月初旬以降、六波羅探題陥落の報に接した西国御家人がこぞって京都に駐留する足利高氏の陣に着到をつけていることは、『鎌倉遺文』当該期の文書検索によって明らかとなろう。長宗我部信能もおそらくその一群のなかにあり、尊氏離反後も細川顕氏に従っているところをみると、そうして上洛し着到をつけた武家を高氏はその後も京都に在留させていたと考えられる。

(15) この時点での足利高氏の権能については、吉原弘道「建武政権における足利尊氏の立場―元弘の乱での動向と戦後処理を中心として」(『史学雑誌』一一一―七がその軍事的指揮権を論じている。参照されたい。

(16) 『南北朝遺文・中国四国編』は32の文書題名を「法橋某打渡状」とするが、『同』22として収載の長門国国宣(引用史料にもみえる四月十一日付)の充所「越前法橋御房」によって、32の署判者を越前法橋と考えた。

(17) 小川信「中世の長門府中と守護館・守護代所」(『国史学』一二七、同『中世都市「府中」の展開』思文閣出版、二〇〇一年に改題収録)。

(18) 佐藤進一『室町幕府守護制度の研究・下』(東京大学出版会、一九八八年)長門の項。

(19) 綸旨と雑訴決断所牒の差異は、そのまま後醍醐天皇専制の深度とかかわる。森茂暁によれば、伝奏の存在が雑訴決断所の機能を天皇権力にひきつけたとされるが(同『建武政権』教育社歴史新書、一九八〇年)、越前国山本荘に対する湯浅宗顕の押領排除を、後醍醐天皇綸旨と越前国国宣を携えて守護堀口貞義に求めた鎌倉円覚寺雑掌契智は、貞義の「雑訴決断所牒を携えて再来せよ」との返答にあい、やむなく雑訴決断所牒を求めている(『円覚寺文書』、『神奈川県史』資料編三、三一五一―四)。使節遵行の場面における綸旨と牒の機能について追究する余地があると考えられるが、いまその用意がない。今後の課題としたい。

(20) 表35－14南条又五郎も伯耆守護代としての徴証があり(『小早川家什書』、『大日本史料』観応元年八月十七日条)、当面守護系統の遵行との評価も可能である。

(21) 佐藤進一『南北朝の動乱』(中央公論社『日本の歴史』九、一九六五年)にその指摘があり、村井章介『南北朝の動乱』(吉川弘文館『日本の時代史』十、二〇〇三年)も室町幕府の事実上の成立期として注目している。

(22) 本書第一章第二節。

(23) 『鎌倉遺文』一六三五三。

(24) 『鎌倉遺文』二〇四七六。

(25)『鎌倉遺文』二八二六九。
(26)谷山覚信代俊忠申状(『鎌倉遺文』二八二九五)によれば、請所のことも「覚信懇望」と道慶は主張するが、事実は「道慶強望申」ゆえと反論し、この段階では請所契約の存在そのものは覚信側も否定していないようにとれる。
(27)谷山覚信代俊忠陳状(『鎌倉遺文』二八七七四)では、請所年紀の相違を指摘するとともに、正安五年に「銭貨百貫文米拾石代」で本銭返に「入置」いたはずと反論している。
(28)『鎌倉遺文』二五五七〇。
(29)『鎌倉遺文』二九一二二・二九一二三・二九二二一。
(30)『鎌倉遺文』二九三五六。
(31)『鎌倉遺文』三一一三七。
(32)『鎌倉遺文』三二〇〇六・三二〇〇七。
(33)『鎌倉遺文』三二二五二・三二四三三・三二四五〇・三二四八八。
(34)『大日本史料』建武元年六月十三日条。
(35)『大日本史料』建武元年九月二十九日条。
(36)吉原弘道「建武政権における足利尊氏の立場—元弘の乱での動向と戦後処理を中心として」(前掲)が尊氏の鎮西軍事指揮権について論じている。参照されたい。
(37)石井進「九州諸国における北条氏所領の研究」(竹内理三博士還暦記念会編『荘園制と武家社会』吉川弘文館、一九六九年、所収)参照。
(38)五味克夫「薩摩国伊集院の在地領主と地頭」(『荘園制と武家社会』、前掲、所収)参照。
(39)五味克夫「日向国の御家人について」(『鹿大文科科論集』七)参照。
(40)吉井功児『建武政権期の国司と守護』(近代文芸社、一九九三年)日向項参照。なお、本書については本章第一節叙述のなかで随時参照している。
(41)肥前については守護・国司兼帯の事実があり、その意味で後段東国の場合と類似する事例となるかもしれない。
(42)『大日本史料』建武元年五月三日条。なお、森茂暁『建武政権』(前掲)一四〇頁以下参照。
(43)『鎌倉遺文』三二一六四・三二二〇七。

(44)『鎌倉遺文』三〇三三二。なお、外題は『熊谷家文書』(『大日本古文書』)四六参照。
(45)『鎌倉遺文』三二七八一。
(46)『大日本史料』建武元年六月十日条。
(47)『熊谷家文書』を通覧しても、美濃国金光寺地頭職について使節遵行が実施されたことを示す史料を見出せない。使節遵行の手続を経ることなく、雑訴決断所牒を携えてみずから現地に莅み、当知行を実現することも不可能ではなかったとも考えられるが、ここでは文書紛失という理由は当面排除したうえで、若干この点について考察しておきたい。まず、守護・国司など公的な職制ルートを経ずに近隣の武家等の合力を口頭による依頼によって得られることの可能性についてである。この場合、合力を得るための文書下付申請は省略されるから、もとより文書は作成されない。使節遵行関係の史料を集積し分析するだけではみえない部分があることを認識すべきであろう。次に、軍忠状の公験としての機能である。仮に上記のような手続きによって当知行を回復、ないし維持した場合、根拠となる綸旨・雑訴決断所牒などは手元に残されるが、使節遵行を含む実務的文書、あるいは守護・国司など地方行政機構の実績を示す文書は存在しないことになる。そこで、特定の所領が、自身ないしその家の所領であることを明示する相伝文書が、自己所領の維持についての次の「危機」に備えるための公験として求められることになろう。かつて合力を得た近隣武家(子孫)の証言も期待できるか不安定な条件では、これら軍忠状に「某所地頭」と明記され、これに証判が加えられていることの意義は大きい。証判は、軍忠状に記載された合戦での功労に対して据えられるのが本来的な意味合いであるが、はからずも軍忠状の作成者が少なくともその時点では「某所地頭」であったことを後世に保障することになったのである。
(48)ここに示した条目のうち、前条は「異重事」について注進せよという文意で、「異重事」以外は守護・国司などの判断に委ねられると理解できる。また、後条は、訴人と論人の在所が異なり、裁判進行に支障がある場合は、訴人の在所で裁定するという文意で、ここでも守護・国司などの裁判権が前提とされていると理解できる。
(49)表37-15の典拠文書のみには北畠顕家の袖判がない。『大日本史料』は「本書、蓋シ陸奥国司北畠顕家ノ袖判ヲ逸セシナルベシ」とする。これに従う。
(50)『鎌倉遺文』三二五三五・三二六〇八・三二六〇九など。
(51)『鎌倉遺文』二八八七六。この文書は、真壁光泰が正続院に「宮山田地・屋敷具書等」を渡し進める内容で、具書目録が載せられている。ここに具書としてみえる文書は原本として伝来しない。想像をたくましくすれば、表37-17の論人宮山と真壁による所領相論があり、真壁側が具書等を北条氏と縁故深い寺院に寄進する手続をとることによって、事実上の「寄沙汰」を企図した可能性を指摘しておきたい。
(52) 吉井功児『建武政権期の国司と守護』(前掲) 相模項。
(53) 『鎌倉遺文』二七八二五。「山河判官入道暁尊」(貞重) の申請により、鎌倉幕府将軍 (守邦) の寄進状で寄進されているが、註 (51) で指摘したような事情が隠されている可能性がある。
(54) 『鎌倉遺文』三二六四四・三二八一八など。
(55) 『中世法制史料集』第二巻・室町幕府法による。
(56) 『武雄神社文書』(『南北朝遺文』九州編一四〇五)。
(57) 鎌倉幕府謀反人跡地頭職の理解については、川合康『鎌倉幕府成立史の研究』(校倉書房、二〇〇四年)、大山喬平「没官領・謀反人跡地頭の成立—国家恩賞授与権との関連をめぐって」(『史林』五八—六) 参照。
(58) 笠松宏至は、「幕府の判決は決して既成法や判決例の適用・解釈のうえに、抽象的・論理的に構成されているものではない」として、「判決を規定する三要素」を、①幕府の当面する政治的・経済的利害得失に由来する権力としての要請、②当事者の提出によって効力を発揮する可能性を生じた証文・古法・傍例、③裁判のもつ (非歴史的) 調停者としての条件を満足させるために必要な、裁判官の (歴史的) 主観的衡平観念に求め、時々の幕府権力の状況に応じて、①〜③の要素に濃淡が生じ、判決の傾向が変容することを指摘している。内乱期という時代環境は、②に実力による当知行維持を加えた当事者各々の主張を、③によるというより、①によるかたちで判断していく傾向を強くすると考える。あるいは、観応の擾乱の根底にある政治思想に即していえば、高師直は①、足利直義は②をより尊重したということになるのかもしれない。
(59) 室町幕府が統合的支配を実現し得たのは「室町殿御分国」(中部地方から中国・四国地方まで) を中心とする地域と評価する山田徹の言説が、近年もっとも端的に室町幕府の性格を表現していると考える (「南北朝期の守護論をめぐって」中世後期研究会『室町・戦国期研究を読み直す』思文閣出版、二〇〇七年)。
(60) 羽賀徳彦「室町幕府引付頭人 付山城守護 補任沿革考証編」(東洋大学紀要・文学部編十六)。
(61) 五味文彦「在京人とその位置」(史学雑誌八三—八)。
(62) 奉公衆の検索ならびに評価については、福田豊彦『室町幕府と国人一揆』(吉川弘文館、一九九五年) 参照。
(63) 市については、「足利尊氏近習・馬廻衆一揆契状」(『越前島津家文書』、『中世法制史料集』第四巻、武家家法Ⅱ、六七) に、

「いち行明」、「いちのたんしやう朝明」、「いち四郎さへもん信明」（山城使節）、「市の九郎さへもん春明」「市の太郎さへもん」がみえるが、相賀については未詳。
(64)『高槻市史』本編による。
(65)同右。
(66)安威と赤松が争う江口は（表39－18）、安威の苗字の地を流れる安威川を含む淀川水系水運の拠点である。
(67)『高槻市史』本編。
(68)同右。
(69)『東寺百合文書』イ27。
(70)『高槻市史』本編。本書第一章第一節。
(71)建武三年五月日、広峰昌俊軍忠状案（『広峰文書』、『兵庫県史』史料編・中世二）。
(72)児玉党粟生田氏と推定している。
(73)観応二年九月十日、足利義詮下文案（『佐々木文書』『大日本史料』）で、恩賞として佐々木秀綱に与えられた所領に出雲国日登郷（佐藤二郎左衛門尉跡）がある。同人であれば、観応の擾乱期に直義派として活動したか。
(74)後藤は安田郷・中村郷・曽我部郷公文（元弘三年五月日、後藤基景軍忠状、『後藤文書』、『兵庫県史』史料編・中世二）、梶原は浦上荘神沢は久留美荘地頭（嘉元元年八月日、神沢重綱申状、『吉田亀之助文書』、『大日本史料』など）。
(75)康永二年八月日、海老名景知紛失状（『海老名文書』『大日本史料』）。
(76)観応三年五月日、吉川五郎入道仁心代堀四郎光重軍忠状（『吉川家文書』『大日本古文書』）。
(77)註（62）羽賀著書。
(78)外岡「使節遵行と在地社会」（前掲）。
(79)橘姓橋本氏は楠木一族でもある（『太平記』巻十六）。
(80)分類の項に、南朝＝南朝文書による遵行、直冬＝足利直冬文書による遵行を追加している。
(81)在京代官等京都にも訴訟対応の人材があったと推定している。
(82)川添昭二『今川了俊』（吉川弘文館人物叢書、一九八八年）など参照。
(83)佐藤進一『室町幕府守護制度の研究』（東京大学出版会、一九八八年）。

(84)同右。
(85)同右。
(86)もとより遵行にかかる根拠文書は訴人の申請により授与される文書である。寺社に限らず、地域権力の実勢を判断しながら、安堵申請や押領排除を求める対象(権力、文書発給主体)も選択されていると考えられる。この場合も、河上社と征西府に個別特殊な関係があったと深読みする必要はおそらくない。むしろ、征西府文書を残してきた経緯に河上社の個性をみるべきかもしれない。
(87)各所で繰り返し指摘することになるが、内乱期においては、味方に参じることを名目に不知行状態(敵方に占領されているなど)にある本領について安堵申請をする、あるいは当面している合戦の敵方所領を成功報酬(恩賞)として確保するために充行状を得る、寺社に寄進することで「仏陀施入之地不可悔返」(笠松宏至『日本中世法史論』東京大学出版会、一九七九年)の論理などを楯に、味方所領としての実を確保する、などの行為は頻繁におこなわれていたと考えられる。幕府などもまた、本主や当知行者の訴により先判を否定、撤回することがあった。したがって、安堵、充行、寄進を示す下文等が、そのままのかたちで有効に被授与者の当知行を保障する可能性は低いと考えておかなければならない。遵行が重みをもつ理由もそこにあるが、この点については終章で述べたい。
(88)使節はともに松浦党に属する人物で、訴人より論人に近いようにも感じられる。肥前の事例で松浦党が使節となる事例でもそうした傾向が認められる。遵行使節の選任が、論所の実情、紛争処理能力(政治的実力・名望)を根拠にしていたことが示されている。
(89)『阿蘇家文書』(『南北朝遺文』九州編、二八三四)。
(90)『善法寺文書』(『南北朝遺文』九州編、四六二六)。
(91)川添昭二『今川了俊』(前掲)。
(92)『北野神社文書』(『南北朝遺文』九州編、五〇五九)。
(93)地域区分を前提とした国家的権力の構成を考える素材として、期間的には限られているものの重要と考えている。なお、本章第三節参照。
(94)黒田基樹編『足利基氏とその時代』(戎光祥出版、二〇一三年)、小国浩寿『鎌倉府と室町幕府』(吉川弘文館、二〇一三年)など参照。

(95) 基氏が入間川出陣中の遵行事例を含むのは、前掲相模13のほか、後段では常陸6、下野3・4、上総9・10、下総3・4、上野8・9、越後11～14、伊豆7が相当する。鎌倉府文書が少なく、幕府文書を根拠とする遵行が多い。事案とも関連するので一概にはいえないが、鎌倉府管轄地域の遵行体制にも出陣の影響はみられるようである。
(96) 小国浩寿『鎌倉府体制と東国』（吉川弘文館、二〇〇一年）。
(97) 文書の残り方、残し方に影響される部分が多いが、後段越後28のように、将軍家下文を所持していても施行状がなければ法廷での証拠能力が減退・消滅することがあることを前提とすれば、遵行文書がもっとも重要な公験となるはずである。本節で掲げる各表においても、将軍や関東公方の下文が現存せず、「任御下文之旨」などの文言を記す遵行文書（使節請文を含む）を典拠している事例が少なくない。その点考慮すると、真壁、佐竹の事例が例外的にも映るのでそのように考えた。なお、遵行文書論として追究の余地がある。
(98) 常陸10の事例は、足利義満が鹿島社に寄進した平塚郷は、すでに先年小山義政に一円知行が認められた地であったことから、小山がその齟齬を補うために、改めて平塚郷を鹿島社へ寄進したという経緯を示している。
(99) 足利尊氏が鎌倉を出て帰洛の途につくのは文和二年七月末のことである。したがって、3はその約五か月後の文書ということになる。ただ、訴人の仁木頼章も尊氏とともに鎌倉にあったこと、提訴から文書発給までの時間（文書の日付の時点で基氏は鎌倉にいない）などを考慮すると、提訴の時点を尊氏の鎌倉駐在中に求めることも可能であろう。とくに、足利の本領にかかる事案であり、荘内給主等の軍事動員を含む裁決を基氏の権限でおこなえたかどうかを考慮すると、基氏の御判御教書となっているものの、実態は尊氏の裁決によると考えている。
(100) 足利荘が論所となる事案については、守護遵行が採用されていない。6の朝倉・大沼田が足利被官である徴証を見出せていないが、足利荘にかかる事案については本所裁決権に準じた扱いを想定することもできる。6は足利尊氏が死去し、基氏の独自性が鎌倉府権力のなかに生まれていた時期であることを考慮すれば、前註の言説と齟齬はない。
(101) 小国浩寿『鎌倉府体制と東国』（前掲）。
(102) 同右。小国は、遵行使節の適格性などについても丁寧に分析している。9・10にみえるように、遵行使節が公方の意をうけた奉者としてあらわれるのも、彼らのかかわり方として興味深い。
(103) 黒田基樹編『足利基氏とその時代』（前掲）。
(104) 久保田順一『室町・戦国期上野の地域社会』（岩田書院、二〇〇六年）第一部。

(105)『三浦和田文書』(『南北朝遺文』関東編、一六三九)。

(106)甲斐1の典拠史料、内藤教泰申状による。

(107)観応三年三月日、市河経助軍忠状(『市河文書』)、正平七年正月日、武田弥六文元軍忠状(『古文書』、以上『大日本史料』)参照。

(108)永徳元年五月六日付細川正氏寄進状・同年七月二日付足利義満御判御教書(以上『天龍寺文書』)・応永十一年十二月十二日付室町幕府管領奉書(『京都大学所蔵・古文書集』)・応永二十五年十二月二十五日付室町幕府管領奉書(『足利将軍御内書幷奉書留』、以上『大日本史料』)参照。

(109)11の経緯にかかり、『空華日用工夫略集』は、「(応安八年二月)十七日、大高刑部少輔(成氏)自鎌倉来告、公議以佐野郷捨入于円覚寺、是乃府君(氏満)預所約、為伽藍再興也、」と記す。「預所約」の理解に難があるが、素直に読む限り、大高成氏は氏満の佐野郷寄進にとくに異論を唱えてはいない。一方、円覚寺雑掌の主張では、「大高伊予入道法智家人」が抵抗しているという。「大高伊予入道法智」は官途・法名から大高重成と推測されるが、重成はすでに康安二(一三六二)年四月に死去しており、典拠文書にみえる「法智罪科人」「追出法智」との文言は違和感がある。典拠史料では法智は現存の人物と解される。ついで成氏も論人となることも含め、なお関係史料の収集、分析が必要である。

(110)細川、松井は在京、天野は能登国人である(後述)。

(111)康安二年八月五日付吉見氏頼挙状(『尊敬閣文庫文書・天野文書』、『大日本史料』)。

(112)宇都宮貞泰が尊氏と行動を共にしていたことについては、『賢俊僧正日記』(『大日本史料』)同年二月一日条による。

(113)建武三年二月日、院林了法申状(同月七日、足利尊氏安堵裏書あり、『大日本古文書/醍醐寺文書』)。

(114)なお、奥州が鎌倉府管轄に移行してまもなく、鎌倉府と幕府との関係悪化が進行し、結局奥州探題がおかれ再び鎌倉府管轄から離れることになる。羽州探題はすでに起動していたと考えられるから、後述のように奥州を「国のかたち」の構成要素として自律的に扱うことにしたい。

(115)この点については終章で述べる。

(116)『東寺百合文書』(『鎌倉遺文』二五二七五)。

(117)『東寺百合文書』(『鎌倉遺文』二五二八九)。

(118)『東寺百合文書』(『鎌倉遺文』一八五一二)。

(119) 嘉暦二年七月一日六波羅御教書（『京都大学所蔵東大寺文書』『鎌倉遺文』二九八八一）。
(120) ③大僧正成恵挙状（『東寺百合文書』『鎌倉遺文』二四二四九）、④法印某挙状（『東寺文書』二五六一〇）。
(121) 関白鷹司冬教家御教書（『鹿島大禰宜家文書』『鎌倉遺文』三一四一七）。
(122) 佐藤進一『南北朝の動乱』（中央公論社『日本の歴史』九、一九六五年）、伊藤喜良『中世国家と東国・奥羽』校倉書房、一九九九年）、亀田俊和『室町幕府管領施行システムの研究』（思文閣出版、二〇一三年）参照。
(123) 『醍醐寺文書』（大日本古文書『醍醐寺文書』二六九五）。
(124) 『仲光卿記』（『大日本史料』）。
(125) 森茂暁『増補改訂南北朝期公武関係史の研究』（思文閣出版、二〇〇八年）参照。
(126) 『上杉家文書』（『南北朝遺文』関東編三一三四）。
(127) 『香取大禰宜家文書』（『南北朝遺文』関東編三六三六・三六三七）。

第四章　使節遵行と地域社会

第一節　使節遵行の「現場」

いわゆる使節遵行の任務を各国守護と並んで使節が務めるシステムが、鎌倉時代の後半に定着し、畿内および西国一般については、六波羅探題から室町幕府へとそのシステムが継承されたことはすでに前章までに明快にしたところである(1)。しかし、そこで明らかにし得たのはあくまでその構造的（あるいは形式的）側面のみであって、遵行システムがどのように運用され、その結果、どのような効果をあげ得たのかという機能的（あるいは実体的）側面については、なお究明の余地がある。

そこで本節では、当事者主義の原則に基づき進行する使節遵行手続の具体的なすがたを描くことによって、その課題に応えてみたいと思う。作業の手順としては、まず前段で、当事者主義に基づく訴訟過程のなかに使節遵行システムが位置づけられていることを再確認したい。そして、後段で、遵行費用の負担など在地社会への影響、とくに在地社会がどのように使節を受容したのかを考えてみたい。

史料の絶対量の問題で、その活用に際し地域性や年代的な差異についての配慮が必ずしも十分とはいえないが、まずは一般的な特質を探ることに主眼をおいて作業を進めていくことにしたい。

なお、本節では鎌倉末～南北朝期の使節遵行システムを基本的には同様の性質をもつものと考える立場から、六波羅探題と室町幕府を便宜上総称する用語として「武家」を用いることがあることをはじめに断っておく。

一　遵行使節と荘園領主

（一）使節遵行の要請

鎌倉末～南北朝期の荘園領主たちが共通して悩まされたのがいわゆる悪党問題である。京の「武家」法廷には、悪党の追却を訴える荘園本所の沙汰雑掌たちが、日々訴状を手にして列参していたと想像される。

次に掲げるのはそうした訴状の一通である。(2)

東大寺衆徒等重申

欲早任度々院宣幷数ケ度召符、被経厳密御沙汰、被召出寺領伊賀国黒田荘住人覚舜幷太郎左衛門入道等、被処遠流・無期重科子細事、

副進

二通　召符案正安二年八月十四日 同年十月十八日

一通　悪党人交名

右、当荘者、本所一円之寺領、重色異他之料所也、而今覚舜以下之輩、於当荘去正安年中違背本所、致悪行狼藉之間、就被下　院宣於武家、雖被経御沙汰、不憚　院宣、不恐武威、覚舜以下之輩偏忽諸（緒）寺命、不相随所勘、濫吹過法之上、為処々強盗山賊張本之由触送之剋、為召禁、雖差下使者、敢不及承引、剰及打擲蹂躙濫妨之悪行、非寺門力之所及、国中之謳歌以外次第也、此上者、重仰御使、急速被召出彼交名輩等、彼処遠流無期重科、且備進有限之仏神事要脚、且欲全人供以下寺用等矣、仍勒状、謹解、

応長元年後七月　日

東大寺領伊賀国黒田荘は悪党の活動を具体的に記す史料が多く残る荘園のひとつである。覚舜以下の悪党によって寺家使者が打擲蹂躙され、もはや寺門の力が及ぶところではないと判断した東大寺は、再度の使節遵行を求めてこの訴状を六波羅探題に提出したのであった。この文書にもあるように、東大寺はすでに院宣の六波羅探題への施行を通じて使節遵行を要請したことがあり、このときは再度の遵行を要請するため直接六波羅探題へ提訴したものと思われる。

さて、この訴状をうけて六波羅探題は使節に近江守護代佐々木三郎左衛門尉（範綱）と伊賀国御家人柘植二郎左衛門尉を任じるが、遵行はなかなか実現しなかった(3)。元亨三（一三二三）年、東大寺は、佐々木が本貫（主任）地近江国の悪党退治に忙しく他国の悪党にまで手が回らないと弁解して一度入部しながら中途で辞退したことを糾弾し、さらには使節難渋の罪科は「関東御事書」によれば本人罪科の後他の使節を仰付けるのが道理であるとして、「満寺衆議」による善後策を決定(4)。そして、その結果再度の訴が提起されて、新たな使節として伊賀守護代平常茂と服部持法が登場し、佐々木・柘植は更迭。柘植はうってかわって悪党扶持人交名注文に載せられることになる(5)。

このように、「武家」が遵行使節を決定し、彼らが現地入りさえすれば荘園領主が期待する結果が得られるとは限らない。むしろ、実態としては使節を難渋する御家人や、「悪党」の抵抗にあって遵行命令を果たすことなく退散する使節が続出していた（次節で再論）。

使節遵行の理念と現実の差はたしかに存在する(6)。しかし、荘園領主が自力で解決していく能力を欠き（「非寺門力之所及」）、さらに朝廷・公家政権の裁決を得ても、強制執行の部分はすべて「武家」に委任されているという状況のなかでは、守護や使節を中核とする「武家」の執行システムに依存しつつその実効性を高める自助努力を重ねることが、荘園領主のとるべき最善の道だったのである。

黒田荘悪党事、就重御教書、今月十五日可入阝（部）之由、守護方者已令領状候了、仍今一両日之間急可差下寺家之使者候、得其御意、可有御用意候、（中略）先度寺家之使者無沙汰之間、加罪科候了、於今度者、相構々々丁寧可有御沙汰之由、衆議所候也、恐々謹言、

年預五師頼昭

（嘉暦二年）十月十一日

謹上　服阝右衛門太郎入道殿

東大寺の年預五師頼昭は、「所労」により入部が難治とする服部右衛門太郎入道（持法）に対し、使節故障のときは代官による遵行が「定法」であるとして催促を重ね、守護代にも働きかけて入部を促していたが、ようやく守護代方の日程を得るや頼昭が服部に送った書状がこれである。(7)

形式的には「武家」の主導する執行システムにみえるが、使節遵行を命ずる「武家」の御教書等が発給（受領者はこの場合東大寺）されたあとはほとんど荘園領主側の自助努力の場へと転換した。遵行使節に対する入部催促を含め、遵行にかかわる諸事が使節である御家人等と荘園領主の間で決定されていくのである。訴訟手続における当事者主義の原則に照らせば別に不思議な事象ではないが、使節遵行システムの性格にかかわる重要な事実として確認しておきたい。

次に、遵行使節の人選はどのようにおこなわれ、荘園領主はそれにどのように関与したのであろうか。いったん決定された使節がその任務を実現できなかった場合にはその交替を要請することがあり、それが実現されたことは前掲の史料に照らして明らかである。しかし、誰を使節にするかという、「武家」の専権事項とおぼしき事柄にどの程度荘園領主は影響力を行使し得たのか、次の史料をみよう。

当国目代・守護代等河口濫妨事、以外珍事候哉、昨夕学侶事書以下給候、急々可申沙汰候、抑坪江郷条、守護施行重々致問答候て令書直了、以此便宜欲進之処、守護代今ハ寺敵に成候之上ハ、被下遣候ても不可有正躰候歟、

別使節にて可向御下知候歟、（中略）河口近隣地頭可然之仁、名字を可注給候、（以下略）

建武二（一三三五）年正月に、越前国の国司代・守護代等が河口荘新郷政所に乱入し、年貢以下を奪取することになる事件の関連文書である。前年末から始まった坪江上郷名主等の供料抑留を守護の施行によって解決できるものと期待し守護との「問答」を経て施行状を作成した矢先の守護代等の濫妨である。荘園領主である大乗院の一僧侶は、「寺敵」となってしまった守護代にかわる使節を模索すべく現地情報の収集を始めたようだ(8)。ここに語られるように、近隣地頭で使節として大乗院の期待に応え得る人物が発見できれば、大乗院はその人物との直接交渉を開始し、幕府に働きかけてその人物あての御教書を発給してもらい、そのうえで使節遵行を実現していくのであれば、遵行使節の選定をも荘園領主みずからがおこなうことになる。

悪党の跳梁に苦悩する荘園領主の自助努力の一環として、このような情報収集は位置づけることができる。懸案をかかえる荘園領主にとって、遵行の実際を担う使節が誰になるのかは、訴訟の担当奉行人が誰になるのか以上に重要な関心事であったに違いないからである。

（二）遵行の実現

遵行使節の現地入りには荘園領主側の使者も同行していた。前項で掲げた伊賀国黒田荘の悪党に関する年預五師頼昭の書状には、使節の現地入りにあわせて寺家使者を派遣する旨が載せられていた。この使者の役割は、使節の現地入りを円滑に進行させ、荘家雑掌への打渡を確認し、東大寺に報告することであったと考えられる。使節遵行にかかわるすべての文書が荘園領主側に遺されるのは、訴訟手続ばかりか執行手続（遵行）の場面においても当事者主義の原則が貫かれていたからに他ならない。

遵行使節の入部にもさまざまな作法が要求されるケースもあった。正和五（一三一六）年、越前国坪江郷内三国湊に入部しようとした遵行使節俣野弥八・河嶋平内右衛門尉は、「無是非入部」であるとして三国湊雑掌教顕に糾弾された。教顕の主張を聞こう。

（前略）当郷者、為春日社領、勅願二季之三十講料所、重色異他神領也、仍武家御使不可入部之条、云当郷先規、云河口傍例、無子細者、而於当御領内三国湊、長谷寺以下帯　院宣令取津料之間、雖為文永以後新関、依帯　院宣、御無沙汰之処、就両使入部可停止之旨、厳密被御下知畢、雖然、彼御使等先於堺外経問答、可被注進子細之処、背先例、無左右入部一円神領之上者、於向後者、被止入部之儀、至津料者、任武家制法、為本所御計、固可被停止者也、（以下略[9]）

遵行使節は三国湊における津料の徴収を停止させる任務を得て入部を試みたのであったが、「堺外」における事情説明（「問答」）のないまま荘家に入部したため、これに立腹した雑掌教顕は、今後は使節の入部を拒否し、津料については本所（大乗院）の責任で停止させることを六波羅探題に申し入れるよう大乗院に訴えたのである。右に掲げたのはその訴状の一部である。

鎌倉幕府の「文永以後新関停止令」にかかる使節遵行である。[10]その意味で荘園領主主導の使節遵行ではない点を確認しておく必要があるが、ここでは遵行使節の本所一円地への入部には、荘境における荘家への事情説明が要求されている。おそらくは、これが荘園領主主導ではない遵行使節の入部作法であった可能性は高い。[11]

次に、入部した遵行使節はどの程度その任務を果たし得たのであろうか。使節の請文からそのことを考えてみたい。

東大寺衆徒等申伊賀国黒田荘悪党覚舜・清高・道順以下輩狼藉事、去三月二日御教書謹下預候了、抑任被仰下旨、服部右衛門太郎入道相共、催具近隣地頭御家人等、莅彼所、欲召進交名人等候之処、坊垣外孫五郎入道為明申子細上洛由申之、至自余輩者皆令逐電候、於彼等住宅者、悉破却之仕候了、此条偽申候者、日本国中諸神御罰

お可蒙候、以此旨可被披露候、恐々謹言、

（嘉暦二年）四月廿五日　　平常茂請文（在裏判）[12]

悪党方の武力抵抗が予想されるような場合、「近隣地頭御家人」が動員されるのが通例であった。使節遵行は御家人役であるが、使節の催しに従ってこうした軍事行動に同行するのもまた御家人役である。[13] しかし、どんなに多くの御家人を動員して現地に臨んだとしても、この場合のように肝腎の悪党等が逃亡したあとであったり、逆に厳しい抵抗にあって現地入りしても目的を果たせずに退散を余儀なくされたりするケースもあった。遵行使節の請文のなかには、抵抗の激しさを記し、遵行難治を報告するものも少なくない。前章までにみてきたように、一組の使節に繰り返し遵行命令が示され、さらには「武家」からの個別指示をまたずに荘園領主との連携により遵行の実施を促す内容の文言が登場する背景には、そうした使節遵行の現場が存在したのである。

東大寺衆徒等重申

欲早被差副当国他国地頭御家人等於両御使、不日被召捕寺領伊賀国黒田荘悪党覚舜・清高・道願・仏念以下交名人等、被断罪其身、鎮荘家牢籠、被全恒例臨時仏神事要脚子細事、

副進

二通　御教書案　嘉暦二年三月二日　一通略之

二通　御使請文案　同四月廿五日

一巻　度々御下知御教書案

一通　悪党人幷縁者注文

右、子細、前々御沙汰事舊畢、就今年三月二日御教書、如同四月廿五日両御使服部右衛門太郎入道持法幷当国守護代常茂等請文者、催近隣地頭御家人等、莅彼所、致其沙汰之処、坊垣外孫五郎入道者、為明申子細上洛由申

之、自余輩者皆令逐電候、於彼等住宅者、悉破却仕候了云々、而件覚舜・清高以下輩、御使入阝之時者雖令逐電、如先々者、御使帰参之後者還住本宅致悪行之間、向後為断荘内之経廻、可被焼払住宅之由、就訴申、被成下厳密御教書之間、於今度者、被焼払住宅了、雖然重構縁者住（宅）於城郭、惣荘土民等令同心彼悪党等、追放寺家使者、切塞路次致悪行之条、上古未聞之狼藉、言語道断之次第也、（中略）所詮、悪行之次第超常篇之上者、被差副当国他国地頭御家人於両御使、被鎮当時之狼藉、沙汰居雑掌於庄家、於所籠置之悪党等住宅、如先度被仰下、悉焼失之、至其身者、尋探在所、任法被召出之、欲被断罪矣、仍粗勒子細、重言上如件、

嘉暦二年六月　日

先の請文をうけての再度の訴状である[14]。遵行使節の入部に際しては逃亡し、使節が帰還すると再び悪党が立ちかえって悪行を致すという悪循環を断ち切るべく、今回は悪党住宅を焼却したのであったが、今度は縁者の住宅を城郭に構えるという方途に出たため、再度の遵行要請となった事情が右の文書から確認できる。打渡に臨んだ寺家使者は追放され、路地を切り塞ぐという作法により再び悪党の当知行が実現している以上[15]、「当国他国地頭御家人」を動員するという提案・要請となるのも、当然の成り行きといえる。

前節に掲げた年預五師頼昭の書状は、この訴状により再度発給された六波羅御教書に基づき服部持法に入部を要請した度重なる書状のうちの一通である。しかし、荘園領主が自力で荘園支配を実現できていないなかで、すでに悪党等と「同心」した荘園住人たちを前に、使節として現地に臨んだ御家人たちにできることは限られていたに違いない。そして、荘園領主が求める使節遵行による原状回復の実現はきわめて困難な状況にあったことは、黒田荘の場合、否めないようである。

二　使節遵行と在地社会

（一）遵行の経費負担

遵行使節が現地に下向し、任務を遂行して帰還するまでの旅費・滞在費のほとんどは荘家の負担であった。したがって、その経費負担についての見通しがないと、たとえ「武家」の御教書を得ていても遵行（現地での執行）を要請できなかった。

嘉元四（一三〇六）年の「東寺十八口供僧評定事書[16]」には、東寺領伊予国弓削島荘の下地中分について、すでに御教書は得ているものの、両使入部にかかる雑事用途が過分となるので、「当国近辺日てりにて田もうゑ候ハす」という現状から鑑みて困難ではないかと苦悩する現地の様子が記されている。したがって、両使が入部しながら論人の地頭代召喚に失敗するや、雑掌栄実は「不行事候者、供給雑事無用事候歟」と東寺公文あての書状に認めることになる[17]。

やや時代は下るが、同じく弓削島荘に入部した両使の遵行費用について、荘家の散用状が遺されている。貞和五（一三四九）年、同荘領家方に対する小早川一族等の濫妨を止め、荘家雑掌に沙汰付すべく下向した金子太郎左衛門入道善喜・近藤又太郎国崇の遵行費用は以下のようであった[18]。

　　為弓削嶋入部貞和五年三月廿六日尾路下着以後
　散用事（串・鯨両方分）
一為公方御使催促　　三人粮物幷船賃（自四月廿三日至于五月五日）
　　壹貫四百文
一重為御使催促　　三人粮物船賃（自五月七日到于十三日）
　　壹貫三百文
一重為御使催促　　三人粮物船賃（自五月十七日至于同廿一日）

壹貫六百五十文　　此時御使尾路マテ到来
一両御使尾路ニ同廿一日ヨリ廿二日マテ雑事料
　壹貫七百文
一御使嶋入部船賃
　五百文
一於当嶋両御使自廿二日至于廿七日六ヶ日在荘間雑事料
　三貫五百文
一両御使引出物
　六貫文
一両御使還船賃
　壹貫文
已上十七貫五十文自四月廿三日至于五月廿七日
一自三月廿六日至于五月廿二日両雑掌尾路
居住間雑事料
　六貫文
都合弐拾参貫五十文
　（中略）
一五月廿二日　両使雖打渡両嶋於両雑掌、敵方猶
不退散、而就支申、為用心相語人勢警固間、

酒直兵粮料ニ
六貫五百文
（中略）
右、散用之状如件、
貞和五年十月　日
平　義幹（花押）
法橋乗南（花押）

金子・近藤が遵行指令をうけたのは貞和五年二月のことである。[19]弓削島方では串方・鯨方両雑掌（義幹・乗南）が三月廿六日から尾道（「尾路」）に出て使節の下向に備えていたが、金子・近藤は一向に下向する気配をみせなかったらしい。そこで、尾道から催促の使者が三度まで立って入部を促し、五月廿一日になってようやく金子・近藤は尾道に到着。翌廿二日に弓削島に入り、六日間滞在して沙汰付などをおこない、廿七日帰路についた。使節遵行の催促からその実施に至るすべての経費が荘家の負担とされたことは、この散用状に明白である。沙汰付の実施にもかかわらず「敵方」（小早川一族等）がなお退散しなかったため警固の人数をおいた費用も合計すると、総費用は二九貫五五〇文になる。これは、同年に串方からおさめられる年貢塩三五〇俵（銭換算四九貫七〇〇文）[20]の約六割に相当する。しかも、使節遵行にかかる費用負担は臨時支出であるから、その額が大きければ荘園経営への影響も大きかったと思われる。

しかし、東寺のそうした自助努力もむなしく、遵行使節が帰還すると小早川一族等が濫妨を再開する。もちろん東寺も、「立還使節遵行地、追出寺家雑掌、押領下地」と小早川一族の行為を糾弾し、[21]室町幕府から守護遵行を命じる御教書を獲得するが、遵行はその実をあげず、東寺の領家職知行は安定化しない。

そして、ついに東寺は応安四（一三七一）年、小早川宗平に弓削島年貢を請負わせることを決断する。そのときの請負条件は「毎年京上年貢三十貫文」であった。[22]「国中擾乱之程」という特例的な年貢額とはいえ、皮肉にもかつて東寺が金子・近藤の使節遵行のために負担したのとほぼ同額である。

このように、使節遵行にかかる経済的負担が荘園領主にとっては報われない結果となるケースもあった。

十四世紀の後半になると使節遵行の主体は守護へ移行していく。[23] したがって、荘園領主側に遵行使節を指定・選択する余地はほぼ残されていない。安芸国のように守護権力が流動的であった地域でこそ、荘園領主の主張によって遵行使節の交替が実現したが[24]、右に紹介した伊予国の場合を含め、一般的には守護の施行状をもとに守護代ないし守護被官が遵行使節となるのが通例となる。また、守護の遵行にかかる負担も従前の規模（額）と変わりはなかったと想像される。室町時代の荘園では経常的な守護役負担があったことが知られるが、個別事案にかかる現地での執行手続きには別途経費が荘家の負担とされたはずである。にもかかわらず、荘園領主が守護の遵行に依存せざるを得なかったのは、荘園領主がみずから本所権を最大限に発揮して自力で在他の混乱を解決し得た時代がもはや遠い過去のものになりつつあったからに他ならない。

ただ、弓削島の事例に即していえば、かつてその濫妨に提訴と使節遵行の要請を繰り返した東寺が、「敵方」であった小早川一族といわば屈辱的ともいえる妥協に踏み切ったのは、地域権力としての小早川一族との関係を修復することで、利権のすべてを失わない、自力救済の途をひらいたと評価することもできる。

（二）遵行使節と在地社会

荘園に居住した人々、とくに百姓等はどのように遵行使節を迎えたのであろうか。前述のように「供給雑事」の存在が知られるから、百姓等が遵行使節の供応に駆り出されたであろうことは容易に想像できる。しかし、百姓等の悩みはほかにも存在した。

黒田荘百姓等申

右、子細者、武家御使地頭御家人郡内令入部、家内可焼払由其聞候、事実候者、作麦等馬かひ一被踏煩候上者、御年貢御公事可闕如仕候哉、且百姓等歎不可過之候、為御寺御計百姓等安堵仕之様、預御成敗候者、可為恐悦、恐惶謹言、

（嘉暦二年）卯月十日　　　　百姓等状

進上　年預所殿　御宿所

再び黒田荘の事例である。先に掲げた平常茂請文に示される遵行に関連して理解できる内容である。[25] 悪党の住宅を焼却するという執行内容を聞きつけた百姓等が、使節の率いる地頭御家人等の軍馬によって作麦が踏み荒らされることがないように本所として働きかけてほしいという内容の嘆願であり、それが実現されなければ「御年貢御公事可闕如仕候哉」とも述べている。ここに使節を迎える百姓等の真情を読み取ることができる。

しかし、東大寺の訴状にあるように、荘民のなかに悪党と同心するものがあるとすれば、この百姓等の嘆願はまったく別の意味をもってくる。軍事的要請に基づいて入部する使節や、これに率いられる地頭御家人等が、遵行の意図とは別に生産地破壊の張本となってしまうことを主張の前面にたてながら、実は婉曲に遵行使節の入部を拒否していると読むことができるからである。

そもそも、黒田荘の悪党がなかなか鎮圧できないでいる背景には、「惣荘土民等」か悪党に同心してその行動を支持しているばかりか、遵行使節となっている御家人自身が、在地社会の広大な縁の世界に所属していることがあった。東大寺から「悪党」と糾弾された坊垣外孫五郎（入道道一）は、使節服部持法のおじにあたり、持法とは親父の遺領をめぐって「敵人」の関係にあった。道一の主張によれば、持法が使節となった時点ではじめて道一は「悪党」

の交名注文に書き加えられたのだという。(26) 道一の主張を信じれば、持法は六波羅使節というわば公的地位を利用して直面する相論の「敵人」を「悪党」におとしめたことになる。

このように、遵行使節の選任を在他社会との関係に配慮しておこなえばおこなうほど、使節となる御家人は在地社会の縁の世界に縛られ、そこに存在するさまざまな利害関係と無縁に遵行を断行することはもとより困難なことであったと考えられる。しかも、こうした縁の世界に百姓等もからみ、荘園領主が望む原状回復より、「悪党」と呼ばれた人々と共闘・協働して生きる途を選んでいたとすればなおさらである。前掲百姓等申状はどうも使節入部を拒否する内容と読むのが穏当のようである。

「悪党」と呼ばれた人々、そして、「悪党」に同心したと荘園領主から糾弾された百姓等が地域秩序の主体になりつつあったのである。前節では弓削島荘の支配について、東寺が小早川一族と妥協を決断した経緯を追った。荘園領主がその利権のすべてを失わないために、現実に当該地域を実効支配している権力と妥協していくのは、まさに時代の趨勢であったと想像される。黒田荘の原状回復に苦心した東大寺もまた同じ選択を余儀なくされていくのである。「武家」による使節遵行システムは、文書面だけみるといかにも「武家」による職権主義的な強制執行システムのようにみえる。ところが、現実には訴人である荘園領主側の当事者主義的訴訟手続の進行のなかで使節遵行もおこなわれた。「武家」は、荘園領主が求める文書を発給し、荘園領主が進める執行行為（そのなかで行使される暴力を含め）を承認しても、「武家」が強制執行の実効性を全面的に保障することはほとんどない。使節遵行の実効性についての疑義は、ほぼこうした実態から生まれてくるのだと考える。

鎌倉時代後半期から南北朝内乱期に、荘園領主が個々に在地支配（人と土地の支配）を貫徹し、同時に国家権力の中枢を占めることによって、荘園領主の共同利益を維持・保存・調整していくのが政治の内容である体制（権門体制）は大きく動揺する。南北朝内乱を経て、武家の棟梁が「公方」（室町殿）として公家・武家・寺家を含むすべての領主層の共同利益を調整していくのが政治の内容となるのが室町時代であると考えれば、荘園領主主導の使節遵行による紛争解決の仕組みは、まさにその過渡期を象徴する存在といえる。

第二節　使節遵行と地域社会Ⅰ——若狭の場合——

鎌倉時代後期の若狭国は、鎌倉幕府成立以前から国衙在庁機構や荘園諸職を基盤として成長してきた土着の御家人（いわゆる国御家人）[27]と、若狭守護として国衙在庁機構の重要部署である税所職を兼帯した北条氏をはじめとする、東国出身で勲功等により若狭国内に所領を得た御家人との、国衙在庁機構ならびに荘園所職の帰属をめぐる熾烈なせめぎあいの舞台であった[28]。しかし、鎌倉幕府が倒壊し、北条氏勢力が若狭国から一掃されたあと、鎌倉時代には冷遇されて地頭にもなれなかったとされる国御家人たちが底力をみせる。彼らの動向を含め、鎌倉時代に新たに若狭国内に基盤を得た武家たちが、室町幕府体制のなかで若狭守護となり、守護支配を展開した足利一門等にどのように対応し、またその対応の仕方が室町幕府の地方支配システムにどう反映したのかは、たいへん興味深い問題である。

ところで、若狭においてはいわゆる北朝（幕府）対南朝という図式の戦争はほとんど存在しなかった[29]。むしろ内乱期の政治的環境としては観応の擾乱にさいして足利直義派の拠点となったという事情を考慮する必要がある。その点を確認したうえで、使節遵行のかたちにあらわれた地域社会のすがたを描出してみたい。

一　使節の検出と若干の考察

鎌倉幕府滅亡の時点から十五世紀初頭に至る時代範囲で、さまざまな訴訟案件にかかりあらわれる使節遵行事例を編年に整理したのが表70である。便宜、表の冒頭部には建武政権期の国司・守護併置時代の事例も掲げてある。

表70　十四〜十五世紀若狭国の使節遵行

	年代	分類	使節	案件（①訴人、②論人、③論所等）	典拠
1	元弘三・一一・七（一三三三） 元弘三・一二・一五（一三三三）	両使	源（本郷）貞泰 藤原（三方）貞清	①東寺雑掌、②若狭次郎入道直阿、③太良荘（押領）	源貞泰請文（東寺百合文書／鎌倉遺文32667） 太良荘雑掌申状（東寺百合文書／鎌倉遺文32814）
2	建武元・四・一四（一三三四） 建武二・五・九（一三三五）	守護	（布志名）雅清→守護代	①東寺雑掌、②若狭次郎入道直阿、③太良荘（押領）	布志名雅清施行状（東寺百合文書・ゐ18-8） 布志名雅清施行状（東寺百合文書・ゐ18-10）
3	建武三・七・二七（一三三六）		尾張式部丞（斯波時家）	①（東寺）、②違乱輩、③太良保寺家当知行分（交名注進）	足利尊氏御判御教書（東寺百合文書・京41）
4	建武四・五・一九（一三三七）		伊予守（斯波時家）	①（東寺）、②（寄進、嵯峨清涼寺には替地）、③太良保	室町幕府執事奉書（東寺百合文書・せ武19）
5	暦応元・一〇・七（一三三八）		伊与権守（大高重成） →（守護代）関平内左衛門尉 （守護代）山崎首藤左衛門尉助信	①雑掌重兼、②（某）、③名田荘上村（打渡）	守護大高重成施行状（若杉家文書／福井県史）
6	暦応二・七・一三（一三三九）		左近将監（斯波）氏頼 →守護代道智	①盧山寺雑掌円信、②（某）、③前河荘内野間村（打渡）	守護斯波氏頼請文（盧山寺文書／福井県史）
7	暦応三・九・一一（一三四〇）		尾張左近大夫将監（斯波氏頼）	①寺家雑掌、②③（小浜津着加賀大野荘年貢京送警固）	室町幕府執事奉書（臨川寺文書／福井県史）
8	暦応四・四・二八（一三四一）		（当国守護所）	①東寺雑掌光信、②（守護）、③太良荘（守護使入部停止）	室町幕府引付頭人奉書（東寺百合文書・せ武20）
9	貞和元・一一・一七（一三四五）	両使	美作左近大夫将監（本郷）貞泰 田河左衛門大夫禅光	①若狭国雑掌頼賢、②山西郷地頭山西三郎次郎、③初任検注（対捍）	足利直義下知状（本郷文書／福井県史）

10	貞和元・一二・五（一三四五）	守護	大高伊予権守（重成）	①神護寺雑掌慶舜、②③西津荘役夫工米（譴責停止）	室町幕府執事奉書（神護寺文書／福井県史）
11	貞和三・八・八（一三四七）	両使	青孫四郎入道盛喜 出浦彦四郎親直	①雑掌則安、②山門雑掌重舜（日吉領と称し支申す）、③名田荘内坂本村、（本所相論、「不能武家成敗、宜為聖断」）	室町幕府引付頭人奉書（真珠庵文書／福井県史）
12	観応二・九・二八（一三五一）		忠信 秀定	①（盧山寺）寺家雑掌、②寺岡入道、③前河南荘（違乱）	室町幕府引付頭人奉書（盧山寺文書／福井県史）
13	観応三・六・一〇（一三五二）	守護	左京権大夫（斯波家兼）	①東寺雑掌、②佐野二郎左衛門尉、③太良荘領家地頭両職（濫妨）	足利義詮御判御教書（東寺百合文書・せ足利9）
14	観応三・八・八（一三五二）			①東寺雑掌光信、②松田甲斐権守入道、③太良荘散在田畠（濫妨）	足利義詮御判御教書（東寺百合文書・せ足利10）
15	観応三・九・六（一三五二）			①蓮華王院雑掌、②中井五郎入道、③名田荘内坂本村	足利義詮御判御教書（真珠庵文書／福井県史）
16	文和四・九・二（一三五五）		相模守（細川清氏）	①東寺雑掌、②河崎日向守、③太良荘領家職（濫妨）	足利尊氏御内書（東寺百合文書・ミ44-2）
17	康安元・一一・一四（一三六一）		左衛門佐入道（石橋和義） →国富中務入道長俊 吉岡九郎入道禅棟	①臨川寺雑掌、②（足利義詮寄進）、③耳西郷半分地頭職（長井掃部助跡）	室町幕府引付頭人奉書（天竜寺文書／福井県史）
18	康安元・一一・一七（一三六一）		左衛門佐入道（石橋和義）	①東寺雑掌、②松田掃部允（師行）、③太良荘（濫妨）	足利義詮御判御教書（東寺百合文書・マ54）
19	康安元・一一・二〇（一三六一）			①神護寺雑掌行秀、②加藤次郎左衛門尉、③西津荘（自由押領）	足利義詮御判御教書（尊経閣・神護寺文書／福井県史）
20	康安二・二・二三（一三六二）		（石橋和義） →国富中務入道長俊 吉岡九郎入道禅棟	①東寺雑掌、②③太良荘地頭領家職半済（還付）	沙弥長俊・沙弥禅棟連署打渡状（東寺百合文書・ナ8-8）
21	康安二・二・二七（一三六二）			①（盧山寺）寺家雑掌、②③前河南荘半済（還付）	沙弥長俊・沙弥禅棟連署打渡状（盧山寺文書／福井県史）

	年代	分類	使節	案件（①訴人、②論人、③論所等）	典拠
22	康安二・二・二八（一三六二）	守護	（石橋和義）→国富中務入道長俊 吉岡九郎入道禅棟	①臨川寺雑掌、②（足利義詮寄進）、③耳西郷半分地頭職（長井掃部助跡）	沙弥長俊・沙弥禅棟連署打渡状（天竜寺文書／福井県史）
23	康安二・三・二〇（一三六二）			①（斯波家兼）、②（1354/5/25「御下文」充行？）、③堅海荘（小林彦六庶子跡）、田上保地頭職（大草十郎跡）	守護石橋和義施行状（大音家文書／福井県史）
24	貞治元・六・二一（一三六二）		（守護方某）→（守護代）敷地左衛門入道	①（東寺）、②大平十郎左衛門尉、③太良荘国衙年貢（譴責停止）	守護方某奉書（東寺百合文書・ア317）
25	貞治三・九・一七（一三六四）		民部少輔（斯波義種）	①東寺雑掌、②（守護）、③太良荘役夫工米（譴責停止）	室町幕府執事奉書（東寺百合文書・ミ51-6）
26	貞治三・一二・四（一三六四）			①雑掌重兼、②新名平次郎、③名田荘上村（濫妨）	室町幕府引付頭人奉書（書陵部・土御門家文書／福井県史）
27	貞治五・九・一七（一三六六）	両使	沙弥（白井弾正左衛門入道行胤）（斎藤五郎）右衛門尉	①（徳禅寺）寺家雑掌、②（半済給人）、③名田荘内田村・下村・知見・井上	白井行胤・斎藤某連署打渡状（大徳寺文書／大日本古文書）
28	貞治五・九・二一（一三六六）			①（前陰陽頭有世）、②（半済給人）、③名田荘上村	白井行胤・斎藤某連署打渡状（土御門家文書／福井県史）
29	貞治五・九・二四（一三六六）			①（盧山寺）雑掌、②（半済給人）、③前河荘領家職	白井行胤・斎藤某連署打渡状（盧山寺文書／福井県史）
30	貞治五・九・二六（一三六六）			①東寺雑掌、②（半済給人）、③太良荘領家地頭両職	白井行胤・斎藤某連署打渡状（東寺百合文書・オ45）
31	貞治五・一〇・二四（一三六六）		一色修理権大夫（範光）	①東寺雑掌頼憲、②木崎弾正忠、③太良荘領家地頭職（濫妨）	室町幕府引付頭人奉書（東寺百合文書・せ武44）
32	貞治五・五・一二（一三六六）		一色修理権大夫（範光）→小笠原源蔵人大夫（長房）	①東寺、②（大使）、③太良荘役夫工米（呵責停止）	一色範光書下（東寺百合文書・オ232）
33	貞治六・一〇・一四（一三六七）		一色修理権大夫（範光）	①東寺雑掌頼憲、②（守護家人）渡辺弁法眼（直	室町幕府引付頭人奉書（天城文書／福井県史、雨森善四郎文書にもあり）

34	貞治六・一一・八（一三六七）	守護		秀）、③太良荘（濫妨）	室町幕府引付頭人奉書（東寺百合文書・ミ44-5）
35	応安二・一一・一〇（一三六九）		一色修理権大夫入道（範光）	①天竜寺雑掌、②国衙眼代、③岡安名（道永跡、寄進）	室町幕府管領奉書（天竜寺文書／福井県史）
36	応安三・八・六（一三七〇）			①東寺雑掌頼憲、②（守護）被官人（半済給人）、③太良荘領家地頭両職	室町幕府管領奉書（東寺百合文書・せ武46）
37	応安六・五・一九（一三七三）				室町幕府管領奉書（東寺百合文書・せ武48）
38	永和二・七・七（一三七六）	（両使）	両使	①東寺雑掌、②（大嘗会段銭催促両使）、③太良荘（国催促停止）	室町幕府奉行人奉書（東寺百合文書・ウ52）
39	康暦元・一二・二三（一三七九）	守護	一色修理大夫（範光）	①東寺雑掌、②（半済、一円押領人）、③太良荘領家并地頭職	室町幕府管領奉書（東寺百合文書・し65-3）
40	康暦二・二・二五（一三八〇）	（両使）	両使	①（東寺）、②（日吉段銭催促両使）、③太良荘（譴責停止）	室町幕府奉行人奉書（東寺百合文書・ミ45）
41	康暦二・三・一八（一三八〇）	守護	一色修理大夫入道 →（守護代）小笠原源蔵人大夫	①（東寺）、②（守護）、③太良荘役夫工米（譴責停止）	室町幕府管領奉書（東寺百合文書・し46-3）
42	康暦二・一二・六（一三八〇）		一色修理大夫入道	①本郷美作守詮泰、②（大使）、③本郷役夫工米（守護徴催停止・京済）	室町幕府管領奉書（本郷文書／福井県史）
43	永徳元・六・一五（一三八一）			①天竜・臨川両寺雑掌、②当所領家（春日社）、③耳西郷新田新開	室町幕府管領奉書（天竜寺文書／福井県史）
44	永徳二・一〇・二八（一三八二）		（守護代）小笠原三河守	①（東寺）、②（守護）、③太良荘段銭（徴催停止）	室町幕府奉行人奉書（東寺百合文書・み47-6）
45	康応元・二・二八（一三八九）		一色左京大夫（詮範）	①臨川寺雑掌、②（守護使）、③耳西郷地頭職（不入）	室町幕府管領奉書（天竜寺文書／福井県史）
46	康応元・九・一〇（一三八九）	両使	飯尾掃部亮（允） 三方兵庫助	①（東寺）、②（神宝段銭催促使節）、③太良荘地頭・領家職（徴催停止）	室町幕府奉行人奉書（東寺百合文書・ツ80）

	年代	分類	使節	案件（①訴人、②論人、③論所等）	典拠
47	康応元・一二・五（一三四二）	両使	飯尾掃部亮（允）三方山城守	①（東寺）、②（内宮神宝段銭）、③太良荘（催徴停止）異筆付年号「康永元」は誤	室町幕府奉行人連署奉書（東寺文書・数）
48	康応二・二・一九（一三九〇）	（両使）	両使	①（土御門有世）、②（外宮役夫工米催促両使）、③名田荘上村（徴催停止）	室町幕府奉行人奉書（若杉家文書／福井県史）
49	明徳元・一二・一七（一三九〇）	両使	本郷美作守（詮泰）佐分越前入道	①（賀茂社等）、②③賀茂社造替并公家進行《ママ》足若狭国段銭催促	室町幕府管領奉書（本郷文書／福井県史）
	明徳二・一〇・一五（一三九一）		本郷美作守 佐分平五郎		室町幕府奉行人連署奉書（本郷文書／福井県史）
50	明徳四・一一・一五（一三九三）	守護	（一色）満範→（守護代）小笠原参川入道（浄祐）	①土御門三位（有世）、②（守護）、③名田荘上村（徴催停止）	一色満範書状（若杉家文書／福井県史）
51	応永元・八・五（一三九四）	単使	松田五郎左衛門尉	①（東寺）、②（住吉造替段銭）、③太良荘（徴催停止）	室町幕府奉行人奉書（東寺百合文書・カ192）
52	応永三・二・一〇（一三九六）	守護	一色左京大夫入道	①臨川寺雑掌、②（若狭国）一二宮（修理料段銭）、③耳西郷半分（徴催停止）	室町幕府管領施行状（天竜寺文書／福井県史）
53	応永三・三・二九（一三九六）	単使	松田五郎左衛門尉	①（東寺）、②（若狭国）一二宮（修理料段銭）、③太良荘（徴催停止）	室町幕府奉行人奉書（東寺百合文書・レ84）
54	応永三・一二・一五（一三九六）	守護	守護（一色詮範）	①土御門三位（有世）、②（守護）、③名田荘上村（徴催停止）	室町幕府奉行人連署奉書（若杉家文書／福井県史）
55	応永四・二・一二（一三九七）		守護（一色詮範）→（守護代）小笠原三河入道（浄祐）→蓬沢左近将監	①（東寺）、②（守護）、③太良荘外宮役夫工米（国徴催停止）	室町幕府引付頭人奉書（東寺百合文書・オ94・95、に60）
56	応永四・四・二〇（一三九七）			①（土御門有世）、②（守護、人夫幷十分一）、③名田荘上村（譴責停止）	守護代小笠原浄祐奉書（若杉家文書／福井県史）
57	応永六・六・二六（一三九九）		（守護代）小笠原長春→藤田修理亮入道	①（土御門有世）、②（段銭）、③名田荘上村（譴責停止）	守護代小笠原長春書状（若杉家文書／福井県史）

		守護		
58	応永七・二・三（一四〇〇）	一色左京大夫入道（詮範）	①本郷美作守詮泰、②（安堵）、③本郷	室町幕府管領施行状（本郷文書／福井県史）
59	応永七・八・二一（一四〇〇）		①臨川寺雑掌、②（足利義満返付）、③耳西郷半分地頭職（長井掃部助跡）	室町幕府管領施行状（天竜寺文書／福井県史）
60	応永八・八・二四（一四〇一）		①本郷美作守詮泰、②（安堵、再令）、③本郷	室町幕府管領施行状（本郷文書／福井県史）
61	応永八・一二・七（一四〇一）	（守護代小笠原）明棟 →蓬沢若狭入道	①東寺、②（京都普請役）、③太良保（徴催停止）	守護代小笠原明棟書状（東寺百合文書・ハ98）
62	応永一〇・四・一〇（一四〇三）	守護代	①臨川寺、②興道寺雑掌、③耳西郷用水（先規に違乱）	室町幕府管領施行状（天竜寺文書／福井県史）
63	応永一〇・五・二〇（一四〇三）	（守護代）小笠原三川入道（長春） →阿曽沼大蔵左衛門入道 蓬沢若狭入道	①（東寺）、②（守護）、③太良荘外宮役夫工米（国徴催停止）	室町幕府奉行人連署奉書（東寺百合文書・ヰ61-1・2、し226-2・5）
64	応永一〇・一二・二三（一四〇三）	一色左京大夫入道 →（守護代）小笠原三河入道（明鎮）	①土御門二位（有世）雑掌、②南六郎宗緒、③名田荘上村（惣荘混乱）	室町幕府管領施行状（三浦周行文書、東大・土御門文書／福井県史）
65	応永一二・四・五（一四〇五）	一色左京大夫入道	①本郷美作守詮泰、②（安堵、再令）、③本郷	室町幕府管領施行状（本郷文書／福井県史）
66	応永一四・七・一八（一四〇七）	疋田遠江入道	①東寺、②（半済分官庁段銭）、③太良荘（国徴催停止）	室町幕府奉行人連署奉書（東寺百合文書・フ79-1）
67	応永一四・一〇・二〇（一四〇七）	（守護代）三方弾正左衛門尉（範忠）	①東寺、②（内宮役夫工米）、③太良荘（京済、国催促停止）	室町幕府奉行人奉書（東寺百合文書・ハ107）
68	応永一七・八・九（一四一〇）	守護代（三方範忠）	①東寺、②（外宮役夫工米）、③太良荘（京済、国催促停止）	室町幕府奉行人連署奉書（東寺百合文書・は114）
69	応永一八・一〇・一一（一四一一）	一色五郎（義範） →（守護代）三方山城入道（範忠） →（守護又代）長法寺民部入道	①東寺、②（若狭国）一二宮（造営料段銭）、③太良荘（催促停止）	室町幕府管領施行状（東寺百合文書・オ114、ミ72-6・7、ツ2-7）

	年代	分類	使節	案件（①訴人、②論人、③論所等）	典拠
70	応永二〇・四・二八（一四一三）	守護	一色兵部少輔（義範）	①東寺、②（守護被官人半済、未遵行）、③太良荘領家地頭両職	室町幕府管領施行状（東寺百合文書・ノ156）
71	応永二一・一二・一五（一四一四）		（守護代三方）沙弥常忻	①東寺、②（御即位御要脚段銭）、③太良荘（国催促停止）	沙弥常忻請文（東寺百合文書・つ2-12）
72	応永二七・四・一九（一四二〇）		一色左京大夫（義範）	①臨川寺、②（段銭以下諸公事、守護役）、③耳西郷、岡安名（免除）	室町幕府管領施行状（天竜寺文書／福井県史）
73	応永二七・一〇・八（一四二〇）		（守護又代）長法寺民部入道	①東寺、②（若狭国）一宮段銭、③太良荘（催促停止）	守護一色義範家奉行人連署奉書（東寺百合文書・に114）
74	応永三一・一一・一三（一四二四）		治部越前守	①東寺、②（若狭国）一二宮（造営料段銭）、③太良荘（催促停止）	室町幕府奉行人奉書（東寺百合文書・に122-1）
75	応永三三・六・二一（一四二六）		守護代（→河崎肥前守・長田因幡入道）	①本郷美作守持安（泰）、②（内宮役夫工米）、③大飯郡本郷（京済）	室町幕府奉行人奉書（本郷文書／福井県史）
76	応永三三・七・一〇（一四二六）		守護代	①東寺、②（内宮役夫工米）、③太良荘（京済、国催促停止）	室町幕府奉行人連署奉書（東寺百合文書・オ130）
77	応永三三・一二・二六（一四二六）		一色左京大夫	①東寺、②（守護被官人半済・預所職、未遵行）、③太良荘領家地頭両職	室町幕府管領施行状（東寺百合文書・ノ183）
78	永享二・九・二（一四三〇）		一色修理大夫（満範） →（守護代）三方山城入道	①臨川寺雑掌、②治部越前守宗秀、③耳西郷半分地頭職	室町幕府管領施行状（天竜寺文書／福井県史）
79	永享二・一〇・二〇（一四三〇）		一色修理大夫（満範）	①賀茂片岡禰宜富久、②（還付）、③宮河荘本家職	室町幕府管領施行状（早大・上賀茂神社文書／福井県史）
80	永享二・⑪・一〇（一四三〇）		守護代	①東寺、②（外宮役夫工米）、③太良荘（京済、国催促停止）	室町幕府奉行人奉書（東寺百合文書／ニ149）
81	永享六・九・一四（一四三四）		（守護代）三方山城入道	①東寺、②（段銭課役）、③太良荘（守護催促入部停止）	守護一色義貫施行状（東寺百合文書・オ140）
82	永享七・八・二一（一四三五）		一色修理大夫（義貫） →（守護代）三方山城入道	①（給主）正実将運、②（安堵?）、③山門根本中堂造営料所安賀荘	室町幕府管領施行状（佐藤行信文書／福井県史）

83	永享七・一一・二四（一四三五）	守護	守護代	①東寺、②（多田院造営段銭）、③太良荘（守護催促停止）	室町幕府奉行人連署奉書（東寺百合文書・た65）
84	永享九・七・二二（一四三七）		守護代	①東寺、②（和州発向陣夫）、③太良荘（催促停止）	室町幕府奉行人連署奉書（東寺百合文書・ゐ64）

さて、守護・守護代を除き、表70に登場する使節に注目してみると、これらの人名は、その素姓から大きく三つのグループに分けることができる。すなわち、（A）若狭国の国人衆、（B）若狭守護の被官衆、（C）室町幕府奉行人衆である。

（A）若狭国の国人衆

【本郷】　本郷貞泰（1・9）は、若狭国大飯郡本郷に所領を得て定着した本郷氏の嫡流で、父降泰はすでに鎌倉時代後期の正応元（一二八八）年、若狭国一宮造営事業推進を促す六波羅使節一方としてみえ、[30]また貞泰の孫詮泰も表70－49にあらわれることから、本郷氏は鎌倉時代以来の使節としての実績を維持・継続したことになる。また、あとにも触れることになるが、本郷氏は将単家近習～奉公衆として、守護の支配権から自律した地位を保持していた。若狭国の守護―国人関係を論ずるとき、キーとなる一族である。

【若狭・三方】　鎌倉時代の初期、若狭国随一の勢力を誇った稲庭時定のあとを襲って若狭守護となったのは、東国御家人島津氏の一族で、おそらくは西遷した若狭（津々見）氏であった。その若狭氏の子孫とみられる三方氏も表70に登場する。三方（藤原）貞清（1）がまず建武政権期の若狭国目代（国衙方使節）としてみえ、[31]三方山城守（46・47）は、ともに太良荘に賦課された段銭の催促停止（京済）の幕府奉行人連署奉書をうける使節となったが、十五世紀の初頭、応永十三（一四〇六）年以降、若狭守護一色氏の守護代となった三方範忠もまた表70の後半部にたびたびあらわれる。[32]先の本郷と同じ鎌倉時代以来の地頭御家人でありながら、本郷とは対照的な動きをみせた一族であるといえよう。

【青】 青孫四郎入道盛喜（11）は、大飯郡青郷を本拠とする国御家人である。若狭の国御家人の名簿として著名な建久七（一一九六）年六月の「若狭国源平両家祗候輩交名」（以下「建久交名」とする）にみえる青六郎兼長・七郎兼綱・九郎盛時、あるいは、若狭国御家人の窮乏を語る建長二（一二五〇）年六月の「若狭国旧御家人跡注文案」（以下「建長注文」とする）[33]に承久合戦のなかで所領を押領されたと記される青奥次郎等の子孫であろう。ただ、系譜関係は明らかでない。あとに触れる応安の国人一揆の際には本郷等とともに守護方について戦闘に参加し、多くの国御家人系の国人がこの戦いのなかで滅び、あるいは没落するなかで命脈を保った可能性が高い。ただ、11のあとは守護一色の被官となったようであるが、守護使節としての活動はみられない。

【佐分】 佐分越前入道・佐分平五郎（49）は、ともに前掲「建久交名」にみえる佐分四郎時家、あるいは寛元元（一二四三）年、本所領家の進止下にある西国御家人の所職を保護する目的で出された幕府法令[34]を若狭国に伝達する任にあたった佐分蔵人、「建長注文」に守護や地頭の押領をうけ御家人役勤仕ができないと記される佐分四郎入道等の子孫とみられる。若狭国の代表的な国御家人であり、十五世紀以降奉公衆としての徴証もある。[35]本郷とは異なる出自ながら、やはり守護から自律した地位を保持したものと思われる。

【田河・出浦】 田河左衛門大夫禅光（9）、および出浦親直（11）は、第一章第一節・第二章第三節で掲げた通り、本郷とともに鎌倉時代の六波羅使節としての実績がある。ともに国御家人系の国人ではない。鎌倉時代以来の所領を維持したと理解してここに分類しておく。

【その他】 忠信・秀定（12）は、当面幕府引付頭人奉書をうけた使節と理解できるので、若狭国人衆に分類する。ただ、姓未詳であり、今後の情報収集、研究により修正される可能性はある。[36]

（B）守護被官衆

【国富】　守護石橋和義の使節20～23としてあらわれる国富長俊は、名字から推して、「建久交名」にみえる国富志則家、「建長注文」に所領を地頭に押領されていると記される国富左近将監等の後裔であろう。この推測を前提に、国富の守護使節としての活動が守護被官化の結果であると考えると、多くの国御家人が守護に屈服し、守護被官化の途を選ぶ契機となる応安の国一揆（後述）に先行し興味深い。『若狭国守護職次第』に守護代としてみえる国富肥後守についても同様である。

【吉岡】　右の国富とともに守護使節としてあらわれる。国富と異なり若狭との縁故を推測する根拠を得ないので、守護石橋の被官として遵行使節となったと考えておく。

【飯尾】　飯尾掃部亮（46・47）は、名字から推して幕府奉行人家の出身とも考えられるが、奉行人としての徴証を得ない。三方と並んで伊勢内宮神宝段銭国徴催免除（京済）にかかる使節となっていることから、守護一色氏の在京被官と推定しておく。

【松田】　松田五郎左衛門尉（51・53）もまた、幕府奉行人家に出自を有する可能性があるが、幕府奉行人としての徴証を得ない。東寺領荘園にかかる応永元年の住吉社造替段銭徴催停止を指示する幕府奉行人奉書は、太良荘のほか、播磨国矢野荘、備中国新見荘についても確認される[37]。松田は太良荘についてあらわれ、若狭一二宮修理料段銭徴催停止にかかる使節としてもあらわれるので、ここでは飯尾と同様に守護一色氏の在京被官と考えておく。

【蓬沢】　蓬沢左近将監（55・56）、蓬沢若狭入道（61・63）は同人である可能性を排除できないが、当面は譜代の守護被官と推定しておく。名字の地を甲斐国とすると、守護代小笠原（幡豆小笠原氏）の本家である信濃小笠原家との縁故も考慮され、守護一色というより小笠原との関係で若狭守護の現地支配にかかわることになったと考えることもできる。ただ、いずれにしても憶測の域をでない。

【阿曽沼】　阿曽沼大蔵左衛門入道（63）は、本領の下野のほか、次章で扱う安芸などでも所領を得て、使節としての活動実績を有する。蓬沢と同様、一色ないし小笠原の被官として若狭にかかわったものと推定しておく。

【藤田】 藤田修理亮入道（57）については未詳。ほぼ同時期の人物として、上杉禅秀の乱（応永二十三／一四一六年）に上杉方として参戦し衰退したことが知られる藤田修理亮（武蔵猪俣党の末裔）があることを参考として掲げるにとどめる。

【疋田】 疋田遠江入道（66）は、越前疋田斎藤氏の末裔と推定されるが、若狭との縁故については未詳。この折の東寺領荘園にかかる「半済分官庁段銭」徴催停止の幕府奉行人奉書は、ともに行靖（中沢氏綱）・常廉（飯尾貞之）の連署で、太良荘（疋田あて）のほか、丹波国大山荘（清左近将監入道あて）、播磨国矢野荘（上原左衛門大夫入道あて）が確認される。[38] 丹波の清（清原）については未詳であるが、上原が守護赤松氏の被官と考えられることから、ここでは疋田についても一色氏の被官衆に分類しておく。

（C） 室町幕府奉行人衆（斎藤・白井）

斎藤五郎右衛門尉（康行、27〜30）は幕府奉行人である。[39] すべて白井弾正左衛門入道（行胤）と連署する打渡状（沙汰付）である。白井行胤は、十五世紀に武田氏が若狭守護となる折に粟屋、内藤等とともに若狭国内に所領を得ていく武田被官の白井とおそらく同族であるが、行胤自身はここでは幕府奉行人とみておくのが穏当である。貞治五（一三六六）年八月、幕府は摂津・若狭の寺社本所領を還付する。『後愚昧記』同月十八日条には、「摂州并若州寺社本所領事、守護未補之間、下遣京都奉行人、各一同沙汰付云々」とある。若狭国内の寺社本所領還付とは、具体的には半済地を返還して旧来の一円支配に復帰させることを意味する。[40] また、「守護未補」とは、この直前、いわゆる貞治の政変が惹起して斯波高経が子息義将・義種らをともない越前に没落し、若狭守護（義種）は空席であったことをさす。後任となる一色範光について、『若狭国守護職次第』は「八月」に若狭守護となったと記すが、『吉田家日次記』十月十六日条には「今日謁今川伊予守（貞世）、若狭国一色修理大夫治定之間」とある。[41] 表70－31がさしあたり一色範光の若狭守護としての実績初見であり、さらに「守護未補」を理由とする寺社本所領還付にかかる斎藤・白井の奉行人使節があることから、一色範光の守護としての活動は貞治五年十月中旬からと考えられる。

さて、以上、不十分ながら表70に登場する使節の素姓について調査した。鎌倉時代にすでに六波羅使節としての実績をもつ国御家人衆を中核とする若狭国人衆の動向がまずは注目される。若狭では鎌倉時代の北条得宗家の支配が強靭であったと考えられる反面、衰退・没落の現実のなかでも、国御家人衆がおもいのほか国衙その他で既得権益を保持し、また幕府指令の執行などにも関与したことが知られる。(42)このあたりが彼らの最後の拠点でもあったとみえるが、建武政権期以来の使節遵行の場面では、鎌倉幕府成立以前から若狭国内に一定の実力と名望を有した国御家人、および鎌倉幕府成立後に新規所領を得て若狭に定着した御家人（およびその後裔）たちが使節となる場面があったことは確認しておきたい。使節遵行の場面にはあらわれないものの、観応の国人一揆の主体勢力となる遠敷郡の国人衆もまた勢力回復の機会を得ていたのかもしれない。

次に、守護被官衆については、守護の在任期間の短さなどとも関連して一色以前はよくわからない場合が多かった。一色被官衆についても、伊勢・三河・丹後など一色が守護職を兼任した諸国の国人衆などとのからみも考慮に入れる必要があるが、それらについては必ずしも追究が十分ではない。ただ、一色守護期には使節遵行の主要な内容となる一国平均役（伊勢役夫工米、諸社造営段銭など）徴催停止（京済）を執行する使節が、主に京でその任務を遂行するケース（表70（両使）は徴催に携わる「両使」あて、荘園領主が請取り「両使」に進覧）と、現地でのトラブル抑止を趣旨として現地守護代などに下されるケースとがあったことが、使節の素性（在京被官か現地被官か）によって判明することも確認できたように思う。

最後に、「守護未補」という理由で特例的に幕府奉行人が使節となる場合が存在したことも見逃せない。それも、半済地還付にかかる打渡が任務であり、現地に代官が臨んだとしても、守護の支援はない前提であった。したがって、斎藤・白井等によって打渡され、喜悦の眉を開いたのも束の間、新守護（一色範光）代官の新税賦課に苦悩することになる(43)。

次に、使節遵行の場面に映される守護支配の展開過程を確認しよう。

二　若狭国の守護と国人

若狭国の守護―国人関係の展開を考える場合、なにより十四世紀の後半に二度にわたり形成された国人衆の反守護共同戦線による軍事行動、すなわち、観応の国人一揆と応安の国人一揆がそれぞれ画期的な事件として評価されていることをここで見逃すわけにはいかない(44)。

まず、観応の国人一揆である。初期室町幕府の幕政運営は足利尊氏と足利直義の権限分掌により成り立っていた(45)。ところが、尊氏側近の高師直と直義の政治的主張の対立が顕在化し、それぞれの主張を支持する党派的武家集団が形成されるに至り、ついに尊氏と直義が政治的に決裂。両者による内戦が勃発する（観応の擾乱）。若狭では、観応二（一三五一）年十月、尊氏派の守護大高重成が就任し、守護代として大崎八郎左衛門入道が現地入りを企てた。ところが、これを直義派に属することで一揆を形成した若狭国人衆が拒絶し、十一月、合戦によって大崎を撤退させる。一揆の主力は鎌倉時代の国御家人の系譜をひく鳥羽氏の一族であった。しかし、歴史的評価としては、観応の擾乱の一環に位置づけられ、一揆による守護領国制の克服、下からの在地秩序形成は萌芽的段階にとどまり、国人衆は守護権力と正面から対立することはなかったと評価されている(46)。

次に、応安の国人一揆は、守護一色範光の支配に対する国人衆の抵抗と評価されることが多い。応安二（一三六九）年二月、安賀荘金輪院が守護代に反抗して挙兵し敗北したのを皮切りに、ほぼ若狭国全域をまきこむ内乱に発展し、応安四（一三七一）年五月の玉置河原の合戦で国人一揆方が大敗したことで終息に向かった事件である(47)。この敗北により、国衙や荘園所職に基盤をおきつつ成長し、鎌倉時代後期の北条得宗家の支配や、南北朝内乱とともに進展する守護支配に粘り強く抵抗してきた国御家人系の国人の多くが没落。若狭国人衆の多くが観応の国人一揆でも守った所職を失い、以降、一色氏の守護支配が軌道にのったと評価される。

表70に目を転じよう。観応の国人一揆の形成期（12前後）は、直義が京を脱して敦賀に至り（七月晦）、しばらく敦賀を拠点に近江への軍事行動を開始していた時期に相当する。一方尊氏は南朝に降りて（十月）、直義との戦争を有利に展開しようと画策していた。若狭の国人一揆もこうした動向、とくに直義の越前入りが契機となった可能性がある。

ただ、一揆が大崎を追い出した十一月、すでに直義は越前を去り北陸道を経由して鎌倉に入っており、ついで駿河国薩埵山で尊氏方と合戦する。そして、結局直義は敗れ、翌三年一月に尊氏に降伏。まもなく死去する[48]。若狭国人衆による軍事行動の成果は、尊氏対直義の権力闘争のなかで生きる性格のものであったから、一揆が在地秩序を形成するところまで昇華することはなかった。13～15にみえるように、観応の擾乱収束後は守護斯波家兼を司令塔とする濫妨停止の使節遵行が執行されている。その後も、前項で紹介した国富のように、国御家人の系譜をひくと思われる武家が守護石橋和義の守護使節となるなど、観応の国人一揆ののち、直義の敗退をうけて守護の傘下に入った国人衆もあった可能性は高い。

応安の国人一揆の折、鳥羽・宮河など遠敷郡に拠点をもつ国人衆が一揆の中核となったのに対し、青・河崎・三方・多田・和田・佐野など、三方郡・大飯郡の国人衆は主に守護一色方について戦ったことが知られている。若狭の守護—国人関係の展開を考えるとき、観応の国人一揆から応安の国人一揆に至る二十余年間の情勢変化をとらえる必要がありそうである。次の史料をみよう。

就丹州御発向事、重御教書如此、案文進候、来六日於当浜可有着到候、於寺社所領庄官沙汰人等可被馳参候、若

不参之儀候者、可被　改蒙御沙汰候、仍執達如件、

貞治元年十二月三日　　　　　　　　　肥後守在判

遠敷郡地頭御家人御中

山名時氏討伐を目的とする石橋和義の丹波出陣に際して発令された軍事動員令である。(49) 地頭御家人ばかりでなく荘園領主の進止下にある荘官、沙汰人に至る人員に動員を命じている点に注目されてきた史料である。(50) 表70の20〜23の使節派遣とあわせ、石橋和義による守護支配がそれ以前の守護とは大きく異なっていたことを示している。

次に応安の国人一揆の前後に目を転じてみる。斯波高経の失脚と越前没落にともなう27〜30の使節事例に続く時期に、守護一色範光による若狭国支配が守護代小笠原を中核に開始されていたことが表70からも明快である。そして応安の国人一揆を経て、その後の事例は段銭徴催停止に関する使節が大概を占め、使節の素姓も、小笠原、およびその失脚とともに守護代となる三方、前項で在京被官と推定した飯尾など守護被官衆が主体となる。将軍家近習〜奉公衆としての徴証のある佐分・本郷がわずかにみえるばかりである。応安の国人一揆を経て形成された守護―国人関係の有り様がここに顕著にあらわれている。

国人衆の側に視点をおくならば、観応の国人一揆が国人衆の反守護共同戦線の構築と軍事的勝利をおさめた場面においても、なお下からの在地秩序形戊は萌芽的段階にとどまり、国人衆相互の連帯意識も未成熟のまま、応安の国人一揆に至ってしまったことが、守護―国人関係の最終的スタイルを決定したのではなかったか。

鎌倉幕府の倒壊は、「北条氏による若狭国支配」対「国御家人等による抵抗」の時代の終焉を意味した。そして同時に、北条氏によって権力的にその所職を奪われていた人々による失地回復運動の始まりでもあった。荘園・国衙領に多くの所職を保持しながら、あるいは奪われ、あるいは喪失の危機に瀕していた国御家人等が一斉に立ちあがったことはいうまでもない。しかし、彼らの運動は、まずは荘園公領制的な秩序のなかで得てきた既得権の回復にあり、

自己の保持する所職を根拠としていわゆる悪党的行為（年貢の押領や農民に対する新たな年貢・公事要求など）に及ぶことはあっても、荘園公領制的な職の体系から脱却して新たなる領主化の道を選ぶことには消極的であった。観応の国人一揆が、荘園公領制的な秩序を尊重した足利直義を支持しつつ蜂起したこと、あるいは、寺社本所領に次々と半済を実施して国人衆を麾下におさめようとした細川清氏の守護期（文和三／一三五四〜康安元／一三六一）において、守護の給人化する国御家人系の国人がいなかったことなどは、彼らが、彼らの周辺を含め日本列島の各地で展開されつつあった新たな領主的支配（守護領国制あるいは国人領主制と概念化される）に、いわば古い体制の側から抵抗していたことを示している。

しかし、彼らの抵抗も、抵抗のための共同組織を形成し得ず、個別分散的におこなわれている以上、おそらくは石橋和義以降深化したと思われる守護支配の前に、次々と崩れ去っていったのである。応安の国人一揆に際し、一揆の主力となったのは、国衙のある遠敷郡の鳥羽らと、延暦寺荘園に所職を得て発展した三方郡の山東・山西たちであり、佐分・青など大飯郡の国人衆が守護方として参戦したことは、観応の国人一揆以降に展開した守護支配の項目に、国御家人系の国人衆を分断するという一項が含まれていたことを想定させる。

一方、東国から西遷し地頭御家人として若狭国に定着しつつあった人々にとっても、北条氏権力の消滅は、自己の勢力をさらに扶植し拡大する場が開放されたことを意味していたと思われる。しかし、彼らが独自の領主的支配を展開したことを示す史料はなく、守護との関係という点で、表70に登場する本郷と三方が相異なる道を選んだことが知られるに過ぎない。彼らに領主的支配の実績がなかったとはもちろん考えていないが、南朝守護山名時氏代官の入部や、現任守護である細川清氏や斯波義種が京での政争に破れて没落するなど、京の後背地である若狭に拠点をおく鎌倉時代以来の地頭御家人系の国人衆は、国内外に転戦を強いられる局面も多く、戦功等により所領規模を拡大することはあっても、それぞれに遠隔所領も含まれ、それらが果たして彼らの領主的成長に結びついたかどうかは疑問である。ただ、本郷は将軍家近習～奉公衆へ編成されることで守護支配の領域外にみずからの所領をおき、三方は守護被官～守護代として守護一色氏の権力構造の一端を担うことで、みずからの所領の安定・拡大を企図したのである。このように、地頭御家人の系譜をひく国人衆にも、少なくとも二つの生き方があったのであり、それは、守護支配の展開・深化を前提とした点で、国御家人系の国人衆が経験した選択とほとんど同質であったともいえる。

しかし、その後の歴史、とくに一色にかわって武田が守護となり、安芸などから武田の被官衆が新たに若狭に所領を得ていく十五世紀後半以降を見渡せば、一色守護期まで存続していた若狭国人衆の多くは歴史の表舞台から退場していく。[51]ただ、本郷・佐分は奉公衆としてその後も生き残った。とくに本郷は、鎌倉時代以来の地頭御家人のなかでもおそらく別格の存在であり、もとより国御家人系の国人衆とは比べものにならぬ「規模」を保有していたであろうことは考慮しなければならない。[52]しかし、それ以上に本郷が戦乱時にいわば「影の守護」として若狭一国の軍事指揮権を幕府から与えられることがあったことは注目されてよいだろう。[53]戦乱時に各国守護正員とは別に国ごと、または複数の国にわたる軍大将のようなものが設定されることは内乱期に珍しいことではないが、将軍家近習～奉公衆レベルの武家が任じられるのは特例のように思われる。佐分も、おそらくはかろうじて奉公衆に編成され、十五世紀後半以降も命脈を保つ。

再び表70に目を転じてみよう。南北両朝の講和成立により戦闘行為が最終的に終息した明徳三（一三九二）年以降、奉公衆を含め、若狭国人衆の使節事例はなくなる。若狭国の権力状況は守護一色氏を軸に回転し始めたのである。

十四～十五世紀の若狭を素材として、使節遵行のあり方から守護—国人関係の歴史的展開過程を考察し、地域社会の特性に論及してきた。先行研究も多く、本節もこれらの成果を再検証する言説に終始したが、わずかに中世若狭の権力状況についていくつか地域的特性といえるものを描出できたと考えている。

まずは鎌倉時代のいわば負の遺産である。もとより中世荘園制のなかで荘官職などの地位を得て成長してきた若狭土着の武士（国御家人）たちは、鎌倉幕府地頭御家人制の枠組みのなかで冷遇され、その一方で荘園領主支配も厳しいままにうけるという二重苦の境遇におかれた。寛元三（一二四五）年六月の若狭国御家人らの愁状には「或依地頭之濫妨、被没官其跡、或依領家之押妨、被改易其跡」とある。[54]鎌倉時代に新規に所領を得て若狭に定着した御家人たちも、北条得宗家の支配のなかで成長の可能性は限定され、国御家人らと大同小異の途をたどることになったようである。鎌倉時代に所領支配の実を減退させ、名望を失う危機に直面した若狭の御家人たちが、鎌倉幕府の滅亡後、わずかに保持し続けた国衙その他での既得権益を基盤に、過去の由緒を掘り起こし、失地回復をめざしたことは事実である。太良荘での活動が知られる若狭氏のように（表70の1〜2）、「悪党」として排除され糾弾される場面を体験しつつも、系譜関係こそ不明ながら、三方氏として再生するケースも確認される。しかし、国御家人系の国人衆の在地秩序への影響力を彼らがどれほど維持し得ていたのかはわからない。鎌倉幕府滅亡という好機を得ても、再起・再生の基礎力が不足していた可能性は高い。本節でみてきたように、観応の国人一揆を最後の花時として、これ以降は若狭国人衆の使節は確認されなくなる。わずかに室町幕府奉公衆に連なることになる本郷・佐分が段銭徴催の使節としてあらわれるが、これはもとより紛争解決、すなわち在地秩序への影響力を前提とした活動ではない。

次に、京の後背地に位置するという地理的条件である。鎌倉幕府成立以前の歴史を振り返ると、若狭湾沿岸諸国（丹後・若狭・越前）の国司（知行国主）は、摂関家・院・平家と、常に王朝権力の政権中枢と連動し掌握されてきた。荘園領主の荘園経営ないし支配という場面でも、「依領家之押妨、被改易其跡」（前掲）とあるように、現地掌握に積極的であったと考えられる。鎌倉幕府のもとでは北条得宗家が国衙税所を拠点とする支配体制を構築するなど、異例ともいえる関心を注ぐ地域となった。[55]そして、室町幕府体制のなかでも、観応の擾乱、細川清氏の失脚（若狭落ち）、石橋和義の失脚、貞治の政変など、幕府中枢の権力状況を直接反映して若狭の政治情勢が変動することになった。使節遵行の場面でもその影響がみられることは指摘したところである。こうした中央での政変があるたびに若狭は揺さぶられ、在地勢力の自律的成長が妨げられたという側面があることも否定できない。

そして、一色、武田の時代を通じて若狭守護は事実上京都守護でもあった。若狭が室町幕府体制のなかでとくに守護による一元支配が求められた国のひとつであったことは疑いない。使節遵行のあり方にも、こうした地理的、政治的条件が反映したと考えられる。京の後背に位置する地域に求められる要件が、そのまま若狭の権力状況の地域的特性を構築したともいえる。

第三節　使節遵行と地域社会Ⅱ——備後・安芸の場合——

本節では備後および安芸を取りあげることにする。備後は第一章第一節で守護支配の進展を推定し、第二章第三節では六波羅奉行人使節の山陽道諸国の西限と位置づけた国である。一方、安芸は第一章第一節で所務相論にかかる守護の関与が乏しく、遵行使節となる御家人が在京人〜室町幕府奉公衆という展開を遂げる典型として扱った。瀬戸内海沿岸の隣接する国どうしでありながら鎌倉時代には対照的な様相を示した両国の、南北朝内乱期以降の状況をみていくことで、室町幕府体制のなかでの中国・四国地域の地域的特性について考える素材としたい。

ところで、すでに本書第三章第二節では、使節遵行の様相から室町幕府の畿内政権としての性格を浮き彫りにすることができたと考えているが、その際、畿内近国と九州の間にひろがる中国（丹後・備前以西）・四国地域についての考察を省いている。地域区分としては、奥州、関東、畿内近国、九州などとは異なる次元でこれら地域を理解する必要があると考えた結果である。同様に考察を省いた若狭・越前・加賀・美濃・飛騨・尾張・三河など、関東と畿内近国の間に所在する地域についても同じ理由による[56]。

内乱期においては軍事指揮官としての性格が優越し、また、戦況や幕府内部の権力闘争を反映して守護人事が流動性をもったこと、および内乱終息とともに守護家がほぼ固定していき、使節遵行も守護遵行を原則とするなど、畿内近国に準じる傾向を示しているというのがこれら地域の総体的な評価である。中国・四国地域については、これらに加え、本書第二章第三節で指摘した、瀬戸内海沿岸地域と山陰および土佐との偏差（荘園領主の関心度による史料数および使節遵行事例の多寡）が、引き続き十五世紀前半期まで確認できることも指摘できる[57]。

こうした理解を前提に、使節遵行の様相から判明する備後・安芸の地域差に触れるのも本節の目的となる。

一　備後国の守護と国人

建武政権の頓挫から十五世紀中葉に至る時代範囲で、軍勢催促・警固指示など軍事的指令を除く幕府指令の伝達や所務相論、所領の充行・寄進等を契機とする下地打渡の場面で確認される遵行使節を編年に整理したのが表71である[58]。

表71を通覧すると、守護による使節遵行事例が南北朝内乱初期から数多く検出されており、備後国人衆を主体とする両使のかたちで実施される遵行事例が少ないように感じられる。ただ、表71の1～10の六年間に守護は四人が席の温まる暇もなく順次交替している。備後に限らず、実戦が継続する時期・地域の守護は軍事指揮権を中核とし、他国に転戦することもあったから、軍事編制を通じて国人衆との関係を深くすることはあっても、領国支配と呼べる領域までその権力を拡大することはなかった。表71をみても、備後の南朝勢力として活動した広沢一族が論人となる訴訟案件が散見される（5・7）。第二章第二節でみたように、内乱期の使節遵行は、平時の訴訟手続のなかで進行する使節遵行とは大きく様相を異にする。遵行行為そのものが援軍派遣に等しいこともある。したがって、これから表71を素材に、備後という地域のすがたを検証するにあたり、まずは備後特有の時代環境という部分に留意していく必要

表71　十四～十五世紀備後国の使節遵行

	年代	分類	使節	案件（①訴人、②論人、③論所等）	典拠
1	建武三・三・四（一三三六）	両使C	大田弥五郎（三善貞冬） 椙原淡路守（泰綱）	①浄土寺雑掌為俊、②(安堵)、③因島	細川顕氏・畠山貞国連署施行状（浄土寺文書／南北朝遺文・中国四国編 271・272）
2	建武三・五・一四（一三三六）	守護C	朝山二郎左衛門尉（景連）	①②③備後国闕所幷在京人所領について不実を構え拝領と称し押領するを禁ず	足利直義御判御教書（鈴鹿太郎・朝山文書/359）
3				①②③国衙幷荘園正税年貢三分の一免除（院宣の施行）	足利直義御判御教書（鈴鹿太郎・朝山文書/359）
4	建武五・二・五（一三三八）		朝山出雲次郎左衛門尉（景連）	①山内彦三郎通時幷一族、②(充行、足利尊氏下文)、③信敷荘東方（海老名五郎左衛門尉跡）、河北郷・伊与東方（山内藤三跡）地頭職	室町幕府執事施行状（山内首藤家文書/717・720）
5	暦応元・一一・二八（一三三八）		仁木右馬権助（義長）	①山内首藤三郎時通代行範、②広沢孫三郎子息小法師丸、③地毗荘下原村地頭職	室町幕府引付頭人奉書（山内首藤家文書/817）
	暦応二・八・四（一三三九）		左衛門佐（石橋和義）		室町幕府引付頭人奉書（山内首藤家文書/878）
6	暦応二・一二・七（一三三九）		（守護使節？）左衛門尉	①(浄土寺)、②(寄進、10/6足利尊氏寄進状)、③金丸・上山村地頭職、草村公文職（塔婆料所）	左衛門尉打渡状（浄土寺文書/896・911）
7	暦応四・三・二八（一三四一）		（守護所）	①雑掌朝祐、②広沢五郎以下輩、③因島地頭方（隣国悪党人と城郭を構え濫妨）	室町幕府引付頭人奉書（浄土寺文書/1054）
8	暦応四・七・二二（一三四一）		（守護使節）源兼継	①(浄土寺)、②於曽六郎兵衛尉・和気弥七、③得良郷地頭職	源兼継打渡状（浄土寺文書/1092）
9	暦応四・一〇・二三（一三四一）		（守護）細川刑部大輔頼春 →（守護代）長隆 椙原左近将監光房	①在庁常五郎左衛門尉経康、②(浄土寺) ③金丸・上山村地頭職、草村公文職（院宣・関東下知状を帯び当地行と経康抵抗、実否調査）	足利直義下知状（浄土寺文書/1118）
10	康永元・七・一〇（一三四二）		細川刑部大輔（頼春）	①雑掌、②(当時之領主)、③臨川寺三会院領垣田荘領家職（院宣の施行）	室町幕府禅律方頭人奉書（臨川寺文書/1184）

11	貞和二・四・二六（一三四六）	両使C	宮平太郎（盛重） 相原民部丞（親光）	①（浄土寺）、②（武士幷甲乙人妨）、③上山村・草村・櫃田村等地頭職（塔婆料所）	室町幕府執事奉書（浄土寺文書/1462）
	貞和二・六・一六（一三四六）				室町幕府執事奉書（浄土寺文書/1470）
12	貞和三・六・一〇（一三四七）		宮平太郎（盛重） 相原民部丞（親光）	①浄土寺利生塔雑掌寂明、②高野山領太田荘先預所大夫房、堤五郎（広沢一族）、③浄土寺敷地尾道浦堂崎（近隣悪党人を語らい追捕狼藉）	室町幕府禅律方頭人奉書（浄土寺文書/1548・1549）
13	貞和三・一〇・二三（一三四七）		左衛門尉家政 山田内藤太郎入道	①万田又四郎家資、②（充行）、③地毗荘河北内門田地頭職	左衛門尉家政請文（山内首藤家文書/1586）
14	貞和五・三・一四（一三四九）	守護C	細川刑部大輔（頼春）	①太田荘雑掌勝円、②地頭太田七郎左衛門尉（顕連）、③桑原方六ケ郷	室町幕府引付頭人奉書（高野山文書/1703）
15	観応二・六・八（一三五一）		上椙修理亮（顕能）	①万田又四郎家資、②山内彦五郎、③地毗荘河北内門田地頭職	室町幕府引付頭人奉書（山内首藤家文書/2041）
16	観応二・六・一七（一三五一）	両使C	三吉五郎 相原民部丞（親光）	①（高野山）雑掌慶喜、②（安堵?）、③太田荘桑原方幷尾道浦、本郷・寺町・京丸・黒淵・山中郷領家職	足利義詮御判御教書（高野山文書/2051）
17	観応二・六・二九（一三五一）	両使A	宮下野権守（盛重） 工藤右衛門尉	①浄土寺雑掌寂明、②鞆浦小松寺雑掌賢性、③得良郷地頭職（論人召喚）	散位（相原光房）奉書（浄土寺文書/2057・2058）
18	観応二・六・二九（一三五一）		宮下野権守（盛重） 工藤右衛門尉 →有田三郎左衛門尉	①浄土寺雑掌寂明、②築地六郎次郎秀国・三吉鍛冶屋弥四郎、③塔婆料所上山村・草村・櫃田村地頭職（押妨、論人召喚）	散位（相原光房）奉書（浄土寺文書/2059・2067）
19	文和元・一〇・三（一三五二）	守護C	岩松禅師（頼宥）	①三吉又五郎秀盛、②（充行）、③高須社地頭職（山鹿孫三郎跡）	沙弥某施行状（長門高洲家文書/2363）
20	文和元・一〇・三（一三五二）		岩松禅師（頼宥）	①三吉少納言坊覚弁、②（充行）、③泉村地頭職（波佐竹四郎次郎跡）	沙弥某施行状（鼓文書/2364）
	文和二・一二・二三（一三五三）			①三吉少納言坊覚弁、②小文十郎一族、③泉村地頭職（濫妨）	室町幕府引付頭人奉書（鼓文書/2545）

	年代	分類	使節	案件（①訴人、②論人、③論所等）	典拠
21	文和二・一二・二三（一三五三）	守護C		①（蓮華王院）雑掌、②山内刑部三郎（通継）并房源、③地毗荘内河北村（濫妨）	室町幕府引付頭人奉書（尊経閣文庫文書/2546）
22	文和三・七・二（一三五四）		（岩松頼宥）↓坂田孫太郎入道	①山内兵庫允通氏、②広沢四郎五郎（通実）、③津田郷内和田村（押妨）	岩松頼宥書下（山内首藤家文書/2622）
23	文和三・八・四（一三五四）		岩松禅師（頼宥）	①祇園社執行法印顕詮、②二加（仁賀）四郎左衛門尉幷光清左衛門尉、③小童保領家職（押妨）	仁木頼章奉書（八坂神社文書/2628）
24	延文元・一二・七（一三五六）		仁木駿川（河）守	①（浄土寺）利生塔雑掌寂明、②三吉弥七、③櫃田村地頭職（濫妨）	細川頼之奉書（浄土寺文書/2860）
25	延文二・七・二二（一三五七）	両使C	山内刑部三郎（通継） 三吉兵庫助	①日和佐新左衛門尉、②（預置）、③小国郷領家職半分	細川頼之書下（山内首藤家文書/2911）
26	延文二・七・二二（一三五七）		椙原民部丞（為平） 小早川左近将監（春平）	①山内兵庫允通氏、②広沢四郎五郎（通実）、③津田郷内和田村（押領）	細川頼之奉書（山内首藤家文書/2912）
27	延文二・⑦・六（一三五七）		椙原民部丞（為平） 小早川左近将監（春平）	①山内兵庫允通氏、②広沢四郎五郎（通実）、③津田郷内和田村（立還押領）	細川頼之奉書（山内首藤家文書/2915・2916）
28	延文二・⑦・一二（一三五七）		大（多）和太郎左衛門尉 三吉修理亮	①万田又四郎家資、②山内彦五郎・同彦八、③地毗荘河北内門田地頭職（押領）	細川頼之奉書（山内首藤家文書/2917）
29	延文二・八・二二（一三五七）		椙原民部丞（為平） 小早川左近将監（春平）	①山内兵庫允通氏、②広沢四郎五郎（通実）、③津田郷内和田村（各別闕所の由支え申す）	細川頼之奉書（山内首藤家文書/2924・2925）
30	延文二・九・七（一三五七）	守護C	細川右馬頭（頼之）	①（祇園社執行法印顕詮）、②二加（仁賀）四郎左衛門尉幷光清左衛門尉、③小童保領家職（半済外地押領）	足利義詮御判御教書（建内文書/2928）
31	康安元・四・三（一三六一）		仁木駿河四郎	①（浄土寺）利生塔雑掌覚也、②三吉掃部助、③櫃田村地頭職（押領）	細川頼有書下（浄土寺文書/3103）
32	貞治二・八・二四（一三六三）		細川右馬頭（頼之）	①（祇園社執行法印顕詮）、②二加（仁賀）四郎左衛門尉幷広沢中務丞、③小童保領家職（押領）	室町幕府引付頭人奉書（建内文書/3243）

33	貞治四・八・三（一三六五）	両使C	山内肥前守（通継） 矢野上野介	①（天龍寺）、②広沢掃部助諸実、③三谷西条地頭職（城郭を構え濫妨）	足利義詮御判御教書（山内首藤家文書/3409）
34	貞治五・一・一九（一三六六）	守護C	（守護代）尾崎加賀守	①（祇園社）、②押領人、③小童保	渋川義行書下（八坂神社文書/3446）
35	貞治五・五・三（一三六六）			①（浄土寺）、②三吉掃部助、③櫃田村地頭職（押領）	渋川義行書下（浄土寺文書/3465）
36	貞治五・六・二四（一三六六）		武蔵守（渋川義行） →尾崎加賀守	①祇園社執行法印顕詮、②二加（仁賀）四郎左衛門尉并広沢中務丞、③小童保（押領）	室町幕府引付頭人奉書（建内文書/3473・3493）
37	貞治五・九・一四（一三六六）		渋川武蔵守（義行） →尾崎加賀守	①東寺雑掌頼憲、②小早河備後入道（貞平）、③因島地頭職（濫妨、一国の例に任せ半分下地を雑掌に打渡）	室町幕府引付頭人奉書（東寺百合文書/3491・3493）
38	貞治六・四・一四（一三六七）		武蔵守（渋川義行） （→尾崎加賀守）	①祇園社執行法印顕詮、②広沢中務丞并日向五郎、③小童保（濫妨）	室町幕府引付頭人奉書（建内文書/3531）
39	貞治六・六・六（一三六七）	両使C	山内肥前守（通継） 広沢信濃守	①（天龍寺）、②矢野上野前司并太田備前々司直康、③重永荘、桑原方六郷、山内四郷、敷名郷、神崎荘、尾道津倉敷（三谷西条替、雑掌を追却）	足利義詮御判御教書（山内首藤家文書/3540）
40	貞治六・一〇・一四（一三六七）	守護C	渋河武蔵守（義行）	①東寺雑掌、②小早河備後入道（貞平）、③因島地頭職（立還濫妨）	室町幕府引付頭人奉書（東寺百合文書/3563）
41	応安元・八・一三（一三六八）		（守護代）尾崎弾正左衛門尉	①栂尾北坊雑掌定勝、②山内刑部三郎（通継）跡、③地毗荘本郷領家職（押妨）	渋川義行書下（但馬日下文書/3633）
42	応安元・九・一五（一三六八）			①東寺雑掌、②小早河備後入道（貞平）、③因島地頭職（立還濫妨、大法事書に任せ打渡）	渋川義行施行状（東寺百合文書/3641）
43	応安二・七・二九（一三六九）		（尾崎）左衛門少尉政利	①祇園社雑掌、②広沢中務丞、③小童保（弓箭を帯び合戦に及ぶ、打渡不能）	尾崎政利請文（建内文書/3733）
44	応安三・一一・一九（一三七〇）				尾崎政利請文（建内文書/3823）

	年代	分類	使節	案件（①訴人、②論人、③論所等）	典拠
45	応安四・八・二三（一三七一）	守護C	（今川了俊）	①（石清水八幡宮東宝塔院）、②（還付）、③藁江荘領家職	今川了俊施行状（尊経閣文庫・石清水八幡宮文書/3886）
46	応安四・九・一二（一三七一）	守護C	長瀬尾張入道（妙道）	①（浄土寺）、②三吉掃部助、③櫃田村地頭職（押領）	今川了俊書下（浄土寺文書/3892）
47	応安五・一二・二三（一三七二）	守護C	長瀬尾張入道（妙道）	①浄土寺雑掌、②（還付）、③得良郷地頭職半済下地（5/14 御教書に任せ）	沙弥妙道打渡状（浄土寺文書/3958）
48	応安七・二・五（一三七四）	守護C	長瀬尾張入道（妙道）	①（高野山）、②椙原民部入道、③尾道浦太田方領家職（押領）	細川頼之書状（高野山文書/4033）
49	永和三・三・一〇（一三七七）	守護C	長瀬尾張入道（妙道）	①長井弾正蔵人能里、②宮次郎左衛門尉（満信）、③（本領）長和荘東方、石成荘下村地頭職（違乱）	今川了俊書下（早稲田大学図書館文書/4345）
50	永和四・三・二一（一三七八）	両使C	宮次郎左衛門尉（満信）太田式部丞	①高野山金剛峯寺雑掌、②国富蔵人、③太田荘宇賀郷秋光名（違乱）	室町幕府管領奉書（高野山文書/4414・4415）
51	永和四・七・一〇（一三七八）	守護C	今川伊予入道（了俊）	①高野山金剛峯寺衆徒、②（大使）、③役夫工米（譴責停止）	室町幕府管領奉書（高野山文書/4432）
52	永和四・八・二五（一三七八）	両使C	宮次郎左衛門尉（満信）太田式部丞	①高野山金剛峯寺雑掌、②国富蔵人、③太田荘宇賀郷秋光名（違乱）	室町幕府管領奉書（高野山文書/4441・4442）
53	康暦二・九・二三（一三八〇）		（守護代）長町近江守	①（高野山）、②（預所両人相論、久代に治定後、仁慶下向）、③太田荘（子細の事情報告せよ）	山名時義書状（高野山文書/4643）
54	永徳元・一〇・二一（一三八一）		（守護代）長町近江守	①（高野山）、②（寺家代官）、③太田荘桑原方領家職半済高野分（年貢未進）	山名時義書状（高野山文書/4725）
55	永徳二・九・六（一三八二）		（守護代）長町近江守	①高野山雑掌仁慶、②（寺家代官）久代三郎左衛門尉、③太田荘桑原方宇賀・上原両郷（年貢未進）	山名時義書状（高野山文書/4765）
56	至徳元・四・二三（一三八四）		（守護代）長町近江守	①蓮華王院雑掌、②違乱輩、③地毗荘内河北村領家職半済本所方	山名時義書下（但馬日下文書/4860）

		守護C		
57	至徳二・三・二七（一三八五）	（守護代？）前遠江守某	①（高野山）、②（還付）、③太田荘桑原方領家職長町知行分	前遠江守打渡状（高野山文書／4911）
58	至徳三・三・二六（一三八六）		①小早川又四郎（弘景）、②（充行？）、③三津荘領家職	前遠江守打渡状（小早川家文書／4997）
59	至徳三・八・七（一三八六）	山名伊予守（時義）	①東寺雑掌頼勝、②小早河美作前司、③因島地頭職（押妨）	室町幕府管領奉書（東寺百合文書／5026）
60	至徳四・六・一三（一三八七）		①東寺雑掌、②（安堵、小早川への下文召返し再度寄進）、③因島地頭職	室町幕府管領奉書（東寺百合文書／5069・5076）
61	嘉慶二・七・一七（一三八八）	（守護代？）雅楽遠江入道	①（高野山根本大塔）新預所仙算、②先預所仁慶、③太田荘	山名時義書状（高野山文書／広島県史）
62	康応元・九・六（一三八九）	山名伊予守（時義）	①東寺雑掌、②小早河美作前司春平、③因島地頭職（押領）	室町幕府管領奉書（東寺百合文書／5221）
63	明徳元・七・一二（一三九〇）	武蔵入道（細川頼之）	①摂津宮内大輔能連、②相原四郎左衛門尉満平、③重永本新荘（満平に与えた御教書召返し能連に安堵）	室町幕府管領奉書（美吉文書／5277）
64	明徳二・二・一九（一三九一）	武蔵入道（細川頼之）→於曽通守→那波七郎次郎	①祇園社雑掌、②石田一族幷広沢、二加（仁賀）、光清以下輩、③小童保（押妨）	室町幕府管領奉書（八坂神社文書／5330・5383）
65	明徳三・九・一二（一三九二）	三谷次郎左衛門尉	①祇園社雑掌、②（石田、広沢、仁賀、光清？）、③小童保	守護方奉行人安富某奉書（八坂神社文書／5455）
66	明徳四・九・六（一三九三）	細川九郎（頼長）	①祇園社雑掌実晴、②（半済給人）、③小童保	室町幕府管領奉書（八坂神社文書／5556）
67	応永元・九・六（一三九四）	細川弥九郎（基之）→上野某	①栂尾北坊雑掌定祐、②（蓮華王院）景衍、③地毗荘内河北村領家職	室町幕府管領奉書（桂文書・狩野亨吉文書／大日本史料）
68	応永二・四・五（一三九五）	細川弥九郎（基之）→上野八郎（氏時）→山河左衛門三郎	①高野山西塔雑掌、②（寄進）、③太田荘桑原方六ケ郷地頭職	室町幕府管領施行状（高野山文書・宝簡集 28／大日本史料）
69	応永二・四・五（一三九五）	細川九郎（頼長）→於曽入道（通守）	①高野山西塔雑掌、②（寄進）、③太田荘桑原方六ケ郷地頭職・尾道倉敷	室町幕府管領施行状（高野山文書・宝簡集 28／大日本史料）

	年代	分類	使節	案件（①訴人、②論人、③論所等）	典拠
70	応永四・一〇・二七（一三九七）	守護C	細川弥九郎（基之）	①（祇園社）、②（造大神宮使）、③小童保（外宮役夫工米免除）	室町幕府奉行人連署奉書（建内文書／大日本史料）
71	応永五・一二・九（一三九八）			①摂津四郎能淳、②押領人（椙原満平?）、③重永本新荘地頭職	室町幕府管領奉書（美吉文書／大日本史料）
72	応永七・一二・二八（一四〇〇）		細川兵部大輔（基之）	①（祇園社）、②（矢野左近大夫・同一族）、③小童保（乱入狼藉）	室町幕府管領奉書（建内文書／大日本史料）
73	応永一〇・三・八（一四〇三）		（佐々木筑前入道）	①（祇園社）、②③小童保（所務代官に打渡を命ず）	山名時熙書状（八坂神社文書／大日本史料）
74	応永一四・七・二（一四〇七）		山名右衛門佐入道（時熙）	①（祇園社）、②③小童保（臨時課役免除）	室町幕府管領奉書（建内文書／大日本史料）
75	応永一五・一〇・一三（一四〇八）	両使C	山内四郎次郎 宮下野入道（満重）	①宮次郎右衛門尉氏兼、②舎兄満信、③石成荘下村・門田山野郷等（押妨）	室町幕府管領奉書（山内首藤家文書／大日本古文書83）
76	応永一五・一二・一八（一四〇八）	守護C	某	①梅津長福寺荘主、②（?）、③府中金丸名	沙弥覚勝奉書（長福寺文書733）
77	応永一七・八・一一（一四一〇）		山名右衛門佐入道（時熙）	①摂津四郎能淳、②（守護）被官人、③重永本新荘地頭職（押妨）	室町幕府管領奉書（美吉文書／大日本史料）
78	応永一七・一〇・九（一四一〇）		太田垣土佐入道（通光） ↓（守護代）犬橋満泰	①（祇園社）、②③小童保領家方（外宮役夫工米免除）	室町幕府奉行人連署奉書（建内文書／大日本史料）
79	応永一八・七・一八（一四一一）		太田垣土佐入道（通光） ↓（守護代）犬橋満泰	①（祇園社）、②③小童保領家方（内宮役夫工米免除）	室町幕府奉行人治部則栄書状（建内文書／大日本史料）
80	応永一八・一一・二二（一四一一）		山名右衛門佐入道（時熙）	①摂津四郎能淳、②（守護）被官人、③重永本新荘地頭職（押妨）	室町幕府管領奉書（美吉文書／大日本史料）
81	応永三三・七・二九（一四二六）		守護代	①（祇園社）、②③小童保（内宮役夫工米免除）	室町幕府奉行人連署奉書（建内文書／広島県史）
82	永享八・五・二〇（一四三六）		山名弾正少弼（持豊） ↓犬橋近江守（満泰）	①梅津長福寺蔵龍院、②③金丸名、上山地頭職（段銭以下臨時課役免除）	室町幕府管領奉書（長福寺文書842・845）

があろう。
　まずは、使節としてみえる国人衆の動向をみていく。

（一）使節―国人衆の動向

　表71に登場する使節（国人衆）を一見して明らかなことは、椙原、宮など、のちに奉公衆に編成される武家が多く使節となっていることである、彼らが奉公衆に編成される背景については後述することにして、まずは、使節として登場する備後国人衆の動向について、具体的事例をもとに若干の考察を加えておこう。

【椙（杉）原】　伊勢平氏の被官としての系譜をもつといわれ、備後国椙（杉）原保が名字の地であり、鎌倉幕府や六波羅探題の奉行人を輩出する武家である[59]。すでに鎌倉時代末の嘉元三（一三〇五）年、高野山領太田荘山中郷公文の年貢抑留に関してその出廷を命じる六波羅使節として、椙原右（左？）近将監（時綱、なお一方は土肥六郎）がみえる（第一章第一節）。表71には、椙原淡路守（深津泰綱、1）、椙原左近将監（光房、9）、椙原民部丞（親光、11・12・16、為平、26・27・29）があらわれる。史料的には、左近将監、民部丞の官途名をそれぞれ名乗る系統があったようにみえるが、『広島県史』通史編所載の椙原氏系図によれば、民部丞親光は時綱の子で光房（伯耆守とも）の弟。一方、為平は時綱とは再従兄弟（またいとこ・はとこ）にあたる[60]。

　ここではまず椙原左近将監光房に注目する。鎌倉時代の事績を継承して、康永三（一三四四）年新設の三方内談方奉行人、あるいは、文和年間（一三五二～五六）侍所奉行人として知られる光房は、表71－9の備後国浄土寺利生塔婆料所をめぐる紛争処理の過程では、守護細川頼春（刑部大輔）と並んであらわれる。すなわち、典拠文書である足利直義下知状によると、①同国金丸名は「院宣幷関東御下知」を帯びる当知行地であり、浄土寺への寄進は無効、とする在庁常五郎左衛門尉経康の主張をうけて、幕府は守護細川頼春と椙原光房に当知行の実否を調査するよう命じる。頼春は金丸名が竹内弥二郎兼幸跡の闕所として浄土寺に寄進され「彼名内応輪田者国衙相綺」とする守護代長隆の請文をとり進め、光房も「応輪田国衙進止、其外為地頭職之由」との請文を提出した。そしてさらに、浄土寺雑掌の経康が逐電（逃亡）したとの浄土寺雑掌の主張をうけるかたちで、光房は矢野倫連とともに幕府から経康の所在を問われると、光房は「属禅師宮、為令旨執筆之由、土肥弥六入道々妙告申之間、守護代長隆相尋之処、逐電」との請文を提出している。細川頼春の被官かとみえた守護代長隆は、ここでは光房の問いに答えている。光房は幕府奉行人として在京しつつ、京を留守にして各地に転戦することの多い守護細川頼春と並んで、備後国内の紛争解決にも関与していたようである。

次に、表71－17・18（観応二年）の典拠文書は「散位」と署名し花押を据える光房の奉書で、足利直冬の意を奉じている。すでに第三章第二節でみてきたように、この時期光房は直冬と行動をともにしていた。当時の備後守護は足利直義派の上杉顕能。備後は貞和五（一三四九）年年四月に直冬が中国探題として最初に拠点を築いた地であり、直義没後は直冬に属した上杉顕能らが尊氏方の守護岩松頼宥に抵抗する戦いが継続していくことになる。[61]なお、17・18前後に直冬の軍勢が備後に至っていたことは、同年七月一日付で浄土寺等に寺辺・寺領における殺生を禁止する旨の禁制が直冬から与えられ、八月十五日付で浄土寺に「天下祈禱」が命じられていることから確認できる。[62]

一方、17・18と時期的に重なる観応二年二月、相原彦太郎信平（26・27・29の相原為平の兄）は足利義詮から「勲功賞」として福田荘高洲地頭職を与えられ、[63]さらに観応の擾乱（直冬党の軍事行動含む）終息後の延文三年三月には、為平が浄土寺に殺生を禁止する旨の禁制を与えることになる。[64]表71－63で論人としてあらわれる相原四郎左衛門尉満平は光房の孫にあたり、63では召し返されているとはいえ、将軍足利義満から所領を給与された事実に疑いはない。光房の子孫もまた帰参していたようだ。尊氏・直義両派の対立・分裂抗争という政治状況のなかで、相原氏としての生き残りを考慮した選択の様相がそれぞれにあらわれている。

ちなみに、椙原氏は観応の擾乱終息後、将軍家近習～奉公衆を輩出していくことになる。後述する守護支配の展開のなかで、備後国人衆がその自律性を担保する方途であり、もとより六波羅奉行人であった時代から一族が蓄積してきた実績と名望が、奉公衆に列する条件を整えたと考える。

【宮】　出自については確証を得ないが、椙原氏と同様に奉公衆を多く輩出していく備後国人衆である。表71には、宮平太郎（盛重、下野権守と同人、11・12・17・18）、宮次郎左衛門尉（満信、50・52）、宮下野入道（満重、75）があらわれる。満信・満重については諱にもあらわれてはいるが、将軍家近習・奉公衆としての徴証がある。[65]

宮盛重は、足利直義の没落とそれにともなう備後守護上杉顕能解任のあとをうけて、直冬党の山内通広・畠山頼継等とともに新任の守護岩松頼宥と合戦に及んでいる。[66]一方、使節としての徴証はない宮兼信（下野守）は、これに先立つ観応二年正月に石見から転じた高師泰軍に属して直義方の上杉頼定軍と戦っている。[67]椙原と同様に、宮もまた観応の擾乱のなかで一族を分裂させていたのである。

ところで、表71－49で満信は長井能里の長和荘東方・石成荘下村地頭職に違乱（押領）を致したとして訴えられている。石成荘下村については、さらに75で弟氏兼から押妨を訴えられる立場になっている。つまり、49では満信の違乱を排除できずに宮満信の当知行が継続した可能性が高く、しかもこれに氏兼が関与するという展開があったことになる。いずれにしても、永和三（一三七七）年前後から応永十五（一四〇九）年の間に、石成荘下村地頭職は長井の手を離れて宮の掌中に入っていたことになる。このように、使節に起用される国人衆は、同時に在地領主として所領規模の拡大を争う運動の渦中にあり、しばしばひきおこされる所務相論の当事者でもあった。75は事実上宮の族内相論ともいえるが、守護山名時熙の被官山内四郎次郎（熙通）とともに、宮氏惣領とおぼしき宮満重が使節に起用された背景には、宮氏側の意思が働いていたのかもしれない。後述するように、十五世紀に入り、山名氏による守護支配が進展するなかで、将軍家近習として相対的に独立した位置にあったとはいえ、一族内部の抗争・分裂は、守護による一族分断の契機ともなりかねなかったからである。

【山内】　鎌倉時代末期に西遷し、備後国地毘荘を拠点に国人領主として成長した山内氏が、貞和七（一三五一）年十月、有名な山内氏一族一揆を結んで足利直冬を支持し、尊氏派の守護岩松頼宥と対抗する意思を表明したことは周知の通りである。(68)しかし、この一揆衆とは別系の山内時通・時忠等は一貫して尊氏派として行動し、通氏は守護岩松頼宥から所領を預けられて、山内又五郎等との合戦を指示されている。(69)山内氏も観応の擾乱以後、分裂していたのである。しかし、直冬没落＝一揆の崩壊ののち、一揆衆の中核であった山内通継（表71－25山内刑部三郎、33・39山内肥前守）が通忠（通継の弟、時通の養子となっていた）を養子としたことで、一族は統合される。75山内四郎次郎（熈通）は通忠の子であるが、守護山名氏との関係が緊密化するのは、この通忠の頃であった。

康応二（一三九〇）年閏三月三日、通忠は山名時熈から備後国信敷荘東方を安堵されている。(70)しかし、時熈は当時足利義満の追討をうけて逃走中の身であり（明徳の乱）、康応年号の使用（明徳改元は同年三月廿六日）に抵抗の意志は読み取れるとしても、客観的状況は不利であった。したがって、この所領安堵は、山内方からみれば、時熈に与力する条件、ないし成功報酬という意味をもつ。

応永十六（一四〇九）年八月、通忠の子熈通が信敷荘東方地頭職に対する完（宍）戸駿河守らの押領を提訴した目安案がある。(71)ここで熈通は、信敷荘東方は拝領（建武五年二月三日付、足利尊氏下文がある）以来知行を続けてきたが、明徳元（一三九〇）年八月、完（宍）戸駿河守が非分押領し、現在は等持寺等持院が知行していて、熈通はどうにも知行することができずに困っていると申し立てている。足利氏の寺である等持院等が登場するのは、完（宍）戸が押領行為をその権威によって正当化する目的で、上分寄進のような方策をとった結果として理解できる。ただ問題は押領の時点である。前述の時熈の安堵後五か月足らず、しかもその頃に時熈の勢力は備後から一掃されている。つまり、時熈の安堵状が下された時点ですでに信敷荘東方における山内氏の知行は不安定化していた可能性があり、時熙没落後、完（宍）戸方の押領が決定的となったと考えられるのであって、それゆえにこそ、山名氏と結ぶ一定の理由が山内氏にも存在したことになるのではないだろうか。

さて、その結果通忠は山名時熙と結ぶことになり、政治的復活を遂げた時熙が、応永八（一四〇一）年（？）備後守護となると早々に通忠に書状を送り、「差下佐々木筑前入道・太田垣式部入道両人候、毎事無御等閑候者、悦入候」といっている(72)。通忠の子が熙字を得て熙通と名乗ったのも、山内氏と守護山名氏の関係を象徴する事象といえる。

以上、使節としての活動のあとを残す備後国人衆のうち、椙原・宮・山内各氏の動向を簡略にみてきた。その結果、南北朝内乱、とくに室町幕府開創期の足利尊氏・直義による二頭政治とその分裂（観応の擾乱）の影響を大きくうけて備後国人衆は揺さぶられ、一族の分裂・統合等を経て、それぞれの生き残りをかけて、あるものは将軍家近習～奉公衆への道を選択し、あるものはのちに展開する守護支配の強化ともからんで、守護の被官化していった状況が鮮明になったように思う。直義派、とくに備後は直冬党の拠点として多くの国人衆が直冬を支持し、敗れたことがこうした展開を呼び込んだと考えられる。これらを別の角度、すなわち、守護支配の展開という視点からみるとどのように評価できるのか。直冬党没落の前後から、表71に残された時代範囲を中心に、場を改めて論じてみることにする。

（二）守護と使節―守護支配の展開

細川頼春が四国（阿波・伊予守護）に転じたあと、備後守護となるのは高師泰である。しかし、師泰はもとより足利尊氏の軍大将として近畿各地に南朝方と交戦しており、和泉・河内などの守護も兼ねることになったから、備後守護としての機能はまず間接的なものでしかなかったと考えられる。阿波守護を現任のまま備後守護を兼ねた細川頼春も同様であり、その意味では事実上の守護不在を補う両使による使節遵行として11～18を評価することもできる。ただ、重要なのは、宮盛重・椙原親光がこの間使節の中核的位置を占めていたことであって、彼らが表71では14ののち顕在化、内戦化して観応の擾乱に発展していく尊氏（高師直）派と直義派の対立のなかで直義、ついで直冬を支持していくことになる。15上杉顕能も直義の人事であり、宮盛重等とともに19〜23にあらわれる尊氏派の守護岩松頼宥、あるいは20で訴人としてあらわれる三吉（鼓）覚弁と直接合戦に及ぶことになる。(73) ちなみに、表71－19の訴人三吉秀盛と上記覚弁は兄弟で、ともに観応の擾乱期には尊氏方であり、22山内通氏も、前述のように直冬支持をあらわした山内氏一族一揆には加わっていない。所務相論の場面で理非の判断領域を逸脱した党派性があったことをこれらのみから推断することはできないが、守護岩松が戦争遂行の意味からも彼らの期待に応えなければならない立場にあったことは疑いない。

中国地域における直冬党の活動を鎮圧する指示をうけて下向したのは細川頼之である。このときの頼之の権限について、小川信は、「当時の頼之の権限は、分国阿波・伊予における守護としての権限以外に、備前・備中・備後・安芸の四ヵ国における軍事指揮権・所務沙汰審理権・使節遵行権・所領預置権・寺社領安堵権を含むものであって、（中略）これは単に中国大将というよりはまさに中国管領という呼称に相応しい権限であったというべきであろう」と評価し、頼之の所務沙汰裁決権・使節遵行権行使の事例として、表71の25〜29（25は預置）をあげている。(74) しかるに、25〜29はすべて頼之の奉書または直状により指令が下されている。当時の備後守護が細川頼有（頼之の弟）であり、その人事も頼之の申請によるというから、事実上、頼之がより高次の権限により備後守護を兼帯したと理解し、これらの使節発遣を、守護による使節遵行権行使の事例と評価することも可能であるようにみえる。ただ、使節には小早川のような安芸国人も含まれており、やはり、25〜29は頼之が広域性をもつ中国管領固有の権限に基づいて使節遵行したものとみるべきであろう。なお、細川頼之の西下は延文元（一三五六）年七月十日以前のことで、その後、中国・四国地方に転戦し、最終的に帰洛するのは貞治六（一三六七）年九月のこととなる。(75) その前提で表71を眺めると、24〜32については頼之の指揮下に実施された可能性が高い。おそらくは、渋川義行が備後守護となる貞治五（一三六六）年以前について、使節事例の検出できない時期も含め、頼之の関与を考えておくべきであろう。

ところで25は、山内刑部三郎（通継）が使節となっていることから、山内氏一族一揆の崩壊と通継の頼之方への帰順を示す史料であることがすでに指摘されている。(76) ちなみに21で通継は論人である。しかし、さらにいえば、26・27・29は、山内通氏の訴により、広沢四郎五郎の押領を排除して通氏に論所を沙汰付すべしとの内容。28は、万田家資の訴により、山内彦五郎（資綱）・彦八（実綱）の押領を排除して家資に論所を沙汰付すべしとの内容である。そして、ここにあらわれる山内資綱・実綱は通継とともに一族一揆に加わっており、通氏・家資（万田は山内の傍流）は加わっていない。また、通氏はすでに岩松頼宥が備後守護であった時期に22の文書を得ており、所領を預置かれるなど、尊氏派として行動していた可能性が高い。万田家資の場合は、13・15と停滞した案件が28で好転したようである。すなわち、25〜29は、山内氏一族一揆崩壊後の、いわば戦後処理（尊氏派山内氏の保護・褒賞と一揆衆の排除）という性格を共有することになる。

さて、表71によると、これら頼之の使節遵行のあとは両使の形態をとる事例が減少し、守護・守護代系統による遵行が主流となる。次にこの点について考えてみることにする。

33山内肥前守（通継）・矢野上野介以降、両使としてみえるのは、39山内肥前守・広沢信濃守、50・52宮次郎左衛門尉（満信）・太田式部丞、75山内四郎次郎（熈通）・宮下野入道（満重）である。まず、33の典拠史料をみよう。

　　追仰、
　於諸実同心合力之仁、為処重科、可注進名字也、
天龍寺領備後国三谷西條地頭職事、広沢掃部助諸実不叙用数ケ度施行、結句構平松城令濫妨云々、罪責所至極也、早矢野上野介相共、莅彼所、縦雖支申、不日破却件城、追出諸実、打渡下地於寺家雑掌、全所務之様、可加

扶持也、且可合力之由、仰太田備前々司等之上、諸実尚及異儀者、任法可致沙汰之状、如件、

貞治四年八月三日　　　　　　　　　　　　御判

山内肥前守殿

三谷西條地頭職は暦応三（一三四〇）年四月に足利尊氏が暦応寺（天龍寺）造営料所として寄進した所領である。広沢の「濫妨」がいつの時点から始められたものかは未詳であるが、「不叙用数ケ度施行」ともある。広沢一族が備後における南朝勢力の中核にあったらしいことを想起すれば、尊氏の寄進の時点から天龍寺の知行は脅かされていた可能性がある。しかも、この時点では城郭を構え、実力による当知行を実現していたようである。貞治四年八月の段階で細川頼之（おそらく頼有も同行）はすでに四国にあり、備後への関与は薄くなっている。右の文書も足利義詮御判御教書と考えられている。守護不在という事情のなかで、懸案事項にかかる使節遵行が備後国人衆（矢野は備後矢野荘が名字の地）に委ねられたとみることもできる。

ところが、その後事態は急転する。39の典拠史料によれば、天龍寺には造営料所として三谷西條地頭職の替地（重永荘、桑原方六郷、山内四郷以下）が与えられ、今度は33では山内肥前守とともに広沢に対応した矢野上野介・太田式部丞の本人ないし同族とおぼしき矢野上野前司・太田備前々司直泰が、雑掌を追却し天龍寺の所務を妨げる状況が生まれていた。矢野一族は72でも小童保への濫妨が問題とされている。太田は（太田荘）桑原方の変動に反発した可能性がある。いずれにしても、広沢による三谷西條当知行を撤退させることができなかったこと、そして替地を設定したことで新たな相論を惹起することになったようである。しかも、39の使節広沢信濃守は33で論人となっている広沢諸実と同族であろう。広沢一族による三谷西條の実効支配が継続する一方で、その替地の打渡にかかる使節に広沢があらわれることは興味深い。広沢一族による「押領」案件は表71－39以降も頻発している。荘園領主の希望と現地の実態は乖離の度を深めていたようである。なお、表71の33～44は渋川義行守護期にあたる。義行は、すでに九州探

題に就任していたが、九州への下向は結局ならなかった。しかも、その間も表71にみえるように守護代尾崎による遵行体制は維持されており、守護と没交渉に遵行が実施されたことも考えにくい。39については、33との継続性とともに、文書面からはみえない守護との協働があったことを想定しておきたい[77]。

次に、応安四（一三七一）年に今川了俊が安芸・備後守護となるが、これは九州探題として九州征西府攻撃に従事する軍勢を両国で確保する軍事的要請による人事である。今川氏の譜代被官と推定される守護代長瀬による遵行体制は構築されていたが、この間、高野山が訴人となる案件については、管領細川頼之の指令をうけるかたちで遵行が実施されていることがみえる。守護正員不在という事情とともに、係争案件が地域的領主間紛争に属するか、権門領主の提訴によるかによって、使節遵行にかかる文書の異同がある可能性を示し重要である[78]。

さて、以上のように、観応の擾乱の終息を促した細川頼之の備後支配期以降、守護による使節遵行のかたちが原則となる。表71でも、細川頼有―仁木（駿河）、渋川義行―尾崎、今川了俊―長瀬、山名時義―長町・雅楽、細川頼之・頼長―於曽、細川基之―上野、山名時熙―太田垣―佐々木・犬橋と、各守護の譜代被官が守護代となっている。守護の領国支配機構が構築されていると評価してよいだろう。守護も、応永八（一四〇一）年に任じられた山名時熙以降は山名の世襲となる。75が唯一両使の形態による使節遵行となるが、ここにはすでに宮一族の将軍家近習（～奉公衆）としての位置づけが反映されているようにも感じられる[79]。使節遵行のあり方に、備後の守護・国人関係の歴史的展開が映されているといえよう。

二　安芸国の守護と国人

表72は、表71とほぼ同じ時代範囲で安芸国の使節遵行事例を一覧にしたものである。表71備後と異なる特徴としては、①両使の形態をとる遵行事例が十四世紀末まで広範に認められること、②地域的領主間紛争、すなわち国人所領

の帰属を争う相論が多く、いずれも長期化していること、③数例を除き、使節となった国人衆について、将軍家近習・奉公衆としての徴証が得られないこと、の三点である。そこで、まず②についての分析を端緒にして、①③の背景、要因について明らかにしていきたい。

表72　十四～十五世紀安芸国の使節遵行

	年代	分類	使節	案件（①訴人、②論人、③論所等）	典拠
1	建武三・一〇・七（一三三七）	守護C	（守護代）福島左衛門四郎入道	①熊谷小四郎直経、②預所香河兵衛五郎、③三入本荘三分壱方（頼俊跡）地頭職	武田信武書下（熊谷家文書／大日本古文書83）
2	暦応元・九・二〇（一三三九）		安芸国守護代	①熊谷小四郎直経、②直房、③三入本荘半分地頭職（押妨）	武田信武施行状（熊谷家文書／南北朝遺文・中国四国編798）
3	暦応三・七・一〇（一三四〇）	両使	熊谷小四郎（直経）・嶋田越中五郎	①②③石見・安芸両国使節（事書）	足利直義御判御教書（熊谷家文書／977・982）
4	暦応三・一一・二〇（一三四〇）	単使C	香河四郎五郎景家	①熊谷小四郎直経、②熊谷直清・直遠、③三入荘内上村	1341/4/21足利直義下知状（熊谷家文書／1064）
5	暦応四・三・二八（一三四一）	守護C	武田伊豆守（信武）	①備後国因島雑掌朝祐、②安芸国生口島甲乙人等、③因島（広沢五郎語を得て乱入）	室町幕府引付頭人奉書（浄土寺文書／1055）
6	暦応四・六・五（一三四一）	単使B	長江左衛門次郎（景盛）	①内藤次郎左衛門尉教泰、②（安堵）、③長田郷地頭職幷井原村一分地頭職（当知行実否）	室町幕府引付頭人奉書（内藤家文書／1084）
7	暦応四・七・二三（一三四一）	両使C	品河小三郎入道・藤原知房	①安芸一宮厳島社雑掌、②内藤次郎教泰、③長田村妻保垣等地頭職（支え申す）	藤原知房請文（内藤家文書／1065・1093）
8	暦応五・二・二一（一三四二）		笠間長門権守・平（熊谷）直遠	①安芸国甲立雑掌、②宍戸孫次郎、③（甲立）庶務幷年貢（城郭を構え合戦に及ぶ）	熊谷直遠請文（尊経閣文庫文書／1142）
9	康永元・一二・一二（一三四二）		笠間但馬権守・三田安芸五郎入道	①熊谷小四郎直経、②新野彦四郎入道々恵、③三入本荘地頭職	室町幕府引付頭人奉書（熊谷家文書／1216）

10	康永二・三・二八（一三四三）	両使C	長江左衛門次郎（景盛） 小早河中務入道（道円・貞茂）	①熊谷小四郎直経、②熊谷平三郎直遠、③三入本荘上村秋光名（押妨）	室町幕府引付頭人奉書（熊谷家文書/1243・1255）
11	康永二・四・一一（一三四三）			①熊谷小四郎直経、②新野彦四郎入道々恵、③三入本荘上村秋光名	室町幕府引付頭人奉書（熊谷家文書/1248・12671268）
12	康永二・一二・一四（一三四三）		壬生六郎三郎入道 大多和八郎太郎入道	①長田郷地頭内藤二郎左衛門尉教泰、②厳島下野四郎（親直）、③妻保垣・高田原（親直＝訴人下国、召喚）	室町幕府引付頭人奉書（内藤家文書/1313）
13	康永四・六・二〇（一三四五）	守護C	武田伊豆守（信武）	①吉川彦二郎経久、②（充行）、③大朝荘堺田竹原地頭職（吉河四郎経信跡）	室町幕府執事施行状（吉川家文書/1413）
14	康永四・九・六（一三四五）	守護A	武田伊豆前司（信武）	①東寺雑掌光信、②地頭市河兵庫助（行頼）、③三田郷（年貢抑留、論人請文執進）	12/17足利直義下知状（東寺百合文書/1443）
15	康永四・一〇・八（一三四五）	両使B	三戸彦七（高頼） 小早河某	①小早河左衛門次郎直平、②（安堵）、③沼田新荘和木村地頭職（当知行実否調査）	室町幕府引付頭人奉書（井原文書/1428）
16	貞和二・七・一九（一三四六）	両使C	小早河次郎直平 長江左衛門次郎景盛	①熊谷小四郎直経、②（熊谷四郎）有直後家尼智阿、③三入本荘門田屋敷・高屋名（押領）	12/17足利直義下知状（熊谷家文書/1506）
17	貞和三・八・三（一三四七）		市河兵庫助行頼 長江左衛門次郎景盛	①内藤次郎左衛門尉教泰、②（公文）良尊・親家、③高田原地頭職（毛利四郎らを語らい城郭を構え合戦に及ぶ）	8/27足利直義下知状（内藤家文書/1571）
	貞和三・八・二七（一三四七）	守護C	（守護人）	①内藤次郎左衛門尉教泰、②良尊・親家、③高田原地頭職（論人召捕、論所を教泰に打渡）	
18	貞和三・九・四（一三四七）	両使A	小早河次郎直平 長江左衛門次郎景盛	①熊谷小四郎直経、②新野彦四郎入道々恵并孫女藤原氏、同夫三吉岩崎六郎、③三入本荘三分一地頭職（押妨、論人召喚）	11/7足利直義下知状（熊谷家文書/1588）
19	貞和四・九・一四（一三四八）	両使C	小早河次郎直平 長江左衛門次郎景盛	①熊谷小四郎直経、②熊谷四郎有直後家尼智阿、③三入本荘門田屋敷・高屋名・栗林下長尾山（押領）	室町幕府執事施行状（熊谷家文書・667）
20	貞和四・一〇・一一（一三四八）		小早河次郎直平 長江左衛門次郎景盛	①熊谷小四郎直経、②新野彦四郎入道々恵以下輩、③三入本荘三分二地頭職（押妨）	小早川直平打渡状（熊谷家文書/1677）

	年代	分類	使節	案件（①訴人、②論人、③論所等）	典拠
21	観応二・四・九 （一三五一）	両使C	平賀遠江兵衛蔵人（貞宗） 小早河備後守（貞平）	①武石美作四郎胤泰、②西条弥六左衛門入道幷大多和左衛門太郎、③入野郷（押妨）	室町幕府引付頭人奉書 （平賀家文書/2016）
22	正平七・三・一四 （一三五二）		三戸孫三郎（頼顕） 奈古六郎	①熊谷兵庫状允直春、②（兵粮料所充行？ 常陸宮令旨の施行）、③三入新荘恒久名	沙弥定意施行状 （長府毛利文書/2237）
23	文和元・一一・一七 （一三五二）		三島善遠江守 相原彦太郎	①小早河出雲又四郎実義、②（恩賞、11/15足利義詮下文）、③兼武名（小幡右衛門尉跡）	室町幕府執事施行状 （小早川家文書/2396・2397）
24	文和三・八・一九 （一三五四）		景義 光信	①内藤三郎親廉、②（充行？）、③井原村内空意幷又五郎入道・同妻女跡	光信・景義連署打渡状 （内藤家文書/2633）
25	文和三・一二・二九 （一三五四）		小早河左近将監（春平） 平賀彦四郎（重宗）	①小早河安芸五郎左衛門尉氏平、②（勲功賞預置、足利義詮御判御教書）、③造果保	某施行状 （小早川家文書/2694～96）
26	延文二・八・九 （一三五七）		広沢筑前守 大多和太郎左衛門尉	①小早河美作五郎左衛門尉胤平、②（充行）、③久芳保地頭職半分	細川頼之施行状 （小早川家文書/2919）
27	延文二・一二・六 （一三五七）		（笠間）下野守朝清 熊谷彦四郎入道	①厳島下野守親直、②（還付？ 今年8/9御奉書）、③（厳島）社領造果保	笠間朝清請文 （巻子本厳島文書/2949）
28	応安元・⑥・二四 （一三六八）		小早河左近入道（処覚／春平） 平賀彦四郎入道（重宗）	①小早河駿河入道普浩、②厳島神主、③造果保（押領）	室町幕府引付頭人奉書 （小早川家文書/3615）
29	応安元・一〇・七 （一三六八）	守護C	大内介（弘世）	①東寺雑掌頼憲、②守護人、国人、③安芸国衙職（雅意に任せ押領）	室町幕府管領奉書 （東寺百合文書・ナ 12-2）
30	応安二・六・一二 （一三六九）		大内介入道（道階／弘世）	①東寺雑掌頼憲、②（守護人、国人）、③安芸国衙職（押領）	室町幕府管領奉書 （東寺百合文書/3724）
31	応安三・一〇・二六 （一三七〇）		大内弘世 →多々良弘慶	①（厳島社雑掌）、②小早河五郎左衛門入道跡輩、③造果保	多々良弘慶請文 （野坂文書/3812・3815）
32	応安三・一一・一四 （一三七〇）	両使C	阿曽沼下野次郎 厳島下野四郎（親直）	①東寺雑掌光信、②諸郷保地頭、③安芸国吏務職（修造料所、押領）	室町幕府引付頭人奉書 （東寺文書・書 /3820・3821）
33	応安三・一一・一四 （一三七〇）		小早河左近入道（処覚／春平）	①小早河駿河五郎宗平、②厳島下野入道了親、③造果保（立還、城郭を構え合戦に及ぶ）	室町幕府引付頭人奉書 （小早川家文書/3615）

34	応安四・③・二八（一三七一）	両使A	松田中務丞資秀 周清	①小早河駿河五郎宗平、②厳島下野入道了親代重禅、③造果保（論人召喚）	1373/7/19室町幕府裁許状（小早川家文書/3983）
35	応安六・⑩・二四（一三七三）	守護C	今川伊予入道（了俊）	①東寺雑掌頼憲、②諸郷保地頭、③安芸吏務職（押領、両使不事行）	室町幕府引付頭人奉書（近江大谷文書/4012）
36	永和四・一二・一七（一三七八）	守護C	今川伊予入道（了俊）	①東寺雑掌頼憲、②諸郷保地頭、③安芸吏務職（押領未休）	室町幕府引付頭人奉書（東寺百合文書/4468）
37	永和五・三・一六（一三七九）	守護C	今川了俊→大内介入道（道階／弘世）	①東寺雑掌頼憲、②(諸郷保地頭)、③安芸吏務職（押領）	今川了俊施行状（東寺百合文書/4485）
38	康暦二・二・二四（一三八〇）	守護C	今川伊予入道（了俊）	①東寺雑掌頼憲、②大内介入道幷諸郷保地頭、③安芸国衙領（押領）	室町幕府管領奉書（東寺百合文書/4580）
39	永徳元・五・一〇（一三八一）	両使C	小早川又三郎 児玉石見守	①小早河安芸守宗平、②厳島下野入道了親、③造果保（城郭を構え承引せず）	（室町幕府）沙弥某奉書（小早川家文書/4702）
40	至徳元・四・二一（一三八四）	守護C	今川伊予入道（了俊）	①厳島掃部頭親明、②小早川駿河守、③造果保（押妨未休）	室町幕府管領奉書（野坂文書/4858）
41	至徳元・四・二三（一三八四）	守護C	今川伊予入道（了俊）	①厳島掃部頭親明代良成、②小早川駿河守、③造果保（押妨未休）	室町幕府管領奉書（巻子本厳島文書/4859）
42	至徳元・一一・二八（一三八四）	守護C	今川伊予入道（了俊）	①小早河駿河五郎宗平、②厳島下野入道、③造果保（先度御教書召返、宗平知行すべし）	室町幕府管領奉書（小早川家文書/4891）
43	至徳二・七・七（一三八五）	両使C	宮下野守 松田備前守	①東寺雑掌、②諸郷保地頭、③安芸国衙職（押領）	室町幕府管領奉書（東寺百合文書/4933）
44	至徳二・七・二九（一三八五）	両使C	宮下野守 松田備前守	①藤原氏女（字弥徳）、②(安堵)、③大朝本荘枝村田原・竹原・材木山	室町幕府管領奉書（吉川家文書/4943）
45	至徳二・一〇・一四（一三八五）	両使C	宮下野守 松田備前守	①東寺雑掌、②小早河美作守（春平）・小早河左近将監幷同兵庫助、③入野郷国衙方・郡戸郷戸野郷国務（押領）	室町幕府管領奉書（東寺百合文書/4972・4973）
46	至徳四・三・七（一三八七）	両使C	小早河美作前司（春平） 松田勘解由左衛門尉	①東寺雑掌、②地頭以下輩、③安芸国衙職（所々）	室町幕府管領奉書（東寺百合文書/5056）

	年代	分類	使節	案件（①訴人、②論人、③論所等）	典拠
47	至徳四・五・三〇（一三八七）	両使C	小早河美作前司（春平） 松田勘解由左衛門尉	①東寺雑掌、②③厳島掃部頭（親詮）・佐西己斐村、小早河左近将監・郡戸郷、同兵庫助・戸野郷（安芸国衙職押妨・押領）	室町幕府管領奉書（東寺百合文書/5067）
48	至徳四・七・二一（一三八七）			①東寺雑掌、②③平賀尾張守（弘章）・入野郷北方、同出羽入道（直宗）・入野郷南方、厳島掃部頭（親詮）・佐西郡、武田遠江守・柚村（安芸国衙職押領）	室町幕府管領奉書（東寺百合文書/5080）
49	嘉慶元・一〇・一一（一三八七）			①東寺雑掌、②③武田遠江守・柚村、大蔵少輔金子大炊助・温科村（安芸国衙職押領）	室町幕府管領奉書（東寺百合文書/5091）
50	嘉慶元・一二・一八（一三八七）	守護C	今川伊予入道（了俊） →今川中務入道（仲秋）	①毛利左近大夫将監・同亀若丸、③内部荘内福原村、山手村武浦・船越、河本村	室町幕府管領奉書（東寺百合文書/5114～16・5140）
51	康応元・六・一五（一三八九）		今川伊予入道（了俊）	①新院御方別納御料所雑掌忠治、②平賀出羽入道（直宗）并小早河小田兵庫助、③造果保領家職（押領）	室町幕府管領奉書（巻子本厳島文書/5199）
52	康応元・一一・二五（一三八九）	両使C	松田掃部助 森宮内少輔	①東寺雑掌、②武田治部少輔・同遠江守・品河近江入道・香河修理亮、大蔵少輔金子大炊助、③（安芸国衙領）佐東郡東原村・安南郡・新勅旨田・柚村・緑井村・八木村・温科村	室町幕府管領奉書（東寺百合文書/5236）
53	康応二・二・三〇（一三九〇）	守護C	今川伊予入道（了俊）	①小早河安芸守宗平、②（安堵、1389/12/26足利義満御判御教書）、③造果保	室町幕府管領施行状（小早川家文書/5242・5248）
54	明徳三・一一・一三（一三九二）	単使C	松田筑後太郎	①東寺雑掌、②諸郷保地頭、③安芸国衙職（押妨）	室町幕府管領奉書（越後桂文書/5488）
55	明徳五・四・七（一三九四）		右京大夫（細川満元）	①毛利孫太郎元衡、②毛利兵部少輔広内并大膳大夫入道々心、③吉田荘麻原郷地頭職	室町幕府管領奉書（毛利家文書/549）
56	応永元・一〇・一七（一三九四）				室町幕府管領奉書（毛利家文書/大日本古文書1366）

57	応永四・七・二五（一三九七）	守護C	右兵衛佐（渋川満頼）	①厳島神主安芸守親胤、②武田伊豆入道乗光、③佐東郡内已斐・今武・定順・利松・坪井・古河・堀立・吉次村（押領）	室町幕府管領奉書（厳島文書・御判物帖／広島県史）
58	応永四・八・一八（一三九七）			①厳島社雑掌、②武田伴遠江五郎、③杣村内大塚・久和村（押領）	室町幕府管領奉書（厳島文書・御判物帖／広島県史）
59	応永五・三・一二（一三九八）			①平賀次郎時宗、②（安堵、1395/3/12足利義満御判御教書）、③高屋村半分・入野郷地頭職	室町幕府管領施行状（平賀家文書／大日本史料）
60	応永一七・一一・一三（一四一〇）		山名右京亮（煕重）	①小早河安芸入道本英、②押領人、③造果保地頭職	室町幕府管領奉書（小早川家文書／大日本古文書506）
61	応永一八・八・九（一四一一）			①小早河安芸入道本英、②押領人、③造果保地頭職	室町幕府管領奉書（小早川家文書／大日本古文書・吉川家中幷寺社文書1）
62	応永一九・一一・二（一四一二）			①毛利弥次郎頼広、②毛利大膳大夫入道、③吉田荘内麻原郷地頭職（押領）	室町幕府管領施行状（毛利家文書／大日本古文書1368）
63	応永二五・三・二（一四一八）		山名遠江守（教孝）↓加藤安芸入道 富田河内入道	①鄂隠和尚雑掌、②（安堵、1417/10/19）、③高屋保半分内参分壱	室町幕府管領奉書（平賀家文書／大日本古文書142・144）
64	応永二六・九・二六（一四一九）		山名遠江守（教孝）	①毛利弥次郎頼広、②毛利大膳大夫入道、③吉田荘内麻原郷地頭職（押領）	室町幕府管領施行状（毛利家文書／大日本古文書1369）
65	応永三二・一・六（一四二五）		沙弥智弘	①平賀左近将監、②（充行？御判之旨に任せ）、③東西条郡戸郷内伍拾貫地	沙弥智弘打渡状（平賀家文書／大日本古文書143）
66	応永三三・四・二三（一四二六）		毛利常陸入道跡	①毛利少輔三郎是広、②（安堵？今月十二日御判）、③（吉田荘）麻原郷毛利煕元知行分	室町幕府管領施行状（長府毛利家文書／広島県史）

（一）使節―国人衆の動向

地域的領主間紛争が長期化した事例として三件取りあげる。

【三入荘をめぐる相論】 表73として、熊谷直経による三入荘にかかる訴訟案件を一覧にした。参考として直経が根拠とした支証（具書）も掲げておく。使節遵行案件については表72の番号をそのまま記してある。

表73 三入荘相論の使節遵行

	年代	使節	訴人	論人	論所
参考	建武元・二・一四（一三三四）	後醍醐天皇綸旨（三入本荘三分一内一方新野太郎三郎頼俊跡→熊谷直経）			
参考	建武元・六・一〇（一三三四）	雑訴決断所牒（三入本荘地頭職安堵→熊谷直経）			
参考	建武元・七・二三（一三三四）	安芸国宣（三入本荘地頭職安堵→熊谷直経）			
1	建武四・一〇・七（一三三七）	（守護代）福島左衛門四郎入道	熊谷直経	預所香河兵衛五郎	三入本荘 三分壱方（頼俊跡）地頭職
2	暦応元・九・二〇（一三三九）	安芸国守護代		（熊谷）直房	三入本荘 半分地頭職
4	暦応三・一一・二〇（一三四〇）	香河四郎五郎景家		熊谷直清・直遠	三入本荘内 上村
9	康永元・一二・一二（一三四二）	笠間但馬権守 三田安芸五郎入道		新野彦四郎入道々恵	三入本荘内 地頭職
10	康永二・三・二八（一三四三）	長江左衛門次郎（景盛） 小早河中務入道（道円・貞茂）		熊谷平三郎直遠	三入本荘 上村秋光名
11	康永二・四・一一（一三四三）	長江左衛門次郎（景盛） 小早河中務入道（道円・貞茂）		新野彦四郎入道々恵	三入本荘内 一分地頭職
16	貞和二・七・一九（一三四六）	小早河次郎直平 長江左衛門次郎景盛		（熊谷四郎）有直後家尼智阿	三入本荘 門田屋敷・高屋名

18	貞和三・九・四（一三四七）	小早河次郎直平　長江左衛門次郎景盛	新野彦四郎入道々恵幷孫女藤原氏、同夫三吉岩崎六郎	三入本荘　三分一地頭職
20	貞和四・一〇・一一（一三四八）	小早河次郎直平　長江左衛門次郎景盛	新野彦四郎入道々恵以下輩	三入本荘　三分一地頭職

さて、いまここでその詳細を述べる暇はないが、『熊谷家文書』として伝来する二五七点の文書のうち、六二点が鎌倉末～南北朝期の直経、五〇点が戦国期の信直に関する文書であることが知られている。[80]これは、熊谷家の歴史のなかで重要かつ転換点ともいえる時期に作成・受領された文書が、後世においても格段の意義を有し、大切に保管されたことを意味している。直経について結論的にいえば、直経が嫡流家としての名望失墜に危機感をもち、内乱という時代環境を利用しながら、訴訟という手段を通じて所領支配を拡大・強化する努力がはかられた軌跡がこれら関係文書に示されているといえる。

まず、三入本荘半分地頭職にかかる同族の直清・直房・直遠等との相論である。この相論についての最初の幕府裁決となる暦応元（一三三九）年九月十一日付足利直義下知状によれば[81]、直経は曾々祖父直国の承久合戦での戦死の功により曾祖父直時（時直）が得て以来相伝知行し、「元弘安堵御牒」を得ているうえ、元弘内乱にも軍忠を抽んでているのに、直清が生前三入荘を与えられたことは「難堪之次第」と主張している。これに対し、直房（直清子息）は、直清は「度々軍忠」により勲功賞として「御下文幷御施行」を得ているので、直経の訴を排して論所を打渡すことを求めている。文書に由緒を語らせれば直経の優位は動かず、直義の裁許も直経の主張を認める内容となる。ただ、訴訟時点での当知行は直清・直房が実現していたことも疑いない。直清は直時の弟資（祐）直の家系に属する。表73－10の平三郎直遠も直清の子である。したがって、直清系熊谷氏による三入荘支配は先の直義裁許ののちもしばらく継続したと考えるのが穏当である。ただ、鎌倉時代に争われた直時・資直の所領相論では、三入荘地頭職は直時三分二（三入本荘）、資直三分一（三入新荘）と鎌倉幕府の裁許を得て、下地分割が実施されている。その折の配分で「秋光一丁一反半」（田方）、「秋光小」（畠方）は資直分になっている[82]。

次に、表73－16にみえる熊谷有直後家尼智阿である。有直は直経の伯祖父にあたり、その後家智阿は、「三入本荘一分地頭」として、建武二（一三三五）年十二月から翌三年正月にかけ、代官朝倉兵衛三郎入道仏阿を足利軍に加え、安芸国内から京に転戦させている[83]。

その限りではあるが、当知行は確保していたと考えられる。しかも、16の論所は「門田屋敷」を含む。これが熊谷館を意味するのであれば、直経は熊谷家嫡流として維持すべき居館を失っていた可能性も出てくる。

最後に、新野頼俊跡である。新野頼俊は直経の祖父直高の妹婿という。直高は鎌倉時代に所領をめぐる頼俊との争いから討死している。その意味で、頼俊跡三入本荘一分地頭職は直経にとっては回復が切望される地であったかもしれない。ただ、これも表73をみる限り回復には困難を要した模様である。

以上、三入荘をめぐる相論は基調としては族内相論といえる。嫡流家に所領集約し一族の結集をはかる直経と、自立を企図し当知行を継続する一族との対立が顕著である。直経が嫡流家の名望に危機意識をもつことになった背景には、鎌倉幕府打倒の戦いに負傷し、目立った功績をあげることもできず、かえって直清等に一族を結集した戦いの指揮権を委ねざるを得なかったことがある[84]。そして、先にみたように、直清は「度々軍忠」により勲功賞として「御下文幷御施行」を得て、三入荘支配の支証を獲得することになったのである。おそらく、直清等は承久合戦で曽祖父直時が獲得して以来の家来文書を所持していない。軍功による新たな由緒を獲得することで、嫡流家の直経を脅かすことになったのである。第三章第二節で触れた内乱期特有の訴訟・裁判事情が大きく影響した事例でもある。

しかし、『熊谷家文書』でみる限り、結果として直経の想いは実現されたようにみえる。直清が得たという「御下文幷御施行」も残されてはいない。

【造果保地頭職をめぐる相論】　表74は関係事例を表71から抽出したもので、仕様は表73と同じである。厳島神主と小早川との間で長期間くりひろげられることになるこの相論は、建武三（一三三六）年、足利尊氏が厳島神社へ造営料所として寄進した地を、文和三（一三五四）年、足利義詮が勲功地として小早川氏平に預け置いたことに始まる。[85] 23は氏平への沙汰付であるが、おそらくはその直後に厳島親直の訴があったと思われ、延文二（一三五七）年には親直の代官に沙汰付すべく25使節が発遣されている。その後、親直は尊氏の寄進状、氏平は義詮御判御教書を支証として知行権を主張し、訴をうける幕府も朝令暮改の裁許を重ねる。26・29・30・31は小早川、27・33・34は厳島神主家が裁許を得ている。相論は長期化し、29以降にみえるように武力衝突にまで発展する。応安六（一三七三）年七月、幕府は最終判断を下し、「任普浩所給御下文、宗平知行不可有相違」とした。小早川と厳島神主が争った支証（尊氏寄進状、義詮御教書）の有効性や使節選任の妥当性などには論及せず、対決のため出廷を催促したところ、厳島神主

表74　造果保地頭職相論の使節遵行

	年代	使節	訴人	論人（内容）
25	文和三・一二・二九（一三五四）	小早川左近将監（春平） 平賀彦四郎（重宗）	小早川安芸五郎左衛門尉氏平	（勲功賞預置）
27	延文二・一二・六（一三五七）	（笠間）下野守朝清 熊谷彦四郎入道	厳島下野守親直	（還付？　今年八・九御奉書）
28	応安元・⑥・二四（一三六八）	小早川左近入道（処覚／春平） 平賀彦四郎入道（重宗）	小早川駿河入道普浩	厳島神主 （押領）
31	応安三・一〇・二六（一三七〇）	大内弘世 →多々良弘慶	厳島社雑掌	小早川五郎左衛門入道跡輩 （是非なく支申す）
33	応安三・一一・一四（一三七〇）	小早川左近入道（処覚／春平） 平賀彦四郎入道（善栄／重宗）	小早川駿河五郎宗平	厳島下野入道了親 （立還、城郭を構え合戦に及ぶ）

	年代	使節	訴人	論人（内容）
34	応安四・③・二八（一三七一）	松田中務丞資秀 周清	小早河駿河五郎宗平	厳島下野入道了親代重禅 （論人召喚）
39	永徳元・五・一〇（一三八一）	小早川又三郎 児玉石見守	小早河安芸守宗平	厳島下野入道了親 （城郭を構え承引せず）
40	至徳元・四・二一（一三八四）	今川伊予入道（了俊）	厳島掃部頭親明	小早川駿河守（宗平） （押妨未休）
41	至徳元・四・二三（一三八四）	今川伊予入道（了俊）	厳島掃部頭親明代良成	小早川駿河守 （押妨未休）
42	至徳元・一一・二八（一三八四）	今川伊予入道（了俊）	小早河駿河五郎宗平	厳島下野入道（1373/7/19室町幕府裁許状により先度御教書を召返す、宗平知行すべし）
53	康応二・二・三〇（一三九〇）	今川伊予入道（了俊）	小早河安芸守宗平	（安堵、打渡）
60	応永一七・一一・一三（一四一〇）	山名右京亮（凞重）	小早河安芸入道本英（宗平）	押領人 （打渡）
61	応永一八・八・九（一四一一）	山名右京亮（凞重）	小早河安芸入道本英	押領人 （打渡、再令）

代が召喚に応じなかったこと、使節に対して合戦に及んだ罪が問われた結果である。ただ、親直（了親）の罪科については、「雖可被収公所帯、可発向九州之旨、申賜御教書之上者、宜被免除」と、軍事目的（九州の南朝勢力との戦争遂行）を優先させたため、実効性に疑問を残すこととなった。31ではなお厳島神主家の当知行が継続していたことが知られ、さらに、幕府は厳島神主家に造果保を沙汰付すべしという御教書を再度下してしまう（33・34）。宗平の抗議でこれをあわててこれを召し返すという失態を演じ（35）、混乱は収拾されるどころかますます深まっていく。53・54の「押領人」の素性は明らかではないが、厳島神主家が在地領主的支配を拡充しつつあったことは、39などか

らも確認できる。

【安芸国衙領をめぐる相論】　安芸国（国衙領）が東寺造営料所となるのは、永仁五年三月五日付伏見天皇綸旨が端緒である。その後、安芸国内では国検が実施され、新立荘園の整理も断行された[86]。ついで、建武三（一三三六）年十二月、光厳上皇院宣により再確認されたが、貞和四（一三四八）年四月に幕府による「眼代」への打渡が企画されているところをみると、すでに東寺の実効支配に翳がさしていたようである。表72から安芸国衙領にかかる使節遵行事

表75　安芸国衙相論の使節遵行

	年代	使節	訴人	論人（論所）
14	康永四・九・六 （一三四五）	武田伊豆守（信武）	東寺雑掌	地頭市河兵庫助（行頼） （安芸国衙領）三田郷（年貢抑留、論人請文執進）
29	応安元・一〇・七 （一三六八）	大内介（弘世）		守護人、国人 安芸国衙職（雅意に任せ押領）
30	応安二・六・一二 （一三六九）	大内介入道（道階／弘世）		（守護人、国人） 安芸国衙職（押領）
32	応安三・一一・一四 （一三七〇）	阿曽沼下野次郎 厳島下野四郎（親直）		諸郷保地頭 安芸国吏務職（押領）
35	応安六・⑩・二四 （一三七三）	今川伊予入道（了俊）		諸郷保地頭 安芸吏務職（押領、両使不事行）
36	永和四・一二・一七 （一三七八）	今川伊予入道（了俊）		諸郷保地頭 安芸吏務職（押領未休）
37	永和五・三・一六 （一三七九）	今川了俊 →大内介入道（道階／弘世）		（諸郷保地頭） 安芸吏務職（押領）
38	康暦二・二・二四 （一三八〇）	今川伊予入道（了俊）		大内介入道幷諸郷保地頭 安芸国衙領（押領）

	年代	使節	訴人	論人（論所）
43	至徳二・七・七（一三八五）	宮下野守 松田備前守	東寺雑掌	諸郷保地頭 安芸国衙職（押領）
45	至徳二・一〇・一四（一三八五）			小早河美作守（春平）／入野郷国衙方 小早河左近将監／郡戸郷 同兵庫助／戸野郷国務（押領）
46	至徳四・三・七（一三八七）	小早河美作前司（春平） 松田勘解由左衛門尉		地頭以下輩 安芸国衙職（所々）
47	至徳四・五・三〇（一三八七）			厳島掃部頭（親詮）／佐西已斐村 小早河左近将監／郡戸郷 同兵庫助／戸野郷（安芸国衙職押妨・押領）
48	至徳四・七・二一（一三八七）			平賀尾張守（弘章）／入野郷北方 同出羽入道（直宗）／入野郷南方 厳島掃部頭（親詮）／佐西郡 武田遠江守／杣村（安芸国衙職押領）
49	嘉慶元・一〇・一一（一三八七）			武田遠江守／杣村 大蔵少輔金子大炊助／温科村（安芸国衙職押領）
52	康応元・一一・二五（一三八九）	松田掃部助 森宮内少輔		武田治部少輔・同遠江守・品河近江入道・香河修理亮、大蔵少輔金子大炊助／佐東郡東原村・安南郡・新勅旨田・杣村・緑井村・八木村・温科村（安芸国衙領押領）
54	明徳三・一一・一三（一三九二）	松田筑後太郎		諸郷保地頭 安芸国衙職（押妨）

例を抽出した表75では、これに先立ち14の事例がみえる。

29は、事を動乱に寄せて安芸国人等が国衙領を押領するところとなったため、東寺雑掌頼憲が提訴。大内弘世に

「沙汰居国務於雑掌」が指令されたのであるが、押領行為は止むどころかむしろ拡大し、相論は長期化することになった。その要因は二つあるように思う。すなわち、①守護権力の脆弱さに象徴される統一的権力の不在、②「臨戦体制」の継続、である。まず①から述べる。

大内弘世には再令が下る（30）。ところが、これも不首尾に終わり、両使の形態をとる使節遵行が企画される（32）。しかし、応安六（一三七三）年九月日の東寺雑掌頼憲申状（案）は次のように述べる[87]。

……諸郷保地頭等、寄事於動乱、一向令押領国衙職之間、就訴申、仰御使大内介入道、度々雖被成御教書、不令遵行之、送多年間、応安三年十一月十四日、仰厳島下野四郎幷阿曽沼下野次郎等、厳密可沙汰付雑掌於国方之由、被成御奉書畢、然而不能遵行之条、歎而有余者哉、所詮、仰当守護方、被成下御奉書……

要するに、大内でだめ、使節でもだめだったので、今度は守護（今川了俊）に遵行命令を下してほしいと訴えているのである。そして35となる。しかし、これも不首尾に終わる。再度の頼憲申状（永和二年五月日）には[88]、

……随而於当守護方者、被座鎮西之間、不能遵行之、就中、不置守護代、無催促期之条、宜仰賢察者哉、所詮、仰両御使厳島下野四郎幷阿曽沼下野次郎等、重被成下御奉書、被沙汰付雑掌於国衙方……

とあり守護は不在、守護代も不設置ゆえに守護による遵行ができないので再び32使節の発遣を要請している。厳島・阿曽沼への再令は確認できないが、以降、安芸国衙領にかかる使節遵行は主に国人衆（両使）に委ねられることになる。ただ、注意しておかなければならないことは、安芸国衙関係に限らず、43以降の使節に宮（備後）・松田（備前）など他国の国人衆が起用され、同時に彼らが将軍家近習（奉公衆）であることが確認されることである。守護の不在を補いながら、権門領主訴訟に対応する新たな遵行体制と評価できるのかもしれない。

次に②について述べる。

永和四（一三七八）年十二月、再度幕府の遵行命令をうけた守護今川了俊は（36）、施行状を大内弘世に下して

「沙汰居国務（於・脱）寺家、可被進請取」（37）と命じたが、弘世の返答は次のようなものであった[89]。

去月十六日御札委細拝見候畢、抑芸州拝領分吏務職事、預置軍勢等、致忠節之由、則難申入是非候、其子細京都可歎申候、内々得御意候者恐悦候、恐々謹言、

「永和五」四月廿日　　沙弥道階 判

ここにみえる弘世の主張は、康暦元（一三七九）年十二月日の東寺雑掌頼勝申状に[90]、

……所詮如道階請文者、芸州吏務職於領分者、預置軍勢云々、此条自由請文不可及御沙汰、於于今者、当国静謐之上者、……不日致沙汰付国衙於雑掌……

とあることによって、一層鮮明になる。すなわち、弘世もまた安芸国所内の地を、おそらくは応安初年に安芸守護に匹敵する諸権限（「芸州吏務職」）を行使した頃に「拝領」し、軍事指揮下にあった国人等に預置いていて、その返還を求めることは志気に影響するというのである。だから、右の申状をうけて了俊に下された幕府御教書（38）では、「不日止大内介入道幷諸郷保地頭等押領」と、弘世も押領人の列に入れられることになる。

安芸が幕府と直冬党・南朝勢力との戦争の舞台あるいは兵站地であったことが、国人等に押領行為を継続させる口実を与え、東寺側の要求はなかなか実現しなかったのである。

以上、三入荘地頭職、造果保地頭職、安芸国衙領をめぐる相論の経過を概観してきた。その結果、守護など上位権力の不在・不定という状況下で、使節遵行の大半が国人衆（両使）によって担われたが、使節に起用される国人の多くは、同時に所領相論の当事者でもあり、上位権力の不在と「臨戦体制」の継続によって、自己の権益の確保は自力救済によると考えられ、国人相互の所領相論は実効支配の実現を競い先鋭化し、その一方で在京荘園本所勢力の権益は、「臨戦体制」を名目とする国人衆による実効支配によって危機に瀕していたことがわかった。また、幕府としては、在京荘園領主の要求に応えるべく、他国に所領を有する将軍家近習（奉公衆）を使節に起用することがあったこ

とも確認できた。

しかし、表72に再び目を転じると、53以降は守護による遵行が安定化するようにもみえる。このあたりの事情と、十五世紀前半期の安芸国人衆の動向を次項ではみていきたい。

(二) 守護と使節──「安芸国人一揆」の位置

表72－53以降守護による遵行事例が継続する背景について、南北朝内乱の鎮静化などいくつか考えられるものの、守護による遵行が恒常化することは、鎌倉時代以来の伝統に基づいて、南北朝期以降も使節として使節遵行を担うかたわら、上位権力の不在という条件のもと、自力救済を基本とする在地秩序のなかで領主的成長を遂げてきた安芸国人衆にとって、どのような意味をもつか、あえて説くまでもないだろう。有名な安芸国人一揆はこうした経過のなかで結ばれるのである。

安芸国々人同心条々事（次第不同）

一、無故至被召放本領者、一同可歎申事、

一、国役等事、依時宜可有談合事、

一、於是非弓矢一大事者、不廻時刻馳参、為身々大事可致奔走事、

一、於此衆中、相論子細出来者、共令談合、就理非可有合力事、

一、京都様御事者、此人数相共可仰上意申事、

若違背此条々者、日本国中大小神祇、別者厳島大明神御罰、各々可罷蒙候、仍連署之状如件

応永十一年九月廿三日　　（署名省略）[91]

この一揆契状をめぐっては、従来から多くの論者によって議論が重ねられてきた[92]。そのなかで、①新任の守護山名

満氏の支配、直接的には、幕府の指示のもと満氏によって推進されつつあった御家人知行地の支証調査[93]を契機に結ばれた、反守護共同戦線であること。②「衆中談合」を中核とする一定の在地秩序の形成をめざし、その在地秩序は、農民の抵抗に対する共同防衛を含む、階級的利害に基づく性格を有したこと。③反守護の一揆ではあっても、幕府―守護体制を否定するものではないこと。の三点でほぼ評価は一致している。しかし、②については、結果として有効に機能しなかったとする岸田裕之の言説がある[94]。

岸田は、一揆契状にみえる「衆中談合」の評価について、「守護に対する戦闘と「衆中相論」を解決しようとする在地秩序の形成とは一揆の二つの面として同列に論ずべきものではなく、一揆の表裏の関係として把握すべきものである（中略）すなわち、守護職権が現実に行使されることを排除する論理が即在地秩序による解決の論理なのである」という、継承すべき視点を提示したうえで、一揆衆熊谷宗直（直会）置文[95]にみえる人返規定が、多数の国人領主間における人返規定になっているという明確な論証はないとして、この一揆契状に農民緊縛（人返規定）が含意されるとする佐藤和彦・藤木久志の説[96]を斥け、さらに、一揆衆毛利元衡が訴人となった相論（表72－54・55）において、「衆中談合」が機能した形跡はなく、かわって守護による使節遵行により解決がはかられていることを指摘し、「衆中談合」の無効を断じた。

しかし、毛利元衡と安芸国吉田荘麻原郷地頭職の帰属を争ったのは同族の広内跡（弘親）等であって、彼らは一揆衆ではない。一揆契状（第四条）に、「於此衆中、相論子細出来者、共令談合、就理非可有合力事」とあるように、「衆中」相互の相論と限定している以上、「衆中談合」が機能しないのは当然である。また、熊谷宗直置文についても、宗直は「衆中談合」のメンバーであるから、現実に下人等の逃亡がありその帰属が衆中において争われた場面で、宗直がみずからの置文に示した人返規定に基づく主張をし、これが「理」と判定されれば、一揆の法を規制する場面も想定される。一揆形成の根本要因が農民緊縛にあったかどうかをひとまずおいても、「置文から一揆契約（申合・起請）への、人返規定つまり法の展開を認めるべきであろう[97]」とする藤木の説を否定することは困難であるように思われる。

このように、一揆契状にある「衆中談合」を無効と断ずる岸田氏の説には反論の余地がある。ただ、先に引用した岸田の視点はなお継承すべきであって、一揆評価の起点をここに求めながら使節遵行の実態分析を追加してみたい。

そこで、まず、一揆衆の構成に注目してみると、署名者三三名（二六氏）のうち、同姓の者が表72にあらわれるのは、児玉・長江・天野・市河・完（宍）戸・香川・品河・熊谷・厳島・平賀の十氏にのぼるが、表72にもっとも多く登場する小早川や、吉川などは参加していないことがわかる。また、表72にはあらわれないが、その後安芸国内に勢力を誇ることになる毛利氏から五名参加していることも注目されてよいだろう。これらの事実は、一揆形成の要因を考えるうえで、前掲①・③とも関連して興味深い。一揆契状に再び目を転じて考えてみることにする。

契状の第一条で「一同可歎申」き対象として想定しているのは幕府（将軍家）に他ならない。したがって、守護を介さない何らかの手段で国人一揆衆の負担すべき国役を幕府に納入する可能性を含意する第二条と同様、守護を介さず一揆衆として幕府（将軍家）に結ばれることを、一揆衆が表明した一条とみてよい。第五条に示された一揆衆の忠誠はまさにこのようなかたちで果たされるべきものと意識されていたのである。してみれば、早々に守護方に転じた吉川氏はともかく[98]、将軍家近習から奉公衆となる小早川氏（竹原・沼田）が一揆に参加せず、規模では小早川氏に劣るだろう国人衆が多く一揆に参加した理由も、容易に想像がつくように思う。

応永の乱後の大内氏与党掃討という、前守護渋川満頼以来の軍事的命題を負って開始された山名満氏の安芸経営（この点については備後守護山名時熙の場合と同様である）は、幕府による御家人知行地支証調査の断行により、守護を中核とした新秩序形成の色彩を加える。もともと、上位権力の不在という条件のもとで、自律的成長を続けてきた安芸国人衆は、この動きに敏感に反応した。ある者は新秩序のなかで有利な位置を獲得すべく、いち早く守護方に参じて当知行地安堵を得、ある者は自律的成長の継続をかけて守護方に合戦に及んだ(99)。しかし、個別的抵抗は不利とみて一揆を結び、国人の側からの秩序形成を構想したのである。もちろん、現実の場面では、一族を分けて守護方・一揆方に参加したのであるが(100)、ともに一族の自己保存のための選択であったことにかわりはない。とくに、将軍家近習・奉公衆のように、守護から相対的に自立した位置を確保する術のない中小の国人衆にとって、一揆はまさに生命線だったと考えられる。

応永十三（一四〇六）年、一揆衆のリーダー格と推定される毛利光房（之房）・平賀弘章（妙章）と、山名時熙（常熙）との間の和平交渉が成る。幕府の一揆討伐軍派遣中止と満氏の解任を交換条件に、一揆の解散・守護方への帰順が毛利・平賀等に付せられただろうことは想像に難くない。

金子心替候けるに、早々退治、返々目出候、但今度ハ無出陣候様ニ其聞候、実事候者、不可然候、如此候てハ、一向被申候し旨趣令相違候、然者上聞も不可然候、為御心得令申候、毎事向後事無御等閑候者、悦入候、

恐々謹言、

（応永十五年）卯月廿五日　　常熙（山名）（花押）

毛利備中守（光房）殿

しかし、和平交渉成立後も一揆衆の反抗が続いていたこと（金子は一揆衆金子信親）、毛利がその鎮圧に参加しなかったことが、この常熙書状から知れる(101)。常熙は、約束が違ううえ、将軍への聞こえもよくない（一揆衆赦免の御教書発給に影響する）と、毛利の行為を誡めているが、ここに守護山名氏による領域的支配の限界と一揆的秩序の残存、一揆衆の根強い抵抗をみてとることができる。一方、満氏のあとを襲った熙重は、表72の59～61の遵行命令をうけているが、ともに前代以来の未解決案件であり、熙重の遵行も効を奏した形跡がない。教孝守護在任期に、62加藤安芸入道・富田河内入道が遵行使としてみえ、守護→守護使節（守護被官）による遵行体制が成立したかにみえる

が、応永二十六（一四一九）年に生じた毛利氏内部の抗争は、安芸国人衆が仲人に立って解決がはかられている(102)。

今度御霍執事、面々両三人口人申候、仍属無為候上者、萬ヶ一御一家《（毛利家）》御方より無法次第候者、此三人一向致奔走、可罷立御用候、若又貴殿様御方より被乱事候者、一偏御一家御方を合力可申候、厳島八幡も御罰候へ、此旨不可申候偽候、《（ママ）》仍契状如件、

応永廿六年極月廿四日

（平賀）瀬《（頼）》宗（花押）

（宍戸）弘　明（花押）

（高橋）玄　高（花押）

庵室殿

小法師殿

右の契状は、毛利惣領家と庶家（福原家含む）との抗争にかかり、近隣の国人衆が仲人に立ち、解決がはかられたときに作成されたものである。仲人のひとり平賀頼宗は一揆衆平賀弘章の孫（守護方との合戦で死んだ共益の子）で、宍戸も一揆衆にみえる。一方、小法師は同じく一揆衆毛利之房の子光房がすでにこの時期福原広世（「庵室」）に預け、扶持をうけていた子息熈元である(103)。一揆は解散して久しいが、一揆衆の理念はその子孫等によって継承されているのである。

以上のように、安芸国人一揆契状に示された国人の側からの在地秩序形成への動きは、一揆の解散後も、一方で守護方との合戦をともないながら粘り強く続けられ、ある場面では有効に機能していたのである。したがって、一揆の解散をもって、その理念の消滅――守護公権にかわる在地秩序形成の断念――と評価しては、安芸国人一揆の歴史的位置を見誤る可能性があるのではないか。応永十一年の一揆契状は、年代的な隔たりこそあれ、右の契状を挟んで、上意（将軍家）や諸大名の意思よりも「衆中談合」を重んずる、永正九（一五一二）年の安芸国人一揆契状に連なる、

重要な基点であったとむしろ位置づけるべきであろう。

使節遵行という窓から中世の備後・安芸の地域権力の構成を眺め、考察してきた。備後では、南北朝期前半に使節としての活動のあとを残す国人衆が、観応の擾乱終息後守護による領域的支配が進展するなかで、将軍家近習～奉公衆へ転身する者、守護被官となる者というかたちで分岐していくのに対し、安芸では、事実上の守護不在という条件のもと使節遵行は国人衆によって担われることが多く、守護山名氏の入部とその支配の展開を契機に国人一揆が形成され、守護公権に代位する在地秩序の形成が企図されていく。備後・安芸ともに、国内的には観応の擾乱、そして直冬党の活動に揺さぶられ、対外的には九州の征西府との戦争に兵站地とされたため、いわゆる「臨戦体制」が継続した点では地域的ないし時代的環境を共有している。しかし、守護—国人関係に象徴される、地域権力の構成はそれぞれに大きく異なることとなった。

このような差異を、地域的特性として理解した場合、やはり鎌倉時代後期の六波羅使節のあり方を想起せざるを得ない。表76として、第二章第三節で掲げた山陽道の六波羅使節表から備後・安芸分のみを抽出した。備後の事案はすべて高野山が訴人となる訴訟で、守護の被官勢力による一定の領域支配の動きが高野山領荘園の支配を脅かす構図がみえる。一方、安芸では安芸国衙領を造営料所とする東寺が訴人となる訴訟もあるが、大嘗会米譴責にかかる事案を除くと、基本的には地域的領主間紛争の色彩が濃い。また、安芸では安芸国内に所領を有する東国（西遷）御家人が使節の主力となっているのに対し、備後の場合は椙原・太田など国御家人や六波羅奉行人使節も使節となっている。奉行人使節については、備後が西限であり、その意味で備後と安芸の地域的特性の差異は、京を中心とする室町幕府権力の同心円構造と関連するのかもしれない。

室町幕府の支配体制は、国においては守護の領域的支配の展開と、御家人（奉公衆）の所領支配の展開との二つの経路において同時並行的に進展したと考えられている。こうした理解は、いわゆる守護領国制論と国人領主制論をどう統一的に理解するかという理論的要請を背景にしながら、主に十四世紀末以降成立してくる公田段銭の賦課―負担体系を分析するなかから生まれ、定着した。しかし、いわゆる体制論という議論はしばしば「例外」の存在によって脅かされ、ときに崩壊していく。国家的統合といういわば虚構的な秩序構造と、地域的自律（在地秩序）という、局所的で、ある種の非規範性をともないながらも現実的に機能する秩序構造との接点に、使節遵行という行為は存在し、それぞれの秩序構造のバランスが、その成否を決定するのである。

備後・安芸の分析はそのような問題意識に有効な解決策を与えてくれるようにおもう。

表76　備後・安芸の六波羅使節

国名	年代	分類	使節	案件（①訴人、②論人、③論所等）	典拠
備後	嘉元三・三・三〇 （一三〇五）	両使C	土肥六郎 椙原右近将監	①雑掌慶海、②山中郷公文善願子息富部貞信、③高野山大塔領大田荘（年貢抑留）	六波羅御教書 （興山寺文書/22149）
	文保元・一二・二〇 （一三一七）	両使C	伊地知民部大夫長清 藍原左衛門入道定光 太田又次郎	①金剛峯寺衆徒、②守護長井貞重代官円清、③大田荘倉敷尾道浦（放火・殺害・刃傷・追捕狼藉）	金剛峯寺衆徒等申状 （金剛峯寺文書/27558）
	元応二・三・二一 （一三二〇）	両使C	山鹿孫三郎 長加賀馬大夫	①高野山大塔、②（悪党）覚寿以下輩、③大田荘（狼藉）	六波羅御教書 （高野山御影堂文書/27415）
安芸	建治元・九・一〇 （一二七五）	両使A	美作三郎（小早川） 下妻孫次郎	①在庁上西清経・惣社三昧堂一和尚承兼、②温科地頭代能秀、③名田押領・苅田	六波羅御教書 （藤田精一旧蔵文書/12015）
	（永仁六・五） （一二九八）	両使B	下妻孫次郎入道浄一 熊谷三郎四郎入道行蓮	①三田新荘上村、②同荘下村、③（堺相論、牓示打）	源光氏・藤原親教和与状 （安芸永井文書/19697）
	永仁六・五 （一二九八）		小早川美作前司忠茂 武田孫四郎泰継	①三田新荘上村、②同荘下村、③（堺相論、牓示復検）	
	正安三・一一・一 （一三〇一）	両使C	肥後五郎左衛門尉（政行） 安芸三郎（遠政）	①安芸国田所資賢、②久村地頭金子三郎二郎入道願西、③所当以下得分物（弁償）	六波羅御教書（芸備郡中士筋者書出 /広島県史・古代中世資料？）

国名	年代	分類	使節	案件（①訴人、②論人、③論所等）	典拠
安芸	嘉元元・一一（一三〇三）	両使A	下妻孫三郎朝幹 狛原五郎四郎忠時	①三入荘一方地頭熊谷行蓮（頼直）後家尼・子息直明、②可部荘東方地頭遠江修理亮後家代源秀、③三入荘（乱入・狩猟）	関東下知状（熊谷家文書/21689）
	延慶三・一〇・一〇（一三一〇）	両使C	肥後五郎左衛門尉政行 安芸三郎遠政	①新勅旨田雑掌頼有、②肥後五郎左衛門尉政行・安芸三郎遠政、③大嘗会米（譴責）	新勅旨田雑掌頼有申状（東寺百合文書ノ）
	正和三・四・一一（一三一四）	両使A	下妻孫三郎（明房） 児玉七郎入道（遍心）	①雑掌頼有、②志芳荘一方地頭肥後五郎左衛門尉政行・同一方地頭安芸三郎遠政、③新勅旨田（大嘗会米譴責）	児玉遍心請文・平明房請文（東寺百合文書/25165・25161・25162・東寺745）
	元応二・八・一七（一三二〇）	両使C	塩谷左衛門入道 児玉七郎入道	①②（海上警固令）、③安芸国（安南郡）亀頸警固（賊徒）	六波羅御教書（防府毛利文書/27549）

註

（1）なお、外岡「鎌倉末~南北朝期の守護と国人」（『ヒストリア』一三一）参照。
（2）『東大寺文書』（『鎌倉遺文』二四三八三）。
（3）『東大寺文書』（『鎌倉遺文』二八六七五・二八七三一）、元亨四年五月二日付左衛門尉範綱請文案（『東大寺文書』一―一―三五五）など。
（4）『東大寺文書』（『鎌倉遺文』二八四四二）。
（5）『東大寺文書』（『鎌倉遺文』二九八七八）。
（6）渡辺正男「鎌倉時代における法・裁判の強制と受容」（一九八九年度中世史サマーセミナー報告、未刊）。
（7）『東大寺文書』（『鎌倉遺文』二九九二七・三〇〇四三）。
（8）「御遂講雑類風記」紙背文書（『北国庄園史料』）。
（9）『大乗院文書』（『鎌倉遺文』二五八五四）。
（10）鎌倉幕府の発令した新関停止令の施行を趣旨とする使節遵行で、荘園領主からの要請をうけて実施される使節遵行とは性格を異にしている。なお、この法令の位置づけについては、相田二郎『中世の関所』（吉川弘文館、一九八三年復刊）、網野善彦「文永以後新関停止令について」（『年報中世史研究』九）など参照。

(11)『東大寺文書』（『鎌倉遺文』三一一三〇）。

(12)『東大寺文書』（『鎌倉遺文』二九八二四）。

(13)たとえば、入部する使節に対して悪党が城郭に立てこもり抵抗した和泉国大鳥荘のケースでは、「於近隣地頭御家人向井五郎計相向候之間、以無勢難破却候」（元徳二年十月十六日付、源秀清請文案、田代文書、『鎌倉遺文』三一三一三）という実態が報告されている。近隣地頭御家人等の動員を可能とする「武家」の御教書を得ても、「近隣」の支援がうけられないこともあったようだ。

(14)『東大寺文書』（『鎌倉遺文』二九八七七）。

(15)小林一岳「鎌倉～南北朝期の領主「一揆」と当知行」（『歴史学研究』六三八）は、「悪党」の実力占有による当知行の作法が紹介されている。参照されたい。

(16)『東寺百合文書』ル（『鎌倉遺文』二二七二五）。

(17)『東寺百合文書』ケ（『鎌倉遺文』二二七一三）。

(18)『東寺百合文書』よ（『愛媛県史』資料編・古代中世　七四七）。

(19)『東寺百合文書』ほ（『愛媛県史』資料編・古代中世　八〇〇）。なお、同年六月四日にも再令されている（『東寺百合文書』せ武家御教書幷達、『愛媛県史』資料編・古代中世　七四〇・七四一）。遵行手続終了後に小早川一族の濫妨が再開されたためであろう。

(20)貞和四年十二月六日付、権少僧都定潤弓削島荘所務職条々請文（『東寺百合文書』め、『愛媛県史』資料編・古代中世　七三五）による。

(21)観応二年六月日付、東寺雑掌光信申状（『東寺百合文書』は、『愛媛県史』資料編・古代中世　八〇〇）より引用。

(22)応安四年七月十九日付、小早川宗平弓削島荘所務職請文（『東寺百合文書』つ、『愛媛県史』資料編・古代中世　九三三）。

(23)外岡「鎌倉末～南北朝期の守護と国人」（前掲）。

(24)応安六年九月日付、東寺雑掌頼憲重申状（『東寺百合文書』ナ、『広島県史』古代中世資料編・東寺百合文書一七四）など。なお、本章第三節参照。

(25)『東大寺文書』(『鎌倉遺文』二九八〇六)。
(26)『東大寺文書』(『鎌倉遺文』三〇一三〇)。
(27) 若狭国御家人については、田中稔「鎌倉幕府御家人制度の一考察―若狭国の地頭・御家人を中心として」(同『鎌倉幕府御家人制度の研究』吉川弘文館、一九九一年、収録)参照。
(28) 網野善彦『中世荘園の様相』(塙書房、一九六六年)。本書は書名にあるように、東寺領若狭国太良荘の歴史をモノグラフ的に描く作品であるが、太良荘の時代環境を的確にとらえる叙述にも富み、中世若狭の政治社会情勢を一荘園の世界から描くことに成功している。ここで示された枠組みは刊行後半世紀近い時日のなかでも色褪せることはなく、本章第二節もその枠組みを前提としている。
(29) 建武三(一三三六)年八月に南朝方の(新田)左門少将が若狭に入部し合戦があったことが知られるが、その後はまったく南朝(新田)方の軍事行動をみない。いうまでもなく、南北朝内乱の背景には広範な地域的領主間紛争が存在したのであるが、若狭ではこれが南朝対北朝という枠組みのなかで争われることもなかったようである。
(30) 第一章第一節。なお、本郷氏に関する個別研究として大原陵路「若狭本郷氏について」(『福井県史研究』一)がある。
(31) 第三章第一節。
(32) 三方氏については、範忠の守護代在任期を含め、河村昭一「南北朝期の若狭国人三方氏について」(『若越郷土研究』三四―六)、同「室町期の若狭守護代三方氏の政治的地位」(『若越郷土研究』三五―二)、同「室町期の若狭守護代三方氏の動向」(『兵庫教育大学研究紀要』一〇)参照。
(33)「建久交名」は『東寺百合文書』ホ四―五(『鎌倉遺文』八五四)、「建長注文」は『東寺百合文書』ノ一―五(『鎌倉遺文』七二〇二)。
(34)『東寺百合文書』ノ一―二(『鎌倉遺文』六二三二)。
(35)『永享以来御番帳』に佐分彦六郎(一番在国衆)、『常徳院御動座当時在陣衆着到』に佐分右京亮・同彦六郎(一番衆)がみえ、佐分が十五世紀半ばには奉公衆に編成されていたことがわかる。
(36) 12は、守護山名時氏が足利直義に従い越前敦賀に下った観応二年七月末から、大高重成が守護になる同年十月の間、事実上の守護不在期の使節事例である。幕府奉行人としての徴証を得ないが、その可能性も考慮できる。
(37)『東寺百合文書』ヰ五九(播磨国守護赤松氏奉行人連署奉書)、『東寺百合文書』る十六(最勝光院評定引付)。

(38)『東寺百合文書』フ七九。

(39)『花営三代記』応安四年十一月一日条。なお、室町幕府奉行人の人名比定などは、今谷明・高橋康夫共編『室町幕府文書集成・奉行人奉書編』上・下（思文閣出版、一九八六年）に依拠している。

(40)摂津についても、後鳥羽院御影堂領水無瀬荘にかかる同年九月晦日付室町幕府奉行人連署打渡状などが確認される（『水無瀬宮文書』『大日本史料』六―二七）。なお、今谷明・高橋康夫共編『室町幕府文書集成・奉行人奉書編』参照。

(41)『大日本史料』六―二四、貞治五年八月是月条。

(42)外岡「鎌倉幕府指令伝達ルートの一考察―若狭国の守護と在地勢力」（『古文書研究』二二）。

(43)『東寺百合文書』は一一一（貞治五年十一月日、東寺申状）。

(44)網野善彦『中世荘園の様相』（前掲）、松浦義則「南北朝期の若狭太良荘と守護支配」（『福井県史研究』四）、『福井県史』通史編・中世、など。

(45)佐藤進一「室町幕府開創期の官制体系」（同『日本中世史論集』、岩波書店、一九九〇年、収録）。

(46)註（44）各書。

(47)網野善彦は、次第に国衙を掌握しつつあった守護と、国衙領に多くの所職をもつ遠敷郡の国人たちとの抗争という一面を、観応の国人一揆はもっていたと評価している（前掲『中世荘園の様相』）。応安の国人一揆後の守護一色氏による国衙機構の掌握は、まさに遠敷郡の国人たちの没落のうえに成立したのである。

(48)『太平記』巻三〇、『園太暦』の関連記事による。

(49)『東寺百合文書』ゑ三九。

(50)荘園所職に基盤をおく国人衆（とくに国御家人系の）に対する守護支配の展開を考えるうえでは見逃せない史料である。なお、松浦義則「南北朝期の若狭太良荘と守護支配」（前掲）参照。

(51)『ふりかえる美浜』（『わかさ美浜町誌』通史編）など参照。

(52)大原陵路「若狭本郷氏について」（前掲）など参照。

(53)その事例を掲げる。①建武二（一三三五）年末から翌年にかけて、北国に落ちた新田義貞およびその与党に対する攻撃指令に、「相催若狭国地頭御家人」とある（『本郷文書』『福井県史』資料編2、以下同じ）。②観応二（一三五一）年、山名時氏・上野頼兼等の若狭国への没落に際して出された迎撃指令に「相催国中軍勢等」とある。③観応三（一三五二）年、正平一統が破れて京を追われた足利義詮の京都奪回峨への軍勢催促状に、「相催国中地頭御家人幷一族同心之輩」とある。④応永六（一三九九）年、大内与党攻撃指令が「当国地頭御家人中」に下され、「所差下本郷美作守（詮泰）也、早令同心彼手可致忠節」とある。

(54)『東寺百合文書』ノ一—三（『鎌倉遺文』六五〇〇）。

(55)『若狭国税所今富名領主次第』、外岡註(42)論文。

(56)畿内近国（王朝権力／六波羅探題～室町幕府）、関東（鎌倉幕府～鎌倉府）、九州（大宰府／鎮西探題～九州管領）の行政（司法）権力から一程度離れ、行政管轄区分がその内に設定される地域となるため、固有のまとまりを想定しにくい。異なる次元というのは、こうした中間地帯をとらえるために開発された独自の視座をさす。筆者はなおその構築に至っていないので、今後の課題とし、本書では論及しない。ただ、前節の若狭、および本節の備後・安芸についての考察は、中間地帯理解への一歩としたいと考えている。

(57)中国・四国の瀬戸内海沿岸地域については、海域という区分も重要と思われる。その場合、九州の豊前・豊後も伊予（伊予灘）・周防（周防灘）・安芸（安芸灘）などに連なるエリア設定に属することになる。備後（備後灘）は伊予（燧灘）と連接するから、備後・安芸の自然的条件の差異は海域レベルでも存在したと考えられる。

(58)表71・72ともに、典拠史料は、『南北朝遺文』中国・四国編、『大日本史料』『大日本古文書』『広島県史』古代中世資料編などの刊本を中心に利用している。その他、東寺百合文書WEBなども参照した。

(59)森幸夫『六波羅探題の研究』（続群書類従完成会、二〇〇五年）第三章。

(60)『広島県史』通史編・中世。

(61)文和二年正月日付三吉（鼓）覚弁軍忠状（『鼓文書』『南北朝遺文』中国・四国編・二四三三）によれば、備後で蜂起した上杉顕能等に対抗するため、覚弁らは、尊氏方の石橋和義に率いられ、京から備前（山名師義と対戦）を経由して前年十二月に備後に入り、石成村等で戦闘に及んでいる。

(62)観応二年七月一日付足利直冬禁制、同年八月十五日付足利直冬書下（『浄土寺文書』、『南北朝遺文』二〇六〇、二一一五）。

(63)観応二年二月十二日付足利義詮下文（『長門高洲文書』『南北朝遺文』一九六二）。

(64)延文三年三月廿日付椙原信平禁制（『浄土寺文書』『南北朝遺文』二九六〇）。

(65)『広島県史』通史編・中世。

(66) 正平六年十月十日付岩松頼宥書状（『長門福原家文書』『南北朝遺文』二一五八）。
(67) 『太平記』巻第二九。
(68) 『山内首藤家文書』（『南北朝遺文』二一四八・二一四九）。
(69) 文和三年七月五日付岩松頼宥書下（『浄土寺文書』『南北朝遺文』二六二三）で、「山内又五郎已下御敵退治之程」「料所」として得良郷地頭職を預けられている。
(70) 『山内首藤家文書』（『南北朝遺文』五二五七）。
(71) 『山内首藤家文書』（大日本古文書）八四。
(72) 『山内首藤家文書』（大日本古文書）八〇。
(73) 註（61）文書。
(74) 小川信『足利一門守護発展史の研究』（吉川弘文館、一九八〇年）第四章第一節。引用は一七一頁以下。
(75) 細川頼之の動向については、『史料綜覧』による。なお、小川信『細川頼之』（吉川弘文館・人物叢書、一九八九年）参照。
(76) 『広島県史』通史編・中世。
(77) 守護系統の遵行体制がある程度確立している段階で、国人衆による遵行が実施されるケースとしては、まず訴訟当事者（とくに論人）が守護被官等であるなど、いわゆる退座規則が適用される場面が想定されるが、当該事案はこれにはあたらない。もとより天龍寺造営料を捻出する時限的寄進（充行）である可能性もある。表71の63・68・69・71・77では、地名表記が重なり（職の区分はそれぞれ明確でないが）、重永荘、（太田荘）桑原方六郷などは御料所（摂津氏）、ないし何らかの事情で幕府の進止下（高野山西塔への寄進）にあった可能性がある。いずれにしても、守護系統とは別に遵行を支える人材が必要とされた結果と考えておく。
(78) 第三章第二節でも触れたが、訴人にとっての訴訟機会、条件を勘案しなければならない。在京する権門領主であれば、幕府、ないし王朝国家のシステムを経由して幕府・守護を動かす方途がスタンダードであったと思われる。しかし、国人衆のなかには京での訴訟機会を得られない、あるいはときに陣中で所領の危機を知る場合もあったわけで、訴訟機会という面からいえば、守護など日常的に接する機会の多い上司を恃むことになったと考えられる。
(79) 下野守ないし下野入道を名乗る一族は宮氏の惣領家と推定される（『広島県史』通史編・中世）。貞治年間に氏信（道山）が備中守護の任にあり（『南北朝遺文』三二九三・三三一八・三三二八・三三六三・三四〇四など）、後述のように安芸でも使節事例がある。その一方で、将軍家近習としてさまざまな儀式等に参列している（『相国寺供養記』『花営三代記』など）。守護職を起点に領国経営をめざすタイプの武家には属さないが、将軍家に近侍しつつ地域社会に名望と実力を築いていく。備後では椙原、安芸では小早川などが相当する。

(80) 大日本古文書『熊谷家文書』、なお大井教寛「熊谷氏の系譜と西遷について」（『熊谷市史研究』三）参照。

(81) 『熊谷家文書』（『南北朝遺文』七九四）。

(82) 『熊谷家文書』（『鎌倉遺文』四八四九）。

(83) 『熊谷家文書』（『南北朝遺文』三八三）。

(84) 『熊谷家文書』（『鎌倉遺文』三二〇五〇・三二〇八〇・三二一七六など）。

(85) 『厳島文書（御判物帖）』『厳島文書（巻子本）』『小早川家文書』（『南北朝遺文』三三八・三四〇・二六九四）。

(86) 稲葉伸道「鎌倉後期の「国衙興行」・「国衙勘落」」（『名古屋大学文学部研究論集・史学』三七）。

(87) 『東寺百合文書』（『南北朝遺文』三九九八）。

(88) 『東寺百合文書』（『南北朝遺文』四二六八）。

(89) 『白河本東寺百合文書』（『南北朝遺文』四四九二）。

(90) 『白河本東寺百合文書』（『南北朝遺文』四五七二）。

(91) 『毛利家文書』（大日本古文書）二四。

(92) 佐藤和彦『南北朝内乱史論』（東京大学出版会、一九七九年）第九章、同「鎌倉・室町期における在地領主と農民をめぐって」（『歴史学研究』三二五）、藤木久志『戦国社会史論』（東京大学出版会、一九七四年）Ⅱ第一章、石井進「家訓・置文・一揆契状」（日本思想大系二一『中世政治社会思想』上、解題、岩波書店、一九七二年）、岸田裕之『大名領国の構成的展開』（前掲）第三編第四章など。

(93) 応永十一（一四〇四）年六月廿六日付室町幕府管領奉書で、「安芸国地頭御家人以下当知行・新本所領」についての「支証」を八月五日までに提出するよう求めたことをさす（『福原家文書』『広島県史』古代中世史料編Ｖ）。

(94) 岸田裕之『大名領国の構成的展開』（前掲）。引用は三五三頁以下。

(95) 応永十（一四〇三）年二月廿八日付熊谷宗直置文（『熊谷家文書』『中世法制史料集』第四巻武家家法Ⅱ）。

(96) 佐藤、藤木註（92）書。岸田註（94）書第三編第五章。

(97) 藤木註(92)書二一四頁。

(98)『吉川家文書』(大日本古文書)二四一—二四三など。

(99) 一揆衆平賀弘章(妙章)は、子息三人を守護方との合戦で失っている(大日本古文書『平賀家文書』所載系図)。

(100) この点については、岸田註(94)書第三編第四章に詳しい。

(101)『毛利家文書』(大日本古文書)三四。なお、幕府と一揆衆の交渉を示す史料群は『大日本史料』七—八による。

(102)『福原家文書』(『広島県史』古代中世史料編V)。

(103)『福原家文書』(『大日本史料』七—三〇)。

終章　使節遵行論の意義

使節遵行の「現場」という表現を本書では繰り返し使用した。遵行の「現場」では何がおきていたのか。制度的にみれば、使節遵行は「三問三答」といわれる訴陳状の交換や裁判官による審理、法廷での「対決」を省略した訴訟処理（いわゆる「特別訴訟手続」）の一環に位置づけられる。[1]この場合、訴人はすでに論所を実効支配し得ていないか、少なくとも実効支配を喪失する危機に直面しており、訴人が論所に入部し知行を回復し安定化させる契機づくりを遵行使節が支援するという構図となる。したがって、本書で紹介した事例のように、実効支配している論人が多数の与党を集め城郭を構えて合戦も辞さない構えをみせ、あるいは論所を占拠する論拠・支証を披露してみずからの正当性を使節に説いたりした場合（「支申」、文書になれば「支状」）、遵行使節は遵行を強行することなく退去し、使節請文には「可為何様候哉」などの文言を添え、「支状」を幕府（など）に提出したのである。①は、遵行地に由緒を主張する支状を幕府に進めた侍所頭人土岐直氏の請文である。[2]

①山城国深草郷内賀茂河、七瀬河、新直在赤塚右衛門三郎跡事、任去八月十一日、同廿六日奉書之旨、欲令遵行候之処、三宝院僧正坊雑掌支申候、仍目安・具書被進上之候、可為何様候哉、此条若偽申候者、八幡大菩薩御罰於可蒙候、以此旨可有御披露候、恐惶謹言、

貞治三年九月廿日　　宮内少輔（土岐）直氏（花押）

（充所欠）

遵行使節に対する合戦など武力抵抗は幕府による処罰対象とされたが、[3]論人がみずからの正当性を使節に披露すること自体はむろん処罰対象にはならない。幕府法令が使節遵行をまたずに論所に入部することを禁じることで、[4]そこで誘発される武力衝突を回避するばかりでなく、論人に抗弁の機会を開くことが可能になることを見逃せない。使節遵行の「現場」で、いわゆる「特別訴訟手続」の「特別」が落ちるといえば比喩的に過ぎるかもしれないが、訴人主導の訴訟手続が遵行の「現場」で中断され、論人の反論を遵行使節が聴取し請文に盛り込む、あるいは論人の「支状」を使節が執進することになれば、これは実質的に訴陳状の交換に等しい。

「可為何様候哉」とは次の判断を求める文言である。これまで紹介した事例のなかにも、遵行使節の請文を得て、訴人の主張に即した先判を撤回する場面がいくつかみられた。使節遵行の「現場」は、こうして判決の正当性を最終的に担保する場となる。

中世という時代、個々の訴訟当事者が識語・文筆能力から始まる訴訟技術・知識を等しく携えていたわけではない。ときに論人が出廷を難渋するのは、支証をもちあわせないという理由ばかりではなく、幕府法令や判例についての知識、弁論技術が欠如、あるいは低劣であることをおそれていることも想定しなければならない。しかし、出廷拒否はそれだけで「下知違背」とされ、敗訴を覚悟しなければならないのが現実である。したがって、沙汰雑掌など訴訟技術・知識に長けた人材を擁する訴訟当事者（権門領主や上層武家など）は、いわゆる「特別訴訟手続」を活用して、訴訟技術・知識に劣る敵人を出廷遅滞・拒否に追い込み、あるいは武力抵抗の道に誘って「下知違背」の罪科を着せれば、本来争われるべき論点での審理を経ることなく勝訴を手にできたはずである。

そこで、法廷闘争には応じず、論所の実効支配を継続する手段を開発することに専心する訴訟当事者（多くは論人）があらわれることになる。荘園領主の訴状や使節の請文に散見される「引率数多悪党人」などの文言は、論人の行動が支持される基盤が在地に形成されていることを示している。実行支配が在地社会の支持を得ている限り、訴人の一方的な訴訟手続進行の延長上に実施される使節遵行はほとんど無力であった。たとえ遵行（沙汰付）に成功しても、一度は退去した論人が使節帰還ののちに再度押領行為に出て相論が再燃する事例があるのも、こうした在地社会の動向・意思と無縁ではない。しかも、南北朝内乱期に臨めば、戦争という時代環境を利用して、参陣を条件に所領安堵の公験を新規に手にすることもできた(5)。使節遵行の「現場」は、ここでは裁定者としての公権力（幕府など）が法廷外闘争の現状を把握し、当面する政治的・経済的な損益をはかって、次の対応を検討するための判断材料を得る場になっている。「可為何様候哉」という使節の問いへの答えは、こうして用意される。

②高野山金剛峯寺雑掌申備後国太田庄内宇賀郷秋光名事、就国富藏人違乱、先度被仰之処、如去五月十九日請文者、不事行云々、太不可然、早宮次郎左衛門尉相共、沙汰付下地於雑掌、可全寺家所務、猶以不承引者、為有殊沙汰、載起請之詞、可注申之状、依仰執達如件、

永和四年八月廿五日　　　　　　　　　武蔵守（細川頼之）（花押）

太田式部丞殿

ここでは、下地打渡を再令するとともに、「猶以不承引者、為有殊沙汰、載起請之詞、可注申之」とあるように、遵行が滞った場合は状況を報告するよう求めている(6)。

使節遵行の「現場」では、おそらく関係史料の文字面にはあらわれないさまざまな駆け引きがおこなわれていたと想像される。武力による威圧が、あらゆる法的武装を凌駕することもあったと考えられるが、それ以上に重要なのは、遵行使節が仲人となって訴訟当事者の相対交渉の場が開かれることである。たとえ論人が城郭を構え、訴人や使節の入部を拒否する姿勢をみせていたとしても、論人たちは城郭に引きこもって外部との交渉を絶っていたわけではない。むしろ、みずからの主張を声高に叫び、気勢を上げ、訴人や遵行使節を威圧しようとしたはずである。ここに交渉の契機を見出せるかどうかは訴人、使節の力量次第である。城郭をみて早々に退散し「可為何様候哉」との請文

を認める使節がある一方で、次のような事例もある。(7)

③若狭国名田庄内坂本村雑掌則安申当村事、高階氏女代良慶、捧右大将家（源頼朝）文治御文、雖申子細、本所領之条、無相違之間、於理非者、不能武家成敗、宜為　聖断、至下地者、任院宣可全雑掌所務之旨、評儀畢、早出浦彦四郎相共、莅彼所、厳密沙汰付当村於則安、載起請之詞、今月中可被申左右、使節違期者可有其咎之状、依仰執達如件、

貞和三年八月八日　　散位（上杉朝定）判

青孫四郎入道殿

④若狭国名田庄事、去八月八日御奉書、同十八日到来、畏拝見仕候畢、任被仰下之旨、出浦彦四郎親直相共、莅彼所、退高階氏女代、沙汰付下地於雑掌候畢、但於上村・井上村二ヶ村事、号山門雑掌重舜、為日吉社之領之由称之、雖以多勢支申候、任被仰下之旨打渡候畢、此条若偽申候者、八幡大菩薩御罰可蒙罷候、以此旨可有御披露候哉、恐惶謹言、

貞和三年九月十二日　　沙弥（青）盛喜

進上　御奉行所

本所間相論は「聖断」に委ね、当面の措置として坂本村を本所雑掌（則安）に打渡すのが、③で遵行使節青・出浦に指示された任務である。④によれば、この件は順調に事が進んだようである。ところが、④にはこれに加えて、「山門雑掌」が「上村・井上村」が「日吉社領」であるとして「多勢」をもって支え申したが、これも雑掌に打渡したとある。出浦の請文にも「井上村・坂本・上村三か村」とあるから、遵行使節が雑掌に打渡したのが三か村であることは疑いない。

論点は二つ。まず、「多勢」をもって支え申すとは、武力抵抗とみえる。「山門雑掌」が「支状」を掲げて遵行の正

当性を再検討するよう求めた形跡も請文には記されていない。請文に記される事実関係に潤色がなければ、使節に対する武力行使はそれだけで罪科と認定されるという論拠のもとに、遵行使節は「山門雑掌」等を抑えこんだのである。「多勢」の規模にもよるが、青・出浦とその郎党衆のみで抑えこめなければ、使節の軍勢催促権が行使された可能性も考慮すべきであろう。本書のなかでしばしば指摘したように、遵行使節には「近隣地頭御家人」などの軍勢催促権が付与され論所に莅むケースも少なくない。その意味でも、使節となる人材には、地域的名望や支持基盤など在地社会に根ざした力量が求められたことになる。鎌倉時代の和泉では、使節を支援する御家人が僅少で、遵行が困難であることが使節請文に載せられたことも想起しておきたい（第二章第三節）。

次に、③では「高階氏女代良慶」が源頼朝の「文治御文」を捧げて支え申している坂本村の措置のみが記されているのに対し、④では「山門雑掌」の抵抗を排して「井上村・上村」も雑掌に打渡したと報告されている。この齟齬は、何に起因するのか。他の史料によって「山門雑掌」が出てくる経緯を確認できないが、③の指示範囲を超えて④のように遵行が実行された理由としてまず考慮されるのは、使節と雑掌則安の結託である。使節遵行の「現場」は、訴訟当事者と使節の動きによって遵行の内実に流動性さえ生んでいたのである。

笠松宏至は中世法の特質について、「鎌倉幕府の裁判には、成文法であれ、慣習法であれ、判例法であれ、およそ近代の法概念をもって法と呼ぶに足るものは何一つおこなわれていなかった。鎌倉幕府法に限らず、中世においては、矛盾なく整合して生き続けなければならない近代法的な意味での「法」は存在しなかった。中世法は、（中略）個々の事実に即した具体性をもって提示されるときに、はじめてその効力をもち得たのであった」と述べている(8)。使節遵行はこうした中世の法や裁判の不定性を前提に、個々の訴訟事案に即して判決の（おそらくは当面の）正当性を担保し、あるいは善後の措置を講じる機会を開く効果をもったと評価することができる。

しかし、使節遵行もまた矛盾なく整合的に構築され、運用されていたわけではない。個々の訴訟事案に即して、また時の公権力や地域情勢によって、アドホックに組み上げられる紛争解決（合意形成）の場に過ぎない。合意の内容や条件も、幕府御教書などで予定、予測される範囲を逸脱する場合さえ存在した。

総じて使節遵行の「現場」は、幕府法令や慣習法、判例法などに接する機会を得られた訴訟事案が、おそらくはこれらとはまったく無縁に処理、解決される、ある意味理不尽で不条理でありながら、少なくとも特定の地域や社会集団のなかでは合意されるような紛争解決の「現場」と接する地点である。比喩的にいえば、前者が国のかたちであり、後者が地域のすがたということになる。

地域区分の問題に移る。すでに、第三章第三節で、鎌倉幕府の草創を契機に国家的公権力の地域的構成が明確化し、中世を通じて国のかたちを決定づける要件となると考えた。しかし、地域のすがたという観点でこの地域区分をみたとき、それぞれ国のかたちとして区分された地域のなかに、さらに国、あるいは複数の国単位で個性のある単位にまとまる傾向があること[9]、また、そのような個性を前提に、国家的公権力が設定した管轄領域とは異なる境界設定も可能であることが、これまでの各章での考察で明らかになったと考える。

序章では、国のかたちを論じる前提として、畿内政権による畿外支配という構図が古代・中世の列島社会における政治的支配の基本構造であるとした。その点についてはまず王朝権力対鎌倉幕府という並列の構図が、六波羅探題の室町幕府への昇華によって克服されたことがもっとも重要であると考える。

一　分諸国有沙汰事

三方内談之時者、分諸国於三、五方内談之時者、分諸国於五、令沙汰之、国者依其類分配之、東山、東海、山陽、山陰之類是也、至関東・鎮西者、不入之、別奉行人在之、

再び、『武政軌範』にみえる室町幕府訴訟制度の一端である。「関東・鎮西」が分離されている点についてはすでに触れたが、これらはさしあたり鎌倉府（および奥州管領府）、九州探題などの管轄領域として認識されている。一方、

「東山、東海、山陽、山陰之類」については、幕府―守護体制を基軸とした支配体制が構想、構築されたと考えてよいだろう。右の条項は幕府訴訟機関の運用にかかる規定であるが、（当然のことながら）いみじくも室町幕府の地方支配組織の構成を表現することになっている。これにこれまで本書で配慮してきた荘園本所の関心度（提訴事案の数量として把握）を重ねると、畿内近国から東は北陸道では越中、東山道では美濃、東海道では遠江まで、西では基本的に九州までの関心はみられるが、南海道の沿海地域（紀伊・淡路・阿波・讃岐・伊予）および山陽道諸国により強い関心を有していたことがこれまでの分析で判明している。

これらは、国のかたちとして、おそらく織田政権期まで有効な分析モデルとなるのではないか。序章でも織田信長の「天下布武」が基本的には畿内近国の制覇にあったと理解されていることを紹介した。関東はともに関東の「管領」たることを望んだ北条、長尾（上杉）が覇権を争い、九州は島津が九州制覇をめざし、奥州では伊達が奥州管領（探題）大崎にとってかわり、出羽は羽州探題の系譜をひく最上が押さえる。そして、それぞれに、織田信長の畿内政権を継受した豊臣秀吉に屈服していく。武田や今川の困難さも、国のかたちから読み解けるのかもしれない。

大雑把な展望ではあるが、六波羅探題の室町幕府への昇華によって再構築された国のかたちが、秀吉の天下統一に至るまで国のかたちを規定したことがおおよそ確認できるのではないかと考える。秀吉が征夷大将軍ではなく関白を望んだ理由もそこにあろう[10]。

さて、それでは地域のすがたをどう総括するか。地域のすがたとは、自然地理学的な環境条件に始まり、人文地理学的な所見、すなわち生業や、それらを基礎にして生まれ成長する権力のかたちや紛争解決の形式をも含んで認識される。しかし、地域のすがたの単純和が国のかたちになるわけではない。使節遵行の「現場」からは、地域のすがたとは、むしろ国のかたちの対極にあらわれ、その力を発揮したことが確認される。

使節遵行の「現場」から、中世のこの国のかたち、地域のすがたを描く試みは、ひとまずここで終了としたい。なお、事例分析に課題を残し、論点の抽出も十分ではないことは認識しているが、これらはさらに大きな展望のなかで議論すべきでもあろう。今後機会を得られればと思う。

註

(1) 鎌倉時代から南北朝内乱期における足利直義主導の訴訟処理がおこなわれるなかでは、法廷での「対決」を前提に、論人に催促を加え「請文」「散状」(出廷承諾書、出廷人名簿)、あるいは抗弁書を執進する使節もみられるが、観応の擾乱以後は使節遵行の意義は「沙汰付」「打渡」に収斂される傾向がみえる。
(2) 『醍醐寺文書』(大日本古文書『醍醐寺文書』四七)。
(3) 暦応三年四月十五日『中世法制史料集』第二巻 室町幕府法 追加法。
(4) 貞和二年十二月十三日『中世法制史料集』第二巻 室町幕府法 追加法。
(5) 永井英治「南北朝内乱期の使節遵行と地域社会の再編」(『南山経済研究』一九—一)。
(6) 『高野山文書』(大日本古文書『高野山文書』六八)。
(7) 『大徳寺文書』(大日本古文書『大徳寺真珠庵文書』七四四)。
(8) 笠松宏至『日本中世法史論』(東京大学出版会、一九七九年)第一章「中世法の特質」。
(9) 郡レベルの個性が存在したこともここでは含意している。また、前節で指摘した海域など、さまざまなレベルの地域設定が可能である。
(10) 堀新『日本中世の歴史七・天下統一から鎖国へ』(吉川弘文館、二〇〇九年)など参照。

初出一覧

序章　新稿。

第一章

第一節　原題「六波羅探題と西国守護―〈両使〉をめぐって」『日本史研究』二六八（一九八四年）。

第二節　原題「鎮西探題と九州守護―鎮西使節の評価をめぐって」『敦賀論叢』一一（一九九六年）。

第三節　原題「鎌倉幕府と東国守護―東国使節の評価をめぐって」『敦賀論叢』一九（二〇〇四年）。

第二章

第一節　原題「鎌倉幕府と西国社会」第一節、川岡勉・古賀信幸編『日本中世の西国社会①西国の権力と戦乱』所収（清文堂出版、二〇一〇年）。

第二節　原題「鎌倉後期の公武交渉について」『敦賀論叢』一（一九八六年）。

第三節　新稿。

第三章

第一節　原題「建武政権期の使節遵行について」『敦賀論叢』二一（二〇〇六年）。

第二節　新稿。

第三節　新稿。

第四章

第一節　原題「使節遵行に関する覚書」『敦賀論叢』七（一九九二年）。

第二節　原題「一四～一五世紀における若狭国の守護と国人」『敦賀論叢』五（一九九〇年）。

第三節　原題「鎌倉～南北朝期の備後・安芸」『年報中世史研究』一五（一九九〇年）。

終章　新稿。

本書をまとめるにあたり、初出論文にはそれぞれ手を入れ、各章・節として置くにふさわしいかたちにしている。ただ、初出論文の論旨にまで踏み込む変更は施していない。

あとがき

使節遵行にかかる研究としては第一作であり、本書でも第一章第一節とした論文が『日本史研究』に掲載されたのが一九八四年。この「あとがき」を書くまでに、三十年余かかってしまった。

いくつか理由はある。第一に、使節遵行の歴史的評価について、なかなか私見が定まらなかったこと。そのあたりの事情は、第一章の各節、あるいは第一章第一節を補完するかたちで第二章第三節を加えたことなどから読み取っていただけると思う。制度史的視点を脱して、生きた人のすがたが見える史論とするか、試行錯誤があった。環境的にも、守護領国制論対国人領主制論という枠組みから、幕府―守護体制論への展開や中世国家論の盛況、室町期荘園制論やこれに連接する室町幕府論など、九〇年代以降の中世史研究も激しく動いた。そうした動向のなかで、筆者の研究が引用される機会も増えたが、当然のことながら、それぞれの研究者は皆同じ方向を向いていたわけではない。使節遵行の評価もまた異同をともなう。これらを読むなかで、筆者の考えも揺らぎを経験した。

本書を成すにあたり、使節遵行に論及した多くの論考について個々にコメントすることは省かせていただいた。たいへん失礼なことであると認識しているが、まずは自身の論を構築することを優先し、もっとも影響関係の深い論考についてのみ引用、あるいは注記させていただいた。関係諸氏にはご海容いただきたい。

第二の理由は、この三十年、なかなか多忙だったこと。八六年に新設の敦賀女子短期大学に赴任。幸いにして白紙に自由に未来を描かせてもらえる機会を、学生とともにあたえられ、創業の高揚感と、苦労と工夫がそれぞれに実を結ぶ充実感を味わうことができた。地域の歴史研究者、団体とも早々に連携させていただき、地域史研究にも多くの研究課題を得た。気比社、敦賀津、大谷吉継などがそれである。しかし、ついつい本領の研究が疎かになったことは否めない。そして、二〇一〇年、財政上の理由で大学の二〇一三年三月閉校が決まった。ひとつの大学の廃止に立ち会うということは、進んでするものではないが、苦く、得難い経験であった。

最後の学生と過ごす二年間を研究の集大成に充てたいという思いはもちろんあり、論文集作成の準備も始めていた矢先の二〇一一年三月、東日本大震災が起こった。巨大津波と福島第一原発の崩壊を映像で目の当たりにし、敦賀―若狭湾にかかる災害史情報の集積が貧困であることに気づかされた。福井県内の地震・津波研究者と情報交換の場を創出し、歴史学だけでは完結しない研究分野への進出も含め、地域史研究の課題をひとつ増やすことになった。また、敦賀から発信することに意義があると判断し、この分野では初学者であることを省みずマス・メディアの取材にも積極的に対応した。その結果、還暦までには論文集をという目標にも翳りが差す結果となったが、凝縮された時間のなかでみずからの学問を問い直す貴重な体験ができた。

さて、本書では使節遵行の「現場」から二つの項目について論及した。一つめは、「国のかたち、地域のすがた」と表現した項目で、国家像、権力構造という言辞を使用することを避けながら、あるがままのかたち、すがたを描くことを企図した。国家論から逃げたとの批判は甘んじて受けなければならないが、中世に国家があったかという困難な設問にあいまいな回答を用意するより、領域型荘園の成立や鎌倉幕府の創設によって生じた、多元的な権力のあり方を前提に、さまざまな当事者がそれぞれの論拠を用意して争われた紛争に対して、解決への道がどのように開かれたかを確認し、そこから幕府、王朝権力等の国家的権力の質を問うことが重要と考えた。

二つめは、中世の訴訟・裁判のあり方についての項目で、使節遵行の意義を、紛争解決に不可欠な、対話―合意形成の場の創出、促進と捉えた。制度史的な視座からする国家論、権力構造論に親しんだ眼には、使節遵行の意義は判決の強制執行にあると判断しがちである。かく言う筆者もまた、守護領国制論、得宗専制論を意識しながら、そのように理解したこともあった（第一章第一節初出）。しかし、所期の目的を果たすことなく論所を去る使節も少なくない事実や、第四章第一節で指摘した在地社会の意向を考慮すると、使節の退去によって論所＝在地社会の「平和」が構築、維持される可能性に目をつぶって使節遵行論を組み上げることの無意味に気づかされたのである。

いずれにしても、本書の批判的継承が実現され、使節遵行論から展開する中世国家論の登場を待ちたい。

最後に、これまで指導を仰ぎ、また公私にわたり支えていただいた皆様に感謝申し上げる。本来であれば、個々に名を記して謝辞を添えるべきであるが、想い余りて言葉足らずとなり、かえって礼を失することを懼れる。本書に添えて、個々に謝辞をお届けしたいと思う。

外岡慎一郎

二〇一五年四月

武《ぶ》家《け》権《けん》力《りょく》と使《し》節《せつ》遵《じゅん》行《ぎょう》

■著者略歴■

外岡慎一郎（とのおか　しんいちろう）

1954年　神奈川県横浜市生まれ

1978年　中央大学文学部史学科卒業

1984年　中央大学大学院文学研究科国史学専攻後期課程単位取得満期退学

1986年　学校法人敦賀学園敦賀短期女子大学（のち、敦賀短期大学）教員となる

2013年　同大学廃止につき退職、敦賀市立博物館館長となる（現在に至る）

主要論著

・「使節遵行と在地社会」（『歴史学研究』690、1996年）

・「大谷吉継と敦賀」（『敦賀論叢』15、2000年）

・「若狭国の賀茂祭と宮河荘」（石川登志雄ほか編『上賀茂のもり・やしろ・まつり』思文閣出版、収載、2006年）

・「村のなかの契約ごと」（坂田聡編『禁裏領山国荘』高志書院、収載、2009年）

・『福井県史』通史編・中世（分担執筆、福井県、1995年）

・『宮津市史』通史編・上巻（分担執筆、宮津市、2002年）

2015年5月25日発行

著　者　外岡　慎一郎

発行者　山　脇　洋　亮

組　版　㈱富士デザイン

印　刷　モリモト印刷㈱

製　本　協栄製本㈱

発行所　東京都千代田区飯田橋4-4-8（〒102-0072）東京中央ビル　㈱同成社

TEL　03-3239-1467　振替　00140-0-20618

ISBN978-4-88621-695-3　C3321

同成社中世史選書

①日本荘園史の研究
阿部　猛著　三二八頁・本体七五〇〇円

荘園の成立過程から古代国家の財政機構、政治過程まで、半世紀にわたり荘園史研究に取り組んできた著者による多面的論集。袋小路に陥りがちな中世史研究に一石を投じる。

②荘園の歴史地理的世界
中野栄夫著　四一〇頁・本体九〇〇〇円

史料の悉皆調査と共に荘園史研究に欠くことのできない現地調査において、空中写真などをも利用する研究法の嚆矢ともいえる諸論文を集めた。今後の歴史地理研究への指針となるべき論集。

③五山と中世の社会
竹田和夫著　二八〇頁・本体六〇〇〇円

政治・外交・文化の諸分野に関わる人材を輩出した中世の五山。本書は、『蔭凉軒日録』を丹念に読み込むことで五山のシステムや五山僧の活動を解明し、中世社会を浮き彫りにする。

④中世の支配と民衆
阿部　猛編　三〇六頁・本体七〇〇〇円

編者の傘寿を祝して、表題のテーマのもと気鋭の執筆人が一堂に会し、中世の地方権力と民衆の支配・被支配をテーマとする諸論文を連ねて、日本中世史の一側面を鮮やかにえぐり出す。

⑤香取文書と中世の東国
鈴木哲雄著　三七〇頁・本体六〇〇〇円

中世東国の史料群として希有の分量を有する香取文書を、書誌学的・史料史的な方法で調査分析。膨大な文書群を整理・復原することによって、東国社会の歴史的特質を浮き彫りにする。

⑥日本中近世移行論
池　享著　三三〇頁・本体七〇〇〇円

戦後歴史学の研究蓄積と問題意識を受け継ぎつつ、なおその限界を厳しく見据え、中世から近世への時代転換のダイナミズムに内在する論理を抽出し、総体的な歴史像の再構築を模索する。

⑦戦国期の流通と地域社会

鈴木敦子著　三三八頁・本体八〇〇〇円

戦国期、中央から遠隔の九州地域ではどのような流通経済が展開されていたのか。鉄砲の調達、町場の成立や貨幣流通など具体的な社会動向を追究し、その地域特性と流通構造を明らかにする。

⑧中世後期の在地社会と荘園制

福嶋紀子著　三二二頁・本体七〇〇〇円

中世後期の自律的な村の形成に着目。前期とは異なる荘園経営方式を、地域社会の変容の中で把握し直し、研究の新機軸を打ち立てる。

⑨紀伊国桛田荘

海津一朗編　三一〇頁・本体六五〇〇円

和歌山県紀ノ川河川敷で発掘された堤防跡の調査を含む、中世荘園桛田荘の全容究明にとり組んだ15年間に及ぶ歴史学、考古学、地理学研究者による学際研究の成果を総括する。

⑩中世社会史への道標

阿部　猛著　三三八頁・本体七五〇〇円

古代史の視点をふまえつつ、中世社会の土台をなす「荘園制」追究にとりくみ、そうした中から荘園世界に生きる人々の営みを多方面からとらえてゆく。中世の社会史構築の道標ともなる諸論考。

⑪初期鎌倉政権の政治史

木村茂光著　二三四頁・本体五七〇〇円

挙兵から征夷大将軍就任までを区切りとする従来の研究への批判的問題意識を軸に、頼朝死後の幕政も見据えて、内乱を勝ち抜いた武人政権が統治権力の主体として発展してゆく諸相を活写する。

⑫応仁の乱と在地社会

酒井紀美著　二七四頁・本体六八〇〇円

応仁の乱中、東西両軍の道筋となった京近郊の山科・西岡地域の村々の動きに焦点をあて、動員されるばかりでなく、自らの意志で行動することの多かった中世村落の側から応仁の乱を描き出す。

⑬中世都市根来寺と紀州惣国

海津一朗編　三六八頁・本体七三〇〇円

中世の一大宗教都市、根来寺。保存運動の過程で明らかになった重要遺跡とその構造的な特色、新たに発見された文書の解析を通じて、中世根来寺の全容を明らかにする。

⑭室町期大名権力論

藤井　崇著　三七八頁・本体八〇〇〇円

南北朝・室町期大内氏の研究から、大内氏分国の実態を通史的に解明し、室町幕府―守護体制論の批判的検討を進め、新たな視点からの大名権力論を構築する。

⑮日本中世の学問と教育

菅原正子著　二五〇頁・本体六〇〇〇円

高い識字率を支えた庶民教育の実相と、武士、公家および天皇と知識人たちとの交流をたどりながら、当時における学問のあり様を検証。中世を規定した思想の根源を追究する。

⑯鎌倉府と地域社会

山田邦明著　三六〇頁・本体八〇〇〇円

中世後期、鎌倉府の支配下にあった関東における政治史を鳥瞰するとともに、地域社会の民衆・武士・寺院各々の、時に緊迫する相互関係を多様な観点から検証する。

⑰国東六郷山の信仰と地域社会

飯沼賢司著　三二六頁・本体七〇〇〇円

大分県国東半島に位置する六郷山地域。独特の山岳仏教文化の成立と展開の史的過程を明らかにし、山岳の開発によって拓かれた地域社会の支配と信仰を、総合的に検証する。